I0243016

www.ingramcontent.com/pod-product-compliance
Lightning Source LLC
Chambersburg PA
CBHW081123170426
43197CB00017B/2729

غزلیات

حافظ (بکر)

جداسازی غزلهای حافظی از غیر حافظی دیوان حافظ و اشعار اضافه شده

به همراه معانی اشعار بکر حافظ

(برمبنای نسخه قزوینی و بررسی نسخ دیگر برای این نسخه)

به همت : عبدالرضا عبدالوهابی

کلیه حقوق مادی و معنوی این اثر برای شخص نویسنده محفوظ است.

مشخصات ناشر و کتاب

عنوان : غزلیات حافظ (بکر)

نویسنده : عبدالرضا عبدالوهابی

ناشر : قرن برتر(سوپریم سنچوری) آمریکا

شابک : ۱۹۳۹۱۲۳۵۶۵ -۹۷۸

شماره کنترلی کتابخانه کنگره : ۲۰۱۸۹۰۵۲۵۴

فهرست مطالب
✶✶✶✶✶✶

۱- چرا بکــر؟   صفحات ۱ الی ۱۴

۲- لیست مطلع غزلیات حافظ (بکر)   ردیفهای ۱ الی ۳۶۷

۳- غزلیات حافظ (بکر)   غزلهای ۱ الی ۳۶۷

۴- کشف غزل (بکر) از تعابیر و لغات خاص   جداول ۱ الی ۵۹

۵- غزلیات غیر حافظی نسخه قزوینی   غزلهای ۱ الی ۱۲۹

<< بنام خداوند مهر گستر مهرورز >>

چــرا بکــر ؟

بحث ابیات بکر یا اصل بودن اشعار حافظ شاید همیشه بطور پنهان و یا خصوصی در جمع ادبا مطرح بوده است و ایشان در مراجعات خود به اشعار حافظ همیشه با آن برخورد داشته اند بخصوص وقتی با غزلیات او فال گرفته شود که در بیشتر موارد کسب فیضی و گرفتن راهنمائی بدست میدهد ولی در بعضی موارد هیچ برداشتی از غزل آمده برای فال حاصل نمی گردد و کار به بار دوم میکشد . این مسئله گریبانگیر اینجانب نیز بوده بخصوص که از نواده تبارعلامه قزوینی باشی و در خانواده ائی بزرگ شوی که اهل ادب و شعر باشند و غزلیات حافظ یکی از محبوب ترین مواردی باشد که در مجالس خانوادگی باآن سرو کار دارند پس این مباحث که منظور حافظ اینجا چیست و اینجا چرا اینگونه آمده و چرا به این مطلب اشاره دارد و چرا بعضی از غزلها اشعار نظم خاص خود را ندارند و چرا این موضوع مطرح گشته است همیشه برای اینجانب مطرح بوده ولی لطافت بیشتر غزلهای حافظ چنان دل را راضی و مست میسازد که آن مطالب نا همگون و آزار دهنده همه ازیاد انسان میرود .

این موضوع همیشه با اینجانب همراه بود تا آنکه درتداوم مطالعات ادبی و مذهبی خود و ده سالی که هر روز باآیات قرآن سرو کار داشتم و همنشین قرآن گردیدم توانستم به معانی والا و شگفت آوری از معانی آیات قرآن دست یابم که در این ارتباط در مراجعات خود به غزلیات حافظ هر بار بیشتر متوجه ظرافتی که حافظ در تعابیری که دراشعار خود بکاربرده گردیدم بنابراین یکی از موارد حاصل گشته در این ده سال همنشینی با قرآن برای اینجانب این بودکه توانستم به این موضوع پی ببرم که چگونه میتوان اشعارحافظی وغیرحافظی را ازهم تشخیص داد زیرا این مسئله رابطه مستقیم با جایگاه حافظ نزد خداوند به لحاظ ایمان وخلوص او دارد . بنابراین شرح زیرکه بررسی زندگی حافظ بر اساس اشعار خود او میباشد شاخص هائی را که میتوان از آنها برای غربال ساختن اشعار حافظ استفاده نمود بهمراه علل آن ارائه مینماید . مواردی که در این شرح مورد بررسی قرار گرفته بصورت تیتروار بشرح زیرست :

۱- بررسی نمادین و خلاصه ائی از سیر زندگی وکار حافظ و مسیری که در عرفان طی کرده است

۲- در چه سنی شروع به سرودن غزلیاتی که دردست است نموده و بررسی تعداد ممکن این سروده ها و جمع آوری و نحوه ثبت آنها در چند قرن بعد .

۳- وضعیت حافظ در دوران سرودن این اشعار و موقعیتش در جامعه .

٤- اشعار در چه سطحی از عرفان میباشند وچرا میشود با غزلیات حافظ فال گرفت و اینکه چرا اشعار غیرحافظی بدان اضافه شده است .

٥- خصوصیات اشعار اصل و بکرحافظ بصورت تیتر وار که مبنای جدا سازی اشعار او قرار گرفته است.

حافظ سیر زندگی همچون دیگر مردمان داشته و علم او نشان میدهد که میبایست در خانواده ائی بدنیا آمده باشد که شهر نشین بوده و با حوزه های درسی آشنا به همین خاطر او در مسیر تعلیم علم قرار میگیرد و جوانی را با آموختن علوم قرآنی وغیرو میگذارند و بخصوص آنکه به قرآن بسیار دل بسته و با آن بسیار همنشین است بطوریکه با استعدادی که دارد میتواند تمامی آنرا حفظ نموده و بقول خودش با چهارده روایت (تلاوت کنندگان قرآن) آنرا تلاوت نمایند . پس حافظ عالم و حافظ قرآن با این خصوصیات از درآمد تدریسی که میکند بهره مند است و خانواده را نیز اداره میکند و نظام حاکم نیز بخاطر همین تخصصش به او محتاج است بنابراین احتیاجی به آمیختن با صاحب منصبان برای کسب در آمد معمول زندگی خود ندارد و اگرآموزشی یا کاری نگارشی یا ادبی برای حاکمان انجام میدهد مزدش رامیگیرد از طرفی چون مدرس قرآن است به خوبی با آیات قرآن آشناست پس خود مدام از تدریس کنندگان آزادگی و دوری ساختن از مطامع دنیا و روی آوردن فقط و فقط به خداوند منانست پس احتیاجی به تعریف و تمجید ازمقامات برای عزیز گشتن پیش ایشان و گرفتن مقامی خاص و برترگشتن از دیگران نداشته است.

* سر ما فرو نیاید به کمان ابروی کس   که درون گوشه گیران ز جهان فراغ دارد * (غزل ۸۹)

* گدای کوی او از هشت خُلد مُستغنیست   اسیر عشق او از هر دو عالم آزادست * (غزل ۲۹)

* دوش گفتندکه حافظ همه روی است و ریا   بجز از خاک درش با که بود بازارم * (غزل ۲۳٦)

او با همین مقام علمی خود دوران جوانی را گذرانده و پا به میانسالی میگذارد که البته با توجه به استعدادش در سرودن اشعار حتما اشعارسروده شده ائی درجوانی داشته است ولی متاسفانه شعری که معروف باشدکه متعلق بدوران جوانی اوست در جائی دیده نمی شود (البته شاید ادعا شود که قصیده هائی که در مدح حکام زمانش بنام اوست متعلق به دوران جوانی وقبل میانسالی اوست که با توجه به شرح داده شده حافظ احتیاج به خود شیرینی پیش حکام برای مقامی ویا حفظ موقعیتی نداشته است که مقام علمی او خود حفظ کننده و احترام آورنده برایش دراجتماع و نزد حکام بوده است و حافظ هیچ مشکلی یا درخطربودنی برایش با توجه به حضور خانواده اش در کنارش و در اجتماع آنروز نداشته است ،

* رتبت دانش حافظ به فلک بر شده بود   کرد غمخواری بالای بلندت پستم * (غزل ۲۲٦)

بنابراین حافظ وقتی قصیده گوی حکام زمان خودمیگشته که میخواسته و قصد داشته بمقامی درنزد ایشان برسد که آن نیز با مرام قرآنیش نمیخوانده است (غزل ۲۸٦ شرح مراجعه شاه وقت به حافظ و دعوت او به کاخ است و همچنین بیت مطلع آن نشانگر قدرت حافظ درمدیحه سرائی برای شاهان بعنوان نمونه است) و شاید حافظ در دوره

تکاملی خود و با ورود به عرصه خودباختگی برای یار و عاشق گشتن و برای یار سرودن تمامی سروده های جوانی خودرا که حتما در سطح اشعار عارفانه اش نبوده اند بکناری گذارده واز نشرآنها جلوگیری نموده است که تا بحال شعری بعنوان اشعار جوانی حافظ در دسترس نیست . حال حافظ به میانسالی نزدیک شده و مدیریت اجرائی خانواده را نیز به دست جوانتر ها سپارده و با فراغ خاطر رو به گذراندن دوران بازنشستگی خود آورده که بعلت همنشینی اش با قرآن و انجام توصیه های خداوند چشمش به زیبائی هائی خداوند باز گشته دیگر عبادات روزانه تامین کننده نیاز جانش نیست پس به راز ونیاز شبانه روی آورده تا مگر دل را آرام سازد . بنابراین باید به این نکته توجه کنیم که حافظ فرد فقیر ونیازمندی نیست و برای خود جایگاه اقتصادی دارد و خانواده ائی بزرگ و عالم بعنوان پشتیبان و این خود اوست که بعلت باور تعلیمات قرانی از دنیا رویگردان گشته ، کاری که در دوران جوانی وداشتن مسئولیت مدیریت خانواده بطور کامل برایش امکان پذیر نبوده ولی با رسیدن به میانسالی و کم شدن مسئولیتهایش و بخشیدن همه آنها به جوانترهای خانواده حال تمامی وقت خود را به طی مسیر عرفان و کسب تجربه در آن مینماید که مستلزم شب زنده داری و خالص گشتن برای یارست . البته قابل ذکر است که حافظ تا این سن معروفیت آنچنانی درمیان مردم عام نداشته و نامش فقط بعنوان عالم و مدرسی که قرآن را از حفظ دارد میان مردم معروف بوده است .

حافظ با پشتکار واستقامت در راز ونیاز های شبانه و پاکباختگی و دوری از دنیا حالاتی را در رازو نیازهای شبانه خود در می یابد که احساس میکند اورا به پرواز در می آورند ، حالی بس خوش که لذت و وجد خاص آن قابل توصیف نیست ، او دراین زمان به ارتباط شیرینی که خداوند با بندگان عاشق خود ایجاد میکند پی میبرد . حال او طعم عشق ورزی با خداوند را چشیده است و آنچنان شیفته این عشق ولذت آن گشته است که دیگر بتمامی خود را وقف آن میکند و بدنبال وصل یار بودن و از عشق او سرمست گشتن و به وصال او رسیدن هدف وسرلوحه زندگیش قرار میگیرد و چون استعداد شعر گوئی را نیز دارد روز ها را به ثبت اشعاری از ماجراهای شبانه خود با یار میگذراند . او با پشتکار واستقامت دراین راه عاقبت به لطف یار مزه وصلی را میچشد و از آن سرمست میگردد و چون به نگارش اشعار آن حال وهوا میپردازد تفاوت اساسی اشعارش با قبل را احساس میکند . او بخوبی احساس میکند که لحن و کلامی که دراشعارش به او الهام میگردد بسیار متفاوت با قبل است و وزین بودن زیبا بودن و پر محتوا بودن عجیبی به آنها میدهد او در میابد که مامور گشته است که این کلام سحر آمیز را که به او الهام میگردد به مردم عرضه کند پس اشعار قبل خود را بتمامی و با هر موضوعی بکناری می نهد و به اشعار عاشقانه الهامی ازیار روی می آورد و فقط آنها را ثبت و نشر میکند وازاین بابت میگوید :

* حافظ آنروز طرب نامه عشق تو نوشت	که قلم بر سر اسباب دل خُرم زد *	(غزل ۱۱۳)
* حدیث آرزومندی که دراین نامه ثبت افتاد	همانا بی غلط باشد که حافظ داد تلقینم *	(غزل۲۶۱)
* بیا که بلبل مطبوع خاطر حافظ	به بوی گلبُن وصل تو می‌سُراید باز *	(غزل۱۹۰)

* بعد از ایــن روی من و آینه وصف جمال — که در آن جا خبــر از جلوه ذاتم دادند
این همه شهد و شکر کز سخنم می‌ریزد — اجر صبریست کز آن شاخ نباتم دادند * (غزل ۱۳۵)

* بلبل از فیض گل آموخت سخن ور نه نبود — این همه قول و غزل تعبیه در منقارش * (غزل ۲۰۲)

* یاد باد آنکه چو به اصلاح جفا می پرداخت — نظم هرگوهر ناسفته ائی بودکه حافظ را بود * (غزل ۱۵۱)

اشعار سحر انگیز او آهسته آهسته نشر پیدا میکنند ودهان بدهان میگردند و آنقدر زیباست که شنونده را سرمست میسازد آخر از عشق یار میگوید پس حافظ رفته رفته با نشر بیشتر اشعارش بعنوان شاعری والا و بی رقیب درجامعه مطرح میگردد و نظر حکام و درباریان و همکارانش در حوزه های علمی را جلب مینماید . حال دو گروه اجتماعی در برابر او قرار دارند ، گروه اول حکام و مقام داران و شاعران دربارند که بطور حتم حکام تمایل داشتند که حافظ چون دیگر شاعران جیره خوار دربارگشته به مجیز خوانی ایشان بپردازد و شاعران درباری نیز مجبور به تحمل او . گروه دوم مقامات دینی جامعه آنزمان بودند که با موارد و مسائلی که او در اشعارش ابراز میکرد مشکل داشتند، بنابراین حافظ از این پس با مشکلات اصلی که با جامعه خود دارد آشنا میگردد . شاعران دربار به سراغش میروند تا مزه دهان اورا بیابند که تا چه مقدار در رقابت با ایشان در دربار بر میخیزد که اورا پاکباخته ائی از دنیا بریده یافته و اینکه حتی آنها را نیز از اینکار منع میکند و چون شاعرند با ایشان با مهربانی تمام رفتار و حتی به اصلاح اشعار و دیگر موارد شعرسرائی ایشان میپردازد بنابراین شاعران درباری درمیابند که او رقیب ایشان که نیست که هیچ برای ایشان در سرودن اشعارشان گنجینه ایست از تعابیر زیبـا که مجانا از اشعار حافظ در اختیارشان قرار میگیرد و این محبوب گشتن حافظ میان این شعرا آنچنانست که در غزلهای غیر حافظی دیده میشود که انگار شاعری درباری این شعر را برای محبوب ساختن حافظ نزد حکام وقت و اینکه از شر ایشان در امان باشد سروده است و البته شاعران حسود نیز بطبع بوده اند که حافظ در غزلیات ارشادی خود به ایشان تذکراتی بروش خودش داده است . از طرف دیگر ارشاد ساختنهای حافظ در اشعارش در بعضی از موارد با آنچه روحانیون وقت بر مردم عرضه میداشتند تناقض داشته و ایشانرا به چالش میکشده است ، بنابراین ایشان نیز در وعظ های خود اشعار او را به چالش میکشیدند به همین مناسبت در اشعار حافظ دیده میشود که از بابت بعضی از این موارد واکنش نشان داده و در اشعارش مطالبی را آورده است که از ارشاد ساختنی سبک تا هشداری صریح دیده میشود. اشعار زیر در ارتباط با این موارد میباشند :

* تا نگردی آشنا زین پرده رمزی نشنوی — گوش نامحرم نباشد جای پیغام سروش * (غزل ۲۰۹)

* زاهد و عُجب و نماز و من و مستی و نیاز — تا تو را خود ز میان با که عنایت باشد
زاهد ار راه به رندی نبرد معذور است — عشق کاریست که موقوف هدایت باشد * (غزل ۱۱٦)

* دور مجنون گشت و نوبــه ماســت — هرکس ایــن پنــج روز نوبــت اوست
تو و طــوبی و مــا و قامت یــار — شان هرکس به قــدر همــت اوست * (غزل ٤٦)

* فغان که نرگس جماش شیخ شهر امروز　　نظر به دُردکشان از سر حقارت کرد
حدیـث عشق ز حـافظ شنـو نه از واعظ　　اگر چه صنعت بسیار در عبارت کرد　*　(غزل ۹۸)

* گرچه برواعظ شهر این سخن آسان نشود　　تا ریا ورزد و سالوس ، مسلمان نشود　*　(غزل ۱٦۳)

* واعظ مابوی حق نشنید بشنو کاین سخن　　در حضورش نیز می‌گویم نه غیبت می‌کنم　*　(غزل ۲۵۹)

در ارتباط با این ماجراهای جدید که درزندگی حافظ بوجود آمده اند و اینکه اگر بخواهد برای آن وقت بگذارد بدین معنی که در جلسات مختلف شرکت کند و از نظریات خود دفاع نماید این را میداند که هیچ فرقی بحالش نمی کند زیرا مواردی که او مطرح میسازد در ارتباط با دل انسان و بحثی است فردی و خصوصی و دراصل همان مطالبی است که خداوند درقرآن بر مردمان ارائه ساخته و این خود شخص است که باید آنرا بخواهد و به آنها دل ببندد و آنهارا دنبال کند و بدنبال پاسخ سئوالاتش باشد ، به همین خاطر حافظ به گوشه خلوت خود پناه میبرد و ایشان را بحال خودشان میگذارد و همچنین در سیر غزلهایش دیده میشود که فقط گاهی که دلش از مطلبی که در ارتباط با خلوت گرائی او گفته اند بدرد آمده در غزلی به آن جواب داده که با توجه به اینکه همه منتظر نشر غزل جدید اویند و چون غزلی می سراید همچون باد در میان مردم پخش میگشته از این طریق فرد مورد نظر جواب ارشادی حافظ را نیز دریافت میکرده است.

* به مأمنی رو و فرصت شمر غنیمت وقت　　که درکمینگه عمرند قاطعان طریق *　(غزل ۲۱۷)

* عیب حافظ گو مکن واعظ که رفت درخانقاه　　پای آزادی چه بندی گربجایی رفت رفت *　(غزل ٦٦)

* کـه گفت حافظ از اندیشه تو آمد باز　　من این نگفته‌ام آنکس که گفت بهتان گفت *　(غزل ٦۹)

گفتیم غزلهایش همچون باد پخش میگشت درحالیکه میدانیم در آن زمان اکثر مردم بیسواد بوده اند ، شاید ثبتی از غزلی سروده شده بوسیله بعضی مکتب رفته ها انجام می گشته ولی مردم فقط از طریق شنیدن اشعار از طریق خوانندگان آن با آن برخورد داشته و با لذت بردن از آن آنرا حفظ میکردند و برای دیگران و نسل خود میخواندند وحافظ اینچنین درمیان مردم و درقلب ایشان جای گرفت ودرقرون ماندگار شد . طبق گزارش علامه قزوینی غزلهای حافظ از قرن نهم هجری به بعد جمع آوری گشته و کمترین تعداد غزلیات در نسخ بدست آمده که قدیمی ترین نسخه آن نیز هست دارای ٤٤۰ غزل و بیشترین آن دارای ۵۹۸ غزل از حافظ میباشد که در قرون بعد جمع آوری شده است و نسخه مبنا گرفته شده بوسیله علامه قزوینی که با دیگرنسخ مقایسه گردیده بعلت اینکه نسخه ٤٤۰ غزلی صفحاتی در انتها کسر داشته نسخه ائیست که حاوی ٤۹۵ غزل است و در قرن نهم نگارش شده که حاصلش همین نسخه دردست و اصلاح شده و شرح داده شده که معروف به نسخه قزوینی است میباشد .
اختلاف تعداد غزلهای ثبت شده به حدود یکصد غزل میرسد و تقریبا همه غزلها دارای نام حافظ در بیت انتهائی غزل ، این مسئله چگونه بوجود آمده است و چرا ؟ رمز این مطلب در غزلیات بکر حافظ نهفته است و آن کاربرد خاصی است که در میان مردم پیدا کرده و آن اینست که مردم با غزلیات حافظ فال گرفتند و چون بجواب رسیدند

آنرا به دیگران نیز توصیه کردند و کار بدانجا رسید که ادبای پارسی با وقوف به این مسئله رسما حافظ را لسان الغیب نامیدند و بهترین دلیل نیز اینکه این مسئله هفتصد سال است که اینچنین بوده و تداوم داشته و کسی نیز نتوانسته منکر آن شود . علت این مسئله چیست و چرا میشود با اشعار حافظ فال گرفت ؟

اول نگاهی کنیم که فال برای چه میگیریم ، ما به فال گرفتن برای آن روی می آوریم زیرا از چیزی ویا مطلبی که بدنبال آنیم خبری ویا ایده و نظری نداریم و نمیتوانیم به ایده دیگران نیز اعتماد کنیم بنابراین به آنکه ایمان داریم از کار ما به حتم اطلاع دارد مراجعه میکنیم و آن نیست مگر خداوند متعال بنابراین مومن در گرفتاری خود به قرآن مراجعه و استخاره مینماید و استخاره نیست جز آنکه با خواندن خداوند بخواهیم که مارا ازطریق کتابش راهنمائی سازد بنابراین قرآن را باز نموده و آیات دو صفحه آمده را میخوانیم بدین طریق خداوند مارا به مسئله واقف نموده یا راهکار میفرماید و یا بما خبری میدهد و این بخاطر آنست که آیات قرآن وحی هستند و خداوند بعلت محیط بودن بر هرچیزی با قصد شما برای استخاره صفحه مربوطه را برای شما باز مینماید، همین مسئله را ما با غزلیات حافظ انجام میدهیم و از آن مشورتی خوب دریافت میکنیم پس این چطور ممکن است که غزلیات حافظ همانند آیات قرآن عمل کنند . فقط دریک صورت و آن اینکه اشعار حافظ به آن مرتبه رسیده باشند . و چطور ممکن است که اشعاری به آن مرتبه برسند پس باید شاعر یا نویسنده آنچنان پاکباخته و نزدیک گشته به خداوند متعال باشد که همچون پیامبران فقط آنرا بگوید یا بسراید که خداوند براو میخواند و در این صورت است که آن شعر یا کلام بعلت عدم خروج از حق بوی خداوند رابخود گرفته وکاربردشان همان میشود که آیات دارند . حال ما میتوانیم بفهمیم که حافظ به چه مقامی رسیده است او آنچنان در پاکباختگی و عشق ورزی یار استقامت ورزیده و خود را وقف او نموده است و خداوند نیز با وصلهای مدامش بخود آنچنان اورا پاک ساخته که در زمره پیامبرانش در آورده پس از طریق هدایت و نظم دادن (سرودن) اشعار حافظ ضمن اینکه مومنان را به پاکباختگی و روی آوردن به عشق ورزی و سرمست گشتن از خود رهنمون گشته است در اصل اشعاری یاد ساز برای عشاق و راهیان خود خلق نموده است تا عشاقش از حافظ به بعد با مراجعه به اشعار حافظ به رمز و راز عشق پی برده و از زیبائی های شرح داده شده در آن لذت برند و دلشان سیراب گردد(که البته پارسی زبانان بیشترین لذت را از دیگران میبرند) و دریابندکه با استقامت درپاکباختگی برای خداوند به کجا میتوان رسید.

* آن که در طرز غزل نکته به حافظ آموخت یار شیرین سخن نادره گفتار من است * (غزل ٤١)

حال شاعری سحر ساز دلها پیدا شده که اشعارش انسان را محسور میکند و آنچنان خوشی در دل ایجاد میکند که انسان مزه سرمست شدن از عشق را میچشدو جالب آنکه لذت خواندن اشعارش به دفعات کم نمیشود که هیچ هر بارطعم دیگری از آن احساس میشود. و اینکه شاعر فقط همین غزلیات سحر انگیز را ارائه و نشر ساخته و سروده دیگری با سبکی دیگر از وی دیده نمیشود و چقدر هم مورد توجه حکام و مقام داران قرار گرفته و خواننده اشعار حافظ برای حکام بس گرامی نیز میگردد. پس میتوان اینچنین اندیشند :"حال که اینچنین است چه خوب میشود از موقعیت اشعاراین ساحراستفاده کرد و ضمن جاودان ساختن اشعار خود که در مدح بزرگان میسرائیم فقط با گذاردن

نام او در آخرین بیت یا در بدنه شعر اقدام بسرودن غزلهای دیگر نیز بنمائیم و بدین طریق بجز گرامی گشتن در دربار حکام اشعار خود را نیز جاودان سازیم" . و این درست طرز فکر و روشی است که شاعران درباری زمان حافظ و بعد او که استعدادشان فقط در حد مدیحه سرائی است اتخاذ کردند و شروع به سرودن غزلیات و دیگر انواع سبک شعری با نام حافظ نمودند تا بدین طریق اشعار خود را جاودان سازند . و اینچنین است که نسخ بدست آمده از حافظ تا حدود یکصد غزل باهم تفاوت دارند و چندین قصیده در مدح حاکمان قدرتمند درآن دیده میشود بعلاوه اشعاردیگری که به او نسبت میدهند . همچنین مورد دیگری که در غزلیات حافظ دیده میشود بجز سرودن غزلیاتی بنام حافظ ، دست بردن و یا اضافه نمودن اشعاری به غزلهای خود حافظ است بدین معنی که در بیشتر غزلهای معروف حافظ(۲٤۷ غزل از کل ۳٦۷ غزل بکر) دیده میشود که اشعاری همراه گشته اند که خارج از لحن و سیر معنی غزل است و اینکه معنی آن مبانی عرفان را که بشدت در غزلیات حافظ رعایت میشود اصلا رعایت نکرده اند و مورد دیگر اینکه ابیات هر غزل در جای خود قرار ندارند و معنی غزل از موضوعی به موضوع دیگر رفته ودوباره به موضوع قبل باز میگردند که البته اینکه ابیات غزلهای حافظی در غزل جابجا شده باشند یکی از دلایل آن میتواند سینه به سینه گشتن بیشتر غزلیات حافظ باشد که فرد حفظ کننده نسبت به بیتی که بیشتر از آن خوشش می آمده بدون توجه به سیر معنی غزل در باز نویسی و ثبت غزلها آنانرا جابجا ثبت ساخته است که البته و بشکرانه ایزد تعالی آنچنان ردیف کردن ابیات سخت نبوده و در این نسخه (بکر) به آن نیز توجه گشته است و سعی شده با نشاندن ابیات در جای خود سیر معنی غزل بجای خود باز گردد و انشاالله به اصل سروده حافظ بسیار نزدیک باشد و همچنین در همین راستا اشتباهاتی نیز در ثبت ابیات صورت گرفته که نشان میدهد حفظ کننده یا ثبت کننده بعلت متوجه نشدن معنی غزل آنرا تغییر داده که این موارد بسیار در موردمخاطبین در ابیات غزل دیده میشود و هم در مورد تعابیری که معنی آنرا حفظ کننده یا ثبت کننده نفهمیده بنابراین با تغییر دادن کلامی قصد ساخته که آنرا قابل فهم سازد . که این موارد نیز در ابیات تشخیص و تصحیح گردیده و خوانندگان انشاالله در این نسخه از این لحاظ با مشکلی روبرو نمیگردند . همچنین در این نسخه اشعار نفوذی که وارد غزلهای بکر حافظ گردیده اند با همان روش شناسائی غزلیات غیر حافظی که به آن خواهیم پرداخت شناسائی و از آن خارج و بصورت جدا در پائین صفحه آورده شده است . خود علامه قزوینی نیز در نسخه خود چندین بار در پاورقی غزلیات اعلام میکند که "این اشعار که در فلان نسخه آمده بنظر نمیرسد که متعلق به حافظ باشد" که با توجه به اینکه ایشان مامور جمع آوری دیوان بوده اند نه جداسازی اشعار و نه تشخیص غزلیات غیر حافظی آنهم در آن دوران بحرانی که دنیا را فراگرفته بوده است ، ایشان مینوسد به رسم امانت عینا" شعر آمده را نشر میدهیم بنابراین ایشان و دیگر فرهیختگاه ادبیات ایران متعهد به امانت داری و نشر آنچه کشف کرده اند بوده اند واین مسیر را نیز با صداقت تمام پیموده اند .

برای بررسی و تخمین تعداد غزلیاتی که حافظ میتوانسته دردوران پاکباختگی خود که حدودا شانزده سال میباشد (از پنجاه سالگی تا هنگام فوت در ٦٦ سالگی (۷۲٦ الی ۷۹۲ هجری قمری)) اگر فرض کنیم که شروع والائیت حافظ بخاطر تمناهای شبانه اش از پنجاه سالگی اواتفاق افتاده باشد و اشعار شگفت آورش که میشود با آنها همچون آیات خداوندی فال گرفت از این سن به او الهام گشته که او آنها را بنظم در آورده و برای رساندن به ثبت

نهائی بر روی آنها کار نموده و اگر کسری داشته در شبهای راز و نیاز بعدی و الهامات جدید آنرا کامل کرده تا غزلی از غزلهای والائیش آماده نشر گردد ، اگر حافظ هر ماه یک غزل از فیض الهی سروده و آماده نشر کرده باشد تعداد غزلهایش باید حدود ۱۹۰ غزل باشد و اگر هر ماه دو غزل بدین روش سروده باشد حداکثر غزلهایش ۳۸۰ عدد بیشتر نمی گردد درحالیکه آمار آن در نسخ مختلف بسیار بیش از این مقدار میباشد . این مسئله با توجه به مشکلاتی که با بعضی از غزلیات حافظ وجود دارد فقط اینگونه میتواند قابل توضیح باشد که بعد از فوت حافظ بعلت معروفیت و همنشین بودن غزلیات حافظ با مردم و جای داشتن در دل آنها و جاودان گشتن در دل پارسی زبانان بعضی از شعرای خوب درباری عهد او و یا زمانهای بعد که نامی بدر نکرده اند و معروف نمی باشند بخواهند اشعار خود را جاودان سازند حاصلش میشود غزلیاتی که بنام حافظ گفته شده و بنام او در دیوان جای گرفته است و یا اشعاری که به خود غزلیات حافظ اضافه شده با این قصد که سمت و سوی آنها در مسیر تعریف از حاکم وقت قرارگیرد .

شعر زیر در شرح ضمیمه ذیل غزل ۲۵۶ نسخه قزوینی آمده است که به معرفی شاعران هم عصر حافظ میپردازد که بنظر میرسد بیشتر غزلهای غیرحافظی و بخصوص ابیات نفوذی درغزلیات بکرحافظ متعلق به شاعرانی باشد که نامشان در شعر زیر مشخص گردیده است :

" چه جای گفته خواجو و شعر سلمان است   که شعر حافظ بهتر ز شعر خوب ظهیر "

براین اساس هر کس در سالهای بعداز حافظ به جمع آوری اشعار او اقدام کرده است تمام اشعار زیبا و وزینی که نام حافظ را دربیت انتهائی (یا یکی از ابیات دیگر غزل) داشته اند جمع آوری و بعنوان یک نسخه از غزلیات حافظ عرضه داشته است که شرح کامل آن بوسیله علامه قزوینی درشرح شروع نسخه تنظیمی ایشان آمده است .

حال بااین هجوم عظیم که بوسیله شعرای مختلف به غزلیات حافظ گشته است چگونه میشود غزلیات حافظ را غربال کرد و چگونه میتوان فهمید که آیا شعر دردست متعلق به حافظ است یا خیر ؟ باید گفت که این کار اتفاقا در خصوص حافظ ساده است ولی درخصوص شعرای بزرگ و معروف دیگر بسیار مشکل چرا؟ زیرا وضعیت طی طریق کردن و مقاصدی که ایشان میخواهند به دیگران عرضه دارند باهم فرق میکند بدین معنی که تمام شعرای بزرگی پارسی زبان دارای کتب مختلف شعری بوده که شامل غزلیات ، قصائد ، مثنوی و رباعیات میباشد و به نام ایشان معروف گشته اند و تقریبا از قبل و شروع دوران میانسالی به سرودن آنهاپرداخته و باتکامل روحی خود اشعار بسیار زیباتری سروده اند که در کارهایشان همچون جواهر میدرخشدکه از این نظر مولانا و سعدی بسیار شاخصند . در سروده های ایشان اشعاری ارشادی، حماسی وتاریخی ویا داستانی دیده میشود و بعلت اینکه سبک و زیبائی اشعار شعرای غیر معروف (درباری) فاصله زیادی با اشعارمعمولی(جوانی) شعرای معروف (غیر حافظ) ندارد اگر شعری را شاعری غیر معروف بنام آنان (چون سعدی و دیگران) دردیوان ایشان جای داده باشد امکان تشخیص آن بسیار بعید است زیرا که ملاک مشخص و واضحی بعنوان شاخص اشعار این بزرگان ادبیات ایران وجود نداشته و نمیتوان از مجموعه اشعار یا هر نوع سروده ایشان شاخصهائی برای آن بوجود آورد تا بتوان اشعار نفوذی در دیوان ایشان را

مشخص و خارج ساخت ولی در مقابل حافظ با تمام استعداد خود در سرودن شعر با ورود به عرصه پاکباختگی و عشق ورزی با یار و رسیدن به وصلش ، کاملا از دنیا بریده و خود را وقف یار میکند . این مطلب چه معنی میدهد و حافظ چه خصوصیتی پیدا میکند ؟ باید گفت با توجه به والائیت و مقام وصلی که حافظ پیدا نموده (که شرحش داده شد) و همنشینی اش با قرآن ، اشعاری که از زمان والا گشتنش ثبت و نشر کرده است فقط غزل است و مقصدش فقط ارائه عشق یار و شناساندن یار به دیگران و خواندن همه به دوری کردن از دنیا ، ساختن خود، استقامت در راه یار و دستیابی به وصل شیرین یارست و به موضوعی خارج از این ورطه نمی پردازد زیرا که فقط این مشی را که از قرآن بر گرفته برای بشر اصل میداند.

* عاقبت دست بدان سرو بلندش برسد　　هرکه را در طلبش همت او قاصر نیست * (غزل ٥٦)
* به کوی میکده هر سالِکی که ره دانست　　دری دگر زدن اندیشه تبه دانست
زمانه افسر رندی نداد جز به کسی　　که سرفرازی عالم دراین کله دانست * (غزل ٣٨)

در این راستا اشعارش مشخصاتی خاص بخود گرفته که با تمام غزلهای شعرای معروف دیگر پارسی زبان بسیار فرق میکند و شکل و لحن و سمت و سوی عرفانی خاص خودرا داراست و این خصوصیاتست که او را درصدرعارفان و عاشقان ایران قرار میدهد ،

* شعر حافظ همه بیت الغزل معرفت است　　آفرین بر نفس دلکش و لطف سخنش * (غزل ٢٠٦)

اشعار حافظ در لحن و سبک و ساده سرائی خاص ، سحر آمیز و بی نظیر میباشند و به همین خاطر میتوان هر شعری که بنام او سروده شده باشد را براحتی از شعر او تشخیص داد ، خصوصیات خاص اشعار حافظ که خود نیز آنها را در اشعارش بصراحت بیان کرده است و در اصل خصوصیات خود اوست که در اشعارش نمودار گشته بشرح زیر است :

۱- حافظ یک پاکباخته و بریده از دنیاست بنابراین هیچ مقام و منسبی و جایگاه اجتماعی برایش جالب نیست و بشدت از آنها فاصله میگیرد پس در شعرش تعریف و تمجیدی از حاکمان و عوامل ایشان نیست که آنرا کفر نیز میداند.

۲- حافظ از لحاظ مادی محتاج و فقیر نیست و حتی از رسیدگی اضافی خانواده اش دوری میکند پس در شعرش روی آوری به مال دنیا در خصوص کسب یا گله ساختن برای از دست رفتن آن دیده نمیشود.

۳- او خود بعلت گذشتن از دنیا به لباس و ظاهرش اهمیت نمی دهد و ژنده میگردد ولی ناپاک نمیگردد که با مرام او سازگار نیست پس در شعرش آلودگی و بی طهارتی راترویج نمی کند .

۴- کار او در بدر بدنبال نشانی یافتن از یار خود (خداوند منانست) و عاشقی تمام است و حاضرست برای دیدن و وصل او هر چه دارد بدهد حتی اگر صد جان داشته باشد پس او از مرگ نمی ترسد که منتظر آن نیز هست تا وصل مدام یار گردد ولی حافظ در اشعارش هیچگاه تمنای مرگ از یار نمی کند زیرا که خداوند در قرآن مومنان را از آن منع کرده است .

۵- کلام او فقط عرضه خوبی ها ونیکی هاست و تمامی بر اساس قرآن کریم است بنابراین به کسی توهین نمیکند و بد کسی را نمی گوید و تهمتی به کسی نمی زند زیرا که اینها ابزار دنیاگرایان برای رسیدن به مطامع دنیاست ، بنابراین او با مخالفانش فقط با مهربانی ، ادب و در راه تربیت و راهنمائی ایشان کلام میگوید و ایشان را از عاقبت کاری که میکنند برحذر میدارد .

۶- حافظ یک عارف تمام است و به درجه ائی از عرفان رسیده است که جز یار نمی بیند بنابراین بر اساس اصل "همه اوست" او هیچگاه در اشعارش از خود تعریفی نمی کند و خود را موثر در کاری و یا مطرح در چیزی نمی داند و اعلام نمیسازد .

۷- حافظ در کلام و تمناهای خود از یار بتمامی تسلیم است " در دایره قسمت ما نقطه تسلیمیم لطف آنچه تو اندیشی حکم آنچه تو فرمائی " بنابراین در اشعارش با خضوع تمام با یار به صحبت می نشیند و به یار امر و نهی نمیکند و طلبکار یار نمی گردد و حالت نافرمانی نمیگیرد و حرمت خداوند را هیچگاه نمی شکند .

۸- حافظ تعابیر ارائه شده در شعر خود را از یار گرفته است و اولین ارائه کننده بسیاری از تعابیر زیبا برای یارست ، او در این تعابیر اصول عرفان را رعایت ساخته و در رابطه با توصیف یار از آنها خارج نمیگردد بدین معنی که از ابروی یار با حرمت عرفانی آن تعریف میکند و نه تمثیل دنیائی آن بنابراین هیچ تعبیر غیرعرفانی از یار در اشعار او بچشم نمی خورد و نوع دنیائی آن عینا برای آن تعبیر نمیگردد .

۹- حافظ بعلت داشتن علم قرآنی و وصل یار گشتن به مبانی وجود و رابطه وجودی انسان و خداوند در سطح بسیار خوبی آگاه بوده است بنابراین یکی از شاخص های اشعار حافظ شرحی است که در ارتباط با مبانی وجود انسان و رابطه اش با خداوند ارائه مینماید که بتمامی در حیطه و تعاریف قرآن کریم است و اشعار مخدوش در خصوص مبانی قرآنی بحث وجود و رابطه آن با خداوند مشخصا غیر حافظی میباشند .

۱۰- حافظ بعلت مهرورز بودنش و دور بودن از هر نوع کینه ورزی که مبنایش موارد دنیائیست به روحانیون و سردمداران دینی و حکام احترام میگذاشته و ایشان را به تفکر بیشتر و مراعات قرآن و احکام آن میخوانده و توصیه به تجربه ساختن عشق یار میکرده است همچنین هر چند که دیرنشینان (عابدان صومعه ها) را با وجود داشتن مسلک از دنیا گذشتن و تارک از دنیا بودن، عاشق و خالص گشته برای یار نمی داند ولی ایشانرا بخاطر همین عملکردشان که شعارش پاکباختگی و وقف یار گشتن است احترام خاصی برایشان قائلست بنابراین هیچ گونه بی احترامی و یا گوشه زدن تلخی به ایشان و مسلکشان نمی نماید.

۱۱- به داستانهای قرآنی و نکات عرفانی ارشادی آنها کاملا واقف بوده و آنچه از این بابت در اشعارش می آورد دقیق و عین آنست که قرآن عرضه میدارد .

۱۲- حافظ فقط بدنبال یار یکتای خودست و تمام تمثیلهایش از موارد دنیائی فقط تلاشی برای رساندن مقداری از منظور و آنچه که دروصلهایش دیده میباشد و مطلقا به یار زمینی و خوشیهای مجالس بزم دنیائی نظر نداشته و آنها را در اشعارش ارائه نساخته است که کاری دون ساز از مقامهای معنوی و عرفانیست .

۱۳- حافظ لحن خاص شعر خود را دارد و از کلامش لطافت و زیبائی و سادگی خاصی پیداست و هرگاه که آنرا میشنوی احساس میکنی که بزرگی مهربان همنشین توست و هیچگاه احساس نمی کنی که در مجلس رسمی حکام ویا بزرگی قرار داری و یا درحال تبلیغ عقاید گروهی و دسته ائی میباشی و یا حال و احوال مجالس بزم و عیش دنیائی کلام را فراگرفته باشد.

نکات فوق نکاتیست که در تمامی اشعارمتعلق به حافظ بطورکامل رعایت شده است و هر شعر ویا غزلی که خصوصیات فوق در آن نباشد نه اینکه مال حافظ نیست بلکه نمی تواند به هیچ عنوان متعلق به حافظ باشد زیرا با قبول آن ما حافظ رااز والائیت خاصی که دارد به زیر کشیده ایم و در سطح مومنانی چون خود قرار داده ایم و این کار جز کم لطفی و ناشکری از وجود چنین نعمت خداداده ائی به پارسی زبانان نمی باشد .

در این راستا برای رسیدن به غزلیات بکر حافظ اشعار نسخه قزوینی با ٤۹٥ غزل بهمراه قصاید و منسوبات و رباعیات آن بعنوان نسخه مبنای کار انتخاب و غزلیات مازاد موجود در نسخ دیگر نیز دریکی از نسخ قدسی (که محتوی ٦۰۰ غزل است) با درنظر گرفتن موارد فوق مورد بررسی قرارگرفت که موراد بدین شرح میباشند :

همانطور که از کلام سه قصیده آمده در نسخه قزوینی مشخص میباشد هر سه آن درمدح دو حاکم و وزیر ایشان است پس وضعشان به لحاظ حافظی نبودن مشخص است سپس غزلیات حافظ است که اصل بررسی این نسخه را تشکیل میدهد بعد از بخش غزلیات ، مثنوی سی بیتی بنام حافظ در این نسخه آمده است که با معروفیتی که دارد حداکثر میتواند حاوی اشعاری از دوران جوانی حافظ باشد که با اشعار دیگران بشدت مخلوط گشته بخصوص که سیر معنی خاصی را نیز دنبال نمی کند و بعلت اینکه اشعار جوانی حافظ نیز درهمان سطوح است قابل جدا سازی نیستند و حافظ خود نیز تمایلی به ارائه آنها نداشته است ، بعد از آن ساقی نامه شصت بیتی حافظ ارائه شده است که کلام شعر نشان میدهد مشخصا بوسیله همان شاعرانی سروده شده است که قصیده هارا سروده اند و سپس قسمت اشعار منسوب (مقطعات) به تعداد سی و چهار مقطع شعری در نسخه قزوینی آمده است که متاسفانه با در نظر گرفتن مشخصات فوق برای اشعار حافظ هیچکدام حافظی نیستند و در آخر نیز قسمت رباعیات منسوب به حافظ دراین نسخه آمده است که از چهل ودو رباعی ثبت شده فقط رباعی شماره ۹ بشرح زیر که بسیار معروف نیز میباشد میتواند متعلق به حافظ باشد و لاغیر :

* امشب ز غمت میان خون خواهم خفت	از بستر عافیت برون خواهم خفت
باور نکنی خیال خود را بفرست	تا درنگرد که بی تو چون خواهم خفت *

در خصوص نسخه قدسی غزلیات حافظ ، غزلیات مازاد از نسخه قزوینی (حدود ۱۰٥ غزل) مشخص و بررسی شد که فقط دوغزل با مطلعهای :

" مژده ای دل که مسیحا نفسی می آید — که ز انفاس خوشش بوی کسی می آید " و دیگری

"من خرابم ز غم یار خراباتی خویش — میزند غمزه او ناوک غم بر دل ریش "

از غزلیات بکر حافظ بود که برای این نسخه برداشت شد (که البته جای بسی تعجب است که غزل اول که به لحاظ معنی ، سبک و لطافت بسیار والاست و از غزلیات شگفت انگیز حافظ میباشد چرا مورد توجه علامه قزوینی واقع نشده و به آن در هیچ قسمتی از نسخه خود اشاره ائی نکرده است) و متاسفانه دیگر غزلیات مازاد در نسخه قدسی هیچکدام بعلت عدم رعایت مشخصات فوق غزل حافظی تشخیص داده نشدند .

در خصوص غربال غزلیات ثبت شده بنام حافظ در نسخه قزوینی برای نگارش این نسخه(بکر) ترتیب غزلها بر مبنای نسخه قزوینی رعایت گشته و غزلیات آن بدو قسمت غزلیات بکر حافظ با ۳۶۷ غزل (۳۶۵ غزل بکر از نسخه قزوینی و دو غزل بکر از نسخه قدسی کلا ۳۶۷ غزل بکر) و سپس قسمت غزلیات غیر حافظی (نسخه قزوینی) با ۱۲۹ غزل مشخص و ارائه گشته اند (که البته با در نظر گرفتن این ۱۲۹ غزل تعداد کل غزلهای غیر حافظی که رسما بنام حافظ ثبت شده است با احتساب غزلهای غیر حافظی نسخه قدسی روی هم به ۲۳۳ غزل میرسد) . در ارتباط با غربال اشعار نفوذی به غزلیات بکر حافظ، اشعار مربوطه در این نسخه که جدا گشته ودر پائین هر غزل آورده شده است ، کلا به تعداد ۴۸۳ بیت میباشند که نسبت به تعداد کلا اشعار بکر حافظ در این نسخه که حدود ۲۵۰۰ بیت میباشند نزدیک بیست درصد آن را تشکیل میدهد که خود نشانگر شدت هجومی است که به اشعار حافظ گشته است که همانطور که عرض شد علتش والائیت و محبوبیت حافظ در میان مردم بوده است که البته اینکار رسمی است دیرینه که محبوبان پاک وخالص خداوند در میان مردم از طریق هواداران کج فهم وآنانیکه میخواهند خود را ازطریق ایشان مطرح نمایند با ارائه حکایات ویا اشعاری بنام ایشان مورد هجوم قرار میگیرند که نمونه بسیار معروف دیگر درمیان ایرانیان که اینچنین مورد هجوم قرار گرفته است علی بن ابی طالب (ع)میباشد .

علاقه مندان برای بررسی دیگر انواع اشعار منسوب به حافظ (قصائد و غیرو) درنسخ قزوینی و قدسی که با شرح بالا غیر حافظی تشخیص داده شده اند و دراین نسخه ارائه نگشته اند میتوانند به خود نسخ فوق مراجعه نمایند. همچنین غزل (۱۸۸) بکر این نسخه یک غزل مراوده ائی میان حافظ و شاعری دیگرمیباشد که نمونه خوبی برای مقایسه اشعار حافظی وغیر حافظی است .

همچنین باید به دو مطلب کوتاه دیگر در خصوص اشعار حافظ اشاره نمائیم که در همراه گشتن با معانی ابیات شگفت انگیز حافظ بما کمک میکند ، اول علت این مسئله که چرا حافظ از تعبیر مست گشتن استفاده میکند و برای رسیدن به آن حالت و احساس از تمامی عوامل وابسته به آن مثل میکده ، می ، جام ، شراب ، ساغر ، صبوح و غیرو در اشعارش استفاده مینماید باید توجه داشته باشیم که تعابیر فوق هیچ ارتباطی به می و شراب دنیائی نداشته بلکه حافظ درراه وصل و تلاشی که برای آن میکند بدرک احساس و حالتهائی خاص میرسد که حالتی بسیار معنوی و عرفانی است ولی چون میخواهد آنهارا بیان سازد تا رهروان دیگر بتوانند درکی از آن داشته باشند باید آنرا با حالت و احساسی دنیائی تشبیه نماید تا قابل درک برای عشاق تازه کار باشد به همین خاطر احساس و حالت کسب کرده دروصلهای خود را بعلت شباهتی که میان آن با حالت مستی و سرخوشی از شراب دنیائی دارد را با آن

تشبیه نموده و متعاقب آن دراشعارش برای رساندن کامل حالتهای سرخوشی از یار ناچارا به نام بردن از ملزومات ، وسائل و مکانهای توزیع آن نیز پرداخته است . بنابراین تمام حالات واحساسی که عرفا ازوصل یار ارائه میسازند فقط تشبیهی است با مشابه تقریبی موجود آن در دنیا برای درک بهتر راهیان یار از آن حالات .

* ساقی آن سایه ابرست و بهار و لب جوی   من چه گویم چه کنی اهل دلا خود تو بگوی *   (غزل ۳۶۰)

* غرض ز مسجدو میخانه‌ام وصال شماست   جز این خیال ندارم خدا گواه من است *   (غزل ۴۳)

دوم ، تخلص "حافظ" که او برای خود انتخاب کرده است نیز خصوصیات خود را دارد که درمیان تخلصهای انتخابی دیگر شاعران دیده نمیشود و میتوان گفت بی نظیر است . شاید آورده باشند که او تخلص "حافظ" را بعلت حفظ بودن قرآن کریم برای خود انتخاب کرده است ولی انتخاب نام" حافظ " بعنوان تخلص بوسیله حافظ بسیار عارفانه و عالمانه است زیرا او از این تخلص در اشعارش با سه معنی زیر که نشانگر سه طرف مخاطبش میباشند استفاده کرده است :

۱- بکار بردن تخلص "حافظ" برای اشاره و مخاطب قرار دادن خود در بیت انتهائی غزل

۲- بکار بردن تخلص "حافظ" برای اشاره به یار یاخداوند بعنوان مخاطب در بیت انتهائی غزل (آنکه حافظ اصلیست و اوست که حافظ همه است و لاغیر) .

۳- بکار بردن تخلص "حافظ" برای اشاره و مخاطب قرار دادن دیگر افراد در بیت انتهائی غزل (که طبق حکم خداوند در قرآن موظف به حفظ خود از ناپاکیهای دنیا و روی آوردن به او گشته اند ، حافظ در واقع به دیگر افراد میگوید " ای حافظ یا ای آنکه موظفی خودرا پاک نگاه داری ") .

به همین خاطر مقصود حافظ از بکار بردن تخلص " حافظ " در بیت انتهائی غزلهای بکر بصورت زیر بعد از شرح معانی اشعار در ذیل هر غزل آمده است :

* (حافظ: حفظ کننده، خداوند، یار) * (حافظ خود حافظ) * (حافظ خود و عام) *

* (حافظ : بصورت عام) *

بحث نگارش اشعار بکر حافظ و معانی آن بصورت پنگلیش(نگارش اشعار بکر و معانی با حروف انگلیسی) وقتی توجه اینجانب راجلب کردکه مسئله جمع پارسی زبانان خارج ازکشور دراین خصوص درجلسه ائی مطرح گشت بدین معنی که بسیار از فرزندان پارسی زبان که درخارج از کشور زندگی میکنند زبان پارسی را از والدین خود آموخته و به آن تکلم مینمایند ولی درارتباط باخواندن خط پارسی یابخوبی نمیتوانندبخوانند ویا اصلا نمیتوانند بخوانند بنابراین ایشان از بسیاری از مطالب ارائه شده در ادبیات پارسی محروم میگردند و اگر چیزی هم از این هدیه خدائی یاد گرفته باشند بصورت جسته وگریخته از آشنایان پارسی زبان خود آموخته اند ، ولی با نگارش اشعار بکر حافظ و

معانی آنها بصورت پینگلیش حال تمام غزلیات بکر حافظ در اختیار ایشانست که میتوانند با خواندن آن و کمک گرفتن از معانی آن و همفکری با دیگر پارسی زبانان از خواندن اشعار حافظ چون ما لذت برده و با درک مفاهیم آنها با فرهنگ پارسی زبانان هرچه بیشتر آشنا گشته و به آنها بیشتر دست یابند و چه بسا با ترجمه آنها برای دوستان خود در بسط و ارائه فرهنگ پارسی زبانان نیرو و مسیر خاصی پایه گذاری گردد . همچنین اشعار پنگلیش حافظ برای خود افراد پارسی زبان نیز مفید است زیرا بعلت اینکه اشعار بر اساس تلفظ درست هرکلمه به پنگیش نگارش شده است اگر کسی در خواند کلمه ائی از اشعار به خط پارسی مشکل پیدا نماید میتواند با مراجعه به نگارش پنگلیش آن نحوه صحیح تلفظ کلمه را بیابد .البته قابل ذکر است که اشعار حافظ و معانی آنها بصورت پنگلیش بعلت فرهنگ جدید مطالعه بوسیله جوانان از طریق برنامه های تهیه شده برای گوشیهای همراه (اپ) فقط بصورت " اپ حافظ بکر " برای هر دو سیستم عامل گوشی های همراه عرضه میگردد و از طریق بازارهای مربوطه قابل تهیه است.

همچنین این نسخه با توجه به همراه بودن معانی اشعار بکر در زیر هرغزل و شرح "چرا بکر" فوق که معرفی کننده حافظ و مقام عرفانی اوست و جدا سازی اشعار غیر حافظی در زیر هر غزل و مشخص ساختن تعابیرغیر عرفانی ابیات غزلیات غیر حافظی در بخش انتهائی کتاب و همچنین بخش کشف غزل بکر از تعابیرو لغات خاص، این نسخه را بعنوان نسخه ائی قابل تدریس برای مدرسین محترم ادبیات فارسی نیز ساخته است و انشاالله دانشجویان عزیز عرصه علم وفرهنگ پارسی بتوانند از آن بهره کافی ببرند .

درآخربایدگفت حافظ از افتخارات و نعمتی بزرگ برای پارسی زبانان محسوب میگرددو باید به او باتعصبی خاص نگریست و حاصل تلاش وعرضه عشقی را که برای ما به ارث گذارده است بخوبی پاس بداریم و درحفظ، نشر و تدریس فقط اشعار بکر او تعصب داشته و کوشا باشیم تاذهن نسلهای امروز و آینده از اشعار نا همگون منتسب به او آلوده نگردد و مقام واقعی حافظ را در عشق و آزادگی احساس نمایند و اشعار زیباو سحرآمیز او ورد زبانشان گردد و همچنین آنانکه به او روی می آورندتا مشورتی سازند و راهنمائی بگیرند با خود او تماس برقرار نمایند و بدون سردرگمی با دلی شاد و آرام از نزد او باز آیند ، انشاالله.

* هر دمش با من دلسوخته لطفی دگرست   این گدا بین که چه شایسته انعام افتاد * (غزل ٨٤)

****

***

*

عبدالرضا عبدالوهابی

(زمستان ۱۳۹۶ شمسی - ۲۰۱۸ میلادی)

شماره غزل	مطلع غزل (بکر)
۱-	الا یـا ایها السـالاقی ادر کاسا و نـاولها
۲-	صلاح کـار کجـا و من خراب کجا
۳-	اگر آن تُرک شیرازی بدست آرددل ما را
٤-	صبـا به لطف بگو آن غـزال رعنا را
٥-	دل می‌رود ز دستم صاحب دلان خدا را
٦-	به ملازمان سلطان که رساند این دعـا را
۷-	صوفی بیا که آینه صافیست جـام را
۸ -	ساقیا برخیز و در دِه جـام را
۹-	رونق عهد شِباب است دگر بستان را
۱۰-	دوش از مسجد سوی میخانه آمد پیر ما
۱۱-	ساقی به نور باده برافروز جام ما
۱۲-	ای فروغ مـاه حُسن از روی رخشان شما
۱۳-	ای شـاهد قدسی ، کِه کشد بند نقـابت
١٤-	خمی که ابروی شوخ تو در کمان انداخت
۱۵-	ای نسیم سحـر آرامگـه یـار کجاست
١٦-	روزه یک سو شد و عیدآمد و دلها برخاست
۱۷-	سینه از آتش دل در غم جانانه بسوخت
۱۸-	دل و دینم شد و دلبر به ملامت برخاست
۱۹-	چو بشنوی سخن اهل دل مگو که خطاست
۲۰-	خیال روی تو در هر طریق همره ماست
۲۱-	مطلب طاعت و پیمان و صلاح ازمن مست
۲۲-	شکفته شد گل حمرا و گشت بلبل مست
۲۳-	زلف آشفته و خوی کرده وخندان لب ومست
٢٤-	دردیر مغـان آمد یارم قدحی در دست
۲۵-	به جان خواجه و حق قدیم و عهد درست
٢٦-	زلفـت هزار دل به یکی تـار مـو ببست
۲۷-	خلوت گزیده را به تماشا چه حاجت است
۲۸-	رواق منظر چشم من آشیـانه توست
۲۹-	برو بکارخود ای واعظ این چه فریادست
۳۰-	تـا سر زلف تو در دست نسیم افتادست
۳۱-	بیا که قصر اَمل سخت سست بنیادست
۳۲-	بی مهر رُخـت روز مرا نـور نماندست
۳۳-	باغ مرا چـه حاجـت سرو و صنوبر است
٣٤-	المنـهٔ للـه کـه در میکـده بـاز است
۳۵-	کنون که بر کف گل جام باده صاف است

شماره غزل	مطلع غزل (بکر)
٣٦-	در این زمانه رفیقی که خالی از خلل است
۳۷-	گُل دربر و می درکف ومعشوق بکام است
۳۸-	به کوی میکده هر سالِکی که ره دانست
۳۹-	صوفی از پرتو می راز نهانی دانست
٤٠-	به دام زلف تو دل مبتلای خویشتن است
٤١-	لعل سیراب بخون تشنه، لب یارمن است
٤٢-	روزگاریست که سودای بتان دین من است
٤٣-	مرا که گوشه میخانه خانقـاه من است
٤٤-	ز گریه مردم چشمم نشسته درخون است
٤٥-	خـم زلـف تـو دام کفـر و دین است
٤٦-	دل سـراپـرده محبـت اوسـت
٤٧-	آن سیه پرده که شیرینی عالم با اوست
٤٨-	سر ارادت ما و آستان حضرت دوست
٤٩-	آن پیک نامور که رسید از دیـار دوست
٥٠-	صبا اگر گذری افتدت به کشور دوست
٥١-	روی تو کس ندید و هزارت رقیب هست
٥٢-	خوشترز عیش صحبتِ باغ و بهار چیست
٥٣-	بنال بلبـل اگر با مَنَـت سر یاریست
٥٤-	یارب این شمع دل افروز ز کاشانه کیست
٥٥-	کس نیست کـه افتاده آن زلف دوتا نیست
٥٦-	مردم دیده ما جز به رخت ناظر نیست
٥٧-	روشن از پرتو رویت نظری نیست،که نیست
٥٨-	حاصل کارگه کون و مکان این همه نیست
٥٩-	خواب آن نرگس فتان تو بی چیزی نیست
٦٠-	جز آستان توام در جهان پناهی نیست
٦١-	بلبلی برگ گلی خوش رنگ در منقار داشت
٦٢-	دیدی که یار جز سر جور و ستم نداشت
٦٣-	عیب رندان مکن ای زاهد پاکیزه سرشت
٦٤-	صبحدم مرغ چمن با گل نوخاسته گفت
٦٥-	آن تُرک پری چهره که دوش از بر ما رفت
٦٦-	گر ز دست زلف مُشکینت ملالی رفت رفت
٦٧-	ساقی بیا که یار ز رخ پرده برگرفت
٦٨-	حسنت به اتفاق ملاحت جهان گرفت
٦٩-	شنیده‌ام سخنی خوش که پیر کنعان گفت
۷۰-	ای هـدهـد صبا به سبا می‌فرستمت

شماره غزل	مطلع غزل (بکر)
۷۱-	چه لطف بود که ناگاه رشحه قلمت
۷۲-	زان یار دلنوازم شُکریست با شکایت
۷۳-	مدامم مست می‌دارد نسیم جعد گیسویت
۷۴-	اگر به مذهب تو خون عاشق است مباح
۷۵-	شراب و عیش نهان چیست ،کار بی‌بنیاد
۷۶-	دوش آگهی ز یار سفر کرده داد باد
۷۷-	روز وصل دوستداران یاد باد
۷۸-	جمالت آفتاب هر نظر باد
۷۹-	صوفی ار باده به اندازه خورد نوشش باد
۸۰-	تنت به ناز طبیبان نیازمند مباد
۸۱-	حسن تو همیشه در فزون باد
۸۲-	دیریست که دلدار پیامی نفرستاد
۸۳-	پیرانه سرم عشق جوانی به سر افتاد
۸۴-	عکس روی تو چو در آینه جام افتاد
۸۵-	آنکه رخسار و آن رنگ به گل نسرین داد
۸۶-	همای اوج سعادت به دام ما افتد
۸۷-	درخت دوستی بنشان که کام دل به بار آرد
۸۸-	کسی که حُسن و خط دوست در نظر دارد
۸۹-	دل ما به دور رویت ز چمن سراغ دارد
۹۰-	آن کس که به دست جام دارد
۹۱-	دلی که غیب نمای است و جام جم دارد
۹۲-	بتی دارم که گِرد گل ز سنبل سایبان دارد
۹۳-	هر آن که جانب اهل خدا نگه دارد
۹۴-	مطرب عشق عجب ساز و نوایی دارد
۹۵-	آن که از سنبل ، او غالیه تابی دارد
۹۶-	اگر نه باده ، غم دل ز یاد ما ببرد
۹۷-	سحر بلبل حکایت با صبا کرد
۹۸-	بیا که تُرک فلک خوان روزه غارت کرد
۹۹-	به آب روشن می ، عارفی طهارت کرد
۱۰۰-	چو باد ، عزم سر کوی یار خواهم کرد
۱۰۱-	دست در حلقه آن زلف دوتا نتوان کرد
۱۰۲-	دل از من بُرد و روی از من نهان کرد
۱۰۳-	یاد باد آن که ز ما وقت سفر یاد نکرد
۱۰۴-	دلبر برفت و دلشدگان را خبر نکرد
۱۰۵-	دیدی ای دل که غم عشق دگربار چه کرد
۱۰۶-	سالها دل طلب جام جم از ما می‌کرد
۱۰۷-	به سِر جام جم آنگه نظر توانی کرد
۱۰۸-	چه مستی است ندانم که رو به ما آورد
۱۰۹-	یارم چو قدح بدست گیرد
۱۱۰-	دلم جز مهر مهرویش طریقی بر نمی‌گیرد
۱۱۱-	ساقی ار باده از این دست به جام اندازد
۱۱۲-	دمی با غم بسر بردن جهان یکسر نمی‌ارزد
۱۱۳-	در ازل پرتو حُسنت ز تَجلّی دم زد
۱۱۴-	اگر روم ز پی اش فتنه‌ها برانگیزد
۱۱۵-	هر که او با خطِ سبزت سر سودا باشد
۱۱۶-	من و انکار شراب این چه حکایت باشد
۱۱۷-	نقد صوفی نه همه صافی بی‌غش باشد
۱۱۸-	خوش است خلوت اگر یار ، یار من باشد
۱۱۹-	کی شعرتر انگیزد ، خاطر که حزین باشد
۱۲۰-	نفس باد صبا مشک فشان خواهد شد
۱۲۱-	روز هجران و شب فرقت یار آخر شد
۱۲۲-	ستاره‌ای بدرخشید و ماه مجلس شد
۱۲۳-	گداخت جان که شود کار دل تمام و نشد
۱۲۴-	یاری اندر کس نمی‌بینیم یاران را چه شد
۱۲۵-	زاهد خلوت نشین دوش به میخانه شد
۱۲۶-	در نمازم خم ابروی تو با یاد آمد
۱۲۷-	مژده ای دل که دگر باد صبا باز آمد
۱۲۸-	صبا به تهنیت از پیر می فروش آمد
۱۲۹-	سحرم دولت بیدار به بالین آمد
۱۳۰-	نه هر که چهره برافروخت دلبری داند
۱۳۱-	هر که شد محرم دل در حرم یار بماند
۱۳۲-	رسید مژده که ایام غم نخواهد ماند
۱۳۳-	بعداز این دست من و دامن آن سرو بلند
۱۳۴-	حسب حالی ننوشتی و شد ایامی چند
۱۳۵-	دوش وقت سحر از غصه نجاتم دادند
۱۳۶-	دوش دیدم که ملایک در میخانه زدند
۱۳۷-	نقدها را بود آیا که عیاری گیرند
۱۳۸-	گر می فروش حاجت رندان روا کند
۱۳۹-	دلا بسوز که سوز تو کارها بکند
۱۴۰-	مرا به رندی وعشق ، آن فضول عیب کند

شماره غزل   مطلع غزل (بکر)

۱۴۱- طایـر دولـت اگر بـاز گُـذاری بکند
۱۴۲- آن کیست کزراه کرم باچون منی یاری کند
۱۴۳- سـرو چمان مـن چرا میل چمن نمی‌کند
۱۴٤- در نظربـازی مـا بی‌خبـران حیـرانند
۱٤۵- سمن بویان غُبارغم چو بنشینند، بنشانند
۱٤٦- غـلام نرگس مست تو تـاجـدارانند
۱٤۷- آنان که خـاک را به نظر کیمیا کنند
۱٤۸- شاهدان گـر دلبری زینسان کنند
۱٤۹- دانی کـه چنگ و عـود چـه تقریر می‌کنند
۱۵۰- شراب بی‌غش و ساقی خوش، دو دام رهند
۱۵۱- یاد باد آن که نهانـی نظرت با ما بود
۱۵۲- تـا ز میخانه و می نام و نشان خواهد بود
۱۵۳- یـاد باد آن کـه سر کوی توام منزل بود
۱۵٤- دوش در حلقه ما قصه گیسوی تو بود
۱۵۵- دوش می‌آمد و رخساره بـرافروخته بود
۱۵٦- یک دو جامم دی سحرگه اتفاق افتاده بود
۱۵۷- گـوهر مخزن اسرار همان است که بود
۱۵۸- بـر سر کوی تو هر کو به ملالت برود
۱۵۹- هرگزم نقش تو از لوح دل و جان نرود
۱٦۰- خوشا دلی که مدام از پـی نظر نرود
۱٦۱- ساقی حدیث سرو و گل و لاله می‌رود
۱٦۲- ترسم کـه اشک در غم ما پـرده در شود
۱٦۳- گرچه بر واعظ شهراین سخن آسان نشود
۱٦٤- گر من از باغ تو یک میوه بچینم چه شود
۱٦۵- مگر بـه بـاده مُشکین دلم کشد ، شاید
۱٦٦- گفتم غـم تـو دارم گفتـا غمت سر آید
۱٦۷- بـر سـر آنم کـه گـر ز دست بـرآید
۱٦۸- دست از طلب ندارم تـا کـام من برآید
۱٦۹- چـو آفتـاب می از مشرق پیـاله برآید
۱۷۰- زهـی خجسته زمانـی کـه یـار بـاز آید
۱۷۱- اگـر آن طایـر قـدسی ز درم باز آید
۱۷۲- مـژده ای دل کـه مسیحـا نفسی می‌آید
۱۷۳- نفس بـرآمد و کـام از تو بر نمی‌آید
۱۷٤- جهان بر ابروی عیداز هلال وسمه کشید
۱۷۵- رسید مژده کـه آمد بهار و سبزه دمید

شماره غزل   مطلع غزل (بکر)

۱۷٦- ابـر آذاری برآمد بـاد نوروزی وزید
۱۷۷- معاشران از حریف شبانه یاد آرید
۱۷۸- بیا که رایت آن یـار جان پناه رسید
۱۷۹- الا ای طوطی گویـای اسـرار
۱۸۰- صبـا ز منزل جانان گذر دریغ مدار
۱۸۱- ای صبا نکهتی از خاک ره یـار بیار
۱۸۲- شب وصلت، شود طی نامه هجر
۱۸۳- گر بـود عمر به میخانه رسم بار دگر
۱۸٤- ای خرم از فروغ رخت لالـه زار عمر
۱۸۵- یوسف گم گشته بازآیدبه کنعان غم مخور
۱۸٦- نصیحتی کنمت بشنو و بهانه مگیر
۱۸۷- هزار شکر که دیدم به کام خویشت باز
۱۸۸- منی که دیده به دیدار دوست کردم باز
۱۸۹- ای سرو ناز حسن که خوش می‌روی به ناز
۱۹۰- درآ که در دل خسته تـوان در آید باز
۱۹۱- حـال خونین دلان کـه گوید باز
۱۹۲- بیا و کشتی ما در شَط شراب انداز
۱۹۳- خیـز و در کاسه زر آب طربناک انداز
۱۹٤- گلعـذاری ز گلستان جهان ما را بس
۱۹۵- دلا رفیق سفر ، بخت نیکخواهت بس
۱۹٦- درد عشقـی کشیـده‌ام کـه مپُرس
۱۹۷- دارم از زلف سیاهش گله چندان که مپرس
۱۹۸- بـازآی و دل تنگ مرا مونس جان باش
۱۹۹- به دور لاله قدح گیر و بی‌ریـا می‌باش
۲۰۰- صوفی گلی بچین و مُرَقّع به خار بخش
۲۰۱- باغبان گر پنج روزی صحبت گل بایدش
۲۰۲- فکر بلبل همه آن است که گل شد یارش
۲۰۳- شراب تلخ میخواهم که مردافکن بود زورش
۲۰٤- خوشا شیراز و وضع بی‌مثالش
۲۰۵- چو بر شکست صبا زلف عنبر افشانش
۲۰٦- یارب این نوگل خندان کـه سپردی به منش
۲۰۷- دوش ز رهـروی رسید این خبر بگوش
۲۰۸- هـاتفی از گـوشه میخـانه دوش
۲۰۹- دوش با من گفت پنهان کاردانی تیزهوش
۲۱۰- ای همه شکل تومطبوع وهمه روی توخوش

شماره غزل	مطلع غزل (بکر)
۲۱۱-	کنار آب و پای بیدو طبع شعر ویاری خوش
۲۱۲-	من خرابم ز غم یـار خراباتی خویش
۲۱۳-	دروفای عشق تو ،مشهور خوبانم چو شمع
۲۱۴-	سحر به بـوی گلستان ، دمی شدم در باغ
۲۱۵-	طالـع اگر مـدد دهد دامنش آورم به کف
۲۱۶-	زبـان خـامه ندارد سر بیـان فراق
۲۱۷-	مقام امن و می بی‌غش و رفیق شفیق
۲۱۸-	هزار دشمنم ار می‌کنند قصد هلاک
۲۱۹-	شَمَمتُ روحَ ودادٍ و شِمتُ برقَ وصال
۲۲۰-	اگر به کوی تو باشد مرا مجال وصول
۲۲۱-	هر نکته‌ای که گفتم در وصف آن شمایل
۲۲۲-	ای رُخت چون خُلد و لعلت سلسبیل
۲۲۳-	مرحبـا طایـر فـرخ پـی فرخنده پیام
۲۲۴-	طالب روی جوانی خوش نوخاسته‌ام
۲۲۵-	باز آی ساقیا کـه هـواخـواه خـدمتم
۲۲۶-	دوش بیماری چشم تو ببُرد از دستم
۲۲۷-	به غیر آنکه بشد دین و دانش از دستم
۲۲۸-	زلف بر باد مده تا ندهی بر بـادم
۲۲۹-	فاش می‌گویم و از گفته خـود دلشادم
۲۳۰-	مرا می‌بینی و هر دم زیادت می‌کنی دردم
۲۳۱-	سالهـا ، پیـروی مذهب رنـدان کردم
۲۳۲-	دیشب به سیـل اشک ره خـواب می‌زدم
۲۳۳-	هر چند پیر و خسته دل و ناتوان شدم
۲۳۴-	خیـال نقش تـو در کارگاه دیـده کشیدم
۲۳۵-	ز دست کـوته خـود زیـر بارم
۲۳۶-	گر چه افتاد ز زلفش گـرهی در کـارم
۲۳۷-	گـر دست دهد خـاک کف پای نگارم
۲۳۸-	در نهانخانه عشرت صنمی خوش دارم
۲۳۹-	مراعهدیست باجانان که تاجان دربدن دارم
۲۴۰-	من که باشم که بـر آن خاطر عاطر گذرم
۲۴۱-	تو همچو صبحی و من شمع خلوت سحرم
۲۴۲-	بـه تیغم گـر کِشی دستت نگیرم
۲۴۳-	مـزن بـر دل ز تاب غمـزه تیرم
۲۴۴-	نمـاز شام غریبان چو گریه آغازم
۲۴۵-	گر دست رسد در سر زلفین تو بازم

شماره غزل	مطلع غزل (بکر)
۲۴۶-	در خـرابـات مغـان گـر گذر افتد بازم
۲۴۷-	چـرا نه در پی عزم دیار خـود باشم
۲۴۸-	من دوستدار روی خوش و موی دلکشم
۲۴۹-	خیال روی تو چون بگذرد به گلشن چشم
۲۵۰-	گر چه از آتش دل چون خُم می درجوشم
۲۵۱-	گـر من از سـرزنش مدعیـان اندیشم
۲۵۲-	حجاب چهـره جـان می‌شود ، غبار تنم
۲۵۳-	بی تو ای سرو روان با گل و گلشن چه کنم
۲۵۴-	من نه آن رندم که تَرک شاهدو ساغرکنم
۲۵۵-	صنما بـا غـم عشق تـو چه تدبیر کنم
۲۵۶-	دیده دریا کنم و صبر به صحرا فکنم
۲۵۷-	به عزم تـوبـه سحر گفتم استخاره کنم
۲۵۸-	حاشا که من بـه موسم گل ترکِ مِی کنم
۲۵۹-	روزگاری شد، که درمیخانه خدمت می‌کنم
۲۶۰-	من ترک عشق شاهد و ساغر نمی‌کنم
۲۶۱-	به مژگان سیه کردی هزاران رخنه در دینم
۲۶۲-	حالیـا مصلحت وقـت در آن می‌بینم
۲۶۳-	در خرابات مغان نـور خـدا می‌بینـم
۲۶۴-	غـم زمـانه که هیچش کـران نمی‌بینم
۲۶۵-	خرم آنروز کـز این منزل ویران بروم
۲۶۶-	آن که پامال جفا کرد چو خاک راهم
۲۶۷-	دیـدار شد میسّر و جلوسی کنـار ، هم
۲۶۸-	دردم از یارست و درمان نیز هم
۲۶۹-	ما سرخوشان مستِ دل ازدست داده‌ایم
۲۷۰-	عمریست تا بـه راه غمت رو نهاده‌ایم
۲۷۱-	ما بدین در نه پی حشمت و جاه آمده‌ایم
۲۷۲-	فتَوی پیر مغان دارم و قولیست قدیم
۲۷۳-	خیـز تـا از در میخانه گشادی طلبیم
۲۷۴-	ما ز یـاران چشم یاری داشتیم
۲۷۵-	صلاح ازما چه میجویی که مستان راصلا گفتیم
۲۷۶-	ما درس سحر در ره میخانه نهادیم
۲۷۷-	بیا تا گل برافشانیم و می در ساغر اندازیم
۲۷۸-	دوستان وقت گل آن به که بعشرت کوشیم
۲۷۹-	مـا نگوییـم بـد و میل به ناحق نکنیم
۲۸۰-	سرم خوش است و به بانگ بلند میگویم

شماره غزل	مطلع غزل (بکر)	شماره غزل	مطلع غزل (بکر)
281-	بارها گفته‌ام و بار دگر می‌گویم	316-	از من جدا مشو که تو ام نور دیده‌ای
282-	فاتحه را چو آمدی بر سر خفته‌اش بخوان	317-	دامن کشان همی‌شد در شُرب زرکشیده
283-	چندان که گفتم غم با طبیبان	318-	از خون دل نوشتم نزدیک دوست نامه
284-	می‌سوزم از فراقت روی از جفا بگردان	319-	چراغ روی تو را شمع گشت پروانه
285-	یا رب آن آهوی مشکین به خُتن بازرسان	320-	سحرگاهان ز مخمور شبانه
286-	شاه شمشاد قدان خسرو شیرین دهنان	321-	ساقی بیا که شد قدح لاله پر ز می
287-	بهار و گل طرب انگیز گشت و توبه شکن	322-	به صوت بلبل و قُمری اگر ننوشی می
288-	خوشتر از فکر می و جام چه خواهد بودن	323-	مخمور جام عشقم ساقی بده شرابی
289-	منم که شهره شهرم به عشق ورزیدن	324-	ای که بر ماه از خط مشکین نقاب انداختی
290-	ای روی ماه منظر تو، نوبهار حُسن	325-	ای دل مباش یک دم خالی ز عشق و مستی
291-	گلبرگ را ز سنبل مُشکین نقاب کن	326-	با مدعی بگویید اسرار عشق و مستی
292-	صبح است ساقیا قدحی پرشراب کن	327-	ای قصه بهشت ز کویت حکایتی
293-	ز در درآ و شبستان ما منور کن	328-	دیدم به خواب دوش که ماهی بر آمدی
294-	کرشمه‌ای کن و بازار ساحری بشکن	329-	سحر با باد می‌گفتم حدیث آرزومندی
295-	بالا بلند عشوه‌گر نقش باز من	330-	چه بودی ار دل آن ماه، مهربان بودی
296-	چون شوم خاک رهش دامن بیفشاند زمن	331-	به جان او که گَرَم دسترس به جان بودی
297-	نکته‌ای دلکش بگویم، خال آن مه رو ببین	332-	چو سرو اگر بخرامی دمی به گلزاری
298-	شراب لعل کش و روی مه جبینان بین	333-	شهریست پرظریفان و از هر طرف نگاری
299-	می‌فکن برصف رندان نظری بهتر از این	334-	تو را که هر چه مراد است در جهان داری
300-	به جان پیر خرابات و حق صحبت او	335-	ای که در کوی خرابات مقامی داری
301-	مزرع سبز فلک دیدم و داس مه نو	336-	ای که مهجوری عشاق روا می‌داری
302-	ای آفتاب آینه دار جمال تو	337-	روزگاریست که ما را نگران می‌داری
303-	تاب بنفشه می‌دهد طره مشک سای تو	338-	خوش کرد یاوری فلکت و به روز داوری
304-	مرا چشمیست خون افشان زدست آن کمان ابرو	339-	طفیل هستی عشقند آدمی و پری
305-	خط عذار یار که بگرفت ماه از او	340-	ای که دائم به خویش مغروری
306-	گلبن عیش می‌دمد ساقی گلعذار کو	341-	ز کوی یار می‌آید نسیم باد نوروزی
307-	ای پیک راستان خبر یار ما بگو	342-	عمرتو بگذشت به بی‌حاصلی و بوالهوسی
308-	خنک نسیم معنبر شمامه‌ای دلخواه	343-	نوبهارست در آن کوش که خوشدل باشی
309-	عیشم به راه است از یار دلخواه	344-	هزار جهد بکردم که یار من باشی
310-	گر تیغ بارد در کوی آن ماه	345-	ای دل ار خراب از می گلگون باشی
311-	وصال او ز عمر جاودان به	346-	زین خوش رقم که بر گل رخسار می‌کشی
312-	ناگهان پرده برانداخته‌ای یعنی چه	347-	کتبت قصة شوقی و مد معی باکی
313-	در سرای مغان رُفته بود و آب زده	348-	سلام الله ما کر اللیالی
314-	دوش رفتم به در میکده خواب آلوده	349-	بنهاد کار حُسنت بر عشق من کمالی
315-	ای که با سلسله زلف دراز آمده‌ای	350-	این خرقه که من دارم در رهن شراب اولی

شماره غزل	مطلع غزل (بکر)	شماره غزل	مطلع غزل (بکر)
۳۵۱-	زان می عشق کزو پخته شود هر خامی	۳۶۰-	ساقی آن سایه ابرست و بهار و لب جوی
۳۵۲-	که بَرَد به نزد شاهان ز من گدا پیامی	۳۶۱-	بلبل ز شاخ سرو به گلبانگ به لَوی
۳۵۳-	سینه مالامال درد است ای دریغا مرهمی	۳۶۲-	ای بی‌خبر بکوش که صاحب خبر شوی
۳۵۴-	به دلبرم که رساند نوازش قلمی	۳۶۳-	سحرم هاتف میخانه به دولتخواهی
۳۵۵-	هوا خواه توام جانا و می‌دانم که می‌دانی	۳۶۴-	در همه دیر مغان نیست چو من شیدایی
۳۵۶-	با یار زیرک و از باده کهن، دو منی	۳۶۵-	سلامی چو بوی خوش آشنایی
۳۵۷-	صبح است و ژاله می‌چکد از ابر بهمنی	۳۶۶-	ای پادشه خوبان داد از غم تنهایی
۳۵۸-	بشنو این نکته که خود را ز غم آزاده کنی	۳۶۷-	می خواه و گل افشان کن از دهر چه می‌جویی
۳۵۹-	ای دل به کوی عشق گذاری نمی‌کنی؟		

غزلیات

حافظ (بکر)

{۱}

الا یـاایها الســاقی ادر کاســا و نــاولهــا / که عشق آسان نمود اول ولی افتاد مشکل‌ها
به بوی نافه‌ای کاخر صبا زان طُره بگشاید / زتاب جَعد مُشکینش چه خون افتاد دردل ها
مرا درمنزل جانان چه امن عیش چون هردم / جرس فریاد می‌دارد که بربندید محمل ها
شب تاریک و بیم موج و گردابی چنین هایل / کجا داننـد حـال ما سبکبـاران سـاحل ها
همه کارم ز خود کامی به بدنامی کشید آخر / نهان کی ماندآن رازی کزو سازند محفل ها
به می سجاده رنگین کن گرت پیرمغان گوید / که سالک بی‌خبر نبود ز راه و رسم منزل ها

حضوری گر همی‌خواهی از او غایب مشو حافظ
متـی مـا تلـق من تهـوی دع الدنیـا و اهملها

الا یا ایها الساقی ادر کاسا وناولها: ای مست ساز بده جامی ومحتوای (مست ساز) آنرا = **به بوی نافه ائی کاخر صبا زان طره بگشاید:** در انتطار شنیدن بوی خوشی که باد سحری از آن گیسوی زیبا درانتهای تمناهای شبانه با خود بیاورد = **زتاب جَعد مُشکینش:** از خم زیبای آن زلف بس خوشبو(برای رسیدن به وصل شیرینش)= **مرادرمجلس جانان چه امن عیش چون هردم :** چگونه میشود دروصل شیرین یار ماندگار ماند حالیکه هرزمان انتظار میرود = **جرس:** زنگ = **فریاد میدارد:** اعلام نماید= **بربندید محملها :** وقت رفتن است= **هائل:** هولناک = **سبکباران ساحلها :** بیخبران بخود پرداخته (ناعاشقان) = **زخودکامی:** بدنبال مقصد خود (عشق ورزی یار) بودن = **به بدنامی :** مورد قهرناعاشقان قرارگرفتن = **کزو سازند محفلها :** وقتی آنرا (غزلهای عاشقانه مرا) درمجالس مختلف میخوانند = **به می سجاه رنگین کن :** نمازت را به عشق مست ساز او بیامیز= **پیرمغان گوید:** که پیر راه تو را آماده می بیند = **سالک :** راه دان ، عارف = **راه و رسم منزلها:** نحوه طی مراحل وصل را = **حضوری گر همی خواهی ازاو غایب مشو:** اگر بدنبال وصل شیرین یاری هیچگاه جان ودل را از یار مپوشان (لحظه ائی اورا فراموش مکن) = **متی ما تلق من تهوی دع الدنیا واهملها:** که آنچه برمیخیزد از هوای نفس، خواستن دنیا وخوشی های آنست = **(حافظ : خود و عام)**

{۲}

صلاح کار کجا و من خراب کجا　　ببین تفاوت ره از کجاست تا به کجا
دلم ز صومعه بگرفت و خرقه سالوس　　کجاست دیر مغان و شراب ناب کجا
چه نسبت است به رندی صلاح و تقوا را　　سماع وعظ کجا نغمه رباب کجا
ز روی دوست دل دشمنان چه دریابد　　چراغ مرده کجا شمع آفتاب کجا
مبین به سیب زَنَخدان که چاه در راه است　　کجا همی‌روی ای دل بدین شتاب کجا
بشد که یاد، خوش بوَدَش ز روزگار وصال　　خود آن کِرشمه کجارفت وآن عِتاب کجا

قرار و خواب ز حافظ طمع مدار ای دوست
قرار چیست، صبوری کدام و خواب کجا

صلاح کار: مصلحت زندگی دنیائی را در نظر داشتن= **من خراب :** من عاشق پاک باخته= **تفاوت ره :** فاصله دو بینش= **صومعه :** گوشه گیری کردن = **خرقه سالوس:** این لباس ریائی (که آنرا برای وصل گرو نمیگیرند)= **دیرمغان:** سرای یار= **شراب ناب:** مست سازی تمام یار= **رندی :** پاکباخته یار بودن= **صلاح و تقوا را :** عافیت اندیشی و انجام فقط عبادات معمول را= **سماع وعظ :** شنیدن سخنان سخنرانان = **نغمه رباب :** نوای دگرگون ساز رباب = **زروی دوست:** از زیبائیهای یار = **دل دشمنان :** دلهای سیاه = **مبین به سیب زَنَخدان :** با تکبر بسر مبر = **کجا همی روی:** به کجا میخواهی برسی با تکبرت = **ای دل :** ای آنکه برای عشق ورزی موجود گشته ائی= **بدین شتاب کجا :** باروی آوردن به دنیا به چه میخواهی برسی که ارزشش را داشته باشد= **بشد که یاد خوش بودش زروزگار وصل :** چه میشد که یاد میتوانست با خیال زیبائیهای وصلش آرامش و قراری بگیرد = **خود آن کرشمه کجا رفت و آن عتاب کجا :** که نه عشوه ائی از یار و نه حتی آن روی گردانی زیبایش نیزبه خیالم نمی آید= **طمع مدار ای دوست:** انتظار نداشته باش ای همنشین = **(حافظ : خود حافظ)**

بیت زیر که بعنوان بیت پنجم غزل فوق درنسخه قزوینی آمده است بعلت عدم رعایت موارد عرفانی و سیر معنی غزل مشخصا از حافظ نیست و به غزل فوق اضافه گشته است :

چو کُحل بینش ما خاک آستان شماست　　کجا رویم بفرما از این جناب کجا

{۳}

اگـر آن تُرک شیـرازی به دست آرد دل مـا را
به خـال هندویش بخشم سمرقند و بُخارا را
بده ساقی می باقی که در جنت نخواهی یافت
کنـار آب رُکـن آبـاد و گلگشت مُصلا را
فغان کاین لولیان شوخ شیرین کار شهرآشوب
چنـان بردند صبر از دل که ترکان خوان یغما را
اگـر دشنـام فرمایـی و گر نفریـن دعـا گویم
جـواب تلـخ می زیبَـد لـب لعـل شکرخا را
زعشق ناتمـام مـا جمـال یار مُستغنی است
به آب و رنگ وخال و خط چه حاجت روی زیبا را
من از آن حُسن روزافزون که یوسف داشت دانستم
کـه عشق از پرده عصمت برون آرد زلیخا را
نصیحت گوش کن جانا که از جان دوست‌تر دارند
جـوانـان سعـادتمنـد پنـد پیـر دانـا را
حدیث از مطـرب و می گـو و راز دَهر کمتر جو
که کس نگشود و نگشاید به حکمت این معما را
غزل گفتی و دُر سفتی بیا و خوش بخوان حافظ
کـه بر نظـم تـو افشـاند فلک عَقـد ثـریا را

ترک شیرازی : یار بس زیبا = **بدست آرد دل مارا :** وصلی مقرر سازد= **هندویش:** سیاه زیبایش= **بده ساقی می باقی:** ای مست ساز برقرار ساز مستی جاودان خودرا = **کنار آب ..... :** خوشی وشور وصل یاررا درکنار آب . . . = **مصلا :** محلی وسیع وسرسبز برای برگزاری نماز در بیرون شهرشیراز= **فغان :** فریادا = **لولیان شوخ شیرین کار شهرآشوب:** نشاط آوران شاد سازوآشوب ساز دلها(همراهی کنندگان زیبا دروصل یار)= **ترکان خوان یغمارا :** خادمان ترک سفره پذیرائی عام (ولیمه برای مردم)را = **می زیبد لب لعل شکر خارا :** آن لب یاقوتی شیرین ساز کام عشاق هرچه بگوید خوب است= **زعشق ناتمام ما:** ازعشق ورزی نا پیوسته ما= **جمال یار مستغنی است :** چیزی به زیبائی یار اضافه نمی گردد (که روی اودر زیبائی تمام است) = **به آب و رنگ و خال وخط چه حاجت :** به آرایش نمودن چه احتیاج است = **حسن روز افزون :** نیکوئی و خوش سیمائی که مدام زیباتر میگشت= **عصمت :** پاک ماندن= **جانا :** ای رهرو یار= **سعادتمند :** خوش عاقبت = **پند پیر دانا را :** کلام یار را (قرآن را) = **مطرب :** طرب آور، یار = **می :** مست ساختنش = **راز دهر:** مبانی وجود و یار را (که اصرار در آن ابزاریست برای شیطان در گمراه ساختن مومن) = **کمترجو :** به آن مقدار که یار بتو می آموزد قانع باش = **دُر سفتی :** جواهری خلق کردی = **که بر نظم تو افشاند فلک عقد ثریا را :** از طریق اشعارتو روزگار زیبائیهای یار را بر همه عرضه میدارد = **(حافظ : خود حافظ)**

{٤}

صبـا به لطـف بگـو آن غــزال رعنا را　　که سر به کوه و بیابان ، تو دادهائی ما را
شکّر فروش که عمـرش دراز باد چرا　　تفقـدی نکنـد طـوطـی شکرخـا را
ندانم از چه سبب رنگ آشنایی نیست　　سهی قـدان سیه چشم ماه سیما را
شکوه حُسنت اجازت مگر نداد ، ای گل　　کـه پرسشی نکنی عندلیـب شیدا را
چو بـا حبیبی نِشینی و بـاده پیمایی　　بـه یـاد دار محبـان بـاد پیمـا را
جز اینقدر نتوان گفت در جمال تو عیب　　که وضع مهر و وفا نیست روی زیبا را
به خُلق و لطف توان کرد صید ، اهل نظر　　بـه بنـد و دام نگیـرند مـرغ دانـا را

در آسمـان نـه عجب گـر بـه گفته حافظ
سـرود زهـره به رقـص آورد مسیحـا را

به لطف بگو : از روی عشق بگو= **غزال رعنا** : یار زیبای فراری ازما = **شکرفروش:** یار شیرین سخن ما = **که عمرش دراز باد:** که عشق وعشق ورزیش ابتدا وانتهائی ندارد = **تفقد** : نظرانداختن = **طوطی شکرخارا:** عاشق شیرین سخن خودرا= **سهی:** بالا بلند= **سهی قدان سیه چشم ماه سیمارا** : همراهان بینهایت زیبای وصل یار، ما را = **شکوه حسنت:** هیبت وعظمت زیبائیت = **عندلیب** : بلبل (عاشق)= **شیدا** : سرگشته ودیوانه= **با حبیبی نشینی** : وصل عاشقی را مقرر کردی = **وباده پیمائی** : به مست سازیش پرداختی = **محبان باد پیما را** : عشاق دیگررا که جز باد دردست ندارند(مدام درانتظار خبرتواز باد صبا هستند) = **که وضع** : که تعهدی دربرقرارساختن= **نیست روی زیبارا:** زیبارویان که طالبان زیادی دارند تعهدی بدان ندارند(با آنکه بخواهند مهرمی ورزندوبه زجری که عشاقشان میکشندوقعی نمیگذراد)= **به خلق ولطف توان کردصیداهل نظر:** به خوی کردن وعشق ورزی دائم با یار، عارف به وصلش میرسد= **به بند ودام** : با نقشه وطرفندو تکرارکاری ویا خواندن وردی خاص= **مرغ دانارا** : وصل یار آگاه به همه چیزرا= **سرود زهره:** زیبائی که ستاره زهره درشبهائی خاص عرضه میدارد= **به رقص آورد مسیحارا:** دیدنش آنچنان زنده سازجانست که انگار مسیح برعشاق چون مرده یار میدمد =　　**(حافظ : خود حافظ)**

{۵}

دل مـی‌رود ز دستـم صـاحب دلان خدا را
دردا که راز پنهـان خواهد شد آشکارا

کشتی نشستگانیم ای بـاد شـرطه برخیز
باشـد کـه بـاز بینیـم دیـدار آشنـا را

در حلقه گُـل و مُـل خوش خواند دوش بلبل
هـات الصبـوح و هبـوا یا ایهـا السکارا

ای صـاحب کِـرامت شکـرانه سـلامت
روزی تفقـدی کـن درویش بـی‌نـوا را

در کـوی نیک نـامـی مـا را گـذر نـدادنـد
گـرتـو نمـی پسندی تغییـر کـن قضا را

آن تلخ وش که صـوفی اُم الخبائثش خواند
اشهـی لنـا و احلی مـن قبلـۀ العذارا

سرکش مشوکه چون شمع ازغیرتت بسوزد
دلبـر کـه در کف او موم است سنگ خارا

ده روز مهـرگردون افسانه است و افسون
نیکی به جای یاران ، فرصت شمار یارا

هنـگام تنگدستی درعیـش کـوش و مستی
کاین کیمیای هستی قارون کند گدا را

آیینـه سکنـدر جـام مـی است بنگـر
تـا بـر تو عرضه دارد احوال ملک دارا

آسایش دو گیتی تفسیر ایـن دو حرف است
بـا دوستان مروت با دشمنان مـدارا

خوبـان پـارسی گـو بخشندگان عمـرند
ساقی بـده بشـارت رنـدان پـارسا را

حافظ بـه خـود نپوشیـد ایـن خـرقـه می آلود
ای شیـخ پـاکـدامـن معـذور دار مـا را

دل میرود زدستم صاحب دلان خدارا : دیگر تاب دوریش نیست ای عاشقان به خداوندیش قسمش دهید = **دردا که راز پنهان خواهد شد آشکارا** : غم دوریش آنچنان دردیست که نمیتوان آنرا پنهان نگاهداشت = **باد شرطه برخیز** : باد موافق وزان شو = **آشنا را** : یار را = **در حلقه گل و ُمل** : درکار مست سازی گل(عاشقش را)= **دوش** : دیشب = **هات الصبوح وهبوا یا ایها السکارا** : جامی دهید مرا (نیز) و(سپس) راهی گردید ای سرمستان = **ای صاحب کرامت شکرانه سلامت** : ای بنیانگذار مهرورزی درراستای مهرت که پراکنده ائی= **تفقدی کن** : نظری انداز= **کوی نیک نامی**:روش زندگی مردم خوشنام= **قضارا**:سرنوشت را= **آن تلخ وش که صوفی ام الخبائثش خواند** : آن می(مست سازی) که آنرا زاهد عامل همه گرفتاریها میداند = **اشهی لنا واحلی من قبله العذارا** : اشتها آور و شیرین ساز کام ماست که ازسوی نگار ماست =

سرکش مشو: از یار روی متاب = **از غیرتت :** از عملکردت = **بسوزد :** درد کشد = **ده روز مهرگردون :** خوشی زندگی کوتاه دنیا = **افسانه است و افسون :** سرگرم گشتنی است ومشغول شدنی (قرآن) = **نیکی بجای یاران ، فرصت شماریارا:** عشق یاررا جایگزین علاقه مندیهای دنیائی قرار ده که فرصت بسیار کم است= **هنگام تنگدستی:** درگاه احساس دوری ازیار(بی چیز شدن)= **در عیش کوش ومستی:** روبه عشق ورزی مست سازش آور= **کیمیای هستی :** این طلا ساز زندگی = **قارون کند گدا را :** ثروت قارون را برایت بی ارزش میسازد = **آینه سکندر :** آینه ائی که سکندر درآن آینده را میدید = **جام می است بنگر :** روی به مستی یار آوردن است امتحان کن = **احوال ملک دارا :** علت موجود شدن خود در این فرمانروائی را = **آسایش دو گیتی :** آرامش در دنیا و آخرت = **تفسیراین دو حرف است:** فهم ودرک و عمل به این دو کلمه است = **مروت :** هم داستانی، همراهی = **مدارا :** تحمل سازی و عدم تحریک ایشان = **خوبان پارسی گو :** شعرای عارف فارسی زبان = **بخشندگان عمرند:** آگاه ساز انسانهایند تا عمرشان رابهدر ندهند= **ساقی بده بشارت رندان پارسا را:** ای مست ساز آگاه ساز پاکباختگان راهت را از آن = **بخود :** از روی خود باوری و لجاجت با دیگران = **این خرقه می آلود :** این مدام روی به مست گشتن از یار داشتن را = **ای شیخ پاک دامن :** ای پیر مومن و پاک که می ترسی برای ما از کارما = **معذوردار مارا :** مارا بحال خود بگذار و نگران مباش = **(حافظ: خود حافظ)**

{٦}

به ملازمان سلطـان که رساند این دعـا را — که به شکر پادشاهی ز نظر مران گدا را
چه قیامت است جانا که به عاشقان نمودی — دل و جان فـدای رویت بنما عُـذار ما را
دل عـالمی بسـوزی چـو عُذار برفـروزی — تو از این چه سود داری که نمی کنی مدارا
مـژه سیاهش ار کـرد به خـون تو اشارت — ز فریـب او بیندیش و غلـط مکن ، نگارا
ز رقیب دیـو سیرت به خـدای خود پناهم — مگر آن شهاب ثاقب مددی دهـد ، خدا را
همه شب دراین امیدم که نسیم صبحگاهی — به پیام آشنـایـان بنـوازد آشنا را
به خدا که جرعه‌ای ده تو به حافظ سحرخیز
کـه دعـای صبحگاهـی اثـری کند شما را

به ملازمان سلطان : به کارگزاران یار= **به شکر پادشاهی :** به صفت شکر پذیری خود = **ز نظر مران گدارا :** نگاهی به عاشق بینوای خود انداز = **چه قیامت است :** این چه زیرو رو کردنی است (که هر چیزرا از نظرعاشقت انداختی) = **نمودی :** عرضه ساختی = **عذار مارا :** موی کنار پیشانی(رویت زیبایت را) بر ما = **برفروزی :** نمایان سازی = **که نمی کنی مدارا :** که وصل مدام خود را مقرر نمی کنی = **مژه سیاهش ارکرد به خون تواشارت :** اگر شرط وصلش را جانت قرار داد = **زفریب او بیندیش وغلط مکن نگارا :** این آزمایشی ازپاکباختگی توست پس جان رادودستی تقدیم او کن ای عاشق = **زرقیب دیوسیرت:** از شیطان وسوسه گرکه به سیاهیها میکشاند ما را = **شهاب ثاقب:** شهاب درخشنده ارسالی تو(کلام قرآنی) = **مددی دهد خدارا :** تاریکی ایجادشده را بُزدایید ای خدای من= **به پیام آشنایان بنوازد آشنا را:** با پیامی از تو و زیبارویانت آرام سازد عاشق درمانده تو را = **به خدا که جرعه ائی ده تو :** به خداوندیت قسمت میدهم که مرا مست خود سازی(وصلت را مقرر کنی)= **که دعای صبحگاهی اثری کند شمارا :** این مصرع باید بصورت خبری خوانده شود (یعنی انگار اول مصرع "همانطور که فرمودی" دارد)که اشاره به آیه ۷۹ سوره بنی اسرائیل است=

(حافظ : خود و عام)

{۷}

صوفی بیا که آینه صافیست جام را   تا بنگری صفای می لعل فام را
راز درون پرده ز رندان مست پرس   کاین حال نیست زاهد عالی مقام را
در عیش نقد کوش که چون آبخور نماند   آدم بهشت روضه دارالسلام را
عنقا شکار کس نشود دام باز چین   کانجا همیشه باد بوده است دام را
در بزم دور یک دو قدح سرکش و برو   یعنی طمع مدار در وصال دوام را
ای دل شباب رفت و نچیدی گلی زعیش   پیرانه سر مکن هنری، ننگ نام را
ما را بر آستان تو بس حق خدمت است   ای خواجه بازبین به ترحم غلام را
حافظ مرید جام می است ای صبا برو
وز بنده بندگی برسان شیخ جام را

صوفی بیا : ای رهرو عشق بدان =**که آینه صافیست جام را**: که اساس مست یار گشتن خلوص است = **تابنگری صفای می لعل فام را**: تا دریابی لذت وصل مست ساز آن لب یاقوتی را = **رازدرون پرده** :رمزوصل یارگشتن را= **رندان مست**: پاکباختگان وصل یارچشیده = **زاهدعالی مقام را** : بزرگان دین را = **عیش نقدکوش**: از زیبائیهای عرضه شده بوسیله یار مست گرد=**که چون آبخورنماند**: زمانیکه مهرورزی مشهود ومستقیم یارقطع شد= **آدم بهشت روضه دارالسلام را**: آدم جایگاه راحت وخوش خود را ازدست بداد = **عنقا** : یار بلند پرواز = **شکار کس نشود** : وصل را برای غیرپاکباخته برقرار نمی کند = **باد بوده است دام را** : شکاری جزباد نخواهی کرد = **در بزم دور یک دو قدح سرکش و برو** : اینکه در مجلس بزم عشاق یار تا مست میگردی باید بروی که مجلس تمام است = **یعنی طمع مدار در وصال دوام را** : یعنی این اصلی است در وصل یارگشتن که دوامی در آن نیست = **شباب** : جوانی = **نچیدی گلی زعیش**: به یار و مست گشتن از او روی نیاوردی = **پیرانه سر مکن هنری**: دگردرپیری نیزآنراسرلوحه ات قرارمده (پیری زمان روبه یارآوردنست) = **ننگ نام را** : خود را کسی دانستن = **آستان** : درگاه = **بس حق خدمت است**: بسیار برای وصل تو گشتن کوشیده وتمنا ساخته ام = **ای خواجه بازبین به ترحم غلام را** : ای یارزیبا در مهرورزی براین خدمتگزارت تجدید نظری بفرما = **مرید جام می** : رهرو عشق مست ساز اوست = **وز بنده بندگی برسان شیخ جام** : ابراز عشق خالصانه این عاشق را به یار مست ساز برسان =

(حافظ: خود حافظ)

{۸}

ساقیا برخیـز و در دِه جـام را　　خاکِ بر ره کن ، غـم ایـام را
ساغـر مـی بر کفم نِه تا ز بَـر　　برکشم این دلـق ازرق فام را
گـر چه بدنامیست نزد عاقلان　　مـا نمـی‌خواهیـم ننگِ نام را
باده دردِه ، چند از این باد غرور　　خاک بر سر نفس نافرجام را
دود آه سینـهٔ نـالان مـن　　سوزد این افسردگان خام را
محـرم راز دل شیـدای خود　　کس نمی‌بینم ز خاص و عام را
با دلارامی مرا خاطر خوشست　　کـز دلـم یکبـاره بُـرد آرام را
ننگرد دیگر به سرو اندر چمن　　هر که دید آن سرو سیم اندام را

صبر کن حافظ به سختی روز و شب
عاقبـت روزی بیـابی کـام را

ساقیا برخیز و درده جام را : ای مست ساز ما مارا مست خود ساز = **خاک بر ره کن غم ایام را :** غم همنشین گشته با مارا از ما دور ساز = **ساغر می بر کفم نه تا ز بر:** شروع به مست ساختنم ساز تا که = **برکشم این دلق ازرق فام را :** دور سازم از خود این جامه تیره (آخرین رابطه با دنیا) را = **عاقلان :** ناعاشقان = **ننگ نام را :** شهرت و معروفیتی را که مارا از تو دور می سازد = **باده درده :** مستم ساز = **باد غرور :** برای خود شانی (مقامی) قائل بودن = **خاک برسرنفس نافرجام را :** این جان در عزای (ماتم) نرسیدن به کام خود باشد = **نالان :** ناله کننده ما = **سوزد این افسردگان خام :** شاید این حیران شدگان (دنیا زدگان) دور از عشق یار را تکانی دهد = **محرم :** آنکه میفهمد مرا = **شیدا :** دیوانه= **خاص وعام را :** نزدیکان ودیگر مردم= **دلارامی :** آرام ساز دلی= **خاطر :** فکر و جان = **یکباره برد آرام را :** با اولین نظر اندازی مرا درغم عشق خود اسیر ساخت= **ننگرد دیگر :** دیگر نظر را جلب نمی کند = **سرو اندر چمن :** زیبائی سرو در طبیعت = **آن سرو سیم اندام را :** یاررا که در زیبائی بی نظیرست = **کام را :** وصل یار میگردی = **(حافظ : خود و عام)**

رونق عهد شِباب است دگر بستان را — می‌رسد مژده گل ، بلبل خوش الحان را
ای صبا گر به جوانان چمن بازرسی — خدمت از ما برسان سرو وگل وریحان را
گر چنین جلوه کند مغبچه باده فروش — خاکروب در میخانه کنم مژگان را
ماه کنعانی من ، مسند مصر ، آن تو شد — وقت آن است که بدرود کنی زندان را
ای که بر مه کشی از عَنبَرِ سارا ، چوگان — مضطرب حال مگردان من سرگردان را
ترسم این قوم که بر دُردکِشان می‌خندند — در سر کار خرابات ، کَنَند ایمان را
یار مردان خدا باش که در کشتی نوح — هست خاکی که به آبی نخرد طوفان را
هر که را خوابگه آخِرِ مشتی خاک است — گو چه حاجت که به افلاک کشی ایوان را

حافظا می خور و رندی کن و خوش باش ولی
دام تزویر مکن چون دگران قرآن را

رونق عهدشباب است دگر بستان را : فصل بهار با زیبائی خود آمده است = **مژده گل:** خیال یار = **خوش الحان** : خوش صدا (عاشق)= صبا : باد صبا = **جوانان چمن بازرسی** : همراهان در وصل به یار را ملاقات کردی= **خدمت از ما برسان سرووگل وریحان را:** بگو آماده همراه شدن با آن زیبارویان هستیم=**گرچنین جلوه کندمغبچه باده فروش:** اگرآن زیباروی همراه در وصل اینچنین مستم نماید = **خاکروب در میخانه کنم مژگان را** : با مستی تمام وصل یار گردم = **ماه کنعانی من** :ای یوسف (جان عاشق) من = **مسند مصرآن توشد** : وقت وصل تورسید= **زندان را** : مرتبه دنیارا= **ای که برمه کشی ازعنبرسارا چوگان:** ای که خم زلف خوشبویت را بررُخ چون ماهت گذاردی= **مضطرب حال مگردان من سرگردان را** : من بیخود شده را از دیدن آن روی زیبا محروم مساز= **قوم** : گروه ، دسته = **دُردکِشان** : سرمستان یار= **درسرکار خرابات کَنَندایمان را** : برای اصلاح خراباتیان (بظن خود) عقاید ایمانی خود را نیزکنارگذارند (بظلم روی آورند)= **هست خاکی:** عشق واعتمادی به یار وجود دارد = **که به آبی نخرد طوفان را** : طوفان برایش یک مشت آب بیش نیست (تمام مخالفتها با عشاق(یار) را صدائی ناچیز بیش نمی داند) = **خوابگه آخر** : خوابگاه ابدیش (پایان کارش در دنیا)= **گوچه حاجت که به افلاک کشی ایوان را:** چه احتیاج به ساختن خانه هائی بدین بزرگی ومجللی است(برای دنیا و رسیدن به آرزوهائی که هیچکدام ماندنی نیستند چرا حرص میزنیم) = **می خور و رندی کن و خوش باش** : مست یار گرد و پاکباخته اش باش و دلخوش ازکارخود= **دام تزویر مکن چون دگران قرآن را** : تعبیر کردن آیات قرآن در تائید نظر خود(و حزب خود) برای حفظ سلطه و حکومت خود بر مردم= **(حافظ : خود و عام)**

بیت زیر که بعنوان بیت هفتم غزل فوق در نسخه قزوینی آمده است بعلت عدم رعایت مبانی عرفان وسیر معنی غزل مشخصا از حافظ نبوده و به آن اضافه گشته است :

برو از خانه گردون به در و نان مطلب — کان سیه کاسه در آخر بکُشد مهمان را

{۱۰}

دوش از مسجد سوی میخانه آمد پیرما | چیست یاران طریقت بعد از این تدبیر ما
ما مریدان روی سوی قبله چون آریم چون | روی سوی خانه خمار دارد پیر ما
در خرابات طریقت ، ما به هم منزل شویم | کاین چنین رفته‌ست در عهد ازل تقدیر ما
عقل اگر داندکه دل، دربند زلفش چون خوشست | عاقلان دیوانه گردند از پی زنجیر ما
روی خوبت آیتی از لطف برما کشف کرد | زان زمان جز لطف و خوبی نیست در تفسیر ما
با دل سنگینت آیا هیچ درگیرد شبی | آه آتشناک و سوز سینه شبگیر ما

تیر آه تو ز گردون بگذرد حافظ خموش
رحم کن بر جان خود پرهیز کن از تیر ما

دوش از مسجد سوی میخانه آمد پیرما: شب پیش یار با مست سازیش مارا از مسجد بسوی میخانه(سرای مست سازش) کشاند= **یاران طریقت:** ای روبه عشق یارآوردگان= **تدبیر:**انتخاب ما(عبادت مسجدی یا پاکباختگی برای مست یارگشتن) = **ما مریدان روی سوی قبله چون آریم چون :** ما عاشقان یار چگونه چون دیگران فقط به مسجد و عبادت درآن (روی به قبله داشتن) روی آوریم = **روی سوی خانه خمار دارد پیر ما :** یار مارا با مست سازیش (حتی در مسجد) بسوی پاکباختگی و سرای مست ساز خود میخواند = **درخرابات طریقت ما به هم منزل شویم :** از طریق پاکباختگی وخلوص درراه عشق یار میشود وصل او را چشید (با او هم منزل شد)= **در عهد ازل تقدیرما :** این موضوع هدف اصلی خلقت انسان است (برای آن خلق شده ایم) = **عقل اگر داند:** صاحبان عقل (عاقلان ، زاهدان) اگر میتوانستند درک کنند = **که دل دربند زلفش چون خوشت :** عاشق با تمام سختی راه وصل چه لذتی از آن میبرد = **دیوانه گردند:** حیران مانند= **از پی زنجیر ما :** ازپایبندی ما دراین راه = **روی خوبت آیتی از لطف بر ما کشف کرد :** روی زیبایت آنچنان معجزه ائی از مهرورزی بر دل ما نشانده است = **زان زمان جز لطف وخوبی نیست در تفسیرما :** که از آن پس جز از عشق و مهرورزی در سخن ما نمی آید = **بادل سنگینت :** با دل جفاکارت (سخت روی آور به عشاقت) = **آیا هیچ درگیرد شبی :** آیا امکان داردشبی توجهی نماید به = **شبگیر ما :** که شبها از ما برمیخیزد = **تیرآه تو زگردون بگذرد :** آه و ناله های عشاقی چون توعرشیان (فرشتگان خدمتگزار) را نیز میلرزاند = **خموش :** احتیاط کن = **پرهیز کن از تیرما :** کار وصل (تیر) ما بس جانکاه است = **(حافظ: خود و عام)**

ساقی به نور باده برافروز جام ما | مطرب بگو که کار جهان شد به کام ما
هرگز نمیرد آن که دلش زنده شد به عشق | ثبت است بر جریده عالم دوام ما
مستی به چشم شاهد دلبند ما خوش است | زان رو سپرده‌اند به مستی زمام ما
چندان بود کرشمه و ناز سهی قدان | که ناید به جلوه سرو صنوبر خرام ما
ما در پیاله عکس رخ یار دیده‌ایم | ای بی‌خبر ز لذت شُرب مدام ما
ترسم که صرفه‌ائی نبرد روز بازخواست | نان حلال شیخ ز آب حرام ما

حافظ ز دیده دانه اشکی همی‌فشان
باشد که مرغ وصل کند قصد دام ما

ساقی به نورباده: ای مست ساز با مست سازیت = **برافروز جام ما:** بتمامی مست ساز جان مارا= **مطرب** : ای نوازندگان = **بگوکه کار جهان شدبه کام ما:** بخوانید و اعلام سازید که مادر آن حالیم که بدنبالش بودیم(درراه وصل شیرین یاریم) = **هرگز نمیرد:** مرگ شروع زندگی جاودان عاشق است= **دلش زنده شد به عشق:** عشق یار بر دلش نشست = **ثبت است بر جریده عالم:** اینچنین درکتاب خلقت (قرآن) نگارده است= **دوام ما** : زنده و جاوید گشتن عشاق یار = **مستی به چشم شاهد دلبند ما خوش است:** مست اوگشتن رایاربرما می پسندد = **زآن روسپرده اندبه مستی زمام ما:** به همین علت مست او گشتن اصل کار عشاق گشته است =**کرشمه:** غمزه= **سهی قدان:** یار زیبای ما= **که ناید به جلوه:** به چشم ما نمی آیند = **سرو صنوبر خرام ما** : زیبائی های دنیا = **ما درپیاله عکس رخ یار دیده ایم** : ما لذت تمام و اصلی را درمست یار گشتن یافته ایم = **شرب** : رو به مستی آوردن = **صرفه ائی نبرد:** اززیان دیدگان باشد = **نان حلال شیخ ز آب حرام ما** : عبادات معمول زاهد از کار(رو به مستی یار آوردن) ما = **همی فشان** : بریز = **باشد که مرغ وصل کند قصد دام ما** : یار وصلش را مقرر سازد = **(حافظ خود و عام)**

ابیات زیر که بعنوان ابیات پنجم و ششم و آخرین بیت بعداز بیت حافظ دار درنسخه قزوینی آمده بعلت عدم رعایت مبانی عرفان و سیر معنی غزل مشخصا ازحافظ نبوده وبه آن اضافه گشته اند :

ای باد اگر به گلشن احباب بگذری | زنهار عرضه ده بر جانان پیام ما
گو نام ما ز یاد به عمدا چه می‌بری | خود آید آن که یاد نیاری ز نام ما
دریای اخضر فلک و کشتی هلال | هستند غرق نعمت حاجی قوام ما

ای فروغ ماه حُسن از روی رخشان شما	آب روی خوبی از چاه زنخدان شما
عزم دیدار تو دارد جانِ بر لب آمده	بازگردد یا برآید چیست فرمان شما
دل ، خرابی می‌کند دلدار را آگه کنید	زینهار ای دوستان جان من و جان شما
کی دهد دست این غرض تا که همدستان شوند	خاطر مجموع با زلف پریشان شما
عمرتان باد و مراد ای ساقیان بزم جم	گر چه جام ما نشد پُر می بدوران شما
کس به دور نرگست طرفی نبست از عافیت	به که بفروشند مستوری به هستان شما
بخت خواب آلود ما بیدار خواهد شد دگر	زان که زد بر دیده آبی روی رخشان شما

می‌کند حافظ دعایی بشنو آمینی بگو
روزی ما باد لعل شکر افشان شما

فروغ ماه حسن: پرتو افشانی ماه زیبا = **رخشان** : تابان = **آب روی خوبی** : چشیدن تمام خوشیها و لذتها = **از چاه زنخدان** : از چال چانه (از وصل زیبای) = **عزم دیدار تو دارد** : بی تاب وصل توست = **باز گردد یا برآید:** زنده ام گذاری (با درد دوریت) یا باخود میبری مرا = **دل ، خرابی میکند** : دلم بسیار بی تاب گشته = **زینهار** : مباد که فراموش سازید = **جان من و جان شما** : جان مرا چون جان خود بدانید = **کی دهد دست این غرض** : چه زمانی به انجام رسد این آرزو= **همدستان شوند:** دستهای هم را بگیرند= **خاطر مجموع** : جان خاطرجمع گشته دروصل یار= **با زلف پریشان** : با آن گیسوی بس دلفریب یار = **عمرتان باد و مراد** : زنده باشید و به آنچه میخواهید برسید = **ای ساقیان بزم جم** : ای مست سازان بزم عشاق یار (مطربان مست ساز با آوای خوش) = **جام ما نشد پرمی بدوران شما** : وصل به تمامی مست ساز ما میسرنشد با مست سازی شما= **کس به دورنرگست طرفی نبست از عافیت:** هیچ رهروی از طریق عافیت طلبی(صلاحدید کاردنیائی خود) به وصل زیبایت دست نخواهد یافت= **به که بفروشند مستوری به هستان شما** : زیراکه فقط هستان (پاکباختگان) تو لیاقت مست وصل تو گشتن را پیدا میکنند = **بخت خواب آلود ما بیدار خواهد شد دگر:** سرنوشت نا پیدای ما به سرانجامی خواهد رسید = **زان که زد بر دیده آبی روی رخشان شما** : انگار درد دل عشاق نظری از یار را جلب کرده است = **لعل شکر افشان شما** : لذت وصل بس شیرین شما = **(حافظ خود حافظ)**

ابیات زیرکه بعنوان ابیات پنجم و نهم غزل فوق وسه بیت آخرحتی بعد از بیت حافظ دار در نسخه قزوینی آمده اند بعلت عدم رعایت مبانی عرفان و سیر معنی غزل مشخصا از حافظ نبوده و به آن اضافه گشته اند. همچنین بنظر میرسد که شاعری درباری این اشعار را سروده و به غزل فوق اضافه نموده است تا بشود آنرا به حاکم وقت تقدیم ساخت :

با صبا همراه بفرست از رخت گلدسته‌ای	بو که بویی بشنویم از خاک بستان شما
دوردار از خاک و خون دامن چو بر ما بگذری	کاندر این ره کشته بسیارند قربان شما
ای صبا با ساکنان شهر یزد از ما بگو	کای سر حق ناشناسان گوی چوگان شما
گر چه دوریم از بساط قرب همت دور نیست	بنده شاه شماییم و ثنا خوان شما
ای شهنشاه بلند اختر خدا را همتی	تا ببوسم همچو اختر خاک ایوان شما

ای شـاهد قدسی ، کِه کشد بند نقـابت — وی مـرغ بهشتی که دهـد دانه و آبت
خوابم بشد از دیده در این فکر جگرسوز — کاغوش که شد منزل آسایش و خوابت
راه دل عشـاق زد آن چشـم خمـارت — پیداست از این شیوه که مست است شرابت
تیـری که زدی بر دلم از غمزه خطا رفت — تـا بـاز چـه اندیشه کنـد رای صوابت
هـر نالـه و فریـاد که کـردم نشنیدی — پیـداست نگارا کـه بلنـدست جنابت
درویش ، نمی‌پرسی و ترسـم که نباشد — اندیشه آمـرزش و پـروای ثـوابت
تا در ره پیـری به چه آیین روی ای دل — بـاری به غلط صـرف شد ایام شبابت

حافظ نـه غلامیست کـه از خواجـه گریزد
صلحـی کـن و بـازآ کـه خرابـم ز عِتـابت

شاهد قدسی: یار ناظر جاودانی= **که کشد بند نقابت :** کیست آن خوشبختی که وصل تو میگردد = **که دهد دانه و آبت :** کیست آنکه غرق لذت همراه بودن با توست = **کاغوش که شد منزل آسایش و خوابت :** به چه کسی افتخار وصل خود را داده ائی = **آن چشم خمارت :** آن چشم بس دلفریب تو = **از این شیوه که مست است شرابت :** از این روش نگاه ساختن که بس مست ساز عاشق است = **ازغمزه خطارفت :** عشوه ائی که نمودی به وصل تو منجر نشد= **رای صوابت :** خواست خوب و نیکوی تو = **بلندست جنابت :** که هنوز لیاقت وصل تورا ندارم = **درویش نمی پرسی :** از عاشقت خبری نمی گیری = **اندیشه آمرزش و پروای ثوابت :** بخشیدن عاشق خود و مست ساختن او را = **به چه آئین روی ای دل :** چگونه اوقات خود را بگذرانی = **باری به غلط صرف شد ایام شبابت :** جوانی را که به بیهودگی گذراندی = **از خواجه گریزد :** از یار دمی روی گرداند = **عتابت :** روی گردانی تو = **(حافظ خود حافظ)**

ابیات زیرکه بعنوان ابیات هفتم ونهم غزل فوق درنسخه قزوینی آمده است بعلت عدم رعایت مبانی عرفان سیر معنی غزل مشخصا از حافظ نیست و به آن اضافه گشته اند :

دور است سر آب از این بادیه هشدار — تا غول بیابان نفریبد به سرابت
ای قصر دلفروز که منزلگه انسی — یارب مکناد آفت ایام خرابت

خمی که ابــروی شوخ تو در کمان انداخت — به قصد جــان مــن زار ناتــوان انداخت
نبــود نقش دو عالــم که رنگ الفــت بــود — زمانه طرح محبت نه این زمان انداخت
به یک کرشمه که نرگس بخودفروشی کرد — فریب چشم تو صد فتنه در جهان انداخت
شراب خورده وخوی کرده می‌روی به چمن — که آب روی تو آتش در ارغوان انداخت
به بــزمگاه چمــن دوش ، مســت بگذشتم — چو از دهان توام غنچه در گمان انداخت
بنفشه طــره مفتــول خــود گــره می‌زد — صبــا حکایت زلــف تــو در میان انداخت
ز شرم آن که به روی تو نسبتش کردم — سمن بدست صبا خاک بر دهان انداخت
من از ورع می و مطرب ندیدمی زین پیش — هــوای مغبچگانم در این و آن انداخت
کنــون به آب می لعــل خرقــه می‌شــویم — نصیبــه ازل از خــود نمی‌توان انداخت

دگــر گشایش حافظ در ایــن خرابــی بــود
کــه بخشش ازلــش در می مغــان انداخت

خمی که ابروی شوخ تودر کمان انداخت : زیبائی و عشوه ائی که تو بنمایش گذارده ائی = **به قصد جان من زار ناتوان انداخت :** هدفش به زاری کشاندن ما عاشقان درمانده است = **نبود نقش دوعالم که رنگ الفت بود :** هنوز اثری از وجود دو عالم نبود که مهر یار مطرح بود = **زمانه :** یار = **نه این زمان انداخت :** خاص دوره وزمان ما نیست = **به یک کرشمه که نرگس به خود فروشی کرد:** با اولین عشوه گری تو که ازطریق خود نمائی رویت آغاز شد= **فریب چشم تو صد فتنه در جهان انداخت :** عشوه های دلفریب و بی شمارتو مردم را به آزمون گرفت = **شراب خورده و خوی کرده میروی به چمن :** مست ساز و عرق ریزان ازمیان عشاقت گذر کنی = **آتش در ارغوان انداخت :** آب عرق تو ارغوان را بدین رنگ زیبای آتش گون درآورده است = **بزمگاه چمن :** درمجلس زیبارویان طبیعت تو= **چوازدهان توام غنچه درگمان انداخت:** غنچه ها دهان تورا به یاد من می انداختند = **طره مفتول خود گره میزد :** ساقه هایشان در هم گره میخورد = **صبا حکایت زلف تو درمیان انداخت:** نسیم حالت گیسوی تورا برپا ساخت= **به روی تونسبتش کردم :** باسیمای تومقایسه اش کردم= **سمن :** گل یاسمن = **بدست صبا خاک بردهان انداخت :** با نسیم خاکی بر دهانم کرد = **ورع :** دینداری و پرهیزکاری = **می ومطرب ندیدمی زین پیش:** از مستی وشوق وصل یارچیزی نمیدانستم= **هوای مغبچگانم:** دنبال ساختن زیبارویانش= **دراین وآن انداخت :** این دورا برایم به ارمغان آورد = **به آب می لعل خرقه می شویم :** بامست گشتن و بدنبال وصل یار بودن روزگار میگذرانم = **نصیبه ازل :** مهر و مهروزی که یار پیش از این مارا با آن نقش داده است = **از خود نمی توان انداخت :** از ما جدا شدنی نیست (مگر از آن روی گردانیم) = **دگر گشایش حافظ دراین خرابی بود :** دیگر (بنابراین) رسیدن به مقصود برای عاشق در این پاکباختگی است = **که بخشش ازلش در می مغان انداخت :** آن مست یار گشتنی که یار از ازل برایش مقرر ساخته است =

(حافظ خود وعام)

بیت زیرکه درنسخه قزوینی بعنوان آخرین بیت غزل بعداز بیت حافظ دار آمده است بعلت عدم رعایت مبانی عرفان از حافظ نیست ومشخص است بوسیله یکی ازشعرای خوش ذوق درباری سروده شده وبه انتهای غزل فوق برای ارائه به حاکم وقت اضافه گشته که شایدبرای حفاظت وحفظ حرمت حافظ نیزبوده است که درزمان جمع آوری غزلیات بهمراه غزل فوق ثبت گردیده است :

جهان به کام من اکنون شود که دور زمان — مرا به بندگی خواجه جهان انداخت

{۱۵}

ای نسیم سحر آرامگه یار کجاست　　منزل آن مه عاشق کُش عیار کجاست
شب تارست و ره وادی ایمن در پیش　　آتش طور کجا موعد دیدار کجاست
باز پرسید ز گیسوی شکن در شکنش　　کاین دل غمزدهٔ گشته گرفتار کجاست
عقل دیوانه شد آن سلسلهٔ مُشکین کو　　دل ز ما گوشه گرفت ابروی دلدار کجاست
هر که آمد به جهان نقش خرابی دارد　　در خرابات به که گویید که هشیار کجاست
آن کس است اهل بشارت که اشارت داند　　نکته‌ها هست بسی محرم اسرار کجاست
هر سر موی مرا با تو هزاران کار است　　ما کجاییم و ملامت گر بی عار کجاست

حافظ از باد خزان در چمن دهر مرنج
فکر معقول بفرما گل بی خار کجاست

مه : ماه زیبای = **عیار** : جوانمرد = **ره وادی ایمن** : راه رسیدن به کوی یار = **آتش طور کجا موعد دیدار کجاست** : اشاره به آیات قرآنی درخصوص دیدار موسی(ع) با خداوند از طریق درختی آتشین = **باز پرسید** : سراغ گیرید = **گیسوی شکن در شکنش** : روی بس دلفریب او = **مشکین** : خوشبو = **دل زما گوشه گرفت**: دل با ما همراهی نمی کند = **ابروی دلدار کجاست**: آن کمان ابروی تیرانداز بردل= **نقش خرابی دارد**: برای خراب عشق او شدن(از دنیا روی گرداندن) آمده است = **درخرابات**: در جمع عشاقی که خراب یارند= **هشیار**: مصلحت اندیش دنیای خود = **اهل بشارت** : قابل ارشاد شدن = **که اشارت داند**: رو به سوی عشق یار آورده باشد = **نکته ها هست بسی** : یاررا بسیار اشارات است = **محرم اسرار** : آشنا و حرمت دار روموز عشق یار= **هر سرموی مرا با تو هزاران کارست** : تمام وجود و اعضای بدن من بدنبال عشوه ائی از یارست = **بی عار**: آنکه وقعی به عشق نمی نهد= **باد خزان**: از بین برنده زیبائیها = **درچمن دهر**: در دوره های روزگار (زندگی) =**گل بیخارکجاست**: بدان هرزیبائی وخوشی با ناخوشی های خاص خودش همراه است = **(حافظ خود و عام)**

بیت زیر که بعنوان بیت ماقبل آخردرنسخه قزوینی آمده است بعلت عدم رعایت مبانی عرفان ولحن شعر مشخصا از حافظ نیست و به آن اضافه شده است :

ساقی و مطرب و می جمله مهیاست ولی　　عیش بی یار مهیا نشود یار کجاست

{۱٦}

روزه یک سو شد و عید آمد و دل‌ها برخاست | می ز خمخانه بجوش آمد و میباید خواست
نـوبـه زهـدفروشان گـران جـان بگذشت | وقت رندی و طـرب کردن رنـدان پیداست
چـه ملامت بـود آن را که چنین بـاده خورد | این چه عیبست بدین بیخردی وین چه خطاست
مـا نـه رندان ریاییـم و حریفـان نفـاق | آن که او عالِم سرّ است بدین حال گواست
فرض ایـزد بگـزاریم و بـه کس بد نکنیم | وان چه گویند روا نیست نگوییم رواست
این نه عیب است که از عیب خلل خواهد بود | ور بود نیز چه شد مردم بی‌عیب کجاست

حافظ از عشق خط و خال تو سرگردان است
همچـو پرگار ، ولی نقطـه دل پـا برجاست

روزه یکسو شد: ماه روزه تمام گشت= **دلها برخاست** : دلها به شوق وصل یار افتادند= **می ز خمخانه بجوش آمد و می باید خواست** : مست سازان آماده گشته اند ودیگرباید روی به مستی یار آورد= **نوبه زهد فروشان گران جان بگذشت** : ماه نا عاشقان خواننده مردم به پرهیزکاری (وعاظ) سرآمد = **وقت رندی و طرب کردن رندان** : زمان روی آوردن به عشق ورزی با یار و سرخوش گشتن پاکباختگان = **پیداست** : هلال ماه آغاز ماه جدید درآسمان دیده میشود = **ملامت** : سرزنش = **که چنین باده خورد** : به چنین عشق ورزی بپردازد = **این چه عیبیست بدین بیخردی** : این چه عیب گرفتن از روی ناآگاهی و نادانیست = **وین چه خطاست** : چه گونه میشود روش عشاق راخطا دانست= **رندان ریائیم** : فرصت طلبانی برای ریاکاری دردنیا هستیم = **حریفان نفاق** : جدائی اندازان میان مومنان = **عالم سّر** : داننده اسرار (خداوند) = **فرض ایزد بگذاریم** : حکم خداوند را بجا آوریم = **روا نیست** : درست نیست = **که از عیب خلل خواهد بود** : که عیب، مشکل و گرفتاری در زندگی آورد = **ور بود نیزچه شد** : هر چند که اگر بوجود آید مشکلی برای عاشق نیست = **مردم** : آدم = **خط وخال تو** : زیبائیهای فریبنده تو = **ولی نقطه دل پا برجاست** : ولی دلش در نقطه عشق تو ثابت قدم است = **(حافظ خود حافظ)**

ابیات زیرکه بعنوان ابیات چهارم و هفتم غزل فوق درنسخه قزوینی آمده است بعلت عدم رعایت مبانی عرفان و لحن شعر مشخصا از حافظ نیست و به آن اضافه گشته اند :

بـاده نـوشی که در او ر وی و ریایی نبود | بهتر از زهدفروشی که دراو روی و ریاست
چه شود گرمن و توچند قدحی باده خوریم | باده ازخون رزان است نه از خون شماست

{۱۷}

سینه از آتش دل در غـم جـانـانه بسـوخت　　آتشی بود در این خانه که کاشانه بسوخت

تنـم از واسطه دوری دلبـر بگـداخـت　　جانم از آتش مهـر رخ جـانـانه بسوخت

سوز دل بین ز پس آتش اشکم چون شمع　　دوش بر من ز سر مهر، چو پروانه بسوخت

چون پیـاله دلم از نوبه که کردم بشکست　　همچولاله جگرم بی می و خُمخانه بسوخت

خـرقـه زهـد مـرا آب خـرابـات ببُـرد　　خـانه عقـل مـرا آتش میخـانه بسوخت

آشنایی نه غریب است که دلسوز من است　　چو من ازخویش برفتم ، دل دُردانه بسوخت

ترک افسـانه بگـو حافظ و می نوش دمی
که نخفتی شب و شمع به افسانه بسوخت

جانانه: یاربس دلفریب = **دراین خانه:** دراین دل = **واسطه:** بابت = **بگداخت :** آتش گرفت = **مهررخ جانانه :** عشق آن یار زیباروی = **سوز دل بین :** سوختن دل را بنگر = **ز پس :** از بعد = **ز سر مهر:** بخاطر عشق یار = **چوپروانه بسوخت :** خود را در آتش افکند = **نوبه :** زاری= **بی می و خمخانه :** از نبود مست سازو به سرمستی او نرسیدن = **خرقه زهد مرا آب خرابات ببرد :** رو به مستی یارداشتن مرا از عبادت معمولش به اینجا کشاند= **خانه عقل مرا آتش میخانه بسوخت :** صلاح کارخوددر نظرداشتن را شوق مستی کوی مست ساز یار برباد داد= **آشنائی نه غریب است که دلسوز من است:** بخوبی می شناسم آنکه دلم را بشدت میسوزاند= **چو من از خویش برفتم دل دُردانه بسوخت :**آنگاه که جانم اورا بدید و از عشق او شیدا گشت دل عاشق گشته بسوختن افتاد= **ترک افسانه بگو:** مشغول خاطرات عشق ورزی اش مشو= **می نوش دمی:** به مستی اش روی آر= **شمع به افسانه بسوخت :** شمع برای خاطرات یار سوخت = **(حافظ خود حافظ)**

بیت زیر که بعنوان بیت ماقبل آخر غزل فوق در نسخه قزوینی آمده است بعلت عدم رعایت مبانی عرفان و لحن شعر مشخصا از حافظ نیست وبه غزل فوق اضافه گشته است :

ماجرا کم کن و بازآ که مرا مردم چشم　　خرقه از سر به درآورد و به شکرانه بسوخت

{۱۸}

دل و دینم شد و دلبر به ملامت برخاست — گفت با ما منشین کز تو سلامت برخاست

که شنیدی که در این بزم دمی خوش بنشست — که نه در آخر صحبت به ندامت برخاست

شمع اگر زان لب خندان به زبان لافی زد — پیش عشاق تو شب‌ها به غرامت برخاست

پیش غماز تو پا برنگرفت از خجلت — سرو سرکش که به ناز از قد و قامت برخاست

در چمن باد بهاری ز کنار گل و سرو — به هواداری آن عارض و قامت برخاست

مست بگذشتی و از خلوتیان ملکوت — به تماشای تو آشوب قیامت برخاست

حافظ این خرقه بینداز مگر جان ببری
کاتش از خرقه سالوس و کرامت برخاست

ملامت : نکوهش = **کز توسلامت برخاست :** سلامتی و آسایش تو بهم ریخته است = **دراین بزم :** راه وصل یار = **در آخر صحبت :** بعد قطع وصل= **به ندامت :** به پشیمانی نیفتاده است = **زان لب خندان به زبان لافی زد :** با شعله زیبایش لب خندان و شیرین یار را بیاد می اندازد = **به غرامت برخاست:** با سوختن درشبها تاوانش رامیدهد = **پیش غماز تو پا نگرفت از خجلت:** درمقابل عشوه زیبای تو خجالت کشید= **سروسرکش که به ناز از قدو قامت برخاست :** سرو خودبین که به عشوه گری پرداخته بود = **در چمن باد بهاری زکنار گل و سرو :** در طبیعت باد بهاری با به رقص درآوردن زیبا رویان= **به هواداری آن عارض وقامت برخاست:** زیبائی های دلفریب یار را بر همگان عرضه میدارد = **خلوتیان ملکوت:** ماموران برپائی قیامت = **به تماشای توآشوب قیامت برخاست :** علت برپائی قیامت نیز مست گشتن ماموران آنست که از مستی تو مست خواهند گشت= **خرقه :** لباس کهنه (آخرین وابستگی بدنیا) = **مگرجان ببری:** به بهشت درآئی= **کاتش:** که علت ورود به جهنم = **خرقه سالوس :** ریاکاری = **کرامت :** خود بزرگ بینی =

(حافظ خود وعام)

چو بشنوی سخن اهل دل مگو که خطاست
سخن شناس نه‌ائی جان من، خطا اینجاست
چه ساز بود که در پرده می‌زد آن مطرب
که رفت عمر و هنوز دماغ پر ز هواست
در اندرون من خسته دل ندانم کیست
که من خموشم و او در فغان و در غوغاست
از آن به دیر مغانم عزیز میدارند
کاتشی که نمیرد همیشه در دل ماست
مرا به کار جهان هرگز التفات نبود
رخ یار در نظر من چنین خوشش آراست
سرم به دنیی و عقبی فرو نمی‌آمد
تبارک الله از این فتنه‌ها که در سر ماست
دلم ز پرده برون شد کجایی ای مطرب
بنال هان که از این پرده کار ما به نواست
نخفته‌ام ز خیالی که می‌پزد دل من
خمار صد شبه دارم شرابخانه کجاست
چنین که صومعه آلوده شد ز خون دلم
گرم به باده بشویید حق بدست شماست
ز ندای وصل که دوشم در اندرون دادند
فضای سینه حافظ هنوز پر ز صداست

اهل دل : عشاق= **سخن شناس نه ائی :** به شناخت (عرفان) نرسیده ائی = **خطا اینجاست :** مشکل کار اینست = **چه ساز بود:** آن چه آهنگ وخواندن بی اثری بود= **دماغ پرزهواست:** که هیچ مستی ائی برای ما نیاورد= **درفغان و در غوغاست:** در زاری وبی تابی است= **به دیرمغانم عزیز میدارند:** درکوی دوست میتوانم جایی داشته باشم= **کاتشی که نمیرد :** عشق شور انگیز یار که همیشه سوزانست = **به کار جهان هرگز التفات نبود:** هیچگاه طبیعت وزیبائیهائیش را اینچنین نمیدیدم= **رخ یاردرنظر من چنین خوشش آراست :**روی یار متوجه ام ساخت که آنها نشانه هائی از زیبائی اویندبرای آرام ساختن موقت عشاق= **سرم به دنیا و عقبی فرو نمی آمد :** برای خود خدائی بودم = **تبارک الله از این فتنه ها که در سرماست:** آزمایشات وتوجه دادنهای درونی ازطرف یار بما سعادتی است که با توجه کردن به آنها میتواند درما تحول ایجاد نموده و مارا به سوی خوشبختی روانه سازد = **ز پرده برون شد:** از دست رفت = **از این پرده کارما به نواست :** این آهنگ و نوائی است که به ما جان میدهد = **زخیالی:** زخیال وصلی= **خمار صد شبه دارم :** شبهای بسیاریست که مست یار نگشته ام = **شرابخانه :** وصل به تمامی مست ساز یار= **صومعه آلوده شد ز خون دلم :** خلوتگاهم پرشده از خون دلم = **گرم به باده بشوئید:** اگربرای پاک ساختنم مرا در مستی یار غرق سازید = **حق بدست شماست :** کار (پاک سازی) درست را انجام داده اید = **در اندرون :** در درونم = **هنوز پرز صداست :** هنوز غرق آن ندای شنیده ام = **(حافظ خود حافظ)**

خیال روی تو در هر طریق همره ماست — نسیم موی تو پیوند جان آگه ماست
به رغم مدعیانی که منع عشق کنند — جمال چهره تو حُجّت موجه ماست
ببین که سیب زَنخدان تو چه می‌گوید — هزار یوسف مصری فتاده در چه ماست
اگر به زلف دراز تو دست ما نرسد — گناه بخت پریشان و دست کوته ماست
به صورت از نظر ما اگر چه محجوب است — همیشه در نظرِ خاطرِ مُرَفَّه ماست
به حاجب در خلوت سرای خود بگو — فلان ز گوشه نشینان خاک درگه ماست

اگر به سالی حافظ دری زند بگشای
که سالهاست که مشتاق روی چون مه ماست

هر طریق : هرحال وهوائی= **نسیم موی توپیوند جان آگه ماست** : آگاهی یافتن عاشق از جانش با بوی خوش تو امکان پذیر میگردد = **به رغم** : هر چند که = **مدعیان** : کسانیکه خود را در راه حق میدانند = **منع** : توصیه به دوری کردن از = **جمال چهره تو** : زیبائی روی تو و زیبائیهائی که می آفرینی = **حجت موجه ماست** : دلیل سند دار اجازه دهنده به ماست = **سیب زنخدان تو** : چال چانه تو= **یوسف مصری**: عاشق پاکباخته= **فتاده در چه ماست** : افتاده دراین چاهند (در عشق من گرفتارند)= **زلف دراز تو**: وصل توکه برای هرکس امکان پذیرست = **بخت پریشان** : سرنوشت نامشخص (زیرا توئی برنامه ریز آن) = **دست کوته ماست** : بی ثباتی و عدم استقامت ما در این راه است = **اگر چه محجوب است** : اگر چه یار پوشیده است= **خاطر مرفه** : ذهن به خوشی ، زیبائی و اطمینان رسیده = **حاجب** : پرده دار ، دربان = **فلان** : حافظ = **مشتاق** : بی قرار =

(حافظ خود حافظ)

{۲۱}

مطلب طاعت و پیمان و صلاح از من مست
که به پیمانه کِشی شهره شدم روز الست
من همان دم که وضو ساختم از چشمه عشق
چارتکبیر زدم یکسره بر هر چه که هست
می بده تا بدهم آگهی از سرّ قضا
که به روی که شدم عاشق و از بوی که مست
کمر کوه کم است در کمر مو اینجا
ناامید از در رحمت مشو ای باده پرست
بجز آن نرگس سرمست که چشمش برَساد
زیر این طارَم فیروزه کسی خوش ننشست
جان فدای دهنش باد که در باغ نظر
چمن آرای جهان خوشتر از این غنچه نبست
حافظ از دولت عشق تو سلیمانی شد
یعنی از وصل تواش نیست به جز باد به دست

مطلب : انتظار نداشته باش = **طاعت وپیمان وصلاح** : اطاعت امری ومتعهد شدنی وصلاح کار خود دانستن = **پیمانه کِشی:** روی بعشق مست ساز یارآوردن = **شهره** : معرف = **روز الست:** روزیکه یارازهمه جانهابرای خود پیمان گرفت (کلام قرآنی)= **وضو ساختم از چشمه عشق** : به عشق یار دچار شدم = **چارتکبیرزدم یکسره برهرچه که هست** : نماز میت (مردگان)را خواندم برای تمام علائق دنیائیم(برروی همه خط کشیدم)= **می بده تابدهم آگهی ازسّر قضا:** مستم ساز تا با غزلهایم بازگویم عشق ورزیهای زیبایت را = **به روی که** : به روی چه دلفریبی = **کمرکوه** : قدرت و استقامت کوه داشتن = **درکمرمو:** برای در بر گرفتن کمر بس باریک یار(وصل یار گشتن)= **ناامید:** بازهم ناامید= **از در رحمت** : از مهروزی یار = **ای باده پرست** : ای آنکه مدام بدنبال مست گشتن از یاری = **بجزآن نرگس سرمست که چشمش برساد:** غیرآن عاشق مست یار گشته که درحال دیدن آن زیباست(وصل یارگشته است) = **طارَم فیروزه** : آسمان آبی= **کسی** : هیچ کس از عاشقان یار= **در باغ نظر:** درزیبائیهائی که چشم می بیند = **چمن آرای جهان خوشتر:** زیبا ساز جهان (یار) زیباتر = **از این غنچه نبست** : از دهان غنچه گشته اش نیافرید = **سلیمانی شد:** کارش با باد افتاد= **از وصل تواش** : از وصل تو گشتن برایش = **(حافظ خود حافظ)**

{۲۲}

شکفته شد گل حمـرا و گشت بلبل مست | صلای سرخوشی ای صوفیان باده پرست
اساس توبه که در محکمی چو سنگ مینمود | ببین که جام زجاجی چه طرفه‌اش بشکست
مقـام عیش میسر نمی شود بـی‌رنـج | بلی بـه حکـم بلا بستـه‌اند عهـد الست
به هست ونیست مرنجان ضمیر وخوش می‌باش | که نیستی است سرانجام هرکمال که هست
از این ربـاط دو در چـون ضرورتست رحیل | رواق و طاق معیشت چه سربلند و چه پست
شکـوه آصفی و اسب بـاد و منطق طیـر | به بـاد رفت و از او خواجه هیچ طرف نبست
به بـال و پـر مـرو از ره که تیـر پرتابـی | هـوا گـرفت زمانـی ولـی به خاک نشست
بیـار بـاده کـه در بـارگـاه استغنا | چه پاسبان و چه سلطان چه هوشیار و چه مست

زبـان کلک تـو حافظ چه شُکر آن گویـد
که گفته و سخنت می‌برند دست به دست

گل حمرا : گل سرخ = **صلای سرخوشی ای صوفیان باده پرست** : زمان روی به خوشی آوردنست ای عاشقان بدنبال مستی یار = **اساس توبه که در محکمی چو سنگ مینمود:** آن روی داشتن به مصلحت دین ودنیایم که بسیار بدان پایبند بودم = **جام زجاجی** : عامل به مستی یار درآور ما = **چه طرفه اش** : به چه سرعت آن توبه را = **مقام عیش** : مست یار گشتن = **بلی به حکم بلا بسته اند عهد الست** : جان انسانها با تعهد روی آوردن به یار موجود گشته است و آن راهیست که استقامت میطلبد وگرنه به بلا(جهنم) وارد گشتن است = **هست ونیست:** دار وندارخود دردنیا = **ضمیر:** جان ، درون = **هر کمال:** به هرمقام وجایگاهی رسیدن = **رباط دو در:** دنیای بادودرب ورود وخروج= **ضرورتست رحیل:** باید علایق را گذاشت و رفت = **رواق و طاق معیشت** : مقام و جایگاه و میزان در آمد و ثروت = **شکوه آصفی و اسب باد ومنطق طیر:** منتخب خداونددرزمین برای فرمانروائی کردن وحرکت با باد وصحبت باپرندگان(خصوصیات حضرت سلیمان) = **خواجه هیچ طرف نبست:** هیچکدام کمکی برای وصل یارشدنش نبودند بجز همت خودش= **به بال وپرمرواز ره:** تا مقامی یافتی وظیفه ات را فراموش مکن = **ولی به خاک نشست:** زمان خوار گشتن نیزفرا میرسد = **بیار باده** : روی به مست یارگشتن آر= **که در بارگاه استغنا** : که درکوی یار بی نیاز تفاوتی میان طالبانش نباشد= **کلک** : شیرین = **چه شُکر آن گوید** : چگونه میتوانی شکر آنرا بجا آوری = **(حافظ خود حافظ)**

{۲۳}

زلف آشفته وخوی کرده وخندان لب ومست پیرهن چاک و غزل خوان و صُراحی دردست
نرگسش عربده جوی و لبش افسوس کنان نیم شب دوش به بالین من آمد بنشست
سر فرا گوش من آورد به آواز حزین گفت ای عاشق دیرینه من خوابت هست
عاشقی را که چنین باده شبگیر دهند کافر عشق بود گر نشود باده پرست
برو ای زاهد و بر دُردکشان خرده مگیر که ندادند جز این تحفه به ما روز الست
آنچه او ریخت به پیمانه ما نوشیدیم اگر از خِمر بهشت است و گر باده مست
خنده جام می و زلف گره گیر نگار
ای بسا توبه که چون توبه حافظ بشکست

خوی(خی) : عرق = **صراحی** : جام می = **نرگسش عربده جوی و لبش افسوس کنان** : رویش دیوانه ساز و لبش افسوس خور برای عاشق = **بالین** : بسترخواب = **حزین** : غمناک = **دیرینه** : با سابقه = **باده شبگیر دهند**: مست وصلش سازند (یاررا با تمام وجودحس کند) = **باده پرست** : فقط بدنبال عشق مست سازیاربودن = **دُردکشان** : سرمستان او = **تحفه**: هدیه (تنها چیزی که برایش خلق شدیم)= **روز الست**: روزیکه خداوند از جانهای خلق نموده پیمان روی آوردن بخود گرفت (قرآن) = **ما نوشیدیم** : به هر مستی که یار بخواهد درآییم = **اگر ازخِمربهشت است وگر باده مست** : چه شراب بهشتی یا وصل مست سازش = **خنده جام می و زلف گره گیر نگار** : خوشی مستی یار و زیبائی گرفتار سازش = **ای بسا توبه که چون توبه حافظ بشکست** : چه بسیار عابدان خالص را عاشق خود ساخته و همچو من بی سرو سامانشان نماید = **(حافظ خود حافظ)**

{۲٤}

دردیـر مغـان آمـد یارم قدحـی در دست　　مست از می و میخواران از نرگس مستش مست
در نعـل سمنـد او شـکل مـه نـو پیـدا　　و ز قـد بلنـد او بـالای صنـوبر پست
آخربه چه گویم هست ازخودخبرم چون نیست　　وز بهرچـه گویم نیست با وی نظرم چون هست
شمع دل دمسازم بنشست چو او برخاست　　و افغان ز نظربازان برخاست چو او بنشست
گر غالیه خوش بو شد در گیسوی او پیچید　　ور وسمه کمانکش گشت درابروی اوپیوست

بـاز آی کـه بـاز آیـد عمـر شـده حافظ
هر چند که ناید باز تیری که بشد از شست

دیرمغان : کوی یار (گاه وصل) = **قدحی** : جامی = **مست از می** : مست چون عشق مست سازش = **میخواران از نرگس مستش مست** : عاشقانش از روی مست سازش مست مست= **نعل سمند او**: نعل سم اسب او = **مه نو** : هلال ماه در اول ماه قمری = **بالای صنوبر پست** : زیبائی صنوبر از چشم افتاده = **با وی نظرم** : چشمم مدام بدنبال روی او = **شمع دل دمسازم بنشست چو او برخاست** : دلی که چون شمع مدام می سوخت خاموش گشت (آرامش یافت) چون ندای وصلش آمد = **افغان** : زاری = **نظربازان** : عشاق = **چو او بنشست** : چون مرا مست وصل او دیدند = **غالیه** : مخلوط مشک وعنبر = **در گیسوی او پیچید** : زیرا که با گیسوی او همنشین گشته است = **وسمه** : سیاه ساز ابرو = **کمانکش گشت در ابروی او پیوست**: اگر میتواند زیبائی درابرو ایجاد کند به آن علت است که با ابروی او آمیخته است= **عمر شده** : عمر از دست رفته = **ناید باز** : باز نمیگردد = **بشد از شست** : پرتاب گشته است = **(حافظ خود حافظ)**

{۲۵}

به جـان خواجـه و حق قدیم و عهد درست — که مونس دم صبحم دعای دولت توست
سـرشک مـن که ز طوفان نوح دست بُرد — ز لوح سینه نیارست نقش مهر تو شست
بکـن معاملـه‌ای ویـن دل شکسته بخـر — که با شکستگی ارزد به صد هزار درست
زبـان مـور به آصف دراز گشت و رواست — که خواجه خاتم جم یاوه کرد و بازنجست
دلا طمـع مبر از لطـف بی‌نهایـت دوست — چو لاف عشق زدی سرباز چابک وچُست
به صـدق کوش که خورشید زاید از نفست — که از دروغ سیه روی گشت صبح نخست
شدم ز دست تو شیدای کوه و دشت و هنوز — نمی‌کنی به ترحـم نطـاق سلسله سست

مرنـج حافظ و از دلبـران حفـاظ مجـوی
گنـاه باغ چه باشد چـو این گیـاه نَرُست

خواجه : یار = **حق قدیم** : اساس خلقت (عشق و عشق ورزی مقرر شده) = **عهد درست** : عهد الست (آنکه از جانها گرفته شده) = **مونس** : همدم = **دعای دولت توست** : درخواست وصل توست = **سرشک** : اشک = **دست برد** : از آن پیشی گرفت = **زلوح سینه نیارست نقش مهر تو شست**: از دل و درون خود نتوانست عشق تورا بشوید و پاک سازد= **درست** : نشکسته = **آصف** : پاک و خالص گشته (حضرت سلیمان) = **خاتم جم** : مُهر (انگشتری) معجزه ساز خودرا = **یاوه کرد و باز نجست** : گم کرد(با غافل گشتن ازیار) و نتوانست دوباره بدستش آورد (بنابراین نتوانست با باد حرکت کند تا سرزمین مورها زیر پای لشکرش کوبیده نگردد) = **طمع مبُر** : دست نکش = **از لطف بینهایت دوست**: با توجه به مهرورزی بی انتهای یار = **چو لاف عشق زدی سرباز** : چو به عشقش روی آوردی جان را عرضه دار (هر مصیبتی را بپذیر) = **چابک و چست** : با تمام وجود عرضه اش دار = **صدق**: راستی و خلوص = **که خورشید زاید از نفست** : تا با کلامت نور بپراکنی = **که از دروغ سیه روی گشت صبح نخست**: آنزمان تاریکی جهان را فرا گرفت که دروغ بزرگ (تمرد شیطان) اجازه ظهوریافت = **شیدای**: سرگشته و دیوانه = **به ترحم** : از روی مهرورزی= **نطاق سلسله سست** : بند زلف را نمی گشائی (وصلی مقرر نمی کنی) = **ازدلبران حفاظ مجوی**: عشاق دیگر(رقیبان) را مانع اینکار ندان = **باغ** : مجمع عشاق = **چو این گیاه نرست** : وصلی برای تو مقرر نمی شود = **(حافظ خود وعام)**

{۲۶}

زلفت هزار دل به یکی تار مو ببست　　راه هزار چاره گر از چار سو ببست

تا عاشقان به بوی نسیمش دهند جان　　گشود نافه‌ای و در آرزو ببست

شیدا از آن شدم که نگارم چو ماه نو　　برو نمود و جلوه گری کرد و رو ببست

ساقی به چند رنگ می اندر پیاله ریخت　　این نقشها نگرکه چه خوش درکدو ببست

یا رب چه غمزه کرد صراحی که خون خم　　آن نعره های غلغلش اندرگلو ببست

مطرب چه پرده ساخت که در پرده سماع　　بر اهل وجدو حال در های و هو ببست

حافظ هر آن که عشق نورزید و وصل خواست
احرام طواف کعبه دل بی وضو ببست

به یکی تار مو : با یکی از تار موهایت = **چاره گر از چارسو** : حل ساز مشکلات از هر لحاظ = **به بوی نسیمش دهند جان** : بدنبال بویش از هر چه دارند بگذرند = **بگشود نافه ائی** : بوی خوشش را بپراکند و = **درآرزو ببست** : تمناهای عشاق را بی پاسخ گذاشت = **ماه نو:** هلال اول ماه = **رو ببست** : از ما روی گرداند= **ساقی به چند رنگ می اندرپیاله ریخت** : مست ساز ما با موارد مختلف عشاق را مست خود می سازد= **این نقشها نگر که چو خوش در کدو ببست** : یک مورد آن زیبائیست که به کدو داده آیا توجه کرده ائی هرگز؟ = **یا رب چه غمزه کرد صراحی که خون خم** : یارا چه عشوه ائی مستیت برمست ساز(می) میکند که = **آن نعره های قلقلش اندر گلو ببست** : با تمام جوشی که در خمره میزند آرام میگیرد و خاموش میشود = **مطرب چه پرده ساخت** : ساز زن چگونه چنین زیبا می نوازد =**که درپرده سماع** : که شنیدن پرده ائیکه مینوازد= **اهل وجدوحال:** عشاق در شورو حال تورا= **در های و هو ببست:** به خاموشی و خیالشان میکشاند(آرامشان میسازد)= **عشق نورزیدووصل خواست:** بدون اینکه عاشق وپاکباخته یارگرددتمنای وصل کند= **احرام طواف کعبه دل بی وضو ببست** : میخواهد با ناپاکی به سرائی پاک قدم نهد (پس راهی نمی یابد)= **(حافظ خود و عام)**

خلوت گزیده را به تماشا چه حاجت است | چون کوی دوست هست بصحراچه حاجت است
آن شد کـه بار منـت مـلاح بُـردمی | گوهر چـو دست داد، بدریا چه حاجت است
جانا بـه حاجتی کـه تو را هست ، بر خدا | کآخر دمی بپرس که ما را چه حاجت است
ای پـادشـاه حسن خـدا را بسـوختیم | آخر سؤال کن کـه گدا را چه حاجت است
ای عاشق گدا چو لـب روح بخش یـار | می‌داندش وظیفـه تقاضا چـه حاجت است
جام جهان نمـاست ضمیر منیـر دوست | اظهار احتیاج خـود آن جا چه حاجت است

حافظ تو ختم کن که هنر خود عیان شود
با مدعی نزاع و محاکات چه حاجت است

به تماشا : خبرگرفتن از دیگران = **چه حاجت است :** چه احتیاجی است = **چون کوی دوست هست بصحرا چه حاجت است:** ازهمه جا میتوان به کوی دوست رسید= **آن شد که بارمنت ملاح بردمی:** تا آنجا با دریانوردان همراهی تا گوهرت را صید کنی = **چو دست داد :** چون بمقصد رسیدی = **بدریا :** روی آوردن به محل جستجویت (دنیائی که دیگر در آن یار را یافته ائی) = **جانا به حاجتی که تورا هست :** ای یار شیرین به نیازی که بتو داریم = **برخدا :** بخداوندیت = **کاخر دمی بپرس که مارا چه حاجت است :** سراغی از عشاقت بگیر = **ای پادشاه حسن :** ای یار بینهایت زیبا = **خدا را بسوختیم:** بخداوندیت بس بیتاب گشته ایم= **آخر سئوال کن :** روئی بنما = **گدا را :** عاشق را= **روحبخش:** زنده ساز = **می داندش وظیفه :** کارخودرا میداند = **تقاضا :** درخواست = **جام جهان نماست ضمیر منیردوست :** وقتی در وصل نورانی یار بودن یعنی رسیدن به تمامی خواسته ها (بی نیاز گشتن از هر چیز ی) = **اظهار احتیاج خود آنجا چه حاجت است :** پس درخواست و تمنائی در گاه وصل یار باقی نمی ماند ودل وجان بتمامی تسلیم و وقف او میگردد = **عیان :** آشکار = **مدعی :** آنکه از عشق ورزی ادعایش را دارد = **نزاع و محاکات :** ستیز و جروبحث= **(حافظ خود وعام)**

ابیات زیرکه بعنوان ابیات چهارم، پنجم و هشتم غزل فوق در نسخه قزوینی آمده است بعلت عدم رعایت مبانی عرفان و سیر معنی و لحن و تکرار معانی آمده در غزل مشخصااز حافظ نبوده و به آن اضافه گشته اند :

ارباب حاجتیم و زبان سؤال نیست | در حضـرت کریـم تمنـا چـه حاجـت است
محتاج قصه نیست گرت قصد خون ماست | چون رخت از آن توست به یغما چه حاجت است
ای مدعی بـرو که مـرا با تو کار نیست | احبـاب حـاضرند بـه اعـدا چه حاجت است

رواق منظر چشم مـن آشیـانه توست | کرم نما و فرود آ که خانه خانه توست
به لطف خال و خط از عارفان ربودی دل | لطیفه‌های عجب زیر دام و دانه توست
تو خود چه لعبتی ای شهسوار شیرین کار | که توسنی چـو فلک رام تازیانه توست
علاج ضعـف دل ما به لـب حوالـت کن | که این مفرح یاقـوت در خـزانه توست
به تـن مقصـرم از دولـت مـلازمتـت | ولی خاصه سرو جان خاک آستانه توست
مـرا مباد که دهم نقد دل به هر شوخی | که خزانه دل به مُهر تو و نشانه توست
چه جای من ، که بلغزد سپهر شعبده باز | از این حیـل که در انبان بهانه توست
دلت به وصل گل ای بلبل صبا خوش باد | که درچمن همه گلبانگ عاشقانه توست

سـرود مجلست اکنـون فلک به رقص آرد
که شعر حافظ شیرین سخن ،ترانه توست

رواق منظر: ایوان نگاه = **آشیانه توست** : محل نشستنی برای توست = **به لطف خال وخط** : از شورو وجد زیبائیهایت = **عارفان** : آنانکه بدنبال توند = **لطیفه های عجب** : مهرورزیهای شگفت آور = **زیردام ودانه توست** : درآنچیزست که مارا بدان میخوانی = **لعبتی** : دلبری = **شهسوارشیرین کار:** ای والا مقام شیرین ساز جانها = **توسنی** : اسب سرکشی= **فلک** : روزگار = **رام تازیانه توست** : آنچه تو مقرر سازی انجام دهد = **ضعف** : از دست رفتگی = **به لب حوالت کن** : لبت را درمان سازش قرار ده = **این مفرح یاقوت در خزانه توست:** این سرخ وجدآور در انحصار توست= **به تن مقصرم:** جسم دنیائیم از این توان دورست(بدنهای دنیائی دراین حد نیستند)=**ازدولت ملازمتت:** برای مدام درکنار توبودن= **ولی خاصه سروجان خاک آستانه توست** : ولی دانی که تمام وجودم خاک سرای توست = **نقد دل به هر شوخی:** دلی که دارم را به هردلربائی(عاشق سازی) = **خزانه:** انبار= **به مُهرتوو نشانه توست:** فقط به زیبائیهای تواجاره ورود میدهد = **چه جای من:** جان آدمی که بس لطیف است = **بلغزد سپهرشعبده باز:** به لرزه افتد آسمان شگفتی ساز = **ازاین حیل که درانبان بهانه توست** : از این طرفندهائی(برنامه هائی) که در خواست ومقصود تو نهفته است= **دلت به وصل گل ای بلبل صبا خوش باد** : ای نوا ساز مست ومست ساز، دل به وصل یارداده ائی بتمامی= **که درچمن همه** : که در همه جای این طبیعت زیبا = **گلبانگ** : نوای = **سرود مجلست اکنون فلک به رقص آرد** : با این نواست(ای عاشق) که آسمان را نیز از شور عشق خود مست می سازی =

(حافظ خود حافظ)

برو بکار خود ای واعظ این چه فریادست　　مـرا فتـاد دل از ره ، تو را چه افتادست
گدای کوی او از هشت خُلد مُستغنیست　　اسیر عشق او از هـر دو عالم آزادست
اگر چه مستی عشقم خـراب کـرد ولی　　اساس هستی مـن زان خـراب آبادست
به کـام تا نرسـاند مـرا لبش، چون نای　　نصیحت همه عالم به گوش من بادست
میـان ما که خـدا آفریده است از هیچ　　دقیقه ایست که هیچ آفریده نگُشادست
دلا منـال ز بیـداد و جـور یار که یـار　　تو را نصیب همین کرد و این همان دادست
بـرو فسانه مخوان و فسون مـدم حافظ
کز این فسانه و افسون مرا بسی یادست

واعظ: خطیب مسجد جامع شهر= **این چه فریادست:** خدا خدا کردنت ازچیست= **فتاده دل از ره :** دل ازدست رفته است = **گدای کوی او :** عاشق پاکباخته او = **هشت خلد :** هشت درب ورودی بهشت(قرآن) = **مستغنیست :** بی نیازست (که وصل یار را طالب است)= **اگرچه مستی عشقم خراب کرد:**هرچند که مستی وصلش را قطع کرد (و می کند) و مرا به ویرانی کشاند(و میکشاند)= **اساس هستی من زان خراب آبادست :** جان آدمی برای همین منظور خلق گشته است(برای مدام به وجدوصل آن زیبا رسیدن وجفایش را تحمل کردن آمده است)= **به کام تا نرساند مرا لبش :** تا به وصل شیرینش نرسم = **چون نای :** همچون نی (آلت موسیقی) = **به گوش من بادست:** انگار بادیست که برگوشم میخورد (همچون نی در من می دمند) = **میان ما که خدا آفریده است از هیچ :** فاصله میان ما و یار(که از رگ گردن بر ما نزدیکترست) که جنس آن از هیچ است = **دقیقه ایست :** فاصله ایست = **که هیچ آفریده نگشاده است :** تا کنون هیچ کس به ماهیت آن پی نبرده است= **بیداد وجور یار:** جفای یاروغم زیادی که ازآن پیدا میکنی= **نصیب :** قسمت = **این همان دادست :** فراموش مکن آنچه یار مقرر میکند همان داد (حق) است = **فسانه مخوان و فسون مدم:** داستانسرائی مکن و به وفایش امیدوارم مساز = **(دل حافظ به حافظ)**

{۳۰}

تا سر زلف تو در دست نسیم افتادست — دل سودا زده از غصه دو نیم افتادست
چشم جادوی تو خود عین سواد سحرست — لیکن این هست که این نسخه سقیم افتادست
زلف مِشکین تو در گلشن فردوس عُذار — چیست ؟ طاووس که در باغ نعیم افتادست
دل من در هوس روی تو ای مونس جان — خاک راهیست که دردست نسیم افتادست
سایه قد تو بر قالبم ای عیسی دم — عکس روحیست که برعظم رمیم افتادست
آن که جز کعبه مقامش نَبُد از یاد لبت — بر در میکده دیدم که مقیم افتادست

حافظ گمشده را با غمت ای یار عزیز
اتحادیست که در عهد قدیم افتادست

تا سر زلف تو: تا سر زلف چو شمشیر تو= **دل سودا زده از غصه**: دل درگیر با آن انگار از غمش = **عین سواد سحر است**: همچون سیاهی روبه سفیدی سحرست = **که این نسخه سقیم افتادست**: این نسخه ات به بیماریم افزوده است = **مِشکین**: سیاهرنگ = **گلشن فردوس عُذار**: گلزار بهشتی رخسارت = **باغ نعیم**: باغی پر از نعمت = **که در دست نسیم افتاده است**: بدنبال تو به هر جا می بردش = **قالبم**: جسم بی جانم = **ای عیسی دم**: ای زنده ساز جان - **عظم رمیم**: استخوانهای پوسیده (کلام قرآنی) = **آنکه جز کعبه مقامش نبد از یاد لبت**: آنکس را که با وحی خود مقام دار (حاکم) کعبه اش کردی= **مقیم افتادست**: مدام بدنبال وصل مست ساز تو بو د = **عهد قدیم**: عهد الست ، زمانیکه خداوند از همه جانها برای روی آوردن به خودش عهد گرفت (کلام قرآنی) = **(حافظ خود و عام)**

ابیات زیرکه بعنوان ابیات سوم و ششم غزل فوق در نسخه قزوینی آمده اند بعلت عدم رعایت مبانی عرفان و سیر معنی غزل از حافظ نیست وبه غزل فوق اضافه گشته اند :

در خم زلف تو آن خال سیه دانی چیست — نقطه دوده که در حلقه جیم افتادست
هم چو گرد این تن خاکی نتواند برخاست — از سر کوی تو زان رو که عظیم افتادست

بیـا که قصـر اَمل سخت سست بنیادست — بیـار بـاده کـه بنیـاد عمـر بر بادست
غـلام همـت آنـم کـه زیـر چـرخ کبـود — ز هـر چه رنگ تعلـق پذیـرد آزادست
چـه گویمت کـه به میخانه دوش مست و خراب — سروش عالم غیبم چـه مژده‌ها دادست
که ای بلنـد نظـر ، شاهبـاز سـدره نشیـن — نشیمن تـو نه این کنُج محنت آبادست
تـو را ز کنگـره عـرش می‌زننـد صفیـر — ندانمـت که در این دامگه چه افتادست
نشـان عهـد و وفـا نیست در تبسم گل — بنـال بلبـل بی دل که جـای فریادست
غـم جهـان مخـور و این پنـد مبـر از یـاد — که این لطیفه عشقم ز رهروی یادست
مجـو درستی عهـد از جهـان سست نهاد — که این عجـوز عـروس هزار دامادست

حسد چه می‌بری ای سست نظم بر حافظ
قبـول خاطـر و لطـف سخن خدادادست

قصر امل : به آرزوها دلبستن = **سست بنیاد** : براحتی فرو میریزد = **بیار باده** : باید روی به مست گشتن از یار آورد = **که بنیاد عمر بر بادست:** که عمر بسرعت میگذرد= **غلام همت آنم:** تائید ساز خواست واستقامت آن فردم= **زیر چرخ کبود** : در این دنیای گذرا = **رنگ تعلق پذیرد** : دل را مجذوب خود کند = **سروش عالم غیبم:** فرشته وحی از عالم دیگر= **ای بلند نظر:** ای آنکه میتوانی به بالاترین مقام برسی = **شاهباز سدره نشین:** ای آنکه بهشت برای تو بنا گشته = **کنج محنت آبادست** : گوشه پرازغم = **تورا زگنگره عرش میزنند صفیر:** نام تودررا در سرای یار میخوانند = **ندانمت دراین دامگه چه افتاده است:** چه چیز کار وصل تورا مشکل ساخته است = **درتبسم گل:** در لبخند یار = **بلبل بی دل:** ای عاشق از دست رفته = **که جای فریادست** : که باید با تمام جان فریاد زد = **که این لطیفه عشقم** : که این کلام وجدآور= **ز رهروی:** از عاشقی ازعشاق یار= **درستی عهد** : بر سرعهد خود ماندن = **سست نهاد:** که اساسش نابودساختن و رو به نابودی داشتن است= **عجوز** : فریب ساز قدیمی = **عروس هزار دامادست:** همه را به آغوش خود میخواند= **سست نظم:** شاعر ضعیف سرودن شعری سلیس= **قبول خاطر ولطف سخن:**الهام گشتن بحق مطلب وشیرینی ولطافت ارائه آن=
(حافظ خود حافظ)

ابیات زیر که بعنوان ابیات ششم و هشتم غزل فوق در نسخه قزوینی آمده اند بعلت عدم رعایت مبانی عرفان و سیر معنی غزل از حافظ نیست وبه غزل فوق اضافه گشته اند :

نصیحتی کنمت یـاد گیـر و در عمـل آر — که ایـن حدیـث ز پیـر طریقتم یادست
رضـا به داده بـده وز جبیـن گره بگشای — که بر مـن و تـو دَر اختیار نگشادست

{۳۲}

بی مهـر رُخـت روز مـرا نـور نماندست | وز عمر مرا جز شب دیجـور نماندست
می‌رفت خیـال تو ز چشم من و می‌گفت | هیهات ازاین گوشه که معمور نماندست
وصل تو ، اجـل را ز سرم دور همی داشت | از دولـت هجر تو کنون دور نماندست
نـزدیک شد آن دم که رقیب با تو بگوید | دور از رُخَت این خسته رنجور نماندست
صبـر است مـرا چاره هجـران تو لیکن | چُون صبر توان کرد که مقدور نماندست
در هجـر تو گر چشم مـرا آب روانست | گو خون جگر ریز که معـذور نماندست

حافظ ز غـم از گـریه نپرداخت به خنده
ماتـم زده را داعیـه سـور نمـانـدست

بی مهر رخت : بی وصل روی زیبایت = **دیجور :** سیاه و تاریک = **هیهات :** دور باد (آباد گردد انشاالله) = **از این گوشه که معمور نماندست :** این جان و دل و چشم که خراب گردیده اند = **وصل تو اجل را ز سرم :** این وصل زیبای توست که فکر مرگ را = **از دولت هجر تو :** از بابت دوری نمودن طولانی تو = **کنون دور نماندست :** دیگر نزدیک است به آن فکر کنم= **که رقیب باتو گوید:**رقیبان من(عشاق دیگر) دلشان بحال من بسوزد و= **دوراز رخت:** از وصل تو دور بودن= **این خسته رنجور نماندست:** از این له شده چیزی دیگر باقی نمانده= **چاره هجران تو لیکن:** دوای دوری تو ولی= **چون:** چگونه = مقدور: که طاقت آن = **گو خون جگر ریزکه معذور نماندست :** اگر خون گریه کنم حق است = **ماتم زده را داعیه سور نماندست:** آنکه در ماتم غمی غرق است را چه به جشن و شادی پرداختن= **(حافظ خود حافظ)**

بیت زیر که بعنوان بیت دوم غزل فوق در نسخه قزوینی آمده است بعلت لحن شعر و تکرار قافیه ازحافظ نیست و به غزل فوق اضافه گشته است .

هنگام وداع تو ز بس گریه که کردم | دور از رُخ تو چشم مرا نور نماندست

{۳۳}

باغ مـرا چـه حاجـت سـرو و صنوبر است — **شمشاد خـانه پـرور ما از چه کمتر است**
شیـراز و آب رکنی و این بـاد خوش نسیم — **عیبش مکن که خال رخ هفت کشور است**
یک قصه بیش نیست غم عشق وین عجب — **کز هر زبان که می شنوم نامکـرر است**
از آستـان پیـر مغـان سـر چـرا کشیم — **دولت در آن سرا و گشایش درآن در است**
دی وعده داد وصل و دردست شراب داشت — **امروز تا چه گوید و بازش چه درسر است**
چو نقش غـم ز دور ببینی شـراب خـواه — **تشخیص کرده‌ایم و مـداوا مقـرر است**

حافظ چه طُرفه شاخ نباتیست کلک تـو
کش میوه دلپذیرتر از شهد و شکر است

چه حاجت : چه احتیاج است به = **شمشاد خانه پرور ما :** شمشاد زیبای رشد یافته در خانه ما = **از چه کمتر است :** کدام زیبائی را ندارد = **که خال رخ هفت کشور است :** که همچون خالی زیبا برعرصه زمین است = **یک قصه بیش نیست غم عشق و وین عجب :** شرح غم دوری از یار در همه جا یک چیز است ولی بسیار عجیب که = **نامکرر است :** هیچگاه تکراری نیست = **آستان پیرمغان :** از روی به وصل یار داشتن = **دولت در آن سرا :** بزرگی ومقام آنست که نزد یارست و = **گشایش در آن دراست :** نیک روزی مدام حاصل تلاش برای آن مقام است= **دردست شراب داشت :** مرا به مستی وصل خود میخواند = **بازش چه در سراست :** مرا با چه حال زیبائی مست وصل خود سازد = **چو نقش غم ز دور بینی شراب خواه :** چون غم دوری یار به دلت روکرد روی به مستی او آور= **تشخیص کرده ایم :** آنرا بخوبی تجربه نموده ایم= **مداوا مقررست:** درمان ازآن حاصل گردد= **طُرفه :** عجیب وشگفت آور=**کلک تو:** شعر شکرریزتو=**کش میوه:** خوش میوه ائیست = **دلپذیرتراز شهدو :** خوشمزه تر از عسل و = **(حافظ خود حافظ)**

ابیات زیرکه بعنوان ابیات دوم ، هشتم و ماقبل اخر غزل فوق درنسخه قزوینی آمده است بعلت عدم رعایت مبانی عرفان و لحن شعر و سیر معنی غزل از حافظ نیست وبه غزل فوق اضافه گشته اند :

ای نازنین پسر تـو چـه مذهب گرفتـه‌ای — کت خـون مـا حلالتر از شیـر مادر است
فرق است ازآب خضرکه ظلمات جای اواست — تـا آب مـا کـه منبعش الله اکبـر است
مـا آبـروی فقـر و قنـاعت نمـی‌بـریـم — بـا پادشه بگوی که روزی مقدر است

المنهٔ لله که در میکده باز است — زان رو که مرا بر در او روی نیاز است
خُم‌ها همه در جوش و خروشند ز مستی — وان می که آنجاست حقیقت نه مَجازاست
شرح شکن زلف خم اندر خم جانان — کوته نتوان کرد که این قصه دراز است
بردوخته ام دیده چو باز از همه عالم — تا دیده بر آن عرضه زیبای تو باز است
رازی که بر غیر نتوان گفت و نگوییم — با دوست بگوییم که او محرم راز است
در کعبه کوی تو هر آن کس که بیاید — از قبله ابروی تو در عین نماز است

ای مجلسیان سوز دل حافظ مسکین
از شمع بپرسید که در سوز و گداز است

المنه لله : این رحمت و لطف خداوندست = **میکده :** سرای مست یار گشتن =**که مرابردر او روی نیازست :** زیرا که آن تنها نیاز عشاق اوست = **خُم ها همه در جوش وخروشند زمستی :** مست سازانش همه خود مست اویند = **حقیقت نه مجاز است:** آن مستی(به خوشی ولذت رسیدن) اصلی وواقعی است نه مست دنیا گشتن که دروغی بیش نیست = **شکن زلف:** خم گیسو= **خم اندر خم جانان :** پر موج یار= **کوته نتوان کرد :** با شرحی مختصر قابل تشریح نیست= **که این قصه دراز است:** شرح آن خود حکایتی است= **بردوخته ام دیده چوبازاز همه عالم :** همچون باز شکاری نگاهم را از همه جا گرفته و بر یک نقطه خیره گشته ام = **تا دیده برآن عرضه زیبای تو باز است :** تا چشمانم قادرند زیبائیهائیکه تو عرضه میکنی را ببینند= **دوست :** یار = **کعبه کوی تو :** سرای وصل زیبای تو = **از قبله ابروی تودر عین نماز است :** با مست گشتن از ابروی بس زیبای تو نماز اصلی خود را بپا داشته است = **مجلسیان :** عشاق هم مجلس = **مسکین:** درمانده = **(حافظ خود وعام)**

ابیات زیرکه بعنوان ابیات سوم و ششم غزل فوق درنسخه قزوینی آمده است بعلت عدم رعایت مبانی عرفان ، لحن و تکرار قافیه از حافظ نیست وبه غزل فوق اضافه گشته اند:

از وی همه مستی و شکوه است و تکبر — وز ما همه بیچارگی و عجز ونیاز است
بار دل مجنون و خم طره لیلی — رخساره محمود و کف پای ایاز است

کنون که بر کـف گل جام باده صاف است — به صد هزار زبان ، بلبلش در اوصاف است
بخـواه دفتـر اشعـار و راه صحرا گیـر — چه وقت مدرسه و بحث کشف کشاف است
فقیه مدرسه دی مست بـود و فتـوی داد — که می حـرام ولی به ز مـال اوقاف است
به دُرد و صاف تو را حکم نیست خوش درکش — که هر چه سـاقی ما کـرد عین الطاف است
ببُـر ز خَلـق و چو عنقـا قیـاس کار بگیر — که سیر گوشه نشینان ز قاف تا قاف است
حـدیث مدعیـان و خیـال همـکاران — همان حکایـت زردوز و بـوریاباف است
خموش حافظ و این نکته‌های چون زر سرخ
نگاه دار که قـلاب شهـر صـراف است

کنون که بر کف گل جام باده صاف است : دراین بهار که طبیعت مست سازگشته = **بلبلش دراوصاف است** : بلبلان با نواهای مختلف به حکایت آن مشغولند= **بحث کشف کشاف** : از دروس حوزه های علمیه = **دی مست بود** : دیشب در عالم مستی اش = **به ز مال اوقاف است** : هم بمعنی "بهتر از دست گزاردن بر مال وقف شده است" و هم با توجه به ابیات بعد به این معنی میتواند باشد که " بهتر از اینست که برای جان وقفی خود در پی مقام دنیا باشیم (تا مقامی که مستی یار برایش می آورد)= **به دُرد وصاف تورا حکم نیست**: حدی برای مستی فرض نشده = **خوش درکش**: تا میتوانی به آن روی آور = **که هر چه ساقی ما کرد عین الطاف است** : این مست سازست که ازمهرش به اندازه توانت تورا مست میسازد= **ببُر زخَلق** : گوشه نشینی پیشه کن = **چوعنقا قیاس کار بگیر** : به سیمرغ بلند پرواز بنگر= **که سیر گوشه نشینان زقاف تاقاف است**: که جایگاه و سیر جان مستان یار دروارای قله هاست= **حدیث مدعیان** : گفته وشعر ناعاشقان = **خیال همکاران** : نگرش پاکباختگان = **زردوز** : بافنده با طلا (پاکباختگان) = **بوریا باف** : حصیر باف (مدعیان) = **این نکته های چو زرسرخ** : این اشارات بسیار با ارزشت را= **نگاه دارکه قلاب شهرصراف است** : برای خود نگاهدارکه خریداری برای آن نیست (صراف یا خریدار بافته ها، برای بافته ائی پول میدهد (ارزش قائلست) که آنرا با دستش محک میزند نه با جانش) = **(حافظ خود حافظ)**

در این زمانه رفیقی که خالی از خلل است — صُـراحی مـی نـاب و سفینه غـزل است
به چشم عقـل در این رهگذار پـر آشوب — جهان و کار جهان بی‌ثبات و بی‌محل است
بگیـر ز طـره مـه چهـره و قصه مخوان — که سعدو نحس ز تاثیر زهره و زُحل است
جـریده رو که گذرگاه عافیت تنـگ است — پیـاله گیـر که عمـر عزیـز بی‌بدل است
نه مـن ز بی عملی به جان ملولم و بس — ملامت علمـا هم ز علـم بی عمـل است
دلم امید فراوان به وصل مدام تو داشت — ولی اجـل به ره عمـر رهـزن امـل است
بـه هیچ دور نخـواهند یافت هشیارش
چنین که حافظ را مستی باده ازل است

خلل : نا خالصی ، نارفیقی = **صراحی می ناب :** مست گشتن بتمامی از یار = **سفینه غزل است :** با غزلهای عاشقانه همراه بودنست = **به چشم عقل :** اگر عاقلانه بنگریم = **در این رهگذار پر آشوب :** در این عمر پر ماجرا = **بی ثبات و بی محل است :** دگرگون شونده و غیرقابل اطمینان است = **بگیر ز طره مه چهره :** همه را از فریبندگی آن زیبا روی بدان = **و قصه مخوان :** این داستانها (بیهوده ها) را مگو= **سعد ونحس :** خوشبختی و بدبختی = **ز تاثیر زهره و زحل است :** از کنار هم قرار گرفتن ستاره های زهره و زحل در آسمانست = **جریده رو :** به تنهائی همت کن = **که گذرگاه عافیت تنگ است :** کسی با تودر گذر از این راه وکنار گذاشتن دنیا همراه نیست(تو مسئول خود و جان خود هستی و نه کسی دیگر) = **پیاله گیر :** رو به مستی یار آور= **بی بدل است :** بی بازگشت و فقط یکبارست = **زبی عملی :** از بی همتی خود برای وصل یار گشتن = **به جان ملولم :** جانم با غم همنشین است = **ملامت :** سرزنش = **علم بی عمل است :** آگاه بودن به کاری مفید و انجام ندادن آنست = **اجل :** مرگ (وجود مدت مشخص برای عمر هرکس)= **رهزن امل است:** رباینده آرزوهاست = **دور:** حالتی = **هشیارش :** روال زندگی معمول را رعایت کردن = **مستی باده ازل است :** شوق مست گشتن از مستی ایست که برای آن خلق گشته = **(حافظ خود حافظ)**

گُل در بر و می در کف ومعشوق به کام است | سلطـان جهانـم به چنیـن روز غلام است
گـو شمع میـارید در این جمـع که امشب | در مجلس مـا مـاه رخ دوست تمـام است
گوشـم همه بر قـول نی و نغمه چنگ است | چشمم همه بر لعل لب و گردش جام است
در مجلس خـود عطـر میامیـز کـه مـا را | هر لحظه زگیسوی تو خوشبوی مشام است
تـا گنـج غمت در دل ویـرانه مقیم است | همـواره مـرا کـوی خـرابات مقـام است
از ننگ چـه گـویی که مرا نام ز ننگ است | وز نام چه پرسی که مرا ننگ ز نـام است
میخـواره و سـرگشته و رندیـم و نظـرباز | وان کس که چو مانیست دراین شهرکدام است
حافـظ منشین بـی مـی و معشوق زمانی
کایـام گل و یاسمن و عیـد صیـام است

گل در برو می برکف و معشوق بکام است : یار مجلس وصلش را بر پا ساخته است = **سلطان جهانم به چنین روز غلام است** : سلاطین جهان آرزوی خدمت کردن دراین مجلس را دارند = **ماه رخ دوست تمام است** : یار با زیبائی و نورش آمده است = **گوشم همه بر قول نی و نغمه چنگ است** : مست نواهای زیبای مجلسم = **چشمم همه بر لعل لب و گردش جام است**: دیده ام مدام بدنبال زیبائی افسونساز اوومستی بیشترازاوست= **عطر میامیز**: پراکندن عطری احتیاج نیست = مشام : حس بویائی = **گنج غمت** : ثروت عشق تو = مقیم : ساکن = **کوی خرابات مقام است** : جزرسیدن به وصل تو کار دیگری ندارم = **مرا نام ز ننگ است** : از این ننگ (عاشق بودن) احساس وجود میکنم = **مرا ننگ ز نام است** : فراری از نام ومقام دنیایم = **میخواره** : بدنبال مستی از یار و= **رندیم ونظرباز** : درهر لحظه بدنبال نشانی از اوئیم = **وان کس که چوما نیست**: آن کس (عاشق یاری) که غیر کار مارا بکند = **منشین بی می و معشوق زمانی** : مدام بدنبال مست گشتن از یار باش = **کایام گل ویاسمن وعید صیام است** : عید فطر در بهار بسراغ ما آمده است (آمدن عید فطرسمبل اتمام شب زنده داری دیگر مومنان و شروع عشق ورزی خلوتیان و عشاق یارست) = **(حافظ خود وعام)**

ابیات زیر که بعنوان ابیات سوم ، ششم و دهم غزل فوق در نسخه قزوینی آمده است بعلت عدم رعایت مبانی عرفان و سیر معنی غزل و لحن شعر از حافظ نیست وبه غزل فوق اضافه گشته اند :

در مذهب ما باده حلال است ولیکن | بی روی تو ای سرو گل اندام حرام است
از چاشنی قنـد مگـو هیچ و ز شکـر | زان رو که مـرا از لب شیرین تو کام است
با محتسبم عیـب مگـویید که او نیـز | پیوسته چو ما در طلـب عیش مدام است

{۳۸}

به کـوی میکده هـر سالِکی که ره دانست — دری دگـر زدن اندیشـه تبـه دانست
زمـانـه افسر رنـدی نـداد جـز به کسی — که سـرفرازی عالم در این کله دانست
بـر آستانه میخـانه هـر کـه یافت رهـی — ز فیض جـام می اسـرار خانقه دانست
هر آن که راز دو عالـم ز خط ساغر خواند — رموز جام جـم از نقش خاک ره دانست
ورای طـاعت دیـوانگان ز مـا مطلـب — که شیخ مذهب مـا عاقلی گنـه دانست
دلم ز نرگس ساقی امان نخواست به جان — چرا که شیوه آن تُـرک دل سیه دانست
ز جـور کوکـب طالع سحرگهان چشمم — چنان گریست که ناهید دید و مه دانست

حدیـث حافـظ و ساغـر که مـی‌زنند پنهان
چه جای محتسب و شحنه که پادشه دانست

کوی میکده : سرای مست ساز یار= **هر سالکی که ره دانست** : هربدنبال یاری که راهش را یافته باشد= **دری دگر زدن اندیشه تبه دانست** : بجز بدان راه رفتن را کاری بیهوده(عمرتلف کردن) میداند = **زمانه** : یار= **افسررندی** : مقام عاشقی و پاکباختگی= **سرافرازی عالم**: والا و بزرگ گشتن درعالم را= **کله**: مقام ومرتبه= **آستانه**: ورودی = **میخانه** : سرای مست گشتن از یار = **زفیض جام می**: از رشدی که از مست یار گشتن می یابد = **اسرار خانقه** : آنچه در محفل عشاق بدان می رسی را = **راز دو عالم** : علت موجود گشتن خود را = **ز خط ساغرخواند** : با روبه مستی یار آوردن بدان پی برد = **رموز جام جم** : علت و عظمت وجود جان (خود) را که میتواند به مستی یار برسد را = **از نقش خاک ره دانست** : از هر چیز کوچکی در راه وصل یار بخوبی درمی یابد= **ورای طاعت دیوانگان** : جز از عاشقی شیدا بودن = **شیخ مذهب ما** : پیران این راه = **عاقلی گنه دانست** : عاقلانه زندگی کردن (عافیت اندیشی) را دربرابر مست گشتن از یار را دور ماندن ازیار(گنه) میدانند= **زنرگس ساقی** : ز روی زیبای مست سازش= **به جان** : برای جان = **تُرک دل سیه** : زیبای بی وفا = **جور** : سختی (بی وفائی) = **کوکب طالع** : ستاره طلوع کننده ام (یارم) = **ناهید**: ستاره ناهید = **مه** : ماه = **حدیث** : ماجرای = **ساغر** : روی به مستی داشتن = **که می زنند پنهان** : که مردم آنرا (غزلهایش را) میخوانند و پنهان نگه میدارند (از عوامل حکومتی) = **چه جای محتسب و شحنه** : با آگاه شدن پاسبان و داروغه نیز کاری برایم از پیش نمی رود = **که پادشه دانست** : که یار باید بداند که میداند و وقعی نمیگذارد = **(حافظ خود حافظ)**

بیت زیر که بعنوان آخرین بیت غزل فوق در نسخه قزوینی آمده است بعلت عدم رعایت مبانی عرفان و سیر معنی غزل از حافظ نیست و مشخصا به غزل فوق اضافه گشته است :

بلندمرتبه شاهی که نه رواق سپهر — نمونه‌ای ز خم طاق بارگه دانست

{۳۹}

صـوفی از پـرتـو می راز نهـانی دانست | گوهر هر کس از این لعـل ، توانی دانست
قـدر مجموعه گل مـرغ سحر داند و بس | که نه هر کو ورقی خواند معانی دانست
ای که از دفتـر عقل آیت عشـق آمـوزی | ترسم این نکته به تحقیق ندانی دانست
سنگ و گِل را کُند از یُمن نظر لعل و عقیق | هـر که قـدر نفـس بـاد یمانی دانست
عرضـه کـردم دو جهان بر دل کار افتاده | بجز از عشق تو باقی، همه فانی دانست
آن شد اکنـون که ز ابنـای عوام اندیشم | محتسب نیز از این عیش نهانی دانست
دلبـر آسـایش مـا مصلـحت وقـت ندید | ور نـه از جانب مـا دل نگرانی دانست
می بیـاور که ننـازد به گل بـاغ جهـان | هـر که غـارتگـری بـاد خزانی دانست

حافظ این گوهر منظوم که از طبع انگیخت
ز اثــر ، تربیـت آصـف ثــانی دانـست

صوفی: پاکباخته = **ازپرتو می :** با توفیق در مست یار گشتن = **راز نهانی دانست :** از علت آمدنش بدنیا آگاه گشت = **گوهرهرکس:** میزان رشد جان (در نزدیکی به یار در)هرکسرا = **ازاین لعل توانی دانست :** با این محک (میزان توفیق در مست گشتنش ازیار) معلوم میگردد= **مجموعه گل :** یار بس زیبا را= **مرغ سحر:** عاشق شب زند دار= **ورقی خواند معانی دانست:** خواندن بداند معانی را هم میفهمد= **از دفترعقل آیت عشق آموزی :** از طریق دانش سرآمد تحقیق و تفحص درعشق ورزی با یاری= **این نکته:** عشق ورزی و مست یارگشتن را= **به تحقیق ندانی دانست :** نتوانی با تحقیق وتفحص بدان برسی = **از یمن نظر** = در نگاه عاشق (میان آنها فرق نمیگذارد) = **هرکه قدر نفس باد یمانی دانست :** هر که بوی خوش یار از نسیم عشق ورز او بمشامش برسد = **دل کار افتاده :** دل عاشق شده = **می بیاور که :** بگذار روی به مستی آریم = **که ننازد به گل باغ جهان :** به زیبائی های دنیا دل خوش نکند= **هر که غارتگری باد خزانی دانست :** آنکه میداند هرچیز دنیائی از بین رفتنی است =**آن شدکه اکنون ز ابنای** (ساختار) **عوام اندیشم :** به این علت که برای دل مردم پاک و ساده سروده ام = **محتسب نیز از این عیش نهانی دانست :** پاسبان نیز نظرش به مست گشتن از یار جلب شده است (بفکر آن افتاده)= **آسایش مامصلحت وقت ندید:** وصلش را براساس صلاحدید وصلاحیت ما مقرر میسازد= **دل نگرانی دانست :** تشویش درونی ماازدوری خودرا میداند = **گوهرمنظوم که از طبع انگیخت :** این غزلهای چون گوهررا که از طبع ذاتی وخلوص عشقش بسرود = **ز اثرتربیت :** بر اثردرس و آموزش معلم خود= **ثانی:** دوم =**(حافظ خود حافظ)**

{٤٠}

به دام زلـف او دل مبتـلای خویشتن است
کُشد بغمزه که اینش سزای خویشتن است
به مُشک چین وچگل نیست بوی گل محتاج
کـه نافـه‌هاش ز بنـد قبـای خویشتن است
چـو رای عشـق زدی با تو گفتم ای بلبـل
مکن که آن گل ، خندان برای خویشتن است
گـرت ز دسـت بـرآیـد مـراد خـاطر ما
بدست باش که خیری بجای خویشتن است
مـرو بـه خانـه اربـاب بـی‌مـروت دهـر
کـه گنـج عافیتت در سـرای خویشتن است
بجانت ای بت شیرین دهن که همچون شمع
شبـان ، تیـر مـرادم فنـای خویشتن است
بسـوخت حافـظ و در شرط عشقبازی ، او
هنـوز بر سـر عهد و وفای خویشتن است

به دام زلف او : از عشق درگیرساز اوست= **دل مبتلای خویشتن است** : که دل اینچنین باخود درگیرست = **کُشد به غمزه** : و با عشوه ائی از پای درآوردش = **که اینش سزای خویشتن است** : که بهترین سزا و مجازات برای دل عاشق همانست = **مُشک چین وچگل:** بهترین عطرهای چین= **بوی گل:** عطر یار = **نافه هاش:** بو های مست سازش= **ز بندقبای خویشتن است:** ازوجود خوداوست= **رای عشق زدی:** قصد ساختی عاشق شدنرا= **خندان برای خویشتن است:** خندان برای عشق تو نیست، میخنددکه عاشق خود سازد= **گرت زدست برآید مراد خاطر ما** : اگر میتوانی در این مقصد عاشقان را یاری نمائی (با کلامی یا عرضه هنری ای عاشق یار) = **به دست باش** : به انجامش رسان = **که خیری بجای خویشتن است** : که همان خوبی از خود بجای گذاردنست = **مرو بخانه ارباب بیمروت دهر:** برای کسب گنج به دنیای سخت گیرروی نیاور= **گنج عافیتت** : آنچه تورا به خوشبختی میرساند= **در سرای خویشتن است** : در درون خود توست = **بت شیرن دهن** : یارخوش کلام = **شبان** ،**تیر مرادم فنای خویشتن است** : شبها همچون شمع با قصد فدای تو شدن بیدارم= **در شرط عشقبازی:** در کار فقط یاررا خواستن و فقط بدنبال او بودن = **(حافظ خود حافظ)**

{٤١}

لعل سیرابِ بخون تشنه ، لب یارمن است — وز پـی دیدن او ، دادن جان کار من است

شرم از آن چشم سیه بادش و مژگان دراز — هر که دل بردن او دید و در انکارمن است

بنـده طالـع خویشم که در ایـن قحط وفا — عشق آن لولی سرمست خریدار من است

طبلـه عطـر گل زلـف عبیـر افشـانی — فیض یک شمه زبوی خوش عطار من است

باغبـان ، همچو نسیمم ز در خویش مران — کآب گلزار تو از اشک چـو گلنـار من است

سـاروان رَخت به دروازه ببر کان سر کو — شـاهـراهی به منـزلگه دلـدار من است

آن که در طرز غزل نکته به حافظ آموخت
یار شیرین سخن نـادره گفتار من است

لعل سیراب بخون تشنه : لب یاقوتی بی نیاز از رنگ سرخ(خون) برای زیباتر گشتن و(هم) تشنه بخون عشاق = **وز پی:** و از برای= **بادش:** باد اورا (میگردد)= **هرکه دل بردن اودیدودرانکارمن است:** هرکه زیبائی اورا دیده باشدو عاشقش گشته باشد و کلام مرا رد سازد = **بنده طالع خویشم** : خدمتگذار آن روشن ساز جان و دل خودم = **دراین قحط وفا** : در زمان بی وفائی ساختنش = **عشق آن لولی سرمست خریدار منست** : خیال عشق مست سازاو مرا بخود مشغول میدارد= **طبله عطرگل زلف عبیر افشانی:** صندوقچه عطرگلها که خشبوساز هرگیسوی خوشبوئی است = **فیض یک شمه ز بوی خوش عطار من است:** لذت بردن از بوکشیدنی از بوی خوش عطر فروش من (یار) میباشند = **باغبان** : یارا = **نسیمم زدر خویش مران:** مثل این نسیم خوشبوکه از سرای خود بسوی عشاق میرانی مرا از خود مران = **کاب گلزار تو** : که آب گلستان سرای تو = **اشک چو گلنار** : اشک برنگ گل انار (خون) = **رَخت به دروازه ببر** : بسمت دروازه (قرآن شیراز) مسیرگیر = **کان سرکو:** که آن محل عبور= **شاهراهی به منزلگه دلدار من است:** راهی عزیزو والاست که به سرای زیبائیهای یار من(آب رکنی) میرود = **طرزغزل:** ساخت تعابیردرغزلسرائی= **نکته:** ارائه عرفان وعشق = **نادره گفتار:** که گفتارش(قرآن) همتا ندارد= **(حافظ خود حافظ)**

بیت زیرکه بعنوان بیت ماقبل آخر غزل فوق در نسخه قزوینی آمده است بعلت عدم رعایت مبانی عرفان و سیر معنی غزل از حافظ نیست و مشخصا به غزل فوق اضافه گشته است :

شربت قند و گلاب از لب یارم فرمود — نرگس او که طبیب دل بیمار من است

{۴۲}

روزگاریست که سودای بتان دین من است   غـم این کـار نشـاط دل غمگین منست

دیـدن روی تـو را دیـده جـان بیـن بایـد   وین کجا مرتبه چشم جهان بین منست

یا رب ایـن کعبـه مقصـود تماشاگه کیست   که مغیـلان طریقش گل و نسرین منست

تا مـرا عشق تـو تعلیم سخن گفتن کـرد   خلق را ورد زبان مُدحَت و تحسین منست

دولـت فقـر خدایـا بـه مـن ارزانـی دار   کاین کرامت سبب حشمت وتمکین منست

واعظ شحنه شناس این عظمت گومفروش   زان که منزلگه سلطان دل مسکین منست

حافظ از حشمت پـرویـز دگـر قصه مخوان
که لبش جرعه کش خسرو شیرین من است

سودای بتان : روی آوری به زیبائیهای دنیائی یار= **دین من است :** راه و روش من گشته = **غم اینکار :** امید به مرحمتی از یار برای وصلش= **دیده جان بین :** آنکه چشمش به عظمت جان آدمی باز گشته = **وین کجا مرتبه چشم جهان بین من است:** و اینکاردرحد چشم منی که بدنبال دیدن زیبائیهای دنیاست(فردی که بدنیاروی دارد) نمیباشد = **این کعبه مقصود :** این وصل تو که آرزوی راهیان توست= **مغیلان طریقش :** خارهای راهش = **عشق تو تعلیم سخن گفتن کرد :** از آنگاه که دیگر فقط از عشق تو میگویم = **خلق را ورد زبان مدحت وتحسین من است :** مردم به تحسین و تائید من پرداخته اند= **دولت فقر:** پاکباختگی را =**کرامت :** ب‌خشندگی تو= **حشمت و تمکین:** والا گشتن و فرمانبری= **واعظ شحنه شناس:** ای خطیب و سخنگوی وابسته به حکومت = **این عظمت گو مفروش :** خودت را از بلند مرتبه ها ندان = **منزلگه سلطان دل مسکین منست:** دل من جایگاه ورود و نشست سلطان جهان (یار) است= **از حشمت پرویز دگر قصه مخوان :** داستان شکوه پرویزچگونه قابل حکایت کردنست = **که لبش جرعه کش خسرو شیرین من است :** که او نیز بدنبال مست گشتن از یار بس زیبای من بوده است = **(حافظ : بصورت عام)**

بیت زیرکه بعنوان بیت سوم غزل فوق در نسخه قزوینی آمده است بعلت عدم رعایت مبانی عرفان از حافظ نیست و به غزل فوق اضافه گشته است :

یار من باش که زیب فلک و زینت دهر   از مه روی توو اشک چو پروین من است

{۴۳}

مرا کـه گوشـه میخـانه خانقـاه من است   دعـای پیـر مغـان ورد صبحگاه منست

گـرم ترانه چنگ ، صبـوح نیست چـه بـاک   نـوای من به سحر آه عذر خواه منست

از آن زمـان که بر این آستان نهـادم روی   فـراز مسند خورشید تکیـه گاه ماست

مگـر به تیـغ اجـل خیمه ام برکنـی ور نی   رمیدن از در دولتت نه رسم و راه منست

غرض ز مسجد و میخانه‌ام وصال شماست   جز این خیـال ندارم خـدا گـواه منست

گنـاه اگـر چه نبـود اختیـار مـا حافظ
تو در طریق ادب باش گو گناه من است

گوشه میخانه خانقاه منست : کناری ازسرای مستان محل طلب وصل من است = **دعای پیر مغان :** خواندن یار دلفریبم = **صبوح نیست :** مستی نمی آورد = **آه عذر خواه من است :** مرا به مستی یار میرساند= **بر این آستان نهادم روی :** روی به کوی یار نهادم = **فراز مسند خورشید :** بلندای جایگاه خورشید (درفضای بی پایان سیرکردن) = **تکیه گاه منست :** استراحتگاهی درمسیروصل من است = **تیغ اجل خیمه ام برکنی:** با پایان دادن به زندگیم بکارم پایان دهی= **ورنی:** وگرنه = **رمیدن از در دولتت :** روی گرداندن از وصل شیرین تو = **غرض :** مقصود = **وصال شماست :** روی به وصل یارآوردن شما دوستداران اوست= **اگر چه نبود اختیار ما :** هر چند انتخاب ما را دربر نمیگیرد= **تو درطریق ادب باش :** شما روی به مستی و وصل یارگشتن آرید = **گناه من است :** گناه ما همان گناه حافظ شیرین سخن است= **(حافظ : بصورت عام)**

بیت زیرکه بعنوان بیت سوم غزل فوق درنسخه قزوینی آمده است بعلت عدم رعایت مبانی عرفان از حافظ نیست و به غزل فوق اضافه گشته است:

ز پـادشاه و گدا فارغم بحمدالله   گدای خاک در دوست پادشاه من است

{٤٤}

زگریه مردم چشمم نشسته در خون است ببین که در طلبت حال مردمان چون است
به یاد لعل تو و چشم مست می گونت زجام غم، می لعلی که میخورم خون است
چگونه شاد شود اندرون غمگینم به اختیار که از اختیار بیرون است
حکایت لب شیرین ، کلام فرهاد است شکنج طره لیلی ، مقام مجنون است
ز دور باده به جان راحتی رسان ساقی که رنج خاطرم از جور دور گردون است
دلم بجو که قدت همچو سرو دلجوی است سخن بگو که کلامت لطیف و موزون است
ز مشرق سر ، کو آفتاب طلعت تو اگر طلوع کند طالعم همایون است
ز بیخودی طلب یار می‌کند حافظ
چو مفلسی که طلبکار گنج قارون است

مردم چشمم : تمامی چشمم = **در طلبت** : بدنبال عشق تو = **حال مردمان چون است** : حال عاشقانت چگونه گشته = **لعل تو** : لب یاقوتی تو= **می گونت** : مست سازت= **زجام غم می لعلی که میخورم خون است** : از غم دوریت هرمست سازی(از زیبائیهایت) برایم چون خون خوردنی گشته = **کلام فرهاد ست** : دیگرفقط صحبت فرهاد شده است = **شکنج طره لیلی:** پیچ وخم گیسوی یار= **مقام مجنونست** : جایگاه و مقصددیوانه عشق اوست = **ز دورباده** : با مست ساختنت = **جور دور گردون است:** از سختی دوری تووگذشتن سریع روزهاست(از دست رفتن عمرست)= **دلم بجوکه قدت هم چو سرو دلجوی است:** دلم را سیراب ساز(وصلی مقرر ساز) که زیبائیت دل را سیراب سازد= **لطیف و موزون است** : دلنشین وشنیدنی است= **کو آفتاب طلعت تو:** که محل طلوع آفتاب روشنی ساز توست= **طالعم همایون است:** سرنوشتم رو به خوشبختی گذارده است = **زبیخودی:** به دلخوش کردن و کم کردن غم = **چو مفلسی** : مثل ورشکسته ایست که = **گنج قارون** : عظیم ترین ثروتی است که یک انسان توانسته است بتنهائی جمع کند (قرآن)= **(حافظ خود حافظ)**

بیت زیرکه بعنوان بیت هفتم غزل فوق در نسخه قزوینی آمده است بعلت مخدوش بودن معنی و ضعف تعبیر آورده شده مشخصا از حافظ نیست و به غزل فوق اضافه گشته است :

از آن دمی که ز چشمم برفت رود عزیز کنار دامن من همچو رود جیحون است

{۴۵}

خـم زلـف تـو دام کفـر و دین است ‌‌‌‌ ‌‌‌ ز کارستـان تـو یک شمه این است
جمالـت معجـز حُسـن است لیکـن ‌‌‌ ‌‌‌ حدیـث غمـزه‌ات سِحـر مُبین است
ز چشم شـوخ تو جـان کی توان برد ‌‌‌ ‌‌‌ که دایـم با کمـان انـدر کمین است
بر آن چشـم سیه صـد آفـرین بـاد ‌‌‌ ‌‌‌ که در عاشق کُشی سحرآفرین است
عجب علمیست علـم هیئـت عشق ‌‌‌ ‌‌‌ که چرخ هشتمش هفتم زمین است

مشـو حافـظ ز کیـد زلفـش ایمـن
که دل بُرد و کنـون دربند دین است

خم زلف تودام کفر ودین است : روی آوردن به مهرورزی تو مبنای دینداری و کفرورزیست = **کارستان :** آنچه که برای بندگانت مقررمیداری = **یک شمه :** یک گوشه اش(کمی از آن) = **جمالت :** زیبائیت= **معجز حُسن است :** معجزه ائی در زیبائیست = **حدیث غمزه ات :** شرح دلفریبی های تو = **سِحر مُبین :** مات ومبهوت ساز همه است = **زچشم شوخ تو:** از نگاه زیبا ودلفریب تو= **با کمان :** با ابرویت = **اندرکمین است:** رهزن (رباینده)دلهاست= **سحر آفرین است :** با محسور و مبهوت ساختن به انجام میرساند = **علم هیئت :** علم نجوم = **کید :** فریب = **ایمن (مشو) :** ایمن نخواهی بود = **که دل بُرد وکنون دربند دین است :** که چون عاشقت ساخت اگردرعشقش استقامت ورزی از جمع دیگرمومنان بیرونت خواهد آورد (خلوت گزینت میکند) = **(حافظ خود وعام)**

بیت زیرکه بعنوان بیت ماقبل آخر غزل فوق در نسخه قزوینی آمده است بعلت عدم همسوئی شدید با سیر معنی غزل مشخصا از حافظ نیست و به غزل فوق اضافه گشته است :

تو پنداری که بدگو رفت و جان برد ‌‌‌ ‌‌‌ حسابش با کـرام الکاتبیـن است

دل سـراپـرده محبـت اوسـت   دیـده آیینـه دار طلعـت اوسـت
مـنی که سـردر نیاورم به دو کون   گـردنـم زیـر بـار منت اوسـت
من که باشم در آن حرم که صبـا   پـرده دار حریـم حـرمت اوسـت
مُلکَـت عاشقـی و گنـج طـرب   هـرچه دارم ز یمن رحمـت اوسـت
گـر من آلـوده دامنـم نه عجب   همـه عالـم گـواه عصمـت اوسـت
هـر گل نـو کـه شد چمـن آرای   اثـر رنـگ و بـوی صحبت اوسـت
دور مجنـون گشت و نوبه ماست   هرکس این پنج روز نوبت اوسـت
تـو و طـوبی و مـا و قـامت یار   شان هرکس به قـدر همت اوسـت
فقـر ظاهـر مبیـن کـه حافـظ را
سینـه گنجینـه محبـت اوسـت

سراپرده : سرای نشیمن= **آیینه دار طلعت اوست :** مدام در انتظار روشنائی(جلوه گری) اوست = **منی که سردر نیاورم به دوکون:** من عاشقی که برای عشق ووصل او دو جهان را کنار گذارده ام= **گردنم زیر بار منت اوست :** همه این شان وجایگاه را از منت و لطفی دارم که یار بر من نهاده = **در آن حرم که صبا :** در کوی یار که نسیمی= **پرده دار:** نگهبان = **حریم حرمت:** حفظ شان ومرتبه= **مُلکَت:** سلطنت و مالک بودن= **گنج طرب:** مخزن شادیها و لذتها گشتن= **یمن رحمت:** به برکت مهرورزی= **آلوده دامنم نه عجب :** نمی توانم به خلوص کامل برسم عجیب نیست = **گواه عصمت اوست:** فقط اوست که در خلوص وپاکی تمام است= **شد چمن آرای** = چشمها را بخود جلب کرد = **اثر رنگ وبوی صحبت اوست :** در حال تعریف کردن از زیبائی یار است = **دورمجنون گشت و نوبه ماست :** زمان مجنون بسررسید وحال نوبت عشق ورزیدن ماست = **این پنج روز :** طول عمرش = **طوبی :** نام درختی در بهشت آمده در قرآن (منظور بدنبال بهشت او بودن)= **قامت یار:** بدنبال وصل او بودن= **شان هرکس :** مقامی که هرکس درآخرت کسب میکند= **همت اوست :** میزان استقامتش در عشق ورزی و جویندگی یارست = **سینه گنجینه :** در سینه اش گنجی است از = **(حافظ خود حافظ)**

ابیات زیرکه بعنوان بیت ششم و دهم غزل فوق در نسخه قزوینی آمده اند بعلت عدم رعایت مبانی عرفان ، لحن و شان سخن مشخصا از حافظ نیست و به غزل فوق اضافه گشته اند :

بی خیالش مبـاد منظر چشم   زانکه این گوشه جای خلوت اوست
من و دل گرفدا شدیم چه باک   غـرض انـدر میـان سلامت اوست

{٤٧}

آن سیه پرده که شیرینی عالم با اوست — چشم میگون لب خندان دل خرم با اوست

روی خوب است و کمالِ هنر و دامن پاک — لاجرم همت پاکان دو عالم با اوست

خال مُشکین که بدان عارض گندمگون است — سِر آن دانه که شد رهزن آدم با اوست

گر چه شیرین دهنان پادشهانند ولی — او سلیمان زمان است که خاتم با اوست

با که این نکته توان گفت که آن سنگین دل — کُشت ما را و دم عیسی مریم با اوست

حافظ از معتقدان است به گرامی داریش
زانکه بخشایش بس روح مکرم با اوست

آن سیه پرده: آنکه میان ما وخود پرده ائی سیه(پراز تلخی انتظار)کشیده = **میگون** : مست ساز= **دل خرم** : شاد سازی دلها =**روی خوب است و کمال هنرودامن پاک:** روئی بس زیبا وهنرمندترین بودن وپاک بودن ازهرعیبی = **لاجرم همت پاکان دوعالم :** و برای همین تمامی سعی عشاقش درهردو عالم(جن وانس) رسیدن به وصال اوست = **مُشکین :** خوشبو = **عارض :** چهره وسیما = **سَر آن دانه که شد رهزن آدم :** علت اینکه آدم گندم(عشق) را بجای بهشت انتخاب کرد = **گرچه شیرین دهنان پادشهانند ولی :** هر چند عشاق در بیان ساختن عشق و وصل شیرین او جلودار و پیش آهنگند = **او سلیمان زمانست:** آنکس بکام حقیقی واصلی دردنیا رسیده است (از همه به یار نزدیکترست) =**که خاتم با اوست:** که هرگاه قصد میکند وصل یار میگردد = **آن سنگین دل :** آنکه بیتابی عشاق را می بیندو انگار ندیده است = **دم :** دم زنده ساز= **از معتقدان است به گرامی داریش:** با تمامی جان باور دارد به اینکه یار به عشاقش نظری خواهد افکند (وصلش را مقرر میسازد)=**زانکه بخشایش و بس روح مکرم با اوست:** زیراکه بخشنده اصلی وبهترین گرامی ساز جانها، اوست=
(حافظ خود حافظ)

بیت زیرکه بعنوان بیت پنجم غزل فوق در نسخه قزوینی آمده است بعلت عدم توازن با تعابیر ابیات دیگر غزل و سبک بودن مطلب مطروحه درآن نسبت به ابیات دیگر مشخصا از حافظ نیست و به غزل فوق اضافه گشته است :

دلبرم عزم سفر کرد خدا را یاران — چه کنم با دل مجروح که مرهم با اوست

{۴۸}

سـر ارادت مـاو آستان حضـرت دوست | که هر چه بر سر ما می‌رود ارادت اوست
نظیـر دوست ندیدم اگر چه از مه و مهر | نهـــادم آینــه‌هـا در مقـابل رخ دوست
نثارروی تو، هربرگ گل که درچمن است | فدای قـدتو، هر سروبن که برلـب جوست
مگر تو شـانه زدی زلـف عنبرافشان را | که باد غالیه سا گشت و خاک عنبر بوست
نه من سبوکش این دیر رندسوزم و بس | بساسراکه دراین کارخانه سنگ وسبوست
صبـا ز حـال دل تنـگ مـاچه شرح دهد | که چون شکنج ورق‌های غنچه توبرتوست

نه این زمان دل حافظ در آتش هوس است
کـه داغـدار ازل ، همچـو لالـۀ خودروست

سر ارادت ما و آستان حضرت دوست : جان بتمامی عاشق عشاق فدای کوی یار بس والا = **ارادت اوست :** از عشق اوست = **مه ومهر :** ماه وخورشید = **نهادم آینه ها در مقابل رخ دوست :** رخش را با هر نماد زیبائی مقایسه کردم = **نثار روی تو :** فدای روی تو کند خود را = **فدای قد تو هر سرو بن :** فدای قد تو سازد خود را هر سرو افراشته گشته = **عنبر افشان را:** عطر افشانت را= **غالیه سا :** بس خوشبو= **عنبر بوست :** بوی عنبر میدهد = **سبوکش این دیررند سوزم :** بدنبال مست گشتن دراین سرای عاشق سوزم = **بسا سراکه دراین کارخانه سنگ وسبوست :** چه مکانها که دراین دنیا(ی عرضه ساز مستی یار) با آن درستیزند= **زحال دل تنگ ما چه شرح دهد:** از دلهای درخود فرو رفته عشاق چه چیز را میخواهد دریابد و نزد تو آرد = **که چون شکنج ورقهای غنچه تودرتوست:** که مثل لایه های گلبرگ غنچه ها بر روی هم خوابیده است = **درآتش هوس است :** در شوق او میسوزد = **داغدار ازل :** از آن هنگام که خلق شد و تعهد عشق ورزی با یار را نمود = **همچولاله خود روست :** همچون گل لاله جام بدست و مدام بدنبال مستی یارکه بهمین خاطر میروید میماند = **(حافظ خود حافظ)**

ابیات زیرکه بعنوان بیت هفتم و هشتم غزل فوق در نسخه قزوینی آمده اند بعلت عدم رعایت مبانی عرفان، سیر تعابیر غزل ، لحن و شان سخن مشخصا از حافظ نبوده و به غزل فوق اضافه گشته اند :

زبـان ناطقه در وصـف شوق نالان است | چه جای کلک بریده زبـان بیهده گوست
رخ تـو در دلم آمد مـراد خواهم یافت | چرا که حـال نکـو در قفـای فـال نکوست

{۴۹}

آن پیک نامـور که رسید از دیـــار دوست — آورد حـرز جـان ز خـط مشکبـار دوست

خوش می‌دهـد نشـان جلال و جمـال یار — خوش می‌کنـد حکایت عـزّ و وقار دوست

دل دادمش به مـژده و خجلت همی بـرم — زین نقد قلب خویش که کردم نثاردوست

ماییـم و آستـانـه عشق و سـر نیـاز — تا خواب خوش که را برد اندرکنار دوست

شکـر خـدا کـه با مـدد بخـت کارساز — بر حسب آرزوست همه کار و بـار دوست

کُحل جواهری به من آر ای نسیم صبح — زان خاک نیکبخت که شد رهگذار دوست

گـر باد فتنه هـر دو جهان را به هم زنـد — ما و چـراغ چشـم و ره انتظـار دوست

دشمن به قصد حافظ اگر دم زند چه باک
منت خدای را که نه ایم شرمسار دوست

پیک نامور : باد صبا = **دوست** : یار= **حرز** : پناه = **خط مشکباردوست** : نشان وبوی خوش یار = **خوش میدهد** : چه خوش است آنچه می دهد = **جلال وجمال** : از شکوه و زیبائی روی= **خوش میکند حکایت** : چه خوشست آن حکایتی که میکند = **عز و وقار**: بزرگمنشی و متانت = **دل دادمش به مژده** : دل را در آوردن مژده اش تقدیمش کردم = **زین نقد قلب خویش که کردم نثار دوست** : این دل کم بهارا که بر پایش ریختم = **آستانه عشق وسر نیاز** : سرای وصل یارو تمنای وصل زیبای او= **تا خواب خوش که برد اندر کنار دوست** : تا وصل خوش خواب گونش را چه کسی بچشد = **با مدد**: با کمک = **بخت کارساز** : سرنوشت مقرر شونده به لطف یار = **برحسب آرزوست همه کاروبار دوست** : بر اساس خواست وتمنا و استقامت درخواست کننده است تمام روی آوریهای یار= **کحل جواهری** : سرمه ائی از خاک مروارید= **که شد رهگذاردوست** : که یار بر آن پای نهاده = **باد فتنه** : روی آوردن سختیها و سنجش استقامت ورزی = **چراغ چشم و ره انتظار دوست** : چشم مدام باز و انتظار وصل شیرین یار را کشیدن = **دشمن** : بدگوی= **منت خدای را** : این لطفی است از خداوند= **که نه ایم شرمسار دوست** : شرمسار یار نیستیم = ، **(حافظ خود و عام)**

بیت زیرکه بعنوان بیت پنجم غزل فوق در نسخه قزوینی آمده است بعلت عدم توازن با تعابیر ابیات دیگرغزل و سبک بودن مطلب مطروحه درآن نسبت به ابیات دیگر مشخصا از حافظ نیست و به غزل فوق اضافه گشته است :

سیـر سپهر و دور قمـر را چـه اختیـار — در گـردشنـد بر حسب اختیـــار دوست

صبا اگر گذری افتدت به کشور دوست　　بیار نفحه‌ای از گیسوی مُعَنبر دوست
و گر چنانکه در آن حضرتت نباشد بار　　برای دیده بیاور غباری از در دوست
به جان او که به شکرانه جان بر افشانم　　اگر به سوی من آری پیامی از بر دوست
دل صنوبریم همچو بید، لرزان است　　ز حسرت قد و بالای چون صنوبر دوست
اگر چه دوست به چیزی نمی‌خرد ما را　　به عالمی نفروشیم مویی از سر دوست
من گدا و تمنای وصل او هیهات　　مگر به خواب ببینم خیال منظر دوست

چه باشد ار شود از بند غم دلش آزاد
چو هست حافظ مسکین غلام و چاکر دوست

گذری افتدت به کشوردوست : اگربه سرای یار نیز رفتی = **نفخه ائی**: بوئی ، رایحه ائی= **معنبر**: عنبرگون ، بسیار معطر= **در آن حضرتت نباشد بار** : در سرای او راه نیافتی= **غباری** :گردی = **جان برافشانم**: جان را تقدیمش سازم = **دل صنوبریم**: دل بدنبال زیبائی یارم= **همچو بید لرزان است** : چون بید لرزان مدام میلرزد = **زحسرت قدوبالای چون صنوبر دوست** : ازحسرت ندیدن آن قدروبالای بس زیبا و دلفریب یار = **هیهات** : دورست ازما = **منظردوست** : زیبائی روی یار را = **غلام وچاکردوست** : مدام در خدمت یارست = **(حافظ خود و عام)**

{۵۱}

روی تـو کس ندید و هـزارت رقیب هست — در غنچه‌ای هنوز و صدت عندلیب هست
گر وامانده ام زکوی توچندان غریب نیست — چُون من در آن دیار هزاران غریب هست
در عشق خـانقـاه و خرابـات چـه فـرق — هر جا که هست پرتو روی حبیب هست
آنجـا که کـار صـومعه را جلـوه می‌دهند — ناقوس دیـر راهب و نـام صلیب هست
عاشق که شد؟ که یار به حالش نظر نکرد — ای خواجه درد نیست وگـرنه طبیب هست

فریاد حافظ این همه آخر به هرزه نیست
هم قصه‌ای غریب وحدیثی عجیب هست

هزارت رقیب است : عشاق بسیار برایت به رقابت برخاسته اند = **صدت عندلیب هست** : چه بسیار شیدا که درمدح تومیخوانند = **گر وامانده ام زکوی تو چندان غریب نیست** : اگر به وصلت نمی رسم چیز تازه ائی نیست = **هزاران غریب هست** : عشاق راه نیافته به کویت بسیارند = **خانقاه وخرابات** : جمع عشاق و محل گوشه گیری از دنیا = **پرتو روی حبیب هست** : حضور نور یار احساس میگردد = **آنجا که کار صومعه را جلوه میدهند** : آنانیکه کار عشق ورزی صومعه نشینان را تبلیغ میکنند = **ناقوس دیرراهب و نام صلیب هست** : عبادتی منظم و از روی برنامه است که (به همراه نام یار) نام صلیب را نیز میبرند (که آن از خلوص برای وصل یار گشتن دور است) = **عاشق که شد؟ که یار به حالش نظر نکرد**: چه کسی با خلوص تمام روی به یار آورده است و یار وصلش را برای او مقرر نکرده است = **ای خواجه درد نیست** : ای راهی عشق تو به تمامی عاشق وپاکباخته نگشته ائی = **وگرنه طبیب هست** : یار درمان ساز دل عشاق همیشه با ماست = **به هرزه نیست** : از خود چیزی نمی بافد و هذیان نمی گوید = **هم قصه ائی غریب و حدیثی عجیب هست** : کار عشق ورزی کاری بس شگفتی آور وداستانی باور نکردنی است = **(حافظ خود حافظ)**

{۵۲}

خوشتر ز عیشِ صحبتِ باغ و بهار چیست   ساقی کجاست گو سبب انتظار چیست
هر وقت خوش که دست دهد مغتنم شمار   کس را وقوف نیست که انجام کار چیست
معنی آب زندگی و روضه ارم   جز طرف جویبار و می خوشگوار چیست
مستور و مست هر دو چو از یک قبیله‌اند   ما دل به عشوه کِه دهیم، اختیار چیست
راز درون پرده چه داند فلک ، خموش   ای مدعی نزاع تو با پرده دار چیست
سهو و خطای بنده گرش اعتبار نیست   معنی عفو و رحمت آمرزگار چیست

زاهد شراب کوثر و حافظ پیاله خواست
تا در میانه ، خواسته کردگار چیست

زعیش صحبت باغ وبهار : از مجلس خوش همنشینی با زیبائیهای یار = **ساقی** : مست ساز = **گو سبب انتظار چیست** : پس چرا مارا مست خود نمی سازد=**که دست دهد:** برایت پیش آمد= **مغتنم شمار:** غنیمت بدار(شکرگزار باش)= **وقوف:** آگاهی = **انجام کار چیست** : که بعد آن چه خواهد شد = **پیوند عمر** : ادامه زندگی = **هوش دار:** آگاه باش = **غمخوار خویش باش غم روزگار چیست:** باید بفکر والا ساختن جان خود باشی نه زندگی دنیائی خود= **آب زندگانی:** آب حیات (جاودان ساز) = **روضه ارم** : باغ بهشت = **طرف جویبار** : کناره سرسبز جویباران = **می خوشگوار** : مست از زیبائیهای او گشتن = **مستور** : پوشیده (یارمست ساز) = **مست** : مستان او (زیبارویان ارائه ساز مستی یار) = **از یک قبیله اند** : کارشان یکی است = **ما دل به عشوه که دهیم اختیار چیست** : مارا انتخابی برای مست گشتن از هیچکدام بتنهائی نیست (هر دو در یک مسیرند)= **راز درون پرده چه داند فلک:** از کار یار پوشیده ، آسمان (و ستاره هایش) چیزی نمی دانند= **ای مدعی:** ای آنکه از طریق آنها میخواهی به رمزی دست یابی = **نزاع تو با پرده دارچیست** : چرا بخطا خود را درگیر مظاهر پوشاننده یار(دنیا و روزگار) می کنی = **سهوو خطای بنده** : خطا و اشتباه مومن (نه از روی عمد)= **اعتبار نیست:** که امکان وقوع آن میرود= **معنی عفو ورحمت آمرزگارچیست:** معنی صفت بخشندگی خداوندست (پس او میبخشد اگر به خود او روی آوری) = **شراب کوثر** : نوشیدن از حوض کوثر بهشت= **پیاله** : مست وصل یار گشتن = **خواسته کردگار چیست** : تا یار آزمون ساز و آگاه ازاعمال ما برما چه بخواهد = **(حافظ خود حافظ)**

{۵۳}

بنال بلبل اگر با مَنَت سَر یاریست — که ما دو عاشق زاریم و کارما زاریست
در آن زمین که نسیمی وزد ز طره دوست — چه جای دم زدن ز نافه‌های تاتاریست
بیار باده که رنگین کنیم جامه زرق — که مست جام غروریم ونام هشیاریست
لطیفه‌ایست نهانی که عشق از او خیزد — که نام آن نه لب لعل و خط زنگاریست
جمال دوست نه چشم است وزلف وعارض وخال — هزار نکته در این کار و بار دلداریست
خیال زلف تو پختن نه کار هر خامیست — که زیر سلسله رفتن طریق عیاریست
سحر کرشمه چشمت به خواب می‌دیدم — زهی مراتب خوابی که به ز بیداریست
دلش به ناله میازار و ختم کن حافظ
که رستگاری جاوید در کم آزاریست

بنال : آوای عاشقانه ات را سرده = **با منت سر یاریست** : اگر تو نیز همچون من بی تاب گشته ائی = **زاریم وکار ما زاریست:** دلشکسته ایم وجز زاری کاری ازما نمی آید= **زطره دوست:** از بوی زلف یار= **نافه های تاتاری** : خوشبوترین ماده خوشبو= **بیار باده** : مست ساز مارا= **رنگین کنیم جامه زرق** : رنگ دورنگی و دوروئی را برهم زنیم (از نقاق بیرون آئیم)= **جام غرور:** خودخواهی= **نام هشیاریست** : دراینحال خود را عاقل میدانیم = **لطیفه ائیست نهانی که عشق از او خیزد:** زیباروئی پراز لطافتست وپنهان ساز خودکه بشدت جان را عاشق میسازد=**که نام آن نه لب لعل وخط زنگاریست:** که لبهای سرخ (یاقوتی) یار زمینی وسبزی زیبای طبیعت نمیتواند گویای آن باشد= **جمال دوست** : زیبائی یار = **عارض:** چهره و روی= **هزار نکته:** موارد ومسائل بسیار رشد سازی = **دراین کاروبار دلداریست** : درعشق ورزی بایار وجود دارد = **خیال زلف تو پختن** : شکل گرفتن و پروردن زیبائیت در ذهن= **خامیست** : هرعاشق تازه کاری = **که زیرسلسله رفتن:** از محبوبان درگاه گشتن= **طریق عیاریست:** ازراه جوانمردی وآزادگیست= **کرشمه:** دلربائی= **زهی مراتب خوابی:** خوشا درخواب بودنی=**ختم کن:** تمام ساز= **درکم آزاریست** : بمقدار درامان بودن دیگران از عملکرد ماست=**(حافظ خود وعام)**

ابیات زیرکه بعنوان بیت هفتم وهشتم غزل فوق در نسخه قزوینی آمده اند بعلت عدم رعایت مبانی عرفان، سیر معنی غزل ، لحن و شان سخن مشخصا از حافظ نبوده و به غزل فوق اضافه گشته اند :

قلندران حقیقت به نیم جو نخرند — قبای اطلس آن کس که از هنر عاریست
بر آستان تو مشکل توان رسید آری — عروج بر فلک سروری به دشواریست

{٥٤}

یا رب این شمع دل افروز ز کاشانه کیست — جان من سوخت بپرسید که جانانه کیست
حالیـا خانه برانـداز دل و دیـن من است — تادرآغوش که میخُسبد و همخانه کیست
بـاده لعـل لبش کـز نظرم دور مبـاد — راح روح و می گلگون ده پیمانه کیست
روی آن شمس وش مـاه رخ زهـره جبین — دُر یکتای که و گوهـر یک دانه کیست
دولـت صحبـت آن شمع سعـادت پرتو — بـاز پرسید خدا را که به پروانه کیست
می‌دهد هـرکسی افسونی و معلوم نگشت — کـه دل نـازک او مـایل افسانه کیست

گفتـم آه از دل دیـوانه حـافـظ بـی تـو
زیر لب خنده زنان گفت که دیوانه کیست

شمع دل افروز : شمعی که نور تورا بر دل می نشاند = **جانانه کیست** : وصل کرا مقرر داشته = **حالیا** : به هرحال = **خانه برانداز** : رباینده و خراب ساز= **تا در آغوش که می خسبد** : کدام عاشق خوشبخت را به وصلش رسانده = **باده لعل لبش**: مست سازی آن لب یاقوتیش = **دور مباد** : هیچگاه فراموش نمیگردد = **راح روح** : آسایش ساز جان = **می گلگون ده**: ریزنده مست سازی بس شیرین و خوش به = **شمس وش**: خورشید روی = **زهره جبین**: با پیشانی بس زیبا= **دُر بکتای که و گوهر یکدانه کیست** : کدام عاشق به تو ای گوهر بی همتا وصل گشته است = **دولت صحبت**: وصل و همنشینی = **شمع سعادت پرتو** : یاری که احساس حضورش یعنی خوشبختی تمام = **به پروانه کیست** : شامل کدام پاکباخته ائی گشته است = **میدهد هرکسی افسونی** : هرکس به نحوی تمنایش را میسازد و خریدار دلبری او می گردد = **مایل افسانه کیست** : وصل ساز تمناهای کدام عاشق درمانده است = **(حافظ خود حافظ)**

کس نیست کـه افتاده آن زلف دوتا نیست | در رهگذر کیست کـه دامـی ز بلا نیست
از بهـر خـدا زلـف بپیـرای کـه مـا را | شب نیست که صدعربده با باد صبا نیست
دی می‌شـد و گفتم صنما عهد به جای آر | گفتـا غلطی خواجه در این عهد وفا نیست
بـازآی که بـی روی تو ای شمع دل افروز | در بزم حریفان اثـر از نـور و صفا نیست
در صـومعهٔ زاهـد و در خلـوتِ صـوفی | جـز گوشه ابـروی تو محـراب دعا نیست
چون چشم تو دل میبَرَد از گوشه نشینان | آوار تـو بـودن گنـه از جانب ما نیست
عاشق چـه کنـد گـر نکشد بـار ملامـت | بـا هیـچ دلاور سپر تیر قضـا نیست

ای چنـگ فـرو بـرده به خون دل حافظ
فکرت دگر از غیرت قرآن و خدا نیست

افتاده : از دست رفته = **دوتا** : دو پیچ خورده = **رهگذر** : در مسیر زندگی = **دامی ز بلا نیست** : کسی مورد آزمایش الهی قرار نگیرد = **از بهر خدا**: از بابت خدائیت = **زلف بپیرای** : بوی زلفت را پخش ساز = **عربده با باد صبا نیست** : که باد صبا شنونده فریاد های عشاقت برای آن نباشد= **دی میشد** : دیشب در حال تمام گشتن بود = **صنما عهد بجای آر** : یارا وصلت را که وعده کردی مقرر ساز = **گفتا غلطی**: الهام کرد درخطائی= **ای شمع دل افروز** : ای روشن ساز دل عشاق = **صفا** : خوشی= **صوفی** : پاکباخته = **جز گوشه ابروی تو محراب دعا نیست**: جز فکرو خواست خم ابروی تو خم جایگاه نمازی برایش یافت نمیشود = **آوار تو بودن** : خراب و آواره تو بودن = **ملامت** : نکوهش (دیگران) = **سپر تیر قضا** : جلوگیری کننده از تیری که برای کشتن او فرستاده شده است = **ای چنگ فرو برده به خون دل حافظ** : ای که خون دل حافظ را هرلحظه می افزائی= **فکرت دگراز غیرت قرآن وخدا نیست**: دیگر قسم دادنها به خداوندیت و قرآنت نیز اثری ندارد تا این دل خونین را درمانی سازی = **(حافظ خود حافظ)**

ابیات زیرکه بعنوان ابیات سوم ، چهارم ، هفتم و نهم غزل فوق درنسخه قزوینی آمده است بعلت عدم رعایت مبانی عرفان وسیر معنی غزل ازحافظ نیست وبه غزل فوق اضافه گشته اند :

روی تو مگر آینه لطف الهیست | حقا که چنین است ودر این روی و ریا نیست
نرگس طلبد شیوه چشم تو زهی چشم | مسکین خبرش از سر و در دیده حیا نیست
تیمار غریبان اثر ذکر جمیل است | جانا مگر این قاعده در شهر شما نیست
گر پیر مغان مرشد من شد چه تفاوت | در هیچ سری نیست که سّری ز خدا نیست

مـردم دیـده مـا جز به رخت ناظر نیست | دل سرگشته ما غیـر تـو را ذاکر نیست
اشکـم اِحـرام طـواف حَـرَمَت می‌بندد | گر چه از خون دل ریش دمی طاهر نیست
از روان بخشی عیـسی نـزنم دم هرگز | زان که در روح فزایی چو لبت ماهر نیست
عاشق مفلس اگر جان و دلش کرد نثار | مکنش عیب که بر نقـد روان قادر نیست
عاقبـت دست بدان سـرو بلندش برسد | هـر که را در طلبـت همت او قاصر نیست
هر که در آتش سـودای تـو آهی نزند | چون توان گفت که برداغ دلش صابرنیست
بسته دام و قفس بـاد چـو مرغ وحشی | طایر سـدره اگـر در طلبـت طایـر نیست
روز اول که سـر زلـف تـو دیـدم گفتم | که پریشانی این سلسله را آخـر نیست

سـر پیـوند تـو تنهـا نـه دل حافظ راست
کیست آن کش سر پیوند تو در خاطر نیست

مردم دیده ما جز به رخت ناظر نیست : چشمانم نمیخواهد جز روی زیبای تو چیزدیگری را ببیند = **ذاکر نیست :** یاد نمی سازد= **اشکم احرام طواف حرمت می بندد :** لباس مراسم حج مرا اشکم تشکیل میدهد = **ریش:** پردرد = **دمی طاهر نیست : لحظه** ائی پاک (از خون) نیست = **روان بخشی :** زنده سازی = **روح فزائی :** شیفته ساختن جان = **ماهر :** وارد و کاردان= **مفلس:** گدا= **نثار تو :** فدای تو= **بر نقد روان قادر نیست :** نمی تواند آنرا بصورت نقد(با دستان خود) تقدیم سازد(که دردسترسش نیست)= **دست بدان سرو بلندش برسد:** به قامت والاو زیبای دوست وصل گردد= **همت او قاصر نیست:** آنکه درکارعشق تو استقامت می ورزد = **سودای تو آهی نزند :** در کار عشق ورزیش با تو آهی از او برنمیخیزد = **چون توان گفت :** چگونه میشود گفت = **بر داغ دلش صابرنیست :** نمی تواند این درد افتاده بر دلش را تحمل سازد (بی تحمل گشته) = **بسته دام وقفس باد چو مرغ وحشی :** همانند مرغان وحشی درون قفس است (رضایت دادن به همان میزان رسیدگی وآسایش است که در بهشت هست) = **طائرسدره اگردرطلبت طائر نیست:** جائی که قصدش فقط همان بهشت باشد اگرهمتی نکند حالیکه آزاد است (چون مرغ وحشی) و میتواند با همت به اوج والائیت (نزدیکی بتو) برسد= **سر زلف تو دیدم گفتم :** آن زیبائی شیفته ساز را که دیدم دانستم =**که پریشانی این سلسله را آخر نیست:** ماجرا و گرفتاری عشق ورزی با یار تا قیامت برای انسانها برقرارست = **سر پیوند تو :** شوق وصل تو گشتن = **نه دل حافظ راست:** نه فقط دل حافظ بدان پرداخته = **کش:** کسی (عاشقی) که او = **سرپیوند تودر خاطر نیست :** قصد وصل گشتن بتورا نداشته باشد=

(حافظ خود حافظ)

روشن از پرتو رویت نظری نیست ، که نیست
منت خاک درت بر بصری نیست که نیست
ناظر روی تو صاحب نظرانند آری
سّر گیسوی تو در هیچ سری نیست که نیست
اشک غماز من ار سرخ برآمد چه عجب
خجل از کرده خود پرده دری نیست که نیست
تا به دامن ننشیند ز نسیمت گردی
سیل خیز از نظرش راهروی نیست که نیست
تا دم از شام سر زلف تو هر جا نزند
با صبا گفت و شنیدش صنمی نیست که نیست
من از این طالع شوریده برنجم ور نی
بهره مند از سر کویت کسی نیست که نیست
از حیای لب شیرین تو ای چشمه نوش
غرق آب وعرق اکنون شکری نیست که نیست
آب چشمم که بر او منت خاک در توست
زیرصد منت آن خاک ، دری نیست که نیست
غیر از این نکته که حافظ ز تو ، بس خشنودست
در سراپای وجودش هنری نیست که نیست

روشن ازپرتورویت نظری: نگاه وچشمی بیننده زیبائی(های) تو= **نیست که نیست :** نمیباشدکه در اینکار نمیباشد(عاشق تو نیست) = **منت خاک درت بربصری :** شوق گذاردن خاک سرای تو برچشمی= **ناظر روی توصاحب نظرانند آری :** زیبائیهای تورا همه اهل دل می بینند ولی = **سّرگیسوی تو:** یاد آن لذت زیبائی روی و وصل تو= **غماز:** ناز ساز = **از سرخ بر آمد:** خونین شد = **خجل از کرده خود پرده دری نیست :** ازحد خارج شده ائی برای کارخود خجالت نمی کشد

که= تا به دامن ننشیند ز نسیمت گردی : برای اینکه گردی بر دامن تو ازنسیمی که میفرستی ننشیند= سیل خیز از نظرش راهروی نیست: اشک چون سیل(برای پاک ساختن آن گرد) ازکسی(عاشقی) سرازیر نمیشود که = تا دم از شام سرزلف تو هرجا نزند: تا (وقتی که) در هرجائی از زیبائی زلف سیاه تو سراغی نمی گیرد = با صبا گفت وشنیدش صنمی نیست که: آن اهل دلی که عاشق نیست درصحبتش با باد صبا(سراغی از یار نمیگیرد) = من از این طالع شوریده برنجم : من با اینکه میدانم مرا از عشاق خالصت میدانی از این دور ماندن ازوصل شیرینت که برایم مقرر کردی در رنجم = ور نی : وگرنه این را میدانم و مشخص است که= از سرکویت کسی: از وصل شیرینت عاشقی= از حیای لب شیرین تو: از شوق و وجد وصل زیبای تو : چشمه نوش : آب حیات = غرق آب و عرق شکری نیست : غرق در طعم خوش آن شیرین شده ائی(عاشقی) نیست = که براو منت خاک درتوست : برای پاک ساختن آن خاک از در کویت با اشکهایم(وصل تو گشتن) بر من منت دارد = زیر صد منت آن خاک دری نیست : منت بسیار آن خاک را بردوش خود دری (عاشقی) ندارد که = ز تو بس خوشنود است : خوشی و شیرینی کلامش از توگفتن وبسوی توخواندن است = هنری نیست که نیست : آنچه از غیر تودر غزلش آید(ستایش گردد) از حافظ نیست =   (حافظ خود حافظ)

ابیات زیر که بعنوان ابیات هشت ونه ویازدهم غزل فوق در نسخه قزوینی آمده است بعلت عدم رعایت مبانی عرفان و سیر معنی غزل (بخصوص در معنی قافیه غزل) مشخصا از حافظ نیست و به غزل فوق اضافه گشته اند :

مصلحت نیست که از پرده برون افتد راز   ور نه در مجلس رندان خبری نیست که نیست
شیر در بادیه عشق تو روباه شود   آه از این راه که در وی خطری نیست که نیست
از وجودم قدری نام و نشان هست که هست   ور نه از ضعف در آن جا اثری نیست که نیست

حاصل کارگه کون و مکان این همه نیست
باده پیش آر که اسباب جهان این همه نیست
از دل و جان شرف صحبت جانان غرضست
غرض اینست وگرنه دل وجان این همه نیست
منت سدره و طوبی ز پی سایه مکش
که چو خوش بنگری برسرو روان این همه نیست
پنج روزی که در این مرحله مهلت داری
خوش بیاسای زمانی که زمان این همه نیست
زاهد ایمن مشو از بازی غیرت زنهار
که ره از صومعه تا دیر مغان این همه نیست
دردمندی من سوخته زار و نزار
ظاهرش حاجت تقریر و بیان این همه نیست
نام حافظ رقم نیک پذیرفت ولی
پیش رندان رقم سود و زیان این همه نیست

حاصل کارگه کون ومکان : محصول تلاش برای کسب دنیا درهر وضعیت = **این همه نیست :** ناچیزست = **باده پیش آر:** روی به مستی یار آور= **اسباب جهان:** مقامات دنیا = **از دل و جان شرف صحبت جانان غرض است :** دلیل بوجود آمدن دل وجان در آدمی به وجدولذت رسیدن (والا گشتن) ازوصل یارست = **غرض اینست وگرنه دل وجان این همه نیست :** این اساس موجود گشتن ماست وگرنه دل وجان ما در عظمت وصل او ناچیزست = **منت سدره وطوبی ز پی سایه مکش :** برای فقط رسیدن به سایه درختان بهشتی(به بهشت رفتن) به عبادت یار مپرداز = **که چوخوش بنگری برسروروان :** که اگربا زیبائی وجد آور یار مقایسه کنی زیبائی آنها = **دراین مرحله :** درزندگانی دنیا = **خوش بیاسای زمانی:** بدنبال رسیدن به خوشی اصلی (والا گشتن با وصل شدن به یار) باش = **زاهد :** ای مومن رو به یار کرده = **ایمن مشو از بازی غیرت زنهار :** فکر نکن که توان و همت برای وصل گشتن به یاردرتو نیست هشدار = **صومعه :**ازخلوتگه تو= **دیرمغان:** کوی یار= **درد مندی من سوخته زار و نزار :** دردی که من درمانده و از پا افتاده میکشم= **ظاهرش حاجت تقریروبیان :** هر شرح وبیانی برای آنچه(از من) دیده میشود = **رقم نیک پذیرفت :** پیش همگان عزیز گشت = **پیش رندان:** در میان پاکباختگان وصل یار چشیده = **رقم سود وزیان این همه نیست :** تفاوت مقامشان در نزدیکی به یار آنچنان مشخص نیست = **(حافظ خود حافظ)**

ابیات زیر که بعنوان ابیات چهارم و ششم غزل فوق درنسخه قزوینی آمده است بعلت عدم رعایت مبانی عرفان و سیر معنی غزل فوق مشخصا از حافظ نیست و به آن اضافه گشته اند :

دولت آنست که بی خون دل آید به کنار — ور نه با سعی و عمل باغ جنان این همه نیست
بر لب بحر فنا منتظریم ای ساقی — فرصتی دان که ز لب تا به دهان این همه نیست

خــواب آن نرگس فتان تو بی چیزی نیست
تاب آن زلف پریشان تو بی چیزی نیست

از لبـت شیــر روان بـود کـه مـن می‌گفتم
این شکر گرد نمکدان تو بی چیزی نیست

جـان در ازّی تـو بـادا که یقیـن می‌دانم
در کمـان ناوک مژگان تو بی چیزی نیست

مبتلایـی به غـم محنـت و انـدوه فـراق
ای دل این ناله و افغان تو بی چیزی نیست

دوش باد از سرکویش به گلستان بگذشت
ای گل این چاک گریبان توبی چیزی نیست

درد عشق ار چـه دل از خلق نهان می‌دارد
حافظ این دیده گریان تو بی چیزی نیست

خواب آن نرگس فتان: دیدن خواب آن روی زیبا وفریبنده= **بی چیزی نیست :** خودثروت است = **تاب آن زلف پریشان تو:** درد دوری از وصل تو= **از لبت شیر روان بود :** انگار از لبت شیر میریخت = **این شکر :** لذت بردن از این شیرینی = **گرد نمکدان تو :** از روی نمکین (بس دلفریب) تو= **جان در ازّی تو بادا :** جانم فدای تو گردد= **در کمان ناوک مژگان تو:** هدف تیر مژگان تو بودن = **محنت :** درد = **فراق :** جدائی= **افغان :** گریه و زاری = **دوش باد از سرکویش به گلستان بگذشت:** دم صبح باد بوی یاررا به باغ آورد= **ای گل این چاک گریبان :** ای گل (ای عاشق) این پرپر گشتنت (از دست رفتنت) از بوی خوش یار= **ار چه دل از خلق نهان میدارد :** نمی توان(دل نمی خواهد) آنرا با کسی درمیان گذارد = **(حافظ خود و عام)**

جـز آستان تـوام در جهـان پناهی نیست | سـر مـرا به جز این در حواله، گاهی نیست
چـرا ز کـوی خـرابات روی بـر تـابـم | کزین بهم به جهان هیچ رسم و راهی نیست
غلام نـرگس جمـاش آن سهی سـروم | که از شراب غرورش به کس نگاهی نیست
چنیـن کـه از همـه سـو دام راه می بینم | جز از حمـایت زلفش مـرا پنـاهی نیست
زمـانـه گـر بـزند آتشم بـه خرمن عمر | بگو بسـوز کـه بر من به برگ کاهی نیست
عـدو چـو تیـغ کشـد مـن سپر بیندازم | که تیـغ مـا به جـز از نالـه‌ای و آهی نیست
عنـان کشیده رو ای پادشاه کشور حسن | که نیست بر سر راهی که دادخواهی نیست

خـزینـه دل ، حافـظ به زلـف و خـال مده
کـه کارهای چنین حـد هر سیاهی نیست

آستان : سرای ، درگاه = **حواله گاهی نیست :** حتی بصورت گاهی هم بسمت دیگری روی نمی کنم =**کوی خرابات :** ره پاکباختگی= **کزین بهم به جهان:** ازاین بهتر برایم درجهان = **رسم :** شیوه زندگی= **نرگس جماش آن سهی سروم:** روی مست ساز آن بلند بالایم= **شراب غرورش:** مست ساختن برای گمراه ساختنش= **به کس:** به بنده خالص خود (آنکه کس است)= **جز از حمایت زلفش مرا پناهی نیست :** فقط روی به او داشتن نجات ساز منست = **بزند آتشم به خرمن عمر :** اگرحاصل زندگی دنیائی را از من بگیرد = **به برگ کاهی نیست:** برایم به اندازه برگ کاهی هم نمی ارزد= **عدو:**دشمن، مخالف= **که تیغ ما :** آنچکه ما باآن به (دل)مردم زخم میزنیم= **عنان کشیده رو:** باتوقف ساختن های بسیار راهی شو= **دادخواهی :** عاشق تمنا سازی= **خزینه دل:** توجه دل را= **به زلف وخال مده :** به هرزلف وخالی مده= **که کار های چنین:** که آنچنان سرمست کردن وبه وجد وشوق رساندن = **هرسیاهی:** هر زلف و خالی = **(حافظ خود و عام)**

بیت زیرکه بعنوان بیت ششم غزل فوق در نسخه قزوینی آمده است بعلت عدم رعایت مبانی عرفان و سیر معنی غزل مشخصا از حافظ نیست و به غزل فوق اضافه گشته است :

مباش در پی آزار و هر چه خواهی کن | که در شریعت ما غیر از این گناهی نیست

بلبلی برگ گلـی خوش رنگ در منقـار داشت
و اندر آن برگ و نوا خوش ناله‌های زارداشت
گفتمش درعین وصل این ناله و فریاد چیست
گفت ما را جلوه معشوق در این کـار داشت
خیز تا بر کِلک آن نقاش ، جان افشان کنیم
کاین همه نقش عجب درگردش پرگارداشت
در نمی‌گیرد نیـاز و نـاز ما با حسن دوست
خرم آن کز نازنینان ، بختِ برخوردار داشت
وقت آن شیرین قلندرخوش که در اطوار سیر
ذکـر تسبیح ملک در حلقـه زُنـار داشت
یار اگر ننشست با ما نیست جای اعتراض
پادشاهی کامران بود از گدایی ، عار داشت
گـر مـرید راه عشقی فکـر بدنامـی مکن
شیخ صنعان خرقه رهن خانه خمار داشت
چشم حافظ زیر بام قصر آن حوری سرشت
شیوه جنـات تجـری تحتهـا الانهار داشت

برگ گلی خوشرنگ درمنقارداشت : بنظرمی آمد وصل یار گشته است= **واندر آن برگ و نواخوش ناله های زار داشت :** درآن حالت سرخوشی بس زیبا ودلفروز ناله میکرد= **عین وصل:** حال که وصل یار گشته ائی پس= **جلوه معشوق دراین کارداشت:** زیبائی بی حدیار به اینکار واداشته است= **خیز تابرکلک آن نقاش:** بیا تا برای قلم(آفرینش) آن زیبائی آفرین = **جان افشان کنیم :** جان فدا سازیم = **کاین همه نقش عجب :**که این همه حالات واوقات شگفت انگیز = **در گردش پرگارداشت:** درگذر زندگی بر ما مقرر میدارد= **ناز ما :** تمنای ما= **حسن دوست :** وصل زیبای یار= **خرم آن کز نازنینان:** خوشا بحال عزیزشدگان(وصل شدگان)= **بخت برخورداراداشت:** سرنوشتش را یار بروصل گشتن رقم زده است = **وقت آن شیرین قلندر خوش که در اطوار سیر :** باشد که تلاش آن استقامت ورز برای وصل یار ثمر دهد که با بازیهائی که روزگار(یار) بسرش می آورد = **ذکر تسبیح ملک در حلقه زنار داشت :** با پاکباختگی تمام فقط در یاد وتمنای وصل یار میکوشد = **از گدائی عار داشت:** از نشستن با گدایانی چوما خوشش نمی آید = **مرید :** دنبال ساز = **شیخ صنعان :** پیر عاشق (رجال) صنعان یا آنانکه در جامه بافی از دستهایشان بسی هنر می بارد = **خرقه رهن خانه خمار داشت :** هرچه (هنر) داشت در راه مست گشتن از یار گذارد = **زیر بام قصرآن حوری سرشت:** در جستجوی (یاد ساختن) سرای و وصل آن اصل زیبائی = **شیوه جنات تجری تحتها الانهار داشت:** همچون جویهای زیر باغات بهشت، اشکهایش روان است = **(حافظ خود حافظ)**

دیـدی که یار جز سر جور و ستم نداشت　　بشکست عهـد وز غم ماهیچ غم نداشت
دیـدی چـه کـرد با دل چـون کبوترم　　افکندو کُشت و حُرمت صید حرم نداشت
بـر مـن جفـا ز بخت من آمد وگرنه یار　　حاشا که رسم لطف و طریق کرم نداشت
هر راهـرو که ره به حـریم درش نُبـرد　　مسکین، بَرید وادی و ره در حرم نداشت
سـاقی بیـار بـاده و بـا محتسب بگو　　انکار ما مکن که چنین جام ، جم نداشت
حافظ ببـر تـو گـوی فصاحت که مدعی
هیچش هنـر نبود و خبـر نیز هم نداشت

جز سرجور وستم نداشت : به غم واندوه زیاد انداخت= **هیچ غم نداشت**: برایش بی تفاوت بود = **دل چون کبوترم**: دل لطیف پرواز ساز به سرای بلندش = **افکند و کشت و حرمت صید حرم نداشت** : از غم جدائیش آنرا بمرگ انداخت و حرمت عشق و عاشقی را نگه نداشت= **برمن جفا ز بخت من آمد وگرنه یار**: اینکه یارمرا ازخود براند حتما در سرنوشت من نوشته بوده است = **حاشا** : نه چنین است = **رسم لطف و طریق کرم نداشت** : که در رابطه اش با بندگان مهربانی و بخشندگی نداشته باشد= **هرراهرو که ره به حریم درش نبرد** : هر عاشق یاری که مزه وصل اورا نچشیده است = **مسکین بَرید وادی وره درحرم نداشت**: بینوا خبری برای خبرچینان یاراز عشاق ندارد(خلوصش درعشق به یار هنوز نمی تواند جلب توجه خبرچینان یار را بکند) = **ساقی** : ای مست ساز = **محتسب** : پاسبان (تشخیص دهنده مستان و باز داشت کننده آنها)= **انکار ما مکن که چنین جام** : نگو که ما مست نیستیم که این حال مستی و سرخوشی از وصل یاررا = **جم نداشت** : جمشید آن شاه معروف نیز نداشت = **ببر تو گوی فصاحت** : تو خود را در روانی و وزین بودن کلام از عاشقان و هنرمندان مطرح بدان= **مدعی** : آنکه فکر میکند شاعر و عارف است = **(حافظ خود حافظ)**

بیت زیرکه بعنوان بیت چهارم غزل فوق درنسخه قزوینی آمده است بعلت عدم رعایت مبانی عرفان و سیر معنی غزل مشخصا از حافظ نیست و به غزل فوق اضافه گشته است :

با اینهمه هر آنکه نه خواری کشید از او　　هرجا که رفت هیچ کسش محترم نداشت

عیب رندان مکن ای زاهد پاکیزه سرشت — که گناه دگری بر تو نخواهند نوشت
من اگر نیکم و گر بد تو برو خود را کوش — هر کسی آن دِرَوَد عاقبت کار که کشت
همه کس طالب یارست چه هشیار و چه مست — همه جاخانه عشق است چه مسجد چه کِنشت
نه من از خلوت تقوا به درافتادم و بس — پدرم نیز بهشت ابد از دست بهشت
ناامیدم مکن از سابقه لطف ازل — تو پس پرده چه دانی ، که خوبست و که زشت
سر تسلیم من و خشت در میکده ها — مدعی گر نکند فهم سخن گو سر و خشت

حافظا روز اجل گر به کف آری جامی
یک سر از کوی خرابات برندت به بهشت

رندان : پاکباختگان = **زاهد پاکیزه سرشت:** ای عابد با ذات و نیت پاک(کار پاکباختگان را عیب مدان) = **خود را کوش:** در راه مهرورزی خود با یار کوشا باش ("خود را باش" کلامی کم شان و نفوذی که بعلت رایج بودن در محاوره عامیانه به این غزل معروف و زبانزد مردم وارد و جایگزین شده است)= **آن درود عاقبت کار که کشت** : حاصلی را برداشت میکند که کاشته است= **همه کس طالب یارست:** هرآنکه حضور یاررا حس میکند بدنبال یافتن اوست(بدون واسطه ائی)= **چه هوشیار چه مست** : چه مومن پاک وچه پاکباخته اش = **کنشت** : دیرو آتشکده = **نه من ازخلوت تقوا بدر افتادم و بس:** نه فقط من از رعایت رسوم و عبادات معمول و عرف خارج گشتم (و روی به عشق و پاکباختگی آوردم تا وصل یار را تجربه کنم) = **پدرم** : حضرت آدم = **بهشت ابد از دست بهشت** : برای چشیدن طعم وصل یار بهشت را ازدست بداد= **سابقه لطف ازل** : از مهرورزی یارکه از اول خلقت مقرر داشته است =**پس پرده چه دانی که خوبست که زشت** : فقط خداوند آگاه به میزان هدایت هر فردیست(قرآن)= **سرتسلیم من و خشت درمیکده ها** :خشت درب سرای مست ساز مستان از سرتسلیمان یار بنا گشته= **مدعی:** آنکه فکر میکند که درراه (بدنبال)یارست= **گو سرو خشت:** بگوئید ماجرای سر است و خشت (اگرآنرا نمی فهمی پس چه به آن بگوئی سر و چه بگوئی خشت تفاوتی نمیکند) = **روز اجل** : روز رحلت خود = **به کف آری جامی:** اگر مست یار باشی= **کوی خرابات:** ازگوشه پاکباختگی و انتظارت = **(حافظ خود وعام)**

{٦٤}

صبحدم مرغ چمن با گل نوخاسته گفت   نازکم کن که در این باغ بسی چون تو شکفت
گل بخندید که از راست نرنجیم ولی   هیچ عاشق سخن سخت به معشوق نگفت
در گلستان ارم دوش چو از لطف هوا   زلف سنبل به نسیم سحری می آشفت
گفتم ای مسند جم، جام جهان بینت کو   گفت افسوس که آن دولت بیدار بخفت
گر طمع داری از آن جام مرصع می لعل   ای بسا دُر، که از هر مژه‌ائی باید سُفت
سخن عشق نه آن است که آید به زبان   ساقیا می ده و کوتاه کن این گفت و شِنُفت
اشک حافظ خرد و صبر به دریا انداخت
چه کند سوز غم عشق نَیارِست نَهُفت

مرغ چمن : بلبل = نوخاسته : نو شگفته = بسی چون تو شکفت : مثل تو بسیار شکفته است = سخن سخت : کلام غیر عاشقانه = گلستان ارم : باغ ارم شیراز= لطف هوا : لطافت هوا = زلف سنبل به نسیم سحری می آشفت: سنبل با نسیم سحری زیبائی مست ساز خود را عرضه میساخت = ای مسند جم : ای خبر آور از دیار یار= جام جهان بینت کو : خبر دست یافتن ما به هر چه آرزوست (وصل یار) چه شد = گفت افسوس که آن دولت بیداربخفت : گفت افسوس که یار آنرا بی جواب گذاشت = از آن جام مرصع(جواهر نشان) می لعل : از آن یار بس زیبا مستی وصلش را = ای بسا دُر که از هر مژه ائی باید سفت : چه بسیار دانه های اشک که از مژه ها باید سرازیرگردد = که آید به زبان : قابل تشریح باشد با گفتار = ساقیا می ده : ای یار مست ساز، مست ساز مرا =کوتاه کن این گفت وشنفت : این تمناها را به سر انجام رسان = اشک حافظ خرد وصبر به دریا انداخت : بیتابی حافظ دیگر برتمام حالاتش غلبه نموده است = سوز غم عشق نیارست نهفت: درد دوری ازیار را نمیتوان پنهان داشت =   (حافظ خود حافظ)

بیت زیرکه بعنوان بیت چهارم غزل فوق درنسخه قزوینی آمده است بعلت عدم رعایت مبانی عرفانی وقرآنی وعرف کلامی(به رخساره نرفت) مشخصا از حافظ نیست و به غزل فوق اضافه گشته است :

تا ابد بوی محبت به مشامش نرسد   هر که خاک در میخانه به رخساره نَرُفت

{٦٥}

آن تُـرک پری چهره که دوش از بر ما رفت | آخر چـه خطـا دید که از راه جفـا رفت
تا رفـت مـرا از نظـر، آن چشم جهـان بین | کس واقف آن نیست که ازدیده چه ها رفت
بـر شمـع نـرفت از گـذر آتش دل دود | زآن داغ کـه از سوز جگـر بر دل ما رفت
دور از رخ تو دم بدم از گوشه چشمم | سیلاب سرشک آمد و طوفـان بلا رفت
از پـای فتـادیـم چـو آمـد غـم هجـران | در درد به مُـردیم چـو از دست دوا رفت
دل گفت وصـالش به دعـا باز توان یافت | عمری شب و روزم همه در کـار دعا رفت

ای دوسـت به پرسیـدن حافظ قدمی نه
زان پیش کـه گوینـد که بر دار فنـا رفت

آن ترک پری چهره که دوش ازبر ما رفت: آن یار بس زیبا که دیشب مرا ترک کرد = **از راه جفا رفت**: روی خود را از من پوشاند = **آن چشم جهان بین**: آنکه همه را زیر نظر دارد (یار) = **واقف**: باخبر = **که از دیده چه ها رفت**: بر چشمان من چه گذشت = **از گذر آتش دل دود**: از آتش دلم شمع لحظه ائی خاموش نگشت = **زآن داغ که از سوز جگر**: از آن آتشی که از سوختن جگرم = **دم بدم**: مدام = **سرشک**: اشک = **طوفان بلا رفت**: فشار دوری تو با آمدن اشک کم شد = **غم هجران**: غم دوریت = **دوا**: یار = **ای دوست**: ای یار = **قدمی نه**: وصلی مقرر فرما = **زان پیش که گویندکه بردار فنا رفت**: تا جان در بدنم مقرر داشته ائی = **(حافظ خود حافظ)**

ابیات زیر که بعنوان ابیات هفتم و هشتم غزل فوق درنسخه قزوینی آمده است بعلت عدم رعایت مبانی عرفان ، لحن و شان و سیر معنی غزل مشخصا از حافظ نیست و به آن اضافه گشته اند :

احرام چه بندیم چو آن قبله نه این جاست | در سعی چه کوشیم چو از مـروه صفا رفت
دی گفت طبیب از سر حسرت چو مرا دید | هیهات کـه رنـج تـو ز قـانـون شفا رفت

گــر ز دســت زلـف مُشکینت ملالی رفت رفت
ور ز هنـدوی شمـا بـر مـا جفایی رفت رفت
برق عشق ارخرمن پشمینه پوشی سوخت سوخت
جـور شـاه کامـران گـر بر گدایی رفت رفت
گـر دلـی از غمـزه دلـدار بـاری بُـرد بُـرد
ور میـان جـان و جانان ماجـرایی رفت رفت
عشقبـازی را تحمـل بایـد ای دل پـای دار
گـر وفائـی بـود بـود و گـر عتـابی رفت رفت
از سخـن چینـان ملالـت ها پـدیـد آیـد ولی
هر کدورت را که بینی چون صفایی رفت رفت
عیب حافظ گو مکن واعظ که رفت در خانقاه
پای آزادی چه بنـدی گر به جایی رفت رفت

گر زدست زلف مُشکینت ملالی رفت رفت : اگر از نشنیدن بوی خوش تو غمی آید دیگرآمده است پس خوبست = **ور ز هندوی شما**: اگر از گیسوی سیاهت(وصلت) = **جفائی رفت رفت**: مارا از خود دورسازد پس ساخته بازهم خوبست = **خرمن پشمینه پوشی سوخت سوخت** : دارا وندار پاکباخته را اگربه باد دهد دیگر به باد رفته است= **جور شاه کامران گر بر گدائی رفت رفت** : ایجاد ناراحتی وگرفتاری از دم ودستگاه سلطانی چون بر گدائی برود چه میتواند بکند = **از غمزه دلدار باری بُرد بُرد**: اگر لذتی ازوصل یار ببرد برنده است = **جان و جانان**: دل و یار= **ماجرائی رفت رفت** : وصلی بر قرار گشت مال گذشته است = **پای دار** : استقامت بورز = **گر وفائی بود بود** : اگر یار روی آورد که آورده = **عتابی رفت رفت**: اگرسرزنشی کرد پس کرده است(هرچه بکند خوب است)= **سخن چینان** : بدگویان = **ملالتها** : ناگواریها = **کدورت** : ناراحتی = **چون صفائی رفت رفت**: با یادی خوش از یار پاک میشود = **واعظ** : سخنران شهر=**که رفت در خانقاه** : از مسجددست کشیده وبه خانقاه رفته است = **پای آزادی چه بندی گربجائی رفت رفت**: پای فردی آزاد (که برده نیست) را که نمیتوان بست و از رفتن به جائی منعش کرد = **(حافظ خود حافظ)**

دو مصرع بیت زیر که از دو بیت ما قبل آخر غزل فوق در نسخه قزوینی بعلت عدم رعایت شان کلام و سبک بودن معنی غربال گردیده و بصورت بیت زیر آورده شده است مشخصا از حافظ نبوده و بصورت مصرع به دو بیت آخر غزل فوق در نسخه قزوینی اضافه گشته اند :

در طـریقت رنجش خاطر نبـاشد می بیار گر میان همنشینان ناسـزایی رفت رفت

ساقی بیا که یار ز رخ پرده برگرفت | کار چراغ خلوتیان باز در گرفت
آن شمع سرگرفته دگر چهره برفروخت | وین پیر سالخورده جوانی زسر گرفت
زنهار از آن عبارت شیرین دلفریب | گویی که پسته تو سخن در شکر گرفت
بار غمی که خاطر ما خسته کرده بود | عیسی دمی خدا بفرستاد و بر گرفت
هر سروقدکه برمه وخور حُسن می‌فروخت | چون تو درآمدی پی کاری دگر گرفت

حافظ تو این سخن ز که آموختی که بخت
تعویذ کرد شعر تو را و به زر گرفت

ساقی بیا : ای مست ساز یار بیا = **پرده برگرفت** : وصلش را آغاز کرد = **کار چراغ خلوتیان باز درگرفت** : دوباره نوبت عشق ورزی یاران گشت= **سرگرفته** : خاموش گشته = **چهره برفروخت**: زیبائیش را نمایان ساخت= **وین پیر سالخورده** : عاشق فرتوت = **زنهار از آن عبارت** : امان از آن کلام = **پسته تو** : غنچه لب تو = **سخن درشکرگرفت** : انگار شیرینی و شکر پخش میکند= **خسته کرده بود**: دیگر تحملش ممکن نبود = **عیسی دمی خدا بفرستادو برگرفت** : با آمدن همراهان وصل شیرین او همه ازیاد برفت= **هر سروقد**: هرکدام از همراهان بس زیبای وصل= **مه وخور** : ماه وخورشید = **حُسن میفروخت** : زیبائی اش را برخ میکشید = **پی کاری دگر گرفت** : از نظر افتادند = **این سخن ز که آموختی** : این تعابیر (نحوه بیان زیبائیها) را در غزلهایت که بتو آموخت= **که بخت**: که سرنوشت (یار سرنوشت ساز)= **تعویذ کرد** : سحر و افسونش ساخت(که از فال آن میتوان به جواب رسید)= **به زرگرفت** : محبوب مردمش ساخت =
(حافظ خود حافظ)

ابیات زیر که بعنوان بیت سوم و هفتم غزل فوق درنسخه قزوینی آمده اند بعلت عدم رعایت مبانی عرفان و سیر معنی غزل و لحن مشخصا از حافظ نیست و به غزل فوق اضافه گشته اند:

آن عشوه داد عشق کـه مفتی ز ره برفت | وان لطف کرد دوست که دشمن حذر گرفت
زیـن قصه ، هفت گنبد افلاک پُرصداست | کوته نظـر ببین که سخن مختصر گرفت

حسنت بـه اتفـاق ملاحت جهـان گرفت / آری بـه اتفاق ، جهـان می‌تـوان گرفت
آسـوده بـر کنـار چـو پـرگـار می شدم / دَوران چو نقطه ، که عاقبتم در میان گرفت
آن روز ، شوق ساغـر می خرمنم بسوخت / کاتش ز عکس عارض ساقی در آن گرفت
زین آتش نهفتـه که در سینـه مـن است / خورشید شعله‌ایست، که در آسمان گرفت
خواهم شدن به کـوی مغان آستین فشان / زین فتنه‌ها که دامن ، دراین زمـان گرفت
مـی خـور که هر کـه آخر کار جهـان بدید / از غم سبک برآمـد و رطـل گران گرفت
حافظ چـو آب لطـف ز نظـم تـو می‌چکـد
حـاسـد چگونـه نکتـه توانـد بر آن گرفت

حسنت به اتفاق ملاحت جهان گرفت : خوبی وزیبائی تو بهمراه روی نمکین دل نشینت جهانی را بدنبال خود میکشد = **آری به اتفاق :** بلی با همراهی و همدلی انسانها = **چو پرگار میشدم :** در دایره زندگی خود(با مرکزیت یار) میگشتم = **دوران چو نقطه ،که عاقبتم درمیان گرفت :** چو نقطه ائی گردان در دایره زندگی که آتش عشقش را بر جانم انداخت = **شوق ساغر می :** وجد و شور مست گشتن از مست سازیش = **خرمنم بسوخت :** دار و ندارم را به باد داد و بسوزاند = **کاتش زعکس عارض ساقی در آن گرفت:**که خیالی از روی زیبای یار آتش زن به هرچیزعاشق به مست سازیم پرداخت = **زین آتش نهفته :** در برابر این آتش پنهانی= **خورشید شعله ایست :** خورشید شعله ائی بیش نیست = **به کوی مغان آستین فشان:** به کوی یار با طلب آمرزش= **زین فتنه ها که دامن دراین زمان گرفت:** ازاین تحولات (اجتماعی حکومتی) درگیر ساز که در این زمانه درگرفته است = **می خور:** روی به مستی یار آر= **هرکه آخرکار جهان بدید :** آنکه درک کرد که دنیا طلبی یعنی باخت درآخر کار وکشیدن عذاب آن = **از غم سبک برآمدورطل گران گرفت:** از غم دنیاو آرزوهای آن رها میگرددو بتمامی به سرمست گشتن از یار روی می آورد= **آب لطف ز نظم تو میچکد :** پاکی و شرح عشق ورزی یار با شعر تو عرضه میگردد = **نکته :** ایراد عرفانی (همه اوست را رعایت نکردن) = **(حافظ خود حافظ)**

ابیات زیر که بعنوان بیت دوم، چهارم و نهم غزل فوق در نسخه قزوینی آمده اند بعلت عدم رعایت مبانی عرفان و سیر معنی غزل و لحن مشخصا ازحافظ نیست و به غزل فوق اضافه گشته اند:

افشـای راز خلوتیـان خـواست کـرد شمع / شکر خـدای کـه سِّـر دلش در زبان گرفت
می‌خواست گل که دم زنداز رنگ وبوی دوست / از غیـرت صبـا نفسش در دهان گرفت
بـر بـرگ گل بـه خـون شقـایق نوشته‌اند / کان کس که پخته شد مـی چون ارغوان گرفت

شنیده‌ام سخنی خوش که پیر کنعان گفت — فـراق یـار نه آن می‌کنـد که بتوان گفت
حدیـث هول قیـامت که گفت واعظ شهر — کنایتیست کـه از روزگار هجـران گفت
نشـان یار سفـرکـرده از که پـرسم بـاز — که هر چه گفت بَرید صبا ، پریشان گفت
فغـان کـه آن مـه نامهـربان مهر گسل — به ترک صحبت یاران خود چه آسان گفت
من و مقام رضـا بعد از این و شکر رقیب — که دل بدرد تو خو کرد و ترک درمان گفت
گـره بـه بـاد مـزن گـر چه بر مُراد رود — که این سخن به مَثَل، بـاد با سلیمان گفت
به مهلتـی کـه سپهـرت دهـد ز راه مرو — تراکه گفت که این زال ، ترک دستان گفت

کـه گفـت حافـظ از اندیشه تـو آمـد بـاز
من این نگفته‌ام آنکس که گفت بهتان گفت

پیر کنعان : حضرت یعقوب (ع) = **فراق یار نه آن میکند که بتوان گفت :** درد دوری و جدائی از محبوب قابل شرح نیست= **حدیث هول قیامت :** شرح وحشت و ترس مجرمان در آخرزمان = **واعظ :** سخنگو = **کنایتیست :** اشاره کوچکی است = **هجران :** دوری وجدائی از یار = **برید صبا :** هر خبری که باد صبا می آورد = **پریشان گفت :** قابل فهم نیست = **فغان :** فریاد= **آن مه :** آن یار زیبا= **مهرگسل :** قطع کننده وصل زیبای خود = **ترک صحبت :** روی گردانی = **مقام رضا :** راضی بودن به رضایش (تسلیم او بودن)= **شکر رقیب :** خوشحال گشتن رقیبان از کوتاه آمدن من = **که دل به درد تو خو کردو ترک درمان گفت:** که به درد دوریت رضا دادم واز وصل شیرینت امیدخود بریدم= **گره به باد مزن:** خود رادر بند روزگار درحال گذر(مقام وموقعیت خود) قرار مده= **گرچه برمراد رود:** هر چند بر مراد و خواست تو رهسپار باشد = **به مثل :** بصورت مثالی پند آموز = **به مهلتی که سپهرت دهد ز راه مرو :** دوران زندگی را قدر دان باش واز راه او خارج مگرد (که فرصتی است برای رشد یافتن و نزد یار مقام گرفتن) = **که این زال :** این روزگار سفید ساز موی (شبیه کننده به زال سفید موی شاهنامه)= **ترک دستان گفت:** بلبل (عاشق) را بحال خود رها سازد(و در عشق ورزی آزمایشش نمیکند) = **بهتان گفت :** دروغ گفت (افترا زده است) = **(حافظ خود حافظ)**

ابیات زیرکه بعنوان بیت ششم و نهم غزل فوق درنسخه قزوینی آمده اند بعلت عدم رعایت مبانی عرفان و پائین بودن سطوح کلامی در ارائه تعابیردر مقایسه با دیگر ابیات غزل مشخصا از حافظ نیست و به غزل فوق اضافه گشته اند :

غم کهن به می سالخورده دفع کنید — که تخم خوشدلی این است پیر دهقان گفت
مزن ز چون و چرا دم که بنده مُقبل — قبول کرد بجان هر سخن که جانان گفت

ای هدهد صبا به سبا می‌فرستمت　　　بنگر که از کجا به کجا می‌فرستمت
حیف است طایری چو تو در خاکدان غم　　　زین جا به آشیان وفا می‌فرستمت
با روی خود تفرج صنع خدای کن　　　کآیینهٔ خدای نما می‌فرستمت
ای غایب از نظر که شدی همنشین دل　　　می‌گویمت دعا و ثنا می‌فرستمت
هر صبح و شام قافله‌ای از دعای خیر　　　در صحبت شمال و صبا می‌فرستمت
تا مطربان ز شوق مَنَت آگهی دهند　　　قول و غزل به ساز و نوا می‌فرستمت
ساقی بیا که هاتف غیبم به مژده گفت　　　به درد صبر کن که دوا می‌فرستمت
حافظ سرود مجلس ما ذکر خیر توست
بشتاب هان که اسب و قبا می‌فرستمت

ای هدهد صبا : ای پرواز ساز راهی شونده (ای جان عاشق) = **به سبا** : بسوی یار= **طائری** : پرواز کننده ائی= **خاکدان غم** : این تن غمزده از دوری یار= **آشیان وفا** : سرای یار وفاساز = **با روی خود تفرج صنع خدای کن** : از دیدن آفریده های بس زیبای یار(همراهان وصل) بشوق و وجد در آی = **کایینه خدای نما می فرستمت**: که دل را با تو راهی ساخته ام= **ای غایب از نظرکه شدی همنشین دل** : ای یارناپیدا که دل را ربوده ائی= **دعاو ثنامی فرستمت** : دعا ودرود میفرستم ترا وستایشت می کنم = **قافله ائی از دعای خیر**: کاروانی از توصیف زیبائیهای تو= **درصحبت شمال وصبا**: با بادهای خوش وخوشبوی سحری برایت میفرستم = **مطربان**: نوازندگان =**ز شوق منت آگهی دهند** : شوق مرا برای دیدن روی زیبایت با آواز خودخبردهند = **قول و غزل به ساز و نوا میفرستمت** : که گفته ها و اشعار عاشقانه ام را با ساز وآهنگ میخوانند= **ساقی بیا** : مست ساز بیا= **هاتف غیبم**: آواز دهنده از غیبم = **که دوا میفرستمت**:که دردت دوا میگردد (بزودی وصلی مقرر میشود)= **ذکرخیرتوست** : یاد مست سازیهای توست= **که اسب و قبا میفرستمت** : در انتظار ورود توایم =　　　**(حافظ : حفظ کننده ، یار)**

ابیات زیرکه بعنوان بیت سوم و پنجم غزل فوق درنسخه قزوینی آمده اند بعلت عدم رعایت مبانی عرفان و پائین بودن سطوح کلامی در ارائه تعابیر در مقایسه با دیگر ابیات غزل و تکرار قافیه مشخصا از حافظ نبوده و به غزل فوق اضافه گشته اند :

دوراه عشق مرحله قرب و بُعد نیست　　　می‌بینمت عیان و دعا می‌فرستمت
تا لشکر غمت نکند ملک دل خراب　　　جان عزیز خود به نوا می‌فرستمت

{۷۱}

چه لطف بود که ناگاه رشحه قلمت حقوق خدمت ما عرضه کرد بر کرمت
به نوک خامه رقم کرده‌ای سلام مرا که کارخانه دوران مباد بی رقمت
نگویم از من بی‌دل به سهو کردی یاد که در حساب خرد نیست سهو بر قلمت
بیا که با سر زلفت قرار خواهم کرد که گر سرم برود بر ندارم از قدمت
روان تشنه ما را به جرعه‌ای دریاب که می‌دهند زلال خضر ز جام جمت
همیشه وقت تو ای عیسی صبا خوش باد
که جان حافظ دلخسته زنده شد به دمت

چه لطف بود که ناگاه : این چه مهرورزی بی سابقه ائی بود = رشحه قلمت : جوهر قلمت (توجه تو) = حقوق خدمت ما عرضه کرد بر کرمت: مهرورزی ما را بربخشندگیت نوشت (توجهی به ما کردی) = به نوک خامه : بار سرقلم خود = رقم کرده ائی= به حساب آوردی= کارخانه دوران : نظام (روند)زندگی = مباد بی رقمت : بی خواست تو انجام نمیگردد = به سهو : از اشتباه = درحساب خرد : : در نظم دقیق و بی خطای وجود = نیست سهو بر قلمت : ازتو اشتباهی هرگز سر نمی زند (هر چیزی با حساب و قصد و برنامه خاصی ازتو انجام شده و میشود) = قرار خواهم کرد = عهد خواهم بست = برندارم از قدمت : فقط روی برتو داشته باشم = زلال خضر : آب حیات = ز جام جمت = از مست سازی والا(با شکوه) ساز تو= همیشه وقت تو ای عیسی صبا خوش باد : همیشه ای نسیم زنده ساز عشاق پراز شادی و سلامتی باشی = به دمت : با وزش خوش تو=   (حافظ خود و عام)
ابیات زیر که بعنوان ابیات چهارم وششم غزل فوق درنسخه قزوینی آمده اند بعلت عدم رعایت مبانی عرفان وپائین بودن سطوح کلامی درارائه تعابیردر مقایسه با دیگر ابیات غزل مشخصا از حافظ نیست و به غزل فوق اضافه گشته اند:

مرا ذلیل مگردان به شکر این نعمت که داشت دولت سرمد ، عزیز و محترمت
ز حال ماکی دلت آگه شود مگروقتی که لاله بردمد از خاک کشتگان غمت

{۷۲}

زان یار دلنـوازم شُکریست با شکایت   گر نکته دان عشقی بشنو تو این حکایت

بی مـزد بـود و منت هر خدمتی که کردم   یـا رب مبـاد کس را مخـدوم بی عنایت

رندان تشنه لب را آبی نمی‌دهد کس   گویی ولی شناسان رفتند از این ولایت

در این شب سیاهم گم گشت راه مقصود   از گوشه‌ای برون آی ای کوکب هدایت

چشمت به غمزه ماراخون ریخت و می‌پسندی   جانـا روا چه باشد خونریز را حمایت

در زلف چون کمندش ای دل مپیچ کانجا   سرها بریده بینی بی جرم و بی جنایت

این راه را نهایت صورت کجا توان بست   کش صدهزار منزل بیش است دربدایت

عشقت رسد به فریاد ار خود به سان حافظ

قـرآن زبـر بخـوانی در چـارده روایت

شکریست با شکایت : در عین شاکر بودنش از او دلگیرگشته ام = گر نکته دان عشقی: اگر عاشق گشته ائی و مسائلش را میدانی(و اینکه میدانی عاشق را هیچگاه از معشوق شکایتی نیست که هرچه کندخوبست پس)= بشنو تو این حکایت: این درد دل را بدقت بخوان = بی مزد بود ومنت هر خدمتی که کردم = هر چه کردم فقط برای یار و بخاطر او بود = مخدوم بی عنایت : خدمتگزاری بی مزد (برده ائی)که کلام محبتی از سرورخود نشنود (عاشقی که وصل یار نشود)= رندان : پاکباختگان = ولی شناسان : خداشناسان دوستار عشاقش = دراین شب سیاهم گم گشت راه مقصود: آنچنان درمانده شده ام که دیگرنمیدانم بکجا روی آورم تاشایدتورا بیابم = کوکب هدایت : ستاره راه نما = به غمزه مارا خون ریخت : با عشوه اش دل را خونین ساخت = جانا روا چه باشد: یارا چه حکمت است این= خونریز را حمایت: چشمت را اینچنین خون ریزدلها می نمائی= زلف چون کمندش: عشق در بند کننده او= سرها بریده بینی بی جرم و بی جنایت : چه پاکباختگانی که در راهش سرخود را از دست داده اند (اشاره به عاشورائیان نیز هست) = صورت کجا توان بست : از چه طریق میتوان به هدف رسید = کش صد هزار منزل بیش است در بدایت : که فاصله اش بس دور است و منزل گاه میان راهش بیش از صدهزار منزلگاه = عشقت رسدبه فریاد : روی آوری به یار ازدلست (جویای عشق او شدنست) که مارا در این راه (نزدیک گشتن به او) نگه میدارد = ار خود به سان : هرچند که مثل = در چادده روایت : با چهارده سبک و شیوه =   (حافظ خود حافظ)

ابیات زیر که بعنوان ابیات هفتم و هشتم و دهم غزل فوق درنسخه قزوینی آمده است بعلت عدم رعایت مبانی عرفان و تکرار سیر معنی دیگر ابیات و قافیه وپائین بودن سطح تعابیرآنها مشخصا ازحافظ نیست و به آن اضافه گشته است:

از هر طرف که رفتم جز وحشتم نیفزود   زنهار از این بیابان وین راه بی‌نهایت

ای آفتاب خوبان می‌جوشد اندرونم   یک ساعتم بگنجان در سایه عنایت

هر چند بردی آبم روی از درت نتابم   جور از حبیب خوشتر کز مدعی رعایت

{۷۳}

مدامـم مست می‌دارد نسیم جعـد گیسویت
خرابـم می‌کند هـر دم فریب چشم جادویت
من و باد صبا، مسکین و سرگردانی بی‌حاصل
من از افسون چشمت مست و اواز بوی گیسویت
پس ازچندین شکیبایی شبی یارب توان دیدن
کـه شمع دیده ، افروزم در محراب ابرویت
سـواد لـوح بینش را عـزیـز از بهـر آن دارم
که جـان را نسخه‌ای باشد ز لوح خال هندویت
توگرخواهی که جاویدان جهان یکسر بیارایی
صبا را گـو کـه بـردارد زمانی بُرقِـع از رویت
گـر رسم فنـا خـواهی که از عالم براندازی
بر افشان تا فرو ریزد هزاران جان ز هر مویت
زهی همت که حافظ راست از دنیی و از عقبی
نیاید هیچ در چشمش به جز خاک سر کویت

مدامم : همیشه= **نسیم جعد** : بوی خوش پیچ وتاب = **خرابم میکند هردم فریب چشم جادویت** : از یاد نگاه سحر آمیزت مدام از خود بیخود میگردم= **مسکین و سرگردانی بی حاصل**: من درمانده واو سرگردانی حیران - **افسون چشمت** : یاد دلفریبی بیحد چشمانت = **شکیبائی**: صیر واستقامت =**که شمع دیده ، افروزم درمحراب ابرویت**: که چشمم آن خم ابروی بس زیبایت را به بیند = **سواد لوح بینش را** : تجربه اندوخته شده از ماجرای مهرورزیت در جانم را = **که جان را نسخه ائی باشد زلوح خال هندویت** : که درمان جان دردمند من است بیاد آوردن آن خال سیاه (روی بس زیبایت را) = **جهان یکسر بیارائی** : همه جای دنیا بتمامی زیبا گردد = **زمانی برقع از رویت** : برای مدتی روبنده ات (پوشش تو) را کنار زند = **رسم فنا** : بحث (حکم) از بین رفتن و زوال = **بر افشان** : بهم ریز (حرکتی ده) آن گیسوی بس زیبا و زنده ساز خود را = **زهی همت که حافظ راست از دنیی واز عقبی**: آفرین برحاصل همت و استقامت هرعاشق و راهی یاری که اینچنین باشد در دنیا و آخرت = **نیاید هیچ در چشمش بجزخاک سرکویت** : چیزی را نبیند بجز روی بس زیبای تورا = **(حافظ خود عام)**

{۷٤}

اگـر به مذهب تو خون عاشق است مباح　　صلاح ما همه آنست کان تو راست صلاح
سـواد زلـف سیـاه تـو جـاعـل الظلمـات　　بیـاض روی چـو مـاه تـو فالق الاصباح
لـب چـو آب حیـات تو هست قوّت جان　　وجـود خاکـی مـا را از اوست ذکـر رواح
ز چیـن زلف کمندت کسی نیافت خلاص　　از آن کمـان ابـرو و تیر چشم نجّاح
ز دیـده‌ام شــده یک چشمه در کنار روان　　کــه آشنـا نکنــد در میـان آن ملاح
دعـای وصل تـو ورد زبـــان مشتـاقـان　　همیشه ، تا که بود متصل مسا و صباح
صـلاح و تـوبه و تقـوا ز مـا مجو حافظ
ز رند عاشق و مجنون کسی نیافت صلاح

به مذهب تو : در راه عشق تو = مباح : حلال = کان توراست صلاح : آنچه تو صلاح میدانی = سواد : سیاهی = جاعل الظلمات: بوجود آورنده(در برابر نظر قرار دهنده) سیاهی شبهای دنیا = بیاض : سفیدی = فالق الاصباح : علت بروز و شکافندگی(سفید گشتن) صبحها= قوت : نیرو دهنده = وجود خاکی ما : بدن خسته ما را = ذکر رواح : یاد سازی آرامش دهنده = زچین زلف کمندت : از موج زلف دربند کش تو= کسی نیافت خلاص : عاشقی رهائی ندارد = نجاح : پیروزی آوربرای تو(برعشاق خود)= که آشنا نکند در میان آن ملاح : که دریادیده از خطر موج و تلاطمش در آن کشتی نراند= ورد: خواندن مدام دعا= متصل مسا وصباح: وصلند شبها به روزها = صلاح و توبه و تقوا : صلاح موقعیت خود را در اجتماع در نظر گرفتن و همچون دیگر زاهدان گشتن= زما مجوحافظ : از دلباختگان یارتوقع نداشته باش ای مومن پاک راهی شده بسوی یار= ز رند عاشق و مجنون: ازپاکباخته(های) عاشق و دیوانه یار = (حافظ بصورت عام)

بیت زیر که بعنوان بیت ششم غزل فوق در نسخه قزوینی آمده است بعلت عدم رعایت سیر تعابیر و معانی آمده دردیگر ابیات غزل و لحن و شان کلامی بسیار سبک که در آن بکار رفته است مشخصا از حافظ نبوده و به آن اضافه گشته است :

بداد لعل لبت بوسه‌ای به صد زاری　　گرفت کام دلم ز او بــه صد هزار الحاح

{۷۵}

شراب و عیش نهان چیست، کار بی‌بنیاد   زدیم بر صف رندان و هر چه بادا باد

گره ز دل بگشا و از سپهر یاد مکن   که فکر هیچ مهندس چنین گره نگشاد

ز انقلاب زمانه عجب مدار که چرخ   از این فسانه هزاران هزار دارد یاد

مگر که لاله بدانست، بی وفایی دهر   که تا بزاد و بشد، جام می ز کف ننهاد

زحسرت لب شیرین هنوز می‌بینم   که لاله می‌دمد از خون دیده فرهاد

بیا بیا که زمانی ز می خراب شویم   مگر رسیم به گنجی در این خراب آباد

نمی‌دهند اجازت مرا به سیر و سفر   نسیم باد مصلا و آب رکن آباد

قدح بگیر چو حافظ دگر به ناله چنگ
که بسته‌اند بر ابریشم، طرب دل شاد

عیش نهان: عشق ورزی پنهانی = **کار بی بنیاد**: کاریست که روی هیچ چیز آن نمی توان حسابی باز کرد = **زدیم بر صف رندان**: به دلباختگان یار پیوستیم = **گره ز دل بگشا واز سپهر یاد مکن**: فکر اینکه آینده و سرنوشت را چگونه میشود دردست گرفت و تابع خود ساخت را کناری گذارودرآسمان (با نجوم) نیز بدنبال آن مباش = **مهندس**: عالم و محاسب (نجومی) = **انقلاب زمانه**: زیر و رو سازی روزگار (در سیرزندگی)= **چرخ**: گردش روزگار= **فسانه**: حکایات شگفت آور = **دهر**: زمانه = **بزاد و بشد**: تا بوده و خواهد بود = **جام می زکف ننهاد**: لاله با جام(گل) بدنبال می مست ساز یار تا دم آخر ایستاده = **شیرین**: معشوق فرهاد (یار)= که لاله میدمد از خون دیده فرهاد : دیده خونبار عشاق از حسرت مست وصل یار نگشتن است = **ز می خراب شویم**: بتمامی مست یار گردیم = **گنجی**: وصلی از یار = **خراب آباد**: دنیا (مکانی که با خراب ساختن خود(از خود گذشتگی) به آبادی میرسی)= **قدح بگیر**: روی به مستی یار آر = **دگر**: زین پس= **ناله چنگ**: نوای ساز(ها) = **برابریشم**: بر نخ وسیم سازها = **طرب دل شاد** = به وجد آوردن دلهای به دنبال شادی (مهرورزی) را =

(حافظ خود وعام)

ابیات زیر که بعنوان ابیات چهارم و پنجم غزل فوق در نسخه قزوینی آمده است بعلت عدم رعایت مبانی عرفان و تعابیر و معانی کم شان آنها نسبت به دیگر ابیات غزل مشخصا از حافظ نبوده و به آن اضافه گشته است:

قدح به شرط ادب گیر زان که ترکیبش   ز کاسه سر جمشید و بهمن است و قباد

که آگه است که کاووس و کی کجا رفتند   که واقفست که چون رفت تخت جم برباد

{۷۶}

دوش آگهـی ز یـار سفـر کـرده داد باد   من نیز دل به باد دهم هر چه باد ، باد
کـارم بـدان رسیدکـه همـراز خود کنم   هر شام برق لامع و هر بامداد باد
امـروز قـدر پنـد عـزیـزان شنـاختـم   یا رب روان ناصح ما از تو شاد باد
در چیـنِ طُـره تـو دل بـی حفـاظ من   هرگز نگفت مسکن مالوف یاد باد
خون شد دلم به یاد تو هرگه که در چمن   بنـد قبای غنچه گل می‌گشاد باد
از دسـت رفته بـود وجـود ضعیف من   صبحم ببوی وصل تـو جان بازداد باد
حافظ نهـاد نیک تـو ، کامـت بر آوَرَد
جـانهـا فـدای همدم نیکـو نهـاد باد

آگهی : خبری = **من نیز دل به باد دهم هر چه باد باد :** من هم دلم را بدست باد میدهم شاید خبری از آن به یار برساند = **همراز :** همدم راز نگه دار= **برق لامع :** رعد و برق (کم رخ دهنده و زود گذر) = **قدر پند عزیزان شناختم :** وضعیت وشدت بد حالی عاشق را آنچنانکه عشاق دگرمیگفتند درک کردم = **روان ناصح ما از تو شاد باد:** جان ما عشاق که این پندها را نوش جان ساخته فقط با وصل توشاد و سرخوش میگردد = **چین طره تو :** موج زلف غرق سازتو = **بی حفاظ:** همیشه دردسترس= **مسکن مالوف یادباد:** بفکرگوشه امن خود(که به هرچیزی آنرا ترجیح میدهد)هرگزنیم افتد= **درچمن:** در طبیعت زیبای تو= **بند قبای غنچه گل میگشاد باد :** باد با زیبائی غنچه را به شکفتن وا میداشت= **صبحم ببوی وصل تو جان باز داد باد :** در صبح (ها) باد با آوردن بوی خوش (امید به) وصل تو جان تازه ائی بمن میدهد = **نهاد نیک تو کامت بر آورد:** جان رو به خلوص آورده وپاک گشته تو وصل یار را برایت مقرر می سازد = **جانها فدای همدم نیکو نهاد باد :** جانها برای همدم گشتن با مظهرخوبی وشادی، خود را فدا میسازند= **(حافظ خود وعام)**

{۷۷}

روز وصـل دوستـاران یـاد باد   یـاد بـاد آن روزگـاران یاد باد

کامـم از تلخی غم چون زهر گشت   بـانگ نـوش شـادخواران یاد باد

گـر چه یاران فارغند از یـاد مـن   از مـن ایشان را هـزاران یاد باد

مبتلا گشتم در ایـن بنـد و بـلا   کوشش آن حـق گـزاران یاد باد

گرچه صد رود است درچشمم مدام   زنده رود بـاغ کـاران یاد باد

راز حافظ بعد از این ناگفته مـاند

ای دریغـا راز داران یـاد باد

روز وصل دوستاران : روزهای وصل گشتن عشاق یار = یاد باد: یادش بخیر= کامم : دهانم = چون زهرگشت : به تلخی زهر گشت = بانگ نوش شادخواران: آوای نوش جان مست گشتگان= فارغند از یاد من: جز یار از کسی یاد نمی کنند = هزاران یاد باد : هزاران بار خوشا بحالشان گویم = دراین بند و بلا : در این راه گرفتار ساز و پر درد = آن حق گزاران: آنانی که مرا بسوی عشق یار خواندند= صد رود است در چشمم مدام : در گریه خود غرقم = زنده رود باغ کاران : آن رود فرح بخش باغات زنده ساز جان = ناگفته ماند : برای که گفته شود = ای دریغا رازداران یاد باد : چه خوش بود همنشینی با عشاق راز دان یار =   (حافظ خود حافظ)

{۷۸}

جمـالـت آفتـاب هـر نظر بـاد   ز خـوبی روی خوبـت خوبتـر بـاد
همـای زلف شاهین شهپرت را   دل شـاهان عـالم زیـر پر بـاد
کسـی کـو بسته زلفت نبـاشد   چو زلفت درهم و زیر و زبر باد
دلی کـو عاشـق رویت چو بـاشد   همیشه غـرقه در خون جگر باد
بُتـا چون غمـزهات نـاوک فشاند   دل مجروح من پیشش سپر باد
چو لعـل شکرینت بوسه بخشد   مـذاق جـان من زو پرشکر باد
مرا از توست هر دم تازه عشقی   تو را هر ساعتی حُسنی دگر باد
به جـان ، مشتاق روی توست حافظ
تـو را در حـال مشتاقان نظر باد

جمالت آفتاب هر نظرباد : روی زیبایت روشنی بخش دیده هرعاشقی است = ز خوبی روی خوبت خوبتر باد: از خوبی توست که مدام رویت (زیبائی هائیکه عرضه میسازی) خوبتر و زیباتر میگردد = همای زلف شاهین شهپرت : حرکات زلف چون شاهین بال گسترده توست که = دل شاهان عالم زیر پر باد : دل عاشقان نامی و بزرگ عالم رادر گرو دارد= بسته زلفت : دنبال وصل زیبایت = درهم و زیروزبر: مدام پریشان وگرفتاراز خواسته های دنیائی خودست= همیشه غرقه خون جگر باد: مدام از دوریت خون جگر میخورد = بتا : ای یار پرستیدنی = غمزه ات ناوک فشاند: چون عشوه ابرویت تیری پرتاب میسازد= دل مجروح من پیشش سپر باد : این دل دردمند مرا سپر آن قراربده = لعل شکرینت : لب یاقوتی شیرینت= مذاق جان من زو پر شکر باد: جان من مزه شیرینی تمام رامیچشد= تازه عشقی: عشقی جدیدو شدید ترست= تو را هرساعتی حسنی دگرباد : زیراکه تو مدام درحال ارائه زیبائی های جدیدتری = به جان : با فدا ساختن جان = مشتاق روی توست : در آرزوی وصل توست = حال مشتاقان نظر باد : بر عاشقانت نظری بفرما = (حافظ خود و عام)

{۷۹}

صوفی ار بـاده به اندازه خـورد نوشش باد   ور نه اندیشه ایـن کـار فراموشش باد
آنکه یک جـرعه ائی از دست تـواند دادن   دست آن شاهدمقصود نه درآغوشش باد
چشمم از آینـه داران خـط و خالش گشت   لبـم از بوسه ربـایـان بـرو دوشش باد
گر چه از کبر ، سخن با من درویش نگفت   جـان فدای شکرین پسته خاموشش باد
نرگسِ مسـتِ نوازش کـنِ مردم دارش   خون عاشق به قدح گر بخورد نوشش باد
پیـر مـا گفـت خطـا بر قلـم صُنع نرفت   آفـرین بر نظر پـاک خطا پوشش باد

بـه غلامی تـو مشهور جهـان شـد حافظ
حلقـه بنـدگی زلـف تـو در گـوشش باد

صوفی ار باده به اندازه خورد نوشش باد: هرراهی عشق او اگر باتمام وجود بدنبال مست گشتن از یار باشد از آن نتیجه میگیرد و مست یار میگردد = **آنکه یک جرعه از دست تواند دادن** : آنکه کوچکترین چیزی غیراز یار را در کار (بحث وجود) موثر بداند = **شاهد مقصود:** یار مدام ناظر بر ما که همه مقصود ماست = **آینه داران :** دیدار کنندگان و منعکس کنندگان = **خط و خالش** : زیبائیهای مست سازش= **بوسه ربایان** : بوسه زنان- **از کبر : با بی اهمیت شمردن من = من درویش:** من عاشق و فدائیش = **شکرین پسته خاموشش باد :** آن لبهای شیرینی که با من عشوه ساختند و حال خاموشند = **نرگس مست نوازش کن مردم دارش** = با آن روی زیبای مست ساز و مهرورز و بس مهربان با خلق خود = **خون عاشق به قدح گر بخورد نوشش باد :** اگر عاشقی در گاه مستی از او فدای اوگردد (دروصل بماند) به آنچه هدفش بوده رسیده است = **پیرما :** مرشد ما= **خطا برقلم صنع نرفت :** خطائی در ساختار(خلقت) جهان نخواهی یافت (همه از علم تبعیت میکنند) = **آفرین برنظرپاک خطا پوشش باد :** (دراین مصرع حافظ است که نظرش بیان میگردد نه پیراو) خالقی که هیچگاه خطائی ازاو سرنمیزند(در دنباله با دو معنی): ۱- آفرین برنظرپاک و مهرورزش که از انبوه خطاهای ما میگذرد. ۲- این (خود اثبات) بتمامی مهرورز بودن یارست(معنی ائی برای آفرین) که با وجود سر زدن خطا از بنده اش از آن چشم میپوشد و (با مهرورزی) به هدایتش میپردازد = **حلقه بندگی زلف تو درگوشش باد :** چراکه بنده وعاشق پاکباخته توست وفقط تو را به همه عرضه ساخته و می سازد = **(حافظ خود حافظ)**

بیت زیرکه بعنوان بیت چهارم غزل فوق درنسخه قزوینی آمده است بعلت عدم رعایت مبانی عرفان و سیر معنی غزل مشخصا از حافظ نیست و به غزل فوق اضافه گشته است :

شاه ترکان سخن مدعیان می‌شنود   شرمی از مظلمه خون سیاووشش باد

{۸۰}

تنـت بـه نـاز طبیبـان نیـازمنـد مبـاد ‌ ‌ ‌ ‌ وجـود نازکـت آزرده گــزند مباد
سلامـت همـه آفـاق در سلامت توست ‌ ‌ ‌ ‌ به هیچ عارضه وجـه تـو دردمند مباد
جمال صورت و معنی ز امن صحت توست ‌ ‌ ‌ ‌ کـه ظاهـرت دژم و باطنت نژند مباد
در این چمـن چـو درآید خزان به یغمایی ‌ ‌ ‌ ‌ رهش به سـرو سهی قامـت بلند مباد
در آن بسـاط که حسن تـو جلوه آغـازد ‌ ‌ ‌ ‌ مجـال طعنـه بدبیـن و بدپسند مباد
هر آن که روی چـو ماهت به چشم بد بیند ‌ ‌ ‌ ‌ بر آتش تـو بجـز جـان او سپند مباد

شفـا ز گفته شکرفشـان حافظ جـوی
که حاجتـت به علاج گلاب و قنـد مباد

ناز : درمان = **نیازمند مباد** : بی نیازست = **نازکت** : لطیفت = **گزند مباد** : هیچگاه گزندی نمی بیند = **همه آفاق** : تمامی جهان = **در سلامت توست** : سلامتشان بخواست توست = **عارضه** : مشکل و بیماری = **دردمند مباد** : دردمند نخواهد گشت = **جمال صورت و معنی ز امن صحت توست** : زیبائی های دنیا و آنچه در درون جان دیده میشود نشانگر قصد مدام و بی انتهای تو برعرضه زیبائیهاست = **که ظاهرت دژم و باطنت نژند مباد** : که هیچگاه نه ظاهرت خشمناک و وحشت آور است ونه باطنت (ظاهر وباطن تو همیشه عرضه کننده مهرست) = **به یغمائی** : به غارت پرداختن = **رهش به سرو سهی قامت بلند مباد** : یاراز آن مصون است = **حسن تو جلوه آغازد:** زیبائی تو بروز نماید = **مجال طعنه بدبین و بد پسند باد:** هیچ بد دل وکج پسندی نمی تواند ابراز نظری کند= **به چشم بد بیند:** ازتائید وجود تو(خوبیها وزیبائیها) اکراه داشته باشد (خودبین و کافر) = **برآتش تو** : در آتش و بلای پاک ساز تو = **بجز جان او سپند مباد** : جان اوست که چون اسپند در آتش به تلاطم افتد = **ز گفته شکرفشان** : از کلام شیرین ساز جان = **(حافظ : خود حافظ)**

{۸۱}

حسن تـو همیشه در فـزون باد   رویـت همه سـاله لاله گون باد
چشـم تـو ز بهـر دلـربایـی   در کـردن سحـر ذوفنون باد
انـدر سـر مـا خیـال و عشقت   هـر روز که بـاد در جنون باد
هـر جـا که دلیست در غـم تو   بی صبر و قرار و بی سکون باد
هر دل که ز عشق توست خالی   از حلقـه وصـل تـو بـرون باد
هـر سرو که در چمـن در آید   در خـدمـت قامتت نگون باد
لعـل تـو که هست جـان حافظ
دور از لـب مـردمـان دون باد

حسن تو همیشه در فزون باد : زیبائیت مدام زیبائیهای جدید عرضه میکند = **رویت همه ساله لاله گون باد :** رویت همیشه مست ساز عشاق خونین دلست = **درکردن سحر ذوفنون باد :** درجادو وافسون ساختن عشاقت مهارت تمام دارد = **هر روز که باد در جنون باد :** هر گاه (خیال وعشقت) در سر می افتد آنرا به جنون میکشاند = **بی سکون باد :** مدام بی تاب است= **از حلقه وصل تو برون باد :** از تو و زیبائیهایت دور گشته است و بهره ائی نخواهد برد= **هر سروکه در چمن درآید :** هرزیبا روی ظاهر گشته در طبیعت = **در خدمت قامتت نگون باد :** در عرضه گوشه ائی از زیبائی توعمرخود را میگذراند= **لعل تو که هست جان حافظ:** لب یاقوتی توکه جان حافظ به آن بند است = **مردمان دون :** افراد به دنیا روی آورده = **(حافظ خود وعام)**

ابیات زیرکه بعنوان بیت چهارم وششم غزل فوق درنسخه قزوینی آمده اند بعلت عدم رعایت مبانی عرفان و تعابیر ناموزون و کم شان مشخصا از حافظ نبوده و به غزل فوق اضافه گشته اند :

چشمی کـه نـه فتنـه تـو باشد   چون گوهر اشک غرق خون باد
قـد همـه دلبـران عـالـم   پیش الفِ قـدت چـو نون باد

{۸۲}

دیریست که دلدار پیامی نفرستاد　　　ننوشت کلامی و سلامی نفرستاد
سوی من وحشی صفت عقل رمیده　　　آهو روشی کبک خرامی نفرستاد
دانست که خواهد شدنم مرغ دل از دست　　وز آن خط چون سلسله دامی نفرستاد
چندان که زدم لاف کرامات ومقامات　　　هیچم خبر از هیچ مقامی نفرستاد
فریاد که آن ساقی شکرلب سرمست　　　دانست که مخمورم و جامی نفرستاد
حافظ به ادب باش که واخواست نباشد
گر شاه پیامی به غلامی نفرستاد

دیریست : زمان زیادی گذشته است = ننوشت کلامی و سلامی نفرستاد : نه مژده وصل شیرینش رافرستاد و نه حال مرا جویا شد = وحشی صفت عقل رمیده : دیوانه گشته و آداب معمول را فراموش ساخته = آهو روشی کبک خرامی : عشوه های لطیف و زیبای آرام سازش را = خواهد شدنم مرغ دل از دست : دلم به هوایش پرواز میکند = وز آن خط چون سلسله دامی نفرستاد: از زیبائی فریبنده ساز سابقه دارش (وصل زیبایش) گرفتار سازی مقرر نکرد = زدم لاف کرامات ومقامات : برای خود نزدش محبوبیتی و مقامی را تصورمیکردم = هیچم خبر از هیچ مقامی نفرستاد : انگار که هیچ شان و ارزشی برایش ندارم   = شکر لب سرمست : شیرین ساز کام و مست و مست ساز = دانست که مخمورم وجامی نفرستاد : درد خماری مرا میداند و مرا مست خود نمیگرداند = به ادب باش : باید شان ومراتب را در نظرگیری = که واخواست نباشد : بازخواستی در کار نیست =　　　　　　　　　　　　　　(حافظ خود و عام)
بیت زیرکه بعنوان بیت دوم غزل فوق درنسخه قزوینی آمده است بعلت عدم رعایت مبانی عرفان و تکرار معنی بیت قبلی و پائین بودن سطح ادبی آن مشخصا از حافظ نیست و به غزل فوق اضافه گشته است :
صد نامه فرستادم و آن شاه سواران　　　پیکی ندوانید و سلامی نفرستاد

{۸۳}

پیرانه سـرم عشق جـوانـی به سر افتاد	وان راز که در دل بنهفتم بـه در افتاد
از راه نظـر مـرغ دلـم گشـت هـواگیـر	ای دیده نگه کن که به دام که درافتاد
دردا کـه از آن آهـوی مُشکین سیه چشم	هر نافه بسی خون دلـم در جگر افتاد
مـژگان تــو تـا تیـغ جهـانگیـر بـرآورد	بس کُشتهِ دل زنده که بر یکدگر افتاد
بس تجربه کـردیم در این دیـر مکافات	با دُردکِشان هر که به ره افتاد بر افتاد

حافظ کـه سـر زلف بتان دست کشش بود
بس طُرفه حریفیست کش اکنون بسر افتاد

پیرانه سرم عشق جوانی بسرافتاد : با تمام پیر بودنم دوباره آن شورعشق زمان جوانی را درخود یافتم = **وان راز که در دل بنهفتم به درافتاد:** آن رازیکه دردل نگه داشته بودم باآمدن عشق او بیرون ریخته شد = **از راه نظر مرغ دلم گشت هوا گیر:** با دیدن زیبائی هایش دلم به پرواز درآمد = **نگه کن که به دام که در افتاد :** ببین دل را به دام که در انداخته ائی = **آهوی مُشکین :** یار خرامنده (زیبا درحرکت) وخوشبوی = **هرنافه :** هربوی خوشی = **مژگان تو تا تیغ جهانگیر برآورد :** آنگاه که با زیبائی چشمانت به گرفتن جهان(عاشق ساختن بندگانت)پرداختی = **بس کشته دل زنده که بریکدگر افتاد :** چه بسیارعشاق از دست رفته که باقی گذاردی = **دیرمکافات:** زندگانی دنیائی = **بادردکشان هرکه به ره افتاد برافتاد:** با مستان عاشق یار هر کس همراه گشت همه چیزش را ازدست بداد = **سر زلف بتان دست کشش بود :** با زیبائی های یاردر طبیعت دنیا سرگرم گشته بود= **بس طُرفه حریفیست کش اکنون به سر افتاد :** چه دلبر زیبا و شگفت انگیزی را حال در سردارد = **(حافظ خود حافظ)**

ابیات زیرکه بعنوان ابیات چهارم و هفتم غزل فوق درنسخه قزوینی آمده است بعلت عدم رعایت مبانی عرفان و سیر معنی غزل مشخصا از حافظ نیست و به غزل فوق اضافه گشته اند :

از رهگذر خاک سر کوی شما بود	هر نافه که در دست نسیم سحر افتاد
گر جان بدهد سنگ سیه ، لعل نگردد	با طینت اصلی چه کند بدگهر افتاد

عکس روی تو چو در آینه جام افتاد — عارف از خنده می در طمع خام افتاد
حسن روی تو به یک جلوه که در آینه کرد — این همه نقش در آیینه اوهام افتاد
در خم زلف تو آویخت دل از چاه زنخ — آه کز چاه برون آمد و در دام افتاد
زیر شمشیر غمش رقص کنان باید رفت — کان که شد کشته او نیک سرانجام افتاد
چه کند کز پی دوران نرود چون پرگار — هر که در دایره گردش ایام افتاد
من ز مسجد به خرابات نه حال افتادم — اینم از عهد ازل حاصل و فرجام افتاد
هر دمش با من دلسوخته لطفی دگر است — این گدا بین که چه شایسته انعام افتاد

صوفیان جمله حریفند و نظرباز ولی
زین میان حافظ دلسوخته بدنام افتاد

درآینه جام افتاد : در مست سازیت ارائه گشت = **از خنده می :** از شور و وجد آن مست سازی = **درطمع خام افتاد :** فکر کردکه دگربه مقصود رسیده است = **حُسن :** زیبائی ونیکوئی = **به یک جلوه که در آینه کرد :** با یک نظر که برجان عاشق انداخت = **این همه نقش در آیینه اوهام انداخت :** عاشق را در خیال زیبائیهایش غرق ساخت = **درخم زلف تو آویخت دل از چاه زنخ :** دربدنبال وصل زیبایت غرق زیبائی آن چال چانه گشتم = **آه کزچاه برون آمد ودردام افتاد:** آه که چون وصل را قطع نمودی در ورطه چه خیال و غم عشقی گرفتار گشتم = **زیر شمشیر غمش رقص کنان باید رفت :** سختی و مرارت جدائیش را با ایثار دل وجان باید متحمل گشت = **کان که شدکشته او نیک سرانجام افتاد:** (که خود یارگفته) هرکه درراه او بمیردبه برترین موقعیت نزد اورسیده است = **پی دوران نرود :** با زمان (عمری که درحال از دست رفتن است) همراه نشود= **هر که دردایره گردش ایام افتاد :** آنکه درحال سپری کردن روزهای عمر خودست = **ز مسجد به خرابات :** از زاهد بودن به عشق و پاکباختگی = **اینم از عهد ازل حاصل و فرجام افتاد :** این از مبانی موجود گشتن است که من یافتمش پس خواستمش پس مقرر گشت= **هر دمش :** هر گاه وصلش = **لطفی دگرست :** مهر وعشقی زیباترو وجد آورتریست = **چه شایسته انعام افتاد :** به چه نعمت بزرگی دست پیدا کرد= **صوفیان جمله حریفند و نظرباز :** همه پاکباختگان عشق ورزندو بدنبال وصلی از یار = **بد نام افتاد :** بدنام ساخته اند (خارج شده از شرع خوانده اند) =

(حافظ خود حافظ)

ابیات زیرکه بعنوان ابیات سوم، چهارم و هشتم غزل فوق درنسخه قزوینی آمده است بعلت عدم رعایت مبانی عرفان و سیر معنی غزل و تکرار ساختن معنی و قافیه ابیات دیگر و ارائه تعابیر حافظ با مضمونی مخدوش و لحنی بسیار سبک مشخصا از حافظ نیست و به غزل فوق اضافه گشته اند :

این همه عکس می و نقش نگارین که نمود — یک فروغ رخ ساقیست که در جام افتاد
غیرت عشق ، زبان همه خاصان ببُرید — کز کجا سِرّ غمش در دهن عام افتاد
آن شد ای خواجه که در صومعه بازم بینی — کار ما با رخ ساقی و لب جام افتاد

{۸۵}

آنکه رخسـار و آن رنگ به گـل نسـرین داد
صبـــر و آرام تـوانـد بـه مـن غمگین داد
وان کـه گیسوی، چُنان رسم تطـاول آموخت
هم توانـد کـرمش ، دادِ مـن مسکین داد
مـن از آن روز ز فـرهـاد طمـع ببـریـدم
کـه عنان دل شیـدا بـه لب شیرین داد
گنـج زر گـر نبـود کُنـج قناعت باقیست
آن که آن داد به شاهان به گدایان این داد
خوش عروسیست جهان از ره صـورت لیکن
هـر که پیوست بدو عمـر خودش کاوین داد
بعد از این دست من و دامن سرو و لب جوی
خاصـه اکنـون که صبـا مـژده فروردین داد
در کـف غصه دوران دل حافظ خـون شد
از فراق رُخت ای جان که قوام بر دین داد

آنکه رخساره وآن رنگ : آن یار زیبا که آن شمایل و آن زیبائی را = **رسم تطاول آموخت** : به ناز و سرگرانی با ما پرداخت = **کرمش** : مهرورزی و بخشش او= **داد** : خواست = **مسکین** : درمانده = **طمع ببریدم** : قطع امید کردم = **که عنان دل شیدا به لب شیرین داد**: که افسار دل دیوانه گشته اش را بسوی راه وصل یار بگرداند = **گنج زر** : مال فراوان دنیا= **کنج قناعت**: صبر وتحمل درآنچه یارقسمت ساخته = **آنکه آن داد** : آن یار مهرورزکه آنرا داد = **خوش عروسیست جهان از ره صورت**: دنیا زیبا و خواستنی می نماید = **هرکه پیوست بدو** : هرکه آنرا به عقد خود درآورد (به دنیا خواهی پرداخت) = **عمرخودش کاوین داد**: عمر(مهلت داده شده) بخود را بعنوان مهریه آن پرداخت کرده است = **دست من ودامن سرو ولب جوی** : تمنای منو ناز یارو زیبائیهای او(را پس از این دنبال میکنم)= **خاصه** : بخصوص که = **مژده فروردین داد**: گفت بهاردرراه است = **درکف غصه دوران** : درسیرگذرعمروغم دوری = **فراق**: دوری، جدائی = **که قوام بر دین داد**: که(دیدار آن رخ زیبا) اصل دین ودینداریست = **(حافظ خود وعام)**

{۸۶}

همای اوج سعادت به دام ما افتد | اگر تو را گذری بر مقام ما افتد
حباب وار بر اندازم از نشاط کلاه | اگر ز روی تو عکسی به جام ما افتد
شبی که ماه مراد از افق شود طالع | بود که پرتو نوری به بام ما افتد
به بارگاه تو چون باد را نباشد بار | کی اتفاق مجال سلام ما افتد
و جان فدای لبش شد خیال می‌بستم | که قطره‌ای ز زلالش به کام ما افتد
خیال زلف تو گفتا که جان وسیله مساز | کز این شکار فراوان به دام ما افتد

ز خاک کوی تو هر گه که دم زند حافظ
نسیم گلشن جان در مشام ما افتد

همای اوج سعادت به دام ما افتد : پرواز تا اوج خوشبختی نصیب ما گردد = **مقام :** جایگاه = **حباب وار براندازم از نشاط کلاه :** همچون حباب های روی آب با پاره گشتن روکشم آزاد ورها گردم (از دنیا) = **به جام ما :** در خیال مست ساز ما = **ماه مراد از افق شود طالع :** یار زیباروی به وصل ساختن یاران بپردازد = **پرتو نوری به بام ما افتد :** نظری هم به ما کند= **به بارگاه تو :** به سرای تو = **نباشد بار:** اگرراهش ندهند =**کی اتفاق مجال سلام ما افتد :** پس چگونه سلام خود را بتوبرسانیم (تا مارا نیز در نظر آوری) = **چو جان فدای لبش شد خیال می بستم :** آنگاه که دلم برای نوش لبش ازدست میرفت به این خیال امید داشت = **که قطره ائی ز زلالش به کام ما افتد :** که آخر از وصل شیرینش خواهم چشید = **خیال زلف توگفتا :** خیال زلف وهم انگیزت مرا گفت =**که جان وسیله مساز :** که بر روی مقام جان خود برای جلب نظرماحساب بازنکن= **نسیم گلشن جان :** بوی خوش جایگاهی که جان بدان تعلق دارد= **مشام :** نفس و بویائی = **(حافظ خود حافظ)**

بیت زیرکه بعنوان بیت هفتم غزل فوق درنسخه قزوینی آمده است بعلت عدم رعایت مبانی عرفان و سیر معنی غزل مشخصا از حافظ نیست و به غزل فوق اضافه گشته است :

به ناامیدی از این در مرو بزن فالی | بود که قرعه دولت به نام ما افتد

{۸۷}

درخـت دوستی بنشان کـه کـام دل به بار آرد
نهـال دشمنی بـرکن کـه رنج بی‌شمار آرد
چـو مهمـان خراباتی به عـزت باش با رندان
کـه دُرد سر کشی جانا از آن مستی خمار آرد
شب صحبت غنیمت دان که بعـد از روزگار ما
بسی گردش کند گردون بسی لیل و نهار آرد
بهار عمر خواه ای دل وگرنه این چمن هر سال
چو نسرین صـد گل آرد بارو چون بلبل هزار آرد
خـدا را چـون دل ریشم قراری بست با زلفت
بفـرمـا لعـل نوشین را کـه زودش با قرار آرد
در این باغ ار خدا خواهد دگر پیرانه سر حافظ
نشیند بـر لـب جـویی و سَـروَش در کنار آرد

درخت دوستی بنشان که کام دل به بارآرد : روبه مهرورزی یار آور که مقصود دل وجان را در آن بیابی = **نهال دشمنی برکن** : از روی گردانی از یار و ره خودخواهی(سرکشی) حذر کن = **که رنج بیشمار آرد** : که دنیا و آخرت را پردرد سازد = **چون مهمان خراباتی:** حال که در این دنیا(خرابات) مهمان گشته ائی (مدت زیادی نمی مانی) = **به عزت باش با رندان:** ازطریق راه پاکباختگان وخالصان کوی او مقام وشکوه خودرا بدست آور= **که دُرد سرکشی جانا از آن مستی خمار آرد:** که آخرسرمست گشتن از سرکشیها دردنیا خماری (عذاب) است= **شب صحبت غنیمت دان** : این شبهائی که برای مهرورزی با یار در اختیار تو قرارداده شده ازدست مده = **گردون:** زمانه = **لیل ونهار:** شب وروز = **بهار عمرخواه:** بدنبال رسیدن به بهارزیبای عمرخود(که از تلاش در مهرورزی یارحاصل میگردد) باش= **این چمن:** این طبیعت = **چون بلبل هزارآرد:** هزاران بلبل (عاشق) که بدنبال عشق زود گذر دنیاست می آورد = **خدا را چون دل ریشم قراری بست با زلفت** : به خداوندیت چون وعده ائی بر این دل دردمند دادی = **لعل نوشین را:** لب بس شیرینت=**که زودش با قرارآرد** : زودتربه وعده اش وفا سازد= **دگرپیرانه سر:** با تمام فرتوتی اش = **سَروَش درکنار آرد** : دلبرش اورا به کنار خود آورد= **(حافظ خود حافظ)**

بیت زیرکه بعنوان بیت چهارم غزل فوق درنسخه قزوینی آمده است بعلت عدم رعایت مبانی عرفان و سیر معنی غزل مشخصا از حافظ نیست و به غزل فوق اضافه گشته است :

عمـاری دار لیلی را که مهد ماه در حکم است　　خـدا را در دل اندازش که بر مجنـون گذار آرد

{۸۸}

کسی کـه حُسن و خـط دوست در نظر دارد محقـق است کـه او حـاصـل بصر دارد
چـو خـامه در ره فـرمـان او سـر طاعت نهـادهایـم مگـر او بـه تیـغ بـر دارد
بـه پـای بـوس تـو کسی رسـد کـه او بر آستـانه ایـن در همیشه سـر دارد
کسی که از ره تقـوا قـدم بـرون ننهـاد بـه عزم میکده اکنون ره سفر دارد
ز باده هیچت اگر نیست این نه بس که ترا دمـی ز وسـوسـه عقـل بـیخبـر دارد
دل شکسته حافظ به خـاک خواهـد برد
چـو لاله داغ هـوایی کـه بـر جگر دارد

حسن وخط دوست درنظردارد: مهرورزی یاررا درک کرده وزیبائیهای اورا درهرجا می بیند = **محقق است که او حاصل بصر دارد:** حال میشود گفت که او عارف است (به شناخت رسیده است) = **چو خامه در ره فرمان او سر طاعت نهاده ایم :** سرما در راه فرامین او انگار با ابریشمی محکم بسته شده است = **مگر اوبه تیغ بردارد:** نخ را ببرد(جان را بگیرد) و وظیفه را تمام سازد= **به پای بوس تو :** به وصل تو= **برآستانه این در همیشه سر دارد:** روی به توداشته و مدام در تمنای وصل توست=**ره تقوا :** ره حق وخلوص وپاکی= **به عزم میکده اکنون ره سفردارد:** بسوی عشق سرمست ساز یاررهنمون و کشیده میشود=**زباده هیچت اگر نیست این نه بس که ترا:** اگراز مست یارگشتن حال وصلی حاصل نشد این نعمت ترا بس نیست= **دمی زوسوسه عقل بیخبردارد:** زمانی از کاویدن با عقل قدرتمند و عافیت جوی آسوده بودی = **داغ هوائی:** داغ آرزوی وصل شیرین یار را = **(حافظ خود وعام)**

ابیات زیرکه بعنوان ابیات سوم و پنجم غزل فوق در نسخه قزوینی آمده اند بعلت عدم رعایت مبانی عرفان و سیر معنی غزل و مخدوش و کم شان بودن تعابیر اظهارشده مشخصا از حافظ نیست و به غزل فوق اضافه گشته اند :

کسی به وصل تو چون شمع یافت پروانه که زیر تیغ تو هر دم سری دگر دارد
ز زهد خشک ملولم کجاست باده ناب که بوی بـاده مدامم دِمـاغ تر دارد

{۸۹}

دل مـا به دور رویـت ز چمـن سـراغ دارد　　　که چو سرو پایبندست و چو لاله داغ دارد
به چمن خـرام و بنگر بر تخت گل که لاله　　　به ندیم شـاه ماند کـه به کف ایاغ دارد
ز بنفشه تـاب دارم که ز زلـف او زنـد دم　　　تو سیاه کم بهـا بین که چـه در دماغ دارد
سـر مـا فرونیـایـد به کمـان ابروی کس　　　که درون گوشه گیران ز جهان فراغ دارد
شب ظلمت و بیابان به کـجا توان رسیدن　　　مگر آنکه شمع رویت به رهم چراغ دارد
سزدم چو ابر بهمن که بر این چمن بگریم　　　طـرب آشیان بلبـل بنگر که زاغ دارد

سـر درس عشق دارد دل دردمنـد حافظ
کـه نه خاطـر تماشـا نه هـوای باغ دارد

دل ما به دور رویت زچمن سراغ دارد: وضعیت دل ما درکار مهرورزی باتودلبرزیبا درطبیعت نشانه هایش دیده میشود= **که چوسرو پایبندست و چو لاله داغ دارد :** که استقامت(سبز بودن مدام) سرو وداغ (سیاهی درون) گل لاله را دارد= **بنگر بر تخت گل که لاله :** لاله را در میان بستر گلها بنگر = **ندیم :** خدمتکار = **ایاغ :** جام = **تاب دارم : تعجبم را** برآورد = **که ز زلف او زند دم :** زیبائی خود را همچو زلف یار میداند = **توسیاه کم بها بین که چه دردماغ دارد:** از این سیاه کوچک بی دوام باید بیاموزیم که چه ارزش والائی برای موجود شدنش بوسیله یار قائل است = **به کمان ابروی کس:** به زیبائی زیبارویان دنیا = **زجهان فراغ دارد :** از دنیا بریده است = **ظلمت :** تاریک و سیاه = **شمع رویت به رهم چراغ دارد :** بدنبال نور روی توبودن (وصل تو) مرا نجات دهد = **سزدم چو ابر بهمن که براین چمن بگریم :** من نیز اگر همچون بارش بهمن ماه براین طبیعت زمستانی بگریم حق است = **طرب آشیان بلبل بنگر که زاغ دارد :** ببین که جایگاه بلبلان بهاری رازاغهای زمستانی گرفته اند= **سردرس عشق دارددل دردمندحافظ:** میخواهد که گوشه ائی از عشق ورزی زیبای یار رابادل دردمندش (برای عشاق) ارائه سازد=**که نه خاطرتماشا نه هوای باغ دارد:** که بجزدیدن روی زیبای یار تمایلی به دیدن چیزی یا رفتن جائی ندارد = **(حافظ خود حافظ)**

بیت زیرکه بعنوان بیت ششم غزل فوق درنسخه قزوینی آمده است بعلت مخدوش بودن تعبیر بُت برای شمع وتکرار قافیه وهمسو نبودن با سیر معنی غزل مشخصا از حافظ نیست و به غزل فوق اضافه گشته است :

من و شمع صبحگاهی سزد ار به هم بگرییم　　　که بسوختیم و از ما بت ما فراغ دارد

آن کس کـه به دست جـام دارد　　سلطـانـی جـم مـدام دارد
آبی که خضـر حیـات از او یافت　　در میکده جو کـه جـام دارد
سررشته جـان به جـام بگـذار　　کایـن رشته از او نظـام دارد
مـا و مـی و زاهـدان و تقـوا　　تـا یـار سـر کـدام دارد
بیـرون ز لـب تـو ساقیا نیست　　در دور کـسی کـه کـام دارد
نرگـس همـه شیـوه‌های مستی　　از چشم خوشـت به وام دارد
ذکـر رخ و زلـف تـو دلـم را　　وردیست کـه صبح و شام دارد
بـر سینـه ریـش دردمنـدان　　لعلـت نمکـی تمـام دارد
در چـاه ذقـن چـو حافظ ای جان
حسـن تـو دو صـد غـلام دارد

آنکس که به دست جام دارد : آنکه مست روی یار گشته باشد = **سلطانی جم مدام دارد :** به مقام و جایگاه اصلی خود دست یافته است= **خضر:** سمبل عاشق جاودان گشته درخدمت یار= **حیات ازاو یافت :** جاودانش ساخت= **در میکده جو که جام دارد :** در محتوای جام (راه) مست ساز یار جستجو کن= **سررشته جان به جام بگذار :** پرورش و رشد جانت را در گرو مست او گشتن قرار ده = **کاین رشته از او نظام دارد :** که این راهیست که یار برای بندگانش مهیا کرده است = **ماو می و زاهدان و تقوا :** ما عشاق مست یار و پرهیزکاران رعایت ساز عرف و شرع = **تا یار سر کدام دارد :** تا یار به کدامین نظر کند و بخود نزدیکتر سازد = **بیرون ز لب تو ساقیا نیست :** وصل چیز دیگری جز توای یار مست ساز نیست = **در دورکسیکه کام دارد:** از جمع روی آوردگان آنکه وصل گشته = **نرگس همه شیوه های مستی:** گل نرگس تمام عشوه های مست سازش را = **از چشم خوشت به وام دارد:** از چشم زیبای تو قرض گرفته است= **ذکر :** یاد ساختن = **وردیست که صبح وشام دارد:** دعا روز وشبش گشته = **ریش دردمندان :** زخمی از درد دوری = **لعلت نمکی تمام دارد:** یاد لب یاقوتیت انگار مشتی نمک برسینه زخم دار میریزد = **در چاه ذقن چوحافظ:** همچون حافظ که دربند و خدمتگزار آن چال چانه است = **ای جان :** ای همه چیز من = **حسن تو دو صد غلام دارد :** زیبائی دلفریب تو چه بسیار خواهان و خدمتگزاردارد =　　**(حافظ خود حافظ)**

{۹۱}

دلی که غیب نمـای است و جـام جم دارد	ز خاتمی که دمی گم شود چـه غم دارد
رسید موسم آن کز طرب چو نرگس مست	نهد به پای قدح هـر که شش درم دارد
نه هـر درخت تحمـل کنـد جفـای خـزان	غلام همـت سـروم که ایـن قدم دارد
ز سِرّ غیـب کس آگـاه نیست قصـه مگو	نه هیچ محرم دل ره در این حرم دارد
مـراد دل ز که گیرم کـه نیست دلـداری	کین جلـوه نظـر و شیوه کـرم دارد
دلـم که لاف تجـرد زدی کنـون صد شغل	به بوی زلـف تـو با بـاد صبحدم دارد
ز جیـب خرقـه حافظ چه طرف بتوان بست
کـه مـا صمـد طلبیـم و او صنـم دارد

دلی که غیب نمای است وجام جم دارد : جانی که درک ساز یار غایب است ویار به این سلطنتش (آدم و حکمران گشتنش چون سلیمان) گمارده = **زخاتمی که دمی گم شود چه غم دارد** : از یار که خودرا از او برای زمانی (دردنیا) میپوشاند خاطر جمع است که در نهایت کار با اوست = **رسید موسم آن کز طرب چو نرگس مست** : زمان آن رسید که از شادی و وجد همچون دیگر سرمستان یار= **نهد به پای قدح هر که شش درم دارد** : هرکس (جانی که عاشق است) با هرتوانی مست زیبائیهای یارشود = **نه هردرخت تحمل کند جفای خزان** : هرکسی تاب ماندن در راه مهرورزی یار را ندارد که بسیاری با اولین سختی دست میکشند= **همت سروم**: ایستادگی درخت سرودر مقابل بادهای خزان و سرسبز ماندن (رو به مستی یار داشتن) مدام آن = **ز سر غیب**: از آینده واینکه یار چه خواهد کرد وچه برنامه ائی برای ما دارد = **نه هیچ محرم دل ره دراین حرم دارد** : هیچکس حتی عشاق وصل شونده اش از کار یار باخبر نیست = **مراد دل زکه گیرم**: آرامش دل را از که بدست آورم = **دلداری** : دلربائی = **کین جلوه نظر وشیوه کرم دارد** : که اینچنین زیبا باشد و اینچنین مهرورز و گرامیدار دل = **لاف تجرد زدی صد شغل** : میگفت راحت شدم از فکر کار روزانه = **به بوی زلف تو با باد صبحدم دارد** : برای رسیدن به بوی زلف تو کارش کاویدن با باد سحری شده است = **ز جیب خرقه** : از (پاره گشتن) یقه وگریبان خرقه = **چه طرف بتوان بست** : چه امیدی میتوان داشت = **صمدطلبیم** : در برگیرندگی اش را خواهانیم = **صنم** : ناز = **(حافظ خود وعام)**

ابیات زیرکه بعنوان ابیات دوم و پنجم غزل فوق در نسخه قزوینی آمده است بعلت عدم رعایت مبانی عرفان و سیر معنی ومخدوش بودن تعابیر بکار گرفته شده مشخصا از حافظ نیست و به غزل فوق اضافه گشته اند :

به خط و خال گدایان مده خـزینه دل	به دست شاهوشی ده که محترم دارد
زر از بهای می اکنون چو گل دریغ مدار	که عقل کل به صدت عیب متهم دارد

بتی دارم که گِرد گل ز سنبل سایبان دارد
بهار عارضش طَرفی به خون ارغوان دارد
چو عاشق می‌شدم گفتم که بردم گوهر مقصود
ندانستم که این دریا چه موج خون فشان دارد
ز چشمش جان نشاید برد کز هر سو که می‌بینم
کمین از گوشه‌ای کرده‌ست و تیر اندر کمان دارد
چو دام طره افشاند ز گرد خاطر عشاق
به غماز صبا گوید که راز ما نهان دارد
خدا را دادِ من بستان از او ، ای شحنه مجلس
که می بادیگری خورده‌ست و با من سرگران دارد
ز سرو قد دلجویت مکن محروم چشمم را
بدان سرچشمه‌اش بنشان که خوش آبی روان دارد
چه عذر بخت خود گویم که آن عیار شهرآشوب
به تلخی کُشت حافظ را و شکر در دهان دارد

بتی دارم که گردگل زسنبل سایه بان دارد : یار پرستیدنی ائی دارم که بتمامی زیباست وهرنقشی که می آفریند زیباتراز قبل است = **بهارعارضش طرفی به خون ارغوان دارد :** چون زیبائیش بروز نماید همه را به مستی میکشاند = **بُردم گوهر مقصود :** دیگر به مقصود خود رسیدم = **که این دریا چه موج خون فشان دارد :** که سختی این راه چگونه جان را به لب میرساند = **زچشمش جان نشاید برد :** هر جلوه اش جان افروزترازدیگریست = **کمین از گوشه ائی کرده ست و تیر اندر کمان دارد:** که انگارهرجلوه اش چون تیری درهرجا وهرچیزبا زیبائی فریبنده اش قلب تورا نشانه گرفته است = **چودام طره افشاند زگرد خاطر عاشق :** آنگاه که عاشقش را گرفتارو تمنا ساز بوی گیسوی خود بیند = **به غماز صبا :** به باد صبا که پیام مارابرایش میبرد= **که راز مانهان دارد:** آنرا باز گو نکند ودرانتظارمان گذارد = **خدارا دادمن بستان از او ای شحنه مجلس:** به خداوندیش ای ناظم مجلس کوحق ستانی که بتواند دادمرا ازیار بگیرد = **که می با دیگری خوردست وبا من سرگران دارد:** که عشاق دیگر را وصل میسازد واز من روی میگرداند= **زسرو قد دلجویت:** از وصل وروی

دلفریب خود = **چشمم را:** این چشم اشکبار را= **بدان سرچشمه اش بنشان:** وآن چشمه اشک را به آن بده= **چه عذر بخت خود گویم:** چه دلیلی برای مقررگشتن این سرنوشت از یار برخود بیاورم= **عیارشهرآشوب:** آزاده آشوب سازدلها= **به تلخی کشت:** درتلخی کشنده ائی نگه داشت = **شکر:** با تمامی شیرین سازی که= **(حافظ خودحافظ)**

ابیات زیرکه بعنوان ابیات دوم،ششم، هفتم، نهم ویازدهم غزل فوق درنسخه قزوینی آمده است بعلت عدم رعایت مبانی عرفان وسیرمعنی غزل ومخدوش بودن تعابیر بکار رفته درآنها مشخصا از حافظ نیست و به غزل فوق اضافه گشته اند:

غبـار خط بپوشانید خورشید رخش یا رب — بقای جاودانش ده که حسن جاودان دارد
بیفشان جرعه‌ای بر خاک و حال اهل دل بشنو — که از جمشید وکیخسرو فـراوان داستان دارد
چو در رویت بخندد گل مشو در دامش ای بلبل — که بر گل اعتمادی نیست گرحسن جهان دارد
به فتراک ار همی‌بندی خدا را زود صیدم کن — که آفت‌هاست در تاخیرو طالب را زیان دارد
ز خوف هجرم ایمن کن که امیدم بدان باشد — که از چشم بد اندیشان خدایم در امان دارد

{۹۳}

هر آن که جانب اهل خدا نگه دارد   خداش در همه حال از بلا نگه دارد

حدیث دوست نگویم مگر به حضرت دوست   که آشنا سخن آشنا نگه دارد

دلا معاش چنان کن که گر بلغزد پای   فرشته‌ات به دو دست دعا نگه دارد

گرت هواست که معشوق نگسلد پیمان   نگاه دار سر رشته تا نگه دارد

صبا بر آن سر زلف ار دل مرا بینی   ز روی لطف بگویش که جا نگه دارد

چو گفتمش که دلم را نگاه دار به گفت   ز دست بنده چه خیزد خدا نگه دارد

غبار راه گذارت کجاست تا حافظ

به یادگار نسیم صبا نگه دارد

جانب اهل خدا نگه دارد : راه دوستداران یار را انتخاب کند = ازبلا : از آنچه باعث انحرافش شود = دوست : یار : که آشنا، سخن آشنا نگه دارد : که یارست که درک ساز درد دل عاشق خودست= معاش : زندگی = گر بلغزد پای : خطائی کردی= فرشته ات به دو دست دعا نگه دارد : فرشتگان نیز خواستار اجابت دعای توباشند = نگسلد پیمان : تورا به حال خود رها نسازد (تورا هدایت کند)= نگاه دار سر رشته: هیچگاه روی از او مگردان و فقط بدنبال اوباش= بر آن سر زلف ار دل مرا بینی : مرا لایق وصل یار می بینی = ز روی لطف بگویش : از سر مهربانی سفارش مرا بنما = چو گفتمش که دلم را نگاه دار: چون به صبا گفتم دل را در آن سرا نگاهش بدار= زدست بنده چه خیزد : از خدمتگزار که کاری ساخته نیست = غبار راه گذارت : گردراهی که از آن میگذری = به یادگار نسیم صبا نگه دارد : به یاد پند صبا همیشه با خود داشته باشد =   (حافظ خود و عام)

بیت زیرکه بعنوان بیت هفتم غزل فوق در نسخه قزوینی آمده است بعلت عدم رعایت مبانی عرفان و سیر معنی غزل مشخصا از حافظ نیست و به غزل فوق اضافه گشته است :

سر و زر و دل و جانم فدای آن یاری   که حق صحبت مهر و وفا نگه دارد

مطـرب عشق عجب سـاز و نـوایی دارد　　نقش هر نغمـه کـه زد راه به جایی دارد
عـالـم از نــاله عشـاق مبـادا خالـی　　که خوش آهنگ و فرح بخش هوایی دارد
پیـر دُردی کش تو گر چه ندارد زرو زور　　خوش عطابخش و خطاپوش خدایی دارد
اشک خونیـن بنمـودم بـه طبیبان گفتند　　درد عشـق است و جگرسـوز دوایی دارد
محترم ساز دلـم کاین مگس قندپرست　　تا هـواخـواه تـو شـد فَـرّ هُمـایی دارد
از عـدالت نبـود دور گـرش پرسد حال　　پادشـاهی کـه بـه همسـایه گدایی دارد
خسـروا حافظ درگاه نشین فاتحه خواند
و از زبــان تـــو تمنـای دعـایـی دارد

مطرب عشق : آنکه با آواز عاشقانه شور بپا میکند = **ساز ونوائی** : آهنگ وشعر شگفت انگیزی میخواند = **نقش هر نغمه که زد راه به جائی دارد:** هرکلام شور انگیزش عاشق را به سمتی از یاد خوش یارمیکشاند= **از ناله عشاق:** از ابراز عشق عاشقان = **که خوش آهنگ و فرح بخش هوائی دارد** : که با نوا و طنین زیبایش محیط را پر از خیال خوش یار میسازد = **پیر دُردی کش تو گرچه ندارد زرو زور:** عاشق دیرینه ات که بدنبال مستی تمام توست اگراز دنیا هیچ ندارد= **خوش عطابخش** : خوب بخشنده ائی پر نعمت = **بنمودم** : نشان دادم = **جگرسوز دوائی دارد** : درمانش(وصل یار است که حاصلش) سوختن جگراست = **محترم ساز دلم کاین مگس قندپرست:** دلم را لایق وصلت قرار ده که این پرواز کننده ناچیز جستجو ساز شیرینی و خوشی = **تاهوا خواه توشد فر همائی دارد** : از زمانیکه شیرینی تورا چشید به بلند پروازی همای رسیده است = **نبود دور** : آنچنان خارج نیست = **فاتحه خواند** : تمنای وصلش را با جانش برتو عرضه ساخت = **دعائی دارد** : خوانده شدن از سوی توست = **(حافظ خود حافظ)**

ابیات زیرکه بعنوان بیت هفتم و هشتم غزل فوق در نسخه قزوینی آمده است بعلت عدم رعایت مبانی عرفان و سیر معنی غزل مشخصا از حافظ نیست و به غزل فوق اضافه گشته اند :

ستم از غمزه میاموز که در مذهب عشق　　هر عمل اجری و هر کرده جزایی دارد
نغز گفت آن بت ترسابچه باده پرست　　شادی روی کسی خور که صفایی دارد

{۹۵}

آن کـه از سنبـل ، او غـالیـه تـابی دارد باز بـا دلشـدگان نـاز و عتـابی دارد

مـاه خورشید نمایش ز پس پـرده زلـف آفتابیست کـه در پیش سحابـی دارد

از سـر کُشتـه خود می‌گذری همچون باد چه تـوان کرد کـه عمرست و شتابی دارد

چشم من کرد به هر گوشه روان سیل سرشک تـا سهی سـرو تـو را تـازه‌تر آبی دارد

غمـزه شـوخ تـو خونـم بـه جفا می‌ریزد فرصتش باد که خوش فکر صوابی دارد

جـان بیمـار مـرا نیست ز تـو روی سؤال ای خوش آن خسته که از دوست جوابی دارد

کـی کنـد سـوی دل خستـه حافـظ نظـری
چشم مستش کـه به هـر گوشه خرابی دارد

غالیه تابی دارد: تاب موی خوشبوئی(پراز سنبل)دارد = **عتاب :** سرگرانی= **ماه خورشید نمایش :** ماه من که چو خورشید میدرخشد= **سحاب :** ابر = **میگذری همچون باد:** بسرعت باد دورمیگردی (دوری را مقرر میسازی) = **چه توان کرد که عمرست و شتابی دارد :** وکاری ازما نیز بر نمی آید که سرنوشت مقرر شده برای عمرماست که آن نیزباید چو باد بگذرد = **سرشک :** اشک = **تا سهی سرو ترا تازه ترآبی دارد :** تا مدام از اشک تازه من توزیبای سروقد سیراب گردی(با خبر گردی) = **غمزه شوخ تو خونم به جفا میریزد:** کرشمه زیبا ودوست داشتنی توبا بی وفائیش خون بردلم میکند= **فرصتش باد که خوش فکر صوابی دارد :** چه خوبست این غمزه و جفائی که میکند اگر باز هم بکند= **نیست ز تو روی سئوال:** رمقی برای سئوال کردن دیگر نمانده مرا= **خسته :** درمانده = **کی کند نظر:** چگونه نظرخواهد کرد= **به هرگوشه خرابی دارد :** بااین همه عاشق دلخسته وزاری ساز برای چشم مستش= **(حافظ خودوعام)**

ابیات زیرکه بعنوان بیت ششم وهفتم غزل فوق در نسخه قزوینی آمده است بعلت عدم رعایت مبانی عرفان و سیر معنی غزل مشخصا از حافظ نیست و به غزل فوق اضافه گشته است :

آب حیوان اگر این است که دارد لب دوست روشن است این که خضر بهره سرابی دارد

چشم مخمور تو دارد ز دلم قصد جگر تُرک مست است مگر میل کبابی دارد

اگـر نـه بـاده ، غـم دل ز یـاد مـا ببرد　　نهیـب حـادثـه بنیـاد ما ز جا ببرد
اگـر نه عقل به مستی فـرو کشد لنگـر　　چگـونـه کشتی از ایـن ورطه بلا ببرد
دل ضعیفم از آن می‌کِشد به طرف چمن　　که جان ز رنج و بیماری ، صبـا ببرد
فغان که با همه کس غریبانه تاخت فلک　　و کس نبود که دستی از این دغا ببرد
گـذار بـر ظلمـات است خضر راه کـو　　مبـاد کآتـش محـرومی آب مـا ببرد
طبیب عشق مرا باده ده که این معجون　　فـراغـت آرد و انـدیشـه خطا ببرد
بسوخت حافظ و کس حال او به یـار نگفت
مگــر نسیـم پیـامی خـدای را ببرد

اگرنه باده: اگرنباشد مست یار گشتن که= **نهیب حادثه بنیاد ما زجا ببرد:** فشار دلتنگی ازجدائی ، مارا به هلاکت اندازد= **اگرنه عقل به مستی فروکشد لنگر:** اگر عقل در مست یارگشتن ما کوتاه نیایدوهمراهی نکند = **چگونه کشتی ازاین ورطه بلا ببرد :** چگونه میتوان از دنیا و عافیت اندیشی بسلامت گذر نمود= **دل ضعیفم :** دل در فشار هواها و هوسهای دنیائیم = **به طرف چمن :** روی به طبیعت زیبای یار می آورد = **که جان ز رنج و بیماری ، صبا ببرد :** که شنیدن بوی خوش یار از نسیم صبادرمان ساز وآرامش دهنده این دل درمانده است= **فغان که باهمه کس غریبانه تاخت فلک:** فریاداکه روزگار (یار) با ما نیز همچون نا آشنایان و غریبان رفتار میکند(ما عشاق پاکباخته اش را هم می آزماید) = **که دستی از این دغا ببرد :**کیست آنکه این آزمایشات و نیرنگهای یار شاملش نشود = **گذار برظلمات است خضر راه کو:** در تاریکی جدائیت بسر بریم روشن سازراه کجاست= **مباد کاتش محرومی آب ما ببرد:** نباید آنگاهی که آتش دوری و جدائیت بر امید (آب یا آرام ساز آتش) ما غلبه کند= **طبیب عشق:** درمان ساز عاشق (یار)= **مرا باده ده که این معجون :** مرا مست ساز که این نعمت تو= **فراغت آردواندیشه خطاببرد:** آرامش وامید آورد وفکرناامید گشتن از تورا دورسازد =

(حافظ خود و عام)

سحـر بلبـل حکایت بـا صبـا کرد — که عشق روی گل با مـا چه ها کرد
از آن رنگِ رخم ، خون در دل افتاد — وز آن گلشن بـه خـارم مبتلا کرد
به هـر سـو بلبل عاشق در افغـان — تنعم از میـان ، بـاد صبـا کرد
نقـاب گـل کشیـد و زلـف سنبـل — گـره بند قبـای غنچـه وا کرد
خوشش بـاد آن نسیم صبحگاهی — کـه درد شـب نشینان را دوا کرد
مـن از بیگانگان دیگـر ننـالـم — که با من هر چه کرد آن آشنا کرد

بشـارت بر به کـوی می فروشان
کـه حافـظ توبه از زهـدِ ریـا کرد

صبا: باد صبحگاهی= **رنگ رخم :** روی بس زیبایش مرا = **وز آن گلشن به خارم مبتلا کرد:** از آن همه زیبائی و لطافت خارش را نصیب من کرد = **درافغان :** در فریاد سوز عشق = **تنعم ازمیان باد صبا کرد:** نسیم صبحگاهیش به آرام سازی او پرداخت = **نقاب گل کشید و زلف سنبل :** برایش گلها را نمایان کرد و زلف سنیل را افشان ساخت = **گره بند قبای غنچه وا کرد:** غنچه هارا برایش شکوفا ساخت = **خوشش باد آن نسیم صبحگاهی:** همیشه خوش و خوشبوی باشد باد صبا به لطف یار = **درد شب نشینان :** درد عاشقان شب بیدار یار را = **بیگانگان :** دیگر مردمان = **آن آشنا :** از همه به من نزدیکتر(یار) = **کوی می فروشان :** سرای مست سازان = **زهد ریا :** عافیت طلبی و صلاح کار خود را دنبال کردن =
(حافظ خود و عام)

ابیات زیرکه بعنوان بیت سوم ، پنجم و آخرین بیت حتی بعد از بیت حافظ دار غزل فوق در نسخه قزوینی آمده است بعلت عدم رعایت مبانی عرفان و سیر معنی غزل ودرباری بودن بوضوح آخرین بیت مشخصا ازحافظ نبوده و به غزل فوق اضافه گشته اند:

غـلام همـت آن نـازنینـم — که کار خیر بی روی و ریا کرد
گر از سلطان طمع کردم خطا بود — ور از دلبر وفا جستم جفا کرد
وفا از خواجگان شهر با من — کمال دولت و دین بوالوفا کرد

بیـا که تُرک فلک خوان روزه غـارت کرد هلال عیـد به دور قـدح اشـارت کرد
ثـواب روزه و حـج قبـول آن کس بُـرد کـه خـاک میکـده عشق را زیارت کرد
فغان که نرگس جماش شیخ شهر امروز نظـر به دُردکشان از سـر حقارت کرد
بهای باده چون لعل چیست ، جوهر عقل یا که سود کسی بُرد کاین تجارت کرد
به روی یـار نظر کن و ز دیـده منت دار کـه کـار دیـده، نظر از سر بصارت کرد
نمـاز در خـم آن ابـروان محـرابی کسی کند که به خون جگر طهارت کرد
حـدیـث عشق ز حـافظ شنـو نه از واعظ
اگـر چـه صنعـت بسیـار در عبـارت کرد

تُرک فلک خوان روزه غارت کرد: زیبای گذران سازروزگار عمر(یار) ماه روزه را تمام ساخت = **هلال عید به دور قدح اشارت کرد:** هلال ماه نو (عید فطر) به شروع عشق ورزی ومست یار گشتن عشاق نوید داد= **ثواب:** رشد ونزدیک شدن به خداوند را از = **قبول :** که شرایط آنرا رعایت ساخته = **که خاک میکده عشق را زیارت کرد :** فقط برای مهرورزی و خشنودی یارروزه وحج را بجا آورده است= **فغان که نرگس جماش شیخ شهر امروز:** فریادا که روی سخن زیباو فریبنده واعظ نماز عید فطرامروز= **نظر به دُردکشان از سرحقارت کرد:** کار عشاق پاکباخته یاررا ناکافی وبیشتر درخطر انحراف وافتادن در دام شیطان دانست= **بهای باده چون لعل چیست، جوهر عقل :** حاصل مست گشتن ازلب یاقوتی یارچیست؟ زایل شدن باورهای خطای دنیائی= **تجارت :** معامله را= **زدیده منت دار:** شکر گزار داشتن چنین دیده ائی باش= **که کار دیده نظر از سربصارت کرد:** که یار مقررکرد دیده عشاق بتواند زیبائیهای آشکار ونهان را ببیند = **نماز درخم آن ابروان محرابی:** وصل شیرین خم ابروان یار گشتن = **به خون جگر طهارت کرد:**که دردرد فراغ وخون جگرخوردن صبرکرد واز یار روی نگرداند = **حدیث عشق :** شرح عشق ورزی مومن بایاررا = **صنعت بسیاردرعبارت کرد:** بسیار شیوا ودلنشین کلام ساخت = **(حافظ خود حافظ)**

بیت زیرکه بعنوان بیت سوم غزل فوق در نسخه قزوینی آمده است بعلت عدم رعایت مبانی عرفان و سیر معنی غزل مشخصا از حافظ نیست و به غزل فوق اضافه گشته است :

مقـام اصلی ما گوشه خرابات است خداش خیردهاد آنکه این عمارت کرد

{۹۹}

به آب روشن مـی ، عـارفی طهارت کرد | علی الصباح که میخانه را زیارت کرد
همین کـه ساغر زرین خـور نهان گردید | هلال عید به دور قـدح اشـارت کرد
امـام خواجـه که بودش سـر نمـاز دراز | بخون دختر رز خرقه را قصـارت کرد
دلش ز حلقه زلفت به جان خرید آشوب | چه سود دید ندانم کـه این تجارت کرد
خوشـا نمـاز و نیاز کسی که از سر درد | به آب دیـده و خون جگر طهـارت کرد

اگـر امـام جمـاعت طلـب کنـد امروز
خبر دهید که حافظ به می طهارت کرد

به آب روشن می عارفی طهارت کرد: عاشقی طعم مستی یاررا چشید= **علی الصباح که میخانه رازیارت کرد:** آنزمان که به سرای مست ساز یار رسید= **همین که ساغرزرین خور نهان گردید:** درشب اول ماه(نو) چوآفتاب طلائی مست ساز غروب کرد= **هلال عید :** هلال ماه نو (عید فطر) = **به دور قدح اشارت کرد :** به شروع گاه عشق ورزی و مست یار گشتن عشاق نوید داد = **امام خواجه :** امام جماعت شهر=**که بودش سر نماز دراز:**که بسیار بدنبال یاربود= **به خون دختر رز خرقه را قصارت کرد:** جامه زهدش را غرق می مست ساز کرد (به مستی یار رسید) = **دلش زحلقه زلفت به جان خرید آشوب:** دلش برای وصل روی زیبای یار گشتن درد فراق وآشوب بعد از آنرا براحتی پذیرفت= **چه سوددید ندانم که این تجارت کرد:** نمیدانم که چه شدکه چنین متحول گشت= **خوشا نماز ونیاز کسی که ازسردرد:** چه خوش است نماز ورازو نیاز آن عاشقی که از درد دوری ازیار= **به آب دیده وخون جگر طهارت کرد :** با اشکهایش و صبر درخون بجگر شدنهایش خودرا پاک ساخت(از دنیاگذشت)= **اگر امام جماعت طلب کند امروز :** اگرآن عاشق راه یافته مرا پیام فرستاد برای نماز = **خبر دهید که حافظ به می طهارت کرد:** حافظ نیزکنون بدنبال مستی وصل یارست = **(حافظ خود حافظ)**

درارتباط با این موضوع که چرا این غزل همچون غزلهای دیگر مورد هجوم اشعار دیگر شعرا قرار نگرفته است میتوان گفت بعلت مطرح شدن موضوعی خاص درآن (شرح رو به عشق یار آوردن امام جماعت شهر) و داشتن قافیه ائی سخت که حتی خود حافظ سه بار از یک قافیه (طهارت کرد) در آن استفاده کرده است امکان آن وجود نداشته یعنی درصورت اضافه گشتن هر بیتی با داشتن چنین قافیه ائی آنچنان حافظی نبودن آن خودرا درغزل نشان میداده که شاعران مربوطه را از اینکار منصرف نموده است .

{۱۰۰}

چـو بـاد ، عـزمِ سـر کوی یـار خواهم کرد نفس به بـوی خوشش مُشکبار خواهم کرد
به هـرزه بی مـی و معشوق عمـر می‌گذرد بطالتـم بس ، از امروز کار خواهم کرد
که شمـع صبحـدمم شد ، ز مهـر او روشن پس عمر در سـر این کار و بار خواهم کرد
هـر آبـروی کـه اندوختـم ز دانش و دیـن نثـار خـاک ره آن نـگار خواهم کرد
به یاد چشم تو خود را خراب خواهم ساخت بنـای عهـد قـدیم استـوار خواهم کرد
صبا کجاست که این دل خون گرفته چو گُل فـدای نکهـت گیسـوی یـار خواهم کرد

نفـاق و زرق نبخشـد صفـای دل حافظ
طـریق رنـدی و عشق اختیار خواهم کرد

چو باد : همچون باد صبا = **عزم سر کوی یار خواهم کرد :** برای رسیدن به وصل یار همت خواهم ساخت = **مُشکبار :** پر از بوی خوش = **به هرزه بی می ومعشوق :** به بیهودگی و دور از مست یار بودن = **بطالتم بس :** بیهوده گذراندنم دیگر تمام = **که شمع صبحدمم شد ز مهر او روشن :** که هوای عشق او سحرها عجیب جان را در برمیگیرد و بیخواب میسازد = **در سراین کاروبار خواهم کرد :** در این روش زندگی میگذارم = **هر آبروی که اندوختم ز دانش و دین :** هر شهرتی که از درس وتعلیم علم ودین بدست آوردم = **نثار خاک ره آن نگار خواهم کرد :** همه را فدای خاک (ناچیز ترین چیز) راه یار میکنم = **خراب خواهم ساخت :** از چشم مردم می اندازم = **بنای عهد قدیم استوار خواهم کرد :** آنچه برای آن خلق گشته ایم را برایش اقدام میکنم = **که این دل خون گرفته چوگل:** این دل پرخون از التهاب عشق را چون گل سرخی= **فدای نکهت گیسوی یار خواهم کرد :** بچینم وبرای گیسوی خوشبوی یار بفرستم = **نفاق:** دوروئی (هم بدنیا روی داشتن وهم به یار) = **زرق :** ریا (خود فریبی) = **نبخشد صفای :** به مقصدش (لذت وصل یار) نرساند = **رندی :** پاکباختگی = **(حافظ خود وعام)**

دست در حلقه آن زلـف دوتـا نتوان کرد　　تکیـه بـر عهـد تو و باد صبـا نتوان کرد
آنچـه سعی است ، من اندر طلبت بنمایم　　این قدر هست که تغییر قضا نتوان کرد
دامن دوست به صد خون دل افتد بدست　　به فسوسی که کنـد خصم رها نتوان کرد
سـرو بالای مـن آنگه کـه درآید به سماع　　چه محل جامه جان را که قبا نتوان کرد
مـن چه گویم که تـو را نازکی طبع لطیف　　تـا به حدیست که آهسته دعا نتوان کرد
غیرتـم کشت کـه محبـوب جهانی لیکن　　روز و شب عربده با خلق خدا نتوان کرد
بجـز ابروی تـو محـراب دل حافظ نیست
طاعـت غیـر تـو در مذهب مـا نتوان کرد

دست در حلقه آن زلف دو تا : دست به آن خم موی زیبایت(وصلت) به آسانی نمی رسد (دوتا : دوبارتاب خورده ، تودرتو) = **تکیه بر عهد تو :** اطمینان به قولهای تو = **سعی :** تلاش = **اندر طلبت :** برای رسیدن به وصل تو = **تغییر قضا نتوان کرد :** نمی توان آنچرا تو مقررساختی تغییر داد= **دامن دوست به صد خون دل افتد بدست :** وصل یار با خون دل خوردن زیاد میسر میگردد= **به فسوسی که کند خصم رها نتوان کرد:** با مسائلی که مخالفان برای ما بوجود می آورند از آن دست نمی کشیم= **سرو بالای من:** یارخوش قدو بالای من= **سماع :** به آوا و نوا (دلبری)= **چه محل جامه جان را که قبا نتوان کرد:** تن دیگر نگهدار وپوشاننده جان به وجد آمده و لبریز گشته از عشق و خوشی نیست = **نازکی طبع لطیف :** لطافت وجود ظریف تو = **که آهسته دعا نتوان کرد:** انگار هر صدائی میتواند آنرا بدراند(به همین منظور دروصل همه چشمند وگوش) = **محبوب جهانی :** چه بسیاراز جهانیان که خواهان و دلباخته تومیباشند = **عربده :** اعتراض و جر وبحث = **بجزابروی تومحراب دل حافظ نیست :** کمان ابروی توخم محراب نماز دل حافظ است = **درمذهب ما :** در راه ما دلباختگان= **(حافظ خود حافظ)**

ابیات زیرکه بعنوان بیت چهارم ، ششم و هفتم غزل فوق در نسخه قزوینی آمده است بعلت عدم رعایت مبانی عرفان وسیر معنی غزل و لحن مشخصا ازحافظ نبوده و به غزل فوق اضافه گشته اند:

عارضش را به مثل ماه فلک نتوان گفت　　نسبت دوست به هر بی سر و پا نتوان کرد
نظر پاک تواند رخ جانان دیدن　　که در آیینه ، نظر جز به صفا نتوان کرد
مشکل عشق نه در حوصله دانش ماست　　حل این نکته بدین فکر خطا نتوان کرد

{۱۰۲}

دل از من بُرد و روی از من نهان کرد   خدا را با که این بازی توان کرد
شب تنهاییم در قصد جان بود   خیالش لطف های بیکران کرد
چرا چون لاله خونین دل نباشم   که با ما نرگس او سرگران کرد
بدانسان سوخت چون شمعم که بر من   صراحی گریه و بربط فغان کرد
کرا گویم که با این درد جانسوز   طبیبم قصد جان ناتوان کرد
عدو با جان حافظ آن نکردی
که تیر چشم آن ابرو کمان کرد

نهان کرد : پنهان ساخت = خدا را : به خدائیت = با که این بازی توان کرد : کدام معشوقی اینچنین با عاشق خود کند = شب تنهائیم در قصد جان بود : سختی دوریت جان را به لب آورده بود = لطفهای بیکران کرد : آرامش و امید بسیار داد = نرگس او سرگران کرد : روی بس زیبایش محلی به ما نگذاشت = بدانسان سوخت چون شمعم : آنچنان با دوریش جانم را همچون شمعی بسوزاند = صراحی : مست سازش = بربط : عود ، ساز عشاق = فغان کرد : بفریاد در آمدند = کرا گویم که با این درد جانسوز : به چه کسی میتوان گفت که با این جان به لب آمده = طبیبم قصد جان ناتوان کرد : باز هم درمان سازم توجهی به درمان من نکرد = عدو : دشمن = که تیر چشم آن ابرو کمان کرد : که نگاه بس زیبا و فریبنده آن عاشق کش برمن روا داشت =   (حافظ خود حافظ)

ابیات زیرکه بعنوان بیت ششم و هفتم غزل فوق در نسخه قزوینی آمده است بعلت عدم رعایت مبانی عرفان ، لحن و کلام مشخصا ازحافظ نبوده و به غزل فوق اضافه گشته اند:

صبا گر چاره داری وقت وقت است   که درد اشتیاقم قصد جان کرد
میان مهربانان کی توان گفت   که یار ما چنین گفت و چنان کرد

یـاد بـاد آن کـه ز ما وقت سفر یـاد نکرد　　بـه وداعی دل غمدیده مـا شـاد نکرد
سـایه تـا بـازگرفتی ز چمـن، مرغ سحر　　آشیـان در شکـن طُـره شمشـاد نکرد
دل بـه امیـد صـدایی کـه مگر در تو رسد　　ناله‌ها کـرد در این کوه ، که فرهاد نکرد
کلک مَشـاطه صُنعـش نکِشـد نقش مراد　　هـر که اقـرار بدین حُسن خداداد نکرد
آن جوان بخت کـه زندبر رقم خیر و قبول　　بنـده پیـر نـدانـم ز چـه آزاد نکرد
مطـربا پـرده بگـردان و بـزن راه عراق　　کـه بدیـن راه بشد یار و ز ما یاد نکرد
غـزلیـات عـراقیست سـرود حافظ
کِه شنید این ره دلسوز ، که فریاد نکرد

وداعی: قول دیدار مجددی = **سایه تا باز گرفتی ز چمن مرغ سحر :** چون تو برفتی مرغان طبیعت نیز = **آشیان درشکن طره شمشاد نکرد:** زیبائی شمشاد ازچشمشان افتاد ودرآن آشیانی نساختند (زیبائیهای طبیعت نیز دیگر زیبا نبودند) = **در تو رسد :** تو بدان توجهی کنی = **دراین کوه :** در این کوهی از غم و غصه ما= **کلک مشاطه صنعش نکشد نقش مراد:** نقشهای نقاش وآرایشگر نقشی از زیبائیهای یاررا نشان نخواهند داد = **هرکه اقراربدین حسن خدا داد نکرد:** هرکس به جان الهام گیرنده اش از یار توجهی نکرد (و فقط ظاهررا دید) = **آن جوان بخت که زند بر رقم خیر و قبول :** آن همیشه سرزنده وشاداب وجوان سازدل(یار) که مارا به نیکوئی میخواند وازما قبول میسازد = **بنده پیر ندانم زچه آزاد نکرد :** چرا این پیر فرتوت عاشق (حافظ)را زنده گذارد وبا خود نبرد(تا در جوارش جوان گردد)= **مطربا پرده بگردان وبزن راه عراق :** ای نوازندگان ریتم موسیقی را تغییر دهید ودرپرده عراق بنوازید = **که بدین راه بشد یارو :** که یار از آن راه دل را بسوزاند و = **غزلیات عراقیست سرودحافظ :** اشعار غزلهای حافظ به سبک عراقیست = **که شنید این ره دلسوز:** کدام عاشقی بشنید نوائی را از پرده عراق که = **(حافظ خود حافظ)**

ابیات زیرکه بعنوان بیت سوم و ششم غزل فوق در نسخه قزوینی آمده است بعلت عدم رعایت مبانی عرفان و سیر معنی غزل مشخصا ازحافظ نبوده و به غزل فوق اضافه گشته اند:

کاغذین جامه به خوناب بشویم که فلک　　رهنمونیـم بـه پای عَلَم داد نکرد
شاید ار پیک صبا از تو بیاموزد کار　　زان که چالاکتر از این حرکت باد نکرد

{۱۰٤}

دلبر برفت و دلشدگان را خبر نکرد
یاد حریف شهر و رفیق سفر نکرد

یا بخت من طریق مروت فرو گذاشت
یا او به شاهراه طریقت گذر نکرد

گفتم مگر به گریه دلش مهربان کنم
با همه سختی ، دردل سنگش اثر نکرد

زشوخ چشمی توست که مرغ دل بیقرار من
سودای دام عاشقی از سر به در نکرد

هر کس که دید روی تو بوسید چشم من
کاری که کرد دیده من بی نظر نکرد

حافظ ایستاده تا کُندش جان فدا چو شمع
او خود گذر به ما چو نسیم سحر نکرد

دلشدگان : عشاق خود را = **یاد حریف شهر و رفیق سفر نکرد :** نه ازعشاق مزه وصل نچشیده یادساخت و نه از یاران با سابقه وصل خود = **یا بخت من طریق مروت فروگذاشت :** یا سرنوشت بامن سرهمراهی ندارد = **شاهراه طریقت :** راهی که عشاق دلباخته اش مدام در آن چشم انتظارند= **با همه سختی:** باهرشدتی که (گریه کردم) = **ز شوخ چشمی توست :** از فریبندگی چشم توست = **سودای دام عاشقی از سر بدر نکرد :** خود را به دام تو انداختن و گرفتارعشق تو گشتن را از سر بیرون نمیکند= **که دید روی تو :** که وصل تو گشت= **کاری که کرد دیده من بی نظر نکرد :** اگر اینکار را میکنند (چشم مرا میبوسند)زیرا میدانندکه چشمم چه زیبائی را دیده است ومدام بدنبال دیدن چه چیزی است= **ایستاده :** همیشه آماده است = **چو شمع :** برایش تا آخربسوزد = **او خود گذر بما چو نسیم سحر نکرد :** او حتی همچون نسیم سحرکه به شمع سری میزند و خاموشش (آرامش) میسازد نظری به ما نکرد= **(حافظ خود و عام)**

{۱۰۵}

دیدی ای دل که غم عشق دگربار چه کرد　　چون بشد دلبـر و با یـار وفادار چه کرد
آه از آن نرگس جادو که چه بازی انگیخت　　آه از آن مست که با مردم هشیار چه کرد
آن کـه پُـرنقـش زد ایـن دایـره مینـایی　　کس ندانست که درگردش پرگار چه کرد
سـاقیـا جـام می‌ام ده کـه نگارنده غیب　　نیست معلـوم کـه در پرده اسرار چه کرد
بـرقـی از منـزل لیـلی بدرخشید سحـر　　وه که بـاخـرمن مجنون دل افکار چه کرد
اشک من رنگ شفق یافت ز بی‌مهـری یار　　طالع بی شفقش بین کـه دراینکار چه کرد

فکر عشق آتش غم در دل حافظ زدو سوخت
یـــار دیـرینـه ببینیـد کـه بـا یـار چه کرد

که غم عشق دگربارچه کرد : کشیدن بار غم عشق یار بار دیگرچه حاصلی داشت = **چون بشد دلبروبا یار وفادار چه کرد :** چون دل به عشقش درگیر شد ، در دلی که فقط به او روی دارد چه شوری برپا ساخت = **آه از آن نرگس جادو که چه بازی انگیخت:** آه از آن چشم بس زیبا وفریبنده که چگونه عاشق را مبهوت می سازد= **آه ازآن مست که با مردم هشیارچه کرد:** آه ازآن چشم مست سازش که به چه حالی درآورد عابدان رو به آن آورده را (در اینجا مردم هشیار یعنی بندگان عابدی که زیرکانه (رندانه) بدنبال نشانی از یار مست سازند) = **پر نقش زد این دایره مینائی :** شکلهای مختلف در آسمان آبی میسازد (هر روز مارا می آزماید) =**گردش پرگار چه کرد:** امروز را چگونه برما رقم می زند(وصلی مقرر میسازد یا خیر)= **ساقیا جام می ام ده:** ای مست ساز مست ساز مرا= **نگارنده غیب:** یاربرنامه ریز زندگی ما= **در پرده اسرار:** در آنچه برای ما میخواهد = **برقی از منزل لیلی:** نوری از سرای یار = **وه که با خرمن مجنون دل افکار چه کرد:** شگفتا که با آتش زدن درخرمن (برداشتن بار) غم دیوانه خود ، چگونه آنرا بخوشی و لذت فراوان(وصل) تبدیل میکند = **رنگ شفق یافت:** رنگ خون گشت = **طالع بی شفقش بین که دراینکار چه کرد:** وصل یکباره و بس نورانی او را بنگرکه چگونه تمامی آن رنجها را درمان میسازدو پراز نورمیگرداند= **زدوسوخت:** آتش گرفت ودل را بسوزاند= **یاردیرینه ببینیدکه بایارچه کرد:** یار قدیمی وآشنای(از زمان ازل) مرا اگر میتوانستید بنگریدکه عاشق خودرا به چه شور وشعفی میرساند= **(حافظ خود حافظ)**

سالها دل طلب جام جم از ما می‌کرد — و آنچه خود داشت ز بیگانه تمنا می‌کرد
گوهری کز صدف کُون و مکان بیرون است — طلب از گمشدگان لب دریا می‌کرد
بی دلی درهمه احوال خدا با او بود — او نمی‌دیدش و از دور خدایا می‌کرد
مشکل خویش بر پیر مغان بردم دوش — کو به تأیید نظر حل معما می‌کرد
دیدمش خرم و خندان قدح باده به دست — و اندر آن آینه صد گونه تماشا می‌کرد
گفتم این جام جهان بین بتو کی داد حکیم — گفت آن روز که این گنبد مینا می‌کرد
این همه شعبده عقل که کردی اینجا — سامری پیش عصا و ید بیضا می‌کرد
فیض روح القدس ارباز مدد فرماید — دیگران هم بکنند آن چه مسیحا می‌کرد
گفت آن یارکز او گشت سر دار بلند — جرمش این بود که اسرار هویدا می‌کرد

گفتمش سلسله زلف بتان از پی چیست
گفت حافظ گله‌ای از دل شیدا می‌کرد

دل طلب جام جم ازما میکرد : دلم با من برای درک یار ومست اوشدن بس میکاوید = **و آنچه خود داشت ز بیگانه تمنا میکرد:** بدنبال یافتن آنچیزی ازدیگران بودکه خود جایگاه آن بود =**گوهری کز صدف کون ومکان بیرون است :** با وجود جان بی همتای خود(جان انسان) که از قوانین مادی زمان و مکان تبعیت نمی کند (هرجا که بخواهد باشد خواهد بود و زمان برای آن نه مطرح است و نه براواثرگذار)= **طلب از گمشدگان لب دریا میکرد:** از کسانی آنرا می طلبیدکه خودشان در کناردریا (نماد یار) ایستاده اند ولی آنرا نمی بینند = **بی دلی در همه احوال خدا با او بود :** رو به دل نیاورده ائی که یار همنشین با خود را = **او نمی دیدش و از دور :** یار را نمی دید واورا از خود دور می پنداشت = **پیر مغان :** پیر مراد = **کو به تائید نظرحل معما میکرد:** که پاسخهایش تاکنون دل را آرام ساخته بود= **دیدمش خرم وخندان قدح باده بدست:** اورا مست وصل یار یافتم = **واندر آن آینه صدگونه تماشا میکرد :** و با جان وصل گشته خود همه چیز را میدید = **گفتم این جام جهان بین بتوکی داد حکیم :** گفتم این مکان ومقام والا وخوش وسرمست سازرا کی از یارستانده ائی= **گفت آنروزکه این گنبد مینا میکرد:**گفت آنروز که جهان را برقرار ساخت(و این امکانیست که برای جانها مقرر ساخته)= **این همه شعبده عقل که کردی اینجا:** این استفاده ائی که هرکسی ازعقل درهرزمانی برای خلق (ابداعات و نوآوریها) میکند = **سامری پیش عصاوید بیضا میکرد :** مرتبه ابداعش مثل ابداع سامریست (ساخت گوساله طلائی که صدا ازخود بیرون میداد) درمقابل معجزه عصا و نورانی گشتن دست حضرت موسی (ع) (که کاری کوچک بود از خداوندگار) = **فیض روح القدس ار باز مدد فرماید :** اگر روح القدس که اجازه یافته بود برای عیسی (ع) دوباره اجازه بیابد = **دیگران هم بکنندآنچه مسیحا میکرد :** هرکس میتواند کار مسیح (ع) را انجام دهد(مرده را زنده سازد) = **گفت آن یار کزو گشت سر دار بلند:** گفت آن عاشق که سر چوبه دار رفتن او در دهانها افتاد (بدار آویخته شدن حلاج) = **جرمش این بودکه اسرار هویدا میکرد:** جرم اوبرملا کردن شیرینی وصل گشتن به یار برای مردم بود که به مذاق سران دین خوش نیامد = **گفتمش سلسله زلف بتان از پی چیست :** گفتم پس خلق این همه زیبائیهای مرتبط به هم که در همه جا چشم را به خود خیره میسازند برای چیست = **گفت حافظ گله ائی از دل شیدا میکرد :** گفت برای آرام ساختن و تسکین دادن دل عشاق از وصل یار باز آمده و دیوانه گشته از جدائی است =

(حافظ خود وعام)

به سِّر جام جم آنگه نظر توانی کرد | که خاک میکده کُحل بصر توانی کرد
مباش بی می و مطرب که زیر طاق سپهر | بدین ترانه غم از دل، بدر توانی کرد
گل مراد تو آنگه نقاب بُگشاید | که خدمتش چو نسیم سحر توانی کرد
جمال یار ندارد نقاب و پرده ولی | غبار ره بنشان تا نظر توانی کرد
گدایی در میخانه طرفه اکسیریست | که گر عمل بکنی خاک، زر توانی کرد
به عزم وادی عشق پیش نه قدمی | که سودها کنی ار این سفر توانی کرد
دلا ز نور عشق چو آگهی یابی | چو شمع خنده زنان ترک سر توانی کرد

گر این نصیحت رندان بشنوی حافظ
به شاهراه حقیقت گذر توانی کرد

به سّرجام جم آن گه نظرتوانی کرد : به راز مست گشتن از یار مست ساز آنگاه دست یابی= **که خاک میکده کحل بصر توانی کرد:** که بتوانی خاک سرای مست سازش را سرمه چشم خود سازی(برچشم نهی) = **مباش بی می ومطرب که زیر طاق سپهر:** باید مدام بدنبال مست اوگشتن وطرب یافتن ازاوباشی که دردنیا = **بدین ترانه :**که ازاین طریق = **گل مراد تو آنگه نقاب بگشاید :** یار آنگاه وصلش را مقرر می سازد= **که خدمتش چو نسیم سحر توانی کرد :** به تمامی از دل وجان در خدمت اوباشی و نمادی برای یاد ساختن او گردی= **جمال :** زیبائیهای یار = **غبار ره بنشان تا نظر توانی کرد :** چشم را ازدیدن غیراو پاک ساز تا اورا ببینی= **گدائی در میخانه طرفه اکسیریست :** پاکباختگی و تمنای مست او گشتن کاری بس شگفت آور است = **خاک ، زر توانی کرد :** که خاک و زر برایت یکسان خواهند گشت و فرقی میان آنها نمیگذاری = **به عزم وادی عشق :** بخواست رسیدن به سرزمین پر شورعشق یار= **سود ها کنی:** مدام رشد کنی وچشمت باز گردد پس والا گردی= **دلا :** ای یار رهرو = **آگهی یابی :** با تمام جان درک سازی آنرا = **ترک سر توانی کرد :** جان را تقدیم یار میسازی= **رندان :** عشاق پاکباخته یار= **به شاهراه حقیقت گذرتوانی کرد:** گذرگاه مهروزی یاررا که عشاقش درآن همیشه چشم انتظارند را خواهی یافت(پس آنگاه است که به حقیقت علت موجود گشتن خود پی میبری)= **(حافظ خود و عام)**

ابیات زیرکه بعنوان ابیات ششم ، هشتم و نهم غزل فوق در نسخه قزوینی آمده اند بعلت عدم رعایت مبانی عرفان و سیر معنی غزل مشخصا ازحافظ نبوده و به غزل فوق اضافه گشته اند:

تو کز سرای طبیعت نمی‌روی بیرون | کجا به کوی طریقت گذر توانی کرد
بیا که چاره ذوق حضور و نظم امور | به فیض بخشی اهل نظر توانی کرد
ولی تو تا لب معشوق و جام می خواهی | طمع مدار که کار دگر ، توانی کرد

چــه مستی است ندانــم که رو بــه ما آورد / کِـه بود ساقی و این بـاده از کجا آورد
دلا چـو غنچـه شکایـت ز کار بسته مکن / کـه بـاد صبح نسیم گره گشا آورد
صبا به خوش خبری هدهد سلیمان است / کـه مـژده طـرب از گلشن سَبـا آورد
رسیدن گل و نسرین به خیـر و خوبی باد / بنفشه شـاد وش آمد ، سمن صفا آورد
تو نیـز بـاده به کـف آر و راه صحرا گیر / که مرغ نغمه سرا ، سـازخوش نوا آورد
عـلاج ضعف دل مـا کِرشمه ساقیست / بـرآر سـر کـه طبیب آمـد و دوا آورد
به تنگ چشمی آن تُـرک لشکری نـازم / کـه حمله بر من درویش یک قبا آورد
فلک غـلامی حافظ کنون به طـوع کند
کـه اِلتِجـا بـه در دولـت شمـا آورد

چه مستی است : این چه حال سرخوشی و پر از لذت است= **که بود ساقی و این باده از کجا آورد :** از چه طریق مست سازد و با چه چیز آنرا به انجام میرساند = **ز کار بسته :** ازگشایش نیافتن کار خود (از بی وفائی یار) = **نسیم گره گشا آورد:** آوردنده بوی خوش و پیام برای گشایش دلهاست= **صبا :** نسیم زنده ساز عشاق = **هدهد سلیمان :** پرنده آورنده خبر از ملکه سبا برای حضرت سلیمان = **که مژده طرب از گلشن سبا آورد :** که خبر سرخوش گشتن از یار (سبا) را آورنده است = **رسیدن گل و نسرین به خیروخوبی باد :** رسیدن بهار نوید عشق ورزیست = **سمن صفا آورد:** گل یاسمن به وجد وشادی رساند عشاق یار را = **تو نیز باده به کف آر و :** تو نیز با روی به مستی یار آوردن = **مرغ نغمه سرا ساز خوش نوا آورد :** مرغان آواز خوان بس عاشقانه میخوانند=**کرشمه ساقیست:** دیدن عشوه ائی از یار مست ساز است = **برآرسرکه طبیب آمد ودوا آورد:** سربلندکن و بنگرکه یار زیبا برای درمانت آمده است= **به تنگ چشمی آن تُرک لشکری نازم:** به ریز بینی(همه چیز را زیر نظر داشتن) آن زیباروی هجوم آورنده بخود می بالم و افتخار میکنم=**که حمله برمن درویش یک قبا آورد:** که براین عاشق گوشه گیرنحیف بی چیز وصلش را مقررمیسازد = **فلک:** آسمان گردون = **به طوع:** به تمامی آماده به خدمت است = **که التجا به در دولت شما آورد :** که بدنبال مست گشتن از تو یار زیباست =

(حافظ خود و عام)

بیت زیرکه بعنوان بیت هفتم غزل فوق در نسخه قزوینی آمده است بعلت عدم رعایت مبانی عرفان و سیر معنی غزل مشخصا ازحافظ نبوده و به غزل فوق اضافه گشته است:

مُرید پیر مغانم ز من مرنج ای شیخ / چرا که وعده توکردی و او به جا آورد

{۱۰۹}

یارم چو قدح بدست گیرد　　　بازار بتان شکست گیرد
هر کس که بدید چشم او گفت　　　کو محتسبی که مست گیرد
در بحر فتاده‌ام چو ماهی　　　تا کی مرا به شست گیرد
در پاش فتاده‌ام به زاری　　　آیا بود آن که دست گیرد
خرم دل آن که همچو حافظ
جامی ز می الست گیرد

یارم چو قدح بدست گیرد: یارم چو شروع به مست ساختن عشاق خود نماید = **بازار بتان شکست گیرد**: دیگر هیچ چیز جذاب وزیبائی در نظر نمی آید = **کومحتسبی که مست گیرد** : هرکه اورا ببیند مست او گردد حتی خود پاسبان مست گیر = **بحر**: دریا = **تا کی مرا به شست گیرد** : تا کی مرا صید نماید= **که دست گیرد**: وصلی مقرر سازد= **خرم دل آن**: خوشا بحال آنکس که = **جامی ز می الست گیرد**: وصل مست ساز او (که اصل موجود گشتن ماست) را تجربه کند = (حافظ خود حافظ)

{۱۱۰}

دلـم جـز مهر مهرویش طریقی بـر نمی‌گیرد
ز هـر در می‌دهم پنـدش ولیکن در نمی‌گیرد

نصیحتگوی رندان را که با حکم قضا جنگ است
دلش بس تنگ می‌بینم مگر ساغر نمی‌گیرد

خدا را ای نصیحتگو حدیث ساغر و می گو
که نقشی در خیال ما از ایـن خوشتر نمی‌گیرد

سخن در احتیاج مـا و استغنای معشوق است
چه سود افسونگری ای دل، که دردلبر نمی‌گیرد

از آن رو هست یاران را صفا با می چون لعلش
که غیر از راستی نقشی در آن جوهر نمی‌گیرد

میان گریه می‌خندم که چون شمع اندرین مجلس
زبـان آتشینـم هست لیکن در نمی‌گیرد

خدارا رحمی ای مُنعم که حافظ جز سر کویت
دری دیگـر نمی‌دانـد رهـی دیگـر نمی‌گیرد

مهرمهرویش طریقی: عشق روی چون ماهش(بس زیبایش) راهی= ز هردر می دهم پندش : همه جور نصیحتش میکنم = نصیحتگوی رندان را: زاهدِدلسوز برای پاکباختگان را= که باحکم قضا جنگ است: که میخواهد با نصایح خودسرنوشت عشاق را رقم زند وتغییردهد= دلش بس تنگ می بینم مگرساغر نمیگیرد: کلامش را دوراز مهرومهروزی به یارمی بینم مگر روی به مست گشتن از یار ندارد = خدارا: ترا بخداوند = حدیث ساغرو می گو : از مست ساز ومستی اش حکایت کن = نقشی : تصوری = استغنای معشوق است: بی نیازی یار ازهرچیزی است= چه سود افسونگری ای دل که دردلبر نمیگیرد: چه فایده دارد این چاره سازیها که بکار میبریم ای دل دردمند که نمیتوان با آن جلب نظری از یارکرد = یاران را ، صفا با می چون لعلش: عشاق میتوانند ازمست سازی لبهای یاقوتی اوبس سرخوش گردند =که

غیرازراستی نقشی درآن جوهر نمیگیرد: که غیراز خلوص دل وجان که یاران عاشق عرضه میکنند چیزدیگری بسرای یارراه پیدا نمیکند= **میان گریه میخندم که چون شمع:** همچون شمع گشته ام که درحال سوختن ازشوق وصل یار برلبانم خنده نقش می بندد = **زبان آتشینم هست :** زبانم آماده سرودن از عشق آتشین او هست= **خدارا رحمی ای منعم :** به خداوندیت مهری بورز ای نعمت ساز همه = **جز سر کویت :** جز رسیدن به وصل زیبای تو = **(حافظ خود و عام)**

ابیات زیرکه بعنوان بیت سوم ، چهارم ، پنجم ، هفتم ، دهم ، دوازدهم و چهاردهم غزل فوق در نسخه قزوینی آمده است بعلت عدم رعایت مبانی عرفان وهمسو نبودن بامعانی دیگرابیات وتکرار معانی وقافیه ابیات غزل بکر فوق مشخصا ازحافظ نبوده و به غزل فوق اضافه شده اند. متاسفانه ظاهر این غزل حافظ درنسخه قزوینی نشان میدهد که بشدت مورد هجوم قرار گرفته است بنابراین غزل بکرفوق غربالی منظم شده از آن میباشد (در واقع میتوان گفت مجموعه اشعار زیرخود یک غزل غیرحافظی است وبا توجه به بیت حافظ دارمقطع آن احتمالا شاعرحافظ دوست غزل خود را با غزل بکر فوق درهم آمیخته و به حاکم وقت تقدیم داشته تا حفظ شانی نیز برای حافظ کرده باشد) :

بیـا ای ســاقی گلــرخ بیـاور بـاده رنگین — که فکری در درون ما از این بهتر نمی‌گیرد
صراحی می‌کشم پنهان و مردم دفتر انگارند — عجب گـر آتش ایـن زرق در دفتر نمی‌گیرد
مـن این دلـق مرقع را بخواهم سوختن روزی — که پیر می فروشانش به جامی بر نمی‌گیرد
سروچشمی چنین دلکش توگویی چشم ازاو بردوز — برو کاین وعظ بی‌معنی مرا در سر نمی‌گیرد
چه خوش صید دلـم کردی بنازم چشم مستت را — که کس مرغان وحشی را از این خوشتر نمی‌گیرد
مـن آن آیینه را روزی به دست آرم سکنـدروار — اگر می‌گیرد این آتش زمانی ور نمی‌گیرد
بدیـن شعـر تر شیرین ز شاهنشه عـجب دارم — که سر تا پای حافظ را چرا در زر نمی‌گیرد

{۱۱۱}

ساقی ار باده از این دست به جام اندازد　　عارفان را همه در شُرب مدام اندازد
ور چنین زیر خم زلف نهد دانه خال　　ای بسا مرغ خرد را که به دام اندازد
ای خوشا دولت آن مست که در پای حریف　　سر و دستار نداند که کدام اندازد
زاهد خام که انکار می و جام کند　　پخته گردد چو نظر بر می خام اندازد
آنزمان وقت میِ صبح فروغست ، که شب　　گرد خرگاه افق ، پرده شام اندازد
حافظ ، سر ز کُلَه گوشه خورشید بر آرد
بختش ارقرعه بدان ماه تمام اندازد

ساقی ار باده ازاین دست به جام اندازد : یار مست ساز اگرمستی سرخوش سازش را در دسترس روی آورانش (هرگاه که روی آوردند) بگذارد = **عارفان را همه در شرب مدام اندازد :** دلباختگانش را مدام مست خود خواهد دید = **چنین زیرخم زلف نهد دانه خال:** اینچنین عرضه زیبائی خودرا آشکار سازد= **ای بسا مرغ خرد را که بدام اندازد:** بسی عاقلان و عافیت اندیشانرا نیزازخود بیخود کند و بسوی خود کشد = **ای خوشا دولت آن مست که در پای حریف :** ای خوشا بحال آن مست وصل یارگشته که در زمان گرفتار گشتن در بازوان یار(حریف پهلون خود) = **سرو دستار نداند که کدام اندازد :** فقط مبهوت زیبائی یارست(حاضربه هیچ کاریا عملی نیست که نشانه قبول گرفتارآمدنش در بازوان حریف پهلوان خود (یار) باشد که باعث خاتمه مبارزه گردد (گرفتاربودنش در بازوان حریف (وصلش) پایان پذیرد))= **زاهد خام که انکار می وجام کند :** پرهیزکاری که چشم برزیبائیهای یار باز نکرده ومست او گشتن را باور ندارد= **پخته گردد:** رهرو گردد = **می خام:** یکبار طعم مستی اورا بچشد = **وقت می صبح فروغست:** زمان شروع روبه مستی وجد آور یار آوردنست = **گرد خرگاه افق پرده شام اندازد:** بر روی کمان بزرگ افق شب را بیاویزد (بعد از نماز عشا) = **سر ز کله گوشه خورشید برآرد :** سر ازخم گوشه خورشید در خواهد آورد= **بختش از قرعه بدان ماه تمام اندازد :** اگرسرنوشت(خواست یار) مقرر کند که به وصل یار زیباروی خود برسد=　　**(حافظ خود و عام)**

ابیات زیرکه بعنوان ابیات پنج وهفتم غزل فوق در نسخه قزوینی آمده است بعلت عدم رعایت مبانی عرفان و سیر معنی غزل مشخصا ازحافظ نبوده و به غزل فوق اضافه گشته اند:

روزدرکسب هنرکوش که می خوردن روز　　دل چون آینه در زنگ ظلام اندازد
باده با محتسب شهر ننوشی زنهار　　بخورد باده‌ات و سنگ به جام اندازد

دمی با غم به سر بردن جهـان یکسر نمی‌ارزد
به می بفروش دلق خود کز این بهتر نمی‌ارزد
به کوی می فروشانش به جامی بـر نمی‌گیرند
زهی سجاده تقـوا کـه یک ساغـر نمی‌ارزد
رفیقم سرزنش‌هاکرد کز ایـن باب ، رخ برتاب
چه افتـاد این سر ما را که خاکِ در نمی‌ارزد
شکوه تاج سلطانی که بیم جان دراو درج است
کلاهِ دلکشش آیـا به تَـرکِ سـر نمی‌ارزد
بسـی آسـان نمود اول غم دریا به بوی دوست
غلط باشدکه این طوفان به آن گوهرنمی‌ارزد
تو را آن بـاد که روی خود ز مشتاقان بپوشانی
که شادی جهان گیری غـم لشکر نمی‌ارزد
چو حافظ در قناعت کوش و از دنیای دون بگذر
که یک جو منت دونـان دو صد من زر نمی‌ارزد

دمی با غم بسر بردن جهان یکسر نمی ارزد : لحظه ائی غم دنیا را خوردن حتی اگر فرمانروای جهان باشی باز ارزشی ندارد (ترا والا نمی سازد) = **به می بفروش دلق خود کز این بهتر نمی ارزد :** ازهرچه داری برای رسیدن به مستی یار بگذر که اینکار ترا ارزشمند(والا) میسازد = **به کوی می فروشانش به جامی برنمیگیرند:** آنرا (دلق را) درسرای مست سازان بسختی با مست سازی عوض کنند = **زهی سجاده تقوا که یک ساغر نمی ارزد :** در آنجا تمام اعمال عبادتی که انجام داده ائی را فقط باجرعه ائی مست ساز معاوضه میسازند(بهشت جرعه ائی ازمست سازی اوست)= **کزاین باب رخ برتاب :** از جان فدای یار ساختن دست بکش = **چه افتاد این سرمارا که خاک در نمی ارزد :** چه ازخود نشان داده ایم که رفیقان مارا لایق فدا شدن درراه وصل یار نیافته اند = **شکوه تاج سلطانی که بیم جان دراودرج است :** رسیدن به شکوه مقام وصل یارکه فدا کردن جان را نیز میطلبد= **کلاه دلکشش آیا به ترک سر نمی ارزد :** برای رسیدن به آن مقام آیا فدا کردن جان ارزش ندارد= **غم دریا به بوی دوست:** سختی سفروصل یارگشتن با شنیدن بویش= **غلط باشدکه این طوفان به آن گوهر نمی ارزد :** دراشتباه است هرکه میگویدکه وصل یارارزش کشیدن این سختیها را ندارد= **تورا آن باد که روی خود زمشتاقان بپوشانی :** آری روی پوشاندنت از عشاق کاریست حق =**که شادی جهانگیری غم لشکرنمی ارزد :** که اگررویت را بگشائی جهانی را شیفته خود می سازی پس دیگرباید همه را مدام وصل خود نمائی وگرنه برایت لشکری از عشاق درمانده و نالان باقی میماند = **قناعت کوش :** به روزیت قانع باش= **دون:** خوار ساز =**که یک جومنت دونان:**که یک روی اندازی کوچک بدنیا خواهان= **دو صد من زر :** به صدها کوزه مملو ازطلا = **(حافظ خود و عام)**

{۱۱۳}

در ازل پـرتـو حُسنت ز تَجـلّی دم زد | عشق پیـدا شد و آتش به همه عالم زد
جلوه‌ای کرد رُخت دید مَلِک عشق نداشت | عیـن آتش شـداز این غیرت و بر آدم زد
عقل می‌خواست کز آن شعله چراغ افروزد | بـرق غیـرت بدرخشید و جهـان برهم زد
دیگـران قرعه قسمت همه بر عِیش زدند | دل غمـدیـده مـا بـود کـه هـم بر غم زد
جـان عُلوی هوس چاه زَنَخدان تو داشت | دسـت در حلقه آن زلـف خم انـدر خم زد
مُدعـی خـواست که آیـد به تماشاگه راز | دست غیـب آمـد و بـر سینه نامحـرم زد

حافـظ آن روز طربنـامه عشق تو نوشت
کـه قلـم بـر سـر اسبـاب دل خُرّم زد

درازل پرتو حسنت زتجلی دم زد : آنگاه که فقط تو بودی و دیگر هیچ ، نمای خوبی و زیبائیت خواست بروز کند و عرضه شود = **عشق پیدا شد و آتش به همه عالم زد :** میگوید عشق پیدا شد و نه خلق شد پس حافظ معتقدست که جنس یار از عشق است پس از حرارت و شورآن خلقت شروع گردید = **جلوه ائی کرد رخت دید ملک عشق نداشت :** بعد از خلقت آسمانها و زمین دیدی کسی نیست که با تو به مهرورزی بپردازد = **عین غیرت شد از این آتش و بر آدم زد:** شور عشقت باعث شدکه آدم را(که با دیگر مخلوقات کاملا فرق میکند) خلق نمائی = **عقل میخواست کز این شعله چراغ افروزد :** عقلی که برای راهبری انسان بدو دادی خواست از این شعله(فرصت یا اختیار) داده شده به انسان کمال استفاده را ببرد پس هرعقلی شروع کرد از طریق جان عظیم حمل کننده اش حکومت خودرا دردنیا برپا کند = **برق غیرت بدرخشید و جهان بر هم زد :** برق عشق که برهم زننده تمام تدابیر عاقلانه انسان است در مراحل زندگی برانسان فرود آمد(می آید) تا شاید انسان بیاد آورد که برای چه خلق شده پس رو به یار آورد = **دیگران قرعه قسمت همه بر عیش زدند :** مخلوقات دیگر بجز انسان همه تسلیم و مطیع محض او آفریده شدند که هیچ نمی خواهند جز آنچه یار برایشان میخواهد پس مدام در عیش تسلیم بودن خویشند = **دل غمدیده ما بود که هم بر غم زد :** فقط جان همسنخ ما با خداوندست که اجازه یافته بعلت همجنس بودن با خداوند و داشتن قدرتی والا هم به خدائیگری بپردازد و هم عشق را تجربه نماید پس بدنبال عشق و وصل یار باشد پس در ارتباط با آنها غم را تجربه کند وآنرا بزبان آورد = **جان علوی هوس چاه زنخدان تو داشت :** جان همسنخ و والائی که مقرر ساختی بیتاب وصل و دیدن زیبائی آن چال چانه ات (روی بی همتایت) است که = **دست در حلقه آن زلف خم اندر خم زد :** که اینچنین با فدا ساختن همه چیز خود تمام سختی های راه وصل تورا به جان میخرد = **مدعی خواست که آید به تماشگه راز:** آنکه نمی دانست که شرط اول وصل تو خلوص درعشق توست بدون تلاشی درآن خواست تورا بردیگران عرضه دارد و رازهای عشق فریبنده ات را باز گو نماید = **دست غیب آمد وبرسینه نامحرم زد :** پس چون عرضه ساخت مردم به او پشت کردند که سخنش دل را می آزرد و سیاهی ایجاد میکرد = **آنروز طربنامه عشق تو نوشت :** از آنزمان شروع به سرودن و نگارش شور عشق تو کرد (غزلیات عاشقانه برایت نوشت) = **که قلم بر سر اسباب دل خرم زد :** که شروع به نگارش کلام دلی کرد که بتمامی عاشق وشیفته اش ساخته ائی = **(حافظ خود حافظ)**

اگـر روم ز پـی اش فتنـه‌ها برانگیـزد   ور از طلـب بنشینم بـه طعنـه برخیزد
و گـر بـه رهگـذری یکـدم از وفـاداری   چو گرد درپی اش افتم چو بـاد بگریزد
مـن آن فریب کـه در نرگس تو می‌بینم   بس آب روی ، کـه با خـاک ره برآمیزد
فـراز و شیب بیـابـان عشق دام بلاست   کجـاست شیـر دلی کـز بـلا نپرهیزد
توعمرخواه وصبوری ،که چرخ شعبده باز   هـزار بـازی از این طـُرفه تر برانگیزد

بـر آستـانه تسلیـم سـر بنـه حافظ
کـه گـر ستیـز کنـی روزگار بستیزد

اگرروم ز پی اش فتنه ها برانگیزد : چون روی به وصلش آورم آزمونها بنماید مرا = **وراز طلب بنشینم به طعنه برخیزد :** اگر دست بکشم مدام مرا متوجه خودش می نماید= **وگربه رهگذری یکدم ازوفاداری:** وچون از برم میگذرد از روی وفاداری بخواهم لحظه ائی = **چوگرد در پی اش افتم :** همچون گرد راهش بدنبالش بروم = **آن فریب که در نرگس تومی بینم :** آن زیبائی شیفته ساز وسپس روی گردانی که در تو می بینم = **بس آب روی که با خاک ره بر آمیزد :** بسیار باید در راه وصلت اشک ریخت = **فراز و شیب :** بالا وپائین (نوید وصل و مست گشتن و روی گردانی یارو جفا ساختن) = **دام بلاست :** گرفتارساز وبیچاره ساز ودگرگون سازجان وزندگیست = **کجاست شیر دلی کز بلا نپرهیزد :** کیست آنکه حتی از جان برای وصل او شدن بگذرد = **تو عمر خواه و صبوری که چرخ شعبده باز :** راهش درخواست عمرست و صبر کردن در تمنای وصلش که یار شگفتی ساز روزهای زندگی = **هزار بازی از این طَرفه تر برانگیزد :** شگفتی های بسیاری تا وصلش برتو عرضه میسازد = **کر گر ستیز کنی روز گار بستیزد :** اگر روی گردانی و سرکش گردی بچنگال دنیا وبازیهایش خواهی افتاد = **(حافظ خود و عام)**

بیت زیرکه بعنوان بیت سوم غزل فوق در نسخه قزوینی آمده است بعلت عدم رعایت مبانی عرفان و سیر معنی غزل و لحن مشخصا ازحافظ نبوده و به غزل فوق اضافه گشته است:

و گر کنم طلب نیم بوسه صد افسوس   ز حُقه ، دهنش چون شکر فرو ریزد

{۱۱۵}

هر که او با خطِ سبزت سرسـودا باشد　　پای از این دایـره بیرون ننهد، تا باشد
من چـو از خاک لحد لاله صفت برخیزم　　داغ سودای تـوام سّـر هویدا باشد
تـو خود ای گـوهر یک دانه کجایی آخر　　کـز غمـت دیده مردم همه دریا باشد
چون گل ومی دمی از پرده برون آی ودرآ　　کـه دگـر بـاره ملاقـات نـه پیدا باشد
ظـل ممدود خم زلف توام ، بر سر، باد　　کاندر ایـن سایه قـرار دل شیدا باشد
چشمت از نـاز بـه حافظ نکند میـل آری
سـرگـرانی صفـت نرگس رعنـا باشد

هرکه او باخط سبزت سرسودا باشد: آنکه وصل توگشتن کار وزندگیش گشته باشد = **دایره :** ماجرا = **تاباشد :** تا زنده است = **خاک لحد لاله صفت برخیزم:** چون این عاشق دلسوخته ات را از قبر برخیزانی (در قیامت) = **داغ سودای توام سّر هویدا باشد :** نشانه عشق ورز توبودن دیگر از ظاهرم برهمه مشخص میباشد = **گوهر یکدانه :** یار بی همتا = **دیده مردم همه دریا باشد:** چشم مردم عاشق بشدت گریان است= **چون گل ومی:** با زیبائی و مست سازیت= **برون آی و درا :** خود را بنما و وصلی مقرر ساز= **که دگر باره ملاقات نه پیدا باشد:** که آینده بر ما پوشیده است= **ظل ممدود خم زلف توام برسر،باد:** سایه بلند خم گیسوی تو(وصل تو) ایکاش مدام برسرم بود = **این سایه قرار دل شیدا باشد :** که وصل تو آرام ساز دل دیوانه است = **چشمت از ناز :** نگاه زیبایت ناز میکند که= **صفت :** خصوصیت = **نرگس رعنا :** روی زیبا و دلکش = 　　**(حافظ خود وعام)**

بیت زیرکه بعنوان بیت جهارم غزل فوق در نسخه قزوینی آمده است بعلت عدم رعایت مبانی عرفان و سیر معنی غزل و تکرار معنی مشخصا ازحافظ نبوده و به غزل فوق اضافه گشته است:

از بـن هر مژهام آب روانست بیـا　　اگرت میل لب جوی و تماشا باشد

{۱۱۶}

مــن و انکارشــراب ایــن چه حکایت باشد   غالبــا ایــن قــدرم عقــل و کفــایت باشد
مــن که شبها ره تقــوا زده‌ام با دف و چنگ   این زمان سر به ره آرم چــه روایت باشد
مــا بغایت ره میخــانه و مستی بدانیم همه   و انکه مستوری ما تا به چه غایت باشد
زاهــد ار راه بــه رنــدی نبــرد معذور است   عشق کاریست که موقوف هدایت باشد
زاهــد و عُجب و نماز و من و مستی و نیاز   تا تــو را خود زمیــان با که عنایت باشد
دوش از ایــن غصه نخفتم کــه رفیقی می‌گفت
حافظ ار مســت بــود جــای شکایت باشد

انکار شراب : ردساختن و بددانستن مست یار گشتن = **این چه حکایت باشد :** این چه گفتاریست که مرا نسبت میدهند = **غالبا :** بطور معمول ، بیشتر اوقات = **کفایت :** علم و تجربه = **ره تقوا زده ام :** جویای یار و مست او گشتن می باشم = **دف و چنگ:** دو ساز عرفانی= **سربه ره آرم چه روایت باشد:** روی به راه خداوند آورم چه گفتاریست دیگر= **بغایت :** بخوبی و به تمامی= **وانکه مستوری ماتا به چه غایت باشد :** باید دید قصدمان از مست گشتن چیست= **راه به رندی نبرد معذور است :** دلباخته یار نگردد عذرش موجه است = **که موقوف هدایت باشد:** به میزان هدایت سازی یار بر بنده عابدش(خالص گشتن برای یار) وابسته است= **عُجب :** خود بینی(خودرا نیز مطرح دانستن) = **نیاز :** التماس وصلش= **عنایت :** لطف و مهرورزی یار= **ارمست بودجای شکایت باشد:** آیا آنقدر مرا هوشیار(دوراز مستی یار) دیده اند که دیگرمرا مرد این ره نمی دانند = **(حافط خود حافظ)**

بیت زیرکه بعنوان بیت ششم غزل فوق در نسخه قزوینی آمده است بعلت عدم رعایت مبانی عرفان سیر معنی غزل و تکراری بودن قافیه مشخصا ازحافظ نبوده و به غزل فوق اضافه گشته است:

بنده پیر مغانم که ز جهلم برهاند   پیر ما هر چه کند عین عنایت باشد

{۱۱۷}

نقد صوفی نه همه صافی بی‌غش باشد   ای بسا خرقه که مستوجب آتش باشد
صوفی ما که ز ورد سحری مست شدی   شامگاهش نگران باش که سرخوش باشد
خوش بود گر محک تجربه آید به میان   تا سیه روی شود هر که در او غش باشد
خط ساقی گر از این گونه زند نقش بر آب   ای بسا رخ که به خونابه منقش باشد
ناز پرورد تنعم نبرد راه به دوست   عاشقی شیوه رندان بلاکش باشد
دلق و سجاده حافظ ببرد باده فروش
گر شرابش ز کف ساقی مه وش باشد

نقد صوفی نه همه صافی بی غش باشد : دست آورد هرصوفی(درویشی) که می بینی عشق پاک یار نیست = **ای بسا خرقه که مستوجب آتش باشد**: ای بسا درویشانی که در بند شیطانند = **صوفی ما که ز وردسحری مست شدی**: هرصوفی و درویشی که درسحرگاهان مست یافتی = **شامگاهش نگران باش که سرخوش باشد** : اورا در شب نیز بنگر که خمار باده دنیائی است یا در عالم خوش راز و نیاز خود = **خوش بود گر محک تجربه آید به میان** : چه خوب است دانش و تجربه افراد آزمایش گردد = **تا سیه روی شود هرکه درو غش باشد**: تا شناخته گردد هرکه نابلد یا ناپاک است = **خط ساقی گرازاین گونه زند نقش برآب** : اگر یار بخواهد که پاکی وناپاکی افراد را در سیمایشان مشخص سازد = **ای بسا رخ که به خونابه منقش باشد** : چه چهره ها که نقشی از زشتی و وحشت را ارائه میدهند = **ناز پررود تنعم نبرد راه به دوست**: آنکه غرق نعمتهای خداوندست بعید است طعم عشق یار را بچشد= **شیوه رندان بلاکش باشد** : کاریست که پاکباختگی و مقاومت درسختیها را میطلبد = **دلق وسجاده** : دین ودنیا : **باده فروش** : مست ساز: **ز کف ساقی مه وش**: با نقشی زیبا از روی یار مرا به مستی کشاند =   (حافظ خود حافظ)

بیت زیرکه بعنوان بیت ششم غزل فوق در نسخه قزوینی آمده است بعلت عدم رعایت مبانی عرفان وسیر معنی غزل مشخصا ازحافظ نبوده و به غزل فوق اضافه گشته است:

غم دنیای دنی چند خوری باده بخور   حیف باشد دل دانا که مشوش باشد

{۱۱۸}

خوش است خلوت اگر یار ، یار من باشد / که من بسوزم و او شمع انجمن باشد
هوای کوی تو از سر نمی‌رود آری / غریب را دل سرگشته با وطن باشد
روا مدار خدایا که در حریم وصال / رقیب محرم و حرمان نصیب من باشد
بیان شوق چه حاجت که سوز آتش دل / توان شناخت ز سوزی که در سخن باشد
همای گوی ، نافکند سایه شوق هرگز / در آن دیار که طوطی کم از زغن باشد
به سان سوسن اگر ده زبان شود حافظ
چو غنچه پیش تواش مُهر بر دهن باشد

که من بسوزم و او شمع انجمن باشد : که من در وصل شیرین او حل گردم و او روشن ساز جان و محفل باشد = هوای کوی تو : لذت رسیدن به وصل تو : غریب را دل سر گشته با وطن باشد : هر دور از وطنی مدام دلش هوای وطنش را میسازد = حریم وصال : درجمع وصل شدگان = رقیب محرم و حرمان نصیب من باشد : وصل توبرای دیگران وجدائی قسمت من باشد= بیان شوق چه حاجت: ابراز میزان شوق برای وصل تو گشتن گفتن ندارد= توان شناخت ز سوزی که درسخن باشد: که از لحن غمناک گفتار عاشق مشخص است= همای گوی، نافکندسایه شوق هرگز : بگو یار مهرورزی خود را آشکارا برآن مردم عرضه نمی سازد = که طوطی کم از زغن باشد: که عشق و عاشقی بی بها و سیاهی و ستم رواج داشته باشند = ده زبان شود : وجودش همه زبان گردد = پیش تواش مُهر بر دهن باشد: درهنگام وصل شیرینت مبهوت توست =   (حافظ خود حافظ)
بیت زیرکه بعنوان بیت دوم غزل فوق در نسخه قزوینی آمده است بعلت عدم رعایت مبانی عرفان وسیر معنی غزل مشخصا ازحافظ نبوده و به غزل فوق اضافه گشته است:
من آن نگین سلیمان به هیچ نستانم / که گاه گاه بر او دست اهرمن باشد

کـی شعرتر انگیزد ، خاطر که حزین باشد　　یک نکته از ایـن معنی گفتیم و همین باشد
جام می و خون دل هر یک به کسی دادند　　در دایـره قسمت اوضـاع چنین باشد
در کـار گلاب و گُل حکـم ازلـی ایـن بـود　　کاین شـاهد بازاری وان پـرده نشین باشد
هـر کو نکند فهمی زین کلک خیـال انگیز　　نقشش بحرام ارخـود صورتگر چین باشد
از لعـل تـو گـر یـابـم انگشتـری زنهـار　　صـد ملک سلیمانم در زیـر نگین باشد
غمناک نبـاید بـود از طعـن حسود ای دل　　شاید کـه چو وابینی خیر تـو در این باشد
آن نیست که حافظ را رندی بشد از خاطر
کایـن سابقه پیشین تـا روز پسین باشد

کی شعر تر انگیزد خاطر که حزین باشد : چطوردلی میتواند از عشق یار بسُراید وقتی غم دنیا در اوست = **یک نکته از این معنی گفتیم و همین باشد :** پس هرکه در عشق یار خالص تر شعرش دل انگیز تر= **جام می و خون دل هریک به کسی دادند :** مست یار گشتن و خون دل خوردن فقط به آنانی که کس(عاشق و پاکباخته یار) شده اند داده شود = **در دایره قسمت اوضاع چنین باشد:** اگرمیخواهی بهره ائی از این قسمت کردنهای یار داشته باشی باید همتی بکنی = **در کار گلاب وگل حکم ازلی این بود :** در کار گلاب(بوی یار) و گل (یار زیبا) از ابتدای خلقت چنین مقررشده است = **کاین شاهد بازاری وان پرده نشین باشد :** که گلاب (بوی خوش یار) برهمه عرضه میگردد و گل آن (یار زیبا) دور از دسترس باشد = **هرکو نکند فهمی زین کلک خیال انگیز :** هر(هنرمندی) که زیبائیهای یاردلش را نبرده باشد = **نقشش بحرام ار خود صورتگر چین باشد:** هر نقشی را خلق کند به دل نمی نشیند حتی اگربهترین نقاش دنیا باشد = **از لعل تو گر یابم انگشتری زنهار:** اگر کلید وصل تورا با خود همراه داشتم ای بسا= **صد ملک سلیمانم در زیر نگین باشد :** صدها برابر شوکت وعظمت همچون سلیمان را با خود می داشتم = **از طعن حسود :** از نیش زبان حسودان = **که چو وا بینی خیر تو دراین باشد :** اگر با دقت بنگری و بفکر بنشینی که چرا یار اینها را برای نیش زبان زدن بتو فرستاده است خیر بودن کاررا در می یابی= **رندی :** دلباختگی و بدنبال یار بودن = **کاین سابقه پیشین تا روز پسین باشد :** این مسئله ازلی (مقرر ساخته یار) تا ابد با من خواهد بود = **(حافظ خود حافظ)**

نفس باد صبا مشک فشان خواهد شد — عالم پیر دگر باره جوان خواهد شد
ارغوان جام عقیقی به سمن خواهد داد — چشم نرگس به شقایق نگران خواهد شد
این تطاول که کشید از غم هجران بلبل — تا سرا پرده گل نعره زنان خواهد شد
گل عزیز است غنیمت شمریدش صحبت — که به باغ آمد از این راه و از آن خواهد شد
ای دل ار عشرت امروز به فردا فکنی — مایه نقد بقا را که ضمان خواهد شد
مطربامجلس انس است، غزل خوان وسرود — چند گویی که چنین رفت و چنان خواهد شد
حافظ از بهر تو آمد سوی اقلیم وجود
قدمی نه به وداعش که روان خواهد شد

نفس باد صبا مشک فشان خواهد شد : باد صبا دوباره به عطر افشانی خواهد پرداخت(عطر خوش یار را می پراکند) = **عالم پیر دگر باره جوان خواهدشد:** این جهان زمستان زده(پیرگشته) دوباره بهارش را می بیبند(یار نظری بردلهای غمزده خواهد افکند)= **ارغوان جام عقیقی به سمن خواهد داد** : گل ارغوان با گلبرگهای (جام) مست سازش یاسمن را مست میسازد = **چشم نرگس به شقایق نگران خواهد شد:** باز نرگس نگران وضع شقایق خونین دل میگردد = **تطاول:** جور و سختی = **هجران:** دوری وجدائی= **تا سراپرده گل نعره زنان خواهد شد:** تا رسیدن به وصال محبوب نعره ها خواهد زد = **گل عزیزاست غنیمت شمریدش صحبت:** گلها نماد وياد آور يارىس زيبايند پس ظهورشان را غنيمت دانسته درجوارشان به عشق ورزی با يارروی آوريم= **عشرت امروز به فردا فکنی:** خوشی ومست زیبائیهای یارگشتن امروز را بفردا اندازی = **مایه نقد بقا را که ضمان خواهد شد:** که میداند که فردائی هست یا نه = **مطربا مجلس انس است غزل خوان وسرود:** ای نوازنده مجلس زمان همدل شدن با یارست پس ازعشق یار بگو و بخوان = **چند گوئی که چنین رفت و چنان خواهد شد** : واز شرح و بسط مسائل دنیا دست بکش= **از بهرتوآمدسوی اقلیم وجود:** برای روی بتوآوردن واستقامت درآن خلق گشته = **قدمی نه به وداعش که روان خواهد شد** : فقط بیاوبگوکه وقت تمامست که با دل وجان بسویت روان گردم = **(حافظ خود عام)**

ابیات زیرکه بعنوان ابیات چهارم و ششم غزل فوق در نسخه قزوینی آمده است بعلت عدم رعایت مبانی عرفان و سیر معنی غزل مشخصا ازحافظ نبوده و به غزل فوق اضافه گشته اند:

گر ز مسجد به خرابات شدم خرده مگیر — مجلس وعظ دراز است و زمان خواهد شد
ماه شعبان منه از دست قدح کاین خورشید — از نظر تا شب عید رمضان خواهد شد

روز هجـران و شب فرقـت یـار آخر شد | زدم این فال و گذشت اختر و کار آخر شد
آن همه نـاز و تنعـم کـه خزان می‌فرمود | عاقبـت در قدم بـاد بهار آخر شد
شکـر ایـزد که به اقبـال کله گوشه گل | نخوت بـاد دی و شوکت خار آخر شد
صبـح امیـد کـه بُـد معتکـف پرده غیب | گـو برون آی که کار شب تار آخر شد
آن پـریشـانی شبهـای دراز و غـم دل | همـه در سایـه گیسوی نگار آخر شد
بـاورم نیست ز بـدعهـدی ایـام هنـوز | قصه غُصه ، که در دولت یـار آخر شد

در شمـار ، ار چـه نیـاورد کسی حافظ را
شُکر ،کان محنت بی‌حد و شمار آخر شد

روز هجران و شب فرقت یار آخرشد: روزهای دور بودن و شبهای جدا بودن از یار تمام گشت = **زدم این فال وگذشت اخترو کار آخر شد:** تمنائی ساختم پس قبول شدو حاصلی بدست آمد= **نازوتنعم که خزان میفرمود:** زیبائی رنگها ومیوه های خوش که پائیز عرضه میساخت = **در قدم باد بهار :** با شروع بهار و سرسبزی طبیعت = **به اقبال کله گوشه گل :** با پیدا گشتن دسته های کوچک از گلهای بهاری = **نخوت باد دی :** حکومت (سردی) زمستان = **شوکت خار :** نمایش و بالیدنی که خارها از خود بروز میدادند=**که بد معتکف پرده غیب :** که هم نشین با پرده غیب گشته بود(خودرا از ما میپوشاند)= **شب تار:** زمان سختی و گرفتاری = **شبهای دراز :** شبهای سردو بلند زمستانی = **در سایه گیسوی نگار :** با وصل زیبای یار= **زبد عهدی ایام هنوز :** از جفا و بی وفائی شدید یار هنوز هم = **قصه غصه که دردولت یار:** داستان غمهایم که با وصل شیرین یار = **آن محنت بی حدو شمار :** آن درد ورنج غیر قابل توصیف = **(حافظ خود حافظ)**

بیت زیرکه بعنوان بیت هفتم غزل فوق در نسخه قزوینی آمده است بعلت عدم رعایت مبانی عرفان وسیر معنی غزل مشخصا ازحافظ نبوده و به غزل فوق اضافه گشته است:

ساقیا لطف نمودی قدحت پرمی باد | که به تدبیرتو تشویش خمار آخر شد

{۱۲۲}

ستاره‌ای بدرخشید و ماه مجلس شد دل رمیده ما را رفیق و مونس شد
طربسرای محبت کنون شود معمور که طاق ابروی یار منش مهندس شد
به صدر مصطبه‌ام می‌نشاند اکنون دوست گدای شهر نگه کن که میر مجلس شد
به بوی تو دل بیمار عاشقان چو صبا فدای عارض نسرین و چشم نرگس شد
کرشمه تو شرابی به عاشقان بنمود که علم بی‌خبر افتاد و عقل بی‌حس شد
نگارمن که به مکتب نرفت و خط ننوشت به غمزه مسئله آموز صد مدرس شد

ز راه میکده یاران عنان مگردانند
چرا که حافظ از این راه رفت و مفلس شد

ستاره ائی بدرخشیدو ماه مجلس شد: یاربه یکباره با زیبائی حیرت انگیزش ظاهرگشت= **رمیده** : رم کرده ودیوانه گشته= **مونس:** همدم= **طربسرای محبت** : سرای مهرورزی یار= **معمور:** باز سازی ، برقرار= **که طاق ابروی یار منش مهندس شد** : که زیبائی یار من آنرا بساخت = **صدر مصطبه** : سکوی بالای مجلس = **دوست** : یار = **به بوی تو** : برای شنیدن بوی تو = **چوصبا:** همانند باد صبا = **فدای عارض نسرین و چشم نرگس شد:** با دیدن گلهای نسرین و نرگس و بیاد آوردن روی وچشم زیبای تو(دل عاشقان) از دست رفت = **کرشمه تو شرابی به عاشقان بنمود:** غمزه وناز زیبای تو عاشقان را آنچنان مست ساخت= **که علم بیخبرافتاد و عقل بی حس شد:** که علم وتدبیر و عقل در شرح آن عاجزند = **نگار من:** انگار من یا آنکه من باید شبیه او گردم (الگوی دین یا حضرت محمد(ص)(قرآن کریم)) = **به غمزه مسئله آموز صد مدرس شد** : فقط بایک نظراندازی وعشوه یار بر او معلم دانشمندان و درس دهندگان زمان شد= **زراه میکده یاران عنان مگردانند:** از قصد مست یار گشتن ای راهیان عشق روی نگردانید و خسته نگردید= **از این راه رفت و مفلس شد:** این راهیست که برای آن همه چیز را ازدست داد (فدا کرد پس خالص گشت و وصل یاررا چشید)= **(حافظ خود حافظ)**

ابیات زیرکه بعنوان ابیات پنجم و هفتم و نهم غزل فوق در نسخه قزوینی آمده است بعلت عدم رعایت مبانی عرفان و سیر معنی غزل مشخصا ازحافظ نبوده و به غزل فوق اضافه گشته اند:

خیال آب خضر بست و جام اسکندر به جرعه نوشی سلطان ابوالفوارس شد
لب از ترشح می پاک کن برای خدا که خاطرم به هزاران گُنه موسوس شد
چو زر عزیز وجود است نظم من، آری قبول دولتیان کیمیای این مس شد

{۱۲۳}

گداخت جان که شود کار دل تمام و نشد — بسوختیم در این آرزوی خام و نشد
به ناز گفت شبی میر مجلس تو شوم — شدم به رغبت خویشش کمین غلام و نشد
پیام داد که خواهم نشست با رندان — شدم به رندی از دُردی کشان بنام و نشد
بدان هوس که به مستی ببوسم آن لب لعل — چه خون که در دلم افتاد همچو جام و نشد
دریغ و درد که در جست و جوی گنج حضور — بسی شدم به گدایی بر کرام و نشد
رواست در بر اگر می‌تپد کبوتر دل — که دید در ره خود تاب و پیچ دام و نشد
هزار حیله برانگیخت حافظ از سر فکر
در آن هوس که شود آن نگار رام و نشد

گداخت جان که شود کار دل تمام و نشد : جانم بسوخت تا دل به خواسته اش(وصل یار) برسد ولی نشد = آرزوی خام: خواسته ساده لوحانه ام = میرمجلس تو شوم : مجلس گردان بزم تو گردم(همنیشنت شوم) = شدم به رغبت خویشش کمین غلام : با تمام وجود خود را چون نوکری بی ارزش در خدمتش قرار دادم = رندان : دلباختگان پاکباخته = به رندی از دُردی کشان بنام : ازپاکباختگی و مدام بدنبال مستی او بودن شهره شهر گشته = لب لعل: لب یاقوتی یار (خونین ساز دلها) را= همچوجام: مثل جامی که شرابی سرخ در خود دارد= دریغ و درد : افسوس از درد کشیده شده = گنج حضور: وصل یار(رسیدن به خوشبختی تمام) = بسی شدم به گدائی بر کرام = چه تمناها کردم برای گرامی گشتن نزد او = رواست در بر اگر می تپدکبوتردل : حق است که دلم اینچنین بی تاب باشد و آشفته = که دید در ره خود تاب و پیچ دام ونشد: که سختی و مشکلات وصل یار را بدید وبازنگشت = حیله : چاره اندیشی = (حافظ خود و عام)

ابیات زیرکه بعنوان ابیات ششم و هفتم غزل فوق در نسخه قزوینی آمده است بعلت عدم رعایت مبانی عرفان و تکرار معانی ابیات دیگر با لحن و کلامی دور از دیگر ابیات مشخصا ازحافظ نبوده و به غزل فوق اضافه گشته اند:

به کوی عشق منه بی‌دلیل راه قدم — که من به خویش نمودم صد اهتمام و نشد
فغان که در طلب گنج نامه مقصود — شدم خراب جهانی ز غم تمام و نشد

{۱۲٤}

یاری اندر کس نمی‌بینیم یاران را چه شد
دوستی کی آخر آمد دوستداران را چه شد

شهر یاران بود و خاک مهربانان این دیار
مهربانی کی سر آمد شهریاران را چه شد

گوی توفیق و کرامت در میان افکنده‌اند
کس بمیدان در نمی‌آید سواران را چه شد

کس نمی‌گوید که یاری داشت حق دوستی
حق شناسان را چه حال افتاد یاران را چه شد

صدهزاران گل شکفت و بانگ مرغی برنخاست
عندلیبان را چه پیش آمد هزاران را چه شد

زَخمه سازی خوش نمیسازد مگر عودش بسوخت
کس ندارد ذوق مستی میگساران را چه شد

حافظ اسرار الهی کس نمی‌داند خموش
از که می‌پرسی که دور روزگاران را چه شد

یاران را چه شد : عشاق کجایند = دوستی کی آخر آمد : مهرورزی چرا کنار گذاشته شده است = دیار : سرزمین = شهریاران را چه شد : کجایند آن شهریاران که امنیت و عشق ومستی را رواج میدادند = گوی توفیق وکرامت در میان افکنده اند : شانس به حضور یار رسیدن و عزیز گشتن چون گوی چوگان در میان میدان مسابقه آماده است = سواران را چه شد : بازیکنان (رندان استقامت ورز) کجایند = یاری داشت حق دوستی : به عشق ورزی با یار روی آورید که برای آن آمده اید = حق شناسان : پیران عاشق وراهنمای راهیان = یاران : رهروان = بانگ : آوا = عندلیبان وهزاران : بلبلان عاشق = زخمه : مضراب ، قطعه ائیکه با آن برروی سیم سازهای زهی میزنند ومینوازند = عودش : ساز عود آن = ذوق مستی: مست گشتن از نوای یاد ساز عشق یار = میگساران را : روی به مستی آوران یار را = اسرار الهی : اینکه چرا مردم به این روز افتاده اند = از که می پرسی که دور روزگاران را چه شد : کیست که بتواند حق مطلب را بگوید که چرا گردش روزگار بدین منوال گشته است =   (حافظ خود و عام)

ابیات زیرکه بعنوان ابیات دوم وچهارم غزل فوق در نسخه قزوینی آمده است بعلت عدم رعایت مبانی عرفان و سیر معنی غزل مشخصا ازحافظ نبوده و به غزل فوق اضافه گشته اند:

آب حیوان تیره گون شد خضر فرخ پی کجاست
خون چکید از شاخ گل باد بهاران را چه شد

لعلی از کان مروت بر نیامد سالهاست
تابش خورشید و سعی باد و باران را چه شد

{۱۲۵}

زاهـد خلـوت نشین دوش بـه میخـانـه شد / از سر پیمـان برفت بـا سـر پیمانه شد
صوفی مجلس که دی جام وقدح می‌شکست / بـاز به یک جرعه می عاقل و فرزانه شد
شـاهد عهد شباب آمـده بودش به خـواب / بـاز بـه پیـرانه سر عاشـق و دیوانه شد
مغبچـه‌ای می‌گذشت راهـزن دیـن و دل / در پـی آن آشنـا از همـه بیگانه شد
آتش رخسار گل خـرمن بلبـل بسـوخت / چهـره خنـدان شمـع آفـت پروانه شد
گریه شام و سحـر شُکر که ضایع نگشت / قطره بـاران مـا گـوهـر یک دانه شد
نرگـس ساقـی بخوانـد آیـت افسونگری / حلقـه اوراد مـا مجلـس افسانه شد
منـزل حافظ کنـون بـارگه پادشاسـت
دل بـر دلـدار رفت جـان بـر جانانه شد

زاهد خلوت نشین دوش به میخانه شد : عاشق گوشه گیر دنبال یار، دیشب مست یار گشت = از سرپیمان برفت با سر پیمانه شد : پیمان موجود گشتنش(عشق ورزی با یار) را(بتمامی) بجا آورد پس بتمامی مست یار گشت= صوفی مجلس که دی جام وقدح می شکست: آن عاشق که دیروز دیوانه ائی تمام گشته بود = باز به یک جرعه می عاقل و فرزانه شد: با مست یار گشتن به حال طبیعی خود درآمد (جمع دو حالت متضاد، وقتی دانا و عاقل میگردد که مست یار باشد) = شاهدعهد شباب : آنکه شورعشق جوانی را در جانش انداخته بود= باز به پیرانه سرعاشق ودیوانه شد: باز با تمام پیریش آنچنان از عشق اودیوانه گشته بود= مغبچه : بچه مغول(نماد پری رویان مراحل وصل که عاشق را تا وصل یار همراهی میکنند) = در پی آن آشنا از همه بیگانه شد : با همراه شدن با آن مهرو دیگرفقط سرای یار را میدید= آتش رخسار گل خرمن بلبل بسوخت : شور وشوق عشق یارهستی عاشق را به باد میدهد= چهره خندان شمع آفت پروانه شد: زیبائی و مبهوت سازی یار جان عاشق را فدا میسازد = ضایع نگشت : بهدرنرفت = قطره باران ما گوهر یکدانه شد: اشکها و زاریهایم وصل یار به ارمغان آورد = نرگس ساقی بخواند آیت افسونگری : روی مست سازش آنچنان شروع به مبهوت سازی کرد = حلقه اوراد ما مجلس افسانه شد: ازحال تمناها و زاری ها آنقدر دور گشتم که انگار افسانه ائی بیش نبودند= بارگه پادشاست : پذیرای یارست= دلدار و جانانه : یار= (حافظ خود حافظ)

در نمـازم خـم ابـروی تـو بـا یـاد آمد　　حالتی رفـت که محـراب به فریاد آمد

از من اکنون طمع صبر دل و هوش مدار　　کان تحمل که تو دیدی همه بر باد آمد

باده صافی شد و مرغان چمن مست شدند　　موسم عاشقی و کـار بـه بنیـاد آمد

بـوی بهبـود ز اوضـاع جهـان می‌شنوم　　شـادی آورد گـل و بـاد صبـا شاد آمد

دلفـریبـان نبـاتی همـه زیـور بستند　　دلبـر ماست که بـا حسن خـداداد آمد

زیـر بـارنـد درختـــان کـه تعلـق دارنـد　　ای خوشـا سـرو که از بار غم آزاد آمد

مطـرب از گفتـه حافظ غـزلی نغـز بخوان
تـا بگوینـد کـه ز عهـد طـربم یـاد آمد

خم ابروی تو با یاد آمد : خیال روی زیبایت با نمازم همراه گشت = **حالتی رفت که محراب بفریاد آمد :** به حالتی افتادم که جایگاه نماز آهش برایم بلند گشت= **طمع :** توقع = **هوش :** هوشیاری= **بر باد آمد :** از دست رفت= **باده صافی شد :** (با بهارت) به مست سازی آشکار بپرداختی = **مرغان چمن مست شدند :** مرغان همه به آواز خوانی بپرداختند = **به بنباد آمد :** بر قرار شد= **بوی بهبود ز اوضاع جهان میشنوم :** بوی مست ساز بهارت همه جا را گرفته = **شادی آورد گل و باد صبا شاد آمد :** گلها به سرخوش سازی پرداختند وباد صبا شادی را بر همه عرضه می سازد = **دلفریبان نباتی همه زیور بستند :** طبیعت به تمامی زیبا گشت = **دلبر ماست که باحسن خدا داد :** این یار زیبای ماست که زیبائیش را به نمایش گذارده است= **زیر بارند درختان که تعلق دارند :** درختـان پر شکوفه و میوه (همچون دنیاخواهان) مدام در زیر بار(غم) آنچه با خود دارند (مال دنیا) میباشند = **ای خوشـا سـرو که از بار غم آزاد آمد:** خوشا بحال سروهای بی میوه (عشاق) که از غم دنیاخواهی رهایند = **نغز :** خوب و بدیع = **عهد طربم :** گاه وصلم=　　**(حافظ خود حافظ)**

بیت زیرکه بعنوان بیت پنجم غزل فوق در نسخه قزوینی آمده است بعلت عدم رعایت مبانی عرفان و سیر معنی غزل مشخصا ازحافظ نبوده و به غزل فوق اضافه گشته است:

ای عروس هنر از بخت شکایت منما　　حجله حسن بیارای که داماد آمد

مـژده ای دل که دگـر باد صبـا بـاز آمد | هدهد خـوش خبـر از طرف سبا بازآمد
برکش ای مرغ سحـر نغمـه داوودی باز | کـه سلیمـان گـل از بـاد هوا باز آمد
لاله بـوی مـی نوشین بشِنید از دَم صبح | داغـدل بـود بـه امیـد دوا باز آمد
عـارفی کـو کـه کند فهم زبـان سوسن | تـا بپرسد که چرا رفت و چرا باز آمد
چشـم مـن در ره ایـن قافله راه بماند | تـا بـه گـوش دلـم آوازِ درا باز آمد
مردمی کـرد وکـرم ، لطف خداداد بر من | کـان بُتِ ماهـرخ از راه وفـا باز آمد

گر چه حافظ در رنجش زد و پیمان بشکست
مهــر او بیـن که بـه لطـف از در ما بازآمد

مژده ای دل که دگر باد صبا باز آمد : خوشا بحالت ای دل که مژده وصل یار رسید = **ازطرف سبا :** از سوی دیار ملکه سبا (یار) = **برکش :** با تمام وجود بخوان = **نغمه داوودی :** سرود پادشاهی = **که سلیمان گل از باد هوا باز آمد :** که یار همچون سلیمان که بر باد سوار بود می آید = **لاله بوی می نوشین بشنید:** عاشق خونین دل بوی وصل را احساس کرد = **داغدل بود:** بس بیتاب گشته بود= **عارفی کوکه کند فهم زبان سوسن :** کجاست آن دانا که بتواند زبان سوسن را بفهمد = **تا بپرسد که چرا رفت و چرا باز آمد :** تا بپرسد که چرا همیشه شاداب نمی ماند (نمی سازد) و چه میشود که دوباره با شادابی تمام باز میگردد(روی گردانی یار از عشاق و مدام درشور وصل خودقرار ندادن ایشان از چیست) = **چشم من در ره این قافله راه بماند :** انتظاری بسیارسخت کشیدم= **تابه گوش دلم آواز درا باز آمد:** تابادل بشنیدم که به حضور بیا = **مردمی کرد وکرم لطف خداداد برمن:** چشم پوشید و ببخشید مرا با روی آوردن به مهرورزی با من = **کآن بت ماهرخ :** که آن یار ماه روی = **در رنجش زد و پیمان بشکست :** با ناله هایش از درد جدائی از پیمان تسلیم یار بودن بیرون آمد = **مهر او بین که به لطف از درما باز آمد:** مهرورز بودن شگفت انگیز یار مارا بنگرید که چگونه آنرا برما پیمان شکنان مقرر میسازد =

(حافظ خود و عام)

{۱۲۸}

صبا به تهنیت از پیر می فروش آمد   که موسم طرب و عیش و ناز و نوش آمد
هوا مسیح نفس گشت و باد نافه گشای   درخت سبز شد و مرغ در خروش آمد
تنور لاله چنان برفروخت باد بهار   که غنچه غرق عرق گشت و گل بجوش آمد
بگوش هوش نیوش از من و به عشرت کوش   که این سخن سحر از هاتفم بگوش آمد
که مرغ صبح دانی ز سوسن آزاد   چه گوش کرد که با ده زبان خموش آمد
ز فکر تفرقه باز آی تا شوی مجموع   به حکم آنکه چو شد اهرمن سُروش آمد
ز خانقاه به میخانه می‌رود حافظ
دگر ز مستی زهد ریا به هوش آمد

صبا به تهنیت از پیر می فروش آمد: باد صبا به خوش آمدگوئی از سوی یارمست ساز آمد = که موسم طرب و عیش و ناز ونوش آمد: که بهار عاشقان سر رسیده است = مسیح نفس: جان افزا، زنده ساز جان= باد نافه گشای: بادبوی خوش آورنده گشت= درخروش آمد : با وجد و شوق بخواندن پرداخت = تنور لاله چنان برافروخت باد بهار : باد بهار چنان لاله های انبوه و داغ دار دشت را به رقص در آورد= که غنچه غرق عرق گشت وگل به جوش آمد: که از شور و زیبائی آنها هرخموشی به التهاب افتادوهرعاشقی پرازشورعشق گشت= بگوش هوش نیوش از من و به عشرت کوش: به هوش و دانائیت رجوع کن و گوش بدار و مست گشتن از بار را کار اصلی زندگی خود قرار ده = هاتفم : آوازدهنده غیب مرا = مرغ صبح ز سوسن آزاد : پرنده عاشق از آن یار آزاده = چه گوش کرد که با ده زبان خموش آمد : چه از او شنید که مبهوت او گشت = زفکر تفرقه باز آی تا شوی مجموع : از خود خواهی و دنیا گرائی(ابزار شیطان) دوری کن تا یار را دریابی = به حکم آنکه چو شد اهرمن سروش آمد : که اگردریافته باشی هرگاه که از شیطان روی میگردانی فرشته پیام آور یار بردلت نزول میکند وپیامهای پر مهریاررا برتوعرضه میدارد : ز خانقاه به میخانه میرود : از دعا خانه روبه سرای مست گشتن ازیار آورد= زمستی زهد ریا به هوش آمد: دگرباور وصل یار گشتن با دعاهای روزانه را کنار گذاشت =
(حافظ خود وعام)
بیت زیرکه بعنوان بیت هفتم غزل فوق در نسخه قزوینی آمده است بعلت عدم رعایت مبانی عرفان وسیر معنی غزل مشخصا ازحافظ نبوده و به غزل فوق اضافه گشته است:
چه جای صحبت نامحرم است مجلس اُنس   سر پیاله بپوشان که خرقه پوش آمد

سحرم دولت بیدار به بالین آمد　　گفت برخیز که آن خسرو شیرین آمد
قدحی درکش و سرخوش به تماشا بخرام　　تا ببینی که نگارت به چه آیین آمد
مژدگانی بده ای خلوتی نافه گشای　　که ز صحرای ختن آهوی مُشکین آمد
گریه آبی به رخ سوخته ام باز آورد　　ناله فریاد رس عاشق مسکین آمد
مرغ دل باز هوادار کمان ابروییست　　ای کبوتر، نگران باش که شاهین آمد
رسم بَد عهدی ایام چو دید ابر بهار　　گریه‌اش بر سمن و سنبل و نسرین آمد
چون صبا گفته حافظ بشنید از بلبل
عَنبر افشان به تماشای رَیاحین آمد

دولت بیدار : وصل سازان همیشه بیدار یار = **بالین :** بستر خواب = **خسرو شیرین :** فرمانروای بس زیبا (یار) = **قدحی درکش و سرخوش به تماشا بخرام :** مست او گرد باسرمستی تمام به تماشایش بنشین = **نگارت به چه آئین آمد:** یار زیبایت باچه مراسم زیبائی وصلش را مقرر میسازد= **خلوتی نافه گشا :** ای پاکباخته ائی که بوی خوش بار بخاطرتو پخش میگردد= **صحرای خُتن :** محلی درکشور چین= **آهوی مشکین آمد:** یارزیباروی وخوشبو ساز جان تو می آید= **گریه آبی به رخ سوخته ام بازآورد :** گریه هایم ثمر خود را یافت = **مسکین :** درمانده = **مرغ دل باز هوادار کمان ابروییست:** دل پرواز سازم دوباره درتیر رس آن یار دلربا قرار گرفت = **ای کبوتر نگران باش :** ای دل عاشق و ظریف نگاه کن و آماده باش = **شاهین :** شکار کننده کبوتر(یار)= **رسم بد عهدی ایام :** خشک گشتن طبیعت از سرمادر گذر روزها = **گریه اش برسمن وسنبل ونسرین آمد:** برگلها(عشاق) گریست تا ایشان را دوباره جان دهد = **چون صبا :** آنگاه که باد صبا= **عنبر افشان به تماشای ریاحین آمد:** باپراکندن بوی خوش وزنده ساز یاربرآنها به دیدار(عیادت) آنها آمد=**(حافظ خود حافظ)**

بیت زیرکه بعنوان بیت ششم غزل فوق در نسخه قزوینی آمده است بعلت عدم رعایت مبانی عرفان وسیر معنی غزل مشخصا ازحافظ نبوده و به غزل فوق اضافه گشته است:

ساقیا می بده و غم مخوراز دشمن و دوست　　که به کام دل ما آن بشُد واین آمد

نه هر که چهره برافروخت دلبری داند ... نه هر که آینه سازد سکندری داند

نه هر که طَرف کُلَه کج نهاد و تُند نشست ... کلاهداری و آیین سَروَری داند

هزار نکته باریکتر ز مو اینجاست ... نه هر که سر بتراشد قَلندری داند

تو بندگی چو گدایان به شرط مزد مکن ... که دوست خود روش بنده پروری داند

وفا و عهد نکو باشد ار بیاموزی ... وگرنه هر که تو بینی ستمگری داند

به قدو چهره هر آنکس که شاه خوبان شد ... جهان بگیرد اگر دادگستری داند

غلام همت آن رند عافیت سوزم ... که در گدا صفتی کیمیاگری داند

مدار نقطه بینش ز خال توست مرا ... که قدر گوهر یکدانه جُوهری داند

بباختم دل دیوانه و ندانستم ... که آدمی بچه‌ائی شیوه پری داند

ز شعر دلکش حافظ کسی بود آگاه ... که لُطف طبع و سخن گفتن دَری داند

چهره برافروخت دلبری داند : رویش سرخ گشت آشنا به عشق ورزیست = **آینه سازد سکندری داند** : هرآینه سازی نمیتواند چون اسکندر آینده را درآینه بخواند = **طرف کله** : سمت و شکل کلاه را = **تند نشست** : چون سرداران نشت (شق نشست)= **کلاهداری و آئین سروری داند** : میتواند یک رهبر و فرمانده باشد= **باریکتر ز مو** : بسیارظریف = **قلندری:** جوانمردی= **به شرط مزد مکن:** از بابت عبادات خود از خداوند طلبکارمشو= **دوست** : خداوند= **به قدو چهره هر آنکس که شاه خوبان باشد** : به لحاظ رزم آوری و آنچه ارائه میدهد (مدیریتی که میکند)هرکس از بهترینها باشد= **جهان بگیرد اگردادگستری داند:** میتواندجهان را بگیرد البته اگر حقوق مردم را در همه جا رعایت سازد = **غلام همت آن رند عافیت سوزم** : دوستار سعی ومقاومت آن پاکباخته از دنیا گذشته ام= **کیمیاگری داند** : همه چیز برایش طلاست (طلا با چیزهای دیگر برایش فرقی نمیکند) = **مدار نقطه بینش زخال توست مرا** : هرچیزی فقط در ارتباط با تو وزیبائی توجلب نظر مرا میکند=**گوهریکدانه** : جواهری بی همتا (تویار زیبارا)= **جوهری:** جواهرشناس (عاشق) = **بباختم دل دیوانه:** دلم درحالی عاشق ودیوانه تو شد=**که آدمی بچه شیوه پری داند:** که انسان نیز میتواند درپی عشق تو اینچنین اوج گیرد و به پرواز درآید= **دلکش** : دلپزیر و وجد آور دلها = **لطف طبع** : دلی که رو به یار آورده = **دری** : پارسی= **(حافظ خود حافظ)**

هـر که شد محـرم دل در حـرم یار بماند — وان کـه ایـن کار ندانست در انکار بماند
اگـر از پـرده برون شد دل مـن عیـب مکن — شکر ایـزد که نـه در پرده پندار بماند
محتسب شیخ شد و فسق خود از یـاد ببرد — قصـه ماسـت کـه در هر سر بازار بماند
از صـدای سخـن عشـق نـدیـدم خوشتر — یـادگاری که در ایـن گنبـد دوار بماند
برجمـال تو چنـان صورت چین حیـران شد — کـه حدیثش همه جا بر در و دیوار بماند
جـز دل من کـز ازل تـا به ابـد عاشق رفت — جـاودان کس نشنیدم کـه در کار بماند
صـوفیـان واستدند از گـرو مـی همه رخت — دلـق مـا بـود کـه در خـانه خمار بماند
داشتـم دلقـی و صـد عیب مـرا می‌پوشید — خـرقه رهـن می و مطرب شد و زُنار بماند
هـر می لعل کـز آن دست بلـورین ستدیم — آب حسرت شد و درچشم گُهـربار بماند
گشت بیمار که چون ، چشم تو گردد نرگس — شیـوه تو نشدش حاصل و بیمـار بماند
بـه تمـاشـاگـه زلفـش دل حافظ روزی
شـد کـه بـاز آیـد و جـاویـد گرفتـار بماند

محرم دل در حرم یار بماند: هر کس عشق یار را در دلش یافت و عزیز داشت از راهیان وصل اوست= **در انکار بماند :** عشق و عشق ورزی با یاررا منکر گشته است= **اگراز پرده برون شد دل من عیب مکن:** اگرعشق به یاراز وضعیت معمول زندگی خارج ساخت مرا آنرا عیب مدان= **که نه در پرده پنداربماند:** که با چشیدن وصلش جان ودلم از شک و خود خواهی ها و خودداوریها بسیار دور گشت= **محتسب شیخ شدوفسق خوداز یاد ببرد:** خودبین ، پیرگشت وهنوز گمراهی خود را حق میداند = **قصه ماست که در هرسربازار بماند:** این وصف حال عشق ورزی عشاق اوست که دهان بدهان در میان مردم میگردد= **ازصدای سخن عشق:** از عشق یار گفتن وسرودن= **گنبد دوار:** دنیای گذرا = **برجمال توچنان صورت چین حیران شد:** طبیعت چنان حیران زیبائی تو گشت و نقش گرفت= **که حدیثش:** که نشانه های تو= **جز دل من کز ازل تا به ابد عاشق رفت:** جز جان (ما انسانهاو جنها) که از ابتدا تا انتهای کار بمنظور دیدن زیبائیهای یار وبه عشق او روی آوردن خلق گشت= **جاودان کس نشنیدم که درکار بماند:** مخلوقی جاودانی نمی شناسم که برای اینکارخلق شده باشد= **واستدند از گرو می همه رخت:** آنها نیزتاب سختی راه را نیاوردند و روی گرداندند= **دلق ما بودکه در خانه خمار بماند :** هستی ما پاکباختگانست که برای مست گشتن از یاردرگرواوست= **داشتم دلقی وصدعیب مرا میپوشید:** اوضاع و احوالی داشتم وبا آنها خوش ومحترم بودم= **خرقه رهن می ومطرب شد وزنار بماند:** آنچنان عشقش و تمنای وصل زیبایش مرا از همه چیز دورساخت که انگارازدنیا فقط پارچه ائی برای پوشاندن خودبرایم باقی مانده است= **هر می لعل کز آن دست بلورین ستدیم:** حاصل هربار مست یارو وصل او گشتن= **آب حسرت شد و در چشم گهربار بماند :** با قطع وصلش چیزی جز حسرت آن حال و هوا و گریه بسیار برایم نماند= **چون چشم توگردد نرگس:** چگونه چشم وروی تو میتواند اینچنین زیبا و دلفریب بگردد = **شیوه تو نشدش حاصل :** به راز زیبائی توپی نبرد = **به تماشاگه زلفش:** به وصل زیبا و دلکشش= **باز آیدوجاوید گرفتار بماند:** برای همیشه درکنار خود نگاه دارد = **(حافظ خود حافظ)**

{۱۳۲}

رسید مـژده کـه ایـام غم نخـواهد مـاند　　چُنان نماند ، چُنین نیز هم نخواهد ماند
مـن ار چـه در نظـر یـار خاکسـار شدم　　رقیب نیـز چُنین محترم نخواهد ماند
غنیمتی شُمـر ای شمـع وصـل پـروانـه　　که ایـن معامله تـا صبحدم نخواهد ماند
چـو پـرده دار بـه شمشیر می‌زنـد همه را　　کسی مقیـم حریـم حـرم نخواهد ماند
چه جای شُکروشکایت زنقش نیک و بدست　　چـو بر صحیفه هستی رقم نخواهد ماند
سـرود مجلـس جمشید گفته‌اند ایـن بود　　که جام باده بیاور که جم نخواهد ماند
توانگـرا دل درویش خـود بـه دست آور　　کـه مخزن زر و گنج درم نخواهد ماند
بـدیـن رواق زبـرجـد نـوشته‌انـد بـه زَر　　کـه جـز نِکویی اهل کَـرم نخواهد ماند

ز مهـربانی جـانـان طمـع مَبُـر حافظ
که نقش جور و نشان ستم نخواهد ماند

ایام : روزگار = **چنان نماند چنین** : به آن صورت که بود ماندگار نشد وبه این وضعیت که هست = **نیزهم** : استفاده از دولغت هم معنی برای تاکید است= **خاکسارشدم** : مرا از وصل خود براند = **رقیب** : هرکه بسرای یار راه یافته = **چنین محترم** : برای همیشه ماندگار= **غنیمتی شمرای شمع وصل پروانه** : ای عاشق درحال سوختن از عشق یار زمان تلاش برای مست وصل یار گشتن را بسیار با ارزش بدان وآنرا فرصتی شمار = **که این معامله تا** : که زمان آن تا = **پرده دار:** مامور حفاظت حرم= **کسی مقیم حریم حرم:** کسی ماندگار در داخل و اطراف حرم = **چه جای شکر و شکایت ز نقش نیک و بدست** : از نعمت های دنیائی شکرگزاریم و شاکی از سختیهای آن در حالیکه= **چوبر صحیفه هستی رقم نخواهد ماند:** در پایان دنیادرصحنه هستی هیچ چیزباقی نمی ماند= **سرود مجلس جمشید:** شعار مجالس آن فرمانروای پرهیزکار= **که جام باده بیاورکه جم نخواهد ماند:** باید که روی به مستی یار آورد که از جاه وجلال دنیا نیز چیزی باقی نمی ماند = **توانگرا** : ای آنکه دستت را یار باز ساخته = **دل درویش خود بدست آور** : دست مسکین فرستاده شده (ازطرف یار) برخودرا بگیر= **که مخزن زر وگنج درم نخواهد ماند:** که ثروت اندوخته شده نیز ماندنی نیست(اگر چه گنج قارون باشد) = **بدین رواق زبرجد نوشته اند به زر:** اینچنین برروی طاقی از سنگ زبرجدبا طلا نوشته اند= **نکوئی اهل کرم** : مهرورزی مهروزان و بخشش بخشندگان = **ز مهربانی جانان طمع َمبُر** : از مهروزی یار (در برطرف ساختن سختیها) هیچگاه نا امید مشو = **که نقش جور و نشان ستم نخواهد ماند:** که سختیهای ایجاد گشته وآثار ظلم ستمگران هم از بین رفتنی است =

(حافظ خود وعام)

بعد از این دست من و دامن آن سرو بلند ... کـه به بالای چمـان از بُن و بیخم بَر کَنَد

حاجـت مطرب و می نیست تو بُرقِع بگشا ... که به رقص آوردم ، آتش رویت چو سپند

گفتم اسرارغمت هرچه که بود گو می باش ... صبراز این بیش ندارم چکنم تـا کی و چند

هیـچ رویـی نشود آینـه حجلـه بخت ... مگـر آن روی ، که مانـد بدان سمّ سمند

مـن خاکی که از ایـن در نتوانم برخاست ... از کجـا بوسه زنـم بـر در آن ، قصر بلند

باز مستان دل از آن گیسوی مُشکین حافظ

زان کـه دیـوانه همـان به که بود اندر بند

بعد از این دست من و دامن آن سروبلند: از این پس دیگر فقط بدنبال آن یار بس باوقارو زیبا خواهم بود= **که به بالای چمان از بن وبیخم برکند :** که با نمایش ناز قدو بالای خود همه چیز دنیارا از چشمم انداخته است = **حاجت مطرب و می نیست تو برقع بگشا :** احتیاج به نوازندگان و مست تو بودن نیست برای برقص در آمدن من ، تو فقط رویت را بر من بنما = **چوسپند:** چون اسفند برآتش = **گو می باش :** میگوئی باز هم صبر کن = **تا کی و چند :** تا چه زمانی آخر، و تا چندروز= **آینه حجله بخت:** بیننده وصل یار در سرنوشتش= **سمّ سمند:** (ازسمّی بمعنی مرتفع رونده) آن تیر مخصوص که میتواند به بالای آسمان رود = **از این در نتوانم برخاست :** نمی توانم از خلوتگاه خود بیرون روم = **قصربلند :** سرای بلند یار = **باز مستان دل از آن گیسوی مشکین :** دل خود را از بند گیسوی خوشبوی یار رها مساز = **همان به که بود اندر بند :** بهترست در بند باشد = **(حافظ خود وعام)**

بیت زیرکه بعنوان بیت پنجم غزل فوق در نسخه قزوینی آمده است بعلت عدم رعایت مبانی عرفان وسیر معنی غزل مشخصا ازحافظ نبوده و به غزل فوق اضافه گشته است:

مکُش آن آهوی مُشکین مـرا ای صیاد ... شرم ازآن چشم سیه دارو مبندش به کمند

حسب حالی ننوشتی و شد ایامی چند | محرمی کو که فرستم به تو پیغامی چند
ما بدان مقصد عالی نتوانیم رسید | هم مگر پیش نهد لطف شما گامی چند
چون می ازخُم به سبو رفت وگل افکند نقاب | فرصت عیش نگه دار و بزن جامی چند
ای گدایان خرابات خدا یار شماست | چشم اِنعام مدارید ز اَنعامی چند
عیب مِی جمله چو گفتی هنرش نیز بگوی | نفی حکمت مکن از بهر دل عامی چند
پیرمیخانه چه خوش گفت به دُردی کش خویش | که مگو حال دل سوخته با خامی چند

حافظ از شوق رُخ مهر فروغ تو بسوخت
کامکارا ، نظری کن سوی ناکامی چند

حسب حالی ننوشتی : خبری از خود برایم نفرستادی = **محرمی کو که فرستم بتو پیغامی چند :** مگر کسی هم هست که چون تورا دید محوت نشود وبتواند پیغامی را برساند = **ما بدان مقصد عالی نتوانیم رسید :** ما تنها با خواست و همت خود به وصل شیرین تو نمی توانیم برسیم= **هم مگر پیش نهد لطف شما گامی چند:** مگرآنکه تو از روی مهرورزیت بخواهی که وصلی را مقررسازی وسرانجامی بکارما دهی= **چون می ازخُم به سبو رفت:** آنگاه که مست سازی یار شروع گشت =**گل افکند نقاب:** و یار وصلش را مقرر ساخت = **فرصت عیش نگه دارو بزن جامی چند :** از فرصت داده شده به خوداستفاده کن و بتمامی محو و مست یار گرد=**ای گدایان خرابات خدا یار شماست:**ای پاکباختگان عاشق این خداوند بس والاست که یار شما گشته = **چشم انعام مدارید به انعامی چند:** با کسب گوشه هائی از مهرش راضی نگردید وهمه آنرا بخواهید= **عیب می جمله بگفتی هنرش نیز بگوی:** خطرات راه مست گشتن از یار را شرح دادی از شیرینی مست یار گشتن نیز بگوی = **نفی حکمت مکن از بهر دل عامی چند:** برحکمت مهرورزی مومن با یار سرپوش مگذار برای راضی ساختن ومورد تائید قرار گرفتن از سوی مردمی که از شیرینی عشق یار بیخبرند= **پیرمیخانه:** یار مست ساز = **دردی کش خویش :** مست گشته خویش= **با خامی چند:** آنانی که دراین کار(مهرورزی یار) نیستند واز آن خبری ندارند = **رخ مهر فروغ تو :** سیمای آتش زننده به جان عشاق تو = **کامکارا :** ای کام و جان شیرین ساز = **سوی ناکامی چند :** براین دردمند دور مانده از شیرینی وصل تو= **(حافظ خود عام)**

ابیات زیرکه بعنوان ابیات چهارم وپنجم غزل فوق در نسخه قزوینی آمده است بعلت عدم رعایت مبانی عرفان و سیر معنی غزل مشخصا ازحافظ نبوده و به غزل فوق اضافه گشته اند:

قند آمیخته با گُل نه علاج دل ماست | بوسه‌ای چند برآمیز به دشنامی چند
زاهد از کوچه رندان به سلامت بگذر | که خرابت نکند صحبت بدنامی چند

دوش وقت سحـر از غصـه نجاتم دادند | واندر آن ظلمت شب آب حیاتم دادند
بیخـود از شعشعه پـرتـو ذاتـم کـردنـد | بـاده از جـام تجلی صفاتم دادند
چـه مبارک سحری بود و چه فرخنده شبی | آن شب قدر کـه این تـازه براتم دادند
بعـد از ایـن روی مـن و آینه وصف جمـال | کـه در آن جـا خبـر از جلـوه ذاتم دادند
من اگر کامروا گشتم و خوشدل چه عجب | مستحق بـودم و ایـن ها به زکاتم دادند
هاتف آن روز به مـن مـژده ایـن دولت داد | که بـدان جـور و جفـا صبر و ثباتم دادند
این همه شهد و شکر کـز سخنم می‌ریزد | اجـر صبریست کز آن شـاخ نباتم دادند

منـت حافظ و انفـاس سحرخیزان بود
کـه ز بنـد غـم ایـام نجـاتم دادند

دوش: دیشب= **واندر آن ظلمت شب آب حیاتم دادند:** درآن تاریکی شب (چون تاریکی گور مردگان) مرا زنده ساختند (آن زنده بودن اصلی)= **بیخود ازشعشعه پرتوذاتم کردند:** ازدرخشش نورجان به وجد رسیده بیخودگشتم = **باده ازجام تجلی صفاتم دادند:** ازروشنی خلوص دل و جانم(برای یار) مرا مست ساختند = **چه مبارک سحری بود و چه فرخنده شبی:** چه سحر پربرکتی بود وچه والاساز(رشد ساز) شبی= **آن شب قدر که این تازه براتم دادند :** آن شب بلند مرتبه ساز که این وصل جدیدرا برایم مقرر ساختند = **بعد از این روی من وآینه وصف جمال :** دیگرمیخواهم که فقط شرح وحال آن زیبارا بگویم = **خبراز جلوه ذاتم دادند :** درآنجا یافتم که ماهیت جان بنده (عاشق) تا چه اندازه میتواند والا گردد = **کامروا گشتم و خوشدل چه عجب :** کامم شیرین و دلم در شادی غرق گشت عجیب نیست = **مستحق بودم و اینهابه زکاتم دادند:** لایقش بودم واینها (کامراوئی و خوشی از وصل یار) به من بخشیده شد= **هاتف :** آواز دهنده = **این دولت:** این مقام و موقعیت = **که بدان جوروجفا صبروثباتم دادند:** که در سختی روی گردانی یار مرا به صبرو استقامت خواندند و درآن کمکم ساختند = **شهد وشکر کز سخنم میریزد :** این شیرینی که اشعارم درکامها ایجاد میکند = **اجر صبریست کز آن شاخ نباتم دادند:** محصول صبرمن و شیرینی وصل یارست (اوست که اشعارم را اینچنین شیرین میسازد) = **منت حافظ و انفاس سحر خیزان بود :** لطف و منت گذاری یار و تمناهای عشاق بود = **بند غم ایام :** گرفتار بودن در غم دوری از یار = **(حافظ : حفظ کننده ، یار)**

{۱۳۶}

دوش دیـدم کـه ملایک در میخـانه زدند | گِـل آدم بسرشتند و بـه پیمـانه زدند
ساکنـان حـرم سِتر و عفـاف ملکـوت | بـا مـن راه نشیـن ، بـاده مستانه زدند
آسمـان بـار امـانـت نتـوانست کشید | قـرعـه کـار بـه نـام مـن دیـوانه زدند
شُکـر آنـرا کـه میـان من و او صلح افتاد | صوفیـان رقص کنان ساغر شکرانه زدند
آتش آن نیست که از شعله او خندد شمع | آتش آن است که در خِرمن پروانه زدند
جنـگ هفتـاد و دو ملـت همـه را عذر بنه | چـون ندیدند حقیقـت ره افسـانه زدند

کس چـو حافظ نگُشاد از رُخ اندیشه نقاب
تا سَـر زلـف سُخَن را به قلـم شانه زدند

دوش : دیشب = **میخانه** : سرای مست ساز یار = **گل آدم بسرشتند و به پیمانه زدند** : جسم (بدن) آدم را بساختند و به دور جان مست شونده از عشق یار کشیدند= **ساکنان حرم ستر وعفاف ملکوت**: زیبارویان سرای یار= **بامن راه نشین باده مستانه زدند** : به آن جان روش مست گشتن از عشق یاررا بیاموختند = **آسمان بار امانت نتوانست کشید** : این جان اول به آسمان عرضه شد ولی آن نتوانست عظمتش را تحمل سازد (قرآن) = **قرعه کار بنام من دیوانه زدند**: آن برما انسانها عرضه شد پس پذیرفتیم و عشق ورزی را تا حد دیوانه گشتن در آن ادامه دادیم = **شکر آنرا که میان من واو صلح افتاد** : بس شکر باید کردکه یار حاصل عشق ورزی ما(وصل شیرینش) را بر ما مقرر ساخت= **صوفیان رقص کنان ساغر شکرانه زدند** : به همین سبب نیز پاکباختگانش با تمام وجود برای مست گشتن از وصلش به یار روی می آورند (شکرگزاری انسان برای جانی که برایش مقرر شده روی آوردن به عشق ورزی با یار است) = **از شعله او خندد شمع** :که شمع با شعله آن به دلبری میپردازد = **آتش آنست که درخرمن پروانه زدند** : سوزندگی آتش را چون پروانه آنگاه بخوبی درمیابی که یارترا بسوزاند(به اوج لذت برساند) سپس از خود دورت سازد= **جنگ هفتادوملت همه را عذر بنه: جنگهای** میان آدمیان که برای عشقهای گوناگون بپا میگرددرا بکناری بگذار= **چون ندیدندحقیقت ره افسانه زدند:** از آنجا که روی آوردن به یار(حق) و اینکه برای این هدف خلق گشته اندرا نمی پذیرند آرزوهای دنیائی خود را حق انگاشته بدنبال رسیدن به آنهایند(قرآن) = **نگشاد از رخ اندیشه نقاب** : بیان و شرح تفکردر باب علت موجود گشتن انسانرا باز گو نکرده است= **تا سر زلف سخن را بقلم شانه زدند:** از ابتدائی که انسان به اندیشه پرداخت و آنرا نگاشت (این بیت با اعتراف خود حافظ نشانگروالابودن مقام ودانشی است که او از یار یافته است) = **(حافظ خود حافظ)**

{۱۳۷}

نقـدها را بـود آیـا کـه عیـاری گیـرند	تـا همـه صومعـه داران پی کاری گیرند
قوّت بازوی پرهیز تو بـه خوبان مفروش	که در این خیل حصاری بـه سواری گیرند
مصلحت دید من آنست که یاران همه کار	بگـذارند و خَـم طُـره یـاری گیرند
رقص بـر شعر تر و نالـه نی خوش باشد	خاصه رقصی که درآن دست نگاری گیرند
خـوش بگیرنـد حریفـان سر زلف ساقی	ایـن فلک ار بگـذارد کـه قراری گیرند

حافظ ابنـای زمـان را غم مسکینان نیست
زین میـان گـر بتوان به که کناری گیرند

نقد هارا بود آیا که عیاری گیرند: آیااهل کتاب می آیندکه آنچه ازآیات خدا را دردست داریم به هم عرضه وتبعیت کنیم (قرآن) = **تا همه صومعه داران پی کاری گیرند:** آنگاه بینی که صومعه ها رو به تعطیلی گذارند= **قوت بازوی پرهیزتو به خوبان مفروش:** جمع شدن در صومعه بعنوان دست کشیدگان از دنیا و مدام در کار خدمت به یار بودن را برخ عشاق نکشید = **که دراین خیل حصاری به سواری گیرند:** که دراین کارزار عشق دستیابی به سرای یار به تنهائی صورت میگیرد = **مصلحت دیدمن آنست :** من اینگونه توصیه میکنم = **که یاران:** آنان که به این راه نظر دارند= **همه کار بگذارند وطره یاری گیرند:** از دنیا بگذرندو به عشق ورزی یار روی آورند= **رقص بر شعر ترو ناله نی خوش باشد:** رقص سمای عاشقان خوش خواهد بود = **خاصه رقصی که درآن دست نگاری گیرند :** بخصوص رقص سمائی که مستی وصل یار آورد = **خوش بگیرند حریفان سر زلف ساقی :** یاران عاشق بخوبی میتوانند به مستی یار برسند = **این فلک ار بگذارد که قراری گیرند:** اگر روزگار(یار) نیز با آنان همراهی کند = **ابنای زمان:** ابن الوقتها ، فرصت طلبان = **مسکینان :** عشاق روی از دنیا گردانده = **زین میان گر بتوان به که کناری گیرند :** دراین کاروزار زندگی بهتر که از ایشان کناره گرفت و صبر پیشه کرد = **(حافظ خود وعام)**

بیت زیرکه بعنوان بیت پنجم غزل فوق در نسخه قزوینی آمده است بعلت عدم رعایت مبانی عرفان وسیر معنی غزل مشخصا ازحافظ نبوده و به غزل فوق اضافه گشته است:

یا رب این بچه تُرکان چه دلیرند به خون	که به تیـر مژه هر لحظه شکاری گیرند

{۱۳۸}

گـر مـی فـروش حاجت رندان روا کند　　　ایــزد گُنـه ببخشـد و دفـع بلا کند
حقـا کـز ایـن غمان برسد مـژده امـان　　　گـر سـالکـی بـه عهـد امانت وفا کند
گـر رنج پیش آید و گر راحت ای حکیم　　　نسبت مکـن به غیـر کـه اینها خدا کند
در کارخانه‌ای کـه ره عقل و فضل نیست　　　فهـم ضعیـف رای فضـولی چرا کند
سـاقی به جام عدل بـده بـاده تـا گـدا　　　غیـرت نیـاورد کـه جهـان پُـر بلا کند
مُطرب بساز پرده که کس بی اَجل نَمُرد　　　و انکـو نه ایـن ترانـه سُراید خطا کند
جان رفت در سر مِی و حافظ به عشق سوخت
عیـسی دَمـی کجاست کـه احیـای مـا کند

گرمی فروش حاجت رندان روا کند: اگر مست ساز تقاضای پاکباختگان را بر آورد= **ایزد گنه ببخشدو دفع بلا کند:** یار از گناه انجام شده در کسب آن مارا ببخشد و از عذاب دور سازد = **حقا کز این غمان برسد مژده امان:** بحتم ازاین غم کشیدنها وصل میسر میگردد= **گرسالکی به عهد امانت وفا کند:** اگر رهروی عهد" فقط روی به یار داشتن را" بجا آورد = **ای حکیم :** ای آنکه روی به حکمت کار آورده ائی = **کارخانه ائی :** وجود خداوند وجان ما وجهان برپا شده = **فهم ضعیف رای فضولی چرا کند :** وقتی فهم ما به گفته یار از درک علل آنها عاجزست چرا با تلاش بیهوده اجازه دهیم شیطان مارا گمراه ساخته واز یار دورگرداند= **به جام عدل بده باده تا گدا :** یارا به یک اندازه همه را از عشقت سیراب سازتا دیگرهیچ دنیا طلبی= **غیرت نیاورد که جهان پر بلا کند :** نخواهد که برای رسیدن به آرزوها وطمع ورزیهایش دنیا را به آتش بکشد = **مطرب بساز پرده که کس بی اجل نمرد:** مطرب بنواز ومست ساز مارا که هیچکس بدون پایان یافتن عمرش (خواست یار) نمی میرد = **وان کو نه این ترانه سرایدخطا کند :** هرکس جزاین باورداشته باشد (وبه یار روی نیاورد) خطا رفته است = **جان رفت در سر می:** جان برای مست گشتن از یار ازدست رفت = **عیسی دمی کجاست که احیای ما کند :** خواننده و یاد ساز عشق زیبای یار کجاست که مارا دوباره زندگی بخشد = **(حافظ خود و عام)**

بیت زیر که بعنوان بیت هفتم غزل فوق در نسخه قزوینی آمده است بعلت عدم رعایت مبانی عرفان وسیر معنی غزل مشخصا ازحافظ نبوده و به غزل فوق اضافه گشته است:

ما را که درد عشق و بلای خمار کُشت　　　یا وصل دوست یا می صافی دوا کند

دلا بسوز که سوز تو کارها بکند   نیاز نیم شبی دفع صد بلا بکند
عتاب یار پری چهره عاشقانه بکش   که یک کرشمه تلافی صد جفا بکند
ز مُلک تا ملکوتش حجاب بردارند   هر آن که خدمت جام جهان نما بکند
طبیب عشق مسیحا دم است و مُشفق لیک   چو درد در تو نبیند که را دوا بکند
تو با خدای خود انداز کار و دل خوش دار   که رحم اگر نکند مدعی خدا بکند
ز بخت خفته ملولم بود که بیداری   به وقت فاتحه صبح یک دعا بکند

بسوخت حافظ و بویی به زلف یار نبرد
مگر دلالت این دولتش صبا بکند

سوز تو : سوختن تو = **نیاز نیمه شبی دفع صد بلا بکند:** عشق ورزی شبانه با یار مارا از بلای خود پرستی که علت اصلی رسیدن بیشتر بلاها(آزمایشات الهی) بر ماست دور می سازد = **عتاب یار پری چهره عاشقانه بکش:** روی گردانی یار بس فریبنده را با عشق ورزیت تحمل کن = **یک کرشمه :** یک احساس و درک زیبائی ازیار = **جفا :** روی گردانی ، بی محلی یار = **ز ملک تا ملکوتش حجاب بردارند :** از دنیا و جهان ناپیدا برایش پرده برداشته شود = **هر آنکه خدمت جام جهان نما بکند :** آنکه بتمامی رو به مست گشتن از یار آورده باشد = **طبیب عشق مسیحا دمست ومشفق :** یار شفاساز دل ، زنده ساز جانست و تشویق ساز ما به صبر و رسیدن به وصلش (والا گشتن) = **چو درد در تو نبیندکه را دوا بکند :** وقتی دردی از دوری خوددر تو نمی بیند چه را دوا بکند = **انداز کار و دل خوشدار:** تو به عشق ورزی با یار روی آور و خود را به او بسپار و به او دل خوش بدار =**که رحم اگرنکند مدعی:** بدان که حتی اگر تمامی سردمداران دین بر آن بتازند باز خداوند آنرا تائید ساخته ومی پسندد= **ز بخت خفته ملولم بود که بیداری :** ازاینکه یارسرنوشت مرا برجدائی مقرر ساخته بس افسرده ام آیا بخت بیدار شده ائی (وصل گشته ائی) هست = **بوقت فاتحه صبح یک دعا بکند:** در گاه نماز صبح (قطع وصلش) سفارش مرا بریار بکند = **بوئی به زلف یار نبرد :** مست بوی خوش یار نگشت = **مگر دلالت این دولتش صبا بکند:** مگراز طریق باد سحری به آن بوی خوش برسد = **(حافظ خود و عام)**

مرا به رندی و عشق ، آن فضول عیب کند — که اعتراض بر اسرار علم غیب کند

کمال سر محبت ببین نه نقص و گناه — که هر که بی‌هنر افتد ، نظر به عیب کند

کلید گنج سعادت ، قبول راه اهل دلست — مباد آن که در این نکته شک و ریب کند

شبان وادی ایمن ، آنگه رسد به مراد — که چند سال به جان خدمت شُعَیب کند

ز عطر حور بهشت آن نَفَس برآرد بوی — که خاک میکده را عبیر جیب کند

چنان زند ره اسلام غمزه ساقی — که اجتناب ز صهبا مگر صهیب کند

ز دیده خون بچکاند فسانه حافظ
چو یاد وقت زمان شباب و شِیب کند

مرا به رندی وعشق آن فضول عیب کند: مرا برای پاکباختگی و عشق ورزی با یار آن کنجکاو بی اطلاع مورد نکوهش قرار میدهد= **که اعتراض براسرار عالم غیب کند:** که اینچنین ارتباطی با عالم غیب را قبول ندارد = **کمال سّر محبت ببین نه نقص وگناه :** والاگشتن بنده عاشق بوسیله یار مهرورز را بنگرنه گناه اشکالات شرعی عبادات را = **که هر که بی هنر افتد نظر به عیب کند:** آنکه دلش از مهرورزی یار نرم نگشته بجای دیدن نشانه های یار، عیبها و اشکالات را می بیند = **کلید گنج سعادت :** رمزرسیدن به خوشبختی کامل= **قبول راه اهل دلست :** تائید ساختن وراهی گشتن در راه ایشانست = **مباد آن که دراین نکته :** به آن راه نخواهد یافت آنکس که دراین رهنمود = **ریب :** شک = **شبان وادی ایمن :** چوپان سرزمین امن گشته (موسی (ع) در سرزمین حجاز) = **مراد :** خواسته = **به جان خدمت شُعَیب کند :** ازدل وجان دراین راه بکوشد وازمقام ودنیای خود دست کشد(شُعَیب ، پدر زن و کارفرمای حضرت موسی(ع)) = **حور بهشت :** زیبارویان بهشتی سرای یار = **برآرد بوی :** میتواند بوی خوششان را حس کند = **میکده را :** سرای مست سازرا = **عبیر جیب کند:** خشبوسازگریبان(بدن) خود نماید (مدام بدنبال مست گشتن ازیار باشد) = **زند ره اسلام غمزه ساقی :** دیدن عشوه یار چنان وضعیت زندگی وعبادت فرد را به هم میریزد = **اجتناب زصهبا مگرصهیب کند:** خروج از بیخود گشتن و مستی عشق را مگر خود ساقی(یار مست ساز) به انجام رساند= **زدیده خون بچکاند فسانه حافظ :** ماجرای عشق ورزی حافظ چشمان را خونبار کند = **چو یاد وقت زمان شباب وشیب:** وقتی یاد زمان وصل(که جوان میگردد) و قطع وصل یار(که پیرودرمانده میگردد) میکند=

(حافظ خودحافظ)

طایـر دولـت اگـر بـاز گُــذاری بکند　　　یـار بـاز آیـد و بـا وصـل قـراری بکند
دیـده را دستگه دُر و گُهـر گـر چه نماند　　　بخـورد خونـی کـه تدبیـر نثاری بکند
گشته‌ام باز نظـر را، بـه تـذروی پـرواز　　　باز خـواند مگرش نقش و شکاری بکند
کـو کریمی کـه ز بـزم طربش غمزده‌ائی　　　جرعـه‌ای درکشد و دفـع خماری بکند
کس نیـارد کـه بـر او دم زند از قصه ما　　　مگـرش بـاد صبـا گوش گذاری بکند
حافظـا گـر نروی از درش او هـم روزی
گـذری بـر سـرت از گوشه کنـاری بکند

طایردولت اگرباز گذاری بکند : پرنده بخت واقبال من اگر برسرم بنشیند= **قراری بکند:** آرامش وثباتی ایجادکند= **دستگه دُر وگهرگرچه نماند:** دیگراشکی برایش باقی نماند= **بخورد خونی که تدبیرنثاری بکند:** خونین شودو روش افشاندن آنرا بکار گیرد(خون افشان شود شایدکه اثری نماید)= **گشته ام بازنظررا ، به تذروی پرواز:** برای آن یار دقیق بین (چون باز شکاری) گشته ام چون قرقاولی بپروازدرآمده= **باز خواند مگرش نقش و شکاری بکند:** شاید شکل وشمایلم (آنچه تمنا میکنم)جلب توجه اش را بکند ومرا شکار نماید(وصلی مقرر سازد)= **کو کریمی که ز بزم طربش غمزده ائی:** کو گرامی گشته ائی (رهروی دست ودل باز) که مجلسی مست ساز برپا سازد تا این دل غمزده = **جرعه ائی در کشد دفع خماری بکند:** با شنیدن آوائی خوش ازشرح عشق یاربه مستی ائی برسدو دمی بیاساید=**کس نیاردکه براودم زند از قصه ما :**کسی نیست که چون وصل اوگشت بتواند کلامی بگوید (بعلت مبهوت بودنش) و ما را به یاد او آورد = **باد صبا گوش گذاری بکند:** باد خوشبوی کویش بگوش او برساند =**گرنروی ازدرش:** اگردر عشق او استقامت ورزی = **(حافظ خود و عام)**

ابیات زیرکه بعنوان ابیات سوم، ششم و هشتم غزل فوق در نسخه قزوینی آمده است بعلت عدم رعایت مبانی عرفان و سیر معنی غزل مشخصا ازحافظ نبوده و به غزل فوق اضافه گشته اند:

دوش گفتم بکند لعل لبش چاره من　　　هاتف غیب ندا داد که آری بکند
شهر خالیست ز عشاق بود کز طرفی　　　مردی از خویش برون آید و کاری بکند
یا وفا یا خبر وصل تو یا مرگ رقیب　　　بود آیا که فلک زین دو سه کاری بکند

{۱٤۲}

آن کیست کـز راه کـرم با چون منی یاری کند

بر جـای بدکاری چو مـن یکدم نکوکاری کند

اول به بانگ نـای و نی آرد به دل پیغام وی

وانگه بـه یک پیمانه می بـا من وفاداری کند

گفتم گِره نگشوده‌ام زان طُـره طاعت بوده‌ام

گفتا منش فرموده‌ام تا با تـو طراری کند

زان طره پرپیچ و خم سهل است اگر بینم ستم

از بندو زنجیرش چه غم آنکس که عیاری کند

چون من گدای بی‌نشان مشکل بو دیاری چُنان

سلطان کجـا عیش نهـان با رند بازاری کند

دلبر که جان فرسود از او کام دلم نگشود از او

نُومید نتـوان بـود از او باشد کـه دلداری کند

پشمینه پوش تندخو ازعشق نشنیده‌است بوی

ازمستیش رمـزی بگوی تا ترک هشیاری کند

بـاچشم پُـر نیرنگ او حافظ مکـن آهنـگ او

کـان طُـره شبرنگ او بسیـار طـراری کند

کرم : بزرگواری = **باچون منی :** با خواری مثل من = **یکدم :** بی وقفه = **بانگ نای و نی :** آوای موسیقی بزم عشاق = **به یک پیمانه می :** با مست ساختنم= **گره نگشوده ام زآن طره طاعت بوده ام :** دست درگیسویت نبرده ام (وصل نگشته ام) حالیکه مدام روبه تسلیم تو داشته ام= **تابا توطراری کند :** تا تو را به بازی گیرد = **زان طره پر پیچ و خم سهل است اگر بینم ستم :** در راه پر مخاطره وصل به آن یارزیبا بروز هر سختی امکان پذیراست = **از بند وزنجیرش چه غم آنکس که عیاری کند:** از به بند کشیده شدن و زجر دیدن نمی ترسد آنکه جوانمرد است و درگیر با ستم زمانه = **چون من گدای بی نشان مشکل بود یاری چنان :** به من بی چیزو بی نام و مقام بسیار عجیب است که آن یار زیبا نظری اندازد = **عیش نهان با رند بازاری:** با سودجویان بازاری که میخواهند بهره ائی ازاو نسیبشان شودهمنشینی کند= **که جان فرسود از او کام دلم نگشود از او :** که برایش جان ودلم از دست رفت ولی هیچ نظری به من نکرد = **پشمینه پوش تند خوی :** عاشق بد اخلاق گشته بخاطر دور بودن ازیار = **از مستیش رمزی بگوی تا ترک هشیاری کند:** از عشق یار گوشه ائی را برایش باز کن تامست وازخود بیخود شود= **پر نیرنگ :** مدام حال و هوائی دیگرایجاد کردن= **آهنگ:** قصد ، روی آوردن = **طره شبرنگ:** گیسوی به رنگ شب = **طراری کند:** طنازی کندو عاشق را سخت به بازی گیرد= **(حافظ خود وعام)**

بیت زیرکه بعنوان بیت ماقبل آخر غزل فوق در نسخه قزوینی آمده است بعلت عدم رعایت مبانی عرفان وسیر معنی غزل مشخصا ازحافظ نبوده وبوسیله شاعری درباری به غزل فوق اضافه گشته است:

شد لشکر غم بی عدد از بخت میخواهم مدد　　　تا فخردین عبدالصمد باشد که غمخواری کند

{۱٤۳}

سرو چمان من چرا میل چمن نمی‌کند
همدم گل نمی‌شود یاد سمن نمی‌کند
پیش کمان ابرویش لابه همی کنم ولی
گوش کشیده است از آن گوش به من نمی‌کند
دل به امید روی او همدم جان نمی‌شود
جان به هوای کوی او خدمت تن نمی‌کند
تا دل هَرزه گرد من رفت به چین زلف او
زان سفر دراز خود عزم وطن نمی‌کند
ساقی سیم ساق من گر همه درد می‌دهد
کیست که تن چو جام می جمله دهن نمی‌کند
با همه عَطر دامنت آیدم از صبا عجب
کز گذر تو خاک را مشک خُتن نمی‌کند
چون ز نسیم می‌شود زُلف بنفشه پُر شکن
وه که دلم چه یاد از آن عهد شکن نمی‌کند
دستخوش جفا مدان آب رُخم که فِیض ابر
بی مَدد سِرشک چو من دُر عَدن نمی‌کند
کشته غمزه تو شد حافظ ناشنیده پند
تیغ سزاست هرکرا فهم سخن نمی‌کند

سرو چمان : یارخرامان رو= **میل چمن** : یاد عشاق خود = **همدم گل نمی شود یاد سمن نمی کند:** با عشاقش نمی نشیند یادی از عاشق ترینش(از من) نمی سازد= **پیش کمان ابروش:** با خیال روی زیبایش= **لابه همی کنم:** مدام درحال زاریم = **گوش کشیده است:** انگار گوشش را برآن بسته است= **همدم جان نمی شود:** جان را آرام نمی گذارد = **به هوای کوی او خدمت تن نمی کند** : با خیال وصل او بدن وجسم خود را فراموش ساخته است = **دل هرزه گرد من رفت به چین زلف او:** این دل من که پیش از این به هرزیباروئی روی می آورد چون بدنبال آن بس زیبا افتاد = **زان سفر دراز خود عزم وطن نمی کند:** نمی تواند دیگر به حال قبلی خود باز گردد(زیبائیهای دیگراز چشمش افتاده) = **ساقی سیم ساق من گر**

همه درد میدهد: مست ساز بسیار زیباروی من حتی اگرفقط درد(دوری) خود را عرضه کند = **کیست که تن چو جام می جمله دهن نمیکند:** کدام عاشقی است که برای برگرفتن آن درد نیز تنش را عرضه نسازد و نخواهد به تمامی از آن سیراب گردد = **با همه عطر دامنت :** با این بوی خوشی که دامنت (که به زمین کشیده میشود) از خود عرضه میدارد = **عجب :** تعجب میکنم = **کز گذر توخاک را مُشک خُتن نمیکند :** چرا خاک مسیرت را از آن بوی خوش تبدیل به مُشکی بسیار خوشبو نمی سازد = **زلف بنفشه پر شکن :** گلبرگهای بنفشه را بر هم میزند = **وه که دلم چه یاد ازآن عهد شکن نمیکند :** آه که دلم آنزمان چه یاد شیرینی از آن یار بس زیبای بی وفا میکند= **دستخوش جفا مدان آب رخم :** فکرنکن که اشکهای زیاد ما فقط بخاطرجفای اوست =**که فیض ابر:** که ابر نیز با بارش خود= **بی مَدد سرشک چو من دُر عَدن نمیکند:** همچون اشکهای ریزان من تایافتن گوهروصل خود (ابر نیز) آنچنان می بارد تا آن گوهریکتا را (در یمن) ازخاک بیرون آورد = **کشته غمزه تو شد :** برای دیدن عشوه تو(وصل تو) از دست رفت = **تیغ سزاست هرکه را فهم سخن نمیکند :** ادب گشتن برای آنانست که به پند تجربه داران گوش فرا نمی دهند = **(حافظ خود و عام)**

بیت زیر که بعنوان بیت دوم غزل فوق در نسخه قزوینی آمده است با تمام تعابیر زیبائی که آورده است که البته از خود حافظ گرفته شده است بعلت عدم رعایت مبانی عرفان و همچنین تکرار قافیه درآن مشخصا ازحافظ نبوده و به غزل فوق اضافه گشته است:

دی گِلِه‌ای ز طُره‌اش کـردم وازسرفُسوس گفت که این سیاه کج گوش به من نمی‌کند

در نظربازی ما بی‌خبران حیرانند — من چنینم که نمودم دگر ایشان دانند
مفلسانیم و هوای مِی و مطرب داریم — آه اگر خرقه پشمین به گرو نستانند
جلوه گاه رخ او ، دیده من تنها نیست — ماه و خورشید هم این آینه می‌گردانند
عاقلان نقطه پرگار وجودند ولی — عشق داند که در این دایره سرگردانند
وصل خورشید به شب پره اَعمی نرسد — که در آن آینه صاحب نظران حیرانند
مگرم چَشم سیاه تو بیاموزد کار — ورنه مَستوری و مستی همه کس نتوانند
لاف عشق و گِله از یار زَهی لاف دروغ — عشقبازان چنین مُستحق هِجرانند
عهد ما با لب شیرین دهنان بست خدای — ما همه بنده و این قوم خداوندانند
واعظ ار رندی حافظ نکند فهم چه شد
دیو بگریزد از آن قوم که قرآن خوانند

در نظربازی ما بیخبران حیرانند: آنچه ما عاشقان دنبال میکنیم باعث سردرگمی ناعاشقانست= **من چنینم که نمودم :** من همیشه همینم که خود را عرضه ساختم و میسازم = **مفلسانیم :** محتاجانی بی مقام ومنصب باشیم = **هوای می و مطرب داریم :** بدنبال مست گشتن ازیارو به شادی تمام رسیدنیم= **خرقه پشمین به گرو نستانند :** وصلش را مقرر نسازد = **جلوه گاه رخ او :** نشانه های توجه دهنده یار= **هم این آینه می گردانند:** آمده اند که هم اینها(نشانه های یار) را بر همه عرضه دارند= **عاقلان نقطه پرگار وجودند :** عاقلان (عافیت اندیشان) نقاط دایره زندگی را تشکیل میدهند که درآن می آموزند و مدیریت میشوند (مورد آزمایش قرار میگیرند)= **دراین دایره سرگردانند :** بدانند که اگر روبه عشق یار نیاورند درهمین دایره آموخته های دنیائی سرگردان مانده و به جواب اصلی (درون خود) نمی رسند = **خورشید :** یار= **شب پره اَعمی :** شاپرک کور شب پرواز (آنکه نمی خواهد نشانه های یار را ببیند و چشم را بر آنها می بندد و در سیاهی قرار داشتن را ترجیح میدهد)=**که درآن آینه:** که دردرک وفهم آن نشانه های یار(موارد طبیعی دنیا)= **صاحب نظران حیرانند:** دانشمندان بانگاه علمی خود(ونه با نگاه ازدل) سردرگم عظمت خلقت آنهایند= **مگرم چشم سیاه توبیاموزدکار:** توخود عشق ورزی را بطالب وجوینده ائیکه میخواهی(لیاقتش را دارد) میآموزی= **ورنه مستوری مستی همه کس نتوانند:** عشق مست ساز تو را آموختن وازآن مست گشتن کارهرکس که به آن روی آورد نیست= **زهی لاف دروغ:** چه درک اشتباهی (که می اندیشند ابراز دلتنگی عاشق گله ساختن ازیارست)= **مستحق هجرانند :** حقشان دورماندن ازیارونچشیدن وصل اوست = **عهد مابا لب شیرین دهنان بست خدای:** مارابرای عشق ورزیدن با خودوهمنشین گشتن با زیبائیهایش خلق کرده است= **این قوم خداوندانند:** عاقلان وعلمای راهبرمردم که برای خودخدائی گشته اند= **واعظ:** سخنران ونماینده بزرگان دین=**رندی حافظ:** پاکباختگی ومدام بدنبال وصل یار بودن عاشقان را= **دیوبگریزد ازآن قوم که قرآن خوانند:** همچون دیوها (زشتیها وبدها) که ازمردمیکه همنشین باقرآنندوبه آن عمل میکنند دوری میکنند ایشان از پاکباختگی وعشق ورزی یار دوری میکنند=

(حافظ خودوعام)

ابیات زیرکه بعنوان ابیات نهم وآخرین بیت در نسخه قزوینی آمده است بعلت عدم رعایت مبانی عرفان و سیر معنی غزل وتکرار قافیه مشخصا ازحافظ نبوده وبه غزل فوق اضافه گشته اند:

گر به نِزهتگه ارواح بَـرَد بوی تو باد — عقل وجـان گوهر هستی به نِثار افشانند
گر شوند آگه از اندیشه ما مغبچگان — بعد از این خرقه صوفی به گرو نستانند

سمن بـویان غُبـار غم چو بنشینند، بنشانند | پری رویـان قرار از دل چو بستیزند بستانند
به فتراک جفـا دلها چو بربندند بر بندند | ز زلف عنبرین جانهـا چو بگشایند بفشانند
سرشک گوشه گیران را چو دُر یابند دریابند | رُخ مهـر از سحـرخیزان نَگردانند اگر دانند
به چشمم لعل رُمّـانی چو می‌خندند می‌بارند | ز رویـم راز پنهانی چـو می بینند می‌خوانند
به عمری یک نفس باماچو بنشینند، برخیزند | نهال شوق در خاطر چو برخیزند بنشانند
دوای درد عاشق سهل ، چو پندارند ، پند آرند | ز فکر ، آنان که در تدبیر درمانند ، در مانند

چو منصور از مُراد ، آنان که بر دارند ، بردارند
بدین درگاه حافظ را چو می‌خوانند می‌رانند

سمن بویان غبار غم چو بنشینند بنشانند : نسیم های خوشبوی چو به مشام عشاق برسند التهاب غم دوری ازیار را کم میکنند = **چو بستیزند بستانند :** چو اخم و بداخلاقی میکنند دل را بیتاب خودشان می سازند = **به فتراک جفا دلها چو بربندند بربندند :** چو با جفای یار دل عاشقی در بند عشق او بماند و بدنبالش باشد پس او گرفتار عشق یارخود گردیده است= **ززلف عنبرین جانها چو بگشایند بفشانند:** آنکه وصل یارگشته بوی خوش می پراکند زیراکه دست درآن گیسوی خوشبو برده است = **سرشک :** اشک = **چودُر یابند دریابند :** اگر ببینند که به رنگ دُر(خون) درآمده است وصل را مقرر میسازند = **رخ مهر از سحر خیزان نگردانند اگر دانند :** شب زنده داری که بتواند خلوص عشقش را نشان دهد نیز مزه وصل را می چشد= **لعل رمانی:** جواهر سرخ (دانه اناری) منبع اشکهایم = **چو میخندند می بارند :** من این اشکهای چون دُر(خون) را از خنده ایشان دارم = **راز پنهانی چو می بینند میخوانند :** راز عشق شدیدم به یار در صورتم آشکار است = **به عمری یک نفس با ما چو بنشینند برخیزند:** بعد مدتها چو وصلی مقرر میگردد انگار به نفسی آنرا تمام میسازند= **نهال شوق درخاطرچو برخیزند بنشانند:** چووصل را قطع میکنند انگار نهال شوق وصل مجدد را در یاد میکارند= **سهل چو پندارند پند آرند:** چون آنرا آسان میگیرند به پند دادن به عاشق می پردازند= **زفکر آنان که درتدبیر درمانند درمانند:** از روی دانش وعلم هرکس بخواهد این مشکل را حل سازد به جائی نمی رسد = **از مراد آنانکه بر دارند بردارند:** آنانکه بر سر دارند (دراین راه جان را تقدیم داشته اند) به مراد خود رسیده اند = **بدین درگاه :** به درگاه وصل= **چو میخوانند میرانند :** وصل را قطع میکنند(چومنصورحلاج برایم مدام نمی سازند) = **(حافظ خود و عام)**

بیت زیرکه بعنوان آخرین بیت غزل در نسخه قزوینی آمده است بعلت عدم رعایت مبانی عرفان و سیر معنی غزل و تکرار قافیه مشخصا ازحافظ نبوده وبه غزل فوق اضافه گشته است :

در این حضرت چو مشتاقان نیاز آرند ناز آرند | که با این درد اگر دربند درمانند درمانند

{۱۴٦}

غلام نرگس مست تو تاجدارانند   خراب باده لعل تو هوشیارانند

تو را صبا و مرا آب دیده شد غماز   وگرنه عاشق و معشوق رازدارانند

ز زیر زلف دوتا چون گذر میکنی بنگر   که از یمین و یسارت چه سوگوارانند

گذار کن چو صبا بر بنفشه زار و ببین   که از تطاول زلفت چه بیقرارانند

نه من بر آن گل عارض غزل سرایم و بس   که عندلیب تو از هر طرف هزارانند

تو دستگیر شو ای خضر پی خجسته که من   پیاده می‌روم و همرهان سوارانند

خلاص حافظ از آن زلف تابدار مباد   که بستگان کمند تو، رستگارانند

غلام نرگس مست تو تاجدارانند: والامقامان نزد تو آنانند که از روی زیبای تو مست گشته اند = **خراب باده لعل تو هوشیارانند**: هوشیار واقعی آنست که خراب و مست از وصل زیبای توست = **غماز**: خبرچین، خبر آور و خبرده = **وگرنه عاشق و معشوق راز دارانند**: که میدانیم عاشق و معشوق راز میان خود را برملا نمیسازند = **ز زیر زلف دوتا**: با زلف تاب خورده و بس دلفریب = **یمین و یسار**: چپ و راست = **چه سوگوارانند**: همچو سوگواران چه گریان و بیقرارند = **بر بنفشه زار**: از میان عشاقت = **تطاول زلفت**: جفا ساختنهایت = **گل عارض**: یار ارائه ساز زیبائیهای دلفریب = **عندلیب**: بلبلان نغمه سرا = **تو دستگیر شو ای خضر پی خجسته**: توکمکی ساز ای خضر مبارک گشته (سریع حرکت کننده در زمین) = **همرهان سوارانند**: همراهان وصل ساز سریع رونده اند (شاید برای همین عقب ماندنم از ایشانست که وصلم مقرر نمی شود) = **زلف تابدار**: دلبربس فریبنده = **که بستگان کمند تو**: آنانکه دربند تو گرفتار گشته اند= (حافظ خود وعام)

ابیات زیرکه بعنوان ابیات پنجم و هشتم در نسخه قزوینی آمده است بعلت عدم رعایت مبانی عرفان و سیر معنی غزل مشخصا از حافظ نبوده و به غزل فوق اضافه گشته اند:

نصیب توست بهشت ای خداشناس برو   که مستحق کرامت گناهکارانند

بیا به میکده و چهره ارغوانی کن   مرو به صومعه کانجا سیاه کارانند

آنـان کـه خـاک را بـه نظـر کیمیا کنند | آیـا بـود کـه گـوشه چشمی بـه ما کنند
دردم نهفتـه بـه ز طبیبـان مـدعـی | باشـد کـه از خـزانـه غیبـم دوا کنند
معشـوق چـون نقـاب ز رخ در نمی‌کشد | هـر کس حکایتـی بـه تصـور ، چرا کنند
چون حُسن عاقبت نه به رندی و زاهدیست | آن بـه کـه کار خـود بـه عنایت رها کنند
بی معـرفت مبـاش که در من یزید عشق | اهـل نظـر معـامله بـا آشنا کنند
پیـراهنـی کـه آیـد از او بـوی یوسفم | بترس کـه بـرادران غیـورش قبا کنند
حالـی درون پـرده بسـی فتنـه مـی‌رود | تا آن زمـان کـه پـرده برافتـد چه ها کنند
می خـور که صد گنـاه ز اغیار در حجاب | بهتـر ز طـاعتـی کـه بـه روی و ریا کنند
بگـذر بـه کوی میکده که زمـره حضور | اوقـات ز بهـر وصل تـو صـرف دعا کنند

حـافـظ دوام وصـل میسر نمی‌شـود
شـاهـان کـم التفـات بـه حـال گـدا کنند

آنانکه خاک را بنظرکیمیا کنند: یارو زیباروپانش که خاک وطلا را درنظرعشاقش یکی میگرداند(همه چیزرا از چشم آنها انداخته اند)= **گوشه چشمی بما کنند:** نظری نیز برما بیاندازند= **نهفته به زطبیبان مدعی:** پنهان کردن دردعشق از آنانکه فکر میکنند داروی آنرا میدانند= **خزانه غیبم:** از سوی یارم = **معشوق چون نقاب ز رخ در نمی کشد :** اگر یار وصلش را برعاشقان مقرر نمی سازد = **هرکس حکایتی به تصور چرا کند :** چرا هرکس مشکل را بابت اشتباهی درکار خود می بیند (فقط اینست که نمیخواهد روی بنمایاند)= **چون حسن عاقبت نه به رندی وزاهدیست:** چون از نزدیکان یار گشتن نه فقط از طریق پاکباختگی و پرهیزکاریست= **آن به که کارخود به عنایت رها کنند:** بهترآنکه درانتظار یار باشیم و ببینیم به که لطف میکند وگرامیش میدارد= **بی معرفت مباش که درمن یزید عشق:** شناخت اورا رها مکن و مدام بدنبالش باش زیرا که دراین بازار (دنیا)که برای عشق ورزی بنا شده است= **اهل نظر، معامله باآشنا کند:** آنانکه بتمامی بدنبال یارند به وصال خودمیرسند= **پیراهنی که آیدازاو بوی یوسفم:** کلامیکه بوی یاررا پخش میکند(قرآن)= **بترس که برادران غیورش قباکنند:** هشدارازفریب مدعیان دوستدار آن بودن(آنانکه کلام خداوندرابرای پیشبرد نظرخود معنی وارائه میسازند) = **درون پرده بسی فتنه میرود :** دنیا محل آزمایشهای گوناگون یار ازماست = **تا آنزمان که پرده بر افتد چه ها کنند :** تا آخرین دم(عمر داده شده و آزمایشهایش) چگونه عمل خواهیم کرد= **می خور که صد گناه ز اغیار در حجاب:** روی به مستی یارآرکه انجام چنین گناهانی بارها و بدورازچشم نامحرمان (نااهلان) = **بهترز طاعتی که زروی وریا کنند: بهتراز** عباداتی است که برای فریب دیگران باشد = **بگذر بکوی میکده که زمره حضور:** به مجلس عشاق بدنبال مستی ات افتخار حضوری ده که جمله حاضران = **اوقات :** زمان و وقت = **دعا:** درخواست و تمنا = **دوام وصل میسر نمیشود :** به وصل مدام دل خوش مدار = **التفات:** نظراندازی= **(حافظ خود و عام)**

ابیات زیرکه بعنوان ابیات هفتم ویازدهم غزل فوق درنسخه قزوینی آمده است بعلت عدم رعایت مبانی عرفان و سیر معنی غزل مشخصا ازحافظ نبوده وبه غزل فوق اضافه گشته اند:

گـرسنگ از ایـن حدیث بنالد عجب مدار | صاحب دلان حکایت دل خوش ادا کنند
پنهان ز حاسدان به خودم خوان که منعمان | خیـر نهـان برای رضـای خـدا کنند

شاهـدان گـر دلبری زینسان کنند		زاهـدان را رخنـه در ایمـان کنند
هر کجـا آن شـاخ نرگس بشکفد		گلرخانش دیـده نرگسـدان کنند
عاشقان را بر سر خود حکم نیست		هـر چه فـرمان تـو بـاشد آن کنند
پیش چشمم کمترست از قطـره‌ای		ایـن حکایتهـا کـه از طوفـان کنند
مـردم چشمم به خـون آغشته شد		در کجـا این جور بـر انسان کنند
خوش برآ با غُصه ای دل کاهل راز		عیش خوش در بـوتـه هجـران کنند
سـر مکش حافظ ز آه نیـمه شـب
تـا به صُبحت ، آینه رخشـان کنند

شاهدان گر دلبری زینسان کنند: آیات ونشانه های زیبای یار اگر اینچنین خود را به نمایانند = **زاهدان رارخنه درایمان کنند:** باورهای پرهیزکاران ناعاشق رادرهم خواهند ریخت = **آن شاخ نرگس:** جلوه ائی ازیارزیبا و فریبنده =**گلرخانش دیده نرگسدان کنند:** عاشقانش آنرا برچشم گذارند= **برسرخود حکم نیست** : به تمامی تسلیم یارند = **که ازطوفان کنند:** ازسختی راه عشق تو کنند= **مردم چشمم به خون آغشته شد:** دیگر به خون گریه کردن افتاده ام = **درکجااین جور بر انسان کنند:** هیچ مورد دیگری در زندگی انسان نیست که اینچنین برایش به خون گریه کردن افتد= **خوش برا با غصه :** خوش باش با غمت = **عیش خوش در بوته هجران کنند** : خوشند با سختی کشیدنهای خود (چرا که حاصلش وصل یارست)= **سرمکش حافظ ز آه نیمه شب** : از تمناهای شبانه هیچگاه دست نکش = **تا به صُبحت آینه رخشان کنند** : تا درموعد وصلت جانت مملواز زیبائیها و روشنائیها گردد =		**(حافظ خود وعام)**

ابیات زیرکه بعنوان بیت سوم و ششم غزل فوق در نسخه قزوینی آمده اند بعلت عدم رعایت مبانی عرفان و مخدوش بودن معانی تعابیراستفاده شده در آنها مشخصا ازحافظ نبوده وبه غزل فوق اضافه گشته است:

ای جـوان سرو قد گویی ببر		پیش از آن کز قامتت چوگان کنند
یار ما چون گیرد آغاز سماع		قدسیان بر عرش دست افشان کنند

{۱۴۹}

دانی که چنگ و عود چه تقریر می‌کنند   پنهان خورید باده که تعزیر می‌کنند
ناموس عشق و رونق عشاق می‌برند   عیب جوان و سرزنش پیر می‌کنند
گویند رمز عشق مگویید و نشنوید   مُشکل حکایتیست، که تقریر می‌کنند
جز قلب تیره هیچ نشد حاصل و هنوز   باطل در این خیال که اکسیر می‌کنند
نما از برون در شده مغرور صد فریب   تا خود درون پرده چه تدبیر می‌کنند
قومی به جد و جهد نهادند، وصل دوست   قومی دگر حواله به تقدیر می‌کنند
صد مُلکِ دل به نیم نظر می‌توان خرید   خوبان در این معامله تقصیر می‌کنند
می خور که شیخ و حافظ و مفتی و محتسب
چون نیک بنگری همه تزویر می‌کنند

تقریرمیکنند : بیان میکنند= **پنهان خورید باده که تعزیرمیکنند**: پنهانی روبه مستی یار آرید که حکومتیان آنرا حرام دانسته و مجازات دارد = **ناموس عشق و رونق عشاق می برند** : حرمتی برای عشق و عشق ورزی قائل نیستند = **عیب جوان و سرزنش پیر میکنند**: عشق را برای جوانان عیب دانسته پیران را بابت آن به مسخره میگیرند و سرزنش میکنند = **مشکل حکایتیست که تقریر میکنند** : کاریست نشدنی که انجامش را در سردارند= **جز قلب تیره هیچ نشد حاصل و هنوز** : بجز سیاه ساختن قلب خود چیزی دراین راه کسب نخواهندکرد ولی= **باطل دراین خیال که اکسیرمیکنند**: درافکار باطل خود غرقندوفکر میکنند بهترین را بر مردم عرضه میدارند= **نماز برون در شده مغرور صد فریب** : ظاهرشان نشانگر لذت بردن از افکار باطل وفریبکاری خودست= **تا خود درون پرده چه تدبیر میکنند**: باید دید این مشکل را(عاشق شدن) برای خودچگونه حل میسازند(عاشق شدن برای ایشان و وابستگانشان نیزهست)= **به جد وجهد نهادند وصل دوست** : بتمامی ازروی آوری به یاردست کشیده اند= **حواله به تقدیرمیکنند**: میگویند منتظریم ببینیم تاچه پیش می آید= **صد ملک دل به نیم نظر میتوان خرید**: به جهانی ازعشق باکسب نیم نگاهی ازیار میتوان دست یافت= **خوبان دراین معامله تقصیر میکنند**: عشاق خالصی که ادامه نمی دهند باخته اند = **می خور که شیخ و حافظ و مفتی و محتسب** : روی به مست گشتن ازیار که در این زمانه همه بزرگان راهنما وخدمت گزاران مردم = **چون نیک بنگری همه تزویرمیکنند** : همه (برای حفظ موقعیت خود) به خود فریبی روی آورده اند =   (حافظ فقط عام)

حافظ در این غزل از اوضاعی خاص که باعث ایجاد تغییراتی در جامعه بوسیله حاکمان و روحانیان وقت گردیده است خبر میدهد. ابیات زیر که بعنوان ابیات ششم ونهم غزل فوق درنسخه قزوینی آمده است بعلت عدم رعایت مبانی عرفان و مخدوش بودن معانی تعابیر استفاده شده مشخصا ازحافظ نبوده وبه غزل فوق اضافه گشته اند:

تشویش وقت پیر مغان میدهند باز   این سالکان نگر که چه با پیر می‌کنند
فی الجمله اعتماد مکن بر ثبات دهر   کاین کارخانه ایست که تغییر می‌کنند

شراب بی‌غش و ساقی خوش، دو دام رهند	که زیرکان جهـان از کمندشان نرهند
من ارچه عاشقم و رند و مست و نامه سیاه	هزار شکـر کـه یـاران شهر بی‌گنهند
قـدم منهی بـه خرابات جـز به شرط ادب	کـه سالکان درش محـرمان پادشهند
مبین حقیـر، گدایان عشق را کایـن قـوم	شهـان بی کمـر و خسروان بی کُلَهند
جفـا نـه پیشه درویشی است و راهـروی	بیـار بـاده که ایـن سالکان نه مَردِ رهند
به هـوش باش کـه هنگام بـاد استغنا	هزار خـرمن طـاعت بـه نیم جو ننهند

جنـاب عشق بلنـد است ، همتی ، حافظ
کـه عاشقان ، ره بی‌همتی به خود ندهند

شراب بی غش وساقی خوش دودام رهند: مستی یارو یارمست ساززیبادوگرفتارساز عشاقند = **که زیرکان جهان از کمندش نرهند** : که پاکباختگان جهان بدنبال آنندکه خودرا درآن گرفتار سازند= **من ارچه** : هرچند میگویند که من= **نامه سیاه** : بدکار= **یاران شهر:** واعظان عیب گیراز عشاق= **جزبه شرط ادب** : بجز بارعایت موارد عشق و عشق ورزی (محترم داشتن همه حتی بدگوی خود) = **که سالکان درش محرمان پادشهند** : که وصل شوندگان او از نزدیکان یار (مقربین) میگردند = **مبین حقیر:** کوچک مگیر = **شهان بی کمرو خسروان بی کلهند** : از والامقامان یار میباشند (که در دنیا نمودی ندارندو درآخرت است که به مقامشان پی خواهی برد)= **جفا نه پیشه دوریشی است:** روی گردانی ازیار در هر موقعیت و وضعیتی کارعاشق نیست = **بیار باده که این سالکان نه مرد رهند** : بهتر که روی به مستی خود آریم که این درویش مسلکان راهرو یارنیستند(دنبال عقاید خودند)=**که هنگام باد استغنا:** روزحساب که بادخلوص در مهرورزی با یار به خرمن اعمالت می وزد = **هزار خرمن طاعت به نیم جو ننهند** : عبادات انجام شده برای رفع تکلیف و ذخیره کردن ثواب نزد یار بس بی ارزش است (عبادات برای احساس حضور یار، هم کلام شدن با او و هرچه نزدیکتر گشتن به او و مقرر گشته)=**جناب عشق بلندست:** راه وصل یار بس سخت ودشوارست= **که عاشقان ره بی همتی بخود ندهند** : که عاشق واقعی تمام سعی و کوشش خود را مدام و در همه حال برای آن میگذارد = **(حافظ : بصورت عام)**

ابیات زیرکه بعنوان ابیات ششم و هفتم غزل فوق در نسخه قزوینی آمده است بعلت عدم رعایت مبانی عرفان و لحن و مخدوش وهمسو نبودن معانی آنها باسیرمعنی غزل مشخصا ازحافظ نبوده وبه غزل فوق اضافه گشته اند:

مکن که کوکبه دلبری شکسته شود	چو بندگان بگریزند و چاکران بجهند
غلام همت دُردی کشان یک رنگم	نه آن گروه که ازرق لباس و دل سیهند

یاد باد آن که نهانـی نظـرت بـا ما بود رقـم مهـر تـو بـر چهـره مـا پیدا بود
یاد باد آن که چو چشمت به عِتابم می‌کُشت معجـز عیسویت در لـب شِکَـرخا بود
یاد باد آن که صبوحـی زده در مجلس اُنس جـز مـن و یـار نبـودیم و وفـا بـا ما بود
یاد باد آن که رُخت شمع طرب می‌افروخت ویـن دل سوختـه پـروانـهٔ نا پروا بود
یاد باد آن که در آن بـزمگـه خُلـق و ادب آن کـه او خنـده مستانه زدی صَهبا بود
یاد باد آن که بـه یاقـوت قدح خنده زدی در میـان مـن و لعـل تـو حکایت‌ها بود
یاد باد آن که نگـارم چـو کمـر بـربستی در رکابش مَـه نـو پیک جهـان پیما بود
یاد باد آن که چو به اصلاح جفا می پرداخت
نظم هرگوهر ناسفته ائی بود که حافظ را بود

نهانی نظرت باما بود: در وصل شیرینت زیرچشمی عاشقت را نظاره میکردی= **رقم مهر تو بر چهره ما پیدا بود:** چهره ما نیز بتمامی نمایانگر شورعشق و وصل دل انگیز تو بود= **به عتابم می کشت:**ازشدت وجد انگارجانم را میگرفت= **معجز عیسویت درلب شکرخا بود:** لب شیرینت زنده سازمن بود= **صبوحی زده در مجلس انس:** مست گشته درمجلس وصل= **رخت شمع طرب می افروخت:** روی بس زیبایت به جلوه کردن و بوجدآوردن میپرداخت= **وین دل سوخته پروانه ناپروا بود :** دل سوخته ام آنگاه چون پروانه ائی بدورت میگشت = **بزمگه خلق وادب :** مجلس عشق و احترام به مقام عاشق و معشوق= **صهبا بود :** یار مست ساز بود= **به یاقوت قدح خنده زدی:** خنده را برآن لبهای سرخ مست ساز بگذاردی= **لعل تو حکایتها بود :** با آن لب یاقوتی توچه ماجراها بگذشت = **چو کمربربستی :** عازم بودی(ترک وصل میکردی) = **در رکابش مه نو پیک جهان پیمابود :** هلال ماه ازطرف توخبررا برهمه اعلام میکرد= **اصلاح جفا میپرداخت :** برای دلداری من ازقطع وصلش= **نظم هرگوهر ناسفته ائی بودکه حافظ رابود:** غزلهای عاشقانه ناتمامم را به اتمام میرساند=

(حافظ خود حافظ)

بیت زیرکه بعنوان بیت ماقبل آخر غزل فوق درنسخه قزوینی آمده است بعلت عدم رعایت مبانی عرفان و سیرمعنی غزل مشخصا ازحافظ نبوده وبه غزل فوق اضافه گشته است:

یاد باد آن که خرابات نشین بودم و مست وآنچه در مسجدم امروز کم است آنجا بود

{۱۵۲}

تـا ز میخانه و مـی نـام و نشان خواهد بود — سـر مـا خـاک ره پیر مغـان خواهد بود
حلقـه پیـر مغـان از ازلـم در گـوش است — بر همانیم کـه بودیم و همـان خواهد بود
چشمم آن دم که زشوقش بنهد سر به لَحد — تـا دم صبح قیامت نگـران خواهد بود
بـر سـر تُربت مـا چـون گذری هِمت خواه — کـه زیارتگـه رنـدان جهـان خواهد بود
بـرو ای زاهد و خود بین که زچشم من و تو — راز این پرده نهانست و نهان خواهد بود
تُرک عاشق کش من مست برون رفت امروز — تادگرخون، کی از این دیده روان خواهد بود

بخـت حافظ گـر از اینگونه مـدد خواهد کرد
زلـف معشـوق بـه دست دگران خواهد بود

تا زمیخانه ومی نام و نشان خواهد بود: تا ماجرای سرای مست ساز و مست گشتن (از یار) برقرار است = **سر ما خاک ره پیرمغان خواهد بود :** عشاقش سرو جان برای یار فدا می سازند = **حلقه پیر مغان از ازلم در گوش است:** یار مرا از ازل (از آنزمان که مرا آفرید) بخود خوانده است = **بر همانیم که بودیم و همان خواهد بود :** درهمان مسیریم که مارا بدان خوانده و در آن نیز میمانیم = **آن دم :** از آن لحظه – **بنهد سر به لحد:** سر برسنگ زیرسردرداخل قبربگذارم = **تا دم صبح قیامت نگران خواهم بود :** تا دوباره مرا برخیزاند درانتظار و چشم براه اوست = **برسرتربت:** به سرخاکم (مقبره ام) = **همت خوا :** دعائی برای همت ساختن خود دراین راه بنما = **که زیارتگه رندان جهان خواهد بود :** که پاکباختگان جهان نیز برای همین دعا آنجا می آیند = **خود بین :** به خود روی آور و عظمت جانت را دریاب = **راز این پرده :** راز وجود یار و خلقت ما= **تُرک عاشق کش من مست برون رفت امروز:** یار بس زیبای من که جان فدایش باد بتمامی سرمست ساخت و از پیش من رفت = **تا دگر خون کی از این دیده روان خواهد بود :** تا دوباره کی دیده آنقدر بگرید و بخون افتد که وصلش را مقرر سازد= **بخت :** سرنوشت = **گر از اینگونه مدد خواهد کرد :** اگراینچنین برایش نوشته باشد = **زلف معشوق به دست دگران خواهد بود :** وصل زیبایش نصیب دیگرانست = **(حافظ خود حافظ)**

{۱۵۳}

یـاد بـاد آن کـه سـر کوی تـوام منزل بود دیده را روشنی از خـاک درت حاصل بود
راست چون سوسن و گل از اثر صحبت پاک بر زبـان بـود ترا آن چه مرا در دل بود
در دلـم بـود کـه بـی دوست نباشم هـرگز چه توان کرد که سعی من و دل باطل بود
دل چـو از پیـر خـرد نقـل معـانی می‌کرد عشق می‌گفت بشرح، آنچه براو مشکل بود
بس بگشتم کـه بپـرسم سبب درد فـراق مفتـی عقـل در این مسئلـه لایَعقِل بود
دوش بـر یـاد حریفـان بـه خرابـات شدم خُم مِی دیدم و خون در دل و پـا در گل بود
آه از آن جور تطاول که در این دامگه است آه از آن سـوز و نیازی که در آن محفل بود
دیـدی آن قهقهه کبـک خـرامـان حافظ
کـه ز سـرپنجـه شـاهیـن قضـا غافل بود

سر کوی تو ام منزل بود : در گاه وصل شیرین تو بودم = **دیده را روشنی از خاک درت حاصل بود:** چشمانم روشن بود از زیبائی رویت= **راست چون سوسن و گل از اثر صحبت پاک:** کلامی بس دلکش وحق همچون پاکی آنچه گل سوسن به گلهای دیگر عرضه میدارد= **بر زبان بود ترا آنچه مرا در دل بود:** آنچه در دل من بود را بیان می ساختی= **در دلم بود که بی دوست نباشم هرگز** : با تمام وجود میخواستم که هیچگاه وصلم قطع نگردد = **سعی من ودل باطل:** خواست من و تمنای زیاد دل نیز فایده ائی نداشت = **دل چو از پیر خرد نقل معانی میکرد** : هرچه دل معانی عشق ترا از عقل کامل گشته بسختی درک میکرد = **عشق میگفت بشرح آنچه بر او مشکل بود** : عشق تو شرح کاملی ازآن معانی را برایش بیان میساخت = **سبب درد فراق** : علت درد دوری ازیاررا= **مفتی عقل:** عقل دلیل آور و حکم ساز= **لایعقل بود:** چیزی از آن نمی دانست = **حریفان** : عشاق ودلباختگان دیگر یار= **خرابات:** محفل عشاق یار= **خُم می دیدم و خون در دل و پا در گل بود** : سرمستانی دیدم خونین جگرو وامانده درکار خود = **جور تطاول:** سختی روی گردانی یار= **دامگه:** این عشق گرفتار ساز یار= **محفل** : مجلس = **قهقهه کبک خرامان:** خوشی آن کبک بی خیال رونده را (آسایش آنزمان که عاشق یار نبودی و با خود خوش بودی) =**که زسرپنجه شاهین قضا غافل بود:** که از آن شاهین قوی پنجه بیخبر بود (که خبر نداشت که گرفتار شدن درعشق یار چه اوضاعی برایش بوجود می آورد) = **(حافظ خود وعام)**

بیت زیرکه بعنوان بیت ما قبل آخر غزل فوق در نسخه قزوینی آمده است بعلت عدم رعایت مبانی عرفان و سیر معنی غزل مشخصا ازحافظ نبوده وبه غزل فوق اضافه گشته است:

راستی خاتم فیروزه بواسحاقی خوش درخشید ولی دولت مستعجل بود

{۱۵٤}

دوش در حلقه ما قصه گیسوی تو بود ⁘ تا دل شب سخن از سلسله موی تو بود

عالم از شور و شر عشق خبر هیچ نداشت ⁘ فتنه انگیز جهان غمزه جادوی تو بود

من سرگشته هم از اهل سلامت بودم ⁘ دام راهم شِکَن طُرهٔ هندوی تو بود

دل که از ناوک مژگان تو در خون می‌گشت ⁘ باز مشتاق کمانخانه ابروی تو بود

بگشا بند قبا تا بگشاید دل من ⁘ که گشادی دلم در گرو بوی تو بود

به وفای تو که بر تربت حافظ بگذر
کـز جهان می‌شد و در آرزوی روی تو بود

دوش در حلقه ما قصه گیسوی تو بود : دیشب میان من ودل حکایت زیبائی فریبنده تو بود= **سلسله موی تو** : دیگر زیبائیهای بس فریبنده تو = **شور وشر عشق** : غوغائی که عشق میتواند برپا کند= **فتنه انگیز جهان** : آنچه این همه آشوب میتواند در جهان بپا کند = **غمزه جادوی توبود** : عشوه های سحر آمیز و زیبائی آفرین توست = **من سرگشته هم از اهل سلامت بود** : من دیوانه دربدر گشته روزی از عاقلان و عافیت بینان بودم = **دام راهم شکن طره هندوی توبود** : زیبائی موج گیسوی سیاه تو مرا بدام خود افکند= **دل که از ناوک مژگان تودر خون میگشت**: دلم که از تیر مژه های بس زیبای توغرق خون گشته بود= **باز مشتاق کمانخانه ابروی تو بود**: باز میخواست که بوسیله آن کمان ابرو تیرباران شود (دوباره آنرا ببیند و فدای آن گردد) = **بگشا بند قبا** : روبندت را کنار بزن و عطر خود را پراکنده ساز = **تا بگشاید دل من** : تا برای زمانی دلم آسایشی یابد= **به وفای تو** : به وفایت قسمت میدهم = **تربت** : خاک گور = **کـز جهان می شد در آرزوی روی توبود**: که راهی جهان دیگرست وآرزوی دیدن دوباره روی تورا نیزباخود به گور می برد = (حافظ خود حافظ)

بیت زیرکه بعنوان بیت سوم غزل فوق درنسخه قزوینی آمده است بعلت عدم رعایت مبانی عرفان وسیر معنی غزل مشخصا ازحافظ نبوده وبه غزل فوق اضافه گشته است:

هم عفا‌الله صبا کز تو پیامی میداد ⁘ ور نه درکس نرسیدیم که از کوی تو بود

{۱۵۵}

دوش می‌آمـد و رخسـاره بـرافروختـه بود — تـا کجـا بـاز دل غمـزده‌ای سوخته بود
جـان عشـاق سپنـد رخ خـود می‌دانـست — و آتش چهـره بدیـن کار ، برافروخته بود
رسـم عاشـق کـشی و شیـوه شهـرآشوبی — جامـه‌ای بـود کـه بـر قامت او دوخته بود
گـر چـه می‌گفت کـه زارت بکشم می‌دیدم — کـه نهانش نظـری با من دلسوخته ، بود
یـار مفـروش به دنیـا کـه بسی سود نکرد — آن کـه یوسـف بـه زر ناسره بفروخته بود

گفت و خوش گفت برو خرقه بسوزان حافظ
یـارم از قلـب شناسی ، چنیـن آموخته بود

دوش می آمدورخساره برافروخته بود: یارباچهره ائی برافروخته(به آتش کش دلها)دیشب ازما میگذشت= **دل غمزده ائی سوخته بود :** دل عاشقی درحال سوختن بود (که یار ترکش ساخته) = **سپند رخ خود میدانست :** میداند که جان عشاقش برای دیدن روی زیبایش همچون اسفند برآتش چقدر بیتاب است = **وآتش چهره بدین کار برافروخته بود :** چهره زیبا و خیره ساز و آتش زننده جان را به همین خاطرعرضه میدارد= **رسم عاشق کشی و شیوه شهرآشوبی :** اینکه عشاق خودرا از خود بیخود سازدو درهمه آنها آشوبی از شوق وصل ایجاد کند= **جامه ائی بودکه برقامت او دوخته بود:** اساسی است که ازازل میان خودو عشاقش مقرر ساخته است= **زارت بکشم :** بس به زاری و بیچارگی خواهی افتاد= **که نهانش نظری بامن دلسوخته بود :** ولی آن نگاه مهربانش چیزی دیگر میگفت که صبرپیشه کن که ارزشش را دارد = **یار مفروش بدنیا که بسی سود نکرد:** هرگز برای دنیااز یار(حق)روی مگردان که درواقع سودی نکرد= **آنکه یوسف به زره ناسره بفروخته بود:** آن صاحب کاروانی که یوسف را داشت ولی در بازار شهر با سکه هائی عوض کرد (کلام قرآنی) = **خرقه بسوزان:** ازهرتمایلی بدنیا دست بکش= **یارم از قلب شناسی چنین آموخته بود:** یاردل مرا بخوبی می شناخت که چنین توصیه ائی مرا کرد = **(حافظ خود حافظ)**

ابیات زیر که بعنوان بیت پنجم وششم غزل فوق درنسخه قزوینی آمده است بعلت عدم رعایت مبانی عرفان و تکراری بودن قافیه مشخصا ازحافظ نبوده وبه غزل فوق اضافه گشته اند:

کفر زلفش ره دین می‌زد و آن سنگین دل — در پی اش، مشعلی از چهره برافروخته بود
دل بی خون به کف آورد ولی دیده بریخت — الله الله که تلـف شـد آنچه اندوخته بود

{۱٥٦}

یک دو جامم دی سحرگه اتفاق افتاده بود
وز لب ساقی شرابم در مذاق افتاده بود

ای مُعَبِّر مژده‌ای فرما که دوشم آفتاب
در شکر خواب صبوحی هم وثاق افتاده بود

نقش می‌بستم که گیرم گوشه‌ای زان چشم مست
طاقت و صبر از خم ابرو، طاق افتاده بود

از سر مستی دگر با شاهد عهد شباب
رجعتی می‌خواستم لیکن طلاق افتاده بود

در مقامات طریقت هر کجا کردیم سیر
عافیت را با نظربازی فراق افتاده بود

ساقیا جام دمادم ده که در سیر طریق
هر که عاشق وش نیامد در نفاق افتاده بود

حافظ آن ساعت که این نظم پریشان می‌نوشت
طایر فکرش به دام اشتیاق افتاده بود

یک دو جامم دی سحرگه : مستی ائی دیشب سحرگاه = وزلب ساقی شرابم در مذاق افتاده بود : از یاد آن لب شیرین یار مست ساز به حال مستی افتاده بودم = ای مُعَبِّرمژده ائی فرما که دوشم آفتاب: ای عبور دهنده و همراهی کننده وصل یار، مژده وصل را بده که دیشب یار من : در شکر خواب صبوحی هم وثاق افتاده بود : یار در خواب شیرین مستی ام دیشب همنشینم بود = نقش می بستم که گیرم گوشه ائی زان چشم مست : به هرطرف مینگریستم که غرق لذت روی زیبایش گردم = طاقت وصبراز خم ابرو طاق افتاده بود: صبرو طاقتم از یاد آن کمان ابرو(یار بس زیبا) ازدست رفته بود = شاهد عهد شباب : یار جوان سازم = رجعتی میخواستم لیکن طلاق افتاده بود : وصلی راتمنا میکردم ولی حکم بر جدائی داده بود = در مقامات طریقت هر کجا کردیم سیر: مراحل عرفان وسلوک را درهرمرامی دنبال ساختیم دریافتیم = عافیت رابا نظربازی فراق افتاده بود: عاقبت اندیشی درکاردنیا وبدنبال یار بودن دومسیرمخالف همند= ساقیا جام دمادم ده که درسیرطربق: یارا مستی مدام ازززیبائیهاونشانه های خودرا ازما دریغ مدارکه درمسلک عشق تو(راه رسیدن به تو)= هرکه عاشق وش نیامد درنفاق افتاده بود: هرکه پاکباخته وعشق ورزتو نباشد درحال خود فریبی است = نظم پریشان: ارائه اشعاربی نظم ازنظرموضوع وشرح مطالب مختلف= طایر: پرنده= اشتیاق: شوروتمنای وصل یار=(حافظ خود حافظ)

بیت زیرکه بعنوان بیت ماقبل آخر غزل فوق درنسخه قزوینی آمده است مشخصا از شاعری درباریست و طبق گزارش مرحوم قزوینی در بیشتر نسخ نیز دیده نمی شود بنابراین مشخصا ازحافظ نبوده و به غزل فوق اضافه گشته است و البته شاید شاعر مربوطه در خصوص حمایت از حافظ وخوشنود ساختن حاکم وقت از او به سرودن و اضافه کردن آن به غزل فوق اقدام نموده است :

گرنکردی نصرت دین شاه یحیی ازکرم   کار مُلک و دین ز نظم و اتّساق افتاده بود

گوهر مخزن اسرار همان است که بود — حقه مِهر بدان مُهر و نشان است که بود
عاشقان زمره ارباب امانت باشند — لاجرم چشم گهربار همان است که بود
ازصبا پرس که مارا همه شب تا دم صبح — بوی زلف تو همان مونس جان است که بود
رنگ خون دل ما را که نهان می‌داری — همچنان در لب لعل تو عَیان است که بود
زلف هندوی تو گفتم که دگر ره نزند — سالهارفت و بدان سیرت و سان است که بود
کُشته غمزه خود را به زیارت دریاب — زان که بیچاره همان دل‌نگران است که بود
حافظا بازنما قِصه خونابه چشم
که بر این چشمه همان آب روانست که بود

گوهرمخزن اسرار همان است که بود: یار زیبای یکتا که عامل تمامی اسرار و زیبائیهای جهانست همانی است که همیشه بوده است = **حُقّه مِهر بدان مُهر ونشان است:** هنوز رسم ورسوم عشق ورزی نیزهمان گونه چون اول خلقت آدم است= **عاشقان زمره ارباب امانت باشند:** این عاشقانندکه امانت داری امانت او(روی آوردن و مهروزی با یار) را بجا می آورند = **لاجرم چشم گوهربار:** به همین دلیل چشم هایشان پُرست از اشک دوری او= **از صبا پرس:** از آورنده بوی خوشت بر عشاق بپرس= **بوی زلف تو همان مونس جان است که بود :** هنوز این بوی خوش توست که میتواند آرامشی برای جان عشاق ایجاد کند = **که نهان میداری:** نمیخواهی آشکار گردد= **درلب لعل توعیان است :** بر لبهای سرخ یاقوتی تودیده میشود= **هندو:** سیاه = **دگرره نزند :** دل مردمی را نبرد (عاشقانت کم گردند) = **بدان سیرت وسان است :** ولی همچنان دل میبرد وعاشق خود میسازد= **کشته غمزه خود را به زیارت دریاب :** به عاشق از دست رفته ازعشوه خود نظری کن= **دل نگران:** چشم براه = **باز نما قصه خونابه چشم :** حکایت سختی دوری از او را بگو = **که براین چشمه همان آب روان است که بود :** که چشمها همچنان در حال گریستن میباشند = **(حافظ خود حافظ)**

بیت زیرکه بعنوان بیت چهارم غزل فوق درنسخه قزوینی آمده است بعلت عدم رعایت مبانی عرفان وسیرمعنی غزل مشخصا ازحافظ نبوده وبه غزل فوق اضافه گشته است:

طالب لعل وگهر نیست وگرنه خورشید — همچنان در عمل معدن وکان است که بود

بـر سـر کـوی تو هـر کو بـه ملالت برود نشود کارش و آخـر بـه خجالت برود
سالک از نـور هدایت ببـرد ، راه به دوست کـه بـه جایی نرسد گر بـه ضلالت برود
ای دلیلت دل گمگشتـه خـدا را مـددی کـه غریـب ار نبرد ره ، بـه دلالت برود
کام خـود آخـر عمـر از می و معشوق بگیر حیف اوقـات کـه یکسر بـه بطالت برود
حکم مستوری و مستی همه برخاتم اوست کس ندانست که آخر بـه چه حالت برود
کـاروانی کـه بـود بدرقـه‌اش نـور خـدا بـه تجمل بنشیند بـه جلالت برود
حافظ از چشمـه حکمت بـه کـف آور جـامی
بـو کـه از لـوح دلـت نقـش جهـالت برود

هرکو به ملالت برود : هرکس قصدوصل ترا با بی حوصلگی و بی طاقتی داشته باشد= **به خجالت برود :** با دست خالی از این کار دست کشد = **سالک از نور هدایت ببرد راه به دوست :** راهی کوی یار از نوری که از صبرو تحمل خود می یابد به وصل خود میرسد = **ظلالت :** در سیاهی شک و بی تحملی سرکردن = **ای دلیلت دل گمگشته خدا را مددی :** ای آنکه به دلیل عاشق گشتن روی به یار آوردی خداوند خود یاری سازست = **غریب :** نا آگاه به راه و روش ، تازه کار = **به دلالت :** به واسطه خواست یار = **از می ومعشوق بگیر :** در مستی از یار مست ساز بجوی = **اوقات :** باقی عمر = **به بطالت برود :** تباه گردد (بدون کسب عیشی ازیار بگذرد) = **حکم مستوری ومستی همه بر خاتم اوست:** مست یار گشتن و به وصل او رسیدن همه بخواست و رای اوست = **که آخر به چه حالت برود :** کجا و چگونه مست یارگردد و یا وصل او شود (مستوری)= **کاروانی که بود بدرقه اش نور خدا:** کاروان وصل ساز عشاق = **به تجمل بنشیند:** با شکوه تمام اتراق کند(توقف کند)= **به جلالت برود :** با عظمت و بزرگی خاص خود حرکت نماید= **از چشمه حکمت به کف آورجامی:** با شناخت یاروعشق ورزی با او رو به مستی او آور = **بوکه از لوح دلت نقش جهالت برود :** باشد که جوابت را بیابی (از علت خلقت خود) واز سردرگمی بدر آئی = **(حافظ: بصورت عام)**

{۱۵۹}

هرگزم نقش تو از لوح دل و جان نرود   هرگز از یاد من آن سرو خرامان نرود

از دماغ من سرگشته، خیال دهنت   به جفای فلک و غصه دوران نرود

در ازل بست دلم با سر زلفت پیوند   تا ابد سر نکشد وز سر پیمان نرود

هر چه جز بار غمت بر دل مسکین من است   برود از دل من، وز دل من آن نرود

آن چنان مهر توام در دل و جان جای گرفت   که اگر سر برود، از دل و از جان نرود

گر رود از پی خوبان دل من معذور است   درد دارد، چه کند کز پی درمان نرود

هر که خواهد که چو حافظ نشود سرگردان
دل به خوبان ندهد وز پی ایشان نرود

نقش تو : یاد تو = لوح: آنچه نقش بخودگیرد = سروخرامان: یار بس زیبا و طناز = از دماغ من سرگشته خیال دهنت : از فکر و ذهن من دیوانه گشته آن وصل پرشور تو = به جفای فلک و غصه دوران: به سخت گیری روزگار و غم زمانه = در ازل بست دلم با سر زلفت پیوند : از بدو خلقتم عشق تو در دلم گذارده شد = وز سرپیمان نرود : برسر پیمانی که از جانها گرفتی دل من خواهد ماند = هرچه جز بار غمت بر دل مسکین من است : هر موضوع و چیزی که بر این دل درمانده وارد شود جز غم دوری از تو = خوبان: زیبارویان یار= معذور است: عذرش پذیرفتنی است = چه کند کز پی : پس چه کند اگراز پی = سرگردان : عاشقی دربدر بدنبال یار = خوبان : یار ماهرو (خالق و عامل تمامی زیبائیها) = (حافظ خود حافظ)

خوشا دلی که مدام از پی نظر نرود — به هر درش که بخوانند بی‌خبر نرود
دلا مباش چنین هرزه گرد و هرجایی — که هیچ کار ز پیشت بدین هنر نرود
طمع در آن لب شیرین نکردنش اولی — ولی چگونه مگس از پی شکر نرود
به تاج هدهدی ، از رهم مبرکه باز سفید — چو باشه در پی هر صید مختصر نرود
سواد دیده غمدیده‌ام به اشک مشوی — که نقش خال توام هرگز از نظر نرود
ز من به باد صبا بوی خود دریغ مدار — چرا که بی بوی زلف توام بسر نرود
سیاه نامه‌تر از خود ندید کس حافظ
چگونه چون قلمم دود دل ز سر نرود

مدام از پی نظر نرود: مدام بدنبال آنچه دلش می پسندد نباشد= **بیخبر نرود :** ارتباطش را با یار درنظرگیرد = **هرزه گرد و هرجائی :** مدام بدنبال زیباروئی در هرجا= **که هیچ کار زپیشت بدین هنر نرود :**در هیچ کار دنیا وآخرت با داشتن این منش وقصدموفق نخواهی بود= **طمع درآن لب شیرین نکردنش اولی:**بدنبال وصل شیرین او نبودن یعنی آرامش زندگی دنیائی= **شکر:** آن یاربس شیرین وشیفته ساز= **به تاج هدهدی از رهم مبرکه بازسفید--چو باشه درپی هرصید مختصر نرود :** میدانی که(چون بازسپید) بدنبال شکاری باارزشم (وصلت)پس مرا به کم ارزشها(تاج هدهد-زیبائی دنیا)راهنمائی مکن که نمیخواهم مثل قرقی (باشه) باشم= **سواد دیده غمدیده ام به اشک مشوی:** نخواه که سیاهی دیده ام از اشک مدام دوری تو سفید شودکه = **نقش خال توام هرگز از نظر نرود :** که خیال آن روی شیفته سازت هیچگاه ز نظرم پاک نمیگردد = **به باد صبا بوی خوددریغ مدار:** با باد صبا بوی خوشت را به من برسان = **بسر نرود :** نمی توانم زندگی کنم = **سیاه نامه تر :** از نظر یار افتاده تر= **چگونه چون قلمم دود دل زسرنرود:** چگونه میشود همچون دودی که از سراین قلم برای آماده شدن و نگارش نام توبلند میشود آتش درونم ازسرم برنخیزد= **(حافظ خودحافظ)**

بنظرمیرسداین غزل درمسیرخود تا ثبت درکتب چاپی بشدت مورد هجوم قرارگرفته و ابیات زیرکه بعنوان ابیات ششم، هفتم ، هشتم و بیت مقطع غزل فوق در نسخه قزوینی آمده به آن اضافه وحتی بیت مقطع کاملا تعویض گشته است البته عدم رعایت مبانی عرفان وهمسو نبودن آشکار معانی ابیات زیر باسیرمعنی غزل فوق بخوبی گویای این مسئله میباشند:

مکن به چشم حقارت نگاه درمن مست — که آبروی شریعت بدین قدر نرود
من گدا هوس سرو قامتی دارم — که دست درکمرش جز به سیم و زر نرود
تو کز مکارم اخلاق عالمی دگری — وفای عهد من از خاطرت به در نرود
بیار باده و اول و بدست حافظ ده — بشرط آن که ز مجلس سخن به در نرود

ساقی حدیث سرو و گل و لاله می‌رود — وین بحث با ثلاثه غساله می‌رود
می ده که نوعروس چمن حد حسن یافت — کار این زمان ز صنعت دلاله می‌رود
طی مکان ببین و زمان در سلوک عشق — کاین طفل یک شبه ره صدساله می‌رود
آن چشم جادوانه عابد فریب بین — کش کاروان سحر ز دنباله می‌رود
از ره مرو به عشوه دنیا که این عجوز — مکاره می‌نشیند و محتاله می‌رود
شکرشکن شوند همه طوطیان هند — زین قند پارسی که به بنگاله می‌رود
باد بهار می وزد ز گلستان ، حافظ
غافل مشو که کار تو از ناله می‌رود

ساقی حدیث سرو وگل ولاله میرود : ای مست ساز حکایت زیبائیها وفریبندگی تو ودل خونین عشاق آغاز گشت= **وین بحث باثلاثه غساله میرود:** این گفته هاو ناله ها برای غرق مستی وصل تو گشتن است (چون غسل سه گانه مسیحیان با آب یا شراب) = **می ده که نوعروس چمن حد حسن یافت** : مست ساز مرا که بهار نو به تمامی زیبا گشته است = **کار این زمان زصنعت دلاله میرود:** حال دیگر نوبت همراهان وصل است که کار خود را شروع کنند= **طی مکان بین و زمان در سلوک عشق:** مسیری که عاشق طی میکند و به جایگاهی که در وصل خود میرسد = **کاین طفل یک شبه ره صدساله میرود** : عاشق جان دوباره یافته(چون طفلان تازه متولد شده)در آن مدت کم شب وصل ببین تا به چه مقامی بالا میرود = **آن چشم جاودانه عابد فریب بین** : در آن حال زیبائی بی نظیر یار را می بینی همان که عابدان را عاشق خود ساخته واز دنیاطلبی دور مینماید=**کش کاروان سحرزدنباله میرود:** که کاروان وصل نورانیش(سحری) بدنبال او روانست= **عشوه دنیا:** فریب لذائذ دنیا= **عجوز:** پیر(سابقه دار قدیمی)= **مکاره می نشیند:** با فریب بردل فرودآید= **محتاله میرود:** با زشتکار ساختن تو ترک میکند ترا = **شکرشکن شوند:** درشیرین سخنی کم خواهند آورد = **زین قند پارسی که به بنگاله میرود:** آنگاه که این غزلیات شیرین ساز دل به زبان فارسی به شهربنگال میرسد = **کار تو از ناله میرود** : که احوالت بس خرابتر میگردد = **(حافظ : خود و عام)**

با بررسی سیر معنی درغزل فوق مشخص میگردد دو مصرع به بیت انتهائی (مقطع) غزل فوق بوسیله شعرای درباری اضافه گشته و بشکل زیردر نسخه قزوینی آمده است که در این نسخه دو مصرع اضافه شده حذف گردیده است:

باد بهار می وزد از گلستان شاه — وز ژاله باده در قدح لاله می رود
حافظ ز شوق مجلس سلطان غیاث دین — **غافل مشو که کار تو از ناله میرود**

{۱٦۲}

ترسم کـه اشک در غـم مـا پـرده در شود — ویـن راز سر به مُهـر به عالم سمر شود
خواهـم شـدن به میکـده گریان و دادخواه — کـز غـم خلاص مـن آن جـا مگر شود
از هـر کـرانـه تیـر دعـا کـرده‌ام روان — باشـد کـز آن میـانه یکـی کارگر شود
گـوینـد کـه سنگ لعل شود در مقام صبر — آری شـود ولیـکن بـه خـون جگر شود
از کیمیـای مهـر تـو زر گشـت روی مـن — آری بـه یمـن لطـف تـو خاک ، زر شود
در تنگنـای حیـرتم از نخـوت رقیـب — یـا رب مباد آنکـه گـدا معتبر شود
بس نکته ، غیر حُسن بباید کـه تـا کسی — مقبـول طبـع مـردم صاحب نظر شود

حافظ چـو نـافـهٔ سـر زلفش بدست تو نیست
دم در کش باشد که بـاد صبـا را خبر شود

پرده در شود: مهارش ازدست برود= **وین راز سر به مهربه عالم سمر شود:** این دردی که ازعشق و جدائی از یار میکشم در عالم پخش شود(چون سیاهی شب) = **به میکده گریان و دادخواه :** به آنجاکه از یاد یار مست میسازند گریان و تمناساز= **خلاص:** رها گشتن = **کرانه :** سمت ، جهت = **کار گر شود :** به هدف بخورد (قبول گردد)= **سنگ لعل شود در مقام صبر:** جواهرو سنگ یکی میگردد برای آنکه پاکباخته و صابرست درراه وصل یار= **ولیکن به خون جگر شود :** ولی رسیدن به آن مقام سختی زیاد وخون گشتن جگررا میطلبد = **از کیمیای مهر تو زر گشت روی من :** از این عشق طلاساز توست که روی من چنین رنگ زر یافته (زردگشته) = **به یمن لطف تو خاک زر شود :** این والائیت وصل توست که هر ناچیز(چون من)را پرارزشترین میسازد= **درتنگنای حیرتم از نخوت رقیب:** بسی بهت زده و متعجبم از خودباوری وخود فریبی شاعرراه نیافته (غیر عارف)= **آنکه گدا معتبر شود :** بی مایه گان (بی صلاحیتها) مقامی گیرند (سرکار آیند) = **بس نکته غیرحسن بباید:** بجز زیبائی ظاهر شعر بسیار موارد دیگری هم هست= **مقبول طبع مردم صاحب نظرشود :** مردم شعر شناس و دوستار شعررا راضی کند و بسوی آن بکشاند = **نافه سر زلفش :** پراکندن بوی خوش یار = **باشد که باد صبا را خبرشود :** شاید که از باد صبا (آورنده بوی خوش یار) خبری آید = **(حافظ خود حافظ)**

ابیات زیر که بعنوان ابیات پنجم و نهم غزل فوق در نسخه قزوینی آمده است بعلت عدم رعایت مبانی عرفان و سیر معنی غزل و تکرار قافیه مشخصا از حافظ نیست و به غزل فوق اضافه گشته اند.

ای جان حدیث ما بر دلدار باز گو — لیکن چنان مگو که صبا را خبر شود
این سرکشی که کنگره کاخ وصل راست — سرها بر آستانه او خاک در شود

{۱٦۳}

گر چه بر واعظ شهر این سخن آسان نشود		تـا ریـا ورزد و سـالـوس ، مسلمان نشود
رندی آموز و کرم کن که نه چندان هنرست		حَیـوانی کـه ننوشـد مِـی و انسان نشود
گـوهـر پـاک ببـایـد کـه شود قابل فیض		ور نـه هر سنگ و گِلی لؤلؤ و مرجان نشود
اسم اعظم بکند کار خود ای دل خوش دار		کـه بـه تلبیس و حِیَل دیو سلیمان نشود
عشق مـی‌ورزم و امیـد که ایـن فن شریف		با هنـرهـای دگـر مـوجـب حرمان نشود
ذره را تـا نبـود همـت عالـی حافظ
طالـب چشمه خورشیـد درخشان نشود

واعظ شهر این سخن آسان نشود : برسخنران اول شهر(منسوب حاکم) آسان نیاید = **سالوس :** فریبکاری ، شیادی = **مسلمان نشود :** مسلمان نخواهد بود = **رندی آموز و کرم کن که نه چندان هنراست:** پاکباختگی بیاموز وازدنیا دست بکش که (مثل تو بودن) کار سختی نیست = **حَیَوانی که ننوشد می و انسان نشود:** عهد با یار (به عشق او روی آوردن) را انجام ندادن و به سطح(وگاه زیر سطح) حیوانات تنزل کردن= **گوهر پاک بباید که شود قابل فیض :** دل و جانی پاک و خالص برای یار میخواهد تا قابل رشدیافتن و والاگشتن گردد = **لولو ومرجان :** جواهر و سنگ باارزش = **اسم اعظم بکند کارخود:** خداوندخود رسوا سازست=**که به تلبیس وحیل دیو سلیمان نشود:**که باپنهان کاری و فریبکاری، زشتکار نمیتواندجای پاکباخته(سلیمان)را بگیردزیراکه رسوا میگردد(قرآن)= **این فن شریف :** این حرفه به سعادت ونیک روزی رسان= **حرمان:** بیحاصلی(دور ساختن از وصل) = **ذره را :** آن ذره خاک در حال حرکت در نوار آفتاب (بنده خداوند)= **همت عالی:** خواست دل و ایستادن برای آن= **چشمه خورشید درخشان:** عشق یاربس زیبا= **(حافظ خود و عام)**

ابیات زیرکه بعنوان ابیات ششم و هفتم غزل فوق در نسخه قزوینی آمده است بعلت عدم رعایت مبانی عرفان وسیر معنی غزل مشخصا از حافظ نیست و به غزل فوق اضافه گشته اند:

دوش می‌گفت که فردا بدهم کام دلت		سببی ساز خدایا که پشیمان نشود
حسن خلقی ز خدا می‌طلبم خوی تو را		تا دگر خاطر ما از تو پریشان نشود

گـر من از باغ تـو یک میوه بچینم چه شود	پیش پـایـی به چراغ تـو ببینم چه شود
یا رب انـدر کنـف سـایه آن سـرو بلند	گـر مـن سوختـه یک دم بنشینم چه شود
آخـر ای خاتـم جمشیـد همـایـون آثار	گـر فتد عکس تو بر نقش نگینم چه شود
عقلم از خانه بـه در رفت و اگر مِی اینست	دیـدم از پیش که در خـانه دینم چه شود
صَـرف شد عُمرِ گرانمایه به معشوقه و می	تـا از آنم چه به پیش آید، از اینم چه شود
واعـظ شهر چـو مِهـر مَلِک و شَحنه گُزید	مـن اگـر مهـر نگاری بگـزینم چه شود

خواجـه دانست کـه مـن عاشقـم و هیـچ نگفت
حافظ ار نیـز بـدانـد کـه چنینـم چـه شود

ازباغ تو : از باغ سرای وصل تو = **چه شود :** مگر چه خواهد شد = **پیش پائی به چراغ تو :** جلوی پایم را با چراغی که به همراهی با من برایم گرفته ائی = **اندر کَنَف :** در زیر = **آن سرو بلند :** تو ای یار والا = **من سوخته :** من سوخته از آفتاب(دوری تو)= **ای خاتم جمشید همایون آثار :** ای مُهریا ای عامل اصلی عملکرد جمشید (سلیمان) در برپا سازی آن شکوه و عظمت = **گر فتد عکس تو بر نقش نگینم :** اگر فقط نقشی از زیبائی تو (برای آرام سازی دل) برانگشتری داشته باشم = **عقلم از خانه به در رفت اگر می اینست** = اگر مست سازی تو اینچنین هوش از سر عاشق میبرد= **در خانه دینم :** در خصوص رعایت احکام دین بر من چه خواهد رفت = **صرف شد عمر گرانمایه به معشوقه ومی:** بگذشت عمرداده شده برای والاگشتن با به دنبال عشق وصل یار بودن و مست وصل او گشتن = **تا از آنم:** بدنبال مست وصل یار گشتن= **از اینم :** بدنبال عشق او بودن = **واعظ شهر چومهر ملک وشحنه گزید :** نماینده دین و دینداری مردم دوستداری حاکم و کارگزارنش را انتخاب کرد = **مهر نگاری :** دوست داشتن محبوبی را (تو را) = **خواجه:** واعظ شهر= **حافظ :** یار = **بداند که چنینم :** عشق مرا قبول فرماید و وصلی مقرر سازد= **(حافظ : حفظ کننده ، یار)**

مگـر بـه بـاده مُشکین دلم کشد، شاید | کـه بـوی خیـر ز زهـد ریـا نمی‌آید
طمع ز فیض کرامت مَبُر کـه خُلـق کـریم | گنـه ببخشـد و بـر عاشقـان بیفزاید
جهـانیـان همه گر منـع من کنند از عشق | مـن آن کنـم کـه خـداونـدگـار فرماید
مقیـم حلقـه ذکرست دل بـدان امیـد | کـه حلقـه‌ای ز سـر زلـف یار بگشاید
چمن خوشست و هوا دلکش و می بی‌غش | کنـون به جز دل خوش هیچ در نمی‌باید
به لابه گفتمش ای ماهرخ چـه باشد اگـر | بـه یک شِکَر ز تـو دلخسته‌ای بیاساید

بـه خنـده گفت که حافظ خدای را مپسند
کـه بـوسـه تـو رخ مـاه را بیـالاید

مگر به باده مُشکین دلم کشد: مگربا مست گشتن از بوی خوش یار دلم آرامشی یابد = **که بوی خیرز زهد ریا نمی آید:** که این عبادات معمول روزانه کاری برایم از پیش نمیبرند= **فیض کرامت:** رشدکردن ووالاگشتن از مهروگرامی داریش= **خُلق کریم :** خالق گرامی ساز (مهرورز) = **بر عاشقان بیفزاید :** عاشقان خالص خود را والاسازد= **منع من کنند:** مرا پند دهند که از کار خود دست بردارم = **که خداوندگار فرماید :** آنچه یار درقرآن گفته است = **مقیم حلقه ذکرست:** مدام در حال یادساختن از اوست = **که حلقه ائی زسر زلف یاربگشاید:** وصلی برایش مقرر گردد = **چمن خوشست و هوا دلکش و می بی غش :** طبیعت بس زیبا و هوا عالی ومن به تمامی مست خیال یار زیبای خودم= **کنون به جز دل خوش هیچ در نمی باید :** حال جز وصل یار گشتن چیز کامل ساز دیگری برایم وجود ندارد = **لابه :** زاری = **ای ماهرخ چه باشد اگر:** ای یار بس زیبا چه میشود اگر= **به یک شکر زتو دلخسته ائی بیاساید :** با وصلی شیرین و ناچیزی از تو این دل بیقرار به آرامش برسد= **خدای را مپسند :** راضی مباش ، رضایت نده= **بیالاید :** زیبائیش را کم سازد= **(حافظ خود حافظ)**

ابیات زیر که بعنوان ابیات پنجم و هفتم غزل فوق در نسخه قزوینی آمده است بعلت عدم رعایت مبانی عرفان و سیر معنی غزل مشخصا از حافظ نیست و به غزل فوق اضافه گشته اند:

تو را که حُسن خداداده هست و حجله بخت | چه حاجت است کـه مشاطه‌ات بیاراید
جمیله‌ایست عروس جهـان ولی هُشدار | که این مُخَدَّره در عقد کس نمی‌آید

{١٦٦}

گفتم غـم تـو دارم گفتـا غمت سر آید گفتم کـه مـاه مـن شـو گفتا اگر برآید
گفتم ز مهـرورزان رسـم وفـا بیـاموز گفتا ز خـوبـرویـان ایـن کـار کمتر آید
گفتم کـه بـر خیـالت راه نظـر ببندم گفتا که شب رو است او از راه دیگر آید
گفتم دل رحیمـت کـی عزم صلح دارد گفتا مگـوی بـا کس تا وقـت آن درآید
گفتم که نوش لعلت ما را به آرزو کشت گفتا تـو بنـدگی کـن کو بنده پرور آید
گفتم که بوی زلفت گمراه عالمم کرد گفتا اگـر بـدانـی هم اوت رهبر آید
گفتم خوشا هوایی کز بـاد صبح خیزد گفتا خنـک نسیمی کـز کـوی دلبر آید

گفتم زمان عشرت دیدی که چون سر آمد
گفتا خموش حافظ کاین غصه هم سر آید

سرآید : تمام گردد= **گفتا اگربرآید**: آنگاه که وقتش گردد = **رسم وفا بیاموز** : ببین چگونه مدام روی به هم دارند = **زخوبرویان این کار کمتر آید** : از زیباروئی که عشاق و خواستگاران زیاد ومختلف دارد نباید چنین انتظاری داشت = **که بر خیالت راه نظر ببندم**: نمی گذارم خیالت از راه چشمان بر دل وارد گردد = **شب رو است او**: خیال من درتاریکی نیز راه خود را پیدا میکند= **دل رحیمت کی عزم صلح دارد**: مهربانیت کی به تمامی شامل حال من گردد ووصلت را مدام سازد= **تا وقت آن در آید**: تا زمان تعین گشته برای آن (اجل) برسد= **نوش لعلت** : آرزوی چشیدن مدام طعم وصل شیرینت مرا بمرگ میکشاند= **تو بندگی کن کو بنده پروراید**: به عشق ورزیت ادامه بده که یاررا مهرورز به عشاق یابی= **بوی زلفت گمراه عالمم کرد**: جزمست وصل تو گشتن راهی را نمی یابم(چیزی نظرم را جلب نمی کند)= **هم اوت رهبر آید** : همانست که ترا به مقصود میرساند= **کز باد صبح خیزد** : باد سحری آنرا می آورد = **خنک نسیمی** : باد خنکی است (از یار برای گداخته شدگانش) = **عشرت** : سرمستی و خوشی وصل = **کین غصه هم سر آید** : زمان وصل مدامت نیز در راه است = **(حافظ خود حافظ)**

{۱٦۷}

بـر سـر آنم کـه گـر ز دست بـرآید　　　دست به کاری زنـم کـه غصه سر آید
خلوت دل نیست جای صحبت اضداد　　　دیـو چـو بیـرون رود فرشته در آید
صحبـت حُکّام ظلمت شب یلداست　　　نـور ز خـورشید جـوی بو که بر آید
تـرک گـدایی مکن کـه گنج یابی　　　از نظـر رهــروی کـه در گذر آید
صـالح و طـالح متاع خویش نمودند　　　تـا کـه قبول افتد و کـه در نظر آید
بلبـل عاشـق تو عمـر خـواه که آخر　　　باغ شـود سبـز و شاخ گل بـه بر آید
غفلت حافظ در این سراچه عجب نیست
هـر کـه به میخـانه رفت بیخبـر آیـد

برسرآنم که گر زدست بر آید: قصد آن دارم که اگر بتوانم= **سرآید:** تمام گردد = **خلوت دل نیست جای صحبت اضداد:** نمیتوان در دل نیکی و بدی را باهم نگاه داشت و همزمان به هردو عمل کرد= **دیو چوبیرون رود فرشته درآید:** هرگاه بدی رااز دل دورسازی نیکوئی جای آنرا میگیرد= **صحبت حکام ظلمت شب یلداست:** همنیشین بودن بادنیاداران خودخواه همچون ورود به شبی تاریک و بلندست که نوری درآن برنمیخیزد= **نور زخورشید جوی بوکه برآید:** هدایت و حمایت ازیاررا بخواه، باشد که نظری افکند(و درنور غرق گردی) = **ترک گدائی مکن که گنج یابی :** ترک پاکباختگی مکن تاآن گنج اصلی (یار) را بیابی= **از نظر رهروی که در گذر آید:** این مرام راهیان یارست که ایشانرا در گذر زندگی می بینی= **صالح و طالح متاع خویش نمودند:** نیکونام(زاهد)و بدنام گشته (عاشق) هرکدام دست آورد خود را به حضور یار می برند = **تا که قبول افتد و که در نظر آید :** تا یار کدام را قبول کندوکدام را به نمایاند (نورانی سازد – قرآن) = **تو عمر خواه :** درخواست عمر بلندتری کن (که در مرگ شاید وصل باشد ولی دیگر والا گشتن (نور و مقام گرفتن) درآن نیست) = **باغ شود سبزو شاخ گل به بر آید:** با صبرو استقامت درراه وصل یار بکام خود می رسی= **غفلت حافظ در این سراچه عجب نیست :** بیخبری عاشق یاراز اوضاع زمان خود تعجبی ندارد= **هرکه به میخانه رفت بیخبرآید :** هرکه روبه مستی یارآورد دیگر هیچ خبری جز خبر یار جلب توجه اورا نمی کند = **(حافظ خود و عام)**

بیت زیرکه بعنوان بیت چهارم غزل فوق درنسخه قزوینی آمده است بعلت عدم رعایت مبانی عرفان وسیر معنی غزل و تکراری بودن قافیه مشخصا ازحافظ نبوده وبه غزل فوق اضافه گشته است:

بـر در ارباب بی مروت دنیا　　　چند نشینی که خواجه کی به درآید

{۱٦۸}

دست از طلب ندارم تا کام من برآید — یا تن رسد به جانان یا جان ز تن برآید
بنمای رخ که خَلقی واله شوند و حیران — بگشای لب که فریاد از مرد و زن برآید
از حسرت دهانش آمد به تنگ جانم — خود کام تنگدستان کی زان دهن برآید
جان برلبست و حسرت، دردل که از لبانش — نگرفته هیچ کامی جان از بدن برآید
بگشای تربتم را بعد از وفات و بنگر — کز آتش درونم دود از کفن برآید

گویند ذکر خیرش در خیل عشقبازان
هر جا که نام حافظ در انجمن برآید

تا کام من برآید: تا به وصلش برسم= **یا تن رسد به جانان:** یا مرا در آغوش خود گیرد = **بنمای رخ که خلقی واله شوند وحیران:** اگر روی زیبایت را بگشائی همه را از خود بیخود و سرگردان نمائی= **بگشای لب که فریاد از مرد وزن برآید :** آوائی از خود عرضه دار تا از زیبائی آن صدای حیرت همه خلایق را بشنوی= **از حسرت دهانش:** از غم وصل او نبودن = **خود کام تنگدستان کی زان دهن برآید:** پس دیگر کی زمان بکام رسیدن گدایان توست= **جان بر لب است وحسرت، در دل که از لبانش :** بس بی طاقت گشته ام و حسرت وصل شیرینش در دل باقی است = **نگرفته هیچ کامی :** به وصل شیرینی از یار نرسیده = **تربتم را :** خاک گورم را = **کفن :** پارچه ائی که مرده را درآن میگذارند = **گویند ذکر خیرش در خیل عشق بازان :** در محفل عاشقانست (نه مجالس وعظ وخطابه) که با خوبی از حافظ یاد می سازند =

(حافظ خود حافظ)

چو آفتـاب مـی از مشرق پیـاله برآید　　ز بـاغ عـارض ساقـی هـزار لاله برآید

نسیـم در سـر گل بشکفد کلالـه سنبـل　　چـو از میـان چمن بوی آن کلاله برآید

به سعی خود نتوان برد ره به گوهر مقصود　　خیـال باشد کایـن کار بـی حواله برآید

زگِـرد خوان نگون فلک طمـع نتوان داشت　　کـه بی ملالت صد غصه یک نواله برآید

گرت چو نوح نبی صبر هست در غم طوفان　　بلا بگـردد و کـام هـزار ساله برآید

حکایت شب هجران نه آن حکایت خالیست　　که شمه‌ای ز بیانش ، به صد رساله برآید

نسیم زلف تو چون بگذرد به تربت حافظ
ز خـاک کالبـدش صـد هـزار لاله برآید

چوآفتاب می از مشرق پیاله برآید: چومست ساز مستی وصل خودرا آغاز کند= **زباغ عارض ساقی هزار لاله برآید:** برای آنچه مست ساز عرضه میدارد هزاران خونین دل(لاله) سربرآورند و جام خود را بدست گیرند = **درسر گل بشکفد کلاله سنبل :** گیسوی (گلبرگهای) درهم پیچیده گل را پریشان (باز) سازد = **چو از میان چمن بوی آن کلاله برآید :** چون بوی آن گیسوی پر پیچ وخم (گیسوی یار)در طبیعت پخش گردد= **به سعی خود نتوان برد ره به گوهرمقصود:** فقط باخواست و صبرو استقامت به کوی یار راه باز نگردد= **خیال باشد کاین کار بی حواله برآید:** اینکه کاری بدون خواست یار انجام گردد خیالی بیش نیست = **زگِردخوان نگون فلک طمع نتوان داشت:** به روزی دهی آسمان (باریدن باران) در گردشش اطمینانی نیست = **که بی ملالت صد غصه یک نواله برآید:** که بدون سختی کشیدن و غم کار خوردن لقمه ائی پاک (بدون منت دیگران) در اختیار ما قرار دهد = **گرت چو نوح نبی صبر هست در غم طوفان :** اگر همچون نوح پیامبربا صبرو استقامت خود طوفان را پشت سر گذاری= **بلا بگردد وکام هزارساله برآید:** طوفان(سختی دوری از یار)بسرآیدو به مقصودی که برایش در تلاش و صبرو استقامت بودی خواهی رسید (حضرت نوح(ع)نزدیک به هزارسال عمرکرد (قرآن)) = **حکایت شب هجران نه آن حکایت خالیست:** شرح شبهای دوری ازیار شرحی ساده نیست=**که شمه ائی ز بیانش به صد رساله بر آید:** که شرحی مختصراز آن صد مقاله میطلبد= **تربت:** خاک گور = **کالبدش:**بدنش= **صد هزارلاله :** دشتی از خونین دلان جام بدست (آماده مست گشتن ازیار)=　　**(حافظ خود حافظ)**

{۱۷۰}

زهـی خجسته زمانـی کـه یـار بـاز آید | بـه کـام غمزدگان غمگسار باز آید
به پیش خِیل خیالش بگشتم اَبلق چشم | بـدان امیـد که آن شهسوار باز آید
اگر نه در خـم چـوگـان او رود سر من | ز سر نگویم ، که دگر به چه کار باز آید
مقیم بر سر راهش نشسته‌ام چون گَرد | بدان هوس که بدین رهگذار باز آید
دلـی کـه با سر زلفین او قـراری یافت | گمـان مَبر که بدان دل قـرار ، باز آید
چه جـورهـا که کشیدند بلبـلان از دی | به بـوی آن که دگـر نو بهار باز آید

ز نقش بنـد قضـا هست امیـدِ آن حافظ
کـه بـر سـر و دستم نگار باز آید

زهی خجسته زمانی : خوشا مبارک ساعتی = **غمگسار :** دور ساز غم = **به پیش خیل خیالش بگشتم ابلق چشم :** در هجوم لشکر خیالش سیاهی چشمانم سفید شد = **شهسوار :** یار دلکش = **اگر نه در خم چوگان او رود سرمن :** اگر با چوب چوگانش در این رقابت سر مرا نرباید (با خود نبرد و و وصلم نسازد) = **ز سر نگویم که دگربه چه کار باز آید :** دیگر چه بگویم به این سر که دیگر به هیچ دردی نمیخورد = **مقیم :** ساکن شدن مداوم = **چون گرد :** همچون گرد راه که بر دامن می نشیند= **هوس :** آرزو = **رهگذار باز آید :** از همین مسیری که رفته است بازگردد = **که با سر زلفین او قراری یافت :** که با وصل شیرین او به قرار و آرامشی رسید با دور گشتن ازاو = **جور ها :** سختی ها = **بلبلان ازدی :** عاشقان از زمستان (دوری از زیبائیهای یار) = **به بوی آنکه دگرنوبهار باز آید :** به امید آنکه باز موسم مست گشتن از زیبائیها و بوی خوش یار فرا رسد = **ز نقش بند قضا :** از سابقه مهرورزی او = **که بر سرو دستم نگار باز آید :** که یار را بار دیگر درآغوش کشم = **(حافظ خود و عام)**

{۱۷۱}

اگر آن طایر قدسی ز درم باز آید   عمر بگذشته به پیرانه سرم باز آید
دارم امید بر این اشک چو باران که دگر   برق دولت که برفت از نظرم باز آید
آن که تاج سر من خاک کف پایش بود   از خدا می‌طلبم تا به سرم باز آید
کوس نو دولتی از بام سعادت بزنم   گر ببینم که مه نو سفرم باز آید
گر نثار قدم یار گرامی نکنم   گوهر جان، به چه کار دگرم باز آید

آرزومند رخ یار چو ماهست حافظ
همتی تا بسلامت ز درم باز آید

طائرقدسی: خبر آورنده وصل = عمر بگذشته به پیرانه سرم باز آید: با همه پیری جوان وبس شاداب گردم = برق دولت: روشنی حضورش در زمان وصل= آنکه تاج سرمن : آنکه برسر خود می گذاشتم = از خدا میطلبم : از خداوندیش تمنا میکنم = تابسرم باز آید : وصل شیرینش را مقرر سازد = کوس نودولتی از بام سعادت بزم : باز یافتن مقام خودرا در اوج خوشبختی فریاد خواهم زد= مه نوسفرم : یار ماهرخ تازه به سفررفته ام = نثار قدم یار گرامی نکنم : اگر برای آمدن یار بس عزیز گرامی سازخود تقدیم نکنم = گوهر جان به چه کار دیگرم باز آید : این جان عزیز دیگر به چه دردی میخورد (به هیچ درددیگرنمیخورد که مابقی چیزها آرزوهای دنیائیست) = همتی تا بسلامت ز درم : همتی(صیرو استقامتی) باید ساخت تا با مبارکی وشادباش گوئی وصل شیرینش را مقرر سازد = (حافظ خود و عام)

ابیات زیرکه بعنوان بیت چهارم و هفتم غزل فوق درنسخه قزوینی آمده اند بعلت عدم رعایت مبانی عرفان و سیر معنی غزل مشخصا ازحافظ نبوده وبه غزل فوق اضافه گشته اند:

خواهم اندر عقبش رفت، به یاران عزیز   شخصم ار باز نیاید خبرم باز آید
مانعش غلغل چنگ است و شکرخواب صبوح   ور نه گر بشنود آه سحرم باز آید

مـژده ای دل کـه مسیحـا نفسی می‌آید / کـه ز انفـاس خوششش بوی کَسی می‌آید
از غـم هجـر مکن ناله و فریاد که دوش / زده‌ام فـالی و فـریـاد رسـی می‌آید
کس ندانست که منزلگه معشوق کجاست / این قدر هست کـه بانگ جرسی می‌آید
هیچکس نیست که در کوی تواش کاری نیست / هـرکس آنجـا بـه طریـق هوسی می‌آید
زآتش وادی ایمـن نـه منـم خـرم و بس / مـوسـی آنجـا بـه امیـد قَبَسی می‌آید
جـرعـه‌ای خواه که به میخانهٔ اربـاب کرم / هـر حـریفـی ز پـی ملتمسی می‌آید
خبـر بلبـل ایـن بـاغ مپـرسید کـه مـن / نـالـه‌ای می شنـوم کـز قفسی می‌آید
دوست را گر سر پرسیدن بیمـار غم است / گـو بر آن خوش که هنوزش نفسی می‌آید

یـار دارد سـر صیـد دل حافظ یـاران
شــاهبـازی بـه شکار مگسی می‌آیـد

مسیحا نفسی: یار زنده سازجانها = **که ز انفاس خوشش بوی کَسی :** که از دمیدنش (وصلش) احساس کَس شدن در عاشق بیدار میگردد (چون روح دمیده شد، انسان از حیوانیت بدر آمد وکَس شد ، ولی عارفان میگویند آنگاه کَس خواهی بود و آنرا احساس خواهی کرد که وصل یارگردی)= **هجر :** دوری = **دوش :** دیشب دم سحر= **زده ام فالی و فریادرسی می آید:** مراجعه ائی به قرآن داشتم نوید نجات از غم دوری را با آمدنش بداد= **اینقدر هست که بانگ جرسی می آید :** فقط صدای زنگی خواهی شنید(نشان شروع وصل فقط شنیدن صدای زنگ کاروانیست که تورا باخود می برد)= **کوی تو اش کاری نیست :** برای سرگرمی بخواهد به وصل توبرسد = **بطریق هوسی می آید:** بوسیله تمایل و شوقی که یاردر اوایجاد کرده روی بکوی یارمی آورد= **زآتش وادی ایمن نه منم خرم وبس:** از شوق سوزان رسیدن به سرای آرام بخش تو نه من درشور و شوق بسیار بسر میبرم و بس= **به امید قبسی می آید:** برای یافتن پاره آتشی روانه میگردد (قرآن)= **جرعه ائی خواه که به میخانه ارباب کرم:** تمنای مستی اش را ساز که عامل رسیدن بسرای مست ساز سرآمد مهرورزان = **هرحریفی زپی ملتمسی می آید:** هرعاشقی از بابت تمناهای بسیار به آن میرسد= **دوست را :** یار را = **گو برآن خوش که هنوزش نفسی می آید:** بگو خوش است که هنوز زنده است ومیتواند امیدوار به مهروزی ووصل او باشد= **دارد سرصید دل :** میخواهد برقرار سازد وصل شیرینش را بر= **به شکار مگسی می آید :** به مگس (پروازسازی چنین کوچک) با شکار کردنش افتخار میدهد = **(حافظ خود حافظ)**

این غزل با شکوه درمعنا و تعابیرکه نمیتواند کارکسی جزحافظ باشد(ارائه معانی ونکات عارفانه ابرازی درغزل فقط درسطح حافظ و از او امکان پذیر میباشد) متاسفانه در نسخه علامه قزوینی وجود ندارد که احتمالابعلت حجم بالای کار بررسی نسخ مختلف و نبودن غزل فوق در نسخه ائی که ایشان بعنوان مبدا گرفته اند از نظرایشان دور مانده است.

{۱۷۳}

نفس برآمد و کام از تو بر نمی‌آید — فغان که بخت من از خواب در نمی‌آید

صبا به چشم من انداخت خاکی از کویش — که آب زندگیم در نظر نمی‌آید

قد بلند تو را تا به بر نمی‌گیرم — درخت کام و مرادم به بر نمی‌آید

مگر به روی دلارای یار ما ور نی — به هیچ وجهِ دگر کار بر نمی‌آید

مقیم زلف تو شد دل که خوش سوادی دید — وز آن غریب بلاکُش خبر نمی‌آید

ز شست صدق گشادم هزار تیر دعا — ولی چه سود یکی کارگر نمی‌آید

بَسم حکایت دل هست با نسیم سحر — ولی به بخت من امشب سحر نمی‌آید

در این خیال به سر شد زمان عمر و هنوز — بلای زلف سیاهت به سر نمی‌آید

ز بس نشد دل حافظ رمیده از همه کس
کنون ز حلقه زلفت به در نمی‌آید

نفس برآمدو کام از تو بر نمی آید: جان به لب رسید و وصلی مقرر نگشت = **فغان که بخت من از خواب بر نمی آید :** فریادا که هنوز آن در سرنوشت من گذارده نشده است= **صبا به چشم من انداخت خاکی از کویش :** صبا با آوردن بویش خیالی از زمان وصلش را بیاد آورد = **که آب زندگیم درنظر نمی آید :** که نه می خواهم و نه میتوانم جلوی اشکهایم را بگیرم = **قد بلند ترا :** وصل زیبا و بس فریبنده تورا = **درخت کام ومرادم به بر نمی آید :** دلم درخواسته و آرزویش به مقصود نرسیده است = **مگر به روی دلارای یار ما ور نی :** فقط با وصل او گشتن وگرنه= **به هیچ وجه دگر کار بر نمی آِید :** با کار دیگری این دل آرام نمیگیرد = **مقیم زلف تو شد دل که خوش سوادی دید :** در وصل تو بود که زیبائی سیاهی را در زلفت دیدم = **غریب بلاکُش:** سفر کرده برطرف ساز سختی و عذاب = **زشست صدق گشادم :** با تمام خلوص خود باز گو کردم = **چه سود یکی کارگر نمی آید :** چه فایده که همه بی جواب ماند = **بسم حکایت دل هست :** بسیار درد دل هست مرا = **ولی به بخت من امشب سحر نمی آید:** ولی اگر سرنوشت منست امشب سحری نیز نخواهد داشت = **دراین خیال به سر شد زمان عمر:** این فکرو خیالی است که روزهای زندگی مرا در بر گرفته است= **بلای زلف سیاهت به سر نمی آِید :** دلتنگی و سختی دوری از وصل زیبای تو تمام نمی گردد= **نشد رمیده از همه کس:** ازهمه دوری نساخت(محبت دیگران را نیز در دلش آورد)= **کنون زحلقه زلفت به در نمی آید :** حال لیاقت وصل تورا ندارد = **(حافظ خود وعام)**

{۱۷۴}

جهان بر ابروی عید از هلال وسمه کشید　　　هلال عید در ابروی یار باید دید

مگر نسیم خطت دوش در چمن بگذشت　　　که گل ببوی تو بر تن چو صبح جامه درید

نبود چنگ و رباب و نه بید و عود که بود　　　گل وجود من آغشته گلاب و نبید

چو ماه روی تو در شام زلف می‌دیدم　　　شبم به روی تو روشن چو روز می‌گردید

بیا که با تو بگویم غم ملالت دل　　　چرا که بی تو ندارم مجال گفت و شنید

بهای وصل تو گر جان بود خریدارم　　　که جنس خوب مبصر به هر چه دید خرید

به لب رسید مرا جان و برنیامد کام　　　به سر رسید امید و طلب به سر نرسید

ز شوق روی او حافظ نوشت حرفی چند
بخوان ز نظمش و در گوش کن چو مروارید

بر ابروی عید از هلال وسمه کشید: با آوردن هلال زیبای ماه جدید عید(فطر)را اعلام نمود= **هلال عید درابروی یار باید دید :** عید به وصلش رسیدن و دیدن آن یار کمان ابروست = **نسیم خطت دوش درچمن بگذشت :** نسیم بس خوشبویت سحراز گلستان بگذشت = **بر تن چو صبح جامه درید :** از غنچه بدر آمد وهم چون صبح خود رانمایاند= **چنگ ورباب وبید وعود که :** نه موسیقی یودو نه درخت بیدی و نه بوی خوشی که= **گل وجود من آغشته گلاب و نبید:** جان عاشق من از بوی خوش یار سرمست گشته بود(نبیدهمان نبیذ به لحجه لری است و به معنی شراب)= **شام زلف :** شب (سیاهی)گیسوی یار= **به روی تو:** با دیدن روی تو= **ملالت :** رنجوری= **ندارم مجال گفت وشنید :** حوصله ارتباط برقرار کردن با دیگران را ندارم = **گر جان بود خریدارم :** اگر باید جانم را برایش بدهم ، میدهم = **مبصربه هرچه دید خرید :** جوینده آنچرا که بدنبال آنست چون یافت به هر بهائی میخرد = **به لب رسید مرا جان و بر نیامد کام :** به مرگ افتاده ام و باز یار وصلی مقرر نساخت = **بسر رسید امید وطلب به سر نرسید :** از وصل نا امید گشته ام ولی دل از طلب دست بر نمی دارد = **ز شوق روی او :** از شور و وجد ایجاد شده از زیبائی یار= **حرفی چند :** اشعاری = **ز نظمش :** از شعرهایش= **در گوش کن چو مروارید :** آویزه گوش خود کن (همیشه با خود همراه ساز و در نظر بدار) چون کالائی زیبا وگرانبها= **(حافظ خود حافظ)**

بیت زیر که بعنوان بیت دوم غزل فوق درنسخه قزوینی آمده است بعلت عدم رعایت موارد عرفان ، لحن شعر و تکرار تعبیر آمده در غزل مشخصا از حافظ نیست و به غزل فوق اضافه گشته است :

شکسته گشت چو پشت هلال ، قامت من　　　کمان ابروی یارم چو باز وسمه کشید

{۱۷۵}

رسیـد مـژده کـه آمـد بهـار و سبزه دمید | وظیفه گر برسد مصرفش گل است و نبید
ز روی سـاقی مـه وش گُلـی بچین آنروز | چو گـِرد عـارض بستان خط بنفشه دمید
چنـان کـرشمه سـاقی دلـم ز دست ببرد | که با کسی دگرم نیست برگ گفت وشنید
صفیـر مـرغ برآمـد بـط شـراب کجاست | فغان فتـاد به بلبل ، نقاب گل که کشید
من این مُرَقَّع رنگین چوگل بخواهم سوخت | کـه پیـر باده فروشش به جرعه‌ای نخرید
مکـن ز غصـه شکایت کـه درطـریق طلب | بـه راحتـی نرسید آن کـه زحمتی نکشید

بهـار مـی‌گـذرد دادگستـرا دریـاب
که رفت موسم و حافظ هنوز می نچشید

وظیفه گربرسد مصرفش گل است و نبید : زمان عشق ورزی بهاری که برسد کارما همنشینی با زیبائیهای یار است و به مستی اش روی آوردن(نبیدهمان نبیذ بمعنی شراب به لحجه لریست)= **زروی ساقی مه وش گلی بچین آنروز**: مستی ائی از یار زیبارا آنزمان خواهی چشید= **چو گردعارض بستان خط بنفشه دمید**: که در زیبائیهائی او احاطه وغرق گشته ائی= **کرشمه ساقی**: عشوه یار مست ساز = **برگ گفت و شنید** : حوصله و تحمل همصحبت شدن بادیگران = **صفیرمرغ** : فریاد پرنده (عاشق سرگشته) = **بط شراب کجاست** : مست سازش کو= **فغان فتاد به بلبل ، نقاب گل که کشید**: فریاد از بلبل (عشاق) بدرآمد چو یار روی گرفت = **من این مُرَقَّع رنگین چو گل**: حتی این جامه مندرس به بوی یار آغشته را (آخرین رابطه خود با دنیارا) =**که پیر باده فروشش به جرعه ائی نخرید**: که علاقه داشتن به آن نیزمانم مست گشتن از یارگشته = **مکن ز غصه شکایت که در طریق طلب** : از سختی کار شاکی مباش که درراه رسیدن به هدف و بهره مندی از آن = **به راحتی** : به مقصود = **دادگسترا** : ای آنکه به داد همه تو میرسی = **که رفت موسم و** : که بهار گذشت و = **می نچشید** : به مستی از تو نرسید = **(حافظ خود حافظ)**

بیت زیرکه بعنوان بیت سوم غزل فوق در نسخه قزوینی آمده است بعلت عدم رعایت مبانی عرفان و سیر معنی غزل مشخصا ازحافظ نبوده وبه غزل فوق اضافه گشته است:

ز میـوه‌های بهشتی چه ذوق دریابد | هر آن که سیب زنخدان شاهدی نگزید

ابـر آذاری بـرآمـد بـاد نـوروزی وزیـد | وجه می میخواهم ومطرب کـه میگوید رسید
قحط جودست آبـروی خود نمی‌باید فروخت | بـاده و گـل از بهـای خرقـه میباید خرید
گوییـا خواهد گشود از دولتم کاری که دوش | من همی‌کردم دعـا و صبـح صادق می‌دمید
دامنی گـر چاک شـد در عالـم رندی چه باک | جامـه‌ای در نیک نامی نیـز می‌باید درید
این لطایف کز لب لعـل تو من گفتم که گفت | وین تطاول کز سر زلف تو من دیدم که دید
داد سلطان گر نپرسد حال مظلومان عشق | گوشه گیـران را ز آسایش طمـع باید بُرید

تیـر عاشق کُش نیک دانـم بر دل حافظ کـه زد
زین سبب گویم که از شعر تَرش خون می‌چکید

آذار: نام سریانی اولین ماه بهار = **وجه می میخواهم و مطرب :** هزینه مست گشتن و خبر دهندگان آمدنش (نوازندگان و خوانندگان از یار) را باید تامین کرد = **قحط جودست آبروی خود نمی باید فروخت :** سخاوتی (خیراتی)از کسی دیده نمی شود و نباید به کسی نیز(جزیار) روی انداخت= **باده و گل از بهای خرقه میباید خرید :** برای مست وصل یار گشتن بایدازباقی مانده نزد خود نیز گذشت= **از دولتم کاری که دوش :** آنچرا که دیشب وسحر به تمنایش پرداختم = **من همی کردم دعا و صبح صادق می دمید :** من درحال تمنا ساختن بودم وصبح در حال باز و پهن گشتن = **دامنی گر چاک شد در عالم رندی چه باک:** اگراز شورو اشتیاق حال عشق ورزی جامه ائی از ما پاره گشت ترسی از آن نداریم= **جامه ائی در نیک نامی نیز میباید درید:** همچون پاره گشتن جامه برای حفظ آبرو (نیکنامی) و گرفتن حق (درکار زندگی) برای بوصل اورسیدن نیز جامه ائی باید پاره گردد = **این لطائف کز لب لعل تو من گفتم :** این شیرینی و لطافت و زیبائی که من ازوصل توباز گو کردم = **وین تطاول کز سر زلف تو من دیدم :** این سختی و دردی که من از روی گردانی و جفای تودر وصل شیرینت کشیدم = **داد سلطان :** یار از دادگستری و مهرورزی اش= **مظلومان عشق :** عشاق بی گناه درمانده = **گوشه گیران :** عشاق پاکباخته اش= **طمع باید برید :** باید قطع امیدکنند= **تیر عاشق کُش نیک دانم :** بخوبی می شناسم آنکه دلم را برده و جان را بر لب آورده است = **شعر ترش خون می چکید:** شعربس زیبایش شرح حال دلهای خونین عشاق اوست = **(حافظ خود حافظ)**

ابیات زیرکه بعنوان بیت دوم و پنجم غزل فوق در نسخه قزوینی آمده اند بعلت عدم رعایت مبانی عرفان وسیر معنی غزل مشخصا ازحافظ نبوده وبه غزل فوق اضافه گشته اند:

شاهدان در جلوه و من شرمسار کیسه‌ام | بار عشق و مفلسی صعب است میباید کشید
با لبی وصد هزاران خنده آمد گل به باغ | از کریمی گوییا در گوشه‌ای بویی شنید

{۱۷۷}

معاشران از حریف شبانه یاد آرید حقـوق بنـدگی مخلصانـه یاد آرید
سمند دولت اگر چند سرکشیده رَوَد به همرهـان ز سـر تازیانه یاد آرید
چو لطف باده کند جلـوه در رخ ساقی ز عشق او به سرود و تـرانه یاد آرید
به وقت سرخوشی از آه و ناله عشاق بصوت و نغمهٔ چنگ و چغانه یاد آرید
نمـی‌خـورد زمـانه غـم وفـاداران ز بـی وفـایی دور زمانه یـاد آرید
به وقت مرحمت ای ساکنان صدر جلال
ز روی حـافـظ و آن آستـانه یاد آرید

معاشران : ای یاران عاشق = **ازحریف شبانه یاد آرید :** از یار زیبای شبهای عشق ورزی یاد سازید = **حقوق بندگی مخلصانه :** اصالت عشق ورز او بودن (اصل وظیفه بندگی) را با تمام دل و جان = **سمند دولت اگر چند سرکشیده رود :** اسب هوای نفس اگر مهار گسیخته در دنیا تاخت (یاد دیگری را خواست بجای یاد یار در خاطربگنجاند) = **به همرهان زسرتازیانه:** عشاق را از اسباب مهارساختن آن = **چولطف باده کند جلوه دررخ ساقی:** چویار با روی زیبایش به مست سازی عشاق پرداخت= **زعشق او به سرود وترانه یاد آرید :** عشق ورزی بس لطیف و زیبای اورا به انواع شعر باز گوئید= **به وقت سرخوشی:** چو به مستی ائی رسیدید = **ازآه وناله عشاق:** ازدرد جدائی عشاق= **بصوت ونغمه چنگ و چغانه :** با آوازی دلکش به همراه نوای چنگ وچغانه(سازیست ضربی)= **زمانه :** یار = **زبی وفائی دور زمانه : از بی وفائی هایش نیز بگوئید : به وقت مرحمت ای ساکنان صدرجلال:** درزمان شروع مهرورزیش بر عاشقان ای زیبارویان خدمتگذار سرای پرشکوه یار= **زروی حافظ و آن آستانه :** از روی و نگاه مداوم (در حال انتظار) حافظ به آستان زیبای وصلش = **(حافظ خود حافظ)**

بیت زیرکه بعنوان بیت چهارم غزل فوق در نسخه قزوینی آمده است بعلت سبک بودن لحن و تعابیربکار گرفته شده مشخصا ازحافظ نبوده وبه غزل فوق اضافه گشته است:

چو در میان ، مراد آورید و دست امید ز عهد صحبت ما نیز در میانه یاد آرید

{۱۷۸}

بیا که رایت آن یار جان پناه رسید --- نوید فتح و بشارت به مهر و ماه رسید

جمال بخت ز روی ظفر نقاب انداخت --- کمال عدل به فریاد دادخواه رسید

سپهر دور خوش کنون کند که ماه آمد --- جهان بکام دل کنون رسد که شاه رسید

عزیز مصر به رغم برادران غیور --- ز قعر چاه برآمد به اوج جاه رسید

صبا بگو که چه ها بر سرم دراین غم عشق --- ز آتش دل سوزان و دود آه رسید

ز شوق روی تو یارا بدین اسیر فراق --- همان رسید کز آتش به برگ کاه رسید

مرو به خوابگاه که حافظ به بارگاه قبول
ز ورد نیم شب و درس صبحگاه رسید

رایت : پرچم ، نشانه = جان پناه : آرامش ساز جان = نوید فتح و بشارت به مهر وماه رسید : خبربه وصل رسیدنم از خورشید وماه نیز معلوم است = جمال بخت زروی ظفر نقاب انداخت = سرنوشتم زیبا گشت و به گشایش یافتن روی آورد که توانسم به وصل او برسم = کمال عدل: یار به تمامی عادل = دادخواه : عاشق شاکی = سپهر دورخوش کنون کند که ماه آمد : حال هر لحظه گردش روزگاربرایم خوش است که یار آمد= جهان بکام دل کنون رسد که شاه رسید : با آمدن یاردل آنچرا درجهان بدنبالش بود بدست آورد = عزیز مصر: حضرت یوسف(ع) (این دل عاشق) = به رغم برادران غیور : با داشتن برادران دشمنی کننده (با تمام سختیهای ناامید کننده) = زقعر چاه بر آمدو به اوج جاه : از چاه (گوشه عزلت و تنهائی) بیرون آورده شدو به بالاترین مقام ممکن درمصر(سرای وصل شیرین یار) رسید = صبا بگو : ای باد صبا خبرم را به دیگران برسان = ز شوق روی تو یارا بدین اسیر فراق : از حرارت شور دیدن روی توای یارزیبا به این جدا مانده ازتو= همان رسیدکز آتش به برگ کاه رسید: همان برایش گشت که چون آتش به برگ کاه رسد میگردد= مرو به خوابگاه : خواب خوش را کنار بگذار = به بار گاه قبول : برای جلب نظر یار و چشیدن وصل او= ز ورد نیم شب و درس صبحگاه رسید : از دعا و تمنای زیاد شبانه و آنچه در سحرگاهان بدید و تجربه کرد رسید =
(حافظ خود حافظ)

ابیات زیرکه بعنوان ابیات چهارم وششم غزل فوق در نسخه قزوینی آمده است بعلت عدم رعایت مبانی عرفان و سیر معنی غزل مشخصا از حافظ نیست و به غزل فوق اضافه گشته اند همچنین از معانی آنها و چیزی را که به آن اشاره دارند مشخص میگردد که شاعر میتواند متعلق به دوره صفویان وبعد از آن باشد:

ز قاطعان طریق این زمان شوند ایمن --- قوافل دل و دانش که مرد راه رسید

کجاست صوفی دجال فعل ملحد شکل --- بگو بسوز که مهدی دین پناه رسید

{۱۷۹}

الا ای طوطی گویای اسرار　　مبادا خالیت شکر ز منقار
سرت سبز و دلت خوش باد جاوید　　که خوش نقشی نمودی از خط یار
سخن سربسته گفتی با حریفان　　خدا را زین معما پرده بردار
به روی ما زن از ساغر تو آبی　　که خواب آلوده‌ایم ای بخت بیدار
چه ره بوداین که زد در پرده مطرب　　که می‌رقصند با هم مست و هشیار
از آن افیون که ساقی در می افکند　　حریفان را نه سر ماند نه دستار
به مزدوران مگو اسرار مستی　　حدیث جان مگو با نقش دیوار
بیا با حافظ حال اهل دل گو
به لفظ اندک و معنی بسیار

گویای اسرار: که از راز عشق ما با یار میگوئی = **مباد خالیت شکر زمنقار :** همیشه چنین شیرین بخوانی = **سرت سبزو دلت خوش بادجاوید:** همیشه سلامت باشی ودلت مست از زیبائی یار= **که خوش نقشی نمودی از خط یار:** که به خوبی زیبائیهای یار را عرضه میداری = **سخن سربسته گفتی با حریفان :** پیامت را عشاق در می یابند = **خدارا زین معما پرده بردار:** به خداوندیت بیاموز مارا که چرا اینچنین است (زیبائیهایت اینگونه دل میبرد) = **به روی ما زن از ساغر تو آبی :** این چهره های حیران را با مستی ات آرامشی ده = **که خواب آلوده ایم ای بخت بیدار :** که بی تو درسردرگمی بسر می بریم ای یار سرنوشت ساز همیشه بیدار= **چه ره بود :** این چه آهنگ زیبائی بود = **در پرده مطرب:** نواختند نوازندگان = **که میرقصند باهم مست وهوشیار:** که همه را سرمست کرده است= **از آن افیون که ساقی درمی افکند:** از آن بیخود ساز که مست ساز درمست سازش گذارده= **حریفان را نه سرماند نه دستار:** عشاقش نه دیگربهوش باشندو نه ظاهری معمول خواهند داشت= **مزدوران :** دنیاخواهان = **حدیث جان :** از عشق دل انگیز یار= **حال اهل دل:** شرح عشق عشاق یار را= **به لفظ اندک ومعنی بسیار :** همانند این غزل (کلامی کوتاه ولی وسیع درارائه کار عشق ورزی با یار)= **(حافظ خودحافظ)**

ابیات زیرکه بعنوان ابیات هفتم ، نهم ، یازدهم و بیت مقطع غزل فوق در نسخه قزوینی آمده است بعلت عدم رعایت مبانی عرفان وسیر معنی غزل مشخصا از حافظ نیست و به غزل فوق بوسیله شاعری درباری اضافه گشته اند:

سکندر را نمی بخشند آبی　　به زور و زر میسر نیست این کار
بت چینی عدوی دین و دل‌هاست　　خداوندا دل و دینم نگه دار
به یمن دولت منصور شاهی　　علم شد حافظ اندر نظم اشعار
خداوندی به جای بندگان کرد　　خداوندا ز آفاتش نگه دار

صبا ز منزل جانان گذر دریغ مدار — وز او به عاشق بی‌دل خبر دریغ مدار
به شُکر آن که شکفتی به کام بخت ای گل — نسیم وصل ز مرغ سحر دریغ مدار
حریف عشق تو بودم چو ماه نو بودی — کنون که ماه تمامی نظر دریغ مدار
کنون که چشمه قند است لعل نوشینت — سخن بگوی و ز طوطی شکر دریغ مدار
مکارم تو به آفاق می‌برد شاعر — از او وظیفه و زاد سفر دریغ مدار

غبار غم برود حال خوش شود حافظ
تو آب دیده در این رهگذر دریغ مدار

صبا ز منزل جانان گذر دریغ مدار: ای باد سحری ازکوی یار گذشتن را هیچگاه کنار مگذار= **شکفتی بکام بخت ای گل:** سرنوشت تو در شگفتن و بوی خوش یاررا ارائه ساختن قرار گرفت = **نسیم وصل زمرغ سحر :** بوی خوش یار را از عاشق پاکباخته اش = **حریف عشق تو بودم چو ماه نو بودی :** به عشق ورزی تو پرداختم آنگاه که نشانی از تو یافتم = **کنون که ماه تمامی نظر دریغ مدار :** حال که تمامی زندگی و عمر وجان منی وصلت را از من مپوشان = **چشمه قندست لعل نوشینت :** پرازشیرینی است لب یاقوتی کام دهنده ات= **سخن بگوی وز طوطی شکر :** کلامی ساز(وصلی مقرر فرما) واز این تکرار ساز کلام شیرین خود شیرینی تمامت را= **مکارم :** مهرورزی های تورا = **آفاق :** سراسرجهان = **ازاو وظیفه و زاد سفر:** کار ارائه تو به بندگانت وکلام عرضه ساز آن (شعر شاعر) را = **در این رهگذر:** در این کار (راه وصل یار) = **(حافظ خود و عام)**

ابیات زیر که بعنوان ابیات چهارم وهفتم غزل فوق در نسخه قزوینی آمده است بعلت عدم رعایت مبانی عرفان وسیر معنی غزل مشخصا ازحافظ نیست وبه غزل فوق اضافه گشته اند همچنین آنچنانکه بنظرمیرسد شعرای درباری با افزودن اشعار خود به غزلیات حافظ و خواندن آن برای بزرگان ازاین طریق یعنی از سوی حافظ به آنها مطالب و موارد ناگفتنی خود را نیز یاد آوری میکرده اند مثل شعردوم که یاد آوری به پرداخت انعام اشعاری که درمدح ایشان میخوانند میکنند:

جهان وهرچه دراو هست سهل ومختصر است — ز اهل معرفت این مختصر دریغ مدار
چو ذکر خیر طلب می‌کنی سخن این است — که در بهای سخن سیم و زر دریغ مدار

{۱۸۱}

ای صبـا نکهتـی از خـاک ره یـار بیـار　　ببـر انـدوه دل و مژده دلـدار بیار
نکتـه‌ای روح فـزا از دهـن دوست بگـو　　نامـه‌ای خوش خبر از عالم اسرار بیار
تـا معطـر کنـم از لطـف نسیـم تـو مشام　　شَمِّـه‌ای از نفحـات نفـس یـار بیار
گـردی از رهگـذر دوست در کـوی رقیب　　بهـر آسایـش ایـن دیـده خونبـار بیار
خامـی و سـاده دلی شیوه جانبازان نیست　　خبـری از بـر آن دلبـر عیـار بیار
شُکرِ آن را که تو در عشرتی ای مرغ چمن　　بـه اسیران قفس مـژده گلـزار بیار
روزگاریست کـه دل چهـره مقصود نـدیـد　　ساقیـا آن قـدح آینـه کردار بیار

دلق حافظ به چه ارزد به می‌اش رنگین کن
وان گهش مست و خراب بر سر بازار بیار

ای صبا نکهتی : ای باد سحری پاره ائی = **مژده دلدار بیار :** خبر آمدن یار را بیاور = **نکته ائی روح فزا از دهن دوست بگو :** کلامی شیرین و فرحبخش جان از سوی یار بیاور = **نامه ائی خوش خبراز عالم اسرار :** پیام آمدن یار را از عالم ناپیدا= **تا معطر کنم از لطف نسیم تومشام :** تا نفسم را از لطافت وخوشبوئی وزش توخوشبو سازم= **شَمِّه ائی از نفحات:** اندکی از بوهای خوش = **گردی از رهگذر دوست درکوی رقیب:** حتی گردی از گذری که یاردر کوی رقیبم کرده است = **خامی وساده دلی شیوه جانبازان نیست :** عاشق پاکباخته زیرکست وبا هوش و با شنیدن هر کلامی خام نمیگردد(گول نمی خورد)= **خبری از بر آن دلبرعیاربیار:** خبری از سوی آن معشوق بی ریا وپاک بیاور= **که تودرعشرتی ای مرغ چمن:** که تومست وصل میباشی ای مرغ عاشق= **به اسیران قفس مژده گلزار بیار:** به این دربندان تن(درقفس تن خود مانده) خبر نزدیکی وصل زیبای یار را بخوان = **چهره مقصود:** سیمای یار را = **ساقیا آن قدح آینه کرداربیار:** ای یارمست ساز آن مست سازی وصلت که حاصل تمناها و استقامت ماست را مقرر ساز= **دلق حافظ به چه ارزد به می اش رنگین کن :** این از همه روی گردانده را از مستی ات به تمامی سرمست ساز = **وان گهش مست وخراب برسربازار بیار :** سپس حتی رسوای کوی وبرزنش نما = **(حافظ خود حافظ)**

ابیات زیرکه بعنوان ابیات چهارم و هشتم غزل فوق در نسخه قزوینی آمده است بعلت عدم رعایت مبانی عرفان در تعبیر بکار گرفته شده در بیت چهارم و عدم تطابق سیر معنی با دیگر ابیات و درخواست از صبا آنچرا که در ید صبا نیست در خصوص بیت هشتم و لحن اشعار مشخصا ازحافظ نبوده وبه غزل فوق اضافه گشته اند:

به وفای تو ، که خاک ره آن یار عزیز　　بـه غباری که پدید آید از اغیار بیار
کام جان تلخ شداز صبرکه کردم بی دوست　　عشوه‌ای زان لـب شیرین شکربار بیار

شب وصلت، شود طی نامه هجر　　　سـلام فیـه حتـی مطلـع الفجر
دلا در عاشقـی ثـابـت قـدم باش　　　کـه در این ره نباشد کـار بی اجر
مـن از رنـدی نخواهـم کـرد تـوبه　　　و لـو آذیتنی بالهجـر و الحجر
بـراً ای صبـح روشن دل خـدا را　　　که بس تاریک می‌بینم شب هجر
دلـم رفـت و ندیدم روی دلـدار　　　فغـان از ایـن تطاول آه از این زجر
وفـا خواهی جفاکش بـاش حافظ
فـان الـربح و الخسران فی التجر

شب وصلت، شود طی نامه هجر: شب رسیدن به یار شب سپری شدن دوریست = **سلام فیه حتی مطلع فجر(ازآیات قرآن)** : خداوندست (یارست پذیرای تو) درآن تاسحرگاهان = **ثابت قدم** : استوار و محکم = **بی اجر** : بی پاداش (کسب وصل زیبای یار) = **من از رندی نخواهم کرد توبه** : من از پاکباختگی در راه یار هرگز باز نمیگردم= **ولو آذیتنی بالهجر و الحجر:** حتی اگر آزرده شوم از دوریش واز سنگ انداختن ها(اشاره به رفتاریست که مردم قریه ائی در اطراف مکه با حضرت پیامبر نمودند) = **برا ای صبح روشن دل خدارا** : به خداوندیت وصل روشن ساز دل را مقرر ساز= **که بس تاریک می بینم شب هجر:** که بس سخت است شبهای بی تو بودن = **دلم رفت** : عاشق وشیفته گشتم = **دلدار** : یار = **فغان ازاین تطاول** : فریادا از این روی گردانی(جفای) یار = **جفا کش باش** : در جفایش صبرکن واستقامت ورز= **فان الریح والخسران فی التجر:** که هر تجارتی را سود وزیانیست = 　　　**(حافظ خود وعام)**

{۱۸۳}

گـر بـود عمـر به میخانه رسم بار دگر　　بجـز از خدمـت رنـدی نکنم کار دگر
خـرم آن روز کـه با دیده گریان بروم　　تـا زنـم آب در میکـده یکبـار دگر
گـر مساعد شـودم دایـره چرخ کبـود　　هم به دست آورمش بـاز بـه پرگار دگر
عافیـت می‌طلبـد خاطـرم ار بگذارند　　غمـزه شوخش و آن طـرهٔ طـرار دگر
هر دم از درد بنالم که فلک هر ساعت　　کُنـدم قصـد دل ریش بـه آزار دگر
راز سربسته ما بین که به دستان گفتن　　هـر زمان بـا دف و نی بر سر بازار دگر
بازگویم نه در این واقعه حافظ تنهاست
غرقه گشتند در این بادیه بسیار دگـر

به میخانه رسم : به سرای مست سازان یار = **که جز از خدمت رندی نکنم کار دگر**: که کارم پاکباختگی و درپی وصل یاربودن باشد= **خرم آنروز** : چه روز خوش وخرمی باشد مرا= **تا زنم آب درمیکده:** ورودی میکده را با اشکانم بشویم = **گرمساعد شودم دایره چرخ کبود:** اگرزمان وروزگاربا من همراه گردند(بخت با من یار باشد)= **هم بدست آورمش باز به پرگار دگر:** دوباره به وصلش برسم با مقرر ساختنی از یار= **عافیت می طلبد خاطرم اربگذارند:** فکرم بسوی مصلحت اندیشی (صلاح کار و زندگی را درنظر گرفتن) متمایل میگردد اگررهایم سازند= **غمزه شوخش وآن طره طرار دگر:** یاد نگاه عشوه گراو وخم گیسوی جادوسازش= **هردم از درد بنالم که فلک هرساعت:** مدام از درد دوری در عذابم که زمانه هرچندگاه : **کندم قصد دل ریش به آزار دگر:** این دل دردمند را با یاد خاطره ائی و یا نشانی از یار دردمندتر می سازد = **به دستان گفتن** : همچو خواندن بلبل با آواز میخوانند= **دف و نی** : دو وسیله موسیقی عرفانی = **بر سر بازار دگر** : به هر جائی که میروند و یا میرسند = **باز گویم نه دراین واقعه:** آشکار میگویم که در این ماجرا نه = **غرقه گشتند در این بادیه** : درعشق یار(بادیه ،صحرا) گم گشتند (زیرا که تمام زندگیشان گشت) = **(حافظ خود حافظ)**

ابیات زیرکه بعنوان ابیات سوم و چهارم غزل فوق در نسخه قزوینی آمده است بعلت عدم رعایت مبانی عرفان و سیر معنی غزل مشخصا از حافظ نیست و به غزل فوق اضافه گشته اند:

معرفت نیست در این قوم خدا را سببی　　تا برم گوهر خود را به خریدار دگر
یار اگررفت وحق صحبت دیرین نشناخت　　حاش لله که روم من ز پی یار دگر

ای خرم از فروغ رخت لاله زار عمر　　بازآ که شد بی گل رویت بهار عمر
از دیده گر سرشک، چو باران چکد رواست　　کاندر غمت چو برق بشد روزگار عمر
این یک دو دم که مهلت دیدار ممکن است　　دریاب کار ما که نه پیداست کار عمر
دی در گذار بود و نظر سوی ما نکرد　　بیچاره دل که هیچ ندید از گذار عمر
بی عمر زنده‌ام من و این بس عجب مدار　　روز فراق را که نهد در شمار عمر
اندیشه از محیط فنا نیست هر که را　　بر نقطه دهان تو باشد مدار عمر
در هر طرف ز خیل حوادث کمین گهیست　　زان رو عنان گسسته دواند سوار عمر
حافظ سخن بگوی که بر صفحه جهان
این نقش ماند از قلمت یادگار عمر

ای خرم از فروغ رخت لاله زار عمر : ای آنکه از روشنی روی زیبایت مستی وخونین دلی عشاق رونق میگیرد = **که شد بی گل رویت بهار عمر** : تمام گشت بی دیدن روی دلفریبت بهترین دوره عمر= **سرشک چو باران چکد رواست** : اشک مثل باران ببارد حق است = **کاندر غمت چو برق بشد روزگار عمر** : که عمردر غم دوریت وه که چه به سرعت میگذرد= **این یک دو دم که مهلت دیدار ممکن است**: در این زمان کم باقی مانده از عمر که میشود دیداری با تو داشت = **دریاب کار ما که نه پیداست کار عمر**: وصلی مقرر بفرما که (خود گفته ائی درقرآن) کسی پایان عمرش را نمی داند = **دی در گذار بودو نظر سوی ما نکرد** : دیشب سپری شد و هیچ توجه ائی بما نکرد = **که هیچ ندید از گذار عمر**: که از عمری که میگذرد هیچ بهره ائی از وصل تو نصیبش نشد = **بی عمر زنده ام من واین بس عجب مدار** : بدون داشتن عمری من زندگی میکنم و این هیچ عجیب نیست = **روز فراق را که نهد درشمار عمر** : روزهای جدائی و دوری ازیار را چه کسی جزو روزهای عمرش حساب میکند = **اندیشه از محیط فنا نیست** : از رسیدن مرگ هراسی نیست آنکس را = **بر نقطه دهان تو باشد مدار عمر** : آنکه فقط برای تو و روی تو زنده است = **زخیل حوادث کمین گهیست** : حوادث و موارد بسیاری برای روی گردان ساختن از یاردر راه عمرکمین کرده اند = **زآن رو عنان گسسته دواند سوار عمر**: شاید به همین خاطرست که سوارکار عمراینچنین می تازد(عمر بدین سرعت میگذرد) = **سخن بگوی که برصفحه جهان** : از عشق یار بگوی که در حافظه جهان (دل وجان مردم) = **این نقش ماند از قلمت یادگار عمر** : این نوشته هاست(اشعار عاشقانه است) که از تو میماند = **(حافظ خود وعام)**

بیت زیرکه بعنوان بیت چهارم غزل فوق در نسخه قزوینی آمده است بعلت عدم رعایت مبانی عرفان وسیر معنی غزل مشخصا ازحافظ نبوده وبه غزل فوق اضافه گشته است:

تا کی می صبوح و شکرخواب بامداد　　هشیارگرد هان که گذشت اختیار عمر

یوسف گم گشته باز آید به کنعان غم مخور — کلبه احزان شود روزی گلستان غم مخور
ای دل غمدیده حالت به شود دل بد مکن — وین سرشوریده باز آید به سامان غم مخور
گر بهار عمر باشد، باز بر تخت چمن — چترگل در سرکشی ای مرغ خوشخوان غم مخور
هان مشو نومید چون واقف نه‌ای از سرّ غیب — باشد اندر پرده بازیهای پنهان غم مخور
ای دل ار سیل فنا بنیاد هستی بر کند — چون ترا نوح است کشتیبان ز طوفان غم مخور
در بیابان گر به شوق کعبه خواهی زد قدم — سرزنشها گر کند خار مغیلان غم مخور
حال ما در فرقت جانان و ابرام رقیب — جمله می‌داند خدای حال گردان غم مخور
حافظا در کنج فقر و خلوت شبهای تار
تا بود وردت دعا و درس قرآن غم مخور

یوسف گم گشته باز آید : محبوب ناپیدا دوباره نظری برما خواهد کرد= **کنعان :** دیار حضرت یعقوب(ع) که مدام چشم براه بازگشت پسر گمگشته خود حضرت یوسف بود = **کلبه احزان :** این خانه پراز غم = **گلستان :** پر از خوشی وزیبائی = **حالت به شود دل بد مکن:** حالت خوش خواهد گشت پس بد به دل خود راه مده= **شوریده :** دیوانه گشته = **سامان:** آسایش وخوشی= **گر بهار عمر باشد، باز بر تخت چمن:** اگر قسمت تو باشدکه قبل از مرگت وصل یار شوی= **چتر گل در سرکشی ای مرغ خوشخوان:** به محبوب خود میرسی ای مرغ عاشق = **واقف نه ای از سّر غیب :** آگاه نمی باشی از آنچه که یار مقررمی سازد = **اندر پرده بازیهای پنهان :** موارد گوناگونی را یاردر زندگی(برای امتحان ورشد دادن ما) برنامه ریزی و مقرر می سازد= **ارسیل فنا بنیاد هستی برکند:** اگردر این راه همه چیزت بخطر افتد حتی جانت= **چون ترا نوح است کشتیبان ز طوفان :** چون یار راهبرتوست ومقرر کننده آن مصائب پس به او اعتماد کن وخود را به او بسپار = **به شوق کعبه خواهی زد قدم :** اگر به شوق رسیدن به یار راهی هستی= **سرزنشها گرکند خار مغیلان غم مخور:** خارهای مسیر(دیوها) که به پایت میروند میخواهند تورا از رفتن پشیمان سازند(بدان یارست که درحال آزمودن استقامت توست) پس از بابت آن غمی بدل راه مده = **حال ما درفرقت جانان و ابرام رقیب :** اوضاع ما در دوری از محبوب و پافشاری شیطان برای روی گرداندن ما از یاررا = **حال گردان :** آنکه تمام احوال و روحیه ما را رقم میزند = **درکنج فقر وخلوت شبهای تار :** در روی گردانی از دنیا و درانتظار یار نشستن در شبهای بس سخت از دوری یار= **وردت دعاودرس قرآن :** کلامت تمنای وصل یار ورعایت آنچه قرآن در این راه بما می آموزد = **(حافظ خود وعام)**

ابیات زیرکه بعنوان ابیات چهارم و هشتم غزل فوق درنسخه قزوینی آمده است بعلت عدم رعایت سیر معنی غزل و سبک بودن تعابیر بکار گرفته شده و لحن اشعار مشخصا از حافظ نیست و به آن اضافه گشته اند :

دور گردون گردو روزی بر مراد ما نرفت — دائما یکسان نباشد حال دوران غم مخور
گرچه منزل بس خطرناکست و مقصد بس بعید — هیچ راهی نیست کان را نیست پایان غم مخور

{۱۸۶}

نصیحتی کنمت بشنو و بهانه مگیر   هر آنچه ناصح مشفق بگویدت بپذیر

ز وصل و روی جوانی تمتعی بردار   که در کمینگه عمر است مکر عالم پیر

چو قسمت ازلی بی حضور ما کردند   گر اندکی نه به وفق رضاست خرده مگیر

نعیم هر دو جهان پیش عاشقان بجوی   که این متاع قلیل است و آن عطای کثیر

معاشری خوش و رودی بساز می‌خواهم   که درد خویش بگویم به ناله بم و زیر

دل رمیده ما را که پی اش می‌گیرد   خبر دهید به مجنون خسته از زنجیر

چو لاله در قدحم ریز ساقیا می و مُشک   که نقش خال نگارم نمی‌رود ز ضمیر

به عزم توبه، نهادم قدح ز کف صد بار   ولی کرشمه ساقی نمی کند تقصیر

حدیث توبه در این بزمگه مگو حافظ

که ساقیان کمان ابروش زنند به تیر

بهانه مگیر: خود را مفریب (فریب دنیا را مخور)= **ناصح مشفق:** آنکه تورا بسوی نور میخواند = **ز وصل و روی جوانی تمتعی بردار:** تجربه عشق و وصل درجوانی وروی زیبا معشوق را (برای عشق ورزی با یار بی همتا) بکار گیر و خودرا بدان مشغول ساز= **که درکمینگه عمرست مکرعالم پیر:** که دنیا با سرگرم ساختنت بخود (عاشق خود ساختن) عمرترا می رباید= **چو قسمت ازلی بی حضور ما کردند:** حال که سرنوشت برای ما نوشته میشود و به تمامی بدست ما نیست = **نه به وفق رضاست خرده مگیر :** در مسیر تامین رضایت کامل تو نیست آنرا دلیل روی گردانیت از یار قرار مده = **نعیم هردوجهان پیش عاشقان بجوی:** نعمتها و خوشی این دنیا وآن دنیا را نزد عشاق یار خواهی یافت = **متاع قلیل است:** دنیا بهره کم آنست= **وآن عطای کثیر=** ودرآخرت بادر جوار یار زیبا قرار گرفتن اجریست بی حساب وتمام نشدنی =

معاشری خوش: نوازنده ائی عاشق= **رودی:** نام سازیست= **بساز:** زیبا نواز= **به ناله بم وزیر:** با آهنگی غمناک = **دل رمیده مارا که پی اش میگیرد:** چه کسی پیگیر تمناهای این دل سرگشته است (درسرای یار) = **به مجنون خسته از زنجیر:** به این عاشق دیوانه دربندکه دستش به جائی نمی رسد= **چو لاله درقدحم ریز ساقیا می و مشک :** مرا چون لاله خونین دل از مستی و بوی خوشت نصیب بفرما= **که نقش خال نگارم نمی رود ز ضمیر:** که یاد زیبائی شیفته ساز یار از فکر و جانم بیرون نمی رود= **به عزم توبه نهادم قدح ز کف صدبار :** بسیار خواستم که از عشق مست ساز او روی بگردانم = **ولی کرشمه ساقی نمی کند تقصیر:** ولی عشوه شیرین یار مست ساز لحظه ائی از یاد بیرون نمیرود= **حدیث توبه دراین بزمگه مگو:** صحبت از روی گرداندن از کار عشق ورزی با یاردرسرای مست سازان مکن = **که ساقیان کمان ابروش زنند به تیر:** که مست سازان زیبارویش ترا آرام نمی گزارند = **(حافظ خود حافظ)**

ابیات زیرکه بعنوان ابیات پنجم ، هشتم و دهم در غزل فوق درنسخه قزوینی آمده است بعلت عدم رعایت مبانی عرفان وسیرمعنی غزل مشخصا از حافظ نیست وبه آن اضافه گشته است.

بر آن سرم که ننوشم می و گنه نکنم اگـر موافق تدبیر من شود تقدیر
بیار ساغر دُرّ خوشاب ای ساقی حسود گـو کرم آصفی ببین و بمیر
می دوساله و محبوب چارده ساله همین بس است مرا صحبت صغیرو کبیر

همچنین با توجه به بیت زیرکه در ذیل همین غزل در نسخه قزوینی آمده و در بعضی نسخ بعنوان بیت مقطع غزل فوق آمده است این بیت به احتمال زیاد میتواند نشانگر اسامی شاعرانی باشد که هم اشعار خودرا به غزلیات حافظ مثل غزل فوق اضافه میکرده اند و هم سروده های خودرا با آوردن نام حافظ دربیت مقطع بنام غزلی ازحافظ رواج میداده اند بنابراین افراد زیراز شاعران اصلی سراینده اشعاراضافه شده و غزلهای غیرحافظی وارد شده به غزلیات حافظ میباشند.

چه جای گفته خواجو و شعر سلمان است که شعر حافظ بهتر ز شعر خوب ظهیر

{۱۸۷}

هـزار شکر که دیـدم به کام خویشت باز ز روی صدق و صفـا گشته با دلم دمساز
چـه عشوه بود کـه مشاطه قضا انگیخت که کرد نرگس مستش سیه به سُرمه ناز
چـه گویمت کـه ز شور درون چه می‌بینم ز اشک پرس حکایت کـه من نیم غماز
اگرچه حسن تو از عشق غیر، مستغنیست من آن نیم که از این عشقبازی آیم باز
رونـدگـان طـریقـت ره بـلا سپـرنـد رفیق عشق چه غـم دارد از نشیب و فراز
بدین سپاس که مجلس منورست بدوست گرت چـو شمع جفایی رسد بسوز و بساز
غـزل سُرایی ناهیـد صـرفه‌ای نَبـرَد
در آن مقـام کـه حافـظ بـرآورد آواز

بکام خویشت باز : که دوباره نظری بر من ساختی= **زروی صدق و صفا گشته با دلم دمساز** : با خلوص و زیبائی بس خوشت بادلم همنیشن گشتی= **چه عشوه بود که مشاطه قضا انگیخت:** چه ناز ساختنی بودکه زیبا ساز جهان برپا ساخت = **که کرد نرگس مستش سیه به سرمه ناز:** که چشم مست سازش را با ناز اینچنین دلفریب ساخت= **که ز شور درون چه می بینم:** که چه چیزرا می بینم که چنین شور و شوقی در درونم (در وصلت) ایجاد گشته است = **ز اشک پرس حکایت که من نیم غماز:** ماجرا را از اشکم بپرس که آن ازناز کردنم نیست = **اگر چه حسن تو از عشق غیر مستغنیست** : هرچند که روی لطیف و زیبای تو احتیاج به عشق ورزی ما ندارد = **من آن نیم** : من آن نیستم= **آیم باز:** دست بکشم= **روندگان طریقت ره بلا سپرند:** راهیان عشق یار خود را به سختی ها میسپارند= **نشیب و فراز** : پستی و بلندی (سختیهای راه) = **بدین سپاس که مجلس منورست بدوست:** برای شکرگزاری از اینکه یارچنین مجلس زیبا ونورانی رابرایمان مقرر ساخته = **گرت چو شمع جفائی رسد بسوز و بساز** : چو وصل را قطع ساخت تو نیز همچون شمع فقط بسوز و جان فدا ساز = **غزلسرائی ناهید صرفه ائی نبرد:** زیبائیهای ستاره ناهید در شبها از چشم بیافتد= **درآن مقام که حافظ بر آورد آواز** : آنگاه که غزلی از حافظ خوانده میشود = **(حافظ خود حافظ)**

ابیات زیرکه بعنوان ابیات سوم وهشتم غزل فوق در نسخه قزوینی آمده اند بعلت عدم رعایت مبانی عرفان و سیرمعنی غزل مشخصا از حافظ نیست و به غزل فوق اضافه گشته اند.

غم حبیب نهـان به ز گفت و گوی رقیب که نیست سینه ارباب کینه محرم راز
غرض کرشمه حُسن است ور نه حاجت نیست جمـال دولـت محمـود را به زلـف ایـاز

منی که دیده به دیدار دوست کردم باز — چه شکر گویمت ای کارساز بنده نواز
نیازمند بلا گو رخ از غبار مشوی — که کیمیای مراد است خاک کوی نیاز
ز مشکلات طریقت عنان متاب ای دل — که مَرد ره نیندیشد از نشیب و فراز
طهارت ار نه به خون جگر کند عاشق — بقول مفتی عشقش درست نیست نماز
در این مقام مجازی به جز پیاله مگیر — در این سرای بازیچه غیر عشق مباز
فکند زمزمه عشق در حجاز و عراق
نوای بانگ غزلهای حافظ از شیراز

منی که دیده به دیداردوست کردم باز: من انسانی که برای وصل یارگشتن چشم به جهان گشوده ام= **چه شکر گویمت ای کارساز بنده نواز:** چگونه شکر تورا بجا آورم ای راهبرو مهرورز بر بندگان خود = **نیازمند بلا گو رخ از غبار مشوی:** راهی کوی یار را بگو که گرد راه را از خود نزداید = **که کیمیای مراد است خاک کوی نیاز** : که خاک سرائی که بدنبال آنی !! برآورنده بهترین آرزوست (دراین مصرع می بایست "کوی" بجای "راه" باشد تا معنی دو بیت در مسیر یکدیگر قرار گیرند)= **زمشکلات طریقت عنان متاب:** بخاطرسختیهای راه رسیدن به یارآنرا کنارمگذار= **مرد ره:** عاشق واقعی یار = **نشیب و فراز** : پستی و بلندی(سختیهای راه) = **طهارت ار نه به خون جگر کند عاشق** : اگر عاشق با خون جگرش وضوی نماز عشق خودرا نگیرد(سختیهای بسیار زیاد راه را بدل و جان قبول نکند)= **بقول مفتی عشقش درست نیست نماز:** به گفته حکم ساز در خصوص عشق ورزیش کار خود را درست و کامل انجام نداده پس وصلی برایش نیست (متاسفانه معانی تعابیر فقهی بکار گرفته شده در حد موارد شرعی معمول هر نماز گزارست و لطافت معانی عرفانی در آن دیده نمیشود)= **مقام مجازی** : زندگی دنیائی که غیراصلی وموقت است (زیرا که "دارُ الآخِره هِی حَیَوان : سرای آخرت آنست زندگی (اصلی) – قرآن") = **به جز پیاله مگیر** : فقط روی به مستی ازیار داشته باش = **سرای بازیچه** : دوره زندگی انسان که در خواستن ها و سرگرم شدن ها (لهوا" و لعبا" – قرآن) میگذرد = **غیر عشق مباز** : جز عشق یار به چیز دیگری دل مبند = **زمزمه عشق** : صحبتهای زیر لبی ، متوجه گشتن به عشق ورزی با یار = **در حجاز و عراق** : در سرزمین وحی (عربستان) و محل شهادت بزرگان عاشق (کربلا عراق) = **نوای بانگ** : خوانده شدن با صدای بلند = **(حافظ خود حافظ)**

این غزل بسیار غزل عجیبی است زیرادرحالیکه ابیات یک ، سه و پنج بتمامی حافظی است بدین معنی که تمام ظرافتها ورعایت شئون عرفانی ، کلامی ولحن حافظ درآن دیده و احساس میگردد ابیات دو، چهار وشش اینگونه نیست وسطح ، معنی و لحن شعر بسیار پائین تراز سه بیت دیگرست ومبانی عرفان نیز بطورکامل درآنها رعایت نشده است و بنظرمیرسدکه این غزل یک غزل مراوده ائی میان حافظ وشاعر دیگری بوده که با گفتن هربیت ازطرف حافظ شاعر دیگر بیتی در همراهی وی سروده است که شاعر دوم با آوردن نام حافظ در آخرین بیت خود که بعنوان بیت مقطع (آخر) آمده است غزلی از حافظ را رقم زده است که اشعار حافظی و غیر حافظی بخوبی در آن قابل مقایسه میباشند .

بیت زیر که بعنوان بیت ماقبل آخر غزل فوق در نسخه قزوینی آمده است بعلت عدم رعایت مبانی عرفان و سیرمعنی غزل مشخصا مربوط به این غزل نیست و به آن اضافه گشته است.

به نیم بوسه دعایی بخر ز اهل دلی — که کید دشمنت از جان وجسم دارد باز

{۱۸۹}

ای سرو ناز حسن که خوش می‌روی به ناز   عشاق را به ناز تو هر لحظه صد نیاز

فرخنده باد طلعت خوبت که در ازل   بُبریده‌اند بر قد سروت قبای ناز

آن را که بوی عنبر زلف تو آرزوست   چون عود گو بر آتش سودا بسوز و بساز

پروانه را ز شمع بود سوز دل ولی   بی شمع عارض تو دل من را بود گداز

صوفی که بی تو توبه ز می کرده بود دوش   بشکست عهد چون در میخانه دید باز

دل کز طواف کعبه کویت وقوف یافت   از شوق آن حریم ندارد سر حجاز

چون باد ، باز بر سر خُم رفت کف زنان

حافظ که دوش از لب ساقی شنید راز

ای سروناز حسن که خوش میروی به ناز : ای مظهرزیبائی تمام که با ارائه آن دلها را شیفته خود میسازی = عشاق را به ناز تو هر لحظه صد نیاز : عشاقت با تمامی وجود در تمام لحظات زندگی منتظر دیدن آن زیبائی فریبنده اند = فرخنده باد طلعت خوبت که در ازل: مبارک و خجسته (عاشق ساز) بوده است روی بس زیبایت که از شروع وجود= ببریده اند برقد سروت قبای ناز : بدین منظور ناز ساختن خود را برعشاق مقرر ساخته ائی= بوی عنبر: بوی خوش= چون عود گو بر آتش سودا بسوز وبساز : بگو همچو عود برای بوی عطریار را یافتن و پخش آن سختیهای این معامله (وصل) را بجان بخروصبور باش= زشمع بود سوز دل : از آتش وحرارت شمع دردلش احساس سوختن میکند = بی شمع عارض تو دل من را بود گداز : دل من از ندیدن روی پر نور و زیبای تو بس میسوزد= صوفی که بی تو توبه ز می کرده بود : عاشقی که با ناامید شدن از مست گشتن از تو از این کار روی گردانده بود = چون درمیخانه دید باز : چون با عشوه ائی از تو روبروگشت = کز طواف کعبه کویت وقوف یافت : ازآن زمان که وصل تو و کوی تورا تجربه ساخت = آن حریم ندارد سرحجاز: از آن طواف دلنشینی که کرد (وصل تو گشت) دیگردلش نمی خواهد که به مکه برود = چو باد باز بر سرخم رفت کف زنان: دوباره رقصان و شاد، مست وصل یار گشت= که دوش از لب ساقی شنیدراز : دیشب که یارمست ساز او را بخود خواند =   (حافظ خود حافظ)

ابیات زیر که بعنوان بیت ششم و هشتم غزل فوق در نسخه قزوینی آمده است بعلت عدم رعایت مبانی عرفان و سیرمعنی غزل مشخصا از حافظ نیست و به غزل فوق اضافه گشته اند.

از طعنه رقیب نگردد عیار من   چون زر اگر برند مرا در دهان گاز

هردم بخون دیده چه حاجت وضوچو نیست   بی طاق ابروی تو نماز مرا جواز

{۱۹۰}

دراَ کـه در دل خسته تـوان در آیـد باز	بیـا کـه در تـن مُـرده روان درآید باز
بیاکه فُرقَت تو چشم من چنان بر بست	که فتـح بـاب وصـالت مگر گشاید باز
غمی که چو سپه زنگی مُلکِ دل بگرفت	ز خـیل شـادی روُم رُخَـت زُداید باز
بـه پیش آینـه دل هـر آن چـه میدارم	بجـز خیـال جمالت نمی نماید باز
بدان مثل که شب آبستن روزست ز تو	ستاره می‌شمرم تا که شب چه زاید باز

بیـا کـه بلبل مطبـوع خاطـر حافظ
به بـوی گلبُن وصـل تو می‌سُراید باز

توان درآید باز : دوباره جان گیرد = **روان** : روح = **فرقت** : دوری = **چنان بر بست** : آنچنان تاریک ساخته است = **فتح باب وصالت مگر گشاید باز**: وارد شدن به سرای وصل تو مگر دوباره توان دیدن را به آن باز گرداند = **سپه زنگی** : لشکرزنگیان (سیاهان) = **ملک دل بگرفت** : دلم را در برگرفته = **زخیل شادی روُم رخت زداید باز**: مگرروی بس شاد وفرح ساز تو (چون لشکر روم که زنگیان را تارومار میکنند) آنرا از بین ببرد = **به پیش آینه دل هرآنچه میدارم** : هرچه را بجای تو بر دل عرضه میدارم = **بجز خیال جمالت نمی نماید باز** : بجز خیال روی زیبایت هیچ چیز دیگری را قبول نمی کند = **که شب آبستن روز است ز تو** : آنچه درشبها مقرر میکنی بارگرفته شود(جفت گردد، توافق شود) از شروع روز نمایان می سازی = **ستاره می شمرم که شب چه زاید باز** : درانتظار صبح میمانم که آیا چیزی(وصل شیرینی) برای من مقرر ساخته ائی= **بلبل مطبوع خاطرحافظ** : سراینده اشعار درذهن حافظ= **به بوی گلبن وصل تو می سراید باز** : با بوی خوش و دلکش وصل تو قادر به سرودن و ازعشق تو گفتن میگردد = **(حافظ خود حافظ)**

{۱۹۱}

حـال خونین دلان کـه گوید باز وز فلک خون خُم که جوید باز
هرکه چون لاله کاسه گردان شد زین جفا رُخ بخون بشوید باز
نگشاید دلـش چـو غنچه اگر ساغـری از لبش نبـوید باز
شرمش ازچشم می پرستان باد نرگس مست اگر بروید باز
جـز فلاطون خُم نشین شـراب سّر حکمت به ما که گوید باز
گِـرد بیت الحـرام خُـم ، حافظ
گـر نمیرد بـه سر بپوید بـاز

حال خونین دلان که گوید باز : کیست که دوباره از خون گشتن دل عشاق از دوری یار میگوید = **وز فلک خون خم که جوید باز** : کیست آنکه(چون ما) زندگیش را برای مست گشتن از یارگذارده = **هرکه چون لاله کاسه گردان شد**: هرکس با پاکباختگی مثل لاله درهمه جا بدنبال مست گشت ازیار بود= **زین جفا رخ بخون بشوید باز**: از جفای یار همچون لاله چهره ائی خونین پیدا خواهدکرد= **نگشاید دلش چون غنچه**: دلش چون غنچه بسته ودربند خواهد ماند= **ساغری از لبش نبوید باز** : اگرجرعه ائی مست ساز ازلب شیرین یار ننوشد = **شرمش از چشم می پرستان باد** : از چشم مست عشاق مست یار شرم خواهد کرد= **نرگس مست اگر بروید باز** : گل نرگس با تمام مست سازیش اگر دوباره بروید و بخواهد که عاشقان را مست سازد = **جز فلاطون خم نشین شراب** : بجز افلاطون که مست یار بود = **سرحکمت** : اسرا عشق یار را= **گرد بیت الحرام خُم** : بدور(به طواف) حرم عشق مست ساز یار= **به سر بپوید باز** : دوباره با دل وجان روی آورد= **(حافظ خود حافظ)**

بیت زیر که بعنوان بیت ماقبل آخر غزل فوق در نسخه قزوینی آمده است بعلت عدم رعایت مبانی عرفان و سیرمعنی غزل مشخصا از حافظ نیست و به غزل فوق اضافه گشته است.

بس که درپرده چنگ گفت سخن بِبُرش موی تا نموید باز

{۱۹۲}

بیـا و کشتی مـا در شَط شـراب انداز　　خروش و ولوله درجان شیخ وشاب انداز
بـه نیـم شب اگـرت آفتاب می باید　　ز روی دختر گلچهـره رَز نقاب انداز
بیـار زان می گلرنگ مشک بو جامی　　شـــرار رشک و حسد در دل گلاب انداز
به کوی میکده بازگشته‌ام ز راه خطا　　مـرا دگـر ز کـرم با ره صواب انداز
اگر چه مست و خرابم تو بیا لطفی کن　　نظر بر ایـن دل سرگشته خراب انداز
مبـاد کـه روز وفاتم به خاک بسپارند　　مـرا به میکده بر تـه خُـم شراب انداز

ز جـور چرخ چو حافظ به جان رسید دلت
بـه سوی دیـو محـن ناوک شهاب انداز

بیا و کشتی ما درشط شراب انداز : ای یار بیا وجمع عشاقت را در رود مست ساز منتهی به وصل خود شناور ساز = **خروش وولوله در شیخ وشاب انداز** : و شادی و شعف را برای پیرو جوان عاشقت مقرر ساز= **اگرت آفتاب می باید** : بدنبال دیدار آن یار بس زیبا میباشی = **زروی دختر گلچهر رز نقاب انداز** : بایدکه نقاب ازآن روی زیبا و بکر و مست ساز برایت برداشته شود = **زان می گلرنگ مشک بوی** : از آن مست ساز برنگ گل سرخ و بس خشبو= **شرار رشک و حسد**: آتش غبطه وحسادت = **به کوی میکده باز گشته ام ز راه خطا** : برای مست گشتن در سرای مست ساز تو از ره غیر تو (عافیت طلبی) روی گردانده ام = **زکرم با ره صواب انداز** : از مهر و بزرگواری خود در راه درست کار (وصل خود)= **مست و خرابم** : دلی برایم باقی نمانده = **دل سرگشته خراب** : دل از دست رفته از عشقت = **مباد که روز وفاتم به خاک بسپارند** : مخواه که پس از مرگ به دیار خاموشان فرستاده شوم = **برته خم شراب انداز**: درمستی مداوم وصل شیرینت غرقم ساز= **ز جور چرخ** : از سختی روزگار= **دیومحن**: هیولای درد جدائی را = **ناوک شهاب انداز**: با تیرآتشین(با یاد ساختن ازتیر آتشین مژگان یار) بسوزانش =　　**(حافظ خود حافظ)**

بیت زیر که بعنوان بیت دوم غزل فوق در نسخه قزوینی آمده است بعلت عدم رعایت مبانی عرفان (در مصرع دوم برای یاد آوری گفته دیگران به یار) و مخدوش بودن معنی تعبیرارائه شده دربیت اول با بیت دوم مشخصا از حافظ نیست و به غزل فوق اضافه گشته است:

مـرا به کشتی باده درافکن ای ساقی　　که گفته‌اند نکویی کن و در آب انداز

{۱۹۳}

خیـز و در کاسه زر آب طـربنـاک انداز   پیشتر زانکه شود کاسه سرخـاک انداز
عاقبت منـزل مـا وادی خاموشـان است   حالیـا غُلغُـله در گنبـد افـلاک انداز
چشم آلوده نظر از رخ جـانـان دور است   بـر رخ او نظـر از آینـه پـاک انداز
مُلکِ ایـن مـزرعه دانی کـه ثبـاتی ندهد   آتشی از جگـر جـام در املاک انداز
یارب آن زاهـدخودبین که بجز عیب ندید   دود آهیـش در آیینـه ادراک انداز
دل ما را که ز مـار سر زلف تـو بخَست   از لب خـود به شفاخانه تریاک انداز

چون گل از نکهت او جامه قبا کن حافظ
وین قبـا در ره آن قامت چالاک انداز

خیزو درکاسه زرآب طربناک انداز: بیا همتی سازو می در کاسه زرین خود ریز(جان ودل خود را ازعشق او سرمست ساز)= **کاسه سر خاک انداز :** بر کاسه سرت خاک ریزند و محل تجمع خاک گردد = **وادی خاموشان :** سرزمین مردگان = **حالیا غُلغُله بر گنبد افلاک انداز :** اکنون که زنده ائی باید باهمت خود درهفت آسمان غوغا بپا کنی(با تمنای وصل و وصل یار گشتن) = **چشم آلوده نظراز رخ جانان دورست:** چشم بدنبال دنیا هرگز نمیتواند زیبائی یار را ببیند = **بر رخ او نظر ازآینه پاک انداز :** برای دیدن روی زیبای یار دل وجان را خالص و پاک گردان و جز اورا بدان راه مده = **ملک این مزرعه دانی که ثباتی ندهد :** مال ومقام این دنیا دانی که ماندنی نیست و با مرگ ازکفت برود = **آتشی ازجگر جام به املاک انداز :** با آتشی که از مست او گشتن به کف آری علایق دنیائیت را بسوزان= **زاهد خود بین که جز عیب ندید:** آن مومن که فقط عقاید کسب کرده خود را قبول دارد و غیررفتار خودرا عیب میداند = **دود آهیش در آینه ادارک انداز:** بادرک نشانه ائی ازخودت آهی ازدلش بدرآور(زیبائی از خود به او بنما تا شاید بخود آید)= **زمار سرزلف تو بخست :** گزیده و بیمار خم زلف توگشت= **ازلب خود به شفاخانه تریاک انداز :** از طریق لب درمان سازت درمانش ساز(تریاک داروی تسکین درد در قدیم)= **چون گل از نکهت او جامه قبا کن :** همچون پرپرشدن گل با شنیدن پاره ائی از بوی خوش یار تونیز جامه خودرا پاره ساز= **وین قبا در ره آن قامت چالاک انداز :** و آن پاره را برسر راه آن یارتیز رو بیانداز (تا مثل گل بوی اورا گیرد) = **(حافظ خود وعام)**

ابیات زیرکه بعنوان ابیات چهارم وهفتم غزل فوق در نسخه قزوینی آمده اند بعلت عدم رعایت مبانی عرفان و سیرمعنی غزل و تکراری بودن قافیه مشخصا از حافظ نبوده و به غزل فوق اضافه گشته اند:

به سر سبز تو ای سرو که گر خاک شوم   ناز از سر بِنه و سایه بر این خاک انداز
غسل در اشک زدم کَاهل طریقت گویند   پاک شو اول وپس دیده برآن پاک انداز

{۱۹٤}

گلعذاری ز گلستان جهان ما را بس — زین چمن سایه آن سرو روان ما را بس
من و همصحبتی اهل ریا دورم باد — از گرانان جهان رطل گران ما را بس
قصر فردوس به پاداش عمل می‌بخشند — ما که رندیم و گدا دیر مغان ما را بس
به نشین بر لب جوی و گذر عمر ببین — کاین اشارت ز جهان گذرا ما را بس
نقد بازار جهان بنگر و آزار جهان — گرشمارا نه بس این سودو زیان ما را بس
یار با ماست چه حاجت که زیادت طلبیم — دولت صحبت آن مونس جان ما را بس
از در خویش خدا را به بهشتم مفرست — که سر کوی تو از کون و مکان ما را بس

حافظ از مَشرب قسمت گله ناانصافیست
طبع چون آب و غزلهای روان ما را بس

گلعذاری ز گلستان جهان مارا بس : آن یاربس زیبا وفریبنده از تمام زیبائیهای دنیا برای ما کافیست = **زین چمن سایه:** ازسایه های طبیعت(پناه دهندگان و حامیان)این دنیا فانی= **آن سرو روان** : مهرو حمایت آن یار خرامان رونده عاشق ساز= **اهل ریا** : مردم بدنبال مقام و جاه دردنیا = **ازگرانان جهان رطل گران** : از مقامات و بزرگیهای دنیا آن سرمستی تمام(مقام نزد یار)= **قصر فردوس** : کاخ بهشت = **ماکه رندیم و گدا دیر مغان مارا بس** : برای ما پاکباختگان وتمناسازان نیز کوی یار کافیست = **بنشین برلب جوی و گذر عمر ببین** : روی به زیبائیهای طبیعت یار آور و با زیبائیها (نیکوئیها) عمر گذران را طی کن = **کاین اشارت زجهان گذرا:** همین مقدار توجه به دنیا و عمل کردن درآن = **نقد بازار جهان بنگر:** به آنچه حاصل دنیا خواهی است توجه کن= **وآزار جهان:** ودرگیرشدن درآنرا (از یاردورساختن آنرا) = **نه بس این سود و زیان** : این بدست آمده و آن از دست رفته= **یاربا ماست** : خداوند از رگ گردن بما نزدیک ترست (قرآن) = **چه حاجت که زیادت طلبیم** : چرا حرص زنیم دراندوختن مال دنیا= **دولت صحبت آن مونس جان** : همنشینی وهمصحبتی با آن همدم جان= **از در خویش:** ازحال وصل خودت (سرکوی خود)= **کون ومکان** : هرچه درعالم موجود است = **مشرب قسمت گله ناانصافیست** : از نحوه و چگونگی آنچه مارا قسمت نموده است و یا مینماید گله و شکایت داشتن ناشکریست= **طبع چون آب و غزلهای روان** : استعداد سرودن شعر به این لطافت(که یار قسمت ساخته) و سلیس و روان بودن آنها =
(حافظ خود وعام)

{۱۹۵}

دلا رفیق سفر ، بخت نیکخواهت بس | نسیم روضه شیراز ، پیک راهت بس
وگر کمین بگشاید غمی ز گوشه دل | حریم درگه پیر مغان پناهت بس
به صدر مَصطَبه بنشین و ساغر می‌نوش | که اینقدر ز جهان کسب مال و جاهت بس
زیادتی مطلب کار بر خود آسان کن | صُراحی می لعل و بُتی چو ماهت بس
فلک به مردم نادان دهد زمام مراد | تو اهل فضلی ودانش ، همین گناهت بس
هوای مسکن مألوف و عهد یار قدیم | ز رهروان سفر کرده عذر خواهت بس

به هیچ ورد دگر نیست حاجت ای حافظ
دعای نیم شب و درس صبحگاهت بس

رفیق سفر بخت نیک خواهت بس : اینکه سرنوشت (طی مسیر زندگیت) در مسیر عشق یار رقم خورده است برایت کافیست = **روضه** : گلستانهای= **پیک راهت**: خبرسازت ازیار= **کمین بگشاید** : از جائی که پنهان شده بیرون آید = **حریم درگه پیرمغان پناهت بس** : روی به وصل یار داشتن و با خیالش بسر بردن بهترین پناهگاه برای توست= **صدر مصطبه**: بر روی سکوی بالای سرای مست ساز یار(بالاترین مقامی که عاشق میتواند بدست آورد در نزدیکی به یار) = **ساغر می نوش**: از یار سرمست گرد= **که اینقدر ز جهان کسب مال و جاهت بس** : که همین مقدار در دنیا مقام یافتن و مال داشتن برایت کافیست= **زیادتی مطلب** : بیش از آنچه یار روزیت می سازد طلب مکن = **صراحی می لعل و بتی چوماهت بس**: مست گشتن از آن لب یاقوتی و آن یار بس زیبا برایت بتمامی کافیست= **فلک به مردم نادان دهد زمام مراد** : روزگار افراد دنیا دوست (از نظر یار افتاده)را به آرزوهای دنیائیشان میرساند= **تواهل فضلی و دانش همین گناهت بس**: توبدنبال رشدی و شناخت (علت وجود) با روی آوری به یار و از دنیا گذشتن و همین کارت از نظر دنیا خواهان گناه محسوب میشود= **هوای مسکن مالوف و عهد یار قدیم**: قصد رسیدن به کوی یار همدم جان (وصل یار مست ساز گشتن) براساس تعهداولیه ائی که برایش خلق گشته ایم = **ز رهروان سفرکرده عذر خواهت بس**: بعنوان عذر خواستنی از طرف همراهانی که تنهایت میگذارند (به گوشه تنهائی خود میروند) کافیست = **ورد** : دعا = **حاجت** : احتیاج = **دعای نیم شب و درس صبحگاهت بس** : تمناهای شبانه و آنچه در سحرگاهان یار بتو می آموزد برایت کافیست = **(حافظ خود و عام)**

بیت زیر که بعنوان بیت دوم غزل فوق در نسخه قزوینی آمده است بعلت عدم رعایت مبانی عرفان و سیرمعنی غزل مشخصا از حافظ نیست و به غزل فوق اضافه گشته است:

دگرز منزل جانان سفر مکن درویش | که سیر معنوی و کُنج خانقاهت بس

{۱۹۶}

درد عشقــی کشیــده‌ام کــه مپُرس　　زهــر هِجری چشیده‌ام که مپُرس
گشتــه‌ام در جهـــان و آخـــر کار　　دلبــری بر گــزیده‌ام که مپرس
آن چنـــان در هــوای خــاک درش　　مــی‌رود آب دیــده‌ام که مپرس
من به گوش خود از دهانش دوش　　سخنـــانی شنیــده‌ام که مپرس
سوی من لــب چه میگزی که مگوی　　لــب لعــلی گَــزیده‌ام که مپرس
بــی تــو در کلبــه گــدایــی خویــش　　رنجهـــایی کشیــده‌ام که مپرس

همچو حافظ غریب در ره عشق
بــه مقــامی رسیــده‌ام کــه مپرس

که مپرس : نپرسید که امکان باز گوئیش نیست (باید بدان حال برسید تا بدانید که چه میگویم) = **زهرهجری :** طعم درد دوری= **گشته ام درجهان :** به هر چیزی دردنیایم نظرانداختم وروی آوردم = **دلبری :** یاری = **هوای خاک درش :** رسیدن به وصلش= **دیده ام:** چشمم = **دوش:** دیشب= **لب چه میگزی که مگوی:** چرا میخواهی مرااز گفتنش باز داری= **لب لعلی گزیده ام:** به وصل شیرینی رسیده ام= **کلبه:** خانه = **همچو حافظ:** بخواست(لطف) یار= **غریب در ره عشق :** بینظیر و یکتا در عشق گستری و عشق ورزی = **به مقامی:** به رتبه ائی در عشق ورزی به یار= **(حافظ : یار ، خداوند)**

{۱۹۷}

دارم از زلـف سیاهش گله چندان که مپرس — که چنان زو شده‌ام بی سرو سامان که مپرس
کس به امیـد وفا ترک دل و دیــن مکُناد — که چنان گردد از این کرده پشیمان که مپرس
پارسـایی و سـلامت هـوسـم بـود ولـی — شیوه‌ای میکنـد آن نرگس فتــان که مپرس
گفت‌وگوهاست در این راه که جان بگدازد — هرکسی عربده‌ای اینکه مبین آن که مپرس
به یکی جرعه که آزار کسش در پی نیست — زحمتی می‌کشم از مردم نادان که مپرس
زاهـد از ما به سلامت بگذر کاین می لعل — دل و دین میبرد از دست بدانسان که مپرس
گفتمش زلـف به خـون که شکستی گفتـا
حافظ این قصه دراز است به قرآن که مپرس

زلف : خم گیسو = **چندان :** بسیار = **که مپرس:** سئوال نکن که نمی شود آنرا بیان کرد = **زو :** از او = **بی سرو سامان :** سرگردان در حال و هوای خود = **به امید وفا ترک دل و دین مکناد:** اگرکسی فکر میکند که با دل دادن به یاروصلش را نیز براحتی بدست می آورد بهترست نکند= **پارسائی و سلامت هوسم بود :** زندگی همچون دیگر مومنان پاک، خواسته و روش زندگیم بود= **شیوه ائی میکند آن نرگس فتان:** روشی را بکار میگیرد آن روی بس دلفریب= **گفت و گو هاست دراین راه که جان بگدازد:** ماجرای تمناها و وصل ازخود بیخود ساز عشاق بسیارست = **هرکسی عربده ائی این که مبین آنکه مپرس:** هریک با روش خود بی تاب یار گشته که با دیگری بس فرق دارد = **به یکی جرعه که آزار کسش درپی نیست:** برای مست گشتن از یارکه باعث آزار کسی هم نمی گردد= **زحمتی میکشم از مردم نادان:** سرزنشهائی میگردم ازآنانی که فکر میکنند خداشناس و عابدند= **زاهد ازما به سلامت بگذر کاین می لعل:** ای عابد دلسوز با سلامی از ما بگذرو به راه خود روکه مست یار گشتن = **دل و دین میبردازدست بدانسان:** آنچنان دل وعقیده را می رباید‌که انگارهیچ نداشته ائی ونبوده ائی= **زلف بخون که شکستی:** این زیبائی خونین ساز دل را برای گرفتار ساختن چه کسانی عرضه میداری = **این قصه دراز است بقرآن:** این همان داستان بلند(اصلی) قرآنست = **(حافظ خود حافظ)**

بیت زیر که بعنوان بیت هفتم غزل فوق در نسخه قزوینی آمده است بعلت عدم رعایت مبانی عرفان و سیرمعنی غزل مشخصا از حافظ نیست و به غزل فوق اضافه گشته است:

گفتم از گـوی فلک صورت حالی پـرسم — گفت آن می‌کشم اندرخم چوگان که مپرس

{۱۹۸}

بـازآی و دل تنگ مـرا مونس جـان باش / وین سوخته را محرم اسرار نهان باش

خون شد دلم از حسرت آن لعل روان بخش / ای دُرج مُحبت به همان مُهرو نشان باش

تـا بـر دلـش از غصه غباری ننشیند / ای سیل سرشک از عقب نامه روان باش

زان بـاده کـه در میکـده عشق فروشند / ما را دو سه ساغر بده وگـو ، رمضان باش

درخـرقه چـو آتش زدی ای عـارف سالک / جهدی کن و سرحلقه رندان جهان باش

حافظ که هوس می‌کندش جام جهان بین
گـو در نظر آصف جمشید مکان باش

مونس : همدم = وین سوخته را محرم اسرار نهان باش : به گفته‌های این دل آتش گرفته گوش کن و آرامش ساز = از حسرت آن لعل روان بخش : از نرسیدن به آن لب یاقوتی آرام ساز جان = ای دُرج محبت : ای صندوقچه (تمامی) مهر و عشق = به همان مُهر ونشان باش : هم چو همیشه سرمستم ساز= غباری : گردی = ای سیل سرشک از عقب نامه روان باش: ای اشک چون سیل من ، بدنبال نامه ام تو نیز برو= زان باده که در میکده عشق فروشند : از آن مست ساز که عشق مست سازت ارائه میکند= مارا دو سه ساغر بده وگو رمضان باش: هر چندکه رمضانست وماه پرهیزکاری مارا مست خود ساز (که سرمست شدن ازتو عین پرهیزکاریست)=درخرقه : درآنچه داشته ائی = ای عارف سالک : ای به شناخت یار رسیده و راهی وصل او= جهدی کن و سرحلقه رندان جهان باش : همتی اگرسازی میتوانی نزدیکترین به یار درمیان پاکباختگانش باشی (آنگاه که مست وصل یاری) = جام جهان بین : سرمستی ازیار رشد دهنده و آگاهی بخش= گو در نظر آصف جمشید مکان باش: بگو باید بتوانی درنظر آن یار پاک و والامقام درآئی= (حافظ خود وعام)

بیت زیر که بعنوان بیت چهارم غزل فوق در نسخه قزوینی آمده است بعلت عدم رعایت مبانی عرفان و سیرمعنی غزل مشخصا از حافظ نیست و به غزل فوق اضافه گشته است:

دلدار که گفتا به توام دل نگران است / گو می رسم اینک به سلامت نگران باش

{۱۹۹}

به دور لاله قـدح گیر و بی‌ریـا می باش — به بـوی گل نفسی همـدم صبـا می باش

چـو پیـر سالک عشقت بـه می حواله کند — بنـوش و منتظر رحمـت خـدا می باش

گرت هواست که چون جم به سّرغیب رسی — بیا و همدم جـام جهـان نمـا می باش

چو غنچه زانکه فروبستگیست کار جهان — بیا همچو باد بهاری گـره گشا می باش

وفـا مجوی ز کس ور سخن نمی‌شنـود — به هربه طالب سیمرغ و کیمیا می باش

مُـرید طاعـت بیگانگان مشـو حافظ
ولـی معـاشر رنـدان آشنـا می‌باش

به دور لاله قدح گیرو بی ریا می باش: با روئیدن لاله ها(بهار) درجوار آنها به مستی یار روی آور و خالص شو = **ببوی گل نفسی همدم صبا می باش:** با بوکشیدن گلها با نسیم خوشبوی یارهمسفرشو= **چو پیرسالک عشقت به می حواله کند:** اگرپیری که راه عشق یار را بتو آموخت وقت رو به مستی یار آوردن را توجه داد = **بنوش و منتظر رحمت خدا میباش:** رو به مستی یار آور ودر انتظاروصل شیرینش بمان = **جم :** جمشید(سلیمان)= **به سر غیب رسی:** با غیب همنشین گردی ودرکارت از آن استفاده بری = **همدم جام جهان نما می باش:** مستی یار رشد ساز وآگاهی دهنده را مدام دنبال ساز = **زانکه فروبستگیست کار جهان :** از آنکه کار جهان بخود فروبردن وغمگین ساختن است = **بیا همچو باد بهاری گره کشا می باش :** توهم مانند باد بهاری شکوفاساز دلهای گرفته باش (با یاد ساختن ازیار به هر شکلی) = **وفا مجوی ز کس ور سخن نمیشنود:** ازکسی که دراین کار همت نمی کند انتظاری نداشته باش = **به هربه :** با دوری کردن (به حال خود رها ساختن)= **طالب سیمرغ و کیمیا می باش:** خود بدنبال یار و وصل پرارزش او باش= **مرید طاعت بیگانگان مشو:** همراهی با عبادت زاهدان نا آشنا به عشق یارمکن = **معاشر رندان آشنا :** همراه و همدم پاکباختگان بدنبال مستی یار = **(حافظ خود وعام)**

بیت زیر که بعنوان دومین بیت غزل فوق در نسخه قزوینی آمده است بعلت عدم رعایت مبانی عرفان و سیرمعنی غزل مشخصا از حافظ نیست و به غزل فوق اضافه گشته است:

نگویمت که همه ساله می پرستی کن — سه ماه می خور و نه ماه پارسا می‌باش

{۲۰۰}

صوفی گلی بچین و مُرَقَّع به خار بخش　　وین زهد خشک را به می خوشگوار بخش

طـامـات و شطَـح در ره آهنگ چنگ نه　　تسبیح و طَیلسان به می و میگسار بخش

زُهـد گـران کـه شاهد و ساقی نمی‌خرد　　در حلقـه چمـن بـه نسیم بهـار بخش

راهم شـراب لعل زد ، ای میـر عاشقان　　خون مـرا به چـاه زنخدان یـار بخش

ای آنکه ره بـه مشرب مقصود برده‌ای　　زین بحـر قطـره‌ای به من خاکسار بخش

شکرانه را که چشم روی بتان بدید
گو جام می بر حافظ شب زنده دار بخش

صوفی گلی بچین و مرقع به خار بخش : ای بدنبال یار روی به زیبائیهای او آور و آنچه در دنیا(خار) بدان تمایلی داری به خود آن واگذار= **وین زهد خشک به می خشگواربخش :** این عبادت بی عشق را با سرمست گشتن از عشق یار عاشقانه ساز= **طامات :** احادیث من درآوردی = **شطح :** خرافه درویشان = **در ره آهنگ چنگ نه :** برای مست گشتن از نوای روحبخش چنگ کنار گذار = **طیلسان :** عبا، جامه رو(مقام دنیائی)= **به می و میگسار بخش :** در راه مستی و مست سازی یار بده = **زهدگران:** عبادات مداوم و بدون درکی ازآنها = **که شاهد و ساقی نمی خرد:** که یار همیشه گواه و مست ساز رشدی از آنها برایت ایجاد نمیکند = **درحلقه چمن به نسیم بهار بخش :** با روی آوری به زیبائیهای یار درطبیعت با نسیم خوشبوی بهار ازخود دور ساز= **راهم شراب لعل زد :** آن لب یاقوتی مست سازش دل وجان مرا به ربود = **ای میرعاشقان:** ای مسئول رسیدگی به اوضاع عاشقان = **چاه زنخدان یار :** چال چانه آن زیبا روی = **ای آنکه ره به مشرب مقصود برده ائی :** ای آنکه مست وصل یار گشته ائی= **بحر:** دریا = **خاکسار:** نادیده گرفته شده = **شکرانه را که چشم روی بتان بدید :** با بجا آوردن شکربدانکه چشمم زیبارویانت (همراه سازان وصلت) را بدید = **گوجام می:** بگو سرمستی ات را نیز بر من عرضه سازند = **(حافظ خود حافظ)**

متاسفانه غزل فوق بشدت مورد هجوم قرار گرفته است و ابیات زیرکه بعنوان ابیات پنجم وآخرین ابیات غزل فوق درنسخه قزوینی آمده اند بعلت عدم رعایت مبانی عرفان و سیرمعنی غزل ومخدوش بودن شدید معنی دوبیت آخر(که با دستکاری واضافه کردن اشعاری به بیت آخرکاملا تغییر داده شده و بشکل زیر درآمده است که البته در غزل فوق به حد توانائی اصلاح گشته) مشخصا از حافظ نبوده و به آن اضافه گشته اند:

یا رب به وقت گل گنه بنـده عفو کن　　وین مـاجرا به سـرو لب جویبار بخش

شکرانه را که چشم تو روی بتان ندید　　(مـا را به عفو و لطف خداوندگار بخش)

(ساقی چو شاه نوش کند باده صبوح)　　**گو جام زر به حافظ شب زنده دار بخش**

باغبــان گــر پنــج روزی صحبت گل بایدش | بر جفای خــار هجران صبر بلبل بایدش
ای دل انــدر بنــد زلفش از پریشانی منـال | مرغ زیرک چون به دام افتد تحمل بایدش
بــا چنین زلــف و رخُش بــادا نظربازی حرام | هرکـه روی یاسمین و بوی سنبل بایدش
نــازهــا زان نرگس مستانه‌اش بــایــد کشد | این دل شوریده تا آن جعد و کاکل بایدش
رنــد عالــم سوز را با مصلحت بینی چــه کار | کار مُلک است آن که تدبیر و تأمل بایدش
تکیه بر تقوا و دانش در طریقت کافریست | راهرو گــر صد هنــر دارد تــوکل بایدش
ساقیــا در گــردش ســاغر تعلل تــا به چند | دور چون با عاشقان افتد تسلسل بایدش

کیست حافظ تا ننوشد باده بی آواز رود
عاشق مسکین چرا چندین تجمّل بایدش

باغبان: عاشق = **گرپنج روزی صحبت گل بایدش:** اگرمیخواهدکه زمان وصل او نیز به یار برسد= **برجفای خار هجران صبر بلبل بایدش:** درد دوری از یار را همچون هر عاشقی باید تحمل نماید= **اندر بند زلفش :** از گرفتار شدن درعشق بس زیبایش= **منال :** ناله مکن= **مرغ زیرک چون بدام افتد :** پاکباخته جوینده عشق چون بدام عشق افتاد = **با چنین زلف ورخش بادا نظربازی حرام :** برای زیبائی بس دلفریب یار باید از نظر انداختن بر دیگر زیبائیهای غافل ساز روی گرداند = **هرکه روی یاسمین وبوی سنبل بایدش:** آنکه طالب روی دلفریب وگیسوی خوشبوی یارست = **نرگس مستانه اش :** آن روی بس زیبای مست سازش = **شوریده :** بی تاب گشته = **جعد وکاکل :** گیسو و زلف یار = **رند عالم سوز :** پاکباخته از دنیا بریده = **مصلحت بینی :** بفکر مصالح دنیائی خود بودن = **کار مُلک است آنکه تدبیر و تامل بایدش :** رسیدگی و مدیریت امور دنیائی است که به چاره اندیشی و مصلحت نگری (سیاست داشتن) محتاج است = **تکیه بر تقوی و دانش در طریقت کافریست :** حساب کردن روی میزان پرهیزکاری و آگاهی از دین درراه وصل یار حاصلش دور گشتن از اوست = **راهرو :** آنکه بدنبال یارست = **توکل بایدش :** فقط باید به یار روی داشته و بر او تکیه کند = **ساقیا در گردش ساغر تعلل تابه چند :** ای یار مست ساز شروع مست سازی عشاق را تا کی تاخیر می اندازی = **دورچون با عاشقان افتد تسلسل بایدش :** مگر رسم این نیست که نوبت مست گشتن عشاقت مدام در میان ایشان درگردش است (مبادا مرا ازدور خارج ساخته ائی) = **تا ننوشد باده بی آواز رود :** مست یار نگردد اگرنباشد نوای سازی = **عاشق مسکین چرا چندین تجمل بایدش:** عاشق پاکباخته یار باید با هیچ (فقط با خیالش) نیز مست زیبائیهای یار گردد =

(حافظ خود وعام)

{۲۰۲}

فکر بلبـل همه آن است کـه گل شد یارش | گل دراندیشه که چون عشوه کند درکارش
بلبل از فیض گل آموخت سخن ور نه نبود | این همه قول و غزل تعبیه در منقارش
دلربایی همــه آن نیست که عاشق بکُشی | خواجـه آنست که باشدغـم خدمتکارش
صحبت عافیتت گـر چه خوش افتاد ای دل | جانب عشق عـزیز است فـرو مگذارش
جای آنست کـه خـون موج زند در دل لعل | زین تغـابن کـه خزف می‌شکند بازارش
ای کـه از کوچـه معشوقه مـا می‌گذری | برحـذر باش که سر می‌شکند دیوارش
آن سفرکرده که صد قافله دل همره اوست | هر کجا هست خدارا به سلامت دارش

دل حافظ که به دیدار تو خوگر شده است
نـاز پـرورد وصـال است مجـو آزارش

فکر بلبل هم آنست که گل شد یارش: عاشق با تمام وجود خوشحال از اینکه یار عشق اورا پذیرفت وبه او نظری افکند = **گل دراندیشه که چون عشوه کند درکارش :** یار در این برنامه که اورا بتمامی با ناز خود دیوانه سازد= **بلبل:** عاشق و شیدای یار= **از فیض گل آموخت سخن :** ازوصل پر بارش با یار(افزوده گشتنش از یار) اشعار عاشقانه خود را آموخت = **قول و غزل تعبیه در منقارش:** گفتار واشعار لطیف سروده شده وخوانده شده ازدهانش= **دلربائی:** عاشق خود ساختن= **که عاشق بکشی:** عاشقت رابه این حال وروز اندازی= **خواجه آنست که باشد غم خدمتکارش:** این مصرع باید بصورت خبری خوانده شود یعنی مثل آنکه اول این مصرع میگوئیم " آیا خود نگفته ائی که خواجه (آقا و سرور) آنست ......"= **صحبت عافیتت گرچه خوش افتاد ای دل:** مسئله مصلحت اندیشی در زندگی هرچند که باعث حفظ مقام و موقعیت تو نزد مردم است و خوش ساز دلت = **جانب عشق عزیز است فرو مگذارش :** ولی روی آوری به عشق یار باعث والامقام گشتن تو نزد یار میگردد پس فراموشش مساز = **دردل لعل :** در دلهای چون گوهرسرخ (خونین) = **زین تغابن که خزف میشکند بازارش:** از این فریبکاری که سفال خودرا چون اوعرضه میسازد (نااهلان و نا عاشقان خودرا عاشق وشیدای او نشان میدهند)=**کوچه معشوقه ما:** طالب وارد شدن به راه عشق ورزی بایارمائی= **برحذر باش که سرمی شکند دیوارش:** به یاد داشته باش که جانی برایت نمی گذارد (چیزی برایت نمی ماند)= **آن سفر کرده که صد قافله دل همره اوست :** آن روی زیبا را که چه بسیاردلهای عاشق بدنبال آنست = **خدارا به سلامت دارش:** به خداوندیت(مهرورز بودنت)که باسلامی برمابازش گردان= **خوگر:**خوگرفته ، عادت کرده= **ناز پرورد وصال است مجو آزارش :** تمام احساس لطیفش را ازوصل تو بدست آورده پس با دوریت آزارش مده = **(حافظ خود حافظ)**

بیت زیرکه بعنوان بیت هشتم غزل فوق در نسخه قزوینی آمده است بعلت عدم رعایت سیرمعنی غزل وسبک بودن آنچه از معنی ارائه میسازد مشخصا از حافظ نیست و به غزل فوق اضافه گشته است:

صوفی سرخوش از این دست که کج کرد کلاه | به دو جام دگر آشفته شود دستارش

{۲۰۳}

شراب تلخ می‌خواهم که مردافکن بود زورش
که تا یک دم بیاسایم ز دنیا و شر و شورش
سماط دهر دون پرور ندارد شهد آسایش
مذاق حرص و آز ای دل بشور ازتلخ و از شورش
بیاور می که نتوان شد ز مکر آسمان ایمن
به لعب زهره جنگی و مریخ سلحشورش
کمند صید بهرامی بیفکن جام جم بردار
که من پیمودم این صحرا نه بهرامست و نه گورش
نظر کردن به درویشان مُنافی بزرگی نیست
سلیمان با چنان حشمت نظرها بود با مورش
کمان ابروی جانان نمی‌پیچد سر از حافظ
ولیکن خنده می‌آید بدین بازوی بی زورش

شراب تلخ : مست سازی قوی = **که مرد افکن بود زورش** : به مستی تمام رساند مرا = **که تا یکدم بیاسایم ز دنیا و شر و شورش** : تا لحظاتی از این دنیای پر ماجرا و درگیرساز بیرون باشم = **سماط دهر دون پرور ندارد شهد آسایش** : در سفره روزگار این دنیای خوار ساز آرامش شیرین ساز جان پیدا نمی شود= **مذاق حرص و آز ای دل بشور از تلخ و از شورش** : ای دل عاشق هوسهای آنرا از هر نوعش از فکرت پاک ساز = **بیاور می** : مرا مست ساز = **که نتوان شد ز مکر آسمان ایمن** : که از بازیهای زمانه معاف و در آسایش نخواهی بود= **به لعب زهره جنگی ومریخ سلحشورش**: حتی با حرکات زهره در مدارش ومریخ نشانگر قدرت و مقام (نجوم هم در این خصوص کمکی نمیکند)= **کمند صید بهرامی بیفکن** : ازدنیا و جاه ومقامش بگذر= **جام جم بردار**: به مستی والاساز یار روی آور= **که من پیمودم این صحرا نه بهرام است و نه گورش** : من نیززندگی را گذارنده ام و دیدم که هیچ چیز از انسان نمی ماند(نه نامی و نه مقام و جایگاهی) = **نظرکردن به درویشان مُنافی بزرگی نیست** : عشاقت را همصحبت شدن کسر شانی برای تو نخواهد بود = **سلیمان با چنان حشمت نظرها بود با مورش** : که سلیمانت را که چنان جاه و مقام دادی با مورها همصحبت ساختی=**کمان ابروی جانان نمی پیچد سراز حافظ** : یاربا هدف ساختن با تیروکمان ابرویش(عشوگریهایش) از تیراندازی به حافظ دست نمی کشد= **ولیکن خنده می آید بدین بازوی بی زورش**: ولی یارم از داشتن چنین حریف لاغرو نحیفی خنده ائی بر لب می آورد = **(حافظ خود حافظ)**

بیت زیر که بعنوان پنجمین بیت غزل فوق در نسخه قزوینی آمده است بعلت عدم رعایت مبانی عرفان و سیر معنی غزل مشخصا از حافظ نیست و به غزل فوق اضافه گشته است :

بیا تا در می صافیت راز دهر بنمایم　　به شرط آن که ننمایی به کج طبعان دل کورش

{۲۰٤}

خوشا شیراز و وضع بی‌مثالش	خداوندا نگه دار از زوالش
ز رُکن آباد ما صد لوحش الله	که عمر خضر می‌بخشد زلالش
میان جعفر آباد و مُصلا	عَبیر آمیز می‌آید شمالش
که نام قند مصری بُرد آنجا	که شیرینان ندادند اِنفعالش
صبا زان لولی شَنگول سرمست	چه داری آگهی چونست حالش
مکن از خواب بیدارم خدا را	که دارم خلوتی خوش باخیالش

چرا حافظ چو می‌ترسیدی از هِجر
نکردی شُکر ایام وصالش

وضع بی مثالش : وضعیت (طبیعت) بی مانندش = **زوال :** ضایع شدنش ، از بین رفتنش = **رکن آباد :** محلی درجوار شیراز= **صد لوحش الله :** با شکر بسیار از خداوندگار= **که عمر خضر میبخشد :** چون آب حیات است= **زلالش :** پاکی آبش = **جعفر آباد و مصلا :** دو محل درجوار شیراز برای تفریح و نماز گزاری= **عبیر آمیز :** بسیار معطر = **شمالش:** بادش = **که نام قندمصری برد آنجا :** هر شیرین ساز جانی در آنجا = **که شیرینان ندادند انفعالش :** پیش شیرین سازان جان شیراز شرمنده میگردد = **لولی شنگول سرمست:** یار خود مست ومست ساز = **آگهی :** خبری = **چونست :** چگونه است = **مکن از خواب بیدارم خدارا:** به خداوندیت دیگر از این خواب بیدارم مکن = **هجر :** دوری وجدائی = **ایام وصالش :** زمانهای وصل یار بودن را = **(حافظ خود حافظ)**

ابیات زیرکه بعنوان ابیات چهارم و هفتم غزل فوق در نسخه قزوینی آمده اند بعلت عدم رعایت مبانی عرفان و سیر معنی غزل مشخصا از حافظ نبوده و به غزل فوق اضافه گشته اند:

به شیراز آی و فیض روح قدسی	بجوی از مردم صاحب کمالش
گر آن شیرین پسر خونم بریزد	دلا چون شیر مادر کن حلالش

چو بر شکست صبا زلف عنبر افشانش — به هرشکسته که پیوست تـازه شد جانش
کجاست همنفسی تا بشرح عرضه دهم — کـه دل چـه می‌کشد از روزگـار هجرانش
زمانــه از ورق گل مثـال روی تو بست — ولی ز شـرم تو در غنچه کـرد پنهـانش
تو نهفته‌ای و نشد عشق را کرانه پدی — تبارک الله از ایـن ره کـه نیست پایانش
جمال کعبه ، مگر عذر رهروان خواهد — کـه جـان زنده دلان سوخت در بیابانش
بدیـن شکسته بیـت الحُزن کِه می‌آرد — نشـان یوسـف دل از چَـهِ زنخدانش
که گیرد آن سر زلف و به دست خواجه دهد
که سوخت حافظ بی‌دل ز مکر و دستانش

چو بر شکست صبا زلف عنبر افشانش : چون باد صبا بر هم زد گیسوی عطر آگینش را = **به هر شکسته که پیوست :** به هر عاشق از دست رفته که رسید= **از روزگار هجرانش :** در زمان دوری وجدائیش = **زمانه از ورق گل مثال تو بست :** روزگار خواست گل را نشانی از زیبائی تو کند = **ولی ز شرم تو در غنچه گرد پنهانش :** ولی از شرم ارائه آن در مقابل زیبائی تو آنرا در غنچه گذارد= **تو نهفته ائی و نشد عشق را کرانه پدید:** توکه انتهای کار هرعاشقی خود را پنهان ساخته ائی و عشقت هم که برایش انتهائی نیست = **تبارک الله از این ره که نیست پایانش :** این ازبرکت خداوندی توست که این راه را پایانی نیست = **جمال کعبه مگرعذر رهروان خواهد:** رسیدن وديدن زیبائی کعبه(روی یار) مگردرمان ساز دل راهیانشان باشد= **که جان زنده دلان سوخت در بیابانش :** که از دور بودن از اوست که جان و دل عشاق در راهش می گدازد = **بدین شکسته بیت الحزن :** به این از دست رفته ودر خانه غم مانده = **نشان یوسف دل :** نشانی از زیبارویم که دل بدنبال اوست (یار)= **ازچه زنخدانش :** از چاه (چاله) آن چانه بس زیبا= **آن سرزلف :** آن گیسوی زیبارا= **دستانش :** فریبش (ناز و کرشمه اش)= **(حافظ خود حافظ)**

یارب این نوگل خندان کـه سپردی به منش | می‌سپارم بـه تـو از چشم حسود چمنش
گر چه از کوی وفا گشت به صد مرحله دور | دُور باد آفت دور فلک از جان و تنش
گـر به سر منزل سلمی رسی ای باد صبا | چشم دارم کـه سلامی برسانی ز منش
به ادب نـافه گشایی کـن از آن زلـف سیاه | جای دلهـای عزیزست به هـم بر مزنش
در مقـامی که به یـاد لب او مـی نوشنـد | سفله آن مست که باشدخبر از خویشتنش
هر که ترسد ز ملال ، اندُه عشقش نه حلال | سـر ما و قدمش یا لب ما و دهنش

شعر حافظ همه بیت الغـزل معرفت است
آفرین بر نفس دلکش و لطـف سخنش

این نوگل خندان که سپردی به منش: این دل عاشق گشته و بوجد آمده را = **می سپارم به تواز چشم حسود چمنش:** بتو می سپارمش تا زیبارویانت طمع نکنند آنرا بخود جلب کنند= **ازکوی وفا گشت بصد مرحله دور:** با اینکه بابی وفائی از خود بسیار دورش ساختی = **دورباد آفت دورفلک از جان وتنش:** به لطف تو فریب زمانه نمیتواند برایش درراه عشق توو عزم درآن خللی وارد آورد = **سرمنزل سلمی:** سرای پاکترین (کوی یار) = **به ادب نافه گشائی کن از آن زلف سیاه:** با احتیاط و مهرورزی زلف سیاهش را بگشا تا بویش برخیزد= **جای دلهای عزیرست :** چه دلها که بسته آن زلف است = **به هم بر مزنش :** که با بر هم زدن آن دلها را (از زیبائیش) خون میسازی = **درمقامی که به یاد لب او مینوشند :** درگاه سرمست گشتن از یاد زیبائیهای مست ساز یار= **سفله آن مست :** بازنده آن رو به مستی یار آورده که = **باشد خبر از خویشتنش:** مست اونگشته باشد= **زملال:** از سختی راه وصل یار= **انده عشقش نه حلال:** غم عشق یار براو حرام میگردد = **سرماو قدمش یا لب ماو دهنش:** یا ما را به زیرپایش میگذارد(در سختی نگه میدارد) ویا وصل شیرنش را مقرر میسازد (راه دیگری برای ما نیست)= **بیت الغزل معرفت است:** غزلهائی عرفانی است(از شناخت یار و ماجرای عشق او میگوید)= **برنفس دلکش و لطف سخنش:** برکلام عاشق سازدل و لطافت سروده هایش= **(حافظ خود حافظ)**

ابیات زیرکه بعنوان ابیات پنجم و هفتم غزل فوق در نسخه قزوینی آمده اند بعلت عدم رعایت مبانی عرفان و سیر معنی غزل مشخصا از حافظ نبوده و به غزل فوق اضافه گشته اند:

گو دلم حق وفا با خط و خالت دارد | محتـرم دار در آن طـره عنبر شکنش
عرض و مال از در میخانه نشاید اندوخت | هر که این آب خورد رخت به دریا فکنش

{۲۰۷}

دوش ز رهــروی رسید ایــن خبر بگوش — که دور شاه شجاع است و می، دلیر نوش
شراب خانگی ز دست محتسب خورند — بــه روی یــار بنوشند و بانگ نوشانوش
ز مجلسی دوشش بــه دوش می بردند — امام شهرکه سجاده می‌کشد به دوش
شد آن که اهل نظر بر کناره می رفتند — هــزارگونه سخن در دهــان و لب خاموش
به صــوت چنگ بگفتیم این حکایت را — که از نهفتن آن دیگ سینه می‌زد جوش
دلا دلالــت خیــرت کنــم به راه نجــات — مکن به فسق مباهات و زهــد هم مفروش

رمــوز مصلحت مُلک ، خســروان دانند
گدای گوشه نشینی تو حافظا ، مخروش

دوش ز رهروی : دیشب از یار همدمی= **می، دلیرنوش :** می با جسارت(بدون ترسی) نوشیده میشود= **شراب خانگی ز دست محتسب خورند:** شراب ناب انداخته شده پنهانی در خانه ها را پاسبانان (ماموران) خود عرضه میدارند = **به روی یار بنوشند وبانگ نوشانوش:** با زیبارویان بنوشند و نوشتان باد گویند= **ز مجلسی دوشش به دوش میبردند :** از محفل بزمی مست مست برروی دوش خود می بردند= **امام شهرکه سجاده می کشد به دوش :** امام نماز جماعت شهررا که همیشه سجاده نمازرا باخود دارد= **اهل نظر برکناره می رفتند :** عشاق و عرفا کنار کشیده اند= **هزارگونه سخن در دهان و لب خاموش:** چه بسیار گفتار عاشقانه آماده عرضه ولی بسکوت روی آورده و نظاره گر گشته= **بصوت چنگ بگفتیم این حکایت را :** ماجرای کار ایشانرا با نغمه وساز بیان ساختیم = **که از نهفتن آن دیگ سینه میزد جوش :** که از نگفتن و پنهان ساختن آن بر سینه ام بس فشار می آمد(احساس خفقان میکردم)= **دلا دلالت خیرت کنم به راه نجات :** ای راهی یار نصیحتی نیکو برای رستگاریت بکنم = **مکن به فسق مباهات:** از خود فریبی وزشتکاری خود خوشنود مباش = **و زهد هم مفروش :** دینداری خود را نیز به رخ مردم مکش = **رموز مصلحت مُلک خسروان دانند :** صلاح کار حکومت خود را حاکمان خود دانند = **مخروش :** فریاد بر نیاورد وایشان را به حال دنیائی خود رها ساز = **(حافظ خود وعام)**

در نسخه قزوینی دوبیت زیر قبل از بیت آخر آمده اند که مشخصا بوسیله شاعری درباری سروده شده است و شاعر مزبور برای اینکه غزل فوق قابل عرضه بر حاکم وقت باشد مجبور شده است که تغییراتی در ابیات دیگر نیز بدهد(که در نسخه قزوینی قابل مشاهده است) تا با مخدوش کردن سیر معنی غزل بتواند با اضافه کردن دو بیت زیر بعنوان ماقبل آخر آنرا در مدح وستایش اوضاع آنزمان عرضه نماید در حالیکه معنی غزل درمذمت و اظهار تاسف از وضعیت آن دوران است وشاید هم شاعر فوق این دستکاری را بعلت علاقه به حافظ برای حفاظت حافظ از شر حاکمان وقت که تحمل انتقاد های اینچنینی از حکمرانیشان را نداشته اند انجام داده است :

محل نــور تجلیست رای انور شــاه — چو قرب او طلبی در صفای نیت کوش
به جز ثنای جلالش مساز ورد ضمیر — که هست گوش دلش محرم پیام سروش

{۲۰۸}

هـاتفی از گـوشه میخـانه دوش   گفـت ببخشد گُنَهت ، می بنوش
لطـف الهـی بکنـد کـار خویش   مژده رحمـت برساند سروش
مهـر خـدا بیشتر از جُـرم ماست   نکته بسته چـو نـدانی خموش
گر چه وصالش نه به کوشش دهند   هر قَدَر ای دل کـه توانی بکوش
ایـن خـرد خـام به میخانه بـَر   تامی لعل ، آوَرَدَش ، خون بجوش
گـوش مـن و حلقـه گیسوی یـار   روی مـن و خـاک در مـی فروش
رنـدی حافظ نـه گناهیست صعب
بـا کـرم پـادشـــه عیب پوش

هاتفی از گوشه میخانه دوش: آواز دهنده ائی از سرای مست ساز یار= **می بنوش :** روی به مستی یار آر = **لطف الهی بکند کار خویش :** مهرورزی یار شامل حالت میگردد= **مژده رحمت:** خبرخوش وصل یار را = **سروش :** فرشته وحی = **نکته بسته چو ندانی خموش :** وقتی روش عملکرد یار غیر قابل حدس و فهم است فقط باید صبرکنی تا ببینی که چه برایت مقرر میکند = **نه به کوشش دهند :** سعی درتمنای وصل دراین کار اصل نیست= **هر قدر :** به هر میزان = **این خرد خام به میخانه بر:** این دل وجان بیخبروناپخته را بکار مست گشتن از یار بگمار= **تا می لعل آوردش خون بجوش :** تا ببینی مست سازی یارآنرا به چه حال خوشی درمی آورد=**گوش من وحلقه گیسوی یار:** جانم مدام دربند وصل زیبای او گشتن است = **روی من وخاک درمی فروش:** رویم مدام برخاک درب سرای مست ساز نهاده ست (تا کی به مستی ام پردازد) = **رندی :** پاکباختگی= **صعب :** بزرگ و سخت = **با کرم پادشه عیب پوش :** در برابر بخشندگی یار پاک ساز گناهان = **(حافظ خود و عام)**

دوبیت زیر که در نسخه قزوینی به انتهای این غزل اضافه شده است مشخصا بوسیله شاعری درباری و برای عرضه شعر به حاکم وقت به آن اضافه شده است :

داور دین شاه شجاع آن که کرد   روح قدس حلقه امرش به گوش
ای ملک العرش مـرادش بده   و از خطر چشم بدش دار گوش

{۲۰۹}

دوش با من گفت پنهـان کاردانی تیزهوش
وز شما پنهان نشاید کـرد سرِ می فروش
بر بساط نکته دانان فرّ فروشی شرط نیست
یا سخن دانسته گوید مرد عاقل یا خموش
گوش کـن پند ای پسر وز بهر دنیا غم مخور
گویمت چون درحدیثی گر توانی داشت هوش
گفت آسان گیر بر خـود کارها کـز روی طبع
سخت میگیرد جهان برمردمان سخت‌کوش
تا نگـردی آشنا زیـن پرده رمزی نشنوی
گوش نامحرم نباشد جای پیغام سروش
با دل خونیـن ، لـب خندان بیاور همچو جام
نی گرت زخمی رسدآیی چو چنگ اندرخروش
در حریـم عشق نتـوان زد دم از گفت و شنید
زانکه آنجا جمله اعضا چشم باید بود و گوش
ساقیا می ده که رندی‌های حافظ کـرد نظر
آصف صاحب قران جـرم بخش عیب پوش

دوش: دیشب= **کاردانی تیزهوش:** فردی براه عشق آمده ودنبال ساز نکته های آن= **وزشماپنهان نشایدکردسر می فروش:** کلامیکه از عشق مست ساز یار میگویدبرای شما بخوبی قابل تشخیص است= **بربساط نکته دانان فرفروشی شرط نیست:** برای آنان که به شناخت رسیده اند(عارفان) از شکوه و جلال گفتن اصالتی ندارد = **یا سخن دانسته گوید مرد عاقل یا خموش:** آنکه(بفکر آخرت خودست اگر) شک کند به اینکه سخنش مردم را به سوی حق هدایت نمی کند، باید ساکت بماند= **وز بهردنیا غم مخور:** غم مسائل دنیائی خود وحتی آنانکه روی بدنیا آورده اندرا مخور=**گویمت چون درحدیثی:** شرح مواردش اینست= **گرتوانی داشت گوش:** اگر به آنجارسیده باشی که درکشان کنی= **کز روی طبع :** براساس قانون وجود برای دنیا خواهان= **برمردمان سخت کوش** : برآنانکه فقط تلاش زیاد در کار زندگی را اصل

میدانند = تا نگردی آشنا زین پرده رمزی نشنوی: تا عارف نگردی(به شناخت یارو مهرورزیش نرسیده باشی) از نکته های عارفانه چیززیادی درنمی یابی= نا محرم: روی بدنیا آورده = جای پیغام سروش: محل فرود پیام و وحی یار= بادل خونین لب خندان بیاور همچو جام: با داشتن دلی دردناک از دوری یار زیبائی ومهررا عرضه کن همانندجام شراب سرخ= نی گوت زخمی رسد آئی چو چنگ اندر خروش : نه آنکه اگر دراین راه به سختی افتادی آنرا فریاد کنی (بردیگران باز گو سازی) = درحریم عشق نتوان زد دم ازگفت وشنید: نه اینکه درهرتمنایت از یارپاسخی نخواهی داشت، بدانکه درزمان وصلت نیز اینچنین نیست زیرا= زآنکه آنجا جمله اعضا : زیرا در گاه وصل تمامی وجودت= ساقیا می ده: ای مست سازمستم ساز = رندی های : پاکباختگی و تمناهای=کرد نظر: مورد توجه گرفت بوسیله= آصف صاحب قرآن: آن پاک والا و والاساز (یار) =   (حافظ خود حافظ)

بیت زیر که بعنوان سومین بیت غزل فوق در نسخه قزوینی آمده است بعلت عدم رعایت سیر معنی غزل و دور بودن شدید از آن مشخصا از حافظ نیست و به غزل فوق اضافه گشته است :

وان گهم در داد جامی کز فروغش بر فلک   زهره در رقص آمد و بربط زنان میگفت نوش

{۲۱۰}

ای همه شکل تو مطبوع و همه روی تو خوش
دلم از عشوه شیرین شکـرخای تو خوش

همچو گلبرگ طری هست وجـود تـو لطیف
همچو سرو چمنِ خُلـد سراپای تو خوش

شیوه و نـاز تو شیرین خـط و خـال تـو ملیح
چشم و ابروی تو زیبا قد و بالای تو خوش

هم گلستان خیالـم ز تـو پـر نقش و نگار
هم مشامِ دلم اززلـف سَمن سای تو خوش

در ره عشق که از سیل بلا نیست گذار
کرده‌ام خاطر خـود را به تمنای تو خوش

شُکر چشم تـو چه گویم کـه بدان بیماری
می‌کنـد درد مـرا از رخ زیبای تو خوش

در بیابان طلب ، گر چه ز هر سو خطریست
می‌رود حـافظ بی‌دل به تـوَلّای تو خـوش

ای همه شکل تو مطبوع و همه روی تو خوش : آی آنکه هرچه خلق کردی دلنشین است و هرچه می آرائی(برایم شکل میدهی) شادی آفرینست = **دلم از عشوه شیرین شکر خای تو خوش** : تمام خوشی دلم همین عرضه زیبائیهای توست = **گلبرگ طری** : گلبرگهای تر وتازه = **سرو چمن خلد**: سرو همیشه سبز= **شیوه و ناز تو شیرین ، خط خال تو ملیح** : نحوه ارائه زیبائیهایت و نقوشی که ایجاد میکنی بس شیرین ساز دلست = **هم گلستان خیالم ز تو پر نقش و نگار** : هم باغ رویاهایم پراز نقشهای زیبای تو= **هم مشام دلم از زلف سمن سای تو خوش**: هم دلم پر گشته از بوی گیسوی همچوگل یاسمن تو= **که از سیل بلا نیست گذار** : از گرفتاریها و سختیها رهائی نیست = **خاطر خود را به تمنای تو خوش** : دلم خوش است که تمناهای مرا برای رهائی از آنها (به وصل شیرینت رسیدن) نادیده نمیگیری = **شکرچشم توچه گویم که بدان بیماری** : چگونه میتوان شکر آن چشم را بجا آورد که با آن بیمارساختنش= **میکند درد مرا از رخ زیبای تو خوش** : درد مرا از دوری وصل تو درمان نیز میسازد = **در بیابان طلب** : در راه سخت عشق ورزی تو= **حافظ بی دل به تولاّی تو خوش** : آنکه به عشق توروی آورده با دلگرمی از حضور و راهبری تو راهی گشته است = **(حافظ خود و عام)**

کنار آب و پای بید و طبع شعر و یاری خوش
معاشر دلبری شیرین و ساقی گلعذاری خوش
الا ای دولت طالع که قدر وقت می‌دانی
گوارا بادت این عشرت که داری روزگاری خوش
هر آنکس را که درخاطر ز عشق دلبرست باری
سپندی گو بر آتش نه که دارد کار و باری خوش
عروس طبع را زیور ز فکر بکر می‌بندم
بود ، کز دست ایامم به دست افتد نگاری خوش
شب صحبت غنیمت دان و دادِ خوشدلی بستان
که مهتابی دل افروزست و طرف لاله زاری خوش
میی در کاسه چشم است ساقی را ، بیامیزد
که مستی می‌کند با عقل ومی بخشد خماری خوش
به غفلت عمر شد حافظ بیا با ما به میخانه
که شنگولان خوش باشت بیاموزند کاری خوش

طبع شعرو یاری خوش: داشتن استعداد شعری و یاری که همه چیزش شادی وشعف است= **معاشر:** آنکه به شادی میرساندت = **ساقی گلعذاری خوش:** آنکه مستت میسازد با زیبائی فریبنده اش = **ای دولت طالع که قدر وقت میدانی:** ای جان روشنی یافته ازوصل یار که قدر زمان وصلت را میدانی = **گوارا بادت این عشرت** : نوش جانت گردد این خوشی= **که در خاطرزعشق دلبرست باری** : درفکرو دلش از عشق یار بارغمی دارد = **سپندی گو بر آتش نه که دارد کارو باری خوش** : بگوکار عاشقی اش را از چشم زخم خوردن با اسفند بر آتش دور سازد که بهترین کاررا برگزیده = **عروس طبع** : تمایلات به زیباروی خودرا = **زیور ز فکر بکر می بندم** : با افکار جدید و خارق العاده از یار سرگرم می سازم = **بود کز دست ایامم بدست افتد نگاری خوش** : شاید درعمرباقی مانده وصل یار شاد ساز نصیبم گردد = **شب صحبت غنیمت دان وداد خوشدلی بستان:** شب وصلت را قدر بدان و مزه خلوص و استقامتت را بتمامی بچش= **که مهتابی دل افروزست وطرف لاله زاری خوش** : که زیبا روئی بس فریبنده آنجاست و عشاقی سرخوش و جام بدست برای رسیدن به مستی تمام یار= **میی** : مست سازی = **بیامیزد** : آنگاه که مست می سازد = **که مستی میکند با عقل و می بخشد خماری خوش:** که با حال هوشیاری بتمامی مست میگردی و خماری بعد آن نیز بس خوش است= **به غفلت عمر شد حافظ بیا با ما به میخانه:** عمرت به بیهودگی میگذرد ای روبه عاشق یارآورده بیادر بزم عشاق وروی به مست گشتن از یار آر = **که شنگولان خوش باشت بیاموزند کاری خوش:** تا از مستان خوش آمد گویت راه و روش آنرا بیاموزی =

(حافظ : بصوت عام)

من خـرابم ز غم یـار خراباتی خویش ‌‌ میـزند غمزه او ناوک غم بر دل بیش
با تو پیوستم و از غیر تو دل بُبریدم ‌‌ آشنای تو چه داند سر بیگانه و خویش
بعنایت نظـری کـن که من دلشده را ‌‌ نرود بـی مـدد لطـف تـو کاری از پیش
آخر ای پادشه حسن و ملاحت چه شده ‌‌ که لـب لعـل تو ریزد ز نمک بر دل ریش
خِرمن صبـر مـن سوخته دل ، داد بباد ‌‌ چشم مست تو که بگشاد کمین از پس و پیش
گـر چلیپـای سـر زلف ز هم بگشائی ‌‌ بس مسلمان کـه شود کشته تـو کافر کیش
حافظ از نوش لب لعل تو کامی کی یافت
تا نزد بر دل ریشش دو هزاری سر نیش

من خرابم : دیگر از دست رفته ام = **یار خراباتی خویش** : یار پاکباخته و عاشق ساز خود = **غمزه او** : ناز ساختن او = **ناوک غم بر دل بیش** : تیرغم بیشتری بر دل می نشاند = **دل ببریدم** : روی گرداندم= **سربیگانه و خویش** : دیگر تفاوت میان بیگانه وخویشاوند را نمیداند(با هیچکدام دیگرکاری ندارد)= **بعنایت** : از روی لطفت = **دلشده را** : در عشق گرفتار شده را= **بی مدد لطف تو**: بدون کمک گرفتن ازمهرورزی تو= **ای پادشه حسن وملاحت**: ای همه زیبائی ولطافت = **چه شده** : چگونه اینچنین است= **که لب لعل تو ریزد زنمک بردل ریش** : که یاد لب یاقوتی شیرین تونمک براین دل زخمی می ریزد = **خرمن صبر من سوخته دل داد به باد** : تمام همتم درصبر و شکیبائی از دوریت را از بین برد و مرا از خود بیخودکرد= **چشم مست تو که بگشاد کمین از پس و پیش** : یاد آن چشم بس زیبای مست ساز توکه مرادر میان گرفت= **گرچلیپای سرزلف زهم بگشائی**: اگرزلف صلیب گون خود را عرضه کنی (مسیحیان را قدرتی بخشی)= **بس مسلمان که شودکشته تو** : چه عاشقانت که برای داشتن آن جان دهند برایت (تجلیلی است از مسلمانان شهید شده درجنگ با صلیبیان (مسیحیان) = **کافرکیش:** آنکه مدام پنهان بودن را برای خود قرار داده است = **از نوش لب لعل تو کامی کی یافت** : برای آنکه به وصل شیرین تو برسد در هر بار = **ریششں** : زخمی و پر دردش = **سر نیش** : سرسوزن را =

(حافظ خود و عام)

این غزل از نسخه قدسی چاپ عزیزالله کاسب ۱۳٦٤ که با شماره ۳۳٤ مشخص شده برداشت شده است . ابیات زیرکه بعنوان ابیات هفتم ، هشتم و نهم غزل فوق در نسخه قدسی آمده اند بعلت عدم رعایت مبانی عرفان و سیرمعنی غزل مشخصا از حافظ نبوده و به غزل فوق اضافه گشته اند:

بـر زانـو منشین و غـم بیهوده مخور ‌‌ که زغم خوردن تو رزق نگردد کم و بیش
چونکه این کوشش بیهوده سودی ندهد ‌‌ پس میازار دل خود ز غم ای دور اندیش
پرسش حال دل سوخته کن بهر خدا ‌‌ نیست از شاه عجب گر بنـوازد درویش

در وفـای عشق تــو ، مشهور خوبانم چو شمع
شب نشین کوی سربازان و رندانم چو شمع
روز و شب خوابم نمی‌آید به چشم غم پرست
بس که در بیماری هجر تو گریانم چو شمع
رشته صبـرم بــه مقراض غمـت ببـریده شد
همچنان در آتش مهر تو سوزانم چو شمع
در میان آب و آتش همچنان سرگرم توست
این دل زار نـزار اشک بـارانـم چو شمع
بی جمال عالم آرای تو ، روزم چون شب است
با کمال عشق تو ، در عین نُقصانم چو شمع
کوه صبرم نـرم شد چون موم در دست غمت
تا در آب و آتش عشقت گُدازانم چو شمع
همچو صبحم یک نفس باقیست با دیدارتو
چهره بنما دلبرا تا جـان برافشانم چو شمع
آتش مهـر تو را حافظ عجب در سر گرفت
آتش دل کـی به آب دیده بنشانم چو شمع

در وفای عشق تومشهور خوبانم چو شمع : بخاطر خلوص و وفایم درعشق به تو همچون شمع که درمیان عشاق شب زنده دار تومعروف است معروف گشته ام= **شب نشین کوی سربازان ورندانم** : اشعارم همنشین همه تنهایان در شبهاست = **غم پرست**: همیشه محزون= **بیماری هجرتو**: بیمار گشتن از دوری تو= **رشته** : بند و طناب= **مقراض** : قیچی= **در آتش مهر تو سوزانم** : از عشق تو درحال سوختنم= **در میان آب و آتش**: مانده در آب اشک و آتش دوری تو= **زار نزار اشک بارانم**: افسرده ائی مدام درحال اشک ریختن= **بی جمال عالم آرای تو** : بدون زیبائی روی زیبا ساز جهان تو = **با کمال عشق تودرعین نقصانم** : با تمام رشدی که از عشق تویافته ام درحال تحلیل رفتن واز دست رفتنم= **کوه صبرم**: تمام استقامت و توانائیم= **موم** : ماده نرمی که زنبور ها برای ذخیره کردن عسل می سازند واز آن شمع نیز تهیه میگردد = **گدازانم** : در حال سوختنم = **همچو صبحم یک نفس باقیست با دیدار تو** : همچو صبح که در نزدیکی است تونیز

بسیار به من نزدیکی = **چهره بنمادلبرا تا جان برافشانم:** وصلت را مقررکن تا درتو غرق گردم و آرامش یابم(مثل شمع که در صبح در آب خود غرق وخاموش میشود)= **آتش مهر تورا حافظ عجب درسرگرفت:** آتش عشق تو بسیار شگفت انگیز وعجیب وجود حافظ را در برگرفته است = **کی:** چگونه میشود= **(حافظ خود حافظ)**

ابیات زیرکه بعنوان ابیات چهارم، ششم و دهم غزل فوق در نسخه قزوینی آمده اند بعلت عدم رعایت مبانی عرفان و تکرار معنی دیگرابیات مشخصا از حافظ نبوده و به غزل فوق اضافه گشته اند ، اشعارزیر با تمام زیبائی که ارائه مینمایند یک اصل را که باعث شده غزل فوق از شاهکارهای حافظ باشد را رعایت نمی کنند و آن تعابیرآمده در هر بیت از حالی از حافظ است که مشابه وضعیت و خصوصیت شمع است که درجایگاه خود بی نظیر است درحالیکه در اشعار زیر تعابیرآمده برای شمع ، بی ربط ویا غلو شده است که بخوبی غیرحافظی بودن ابیات زیررا مشخص مینماید:

گر کُمیت اشک گلگونم نبودی گرم رو کی شدی روشن به گیتی رازپنهانم چو شمع
در شب هجران مرا پروانه وصلی فرست ورنــه از دردت جهانی را بسوزانم چو شمع
سرفرازم کن شبی از وصل خود ای نازنین تا منور گردد از دیدارت ایوانم چو شمع

سحر به بـوی گلستان ، دمی شدم در باغ　　که تا چـو بلبـل بیـدل کنم عـلاج دِماغ
بـه جلـوهٔ گل سـوری نگاه می‌کـردم　　که بود در شب تیره به روشنی چو چراغ
چنان بـه حسن و جوانی خویشتن مغرور　　که داشت از دل بلبـل هـزار گـونه فراغ
گشاده نرگس رعنـا زحسرت آب از چشم　　نهاده لاله ز سودا بـه جان و دل صد داغ
زبان کشیده چوتیغی بـه سرزنش سوسن　　دهـان گشـاده شقایق چـو مردم ایغاغ
یکی چـو باده پرستان صـراحی اندردست　　یکی چو ساقی مستان به کف گرفته ایاغ
نشاط و عیش جوانی چو گل غنیمت دان
که حافظا نبـود بـر رسـول غیر بـلاغ

به بوی گلستان : از عطری که گلها پراکنده بودند = **دمی :** زمان کمی = **بیدل :** عاشق = **علاج دماغ :** درمان سرومغز خود= **به جلوه:** به نمایش و زیبائی= **در شب تیره به روشنی چو چراغ :** در شب نیز بخوبی میدرخشید= **حسن :** زیبائی= **مغرور:** بی اعتنا به دیگران= **هزار گونه فراغ:** بسیار بیخبر و دور نشان میداد= **گشاده نرگس رعنا زحسرت آب از چشم :** شبنم از گلبرگهای نرگس زیبا ازحسرت زیبائی او چون اشک می چکید= **نهاده لاله زسودا به جان ودل صد داغ:** لاله در تمنای عشق برگلبرگهایش لکه های سیاه بسیاری نشانده بود= **زبان کشیده چو تیغی به سرزنش سوسن:** گلبرگها نوک تیز و زیبای سوسن انگار به سرزنش عشاق میپرداخت= **دهان گشاده شقایق چو مردم ایغاغ :** شقایق با باز کردن گلبرگهایش همچو افراد خبردهنده و جار زن (که شاه می آید) مینمود= **یکی چوباده پرستان صراحی انددست:** یکی همچون خماران برای مست گشتن پیاله دردست وآماده = **یکی چوساقی مستان به کف گرفته ایاغ :** دیگری درحال پرساختن جام شراب دیگران(مست ساختن ایشان)= **چوگل غنیمت دان:** همچون گل درعشق ورزی بگذران= **که حافظا نبودبررسول غیر بلاغ:** که ای آنکه برای عشق ورزیدن خلق گشته ائی نیست برخبرآور غیراز رساندن خبر (مابقی بعهده توو میزان روی آوری توست) = (حافظ : بصورت عام)

طالـع اگر مـدد دهد دامنش آورم به کف — گر بکشم زهی طرب ور بکشد زهی شرف
طرف کرم زکس نه بست این دل پرامید من — گرچه سخن همی بَرَد قصه من به هر طرف
از خم ابـروی تـوام هیچ گشایشی نشد — وه که در این خیال کج عمـر عزیز شد تلف
ابروی دوست کی شود دستکش خیـال من — کس نزدست از این کمان تیر مراد بر هدف
من بخیال زاهدی گوشه‌نشین و طرفه آنک — مغبچه‌ای ز هر طرف بر زندم به چنگ و دف
چنـد به نـاز پـرورم مِهـر بتـان سنگدل — یـاد پـدر نمی‌کنند ایـن پسران ناخلف

حافظ اگر قدم زنی در ره خاندان به صدق
بدرقـه رهـت شـود همت شحنه نجف

طالع اگر مدد دهد دامنش آورم به کف: بختم اگر یاری کند (یار لطفی کند) بدرگاه سرای اوخواهم رسید = **گر بکشم زهی طرب :** اگر وصل گردم که آخر خوشیست = **ور بکشد زهی شرف:** اگر ردم کند و روی گرداند باز خوشا بسعادتم که با راندش به من توجه کرد = **طرف کرم زکس نه بست :** به دنبال مهرورزی با کسی یا چیزی نیست = **گرچه سخن همی برد قصه من به هرطرف :** هرچند که از چیزهای دیگر غیر یار نیز میگویم= **از خم ابروی توام هیچ گشایشی نشد :** آن خم ابرو نیز این گره را برایم باز نکرد (آن زیبائی که از خود نشانم دادی نیز به وصل منتهی نشد) = **وه که در این خیال کج عمر عزیز شد تلف :** حیف که عمرم بجای آنکه در وصل تو بگذرد با خیال وصل تو میگذرد (عمری که بی وصل تو میگذرد تلف گشته است)= **ابروی دوست کی شود دستکش خیال من:** کی آخر آن کمان ابروگره ام را بگشاید وخیال وصلم به وصل منجر گردد=**کس نزدست از این کمان تیرمراد برهدف؟** : آیا کسی توانسته با این کمان به هدف بزند(آیا راه وصلش را کسی میداند) = **من به خیال زاهدی گوشه نشین و طرفه آنک :** من با دلخوشی از پرهیزی که از دنیا کرده ام منتظردرگوشه ائی به امیدآنکه= **مغبچه ائی زهرطرف برزندم به چنگ و دف :** وصل شروع گردد وزیبارویان شاد وخوش یارمرا برای وصل همراهی نمایند = **چند به ناز پرورم مِهربتان سنگدل:** تا کی باید به دیدارآن زیبارویان شاد (همراهان وصل) دل خوش دارم = **این پسران ناخلف :** مغبچگان (زیبا رویان وصل) که نمی توان قرارو عهدی با ایشان بست = **خاندان :** پیامبران از حضرت آدم(ع) تا آخرین آنها حضرت محمد (ص) که همه بدنبال هم دریک راه (استقامت کردن درراه یار و مهرورزی با او) قدم نهادند= **به صدق:** باحفظ خلوص در مهرورزی با یار= **بدرقه رهت شود همت شحنه نجف:** همت واستقامت امیرنجف(علی بن ابیطالب)را بخوبی در میبابی(که چگونه بدین مقام رسیده است) =
(حافظ خود و عام)

ابیات زیر که بعنوان ابیات ماقبل آخرین بیت غزل فوق در نسخه قزوینی آمده است بعلت عدم رعایت مبانی عرفان وسیر معنی غزل مشخصا از حافظ نبوده و به غزل فوق اضافه گشته اند :

بی خبرند زاهدان نقش بخوان و لا تقل — مست ریاست محتسب باده بده ولا تخف
صوفی شهر بین که چون لقمه شبهه می‌خورد — پاردمش دراز باد آن حیوان خوش علف

زبـان خـامـه نـدارد سـر بیـان فراق　　و گرنه شرح دهم با تو داستان فراق
دریغ مـدت عمرم کـه بر امیـد وصال　　به سر رسید و نیامد بسر زمان فراق
سری که بر سر گردون به فخر می‌سودم　　به راستان که نهادم بر آستان فراق
چگونه بـاز کنم بـال در هـوای وصـال　　که ریخت مـرغ دلم پَـر در آشیان فراق
کنون چه چاره که در بحر غم به گردابی　　فتـاد زورق صبـرم ز بادبان فراق
بسی نماند که کشتی عمر غرقه شود　　ز مـوج شوق تو در بحـر بـی‌کران فراق
رفیـق خیـل خیالـم و همنشین شکیب　　قرین آتش هجـران و هـم قران فراق
فلک چو دید سرم را اسیر چنبر عشق　　ببست گردن صبرم به ریسمان فراق
به پای شوق گر این ره نه بسر شدی حافظ
به دست هجر ندادی کس عنـان فراق

خامه : توان و نیرو = **فراق :** دوری ازتو = **دریغ مدت عمرم که بر امید وصال :** افسوس از عمر از دست رفته در امید به وصلت = **نیامد بسر :** تمام نگشت = **سری که برسرگردون به فخرمی سودم :** سری را که در گذران عمر با افتخار بالا میگرفتم= **به راستان که نهادم برآستان فراق :** به راستی آور(خداوندیت) که بخاطر دوری از توچنین فرو افتاده است = **چگونه باز کنم بال در هوای وصال :** با چه چیز دیگری به تمنای وصلت برخیزم = **که ریخت مرغ دلم پر در آشیان فراق :** که دیگردر دل وجانم از دوریت توانی نمی بینم = **در بحرغم به گردابی :** به گردابی دردریای غم = **فتاد زورق صبرم ز بادبان فراق :** قایق شکیبائی وتحملم را باد دور ساز تو به گرداب غم فرو انداخت = **کشتی عمر غرقه شود :** به هلاکت ومرگ افتم = **زموج شوق تودربحر بیکران فراق:** از بروز شدید شوروشوق وصل تودراین حال ناپیدا بودن زمان اتمام دوری ازتو= **خیل:** لشکر، سپاه= **وهمنشین شکیب:** نشسته درکنار صبر= **قرین آتش هجران و هم قران فراق :** بسته شده به جدائی سوزان با طناب دوری از تو = **فلک چودید سرم را اسیر چنبرعشق:** آنگاه که زمانه سرم را برروی بدن نحیف عاشقم افتاده دید = **ببست گردن صبرم به ریسمان فراق:** صبررا گردن ساخت برای سر و آنرا به بند دوریت ببست و بلندش ساخت (تا نگران برراه برای آمدنت باشم) = **به پای شوق گر این ره نه بسر شدی :** اگر شوق رسیدن به وصل شیرین یار در این راه نبود = **به دست هجر ندادی کس عنان فراق:** هیچکس نمیگذاشت که درزمان جدائی،درد دوری از تو اینچنین بتازد و جولان دهد = **(حافظ خود و عام)**

ابیات زیر که بعنوان ابیات هفتم ، نهم و دهم غزل فوق در نسخه قزوینی آمده است بعلت عدم رعایت مبانی عرفان و سیر معنی غزل مشخصا از حافظ نبوده و به غزل فوق اضافه گشته اند :

اگر بدست من افتـد فـراق را بکُشم　　که روز هجر سیه باد و خان و مان فراق
چگونه دعوی وصلت کنم به جان که شُدست　　تنم وکیـل قضـا و دلم ضمان فراق
ز سوز شوق دلـم شد کبـاب دور از یار　　مدام خون جگر می‌خورم ز خوان فراق

{۲۱۷}

مقـام امن و می بی‌غش و رفیق شفیق — گـرت مـدام میسر شـود زهـی توفیق

جهان و کار جهان جمله هیچ بر هیچ است — هـزار بار مـن این نکته کرده‌ام تحقیق

بـه مأمنی رو و فرصت شمر غنیمت وقت — کـه در کمینگه عمـرند قاطعـان طریق

بیـا کـه تـوبـه ز لعـل نگار و خنـده جام — حکایتیست کـه عقلش نمی‌کند تصدیق

حلاوتی کـه تـو را در چَـه زنخدان است — به کُنـه آن نرسد صـد هـزار فکر عمیق

اگر به رنگ عقیق شد اشک تو چه عجب — که خاتم لعل اوست همچو عقیق

به خنده گفت که حافظ غلام طبع تو هم
ببین که تـا به چـه حـد همی‌کند تحمیق

مقام امن و می بی غش ورفیق شفیق: سرای یارومست گشتنی تمام وياری بس زیبا ونورانی= **گرت مدام میسر شود زهی توفیق:** اگربرای همیشه برایت امکان پذیرشود اینست رسیدن به خوشبختی تمام= **جمله هیچ بر هیچ است:** بطور کل همه موارد آن نماندنی و از بین رفتنی است= **این نکته کرده ام تحقیق :** بخوبی این موضوع را تجربه کرده ام= **به مامنی رو:** راه ایمنی را انتخاب کن (رو بسوی یار آر) = **فرصت شمار غنیمت وقت:** قدرزمانی که درحال گذشتن است ودیگر باز نمی گردد را بدان = **که در کمینگه عمرند قاطعان طریق :** که عوامل دنیائی (شیطان وپیروانش) که میخواهند تورا از این راه باز دارند تا عمرت تلف گشته و به مقصد نرسی مدام در کمین تو می باشند = **توبه ز لعل نگار و خنده جام :** روی گرداندن از لب یاقوتی یار و مستی او = **حکایتیست که عقلش نمیکندتصدیق:** کاریست که حتی عقل آنرا (روی گرداندن ازچنین گوهرو حال و هوا را) تائید نمیکند = **حلاوتی که تورا در چَه زنخدان است :** شیرینی که با وصل یار و بوسیدن آن چال چانه نصیب تو میگردد = **به کُنه آن نرسد صدهزار فکر عمیق :** با تفکر وبررسی و تحلیل زیاد و عمیق نیز نمی توان بتمامی به آن رسید و آنرا درک و حس نمود = **به رنگ عقیق شد :** چون خون شد = **که خاتم لعل اوست همچو عقیق :** که نگین (جلوه ساز) لبش از جنس عقیق(خون دل عشاق) است = **غلام طبع تو هم :** آنکه در درون تو، ترا تسلی میدهد= **تابه چه حد همی کند تحمیق:** خودرا چگونه وتا کجا میفریبد(بخودش چه وعده و امید هائی میدهد)=
(حافظ خود حافظ)

ابیات زیر که بعنوان ابیات سوم و ششم غزل فوق در نسخه قزوینی آمده است بعلت عدم رعایت مبانی عرفان وسیر معنی غزل مشخصا از حافظ نبوده و به غزل فوق اضافه گشته اند :

دریغ و درد که تا این زمان ندانستم — که کیمیای سعادت رفیق بود رفیق

اگر چه موی میانت به چون منی نرسد — خوش است خاطرم از این خیال دقیق

هـزار دشمنم ار می‌کنند قصـد هلاک
گرم تو دوستی از دشمنان ندارم باک

مرا امیـد وصـال تـو زنـده می‌دارد
ور نه هر دمم از هجـر توست بیم هلاک

نفس نفس ، گـر از باد نشنوم بویت
زمان زمان چو گل ازغم کنم گریبان چاک

رود بخواب دو چشم از خیال تو ، هیهات
بود صبـور دل انـدر فراق تـو ، حاشاک

اگر تو زخـم زنی بـه که دیگری مـرهم
و گـر تو زهـر دهی به کـه دیگری تریاک

عنـان مپیچ که گـر بر زنی به شمشیرم
سپـر کنم سر و ، دست مـدارم از فتراک

بضـرب سیفک قتلـی حیاتنـا ابـدا
لأن روحـی قد طـاب ان یکون فداک

به چشم خلق عزیز آنزمان شود حافظ
که بـر دَر تـو نهد روی مسکنت بر خاک

قصد هلاک : بخواهند مرا بکشند (ازراه تو دور سازند)= **گرم تو دوستی :** اگر تویار منی= **باک :** ترس = **امید وصال تو :** به وصل تو رسیدن = **هجر:** دوری = **بیم هلاک :** ترس جان دادن = **زمان زمان :** هرگاه که بویت را نمی شنوم = **گریبان چاک :** پرپرمیسازم خودرا (دیوانه میگردم) = **هیهات:** دورباد ، نچنین است = **فراق :** جدائی و دوری= **حاشاک :** هرگز = **مرهم :** داروی زخم= **تریاک:** داروی درد= **عنان مپیچ که گر بر زنی به شمشیرم :** افساراسب راکج مکن که اگر بخواهی با شمشیرت مرا بزنی = **دست مدارم از فتراک :** تسمه زین اسب تو را رها نمی کنم = **بضرب سیفک قتلی حیاتنا ابدا :** کشته شدن به ضرب شمشیرتو حیات ابدی است= **لأن روحی قد طاب ان یکون فداک:** آنزمان جان من به شهدو خوشی رسدکه بگردد فدای تو = **که بردر تو نهد روی مسکنت بر خاک :** که در راه وصل تو استقامت کند وبرایش جان دهد = **(حافظ خود و عام)**

بیت زیر که بعنوان هشتمین بیت غزل فوق در نسخه قزوینی آمده است بعلت عدم رعایت مبانی عرفان و سیر معنی و دور بودن از موضوع آمده در غزل فوق مشخصا از حافظ نیست و به غزل فوق اضافه گشته است :

تو را چنان که تویی هر نظر کجا بیند
به قدر دانش خود هر کسی کند ادراک

{۲۱۹}

شَمَمتُ روحَ وِدادٍ و شِمتُ برقَ وصال — بیا که بوی تو گیرم ای نسیم شمال
اَحادیاً بجمالِ الحبیبِ قِف وانزِل — که نیست صبر جمیلم ز اشتیاق جمال
حکایت شب هجران فرو گذاشته به — به شُکر آنکه برافکَنَد پرده روز وصال
بیا که پردهٔ گلریز هفت خانه چشم — کشیده‌ایم به تحریر کارگاه خیال
به جز خیال دهان تو نیست در دل تنگ — که کس مباد چو من در پی خیال محال
چو یار بر سر صلح است و عذر می‌طلبد — توان گذشت ز جور رقیب در همه حال

قتیل عشق تو شد حافظ غریب ولی
به خاک ما گذری کن که خون مات حلال

شَمَمتُ : بدنبال بوی تو بودن= **روح وداد:** اساس محبت (تمایل بتو) است = **و شِمتُ** : و بوی تو= **برق وصال** : جرقه (نشانی ازشروع) وصلست= **ای نسیم شمال:** ای باد صبا = **احادیا بجمال الحبیب قف وانزل** : باری دیگر با یار زیبا همنشین شو وفرود آی (وزان شو بر من) = **صبر جمیلم ز اشتیاق جمال** : از شوق دیدن روی زیبایش صبری برایم نمانده = **فرو گذاشته به** : بهتر که مدام بدان نپردازی = **بشکر آنکه برافکند پرده روز وصال** : بشکرانه آنکه تمامی آن دردها راروز وصلش درمان میسازد = **پرده گلریز هفت خانه چشم** : پرده اشکهای رنگین تمامی حفره های اشک ساز چشمم را(اشکهای عاشق با هررنگی همچون ریزش گلهای بهاریست)= **کشیده ام به تحریر کارگاه خیال:** کارگاه نقش و خیال تو قرارشان داده ام = **دهان تو** : آن لب یاقوتی تو = **خیال محال** : افکار انجام نشدنی = **برسرصلح است وعذر میطلبد:** درعین مهرورزی داغ سخت جدائی را بردل می نهد= **زجوررقیب:** از حسادت در وصل رقیب که او نیز این داغ را خواهد دید= **قتیل** : کشته = **غریب** : دور مانده از یار= **مات** : ما هست برتو= **(حافظ خود حافظ)**

اگر به کوی تو باشد مرا مجال وصول | رسدبه دولـت وصل تو کارمن به اصول
قــرار بُـرده ز مــن آن دو نرگس رعنا | فراغ بُرده ز مــن آن دو جادوی مکحول
دل از جواهـر مِهرت چـو صیقل دارد | بـود ز زنگ حوادث هر آینه مصقول
خرابتر ز دل من غم تو جای نیافت | که ساخت در دل تنگ من ، قرار نزول
که بـر در تو مــن بینوای بـی زر و زور | به هیچ بـاب ندارم ره خـروج و دخول
من شکستهٔ بدحال وه که زندگی یابم | درآن زمان که به تیغ غمت شوم مقتول

به درد عشق بساز و خموش کن حافظ
رموز عشق مکن فاش پیش اهل عقول

مجال وصول : امکان وصل شدنی = **رسدبه دولت وصل تو کار من به اصول:** با وصل بتو کار و زندگیم سر و سامان میگیرد = **قرار برده زمن آن دو نرگس رعنا** : آن دوچشم زیباست که بس بیقرارم ساخته = **فراغ برده زمن آن دو جادوی مکحول:** آن دو چشم جادوئی سرمه کشیده آسایش را از من دور ساخت = **دل ازجواهر مِهرت چوصیقل دارد** : دلم آنچنان از عشق توخالص وپاک گشته = **بود ز زنگ حوادث هر آینه مصقول:** ازهرمورد عاشق ساز وجلب کننده روی تافته و درعشق تو پاک(صیقلی) میماند= **قرارنزول:** جائی برای فرود آمدن = **که بر در تو من بینوای بی زر و زور** : که من گدای دور گشته از دنیا و خوشی هایش برای به وصل تورسیدن = **به هیچ باب ندارم ره خروج و دخول** : هیچ راهی نیست که (چون دلم گرفت و تنگ شد) بتوانم از آن به وصل تو برسم و باز گردم= **من شکسته بدحال وه که زندگی یابم** : من از دست رفته دم مرگ چه سرحال گردم و احساس زنده بودن نمایم= **درآن زمان که به تیغ غمت شوم مقتول** : وقتی که غم دوریت هلاکم سازد و جانم را بگیرد = **خموش کن** : دیگراز آن درگذر = **رموز عشق** : مسائل و موارد عشق ورزی یار را = **پیش اهل عقول:** برای عاقلان و ناعاشقان = **(حافظ خود وعام)**

ابیات زیر که بعنوان ابیات چهارم و هشتم غزل فوق در نسخه قزوینی آمده است بعلت عدم رعایت مبانی عرفان و سیر معنی غزل مشخصا از حافظ نبوده و به غزل فوق اضافه گشته اند :

کجا روم چه کنم چاره از کجا جویم | که گشته‌ام ز غـم و جور روزگار ملول
چه جرم کرده‌ام ای جان ودل ، بحضرت تو | که طاعت من بیـدل نمی‌شـود مقبول

هر نکته‌ای که گفتم در وصف آن شمایل / هر کو شنید گفتا لِلّهِ دُرُّ قائل

تحصیل عشق و رندی آسان نمود اول / آخر بسوخت جانم در کسب این فضایل

دل داده‌ام به یاری شوخی کُشی نگاری / مرضیّةُ السجایا محمودةُ الخصائل

از آب دیده صد ره طوفان نوح دیدم / و ز لوح سینه نقشت هرگز نگشت زایل

در حین گوشه‌گیری دیدم چو چشم مستت / اکنون شدم چو مستان بر ابروی تو مایل

گفتم که کی ببخشی بر جان ناتوانم / گفت آنزمان که نبود جان در میانه حائل

ای دوست دست حافظ تعویذ چشم زخمست
یا رب ببینم آن کی در گردنت حمایل

دروصف آن شمایل: درشرح زیبائیهای تو= **لله دُرّ قائل : بخداوندیش** جواهر گویای آنست(آنکه جواهرش اینست پس خودش چقدر زیباست) = **تحصیل عشق ورندی :** به عشق وپاکباختگی دست یافتن = **آخر بسوخت جانم در کسب این فضایل :** کسب این یافته های رشدساز عاشقان عاقبت به سوختن جانم منتهی گشت= **شوخی کشی نگاری:** بس بذله گو وشیرین، عاشق سازی= **مرضیه السجایا :** راضی ساز هرخُلق و خویی= **محموده الخصائل :** قابل ستایش هرصفت وخصوصیتش= **صدره طوفان نوح دیدم:** چه سیلابها دردیده وچه طوفانهای بزرگ درسینه ام برخاست= **وزلوح سینه نقشت هرگزنگشت زایل :** از سینه ام هیچگاه یاد و خیالت شسته نشد و فراموش نگشت = **درحین گوشه گیری دیدم چو چشم مستت :** در گوشه گیری وترک دنیا ساختنم چون آن چشمان مست ساز را بدیدم = **اکنون شدم چو مستان برابروی تو مایل :** حال همچون دیوانگان بدنبال آن چشم و ابروی زیبا روان گشته ام = **کی ببخشی بر جان ناتوانم :** چه زمانی وصلت را بر این جان از دست رفته مقرر سازی= **که نبود جان درمیانه حائل :** جز من در وجودت موج نزند و از جان نیز بگذری = **ای دوست دست حافظ تعویذ چشم زخم است :** ای یار و همدم ، قصد حافظ یافتن پناهی از رنجها و گرفتاریهاست = **ببینم آن کی در گردنت حمایل:** آن دست را کی در گردن تو آویخته خواهم دید (در وصل شیرینت پناه خواهم گرفت) = **(حافظ خود حافظ)**

بیت زیرکه بعنوان بیت سوم غزل فوق درنسخه قزوینی آمده بعلت عدم رعایت مبانی عرفان وسیر معنی غزل مشخصا ازحافظ نبوده و به غزل فوق اضافه گشته است :

حلاج بر سر دار این نکته خوش سُراید / از شافعی نپرسند امثال این مسائل

{۲۲۲}

ای رُخت چون خُلد و لعلت سلسبیل — سلسبیلت کرده جان و دل سَبیل

سبزپوشان خطت بر گرد لب — همچو حورانند گرد سلسبیل

ناوک چشم تو در هر گوشه‌ای — چو ن من افتاده دارد صد قتیل

من نمی‌یابم مجال ای دوستان — زانکه دارد او جمالی بس جمیل

یارب این آتش که در جان منست — سردکن زانسان که کردی برخلیل

پای ما لنگ است و منزل بس دراز — دست ما کوتاه و خرما بر نخیل

حافظ از سر پنجهٔ عشق نگار
همچو مور افتاده است در پای پیل

ای رخت چون خُلد لعلت سلسبیل : ای رویت چون بهشت و لب یاقوتیت چون شراب سرخ آن (رود مست ساز سلسبیل آن) = **سلسبیلت** : لب یاقوتی مست سازت = **کرده جان و دل سبیل** : جان و دل را به راه توکشانده است = **سبزپوشان خطت بر گرد لب** : دلبران سبز پوش و زیبای همراه عاشق در وصلت مست سازت = **همچو حورانند گرد سلسبیل**: همانند حوران بهشتیند(باغات سبزند) دراطراف رود سلسبیل آن= **ناوک چشم تودر هرگوشه ائی**: تیرکشنده آن چشم زیبایت در هر جائی = **چو من افتاده دارد صد قتیل** : مثل من از دست رفته صدها عاشق جان داده از عشقت دارد = **من نمی یابم مجال ای دوستان** : ای یاران همراه از من دست بکشید که یار فرصتی برایم باقی نمی گذارد = **جمالی بس جمیل**: زیبائی فریبنده ائی که مدام زیبا ساز چشم منست(مرا بخود مشغول میدارد) = **سرد کن** : آتش آنرا بنشان = **خلیل**: حضرت ابراهیم(ع) = **نخیل**: (خوشه)درخت نخل= **سرپنجه**: قدرت گیرائی و غرق گشتن در= **پیل**: فیل =

(حافظ خود حافظ)

بیت زیرکه بعنوان آخرین بیت غزل فوق حتی بعداز بیت حافظ دار در نسخه قزوینی آمده است مشخصا بوسیله شاعری درباری سروده وبه غزل فوق اضافه گشته است:

شاه عالم را بقا و عزّ و ناز — باد و هر چیزی که باشد زین قبیل

{۲۲۳}

مرحبا طایـر فـرخ پـی فرخنده پیام — خیر مقدم چه خبر دوست کجا راه کدام

ماجرای من و معشوق ، مرا پایان نیست — هـر چـه آغـاز نـدارد نپذیرد انجـام

مرغ جانم که همی‌زد ز سر سدره صفیر — عاقبت دانـهٔ خـال تـو فکندش در دام

چشم بیمـار مـرا خواب نه در خور باشد — من لَـهُ یَقتُـلُ داءٌ دَنَـفٌ کیـفَ ینـام

گُل ز حـد بُـرد تنعـم نفسی رخ بنمـا — سرو می‌نازد وخوش نیست ،خدا را بخرام

تو ترحـم نکنی بـر مـن تسلیم گفتم — ذاکَ دعــوایَ و هـا انـتَ و تلکَ الایـام

یا رب این قافله را لطـف ازل بدرقـه باد — که از او خصم به دام آمد و معشوق بکام

زلـف دلـدار چـو زُنـار همـی فـرمایـد — برو ای شیخ که شد برتن ما خـرقه حرام

حافظ که دگر، میل به ابروی تو دارد ، شاید

روی بـر گوشه محـراب کنند اهل کلام

مرحبا طایر فرخ پی فرخنده پیام : درود برتو ای (هد هد)پرنده مبارک گشته و آورنده خبرخوش ازیار = **خیر مقدم** : قدمت خوش = **دوست کجا راه کدام** : یار کجاست و از کدام مسیر باید رفت = **ماجرای منو معشوق**: رابطه موجود میان انسان وخداوند= **هرچه آغاز ندارد نپذیرد انجام** : زمان شروع این رابطه معلوم نیست که انتهایش معلوم باشد(تا بوده همین بوده وتا هست همین است) = **مرغ جانم** : جان بلند پرواز ما = **که همی زد ز سر سدره صفیر**: که بدنبال بهشت توبود(حاصل زهد) = **دانه خال تو فکندش در دام** : زیبائی خال بس فریبنده روی تو(آن دانه بهشتی که پدرم آدم(ع) نیز بدید) باعث گشت که بهشت(حاصل زهد) راکنار گذاریم تا وصل شیرین تورا دریابیم = **نه در خور باشد** : در نمی گیرد آنرا = **من له یقتل داء دنف کیف ینام** : آنکه در حال جان دادن از بیماری سختی است چگونه بخوابد = **گل زحد برد تنعم نفسی رخ بنما** : گل دیگر دل را آرام نمیسازد ، **لحظه ائی رویت را بنما** = **سرو می نازد و خوش نیست خدا را بخرام** : سرو نیز با تمام عشوه هایش دیگر دل را آرام نمی سازد پس بخداوندیت گذری بنما(وصلی مقرر ساز) = **تو ترحم نکنی بر من تسلیم گفتم** : تو رحمی نمی کنی برمن ، که به تمامی روی بتوو راه تو دارم (تسلیم تومی باشم) میدانستم پس حال= **ذاک دعوای وها انت وتلک الایام** : این تمنای منو آن تو و آنهم روزها = **این قافله را لطف ازل سابقه باد** : این عشق ورزی عشاق بخودرا ازابتدای خلقت به مهرخود مقرر داشتی و مبنا ساختی = **که از او خصم به دام آمد ومعشوق بکام** : و از آن پس منکرت به بند توگرفتار گشت و عاشقت بکام رسید = **زلف دلدارچو زنار همی فرماید**: وقتی مبنای وصل اوروی گرداندن از هرچیزی در دنیاست=**خرقه** : حتی لباس= **میل به ابروی تو دارد** : زندگیش را عشق ورزی با تو قرار داده= **روی برگوشه محراب کنند اهل کلام**: باشد که زاهدان وواعظان نیزاز خم گوشه محراب نماز یاد زیبائی زلف توافتند وروی برعشق توآورند=

(حافظ خود وعام)

{۲۲٤}

طالب روی جوانی خوشِ نوخاسته‌ام — وز خدا دولت این غم به دعا خواسته‌ام
عاشق و رند و نظربازم و می‌گویم فاش — تا بدانند که به چندین هنر آراسته‌ام
با چنین حیرتم از دست بشد صرفه کار — در غم افزوده‌ام آنچ ازدل وجان کاسته‌ام
خوش بسوز از غمش ای شمع که اینک من نیز — هم بدین کار کمربسته و برخاسته‌ام
شرمم از خرقه آلوده خود می‌آید — که بر او وصله به صد شعبده پیراسته‌ام
وه که حافظ به خرابات بدرد جامه قبا
بو که در بَر کشد آن دلبر نوخاسته‌ام

طالب روی جوانی خوش نوخاسته ام : جویای دیدن روی آن جوان زیبا(مغبچه) و شادی آفرینم که به تازگی در وصل یارهمراهی ساخت مرا (که او نشان شروع وصلست) = **دولت این غم به دعا خواسته ام :** در این وضعیت درد ورنج قرار گرفتن خواسته خود منست = **رندو نظربازم :** پاکباخته ائی بدنبال دیدن روی زیبای یار خود می باشم = **تا بدانند که به چندین هنر آراسته ام :** تا همه بدانند که به چه چیزهائی مشغولم = **با چنین حیرتم از دست بشد صرفه کار :** با غرق شدن در زیبائیش نمی دانستم چه بر سرم آِید= **در غم افزودم آنچ از دل و جان کاسته ام :** آنچرا که از دل وجانم برداشتم و تقدیمش ساختم دانستم که دراصل به غم خود افزوده ام = **کمر بسته وبرخاسته ام :** زندگیم چون تو گشته است = **شرمم از خرقه آلوده خود می آید :** تمایلات دنیائیم نزد یار شرمنده ام میسازند = **که براو وصله به صدشعبده پیراسته ام :** که دل را به اشکال مختلف بدان مشغول میگردانم = **وه که حافظ به خرابات بدرد جامه قبا:** چه خوش آنزمان که با سعی در خلوص در راه وصل یار این تمایلات را دورو پاک سازم = **بوکه در بر کشد آن دلبر نوخاسته ام :** باشد که دوباره وصلش را برایم مقرر سازد یاری که بتازگی طعم وصلش را چشیده ام= **(حافظ خود حافظ)**

باز آی ساقیا که هواخواه خدمتم　　مشتاق بندگی و دعاگوی دولتم
زان جا که فیض جام سعادت فروغ توست　　بیرون شدی نمای، از ظُلمات حیرتم
می خورکه عاشقی نه به کسب است واختیار　　این موهبت رسید ز میراث فطرتم
من کز وطن سفر نگزیدم به عمر خویش　　در عشق دیدن تو هواخواه غربتم
دریا و کوه در ره و من خسته و ضعیف　　ای خضر پی خجسته مدد کن به همتم
دورم به صورت از در دولتسرای تو　　لیکن به جان و دل ز مقیمان حضرتم
حافظ به پیش چشم تو خواهد سپرد جان
در این خیالم ار بدهد عمر مهلتم

ساقیا: ای مست ساز = **هواخواه خدمتم:** که دل آرزومند درخدمت تو بودن است= **مشتاق بندگی و دعاگوی دولتم:** پراز شور عشق ورزی و تمنا ساز وصل شیرین توام = **که فیض جام سعادت فروغ توست** : که رسیدن به شادی و مستی خوشبخت ساز جان دیدن روی زیبای آشکار گشته توست = **بیرون شدی نمای ، از ظلمات حیرتم** : خیالات و تصورات تاریک ذهن (شک) نمی توانند مرا در خود سردرگم سازند = **می خور** : رو به مستی یار آر= **عاشقی نه به کسب است و اختیار:** عاشق گشتن نه خریدنی است و نه درجائی منتظر توکه هرزمان خواستی بسراغش روی= **این موهبت رسید ز میراث فطرتم:** این نعمتی است که اساس خلقت مارا تشکیل میدهد (برای روی آوردن بدان خلق گشته ایم)= **هواخواه غربتم:** هوای سفربه سرزمینهای غریب (ورسیدن به مکه) را دارم = **در ره و** : در مسیر سفرو = **ای خضر پی خجسته مدد کن به همتم** : ای خضرمبارک گشته از یار که فواصل دور را به نفسی می پیمائی مگر تو مرا با این عزم راسخی که دارم کمکی سازی وباخود ببری وبه دیار یار رسانی = **دورم به صورت از در دولتسرای تو** : با اینکه در مکه و مراسم حج تو حضور ندارم = **لیکن بجان و دل زمقیمان حضرتم** : ولی میدانی که دل وجان مدام در فکر تووبدنبال رسیدن به حضور توست = **به پیش چشم تو خواهد سپرد جان** : میخواهد که پیش آن چشم دلفریب تو(در زمان وصل شیرینت) جان دهد و در وصلت بمیرد = **اربدهد عمر مهلتم** : اگر عمری برایم باشد و وصلی برقرارگردد = **(حافظ خودحافظ)**

ابیات زیرکه بعنوان ابیات سوم وچهارم غزل فوق درنسخه قزوینی آمده اند بعلت عدم رعایت مبانی عرفان وسُبک و مخدوش بودن معنی درآنها و همچنین مطلبی که از بحث جبرواختیار در بیت دوم زیر آمده است مشخصا ازحافظ نبوده و به غزل فوق اضافه گشته اند :

هر چند غرق بحر گناهم ز هر جهت　　چوآشنای عشقت شدم ز اهل رحمتم
عیبم مکن به رندی و بدنامی ای حکیم　　کاین بود سرنوشت ز دیوان قسمتم

{۲۲۶}

دوش بیمـاری چشم تـو ببُـرد از دستم | لیکن از لطف لبت صورت جان می‌بستم
عشق من با خط مشکین تو امروزی نیست | دیرگاهیست کز این جام هلالی مستم
ازثبات خودم این نکته خوش آمدکه به جور | بر سـر کوی تو از پای طلب ننشستم
عافیت ، چشم بـدار از مـن میخانه نشین | که دم از خدمت رندان بزنم تا هستم
در ره عشق تـا آنسوی فنـا صد خطرست | تا بگویی چو عمرت بسر آمد ، رستم
صنمی لشکریم غـارت دل کـرد و بـرفت | آه اگـر عاطفـت شـاه نگیرد دستم

رتبت دانش حافـظ به فلک بـر شده بود
کـرد غمخـواری بالای بلنـدت پستم

دوش بیماری چشم تو ببُرد از دستم: دیشب خیال آن چشم دلفریب تورمقی برایم نگذاشت= **لیکن از لطف لبت صورت جان می بستم :** ولی بجایش با یادوصل شیرینت درجان خودتوان می یافتم= **عشق من باخط مشکین تو امروزی نیست :** عشق ورزی انسان با روی زیبا و بوی خوش تو از حضور آدم(ع) مطرح بوده است = **دیر گاهیست از این جام هلالی مستم :** من نیز چون گذشتگان مست زیبائیهای توگشته ام = **ثبات :** ثبات قدم و استقامت = **که به جور:** با سختی زیاد این راه = **بر سر کوی تو از پای طلب ننشستم :** برای رسیدن به وصل شیرین تو از تمنای خود دست نکشیدم = **عافیت:** ای صلاحدید من درزندگی= **چشم بدارازمن میخانه نشین:** قطع امیدسازاز من مدام بدنبال مستی یار = **که دم از خدمت رندان بزنم :** که همیشه همنشین و در خدمت پاکباختگان خواهم بود = **تا آنسوی فنا صد خطراست:** تا رسیدن به دیار خاموشان خطرات بسیاری عاشق را برای از راه بدرساختن تهدید میکند (عوامل دنیائی زیادی به او هجوم می آورند) = **تا بگوئی چوعمرت بسرآمد رستم:** تا آنزمان که بدانی دیگربه دیار باقی خواهی شتافت پس بگوئی رها گشتم(کلام فزت و رب کعبه - علی(ع)) = **صنمی لشکریم غارت دل کرد وبرفت:** یار زیبایم که چون لشکری میماند هرچه در دل وجان داشتم با خود برد= **آه اگر عاطفت شاه نگیرد دستم :** آه اگر رحمت و مهربانی یار (وصل شیرینش) جای آنرا نگیرد (که دردش را تاب نیاورم)= **رتبت دانش حافظ به فلک برشده بود:** آوازه مقام علمی حافظ همه جا پیچیده بود (از حکیمان بنام زمان خود بود) = **کرد غمخواری بالای بلندت پستم :** عشق ورزی روی زیبا و مست ساز توخوارم ساخت و از چشمها انداخت(پاکباخته ام ساخت)= **(حافظ خود حافظ)**

ابیات زیر که بعنوان ابیات ششم و هفتم غزل فوق در نسخه قزوینی آمده است بعلت عدم رعایت مبانی عرفان و سیر معنی غزل مشخصا از حافظ نبوده و به غزل فوق اضافه گشته اند :

بعد ازاینم چه غم از تیرکج انداز حسود | چون به محبوب کمان ابروی خود پیوستم
بوسه بر درج عقیق تو حلال است مرا | که به افسوس و جفا مهر وفا نشکستم

{۲۲۷}

به غیر آنکه بشد دین و دانش از دستم   بیا و بگو که ز عشقت چه طَرف بربستم

اگر چه خرمن عمرم ، غم تو داد به بـاد   به خـاک پای عزیزت کـه عهد نشکستم

چو ذره گر چه حقیرم ببین به دولت عشق   که در هوای رُخَت چُون بـه مهر پیوستم

بیار باده که عمریست تا من از سر اَمن   به کنـج عافیت از بهـر عیش ننشستم

چگونه سر ز خجالت برآورم بر دوست   که خدمتی به سزا بـر نیامد از دستم

اگر ز مـردم هشیـاری ای نصیحت گـو   سخن بخاک میفکن چـرا که من مستم

بسوخت حافظ و آن یار دلنواز نگفت
که مرهمی بفرستم که خاطرش خستم

بشد دین و دانش از دستم : حاصل علم وزهد دنیایم از دست برفت = **چه طرف بربستم** : مرا چه حاصل گشت = **خرمن عمرم غم تو داد به باد**: آنچه در زندگی بدست آوردم در عشق تو ازدست رفت= **به خاک پای عزیت که عهد نشکستم** : قسم به کم بهاترین چیز نزد تو(خاک پایت)که برای من بس عزیز وگرانبهاست هیچگاه از تو روی نگرداندنم= **چوذره گرچه حقیرم ببین به دولت عشق**: هرچند که موجودی ناچیزم ولی بنگر که از سر عشق تو= **که در هوای رخت چُون به مهر پیوستم** : که در آرزوی وصل شیرینت چگونه عاشقی گشته ام = **بیار باده که عمریست تا من از سر اَمن** : مستم سازکه درعمری که گذراندم برای ایمن بودن ازاوضاع زمانه= **به کنج عافیت از بهر عیش ننشستم** : با روی آوردن به صلاح اندیشی در کار خود به عشق ورزی شیرین تو نپرداختم= **سرزخجالت بر آورم بردوست**: سرم را از خجالت نزد یار بلند کنم= **که خدمتی بسزا برنیامد ازدستم** : که نمیتوانم شکرگزار این همه مهرورزیش باشم = **زمردم هوشیاری**: از مصلحت اندیشانی= **سخن به خاک میفکن**: بدان که با مشتی خاک درحال گفتاری= **که من مستم**: چیزی جزاز یارگفتن را نمیشنوم = **یار دلنواز** : آن که دل را آرام میسازد = **مرهمی** : داروئی = **خستم** : آزردم اورا = **(حافظ خود حافظ)**

این غزل با توجه به حال وهوای آن و مواردی که در آن مطرح گشته و نحوه مطرح شدن آنها ، بنظر میرسد از غزلیات اولیه گوشه گیری و پاکباختگی حافظ و روی به عشق یار آوردن او باشد .

{۲۲۸}

زلف بر باد مده تا ندهی بر بادم　　ناز بنیاد مکن تا نَکَنی بنیادم
موی را حلقه مکن تا نکُند در بندم　　طره را تاب مده تا که دهد بر بادم
شهره شهر مشو تا ننهم سر در کوه　　شور شیرین منما تا نکنی فرهادم
رخ برافروز که فارغ کنی از برگ گلم　　قد برافراز که سرو را ببری از یادم
رحم کن بر من مسکین و بفریادم رس　　تا به خاک در آصف نرسد فریادم

حافظ از جور تو حاشا که بگرداند روی
من از آن روز که در بند توام آزادم

زلف بر باد مده تا ندهی بربادم: گیسورا در باد رها مسازکه ازدست خواهم رفت= **ناز بنیاد مکن تا نکنی بنیادم:** عشوه را آغاز مکن که دیگرهستیم نیز از دست برود= **تا نکند دربندم :** بیش از این شیفته ام نسازد = **طره را تاب مده تاکه دهد بربادم:** خم زلفت را بحرکت در میاور که از نسیمش دیوانه خواهم گشت = **شهره شهرمشوتا ننهم سربرکوه :** با شنیدن آوای عشق ورزی رقیبان از حسادت سر به کوه خواهم گذارد(که جز نوا و صدای تو درطبیعت دیگر هیچ نشنوم) = **شورشیرین منما تا نکنی فرهادم :** عشقت را اینچنین وجد آور و شوق انگیز مکن که من نیز چون فرهاد کوه کن خواهم گشت (به سختی شدید خواهم افتاد) = **رخ بر افروز که فارغ کنی ازبرگ گلم :** روی بنما که دیگر در گلها بدنبال آن نباشم = **قد برافراز که سرو راببری ازیادم :** وصلت را مقرر ساز تا زیبارویان دیگر نیز از خاطر بروند = **خاک در آصف :** خاک درگاه تو ای پاک ومنزه = **از جور تو حاشا که بگرداند روی:** با تمام سختی جفا و روی گردانی تو هیچگاه ازتو روی نمیگرداند= **که در بندتوام آزادم :**که گرفتار عشق توگشتم آزاد بودن را آموختم= **(حافظ خود حافظ)**

مصرع دوم بیت آخرازغزلی ازسعدی است "من ازآن روزکه دربندتوام آزادم　　پادشاهم که بدست تواسیرافتادم" که البته حافظ با این نحوه ارائه ، اثرگذاری این مصرع را بیشتر ساخته آنچنانکه در میان ادیبان ومردم بسیار معروف گشته و کاربرد خود را پیدا کرده است.

ابیات زیرکه بعنوان ابیات دوم ، چهارم وششم غزل فوق درنسخه قزوینی آمده اند با توجه به عدم رعایت مبانی عرفان و سبک بودن لحن وتکرار معنی وقافیه موجود درغزل مشخصا از حافظ نبوده و به غزل فوق اضافه گشته اند :

می مخور با همه کس تا نخورم خون جگر　　سر مکش تا نکشد سر به فلک فریادم
یار بیگانه مشو تا نبری از خویشم　　غم اغیار مخور تا نکنی ناشادم
شمع هر جمع مشو ور نه بسوزی ما را　　یاد هر قوم مکن تا نروی از یادم

فاش می‌گویم و از گفته خــود دلشادم | بنده عشقم و از هر دو جهان آزادم
طایر گلشن قدسم چه دهم شرح فراق | که در این دامگه حــادثه چُون افتادم
من مَلِک بودم و فردوس برین جایم بود | آدم آورد در ایــن دیــر خراب آبادم
سایه طوبی و دلجویی حور و لب حوض | به هــوای سر کــوی تو برفت از یادم
نیست بر لوح دلم جز الف قامت دوست | چه کنم حــرف دگر یاد نداد استادم
تا شدم حلقه به گوش در میخانه عشق | هر دم آید غمی از نو به مبــارک بادم

پاک کن چهره حافظ به سر زلف ز اشک
ورنــه این سیل دمــادم ، ببــرد بنیــادم

فاش میگویم : بصراحت و آشکارا اعلام میکنم = **دلشادم** : بس مطمئن و خوشحالم = **بنده عشقم واز هر دوجهان آزادم** : بدنبال وصل شیرین یارم ونه دنیا درنظرم آِیدونه بدنبال بهشتم= **طایرگلشن قدسم** : جانم پرواز ساز درزیبائیهای جاودانه یار بوده وهست(جان انسانی که جدا شده ائی ازیارست تنها وجودیست که برای مهرورزی پدید آمد) = **چه دهم شرح فراق:** چگونه بگویم شرح ماجرای این دور گشتن از یاررا= **که دراین دامگه حادثه چون افتادم:** که چگونه در این دنیای پر از دام دور ساز از یار و ماجراهای مهرورزیش پیدایم شد= **من ملک بودم فردوس برین جایم بود:** من (جان انسانها) بعد از موجود گشتن چون دیگرفرشتگان (تسلیم و ناتوان از درک عشق) به بهشت وارد گشتم= **آدم آورد:** آدم(ع) آغاز کننده این راه (مهرورزی به خود یا یار) با انجام اولین سرکشی از یار گشت = **دیرخراب آبادم** : دنیا یا جائیکه میشود به هر دوسوی پستی و والائیت خودرا رساند= **سایه طوبی و دلجوئی حورو لب حوض:** جائی زیبا و امن و خوش بودن با زیبارویان ولذت بردن ازنعمتهای یار= **به هوای سرکوی توبرفت ازیادم:** برای رسیدن به وصل تو(که شیرینترین است) همه را از یاد من (وآدم(ع)) ببرد= **نیست بر لوح دلم جزالف قامت دوست** : بر صفحه دل نقشی حک نشده جز والائیت یار زیبایم (با تعبیر واشاره ائی زیبا به الف کوچک روی حرف لام نام الله) = **حرف دگریاد نداد استادم:** جزاز اوگفتن و بدنبال او بودن را از یار نیاموخته ام= **تا شدم حلقه بگوش در میخانه عشق:** از آنزمان که به سرمست گشتن ازعشق او پرداختم = **هردم آِید غمی از نو به مبارک بادم** : هر لحظه بیشتر غم دوری از یار مرا دربر میگیرد= **به سر زلف ز اشک** : با زلف بس زیبا وخوشبویت (با وصل شیرینت) اشکم را متوقف ساز= **سیل دمادم ببرد بنیادم** : این اشک سیل آسا مرا نیز با خود خواهد برد = **(حافظ خود حافظ)**

ابیات زیر که بعنوان ابیات ششم و هشتم غزل فوق در نسخه قزوینی آمده است بعلت عدم رعایت مبانی عرفان و سیر معنی غزل مشخصا از حافظ نبوده و به غزل فوق اضافه گشته اند :

کوکب بخت مرا هیچ منجم نشناخت | یا رب از مادر گیتی به چه طالع زادم
میخورد خون دلم مردمک دیده سزاست | که چرا دل به جگرگوشه مردم دادم

{۲۳۰}

مـرا می‌بینی و هـر دم زیـادت می‌کنـی دردم
تـو را می‌بینم و میلم زیادت می‌شود هر دم
بـه سامانم نمی‌پرسی نمی‌دانـم چه سـر داری
به درمانـم نمی‌کوشی نمی‌دانی مگـر دردم
چه راهست این،که بگذاری مرا برخاک و بگریزی
گذاری آر و بازم پُرس تـا خـاک رَهَت گردم
ندارم دستت از دامن بجز درخاک و آندم هم
چو بر خاکم روان گـردی بگیرد دامنت گَردَم
فرو رفت ازغم عشقت دَمَم، دم میدهی تاکی
دَمـار از من بـرآوردی و هیچ دم بر نیاوردم
تو خوشدم باش باحافظ، بگو برخصم جان، دم ده
چو گرمی از تو می‌بینم چه باک از خصـم دَم سردم

هردم زیادت میکنی دردم : روئی بمن نشان نمیدهی= **تورا می بینم و میلم زیادت میشود هردم :** خیال زیبایت مدام شوق وصلت را بیشتر می سازد = **به سامانم نمی پرسی :** خبری از حالم نمیگیری که چگونه ام= **نمی دانی مگر در دم :** مگر میشود که دردم را ندانی= **چه راه است این ، که بگذاری مرا بر خاک و بگریزی :** این چه کاریست که مرا در این دنیای خاکی رها میسازی و باخود نمی بری (وصلت را مدام نمیسازی) = **گذاری آر و بازم پرس تا خاک رهت گردم :** میدانی که برای وصلت تو بودن حاضرم حتی خاک راه تو باشم = **ندارم دستت از دامن بجز در خاک و آندم هم :** هیچگاه از تمنای وصلت دست نمیکشم مگر بعداز مرگم و آنگاه نیز= **بگیرد دامنت گردم :** این خاک گورم خواهد بودکه تمنای نشستن بردامنت را دارد= **فرو رفت از غم عشقت دمم ، دم میدهی تاکی:** نفسم ازغم دوریت بالا نمی آید پس چرا زنده ام نگاه میداری = **دمار از من برآوردی هیچ دم برنیاوردم :** با آنکه ویرانم ساختی باز همیشه تحمل ساختم و صبور بودم = **تو خوشدم باش :** تو دم خوشت (وصلت) را برقرارساز= **بگو برخصم جان دم ده :** بگذار سرزنش ساز راه عشق تو هرچه میخواهد بگوید = **چو گرمی از تو می بینم چه باک از خصم دم سردم:** وقتی دلم به وصل شیرین توگرم است چه ترس دارم از سرزنش سازی که کلامش پراز سیاهی و سردی است= **(حافظ خود حافظ)**

ابیات زیر که بعنوان دوبیت ماقبل آخر غزل فوق در نسخه قزوینی آمده بعلت عدم رعایت مبانی عرفان و سیر معنی غزل مشخصا از حافظ نبوده و به غزل فوق اضافه گشته اند:

شبی دل را به تاریکی ز زلفت باز می‌جستم رخت می‌دیدم و جامی هلالی باز می‌خوردم
کشیدم در برت ناگاه وشددر تاب گیسویت نهادم بر لبت لب را و جان و دل فدا کردم

سالهــا ، پیــروی مذهــب رنــدان کــردم　　تا به فتوی خـرد حِرص ، بـه زندان کردم
من به سر منزل عنقـا نه به خـود بردم راه　　قطـع این مرحلـه با مرغ سلیمان کردم
سـایه‌ای بـر دل ریشم فکـن ای گنج روان　　که من این خانه به سودای تو ویران کردم
در خلافِ آمـدِ عـادت بطلب کـام کـه من　　کسب جمعیت از آن زلـف پریشان کردم
نقش مستوری ومستی نه بدست من وتوست　　آن چه سلطـان ازل گفـت بکن آن کردم
این که پیرانه سرم صحبت یوسف بنواخت　　اجـر صبریست کـه در کلبه احزان کردم
صبح خیـزی و سلامت طلبـی ای حافظ
هـر چه کردم همـه از دولت قرآن کردم

مذهب رندان: کیش پاکباختگان بدنبال یار= **به فتوی خردحرص، به زندان کردم :** با پیروی از عقل حرص دنیارا در خود به بند کشیدم (شرح کار اولو الالباب)= **به سرمنزل عنقا :** به آشیانه سیمرغ (کوی یار) = **قطع این مرحله بامرغ سلیمان کردم:** این مرحله(رشد کردن ورسیدن به مستی یار) رابا عشق ورزی وکسب خبرازخبرآوران (باد صبا، هدهد) گذراندم = ریشم : پر دردم =**ای گنج روان:** ای پربهاترین گریزان (یار) = **که من این خانه به سودای تو ویران کردم :** که من همه چیزم را برای مدام با توبودن و گذراندن ازدست داده ام = **در خلاف آمد عادت :** از غیر راه و رسم معمول (نمازهای یومیه) = **بطلب کام :** روی به عشق یار آور= **کسب جمعیت از آن زلف پریشان کردم :** جمع گشتن(یکی شدن)با یار ودرک وصل اورا از طریق عشق ورزی با زیبائیهای فریبنده اش بدست آوردم = **نقش مستوری ومستی :** طی مراحل راه وصل= **آنچه سلطان ازل گفت بکن :** آنچه یارمسلط برهمه چیز بمن در قرآن توصیه کرد بکن = **پیرانه سرم صحبت یوسف بنواخت:** در پیری عشق زیبا و وجد آورش را در سرم نهاد= **اجر صبریست که درکلبه احزان کردم:**پاداش تحمل و بردباریم در دوران سخت دوری وجدائی ازیاردر گوشه تنهائیم بود= **صبح خیزی وسلامت طلبی:** روی به روشنی آوردن وبدنبال سلام یاربودن = **ای حافظ:** ای آنکه میخواهی خودرا درراه عشق یارحفظ نمائی و استقامت ورزی= **همه ازدولت قرآن کردم:** همه رااز قرآن آموختم (باید روی بقرآن آوردولاغیر)= **(حافظ بصورت عام)**

ابیات زیر که بعنوان ابیات چهارم ، ششم و آخرین بیت حتی بعد از بیت حافظ دار غزل فوق در نسخه قزوینی آمده بعلت عدم رعایت مبانی عرفان و سیر معنی غزل مشخصا از حافظ نبوده و به غزل فوق اضافه گشته اند:

توبه کردم که نبوسم لب ساقی و کنون　　می‌گزم لب که چرا گوش به نادان کردم
دارم از لطف ازل جنـت فردوس طمـع　　گر چه دربـانی میخـانه فـراوان کردم
گر به دیوان غزل صدرنشینم چه عجب　　سال‌ها بندگی صاحب دیوان کردم

دیشب به سیـل اشک ره خـواب می‌زدم　　نقشی بـه یاد خط تـو بـر آب می‌زدم
ابـروی یـار در نظـر و خـرقـه سـوخته　　جامی بـه یـاد گوشه محـراب می‌زدم
نقش خیـال روی تـو تـا وقت صبحدم　　بـر کـارگـاه دیـده بـی‌خـواب می‌زدم
هر مرغ فکر کـز سر شاخ سخن بجُست　　بازش ز طـره تـو بـه مضراب می‌زدم
روی نـگار در نظـرم جلـوه مـی نمـود　　وز دور بوسـه بـر رخ مهتـاب می‌زدم
چشمم به روی ساقی و گوشم بقول چنگ　　فالی به چشم و گوش در این باب می‌زدم
ساقی به صوت این غزلم کاسه می‌گرفت　　میخواندم ایـن سـرود و می ناب می‌زدم

خوش بـود وقت حافظ و فال مـراد و کـام
بـر نـام عمـر و دولـت احبـاب می زدم

ره خواب میزدم: در رویای توسیر میکردم = **نقشی بیاد خط تو بر آب میزدم :** با خیال مشابهی از روی زیبایت اشکم روان بود(خیال روی تو هم روی تو نمی شود) = **ابروی یار در نظرو خرقه سوخته :** زیبائی یار در خیال و همه چیزم ازدست رفته = **جامی به یاد گوشه محراب میزدم :** از یاد خم گوشه محراب که کمان ابروی تورا بیاد می آورد مست میگشتم = **برکارگاه دیده بیخواب میزدم:** کارچشمانم که خواب را فراموش کرده بودندگشته بود = **هر مرغ فکر کز سر شاخ سخن بجست :** هر کلامی که همچون مرغی از ذهنم به پرواز در می آمد = **بازش به طره تو به مضراب میزدم :** با کمند زلفت تو و نوائی از چنگ دوباره شکاروعرضه اش میکردم = **نگار :** یار= **جلوه مینمود :** خود را نشان میداد = **رخ مهتاب :** روی آن یار بس زیبا = **چشمم به روی ساقی و گوشم به قول چنگ :** چشم انتظار وصل مست ساز توبودم و شنوای امیدهائی که چنگ مرا میداد = **فالی به چشم وگوش در این باب میزدم :** چشم وگوش را در امید مست گشتن از یار بکار گرفته بودم = **ساقی بصوت این غزلم کاسه میگرفت:** باخواندن این غزل ،یاربه مست سازیم پرداخت = **می ناب میزدم :** بیشترمست وصل شیرینش میگشتم = **فال مراد وکام :** آزمودن بخت خودو سرانجام بکام رسیدن = **برنام عمر:** زمان عمرواقعی خود را سپری میکردم (زمان بودن با یار زمان واقعی عمرست ومابقی تلف شدن عمر)= **ودولت احباب میزدم:** و در مقام وجایگاه اصلی خود قرار داشتم = **(حافظ خود حافظ)**

{۲۳۳}

هر چند پیر و خسته دل و ناتوان شدم هر گه که یاد روی تو کردم جوان شدم
قسمت ، حوالتم به خرابات می‌کند هر چند کاینچنین شدم و آنچنان شدم
اول ز تَحت و فوق وجودم خبر نبود در مکتب غم تو چنین نکته دان شدم
آن روز بر دلم در معنی گشوده شد کز ساکنان درگه پیر مغان شدم
از آن زمان که فتنه چشمت به من رسید ایمن ز شر فتنه آخر زمان شدم
شکر آنکه هر چه طلب کردم از خدای بر منتهای همت خود کامران شدم
دوشم نوید داد به عنایت که حافظا
بازآ که خود به عفو گناهت ضمان شدم

قسمت : آنچه یاربرای ما مقرر میسازد(ما را در مسیرآن قرار میدهد) = **حوالتم به خرابات میکند** : مرا براه پاکباختگی و روی گرداند از دنیا میخواند= **هرچندکاینچنین شدم وآنچنان شدم** : هرچند با سختیها و تحولات زیادی روبرو گشتم = **زتحت وفوق وجودم خبرنبود**: از مقامی که جان میتوانداز پستی تا والاگشتن بدان دست یابد آگاه نبودم = **در مکتب غم توچنین نکته دان شدم**: ازعشق تو ودنبال ساختن آن تا وصل شیرین تو نکات مسئله وجود را آموختم = **درمعنی گشوده شد**: توانستم بعلت وجود خود و موجود گشتن جهان پی ببرم= **کزساکنان درگه پیر مغان شدم**: خودرا بتمامی وقف یار کردم= **فتنه چشمت**: فریبندگی و مست سازی نگاهت= **ز شر فتنه آخر زمان** : آشوب و باز خواست قیامت = **بر منتهای همت خود کامران شدم** : به اندازه ائی که همت کردم بدان دست یافتم= **دوشم نوید داد** : همین شب گذشته مژده داد = **به عنایت**: از روی مهرورزیش= **به عفو گناهت ضمان شدم**: پاک شدن گناهانت را تضمین ساختم = **(حافظ خود حافظ)**

ابیات زیر که بعنوان ابیات سوم ، هفتم و نهم غزل فوق در نسخه قزوینی آمده است بعلت عدم رعایت مبانی عرفان و سیر معنی غزل مشخصا ازحافظ نبوده وبه غزل فوق اضافه گشته اند :

ای گلبن جوان بر دولت بخور که من در سایه تو بلبل باغ جهان شدم
در شاهراه دولت سرمد به تخت بخت با جام می به کام دل دوستان شدم
من پیر سال و ماه نیم یار بی‌وفاست بر من چو عمر می‌گذرد پیر از آن شدم

{۲۳٤}

خیـال نقش تـو در کارگاه دیـده کشیدم　　بـه صورت تـو نگاری ندیدم و نشنیدم
اگـر چـه در طلبـت هم عنان باد شمالم　　بـه گِـرد سـرو خرامـان قامتت نرسیدم
امید در شب زلفت به روز عمر نبستم　　طمـع بـه دور دهانت ز کـام دل ببریدم
بشوق چشمه نوشت چه قطره‌هاکه فشاندم　　زلعـل باده فروشت چـه عشوه‌ها که خریدم
ز غمزه بر دل ریشم چه تیرها که گشادی　　ز غصه بـر سر کویت چـه بارها که کشیدم
چو غنچه ، برسرم ازکوی اوگذشت نسیمی　　کـه پـرده بر دل خونین ببـوی او بدریدم
بـه خاک پـای تو سوگند و نـور دیده حافظ
کـه بی رخ تـو، فـروغ از چراغ دیده ندیدم

درکارگاه دیده کشیدم : در نظر آوردم = **به صورت تو نگاری :** شبیه تویار زیباروئی = **در طلبت هم عنان :** در یافتن و بتورسیدن همسان و هم همت= **به گرد سروخرامان قامتت نرسیدم:** نتوانستم آخربه کویت برسم ووصل راتجربه سازم= **امیددر شب زلفت به روز عمرنبستم :** امید به وصل و لمس آن گیسوی سیاهت درعمرباقی مانده ندارم = **طمع به دور دهانت زکام دل ببریدم :** امید بوسیدن آن لب یاقوتی را نیزاز دل خارج ساختم = **به شوق چشمه نوشت :** از شوق چشیدن طعم وصلت که دلم بشدت بدنبال نوش ازآنست= **چه قطره هاکه فشاندم :** چه اشکهائی که ریختم= **زلعل باده فروشت چه عشوه هاکه خریدم:** زلب یاقوتی مست سازت به چه بازیهاکه گرفته نشدم= **ز غمزه بردل ریشم چه تیرها که گشادی:** با ناز وعشوه ات چه تیرها که براین دل زخمی پرتاب ساختی= **برسرکویت چه بارها که کشیدم :** برای رسیدن به وصل تو چه بارهای سنگین و سختی ازغم بر دوش خود حمل کردم = **چو غنچه بر سرم از کوی او گذشت نسیمی:** همانند غنچه ها که با نسیمی ازکوی او باز میگردند من نیز آن نسیم خوش را در سرم احساس کردم = **که پرده بردل خونین به بوی اوبدریدم:**که اینچنین راز دل خونینم را با شنیدن بوی آن بیرون ریختم= **ونور دیده حافظ :** بی نور شود اگردورغ گویم = **فروغ از چراغ دیده ندیدم :** انگار روشنائی به چشمانم وارد نمیشود = **(حافظ خود حافظ)**

ابیات زیرکه بعنوان ابیات ششم و هفتم غزل فوق در نسخه قزوینی آمده است بعلت عدم رعایت مبانی عرفان و سیر معنی غزل و لحن مشخصا ازحافظ نبوده وبه غزل فوق اضافه گشته اند :

ز کوی یار بیارای نسیم صبـح غبـاری　　که بوی خون دل ریش از آن تراب شنیدم
گناه چشم سیاه تو بود و گردن دلخواه　　که من چو آهوی وحشی ز آدمـی برمیدم

{۲۳۵}

ز دست کوته خود زیر بارم   که از بالا بلندان شرمسارم

مگر زنجیرمویم، گیردم دست   وگرنه سر به شیدایی برآرم

بدین شکرانه می‌بوسم لب جام   که کرد آگه ز راز روزگارم

اگر گفتم دعای می فروشان   چه باشد، حق نعمت می‌گزارم

من از بازوی خود دارم بسی شُکر   که زور مردم آزاری ندارم

سری دارم به حافظ مست لیکن
به لطف آن سرای امیدوارم

زدست کوته خودزیربارم: ازبی همتی خود درتمنای وصل بسیار غمگینم : که ازبالا بلندان شرمسارم = و شرمنده آن یار والا مقامم = زنجیر مویم گیردم دست : یار زیبارویم کاری برایم بکند= به شیدائی برآرم : کار به دیوانگی میکشد = بدین شکرانه می بوسم لب جام : از این بابت با شکرگوئی رو به مست گشتن از یارم می آورم = که کرد آگه ز راز روزگارم : علت وجودم را برمن روشن ساخت = اگرگفتم دعای می فروشان : اگراز زیبارویان مست سازش که در نبود یاردل را آرام میسازند یاد میکنم = حق نعمت میگذارم : برای وجودشان شکرگزاری از یار میکنم = سری دارم به حافظ مست لیکن : سرمستی وخوشی سرم همه از آن یارحفظ کننده (مست ساز) است ولی باز= به لطف آن سرای امیدوارم : به دنبال مستی سرای (وصل) یارم =
(حافظ – حفظ کننده ، یار)

بیت زیرکه بعنوان بیت سوم غزل فوق درنسخه قزوینی آمده است بعلت عدم رعایت مبانی عرفان و سیر معنی غزل مشخصا ازحافظ نبوده وبه غزل فوق اضافه گشته است :

ز چشم من بپرس اوضاع گردون   که شب تا روز اختر می‌شمارم

{۲۳۶}

گر چه افتاد ز زلفش گِرهی در کارم — همچنان چشم، گشاد از کرمش می‌دارم
بطرب حمل مکن سُرخی رویم که چو جام — خون دل، عکس برون می‌دهد از رخسارم
پاسبان حرم دل شده‌ام شب همه شب — تا در این پرده جز اندیشه او نگذارم
پرده مطربم از دست برون خواهد برد — آه اگر زان که در این پرده نباشد بارم
دیده بخت به افسانه او شد در خواب — کو نسیمی ز عنایت که کند بیدارم
چون تو را در گذر ای یار نمی‌یارم دید — با که گویم که بگوید سخنی با یارم

دوش گفتند که حافظ همه روی است و ریا
بجز از خاک درش با که بود بازارم

گرچه افتاد ززلفش گره ائی درکارم : با اینکه حاصل وصل او باعث از دست رفتن خواب وخورم گشته = **همچنان چشم گشاد ازکرمش میدارم :** باز در انتظار لطف و کرمش برای وصلی مجددم = **به طرب حمل مکن:** از روی خوشی وشادابی مپندار= **که چو جام :** که همچون سرخی شراب جام= **خون دل عکس برون میدهد از رخسارم :** این سرخی دل خون منست که خودرا نشان میدهد از سیمایم= **پاسبان حرم دل شده ام:** مدام درحال حفاظت دل از آنچه برآن می نشیند میباشم = **تادراین پرده:** تادر خانه دل = **پرده مطربم از دست برون خواهد برد :** نوای نوازندگان مرا از خیال یار مست میسازد= **آه اگر زان که دراین پرده نباشد بارم:** آه اگراین نوا و آوای جدید که می نوازند آنرا برایم حاصل نکند = **دیده بخت به افسانه او شد در خواب :** چشمان منتظرو چشم براه برای او با امیدوصل شورانگیزش بخواب میرود = **کو نسیمی زعنایت که کند بیدارم:** کونسیم پیام آور لطفش که چشم دروصلش باز نمایم= **چون تورا درگذر ای یارنمی یارم دید:** وقتی راه گذری ویا جائی آشنا ازتو سراغ ندارم= **باکه گویم که بگویدسخنی با یارم:** چگونه میتوانم به کسی نشانی ترابدهم تا با تودر باره من صحبتی بکند = **بجزازخاک درش باکه بود بازارم :** بجز بازار تمنای وصل یارمگردیگربا کسی مراکارو باری هست که درآن روی وریائی بکنم(وبازار وصل یارهم که با روی وریا بیگانه است)= **(حافظ خود حافظ)**

ابیات زیرکه بعنوان بیت پنجم و اعلام شده در ضمیه نسخه قزوینی برای این غزل آمده است بعلت عدم رعایت مبانی عرفان و سیر معنی غزل و لحن در بیت اول و جمع و مفرد بودن جمله در دو مصرع در بیت بعدی(وآوردن دیگر تعابیر اشعار حافظ) مشخصا از حافظ نیست و به غزل فوق اضافه گشته اند :

منم آن شاعر ساحرکه به افسون سخن — از نی کلک همه قند و شکر می‌بارم
بصد امید نهادیم درین بادیه پای — ای دلیل دل گمگشته فرو مگذارم

گــر دست دهد خــاک کف پای نگارم — بــر لـــوح بصـر خط غبــاری بنگارم
بر بوی کنار تو شدم غرق و امیدست — از مـوج سرشکم کـه رساند بـه کنـارم
زلفین سیـاه تــو بــه دلـداری عاشق — دادنـــد قـــراری و ببـردنـد قـــرارم
ای بـاد از آن بـاده نسیمی به من آور — کان بوی شفابخش بـود دفع خمارم
گــر قلب دلـم را بنهد دوست عیـاری — مــن نقـد روان در دمش از دیده شمارم
پــروانه او گــر رسـدم در طلـب جان — چون شمع همان دم به دمی جان بسپارم

حافظ لب لعلش چو مرا جان عزیزست
عمری بود آن لحظه که جان را به لب آرم

خاک کف پای نگارم : خاکی که از آن گذشته است = **بر لوح بصرخط غباری بنگارم**: برچشمانم سرمه ائی از آن بکشم (برروی چشم خود قرارش دهم) = **بر بوی کنارتو شدم غرق** : برای شنیدن بوئی که درکنار تو می بوئیدم از دست رفته و درحال مرگم = **از موج سرشکم که رساند به کنارم**: که موج اشکم باز مرا بر گیرد و به کنار تو رساند = **زلفین** : دو زلف = **به دلداری عاشق**: برای آرام ساختن دل عاشق= **دادند قراری و ببردندقرارم** : اول باعث آرامش دل عاشقم گشتند و بعد با نبودنشان بیقرارم ساختند= **ازآن باده** : از آن بوی مست سازش= **بود دفع خمارم** : مرا سرحال آورد = **گرقلب دلم را بنهد دوست عیاری**: اگرفریب دل مرا(نگاه کردن به دیگرزیبائی های طبیعت را) یار دلیل جفای من بخود بگیرد= **من نقد روان در دمش از دیده شمارم** : من اشکهایم را برای اوو وصلش ازدیده سرازیر سازم= **پروانه او گر رسدم در طلب جان** : فرشته مرگش چون بیاید و جانم را بطلبد= **همان دم به دمی جان بسپارم**: همان لحظه آخرین نفس خود را خواهم کشید= **لب لعلش چو مرا جان عزیزاست**: بوسیدن لب یاقوتی اش(وصلش) مثل بازیافتن جان(زنده گشتن) است مرا= **عمری بود آن لحظه که جان را به لب آرم** : رسیدن جانم به لب (وفات یافتن وبه آن زیبا رسیدن) شروع عمراصلی و واقعی منست= **(حافظ خود و عام)**

ابیات زیرکه بعنوان بیت چهارم و هشتم غزل فوق درنسخه قزوینی آمده است بعلت عدم رعایت مبانی عرفان و سیر معنی غزل مشخصا از حافظ نیست و به غزل فوق اضافه گشته اند :

امــروز مَکِش سر ز وفــای من و اندیش — زان شب که من از غم به دعا دست برآرم
دامن مفشان از من خاکی که پس از من — زیـــن در نتـواند کـه بـــرد بـاد غبارم

در نهانخانه عشرت صنمی خوش دارم — کز سر زلف و رخُش نعل در آتش دارم
گر ازاین دست مرا بی سر و سامان دارد — مـن به آه سحرش زلف مشـوش دارم
گر چنین چهره گشایدخط زنگاری دوست — مـن رخ زرد به خـونـابـه منقش دارم
گر به کاشانه رنـدان قـدمی خـواهی زد — نُقـل ، شعر شکرین و می بی‌غش دارم
نـاوک غمـزه بیـار و رسـن زلف که مـن — جنگهـا بـا دل مجـروح بلاکـش دارم
حافظا چون غم و شادی جهان در گذر است
بهتر آن است که من خاطر دل خوش دارم

نهانخانه عشرت : خلوتگاه عشق ورزیم = **صنمی خوش:** یاری بس شیرین = **کز سر زلف و رخش نعل درآتش دارم :** که در جستجوی وصال شیرینش نعل اسبم را مدام بازسازی میکنم (مدام به هرسو روانم)= **از این دست مرا بی سر و سامان دارد :** اگر دراین جستجو مرا نصیبی از وصلش نسازد = **من به آه سحرش زلف مشوش دارم :** من با سوز و آه سحری تلاش میکنم که عشوه ائی را از او دریابم = **گرچنین چهر گشاید خط زنگاری دوست:** اگربا این حال من ، یار روی زیبایش را برمن بگشاید = **من رخ زرد به خونابه منقش دارم:** من این چهره زرد را باسرخی چهره شوق زده از دیدارش آرایش میکنم = **گربه کاشانه رندان قدمی خواهی زد:** اگربسرای ما پاکباختگان قدم گذاری= **نقل ، شعر شکرین ومی بی غش دارم :** آنگاه شعری بس سلیس وشیرین میتوانم بگویم وبتمامی مست توخواهم بود= **ناوک غمزه :** تیرعشوه = **رسن زلف:** زلف دربندساز = **مجروح بلاکش:** سختی کشیده و دیوانه = **در گذر است :** میگذرد و ماندنی نیست = **خاطردل خوش دارم:** بدنبال کاردل خود(عشق ورزی با تو) باشم = **(حافظا : یارا)**

بیت زیرکه بعنوان بیت دوم غزل فوق در نسخه قزوینی آمده است بعلت عدم رعایت مبانی عرفان و سیر معنی غزل مشخصا ازحافظ نبوده وبه غزل فوق اضافه گشته است :

عاشق و رنـدم و میخـواره به آواز بلنـد — وین همه منصب از آن حور پریوش دارم

{۲۳۹}

مرا عهدیست باجانان که تا جان دربدن دارم هواداری کویش را چو جـان خویشتن دارم
صفای خلوت خاطر از آن شمع چگل جویم فروغ چشم و نـور دل از آن ماه خُتن دارم
سـزد کز خـاتم لعلش زنـم لاف سلیمـانی چو اسم اعظمم باشدچـه باک ازاهرمن دارم
الا ای پیـر فـرزانه مکن عیبم ز میخـانه که من درترک پیمانه دلی پیمان شکن دارم
به کام و آرزوی دل چـو آرم خلوتی حاصل چه فکر از خُبث بدگویان میـان انجمن دارم
گرم صد لشکرازخوبان بقصد دل کمین سازند بحمـد الله و المنـه بتـی لشکر شکن دارم
چو در گلـزار اقبالـش خـرامان می رود حافظ
چـه میل لاله و نسرین و برگ نسترن دارم

جانان : یار= **هواداری کویش را چو جان خویشتن دارم :** از بیان و ارائه عشق زیبایش تا پای جان هم که شده دست نکشم= **صفای خلوت خاطر:** آسایش ذهن پاک گشته از هرچیز را= **ازآن شمع چگل جویم:** در همنشی با آن شمع گریان میجویم = **فروغ چشم و نور دل از آن ماه خُتن دارم :** روشنی چشمان وامید وصل از آن زیبای خوشبو(یار) دارم = **سزد کز خاتم لعلش زنم لاف سلیمانی :** حقست اگر درزمان وصل با لب یاقوتی اش که چون نگینی(خاتمی) سحرآمیزست بگویم که حالامن نیزچون سلیمانم= **اسم اعظم:** نامی از خداوند که قدرتی خاص به دانای آن میدهد (از اشارات قرآنی) = **چه باک از اهرمن دارم :** اهرمن نیز نمی تواند کاری از پیش ببرد (عقب میماند – داستان سلیمان و سبا در قرآن) = **ای پیرفرزانه مکن عیبم ز میخانه:** ای پیر پاک وزاهد مرا از مست یار گشتن نهی مکن= **درترک پیمانه دلی پیمان شکن دارم:** که دلم به هیچ عهد روی گردان ساز از مستی یار پایبند نیست= **به کام وآرزوی دل چو آرم خلوتی حاصل:** وقتی وصل شیرین یارحاصل گوشه نشینی من است = **چه فکر ازخبث بدگویان میان انجمن دارم :** چرا باید نگران شیطنت(بدگوئی) بعضی تیره دلان در همنشینی ها و جلسات باشم= **گرم صد لشکر از خوبان به قصد دل کمین سازند :** هرمقدار از زیبارویان دنیائی که بخواهند دل مرا بربایند= **بحمدالله و المنه:** با شکرازیار ولطفی که برمن دارد = **بتی لشکرشکن دارم :** زیباروئی پرستیدنی دارم که همه آنها را کنار میزند= **چودر گلزار اقبالش خرامان میرود:** آنگاه که در وصل بس زیبای یارش بسر میبرد = **(حافظ خود حافظ)**

ابیات زیرکه بعنوان ابیات چهارم ، هشتم و آخرین بیت غزل فوق در نسخه قزوینی آمده است بعلت عدم رعایت مبانی عرفان وتکرار معنی دیگر ابیات و لحن مشخصا از حافظ نیست و به غزل فوق اضافه گشته اند ، متاسفانه بنظر میرسدبرای اینکه بیت اضافه شده آخررا که نام حاکم وقت درآن آمده بعنوان بیت آخرحافظ دارغزل منظور نمایند بیت آخر غزل را دستکاری نموده وبصورتی که در نسخه قزوینی آمده است درآورده اند:

مرا در خانه سروی هست کاندر سایه قدش فراغ از سرو بُستانی و شمشاد چمن دارم
خدارا ای رقیب امشب زمانی دیده برهم نه که من با لعل خاموشش نهـانی صد سخن دارم
به رندی شهره شدحافظ میان همدمان لیکن چه غم دارم که درعالم قوام الدین حسن دارم

من که باشم که بـر آن خاطر عاطر گذرم — لطف ها می‌کنی ای خاک درت تاج سرم
دلبـرا بنـده نوازیت کـه آموخـت چنین — کـه رشک عیش رقیبـان بـرود از نظرم
همتـی بدرقـه راه کن ای طایـر قـدس — که دراز است ره مقصـد و مـن نـو سفرم
ای نسیم سحری بنـدگی مـن بـرسـان — کـه فرامـوش مکنم وقت دعـای سحرم
خُرّم آن روز کز این مرحـله بربنـدم بـار — و از سر کـوی تـو پرسند رفیقان خبرم
حافظا شاید اگـر در طلب گـوهـر وصـل
دیده دریا کنم از اشک ، در او غوطه خورم

خاطرعاطرگذرم: به فکرو یادخوشبوی آن یار زیبادر آیم= **لطف ها میکنی ای خاک درت تاج سرم:** اینها همه از مهرورزی توست ای آنکه مهرورزیت افتخارمنست = **بنده نوازیت که آموخت چنین :** آخر چگونه اینچنین کام بنده ات را بتمامی شیرین میسازی= **که رشک عیش رقیبان برود از نظرم :** که حسادت بکام رسیدن عشاق دیگرت فکرم را مشغول نسازد = **همتی بدرقه راه کن ای طائر قدس:** کمک ساز مرادر همتم برای رسیدن به وصل یار ای پروازساز جاوید(ای صبا با خبر رسانی خود) = **ره مقصدو من نو سفرم :** راه رسیدن به یار و من دراینکار تازه کار = **بندگی من برسان :** فقط رو به او داشتنم را برایش باز گو= **که فراموش مکنم وقت دعای سحرم :** که در تمنای سحرگاهیم مرا بفراموشی مسپارد (وصلی مقرر سازد)= **خرم آنروز کز این مرحله بربندم بار:** چه خوش است آنروز که این مرحله خلوص وتمنای وصلت حاصل دهد = **واز سر کوی تو پرسند رفیقان خبرم :** یاران دوستان از وصل زیبایت سئوال پیچم کنند = **در طلب گوهر وصل :** بوسیدن لب یاقوتیش = **در او غوطه خورم :** وصلی را بچشم = **(حافظ خود حافظ)**

در نسخه قزوینی بیت زیر بعنوان آخرین بیت غزل بعد از بیت حافظ دار مشاهده میشود که بعلت عدم رعایت عرفان و سیر معنی غزل مشخصا از حافظ نبوده و مشخص است که بوسیله یک شاعر درباری به آن اضافه گشته است :

پایه نظم بلند است و جهانگیر بگو — تـا کند پادشه بحر دهـان پرگهرم

{۲٤۱}

تو همچو صبحی و من شمع خلوت سحرم
تبسمی کن وجان بین که چُون همی‌سِپُرم

چنین که در دل من داغ زلف سرکش توست
بنفشه زار شـود تربتـم چـو درگـذرم

در آستـان مُـرادت گشـاده‌ام در چشـم
کـه یک نظر فکنی ، خـود فکندی از نظرم

چه شُکـر گویمت ای خیل غم عفـاک الله
که روز بـی کسی آخـر نمـی‌روی ز سرم

غلام مـردم چشمم که با سیـاه دلـی
هزار قطره ببارد چـو درد دل شِمُرم

به هـر نظـر بُت ما جلـوه می‌کنـد لیکن
کس این کرشمه نبیند که مـن همی‌نگرم

به خاک حافظ اگـر یار بگذرد چون باد
ز شـوق در دل آن تنگنـا کفـن بدرم

توهمچوصبحی ومن شمع خلوت سحرم : تو همه روشنائی و زیبائی و من اشک ریزی تنها = **تبسمی کن و جان بین که چون همی سپرم :** لبخندی بزن(نسیمت را بسویم بفرست) و ببین که جان را چگونه تقدیم میسازم(چون شمع خاموش میگردم)= **داغ زلف سرکش توست :** نقش سوختگی از جفای تو زیباروی است(همچون چهره بنفشه) = **بنفشه زار شود تربتم چو درگذرم :** پراز گل بنفشه شود خاک گورم چون بمیرم = **در آستان مرادت گشاده ام در چشم :** تمام آرزو وتمنای دیدنت را درچشمان خود قراردادم=**که یک نظر فکنی خود فکندی از نظرم:**که نظری به من نمائی خودت را دور(از چشم) نیز ساختی= **چه شکر گویمت ای خیل غم :** چگونه از تو تشکر کنم ای لشکرغم و اندوه= **عفاک الله :** خداوند از تو در گذرد = **که روز بی کسی آخر نمی روی زسرم :** هرکس مرا تنها گذارد لشکر تو مرا تنها نمیگذارد = **غلام مردم چشمم که با سیاهی دل :** از چشم خود بسی ممنونم که با تمامی سیاهی که دارد (رنگ چشم حافظ تیره بوده است) = **هزار قطره ببارد چو درد دل شمرم :** با اشکهای بسیارش مرا آرام میسازد آنگاه که غم دل را باز گو میکنم = **به هرنظر بُت ما جلوه میکند :** هر نظر پاکی نشانه های دلربای یار را می بیند = **کس این کرشمه نبیند که من نگرم :** ولی این ارائه زیبائی یار را که من می بینم هیچکس نخواهد دید (دیدن شکل و فرم زیبائی یار برای هر فردی مخصوص مقام آن فردست و مشابه کس دیگری نیست و این از عظمت یار در ارائه زیبائیست) = **به خاک حافظ :** به خاک گور حافظ = **ز شوق در دل آن تنگنا کفن بدرم :** جسمم از شوق و شور احساس حضورش درون آن گور تنگ کفن خود را پاره سازد (زیراکه تمامی ذرات بدنم نیز مملواز عشق اوست) = **(حافظ خود حافظ)**

{۲٤۲}

به تیغم گـر کِشی دستت نگیرم و گـر تیـرم زنی منّت پـذیرم
کمـان ابـروت را گو ، بـزن تیر کـه پیش دست و بازویت بمیرم
غـم گیتی گـر از پایـم در آرد بجز ساغر که باشـد دستگیرم
برآ ای آفتــاب صبـح امیـد کـه در دست شب هجـران اسیرم
به فریادم رس ای پیر خرابات به یک جرعه جوانم کن که میرم
بسـوزان خرقه تقـوا تـــو حافظ
که گـر آتش شـود در وی نگیـرم

به تیغم گرکشی : اگرشمشیرت را بر من فرود آوری = **تیرم زنی منت پذیرم** : تیر بسویم پرتاب سازی با جان و دل به استقبالش میروم = **غم گیتی گر از پایم در آرد** : فشار و سختی روزگار اگربخواهد مرا تسلیم خود سازد = **بجز ساغر که باشد دستگیرم** : به جز روی به مستی تو آوردن که نجاتم دهد = **ای آفتاب صبح امید** : ای روشنی بخش گاه وصل = **شب هجران**: شب سیاه جدائی ودوری= **پیر خرابات**: ای یار پاکباختگان = **به یک جرعه** : با عشوه مست سازی از خود= **که میرم**: که درحال مرگم= **بسوزان خرقه تقوا**: به آتش کش امید وصل را از زهد گرائی و عبادات روزانه = **که گر آتش شود دروی نگیرم** : که اگرازحرارت دعاهایم همچون آتش شود باز وصلی حاصل نگردد که هنوز با مصلحت اندیشی دنیائی همراه است = **(حافظ خود و عام)**

همانظور که مستحضرید اشعار زیبا و دلنشین حافظ مانند دوبیت اول این غزل بعلت همگانی شدن و خوانده شدن بوسیله اقوام مختلف پارسی زبان متحمل تغییرات سلیقه ائی شده است بخصوص آنکه در آواز خوانی بکار رفته است بنابراین با توجه به این مسئله بنظرمیرسد نزدیکترین روایت به اصل شعر بصورت آمده در این غزل باشد.

بیت زیرکه بعنوان بیت ششم غزل فوق در نسخه قزوینی آمده است بعلت تکرار قافیه و لحن و سبک بودن معنی نسبت به سایر ابیات غزل مشخصا ازحافظ نبوده وبه غزل فوق اضافه گشته است :

به گیسوی تو خوردم دوش سوگند که من از پای تو ، سر بر نگیرم

{۲٤۳}

مـزن بـر دل ز تاب غمـزه تیرم　　　که پیـش چشم بیمـارت بمیـرم
نصاب حُسن در حد کمال است　　　زکاتـم ده که مسکیـن و فقیـرم
چـو طفلان تا کی این زاهد فریبی　　　بـه سیب بوستان و شهد و شیرم
کزان پرشد فضای سینه از دوست　　　که فکر خویش گم شد از ضمیرم
قدح پرکن کـه من در دولت عشق　　　جوان بخت جهانم گر چه پیـرم
مبـادا جز حساب مطـرب و می　　　اگـر نقشی کشـد کلک دبیـرم
در آن غوغا که کس کس را نپرسد　　　من از پیـر مغـان منـت پذیرم
کـه حافـظ گنـج او در سینـه دارد
اگــر چـه مـدعـی بینـد حقیـرم

زتاب غمزه : از عشوه کمان ابرویت = **چشم بیمارت :** چشم خمار زیبایت = **نصاب حُسن درحدکمالست:** زیبائیت بتمامی کامل وبی نقص است = **زکاتم ده:** بخشش (شیرینی) آن (کمالت) را بده (وصلی مقررفرما) = **تا کی این زاهد فریبی :** تاکی با این دلخوش ساز زاهدان = **به سیب بوستان وشهد وشیرم:** با خوشیهای بهشتت مرا دلخوش می سازی = **کزان :** از بابت آن = **فکر خویش :** خود بینی = **ضمیرم :** درونم = **قدح پرکن که من در دولت عشق :** بتمامی مستم ساز که در کار عشق ورزی تو= **جوان بخت جهانم :** شادابترین جوان جهانم = **مبادا جزحساب مطرب ومی:** نباشد عملکردی جز عشق ورزی ومست یار بودن = **اگر نقشی کشدکلک دبیرم :** اگرنگارنده اعمال آنرا عرضه کند = **درآن غوغا :** قیامت = **من از پیرمغان منت پذیرم :** من برای بهرمند شدن ازمهرورزیش وعده دارم = **گنج او :** عشق مست ساز اورا = **مدعی:** آنکه فکرمیکند دانای این امورست = **بیندحقیرم :** بازنده ام انگارد = **(حافظ خود حافظ)**

ابیات زیر که بعنوان ابیات ششم ، نهم و دهم غزل فوق در نسخه قزوینی آمده است بعلت عدم رعایت مبانی عرفان و سیر معنی غزل مشخصا از حافظ نیست و به غزل فوق اضافه گشته اند :

قـراری بستـه‌ام بـا مـی فروشان　　　که روز غـم بجـز سـاغر نگیرم
خوشا آن دم کز استغنای مستی　　　فراغت باشد از شاه و وزیرم
من آن مرغم که هر شام و سحرگاه　　　ز بام عرش می‌آید صفیرم

نمــاز شام غریبان چو گریه آغازم | بــه مویــههــای غریبانه قصه پردازم
به یاد یار و دیار آنچنان بگریم زار | کــه ازجهــان، ره و رسم سفر براندازم
من از دیار حبیبم نه از بلاد غریب | مهیمنــا بــه رفیقــان خــود رسان بازم
خدای را مــددی ای رفیق ره تا من | بــه کــوی میکده دیگــر علم بــرافرازم
بجز صبا و شمالم نمی‌شناسد کس | عزیز من کــه بجز بــاد نیست دمسازم
سرشک آمدو عیبم بگفت روی بر روی | شکایت از کـــه کنــم خانگیست غمازم

ز چنگ زَهره ، شنیدم که صبحدم می‌گفت
غلام حافظ خــوش لحن و خــوش آوازم

نماز شام غریبان چو گریه آغازم : تمنای وصل را در دیار غربت چون همیشه با گریه شروع نمایم= **به مویه های غریبانه قصه پردازم**: ناله ها و شرح حالم همه بوی غربت را میدهد = **زار** : بشدت= **که از جهان ره و رسم سفر بر اندازم** : دور گشتن از دیاررا تحت الشعاع قرارداده ، تعطیل نمایم= **دیارحبیبم**: دیار عشقم(شیراز)= **نه از بلاد غریب**: نه ازسر زمینهای خالی از عشق = **مهیمنا** : ای خداوند ایمن ساز= **به رفیقان خود رسان بازم** : به همدمان در دیارم برسان مرا = **خدای را مددی ای رفیق ره تا من** : مگرخداوند کمکی سازد ای همسفرتا من بتوان = **بکوی میکده دیگر علم بر افرازم**: بازهم در سرای مست سازش روی به مستیش آورم = **صبا وشمالم** : نسیم های خوشبوی سحرگاهی = **نمی شناسد کس عزیز من**: کسی ازیارمن خبر ندارد= **که به جز باد نیست دمسازم**: برای همین مدام همنشین ورازگو با نسیم میباشم (تا شاید خبری ازیار آورد)= **سرشک**: اشک= **روی برروی** : با هرقطره که برٰرویم می ریزد= **خانگیست غمازم** : طعنه زنم از خود منست = **چنگ زهره** : نوای شیرین چنگ= **غلام** : درخدمت و همگام(در نواختن و اجرا) = **خوش لحن وخوش آوازم** : خوش کلام و خوش صدایم(حافظ صدائی خوش در قرائت قرآن و خواندن آواز عرفانی داشته است) = **(حافظ خود حافظ)**

ابیات زیرکه بعنوان ابیات پنجم و هفتم غزل فوق در نسخه قزوینی آمده اند بعلت عدم رعایت مبانی عرفان و سیر معنی غزل مشخصا ازحافظ نبوده وبه غزل فوق اضافه گشته اند :

خرد ز پیری من کی حساب برگیرد | که باز با صنمی طفل عشق می‌بــازم
هوای منزل یار آب زندگانی ماست | صبا بیار نسیمی ز خــاک شیرازم

{۲٤٥}

گر دست رسد سر به زلفین تو بازم　　　　چون گــوی چه سرها که بچوگان تو بازم
زلف تــو مرا عمر درازست ولی نیست　　　　در دست ســر مــویی از آن عمر درازم
پروانه راحت دهد ایــن شمع که امشب　　　　از آتش دل پیش تــو چــون شمع گدازم
آندم که به یک خنده دهم جان بصراحی　　　　مستان تــو خواهم کــه گزارند نمازم
گــر خلــوت ما را شبی از رخ بفروزی　　　　چــون صبح بــر آفــاق جهــان سر بفرازم
محمــود بــود عاقبت کــار در ایــن ره　　　　گــر ســر بــرود در ســر سودای ایازم
حافظ غم دل با که بگوید که در این دور
جــز جــام نشاید کــه بــود محــرم رازم

گر دست رسد سر به زلفین توبازم : اگر میشد که سرم را در بازی عشق و وصل زیبایت (که با عشاقت روا میداری) بتو می باختم = **چون گوی چه سرها که به چوگان تو بازم :** همچون گوی بازی چوگان چه بارها آنرا از من می ربودی(آنرا بتو می باختم) = **زلف تومرا عمردرازست:** برای رسیدن به وصالت این عمردراز را بمن داده ائی = **ولی نیست دردست سر موئی از آن عمردرازم :** حاصلی (وصلی) از عمردرازی که عطا کردی باخود نمی بینم = **پروانه راحت دهد این شمع که امشب :** امشب پروانه راحت میگذارد شمع را چرا که من = **پیش تو چون شمع گدازم :** در برابرتو همچون شمع خواهم سوخت = **به یک خنده دهم جان بصراحی :** با یک لبخندش جان به مست ساز خود تسلیم سازم = **مستان تو خواهم گزارم نمازم :** دوست دارم که عاشقان مست تو نماز مردگان را بر من بخوانند = **از رخ بفروزی :** با رویت درخشان سازی= **چون صبح بر آفاق جهان سر بفرازم:** همچون صبحی روشن خود را بربالای افقهای جهان خواهم دید= **محمود بود:** به سعادت رسیدنست(و کنایه به محمود غزنوی که بدنبال غلامش ایاز بودکه ازدوست برایش میگفت)= **گر سر برود در سر سودای ایازم:** اگرسرم را بدهم باز بدنبال رسیدن به عشق خودخواهم بود= **که دراین دور:** در این تمنای وصل یار = **جز جام نشایدکه بودمحرم رازم :** جزیار مست سازم که میتواند محرم رازم باشد = **(حافظ خود حافظ)**

ابیات زیرکه بعنوان ابیات پنجم و ششم غزل فوق در نسخه قزوینی آمده است بعلت عدم رعایت مبانی عرفان وسیر معنی غزل مشخصا از حافظ نیست و به غزل فوق اضافه گشته اند :

چون نیست نماز من آلوده نمازی　　　　در میکده زان کم نشود سوز و گدازم
در مسجد و میخانه خیالت اگر آید　　　　محراب و کمانچه ز دو ابروی تو سازم

{٢٤٦}

در خرابات مغان گر گذر افتد بازم — حاصل خرقه و سجاده روان دربازم
ور چو پروانه دهد دست فراغ بالی — جز بدان عارض شمعی نبود پروازم
صحبت حور نخواهم که بود عین قصور — با خیال تو اگر با دگری پردازم
حلقه توبه گر امروز چو زُهّاد زنم — خازن میکده فردا نکند در بازم
سِرّ سودای تو در سینه بماندی پنهان — چشم تر دامن اگر فاش نکردی رازم
مرغ سان از قفس خاک هوایی گشتم — به هوایی که مگر صید کند شهبازم
گر به هر موی ، سری بر تن حافظ باشد
همچو زلفت همه را در قدمت اندازم

خرابات مغان گرگذر افتد بازم : اگر به دیار معشوق دوباره راهم دهند = **حاصل خرقه و سجاده روان دربازم :** براحتی از هرچه دردنیا کسب کرده ام خواهم گذشت= **دهد دست فراغ بالی :** پروازی بسوی یار مقرر گردد = **عارض شمعی :** آن روی زیبا و بس روشن= **صحبت حور نخواهم که بود عین قصور:** مهرورزی با حوریان بهشتی را نخواهم که عین ضرر دیدن است= **با خیال تو اگربا دگری پردازم:** وقتی باداشتن عشق شیرین تو دردل وجان روی بردیگری آورم= **حلقه توبه گر امروز چو زهاد زنم :** اگرروی آوردن به تو را همچو زاهدان (با عبادات معمول) انجام دهم= **خازن میکده فردا نکند در بازم :** مامورسرای مست ساز تو مرا به آنجا راه ندهد (مست تو نخواهم گشت)= **سّر سودای تو:** تمناهای مدام پنهانیم برای وصلت= **بماندی پنهان :** آشکار نمی گشت = **چشم تردامن :** چشم مدام اشک ریزم = **فاش نکردی رازم :** آشکارش نمی ساخت= **مرغ سان ازقفس خاک هوائی گشتم :** جانم همچو پرنده ائی از تن خاکی(گرفتار زمین) به هوا اوج گرفت = **به هوائی که مگر صیدکند شهبازم :** با این آرزو که شاید یار تیزبین وخوش پروازم شکارم نماید = **همچو زلفت :** همچو گیسوی بلند وزیبای برقدمت ریخته = **(حافظ خود حافظ)**

ابیات زیرکه بعنوان ابیات هفتم و هشتم غزل فوق در نسخه قزوینی آمده است بعلت عدم رعایت مبانی عرفان و سیر معنی غزل مشخصا از حافظ نیست و به غزل فوق اضافه گشته اند :

همچو چنگ ار به کناری ندهی کام دل — از لب خویش چو نی یک نفسی بنوازم
ماجرای دل خون گشته نگویم با کس — زان که جز تیغ غمت نیست کسی دمسازم

{۲٤۷}

چرا نه در پی عزم دیار خود باشم   چرا نه خاک سر کوی یار خود باشم
غم غریبی و غربت چو بر نمی‌تابم   به شهر خود روم و شهریار خود باشم
همیشه پیشه من عاشقی و رندی بود   دگر بکوشم و مشغول کار خود باشم
ز محرمان سراپرده وصال شوم   ز بندگان خداوندگار خود باشم
چو کار عمر نه پیداست باری آن اولی   که روز واقعه پیش نگار خود باشم
زدست بخت گران خواب و کار بی‌سامان   گرم بود گله‌ای، رازدار خود باشم
بود که لطف ازل رهنمون شود، حافظ
وگرنه تا به ابد شرمسار خود باشم

چرا نه درپی عزم دیار خود باشم : چرا برای رسیدن به دیار مقصود(کوی یار) همتی نکنم = چرا نه خاک سر کوی یار خود باشم: چراپاکباخته ائی تمام وکمال برای یار نگردم= غم غریبی وغربت چوبر نمی تابم : چون تحمل غم دور بودن از یاروهمنشینی اش را ندارم= به شهرخود روم وشهریارخودباشم : قصد دیار یارخودسازم تا پادشاهی خودرا درکنارش آغاز نمایم = رندی : پاکباختگی ودرجستجوی نشانی ازیار بودن = ز محرمان سراپرده وصال شوم : از همنشینان یارخود گردم= زبندگان خداوندگارخود باشم: مقام بندگیش را بدست آورم= چو کار عمر نه پیداست باری آن اولی: چون پایان عمر معلوم نیست پس بهتر آنست = روز واقعه پیش نگار خود باشم : روز قیامت از نزدیکان و در کنار یار باشم (از اشارات قرآنی)= زدست بخت گران خواب وکاربی سامان : از بابت سرنوشتم که بیشتردوری از یارست (تا گاه وصلش) وتلاش بیهوده ائی که میکنم = راز دارخود باشم : پیش خود نگه دارم و آشکارش نسازم = بود که لطف ازل رهنمون شود : مگرکه یار کار این مهرورزی که در تعهد ماست را به سرانجامی رساند = وگرنه تا به ابد شرمسار خود باشم: درغیراینصورت من تا همیشه(حتی بعد ازمرگ نیز) شرمنده بی لیاقتی خود برای کسب آن خواهم بود =
(حافظ خود حافظ)

من دوستدار روی خوش و موی دلکشم — مدهوش چشم مست و می صاف بی‌غشم
در عاشقی گُزیر نباشد ز ساز و سوز — اِستاده‌ام چو شمع مترسان ز آتشم
گفتی ز سرّ عهد ازل یک سخن بگو — آنگه بگویمت که دو پیمانه درکشم
من آدم بهشتیم اما در این سفر — حالی اسیر دست جوانان مه وشم
بخت ار مدد دهدکه کشم رخت سوی دوست — گیسوی حور گرد فِشاند ز مفرشم

حافظ عروس طبع مرا جلوه آرزوست
آیینه‌ای ندارم از آن آه می‌کشم

من دوستدار روی خوش وموی دلکشم : من عاشق یاری بتمامی زیبایم = **مدهوش چشم مست ومی صاف بی غشم** : از دست رفته چشم مست ساز یار و بدنبال مست گشتن از آنم = **گزیر:** چاره ائی، گریزی = **ز ساز و سوز** : از سوختن و ساختن = **استاده ام چو شمع مترسان ز آتشم** : من نیز پاکباخته ائی چون شمعم ومنتظرآتش عشق او و سوختن در آن تا انتها = **زسّر عهدازل:** از رموز زمان وصل یارگشتن = **آنگه بگویمت که دوپیمانه درکشم:** آنگاه قادر بشرحی از آنم که مست او باشم= **من آدم بهشتیم امادراین سفر:** ما آدمیان به زیبائی ها ونعمتهای بهشت حواله گشته ایم اما در سیروصل یار گشتن= **حالی اسیردست جوانان مه وشم:** این جوانان بس زیبارو ودلربای همراه دروصلند(مغبچه گانند) که مرا باخود میبرند= **بخت ار مدد دهد که کشم رخت سوی دوست:** اگر سرنوشتم سازد که به وصلش برسم= **گیسوی حورگرد فشاند ز مفرشم:** زیبا رویان بهشتی مرا درآن جایگاه خدمتگزار باشند= **حافظ عروس طبع مرا جلوه آرزوست:** ای یاران ، جان به زیبائی رسیده من درآرزوی ابراز و ارائه کردن حاصل وصلش بر شماست= **آیینه ائی ندارم از آن آه میکشم :** آه که وسیله ائی نیست که بشود آنرا(زیبائیهای وصل را) عینا بشما نشان دهدم= **(حافظ فقط عام)**

ابیات زیر که بعنوان ابیات پنجم ، ششم و هفتم در نسخه قزوینی آمده است بعلت عدم رعایت مبانی عرفان و سیر معنی غزل مشخصا از حافظ نیست و به غزل فوق اضافه گشته اند :

شیراز معدن لب لعل است و کان حسن — من جوهریّ مفلسم ، ایرا مشوشم
از بس که چشم مست در این شهر دیده‌ام — حقا که می نمی‌خورم اکنون و سرخوشم
شهریست پر کرشمه حوران ز شش جهت — چیزیم نیست ور نه خریدار هر ششم

{۲٤۹}

خیال روی تو چون بگذردبه گلشن چشم / دل از پی نظر آید به سوی روزن چشم

سـزای تکیه گهت منظری نمی‌بینم / منم ز عالم و این گوشه مَعیّن چشم

بیـا که لعـل و گهر در نثـار مقـدم تـو / ز کُنج خانه دل می کشم بمخزن چشم

سحـر سرشک روانم سر خرابی داشت / گرم نه خون جگر میگرفت دامن چشم

نخست روز که دیدم رخ تو دل می‌گفت / اگر رسد خللی خون من به گردن چشم

به بـوی مژده وصل تو تا سحر از دوش / به راه بـاد نهـادم چـراغ روشن چشم

به مـردمی ، که دل دردمنـد حـافظ را
بزن به نـاوک دلدوز مردم افکن چشم

چون بگذرد به گلشن چشم: ازگلستان چشمم گذر کند= **دل از پی نظر آید بسوی روزن چشم:** دل به دریچه چشم روی می آورد تا ازطریق آن تورا ببیند= **سزای تکیه گهت منظری نمی بینم** : ولی درخور و همتای روی دلفریب و زیبای تو چیزی نمی بینم = **منم زعالم و این گوشه مَعیَن چشم** : آنگاه منم سرگشته ائی درعالم و آب روان چشمانم = **بیا که لعل و گوهر درنثار مقدم تو:** باز آی که مروارید و جواهر به پیشواز برای ورود تو = **زکنج خانه دل میکشم به مخزن چشم** : از عمق جان و دل برای تو به حفره ذخیره اشک چشمانم رهسپار میکنم = **سرشک روانم سرخرابی داشت:** اشک ریزانم میخواست به خون تبدیل گردد = **گرم نه** : نه اینکه ، ازبرای این بودکه = **خون جگر میگرفت دامن چشم** : خون جگر به چشمانم میرسید = **اگررسد خللی خون من به گردن چشم:** اگراز دست بروم مقصرچشم است که تورا نشانم داد = **به بوی مژده وصل تو** : با شنیدن بوی تو که مژده وصلت را میداد = **به راه باد نهادم چراغ روشن چشم** : چشم بیخواب گشته خود را در مسیر آن بوی خوش نهادم (تا سحر با چشمانی باز منتظرت نشستم) = **به مردمی** : به مهروز بودنت (رحیم بودنت) = **بزن به ناوک دلدوزمردم افکن چشم:** با آن تیرهدف زن (بی خطا) واز خود بیخود ساز چشمت بر دل این عاشق بزن = **(حافظ خود حافظ)**

گر چه از آتش دل چون خُم می درجوشم   مُهر بر لب زده خون می‌خورم و خاموشم
من نه آزاد شوم از غم دل چون هر دم   هندوی زلفِ بُتم حلقه کند در گوشم
قصد جان است طمع در لب جانان کردن   و مرا بین که در اینکار بجان می‌کوشم
پدرم روضه رضوان به دو گندم بفروخت   من چرا مُلک جهان را به جوی نفروشم
خرقه پوشی من ازغایت دین داری نیست   پرده‌ای بر سر صد عیب نهان می‌پوشم
هست امید که علی رغم عدو روز جزا   فیض عفوش بزداید گنهم از دوشم
گر از این دست زند مطرب مجلس ره عشق
شعر حافظ ببرد وقت سماع از هوشم

خم می : خمره شراب = **مهر بر لب زده خون میخورم وخاموشم** : لبهارا بسته و از عذابی که میکشم دم بر نمی آورم= **هندوی زلف بتم حلقه کند درگوشم**: گیسوی سیاه دلبرم با خیالش مرا بدنبال خود میکشد= **قصد جان است طمع درلب جانان کردن**: کار بدنبال وصل یار بودن جان را به سختی انداختن و رو به هلاکت آوردنست = **بجان میکوشم** : جان را برای آن گذارده ام (با هرمشکل و خطری بدنبال وصلم) = **روضه رضوان به دو گندم بفروخت** : بهشت برین را با خوشه ائی از گندم عوض کرد = **ملک جهان را به جوی نفروشم** : دنیارا(که بسی کمتر از بهشت است) به بهائی کمتر نفروشم = **خرقه پوشی من از غایت دین داری نیست** : گوشه گیری من نشان دور بودن کامل من از گناهان نیست = **برسر صد عیب نهان میپوشم**: روی گناهان بسیارم را باآن پوشانده ام = **عدو** : شیطان (که مدام به گناه کردن میخواند) = **فیض عفوش بزداید گنهم از دوشم** : فراوانی لطف و مهرش در بخشش گناه ، مرا پاک سازد = **گر از این دست زند مطرب مجلس ره عشق** : اگر نوازنده مجلس اینچنین عاشقانه بنوازد = **شعرحافظ ببرد وقت سماع از هوشم** : اشعاری که از یار و عشقش میخواند چون بگوشم رسند مرا از خود بیخود خواهندساخت = **(حافظ، حفظ کننده ، یار)**

ابیات زیرکه بعنوان بیت چهارم و هشتم غزل فوق در نسخه قزوینی آمده اند بعلت عدم رعایت مبانی عرفان و سیر معنی غزل و لحن مشخصا ازحافظ نبوده وبه غزل فوق اضافه گشته اند:

حاش لله که نیم معتقد طاعت خویش   اینقدر هست که گه گه قدحی می نوشم
من که خواهم که ننوشم به جز از راوق خم   چه کنم گر سخن پیر مغان ننیوشم

گر من از سرزنش مدعیان اندیشم　　شیوه مستی و رندی برود از پیشم
زُهد رندان نوآموخته راهی به دهی است　　من که بدنام جهانم چه صلاح اندیشم
شاه شوریده سران خوان، من بی‌سامان را　　زان که در کم خردی از همه عالم بیشم
اعتقادی بنما و به گذر بهر خدا　　تا در این خرقه ندانی که چه نادرویشم
برجبین نقش کن از خون دل من ، خالی　　تا بدانند که قربان تو کافر کیشم
شعر خونبار من ای باد بدان یار رسان　　که ز مژگان سیه بر رگ جان زد نیشم
من اگر باده خورم ور نه ، چه کارم با کس
حافظ راز خود و عارف وقت خویشم

سرزنش مدعیان اندیشم: سرکوفت و نصایح آنانکه خودرا در راه حق میدانندرا اگربه افکارخودراه دهم = **شیوه مستی و رندی برود ازپیشم:** کارمست گشتن ازیاروپاکباخته او بودن را بایدکنارگذارم = **زهدرندان نوآموخته راهی به دهی است:** تقوا و خلوص طلاب جوان درسطح دهات(که مامور ارشاد در آنجایند) می پیچد(پس میتوانند درشهرکه معروف نیستند به صلاح اندیشی در کار خود روی آورند) = **من که بدنام جهانم چه صلاح اندیشم :** گوشه گیری مرا که همگان از آن آگاهند چگونه میتوان ازآن باز گشت ومضحکه مردم نشد(مردم خلوص افراد را بخوبی تشخیص میدهند) = **شاه شوریده سران خوان من بی سامان را :** بزرگ دیوانگان بدانید من بی چیز و آواره را = **در کم خردی از همه عالم بیشم:** در بی سیاستی وحماقت (هوای دنیای خود(عافیت طلبی) را نداشتن) درجهان از همه جلوترم= **اعتقادی بنما و به گذر:** باورم ساز و برو (تنهایم گذار) ای نصیحت گو= **تا دراین خرقه ندانی چه نادرویشم :** نگذار مابقی بی خردی هایم را بیرون ریزم = **جبین:** پیشانی= **نقش کن از خون دل من خالی:** خالی سرخ از این دل خون گشته از جفایت را به نمایش گذار = **که قربان تو کافر کیشم:** که وقف گشته ام برای قربانی شدن در راه تو ای یار زیباکه خودرا از نظرها پوشانده ائی = **شعر خونبار :** شعر پردرد از جدائی = **که ز مژگان سیه بر رگ جان زد نیشم =** که لذت نیش مژگانش را بردل و جان از یاد نمی برم = **من اگر باده خورم ورنه چه کارم باکس:** من چو بدنبال مست گشتن ازیار باشم یا نباشم مزاحمتی برای کسی ندارم = **عارف وقت خویشم :** فقط با خود سرگرمم (غرق در عشق ورزی خود می باشم) =

(حافظ خود حافظ)

{۲۵۲}

حجاب چهـره جـان می‌شود ، غبار تنم خوشادمی که از آن چهـره پرده برفکنم
چنین قفس نه سزای من خوش الحانست روم به گلشن رضوان که مرغ آن چمنم
اگر ز خـون دلم بوی شـوق مـی‌آیـد عجـب مـدار کـه همـدرد نـافه خُتنم
عیـان نشد که چـرا آمـدم کجـا بودم دریغ و درد کـه غافل ز کـار خویشتنم
چگونه طواف کنم در فضای عالم قدس که در سراچه ترکیب تخته بنـد تنم
بیـا و هستی حافظ ز پیـش رو بـردار
که با وجود تو کس نشنود ز من که منم

حجاب چهره جان میشود، غبار تنم : بدنی که روزی غبارمیگردد شرح حال جانم را پوشانده= **ازآن چهره پرده برفکنم** : به وصال مدام یار رسم (به دیار باقی بروم) = **چنین قفس نه سزای من خوش الحانست** : این بدن خاکی در خور جان به این عظمت که میتواند چنین خوش آواز باشد واز عشق بگوید نیست= **گلشن رضوان**: باغ بهشت= **که مرغ آن چمنم** : که آن مکان زیبا جایگاه ماست= **اگر زخون دلم بوی شوق می آید**: اگر با تمام دردی که میکشم شور وشوق ازمن دیده میشود = **که همدرد نافه خُتنم** : چون کارم مثل کار مُشک است که از ناف شکم آهوی سرزمین ختن میگیرند (میسوزد ولی بوی خوش عرضه میدارد) = **عیان نشد که چرا آمدم کجا بودم** : برایم معلوم نساخت که راز این عالم وجودکه برپا ساخته چیست واز کجا آمده ام= **دریغ و درد که غافل زکار خویشتنم** : چه ناگوارست که ندانی برای چه آمده ائی (این بیت با ظرافت تمام همزمان بدو مطلب نداشتن درکی از علت خلق عالم وجود و هم بعنوان تذکری به مردم برای درک علت حضورشان دردنیا اشاره دارد)= **چگونه طواف کنم درفضای عالم قدس**: چگونه در عالم جاوید ماورا پرواز کنم و دور بگردم (تا بدنبال جواب سئوالم باشم) = **که در سراچه ترکیب تخته بند تنم** : در این دنیای مادی (بوجود آمده از ترکیبات) در این بدن ترکیبی گرفتارم = **بیا و هستی حافظ ز پیش روبردار**: بیا و هرچه از حافظ دیده میشود را محو نما(این بدن گرفتار ساز را از او بگیر)= **که با وجود تو کس نشنود زمن که منم** : که تا تو هستی کسی از من ابراز وجودی نخواهد دید = **(حافظ خود حافظ)**

بیت زیر که بعنوان بیت ششم غزل فوق در نسخه قزوینی آمده است بعلت عدم رعایت مبانی عرفان و لحن مشخصا از حافظ نبوده وبه غزل فوق اضافه گشته است :

طراز پیرهن زرکشم مبین چون شمع که سـوزهاست نهان درون پیـرهنم

{۲۵۳}

بی تو ای سرو روان با گل و گلشن چه کنم　　زلف سنبل چه کشم عارض سوسن چه کنم
آه کـز طعنـه بدبیـن کـه ندیدم رویـت　　نیست چون آینه‌ام روی ، ز آهـن چـه کنم
برو ای ناصح و بر دُردکِشـان خرده مگیر　　کارفرمای قَـدَر می‌کند این ، من چه کنم
برق غیرت چو چنین می‌جهد از مکمن غیب　　تو بفرما ، که مـن سوخته خـرمن چه کنم
مـددی گـر به چـراغی نکنـد آتش طـور　　چـاره تیـره شـب وادی ایمـن چه کنم
حافظا خلد برین خـانـه مـوروث من است
ور نـه ایـن منـزل ویـرانه نشیمن چه کنم

بی تو ای سروروان با گل وگلشن چه کنم : بی حضور تو ای زیبای گریزان، گل و گلستان دیگر زیبائی ندارند = **زلف سنبل چه کشم عارض سوسن چه کنم :** گلبرکهای سنبل دیگرلطافت خود را ندارند و خود نمائی گل سوسن دیگر به نظرنمی آید= **آه کزطعنه بدبین که ندیدم رویت:** آه ازکنایه های عافیت اندیشان که وصل تورا ازمن گرفتند(دل مشغول ایشان گشت) = **نیست چون آینه ام روی ز آهن چه کنم :** وقتی نمی گذارند(با طعنه هایشان) دل برای تو خالص باشد بااین دل سخت وتیره(چو آهن گشته) چگونه به وصلت برسم = **ناصح :** نصیحت ساز= **دُرد کشان خرده مگیر :** عاشقان بدنبال مستی تمام یاررا به مصلحت اندیشی مخوان= **کارفرمای قدرمیکنداین:** اینرا نیز قادرمتعال مقرر میدارد اگر بدانی = **برق غیرت چو چنین می جهداز مکمن غیب:** وقتی یار چنین عشق وزیبائی مدهوش ساز خودرا از غیب عرضه میکند =**که من سوخته خرمن :** منی که همه دارو ندارم ازآن برق عشق سوخته = **مددی گربه چراغی نکند آتش طور:** اگر آن آتش عشق (که موسی(ع) هم در طور دید) چراغ راهم را روشن نسازد(مرا بسوی یار رهنمون نسازد) = **چاره تیره شب وادی ایمن چه کنم :** سیاهی قیامتم را چگونه برطرف سازم = **حافظا خلد برین خانه موروث من است :** ای زاهد بهشت را که یارپیش از این به مومنانش داده است(همه مومنان آنرا ارث میبرند و چیز تازه ائی نیست) = **ورنه این منزل ویرانه نشیمن چه کنم :** پس این دنیای بدین عظمت که باید در آن برای برپا (والا) گشتن به ویران ساختن خود روی آورد چیست (ما درآن چه میکنیم) ؟ (آیا این دنیا را یار فقط برای ایمان آوردن و نیکو بودن در آن برای ورود به بهشت بدون درنظر گرفتن چیزی (مرتبه ومقامی در نزدیکی بخود) برپا نموده است و فرقی میان مومنان نیست)= **(حافظ بصورت عام)**

بیت زیر که بعنوان بیت پنجم غزل فوق در نسخه قزوینی آمده است بعلت عدم رعایت مبانی عرفان و سیر معنی غزل مشخصا از حافظ نبوده وبه غزل فوق اضافه گشته است :

شاه ترکان چو پسندید وبه چاهم انداخت　　دستگیرار نشود لطف تهمتن چه کنم

من نه آن رنـدم که تَرک شاهد و ساغر کنم — محتسب داند کـه من ایـن کارها کمتر کنم
چون صبـا مجموعه گل را به آب لطف شست — کجدلـم خوان ، گـر نظر بر صفحه دفتر کنم
لاله ساغرگیرو نرگس مست و برما نام فسق — داوری دارم بسی، یـا رب کـه را داور کنم
عشق دُردانه‌ست و مـن غواص و دریا میکده — سر فرو برده در آن تا از کجـا سر برکنم
گر چه گَرد آلوده ام شرمی چه بـاد از همتم — تـا بـه آب چشمه خورشید دامـن تر کنم
من که دارم درگدایی گنـج سلطانی به دست — کـی طمع در گردش گـردون دون پرور کنم
دوش لعلش عشوه‌ای می‌داد حافظ را ولی
من بر آنـم کز وی این افسانه‌ها باور کنم

من نه آن رندم که ترک شاهد وساغر کنم: من آن پاکباخته ائی که از یار و مست سازیش روی بگرداند نمی باشم (مدام بدنبال مستی یارم)= **محتسب داند که من اینکاررا کمتر کنم:** ناظر برکارها (یار) میداندکه من کمتر رو بدنیا دارم = **چون صبا مجموعه گل رابه آب لطف شست:** آنگاه که نسیم با طراوت صبحگاهی زیبائی گل و گلستان را بنمایش میگذارد = **کجدلم خوان گر نظربرصفحه دفترکنم:** آنگاه میتوانی مرا ناعاشق خوانی اگرآنزمان حتی با صفحه دفترشعرم مشغول باشم = **لاله ساغر گیر ونرگس مست و بر ما نام فسق :** لاله چرخاننده جام می و نرگس مست ساز وآنگاه به عشاق میگویند زشتکار = **داوری دارم :** قضاوت میطلبم = **که را داورکنم :** کیست که بتواند این مسئله را داروی نماید جز تو = **عشق دُردانه ست و من غواص و دریا میکده :** عشق آن دانه مروارید ومن صیاد آن ودریا محل غوطه وری (مست گشتن) برای دست یافتن بدان= **تا از کجا سر برکنم:** تایاربرایم چه بخواهد= **گرچه گرد آلوده ام شرمی چه باد ازهمتم:** هرچند بتمامی خالص وپاک نیستم چرا شرمنده باشم ازوصل پاک یار= **تا به آب چشمه خورشیددامن ترکنم:** نگران از اینکه اگر وصل گردم آنجارا آلوده می سازم (چشمه پاک وصل یار هرگز آلوده نمیگردد زیراکه در کارزار وصلش محلی برای ناپاکان نیست) =**گنج سلطانی بدست :** (با داشتن چنین یاری) از دنیا بی نیازم = **کی طمع در گردش گردون دون پرور:** چرا به دنیا روی آورم ودرآن غرق گردم که جز خواری(در آخرت) برایم به بار نمی آورد = **دوش لعلش عشوه ائی میداد :** دیشب خیال لب یاقوتیش وعده وصلی میداد= **من برآنم کز وی این افسانه ها باورکنم:** من وعده های نا معلوم یاررا برهرچیز دیگری ترجیح میدهم = **(حافظ خود حافظ)**

ابیات زیرکه در جای جای غزل فوق در نسخه قزوینی آمده اند (و گزارش علامه قزوینی در ذیل آن که متاسفانه حکایت از هجوم شدید به این غزل بوسیله دیگر شعرا دارد) ابیات زیر هرچند بعضی تعابیر زیبای بر گرفته شده ازدیگر اشعار حافظ را با خود دارند ولی بعلت عدم رعایت مبانی عرفان و لحن شعر وتکرار معانی آمده در دیگرابیات غزل مشخصا از حافظ نیست و به غزل فوق اضافه گشته اند:

من که عیب توبه کاران کرده باشم بارها — توبه از می وقت گل دیوانه باشم گر کنم
بازکش یک دم عنان ای تُرک شهرآشوب من — تا ز اشک و چهره راهت پرزر و گوهر کنم
من که از یاقوت و لعل اشک دارم گنج ها — کی نظر در فیض خورشید بلند اختر کنم
عهد و پیمان فلک را نیست چندان اعتبار — عهـد بـا پیمانه بندم شـرط با ساغر کنم
عاشقان را گردرآتش می‌پسندد لطف دوست — تنگ چشمی است گر نظر درچشمه کوثرکنم
من که امروزم بهشت نقد حاصل میشود — وعـده فـردای زاهـد را چرا بـاور کنم

{۲۵۵}

صنما بـا غـم عشق تـو چه تدبیر کنم   تا به کی در غم تو ناله شبگیر کنم
دل دیوانه از آن شد که نصیحت شنود   مگرش هم ز سر زلف تو زنجیر کنم
آنچه در مدت هجر تو کشیدم هیهات   در یکی نامه محالست که تحریر کنم
با سـر زلف تـو مجموع پریشانی خود   کـو مجالی که سراسر همه تقریر کنم
آن زمـان کآرزوی دیدن جانـم باشد   در نظر نقش رخ خوب تو تصویر کنم
گر بدانم که وصال تو بدین دست دهد   دین و دل را همه در بازم و توفیر کنم
نیست امید وصال از سر زلفش حافظ
چون که تقدیر چنین است چه تدبیر کنم

صنما: یارا = **چه تدبیر کنم :** چه کاری برای رفع آن بیندیشم = **شبگیر :** سرگیردر شبها ، آنکه شبها را پر میسازد = **دل دیوانه از آن شد که نصیحت شنود :** دل برای اینکه نصیحتی از تو بشنود دیوانه گشته= **مگرش هم زسرزلف تو زنجیر کنم :** شاید هم که وصل شیرین تورا تجربه سازد = **درمدت هجر تو کشیدم :** از دوری تو بسرم آمده= **هیهات :** دورباشد ، امکانش نیست= **که تحریرکنم :** آنرا بشود نوشت= **باسرزلف تو مجموع پریشانی خود:** باوجود خیال زیبایت جمع و جور کردن ماجراهای پریشان ساز حالم را باتو = **کو مجالی که سراسر همه تقریر:** کجاست آن فرصت تا به نظم در آوردن آنهارا شروع کنم(شعر آنها را بگویم)= **کارزوی دیدن جانم باشد:** که آرزوی دیدن جان خود را داشته باشم = **درنظر نقش رخ خوب تو تصویرکنم:** خیال روی بس زیبایت را در ذهنم بنشانم = **دین ودل را هم دربازم و توفیرکنم:** حاضرم همه چیزم حتی جانم راازدست بدهم (آنهارا ببخشم) = **وصال از سر زلفش:** به وصل زیبایش رسیدن= **چون که تقدیر چنین است چه تدبیرکنم:** وقتی سرنوشتم را اینگونه رقم میزندديگر به چه کاری برای رفع غم خود بیندیشم=
(حافظ خود حافظ)

بیت زیر بعنوان بیت ماقبل آخر در نسخه قزوینی آمده است که بعلت عدم رعایت مبانی عرفان و سیر معنی غزل و لحن مشخصا از حافظ نیست و به غزل فوق اضافه گشته است :

دور شو از برم ای واعظ و بیهوده مگوی   من نه آنم که دگر گوش به تزویر کنم

{۲۵۶}

دیـده دریا کنـم و صبر به صحـرا فکنم	و انـدر ایـن کـاردل خویش بدریـا فکنم
از دل تنــگ گنهــکار بــر آرم آهــی	کآتـش انــدر گنُـه آدم و حَـوا فکنم
مایه خوشدلی آنجاست که دلدار آنجاست	می‌کنـم جهـدکـه خـودرا مگر آنجا فکنم
بگشـا بنـد قبــا ای مــه خورشیـدکلاه	تــا بــه زلفت ، سـر سودازده در پا فکنم
خـورده‌ام تیـر فلک بـاده بده تاسرمست	عقــده دربنـد کمـر ترکش جـوزا فکنم
جـرعـه جـام بر این تخت روان افشانم	غلغــل چنگ در ایـن گنبـد مینا فکنم

حافظا تکیه بـر ایـام چـو سهو است و خطا
پس چـرا عشرت امـروز بـه فـردا فکنم

دیده دریا کنم وصبربه صحرا فکنم : بسیار اشک ریزم و تحمل ساختن را رها سازم = **دل خویش به دریا فکنم** : دل به دریاخواهم زد= **از دل تنگ گنهکار برآرم آهی:** از این دل پرگشته از گناه آنچنان آهی کشم = **کاتش اندرگنه آدم وحوا فکنم** : که گناه آدم و حوا بفراموشی سپرده شود = **مایه خوش دلی آنجاست** : درآنجا به آرامش خواهیم رسید = **جهد:** کوشش= **مگر آنجا فکنم** : به دیار یار رسانم = **بگشا بندقبا ای مه خورشید کلاه:** وصل شیرینت را مقرر ساز ای ماه زیبا که خورشید فقط یک زینت توست= **تا به زلفت سرسودازده درپا فکنم** : تا برای آن گیسوی جادوئی این سردیوانه گشته را تقدیم کنم= **خورده ام تیر فلک باده بده تا سرمست** : روزگار مرا با حمله هایش زخمی ساخته پس مستم ساز تا با مستی تمام= **عقده در بندکمر ترکش جوزا فکنم** : کمربندخود را محکم ساخته تیرهای دوگانه برآن افکنم(بتوانم در برابر سختیهای دوری ازتوصبرواستقامت نمایم)= **جرعه جام براین تخت روان افشانم:** گوشه ائی از مستی تورا برهمه عرضه کنم= **غلغل چنگ دراین گنبد مینا فکنم** : آسمان آبی زیبایت را از نوای روحبخش چنگ و شعر عشق تو پرسازم = **تکیه برایام** : دل به آینده بستن (کار را به فردا افکندن) = **سهو:** اشتباه = **عشرت:** روی به یارآوردن و از او مست گشتن=

(حافظ خود وعام)

{۲۵۷}

به عـزم تـوبـه سحر گفتم استخاره کنم — بهـار توبه شکن می‌رسـد چـه چـاره کنم
مـرا که نیست ره و رسـم لقمه پرهیزی — چـرا حسـادت رنـد شـرابخـواره کنم
سخـن درست بگویـم نمی‌توانـم دیـد — کـه مـی خورند حریفان و مـن نظـاره کنم
چو غنچه بالب خندان بیاد مجلس دوست — پیـاله گیـرم و از شوق جامـه پـاره کنم
به دور لالـه دمـاغ مـرا عـلاج کنیـد — گـر از میـانه بـزم طـرب کنـاره کنم
گـدای میکـده‌ام لیک وقـت مستی بین — کـه نـاز بـر فلک و حکـم بـر سـتـاره کنم
ز بـاده خـوردن پنهـان ملـول شـد حافظ
بـه بانگ بـربط و نـی رازش آشـکاره کنم

به عزم توبه: برای روی گرداندن ازعشق ورزی سخت یار= **استخاره کنم:** با قرآن مشورتی نمایم= **بهارتوبه شکن میرسد چه چاره کنم:** که بهاردرراهست و پرشدن وجود از تمنای عشق ومستی یار حال کدام را برگزینم = **مرا که نیست ره و رسم لقمه پرهیزی :** منی که نمیتوانم بتمامی روی از دنیا برگیرم = **رند شرابخواره :** پاکباختکان خالص روی به مستی یار آورده را = **سخن درست بگویم نمی توانم دید :** راستش را بگویم حسودیم میشود = **که می خورند حریفان ومن نظاره کنم :** که یاران مست وصل باشند و من در کنار فقط بنگرم = **چو غنچه با لب خندان به یاد مجلس دوست :** آری من نیز همچون غنچه درحال شکفتن به یاد زمان وصل شیرین یار= **پیاله گیرم وازشوق جامه پاره کنم:** مست او میگردم واز شوق وصلش از خود بیخود خواهم گشت (از غنچه بودن بدر می آیم و گل میگردم) = **به دورلاله دماغ مرا علاج کنید:** دل وجان مرا از جام درگردش میان عاشقان دوباره مست سازید= **گراز میانه بزم طرب کناره کنم :** اگردر اواسط مجلس سرمستی از یار با آمدن هوشیاری کنار کشیدم = **گدای میکده ام لیک وقت مستی بین :** شاید دربزم مست ساز اوگدائی بیش نباشم ولی زمانی که به مستی اش رسیده ام مرا بنگر= **که ناز بر فلک و حکم بر ستاره کنم :** که آسمان و زمین و زمان بخدمت گزاریم می آیند= **زباده خوردن پنهان ملول شد :** وجودم از مستی زیبای تو لبریز گشته و نمیتوان آنرا پنهان ساخت= **به بانگ بربط ونی رازش آشکاره کنم:** دیگر باید با نوای ساز عاشقان آنرا بر همگان آشکار سازم =

(حافظ خود حافظ)

ابیات زیرکه بعنوان ابیات پنجم وهشتم غزل فوق درنسخه قزوینی آمده است بعلت عدم رعایت مبانی عرفان و سیر معنی غزل و لحن مشخصا از حافظ نیست و به آن اضافه گشته اند :

ز روی دوست مرا چون گل مراد شکفت — حواله سر دشمن به سنگ خاره کنم
به تخت گل بنشانم بتی چـو سلطانی — ز سنبل و سمنش ساز طوق و یاره کنم

حاشا کـه من بـه موسم گل ترکِ مِی کنم　　　من لاف عقـل می‌زنم این کار کی کنم
از قیل و قــال مدرسه حالـی دلـم گـرفت　　　یک چند نیز خدمت معشوق و می کنم
مطرب کجاست تا همه محصول زهد و علم　　　در کــار چنگ و بربط و آواز نــی کنم
از نامــه سیاه نتـرسم کـه روز حشـر　　　با فیض لطف او صد از این نامه طی کنم
کو پیک صبـح تـا گله‌هـای شب فـراق　　　بـا آن خجسته طالع فرخنده پـی کنم
این جان عاریت که به حافظ سپرد دوست
روزی رُخـش ببینـم و تسلیـم وی کنم

حاشا که من به موسم گل ترک مِی کنم : دروغست که من بهار برسدو به مست گشتن از یارروی نیاورم= **من لاف عقل میزنم** : منی که این را(رو به مستی یار آوردن را) راه اصلی فرد عاقل میدانم = **قیل وقال مدرسه** : از درس و دانشجو و تدریس= **یک چند خدمت معشوق و می کنم** : دیگر باید زمانی را در روی آوردن به یار و مست گشتن ازاو بگذرانم = **مطرب کجاست تا همه محصول زهد و علم** : نوازندگان کجایند تا هرچه از دین و دانش آموخته ام را = **در کارچنگ و بربط وآواز نی کنم** : با نوای ساز عاشقان و شعر عاشقانه ام برای همه بخوانم = **از نامه سیاه نترسم که روز حشر**: از این کار که شما آنرا "سیاه نامه گشتن" میخوانید نمی ترسم که روز قیامت = **با فیض لطف اوصد از این نامه طی کنم** : با ارائه مهرورزیش برمن ، تمام آن نامه ها دور ریخته شود = **پیک صبح** : باد صبا = **شب فراق**: شبی که رفت و جدائی را مقرر ساخت= **با آن خجسته طالع فرخنده پی**: با آنی که طلوعش مبارکست(پرمهرست) و خوشی و خوشبختی را برای ما مبنا ساخته = **عاریت** : قرض داده شده = **دوست** : یار = **رُخش** : روی زیبایش = **تسلیم وی کنم** : تقدیمش میکنم تا نزدش بماند(از او جدا نگردد) = **(حافظ خود حافظ)**

بیت زیر که بعنوان بیت چهارم غزل فوق در نسخه قزوینی آمده است بعلت عدم رعایت مبانی عرفان و سیر معنی غزل و لحن مشخصا از حافظ نبوده وبه غزل فوق اضافه گشته است :

کی بود در زمانه وفا جام می بیار　　　تا من حکایت جم وکاووس کی کنم

روزگاری شد ، که در میخانه خدمت می‌کنم　　در لباس فقر کار اهل دولت می‌کنم
با صبا افتان و خیزان می‌روم تا کوی دوست　　و از رفیقان ره استمداد همت می‌کنم
تاکه اندر دام وصل آرم تذروی خوش خرام　　در کمینم ، انتظار وقت و فرصت می‌کنم
زلف دلبر دام راه و غمزه‌اش تیر بلاست　　یاد دار ای دل که چندینت نصیحت می‌کنم
دیده بدبین بپوشان ای کریم عیب پوش　　زین دلیری‌ها که من در کنج خلوت می‌کنم
واعظ ما بوی حق نشنید بشنو کاین سخن　　در حضورش نیز می‌گویم نه غیبت می‌کنم
حافظم در مجلسی دُردی کشم در محفلی
بنگراین شوخی که چُون با خلق ، صنعت می‌کنم

روزگاری شد که درمیخانه خدمت میکنم : زمان زیادیست که به کارمست گشتن ازیارمشغول گشته ام= **در لباس فقر کار اهل دولت میکنم** : با تمام بی چیزیم به کاری بزرگ (کار بزرگان) مشغول گشته ام= **با صبا افتان و خیزان میروم تا کوی دوست** : بادنبال ساختن پیامها (الهامات) و شنیدن بوی خوش یاراز نسیم صبحگاهی باهمه سختیهایش بدنبال وصل اویم= **وازرفیقان ره استمداد همت میکنم** : و از همرهان زیباروی راه وصل نیرو و همت ماندن در راه را میگیرم = **تا که اندر دام وصل آرم تذروی خوش خرام**: تاکه بوصل یاربس زیباو با وقارخودبرسم(تذرو : قرقاول)= **در کمینم، انتظار وقت وفرصت میکنم**: باتمام وجودآماده اعلامش برای وصل گشتنم= **زلف دلبردام راه وغمزه اش تیربلاست**: زیبائیهای دلفریب یارعلت بدنبال وصل او بودن وعشوه های بشوق فراوان رسانش با جدا شدنش باعث ایجاد غمی جانکاه و به سختیها گرفتار شدنست = **چندینت نصیحت میکنم** : چند بار ترا گوشزد کردم = **دیده بد بین بپوشان ای کریم عیب پوش** : ای رفیق مومن و زاهد(عیب پوش) که به نزدم آمده ائی با دید بد به کار من منگر = **دلیری ها که من درکنج خلوت میکنم** : دست وپنجه نرم کردن با سختی های جدائیش که دراین گوشه تنهائی بدان گرفتارم = **واعظ ما بوی حق نشنید** :واعظ شهر در مسیر حق (قرآن) هدایت نمیسازد= **بشنو این سخن** : این را در گوش داشته باش (بیندیش بدان) = **نه غیبت میکنم** : نمیخواهم اورا نزد مردم خراب سازم (بدگوئیش را نمیکنم) = **حافظم در مجلسی دُردی کشم در محفلی** : قرآن خوان و مدرس در مجلسی و مست مست در محفل عشاق = **بنگر این شوخی که چون با خلق ، صنعت میکنم** : ببین که برای آسایش داشتن اززبان مردم به چه سازو کارخنده آوری دست زده ام = **(حافظ خود حافظ)**

بیت زیرکه بعنوان بیت پنجم غزل فوق در نسخه قزوینی آمده است بعلت عدم رعایت مبانی عرفان و سیر معنی دیگر ابیات غزل و لحن مشخصا از حافظ نیست و بدان اضافه گشته است.:

خاک کویت زحمت ما برنتابد بیش از این　　لطف‌ها کردی بتا تخفیف زحمت می‌کنم

من ترک عشقِ شاهد و ساغر نمی‌کنم　　صد بار توبه کردم و دیگر نمی‌کنم
باغ بهشت و سایه طوبی و قصر و حور　　با خاک کوی دوست برابر نمی‌کنم
تلقین و درس اهل نظر یک، اشارتست　　گفتم کنایتی و مکرر نمی‌کنم
این تقویم تمام ، که با شاهدان شهر　　ناز و کرشمه بر سر منبر نمی‌کنم
هرگز نمی‌شود ز سر خود خبر مرا　　تا در میان میکده سر بر نمی‌کنم
حافظ سرای پیر مغان مامن وفاست
من ترک خاک بوسی این در نمی‌کنم

عشق شاهد وساغر: عشق یار همیشه ناظر و مست ساز = **صد بار توبه کردم :** بسیار از او روی گرداندم(توبه : روی گرداندن)= **باغ بهشت و سایه طوبی و قصر و حور :** تمامی لذت های آماده گشته در بهشت را = **با خاک کوی دوست برابر نمی کنم :** با در کنار یار قرار گرفتن و به وصل شیرینش رسیدن یکسان نمیدانم = **تلقین و درس اهل نظر:** آنچه عارفان میخواهند به ما بیاموزند= **یک، اشارت است:** فقط به یکتا (یار) روی آوردن است= **گفتم کنایتی ومکرر نمی کنم:** اشاره ائی نمودم و دوباره نمی گویم = **این تقویم تمام :** آن روزگار گذشت = **شاهدان شهر:** مردم شهر= **نازوکرشمه بر سرمنبرنمیکنم:** دیگردرهیچ وعظی (سخنرانی)بنمایش دانش خود نمی پردازم(دیگر فقط از یارمیگویم) = **هرگز نمیشودز سرخود خبر مرا :** در هیچ وضعیتی حال خود را در نمی یابم = **تا درمیان میکده سر بر نمی کنم :** تا مست وصل یار نمی گردم = **سرای پیرمغان مامن وفاست:** روی داشتن و رسیدن به سرای آرام ساز و شیرین دوست آن هدف اصلی و نهائیست = **خاک بوسی این در :** روی آوری به آنرا هیچگاه = **(حافظ خود و عام)**

بیت زیرکه بعنوان بیت پنجم غزل فوق در نسخه قزوینی آمده است بعلت عدم رعایت مبانی عرفان و سیر معنی غزل و لحن مشخصا از حافظ نیست و بدان اضافه گشته است.:

ناصح به طعن گفت که روترک عشق کن　　محتاج جنگ نیست برادر نمی‌کنم

به مژگان سیه کردی هزاران رخنه در دینم
بیا کز چشم بیمارت هزاران درد برچینم
الا ای همنشین دل که یارانت برفت از یاد
مرا روزی مباد آن دم که بی یاد تو بنشینم
جهان فانی و باقی فدای شاهد و ساقی
که سلطانی عالم را طفیل عشق می‌بینم
اگر برجای من غیری گزیند دوست حاکم اوست
حرامم باد اگر من جان به جای دوست بگزینم
جهان پیرست و بی‌بنیاد از این فرهادکش فریاد
که کرد افسون و نیرنگش ملول از جان شیرینم
ز تاب آتش دوری شدم غرق عرق چون گل
بیار ای باد شبگیری نسیمی زان عرق چینم
حدیث آرزومندی که در این نامه ثبت افتاد
همانا بی‌غلط باشد که حافظ داد تلقینم

به مژگان سیه کردی هزاران رخنه دردینم : با آن چشمان بس زیبا عقایدم را در دین بهم ریختی = **بیا کز چشم بیمارت هزاران درد برچینم** : بیا تا بادیدن آن چشم دلفریب دردهایم را بفراموشی سپارم = **الا ای همنشین دل که یارانت برفت ازیاد** : ای آنکه دلهارا شیفته خود میسازی و رهایشان میکنی(وصلی مقرر نمی سازی) = **مرا روزی مباد آن دم** : هیچگاه نیاید بر من لحظه ائی که = **جهان فانی و باقی فدای شاهد وساقی:** دنیا وآخرت هیچ است درمقابل عشق آن همیشه ناظر و مست ساز = **که سلطانی عالم را طفیل عشق می بینم** : که حکمرانی برجهان (ناچیز گشتن دنیا و لذتهایش در چشم) بادر بندعشق او بودن حاصل میگردد= **حاکم اوست:** اوست حکمران (پادشاه مقررساز) = **حرامم باد** : حرام باشد که من= **جان به جای دوست بگزینم** : جانم را بجای یارانتخاب کنم واز آن نگذرم = **جهان پیرست وبی بنیاد از این فرهاد کش فریاد** : ازاین یار عاشق کش دراین جهانی که شروعی ناپیدا دارد وکارزندگی درآن غیرقابل پیش بینی است چگونه فریاد نسازم= **که کردافسون ونیرنگش ملول از جان شیرینم:** دلفریبی اول وبی وفائی بعدآن جانم را که قبل از شناخت او آرام و شیرین بود در تب و تاب قرار داده است = **زتاب آتش دوری شدم غرق عرق چون گل:** از بی تابی وسوختن ازدوری اوهمچون نشستن شبنم برروی گلبرگها چهره ام ازعرق پرگشته است= **بیارای باد شبگیری نسیمی زآن عرق چینم** : ای باد برخیزنده درشبها بوی خوشی از یارم که این عرق راخشک میسازد بیاور= **حدیث آرزومندی که دراین نامه ثبت افتاد:** شرح و حال عشق و عشق ورزی که در این نگارش (غزلیات) آمده است = **همانا بی غلط باشد که حافظ داد تلقینم :** بتحقیق ازعرفان (رعایت حرمت یار) خارج نگشته وکسی را گمراه نمی سازد زیرا که یار خود آنهارا برمن الهام ساخته=

(حافظ: حفظ کننده ، یار)

ابیات زیرکه بعنوان ابیات هفتم وهشتم غزل فوق درنسخه قزوینی آمده است بعلت عدم رعایت مبانی عرفان و سیر معنی غزل و لحن مشخصا از حافظ نیست و به آن اضافه گشته اند :

صباح الخیر زد بلبل کجایی ساقیا برخیز — که غوغا می‌کند در سر خیال خواب دوشینم
شب رحلت هم از بستر روم در قصر حورالعین — اگر در وقت جان دادن تو باشی شمع بالینم

حالیـــا مصلحت وقـت در آن می‌بینم — که کشم رخت به میخانه وخوش بنشینم
جام می گیـرم و از اهل ریـا دور شوم — یعنی از کـار جهـان پاکـدلی بگـزینم
جـز صـراحی و کتـابم نبود یار و نـدیم — تا حریفـان دغـا را به جهـان کـم بینم
بس کـه در خرقه آلوده زدم لاف صلاح — شرمســار از رخ ساقی و مـیِ رنگینم
سینه تنـگ مـن و بـار غـم او هیهات — مرد این بـار گران نیست دل مسکینم
بر دلم گَـرد ستم هاست حافظ مپسند
کـه مُکـدّر شـود آیینـه مهـر آیینم

حالیا مصلحت وقت : حال دیگر صلاح کار=**که کشم رخت به میخانه و خوش بنشینم** : که به سرای مست سازم روی آورم وآنجا منزل کنم= **جام می گیرم** : رو به مست گشتن از یار آورم = **اهل ریا** : خود فریبان برای کسب دنیا = **از کار جهان پاکدلی بگزینم** : به پاک ساختن دل از مشغولیات دنیا بپردازم = **جز صراحی وکتابم نبود یار و ندیم** : بجز مست ساز ودفتر شعرم همدمی نداشته باشم= **حریفان دغا به جهان کم بینم**: از دیدن مدعیان ناعاشق نیز آسوده باشم= **درخرقه آلوده زدم لاف صلاح** : باروی داشتن به دنیا از روی به عشق یار آوردن گفتم = **شرمساز از رخ ساقی و می رنگینم** : خجل از روی یارو سرمست سازیهایش میباشم= **سینه تنگ من و بار غم او هیهات**: این سینه بی ظرفیت من و غم بزرگ دوری از یار، محالست= **مرداین بارگران نیست دل مسکینم**: تحمل چنین دردی را این دل دردمند ندارد= **بردلم گرد ستمهاست** : دلم را غباری از روی ساختنم بدنیا دربرگرفته = **حافظ مپسند** : یارا مخواه وراضی مشو = **که مکدر شود آیینه مهر آیینم** : که تاریک وکدر شود این دلی که کار وبارش عشق تو وعشق ورزی باتوست= **(حافظ : خداوند ، یار)**

ابیات زیرکه بعنوان ابیات چهارم ، هفتم وهشتم غزل فوق درنسخه قزوینی آمده است بعلت عدم رعایت مبانی عرفان و سیر معنی غزل و لحن مشخصا از حافظ نیست و به آن اضافه گشته اند :

سر به آزادگی از خلق برآرم چون سرو — گر دهد دست که دامن ز جهان در چینم
من اگـر رند خراباتم و گر زاهد شهر — این متاعم که همی‌بینی و کمتـر زینم
بنـده آصف عهـدم دلـم از راه مبـر — که اگـر دم زنم از چرخ بخواهد کینم

در خرابـات مغـان نـور خــدا می‌بینـم — این عجب بین که چه نوری ز کجا می‌بینم
جلوه بر من مفروش ای ملک الحاج که تو — خانه می‌بینی و من خوانِ خــدا می‌بینم
خواهـم از زلـف بتـان نافه گشایی کردن — فکردوری است ، همانا که جفـا می‌بینم
سـوز دل اشک روان آه سحـر ناله شب — این همـه از پی آن لطف و صفا مـی‌بینم
هـر دم از روی تو نقشی زندم راه خیـال — باکه گویم که در این پـرده چه‌ها می‌بینم
کس ندیده‌ست ز مشک ختن و نافه چین — آن چه مـن هر سحر از باد صبـا می‌بینم
دوستان رو بـه نظربازی چـو حافظ آرید
کـه مـن او را ز محبـان شمـا می‌بینم

در خرابات مغان نور خدا می بینم: درگاه از خودگذشتگی و پشت بدنیا داشتن و بی چیزی نور خدا مشاهده میگردد = **این عجب بین که چه نوری ز کجا می بینم:** خود درنظرآور شگفتی آنراکه آن نور بس دلفریب از چه جائی بروز میکند = **جلوه بر من مفروش ای ملک الحاج که تو :** ای راهی شونده به حج آنچنان حال خود را از ما بهتر ندان که تو= **خانه می بینی ومن خوان خدا :** تو خانه یاررا خواهی دیدو من سفره پذیرائی یاررا = **خواهم از زلف بتان نافه گشائی کردن:** میخواهم که از بوئیدن عطر زیبارویانش(گلها) به بوی او دست یابم= **فکر دوری است همانا که جفا می بینم :** مقایسه ائی بس اشتباه است و به همین خاطر به بوی خوش یار دست نمی یابم (یار آنرا بر من عرضه نمی دارد) = **این همه ازپی آن لطف وصفا می بینم :** تمام این سختیهارا برای رسیدن به آن وصل شیرین و پراز مهرش تحمل میکنم = **هردم از روی تو نقشی زندم راه خیال :** هر لحظه شکلی از روی بس زیبای تو خیالم را پر میسازد= **با که گویم که در این پرده چه ها می بینم :** کیست که بتواندآن نقشهای زیبارا درک وهضم کند= **مشک ختن و نافه چین :** خوشبوترین مواد خوشبوی دنیا = **آنچه من :** آن عطر و بوی خوشی که من= **نظر بازی :** عشق ورزی = **ز محبان :** از دوستاران = **(حافظ خود حافظ)**

بنظر میرسد بعلت اینکه تلفظ ''خوان'' درمصرع دوم بیت دوم با ''خانه'' در همین مصرع یکی است بعلت شباهت تلفظ دو لغت فوق درزمان جمع آوری و ثبت اشعار حافظ در قرون بعد ''خانه'' بجای ''خوان'' ، نگاشته شده و به همین علت مصرع دوم بیت دوم فوق در نسخه قزوینی اینگونه آمده است ''خانه می بینی و من خانه خدا می بینم'' که غلطی شنیداری است که ثبت گردیده است.

{٢٦٤}

غـم زمـانه که هیچش کـران نمی‌بینم | دواش جز میِ چون ارغوان نمی‌بینم
بدین دو دیده حیران من هزار افسوس | کـه با دو آینه رویش عیـان نمی‌بینم
قـد تـو تا بشد از جویبـار دیـده من | به جای سرو ، جز آب روان نمی‌بینم
در این خمار کسم جرعه‌ای نمی‌بخشد | ببین کـه اهـل دلی در میان نمی‌بینم
نشان موی میانش که دل در او بستم | ز من مپرس که خود در میان نمی‌بینم

من و سفینه حافظ که جز در این دریا
بضـاعتِ سخـن دُرفشـان نمی‌بینم

غم زمانه که هیچش کران نمی بینم : غم عشق یار که ساحلی(انتهائی) برای آن نمی بینم= **دواش جز می چون ارغوان :** دارویش را جز خون دل خوردن تا مست یار گشتن= **بدین دو دیده حیران من هزار افسوس:** پراز تاسف (سرخوردگی) است در این دوچشم مدام جستجوگرمن= **که با دو آینه رویش عیان نمی بینم:** که باداشتن دو چهره نما باز روی زیبایش را براحتی درآنها نمی بینم= **قدتو تا بشد ازجویبار دیده من :** از آنزمان که عکست از آب دیده من خارج گشت= **بجای سرو جز آب روان:** بجای سرو روان(یارعشوه گرم) جز اشکهایم (آب روان)= **در این خمار کسم جرعه ائی نمی بخشد:** دراین فشار غم کسی هم گوشه ائی از زیبائی مست سازت را برای آرام ساختنم بیان نمی کند= **ببین که اهل دلی درمیان نمی بینم :** بنگر که چگونه دیگر عاشقانت نیزدراین غم گرفتارگشته اند = **نشان موی میانش :** شکل زلف آویخته بیداد گرش= **خود درمیان نمی بینم:** که یادش دیگراز من چیزی باقی نگذارده تا کلامی در وصفش بگویم= **من وسفینه حافظ:** من وتمام تجربه عشق ورزی وآموخته ها واستعداد شعرگوئیم = **جز در این دریا :** بجز در وصف غوطه وری در دریای عشق و عشق ورزی یار = **بضاعت سخن درفشان نمی بینم :** ارائه و ابراز هرزیبائی و شگفتی را درخور کس ویا چیزی دیگر نمی بینم = **(حافظ خود حافظ)**

ابیات زیرکه بعنوان ابیات دوم ، سوم و چهارم غزل فوق درنسخه قزوینی آمده است بعلت عدم رعایت مبانی عرفان و سیر معنی غزل و لحن مشخصا از حافظ نیست و به آن اضافه گشته اند :

به ترک خدمت پیر مغان نخواهم گفت | چرا که مصلحت خود در آن نمی‌بینم
ز آفتـاب قـدح ارتفـاع عیش بگیـر | چرا که طالـع وقت آن چنان نمی‌بینم
نشان اهل خدا عاشقیست با خود دار | که در مشایخ شهر این نشان نمی‌بینم

خرم آنروز کـز این منزل ویران بروم　　راحت جـان طلبم وز پی جانان بروم
گر چه دانم که به جایی نبرد راه غریب　　من به بوی خوش آن زلف پریشان بروم
تازیان را غم احـوال گران باران نیست　　پارسایان مددی تا خوش و آسان بروم
دلم از وحشت زنـدان سکنـدر بگرفت　　رخت بربندم و تـا ملک سلیمان بروم
به هواخواهی او ذره صفـت رقص کنان　　تا لب چشمه خورشید درخشان بروم
در ره او چو قلم گـر به سرم باید رفت　　بـا دل زخم کش و دیده گریان بروم
چون صبـا با تن بیمـار و دل بی‌طاقت　　به جلـو داری آن سرو خـرامان بروم
ور کـه حافظ ز بیـابـان نبـرد ره بیرون
همـــره کـوکبـه آصـف دوران بـروم

خرم آن روز کز این منزل ویران بروم : چه خوش است آنروز که از این دنیاکه دیگر آسایشی برایم درآن نیست= **راحت جان طلبم وز پی جانان بروم** : جانم به آسایش رسد و در کنار یار قرار گیرم = **راه غریب** : راه نا شناخته و نامعلوم = **من به بوی خوش آن زلف پریشان بروم** : راهنمای من بوی خوش زلف فریبنده یارست = **تازیان را غم احوال گران باران نیست** : سواران تاخت کننده(یار سبکبال) حال بارکشان بارهای سنگین (عشاق با بار غم زیاد) در نظرشان نمی آید = **پارسایان مددی تا خوش و آسان بروم** : ای یاران عاشق شما هم برایم تمنا سازید تا شاید با خوشی و راحتی بسویش روانه گردم = **زندان سکندر**: دنیای پر از رنج و سختی (از دوری یار)= **ملک سلیمان**: دیار عشق ورزان یار= **ذره صفت رقص کنان** : چون رقص ذرات غبار هوا درتابش نورآفتاب = **تا لب چشمه خورشید درخشان بروم** : تا در کنار یار بس زیبایم قرار گیرم = **گر به سرم باید رفت** : اگر باید چون قلم با سرم روان گردم و بسویش روم = **با دل زخم کش و دیده گریان بروم** : با دلی زخم خورده مثل قلم (از تیغ تراشنده) و جوهری ریزان (اشکبار) رهسپار شوم = **چون صبا با تن بیمار و دل بی طاقت** : همچون باد صبا با وجودی که جانی در بدنم نمانده = **به جلوداری**: پیشواز = **سرو خرامان** : یار بس دلفریب و زیبا = **ور که** : اگر که = **ز بیابان نبرد ره بیرون** : در این دنیای بی نشان (بیابان)گشته برایش اگرنداندکه بکدام سمت باید برود = **همره کوکبه آصف دوران بروم** : بادنبال ساختن ستاره راهنمای آن یار پاک و حامی عشاق آنرا طی کنم = **(حافظ خود حافظ)**

بیت زیرکه بعنوان بیت ششم غزل فوق در نسخه قزوینی آمده است بعلت عدم رعایت مبانی عرفان و سیر معنی غزل مشخصا از حافظ نیست و بدان اضافه گشته است:

نذر کردم گر از این غم به درآیم روزی　　تا در میکده شادان و غزل خوان بروم

{٢٦٦}

آن که پامال جفا کرد چو خاک راهم		خاک می‌بوسم و عذر قدمش می‌خواهم
من نه آنم که ز جو ر تو بگردم حاشا		بنده معتقد و چاکر دولتخواهم
بسته‌ام در خم گیسوی تو امید دراز		آن مبادا که کنی دست طلب کوتاهم
ذره خاکم و درکوی توام جای خوشست		ترسم ای دوست که بادی ببرد ناگاهم
صوفی صومعه عالم قدسم لیکن		حالیا دیر مغان است حوالتگاهم

مست بگذشتی و حافظ را اندیشه نبود
آه اگر دامن حسن تو بگیرد آهم

آنکه پامال جفاکرد چوخاک راهم: آنکه ازمن گذرکرد آنچنانکه قدم برخاک راهی میگذارد= **خاک می بوسم عذر قدمش میخواهم :** آن خاک را می بوسم وشرمنده زحمتی که کشیده است میباشم= **ز جور تو بگردم حاشا :** از سختی جدائی از تو روی بگردانم از تو ، دورباد مرا = **بنده معتقدو چاکردولتخواهم:** غلامی بتمامی دوستار و خدمتگزار توو والاسازی توام= **بسته ام درخم گیسوی توامید دراز :** امیدها به وصل شیرین تو بسته ام = **دست طلب کوتاهم :** نا امیدم سازی = **درکوی توام جای خوش است:** خوشترین نشستنم درسرای توست = **ترسم ای دوست که بادی ببرد ناگاهم :** مدام دراین ترس که شیطان مرا ازاین قصددورسازد بسر میبرم= **صوفی صومعه عالم قدسم :** مهرورز(خلق گشته ائی برای مهرورزی در) مجلس عیش یاردرعالم جاوانم (آخرتم)= **حالیا دیرمغانست حوالتگاهم :** و دردنیا به تمنای وصلش(برای والا گشتن وکسب لیاقت همنشینی با او) آمده ام = **اندیشه نبود:** هیچ درنظرنیاوردی = **آه اگر دامن حسن توبگیرد آهم :** چه خوش است آنزمان که به آهم از سر مهرورزی توجهی میکنی = **(حافظ خود حافظ)**

ابیات زیرکه بعنوان ابیات پنجم و هفتم غزل فوق درنسخه قزوینی آمده است بعلت عدم رعایت مبانی عرفان و سیر معنی غزل و لحن مشخصا از حافظ نیست و به آن اضافه گشته اند :

پیر میخانه سحر جام جهان بینم داد		و اندر آن آینه از حسن تو کرد آگاهم
با من راه نشین خیز و سوی میکده آی		تا در آن حلقه ببینی که چه صاحب جاهم

دیدار شد میسّر و جلوسی کنار، هم — از بخت شکر دارم و از روزگار هم
بر خاکیان، عشق فشاند جرعه لبش — تا خاک لعل گون شود و مشکبار هم
چون کائنات جمله به بوی تو زنده‌اند — ای آفتاب، سایه ز ما بر مدار هم
چو آب روی لاله و گل، فیض حسن توست — ای ابر لطف، بر من خاکی ببار هم
ای دل بشارتی دهمت محتسب نمان — کز می جهان پُرست و بُت میگسار هم
زاهد برو که طالع اگر طالع من است — جامم به دست باشد و زلف نگار هم

حافظ اسیر زلف اوست از خدا بترس
و از انتصاف آصف جم اقتدار هم

مُیسّرو جلوسی کنار، هم: امکان پذیرو در کنارهم نشستنی= **ازبخت:** ازسرنوشتم(آنچه برایم مقررکند)= **برخاکیان عشق فشاندجرعه لبش:** مخلوقاتش از عرضه عشق او، مست (تسلیم) اویند= **تاخاک لعل گون شود ومشکبارهم:** تا که خاک نیز پر از زیبائیهای (گلهای) مست کننده وخوشبوساز جان گردد = **چون کائنات جمله به بوی توزنده اند:** جهان وهرچه دراوهست چون تو میخواهی هستند و بکار خود مشغولند = **ای آفتاب :** ای یار بس زیباوجانسوز= **سایه زما برندارهم :** توهم نیز برما جفا روا مدار= **آب روی لاله وگل:** شبنم صبحگاهی روی گلها = **فیض حسن توست:** برای اضافه شدن به زیبائی آنها بوسیله توست= **ای ابرلطف، برمن خاکی:** ای یار مهرریز براین بنده تشنه مهر نیز = **بشارتی دهمت محتسب نمان:** مژده دهمت که نگران مباش ودرفکر فرومرو=**کز می جهان پُرست وبت میگسارهم :**که مستی یارجهان رادربر گرفته و پرازززیبارویان مست ساز اوست= **طالع:** سرنوشت= **جامم بدست باشدو زلف نگارهم :** رو به مست گشتن از یار دارم وهم بدنبال وصل اویم= **اسیر زلف اوست ازخدا بترس:** در بندعشق اوگرفتار آمده(ای زاهد)پس هوشدار و بترس= **واز انتصاف آصف جم اقتدار:** واز دادگستری وقضاوت فرمانروای پاک ومقتدرعالم نیز همچنین= **(حافظ خود حافظ)**

این غزل بعلت زیبائی خاص خود چنان شاعران درباری را بوجد آورده که(شاید ازسررقابت با یکدیگر) اشعار زیر را در راستای آن سروره اند که درنسخه قزوینی آمده است و آنطور که سیستم ثبت غزل نشان میدهد شاید واقعا خواستار اضافه کردن اشعار خود به غزل فوق نبوده اند بلکه در مرور زمان کاتبان آنرا اینچنین به آن اضافه نموده اند که البته سبک و لحن اشعار وعدم رعایت موارد عرفان ، آنها را بخوبی از اشعار حافظ متمایز مینماید :

ما عیب کس به مستی و رندی نمی‌کنیم — لعل بتان خوش است و می خوشگوار هم
خاطر به دست تفرقه دادن نه زیرکیست — مجموعه‌ای بخواه و صراحی بیار هم
آن شد که چشم بد نگران بودی از کمین — خصم از میان برفت و سرشک از کنار هم
برهان ملک و دین که ز دست وزارتش — ایام کان یمین شد و دریا یسار هم
بر یاد رای انور او آسمان به صبح — جان می‌کند فدا و کواکب نثار هم
گوی زمین ربوده چوگان عدل اوست — وین برکشیده گنبد نیلی حصار هم
عزم سبک عنان تو در جنبش آورد — این پایدار مرکز عالی مدار هم
تا از نتیجه فلک و طور دور اوست — تبدیل ماه و سال و خزان و بهار هم
خالی مباد کاخ جلالش ز سروران — و از ساقیان سرو قد گلعذار هم

{۲۶۸}

دردم از یارست و درمان نیز هم   دل فدای او شد و جان نیز هم
اینکه میگویند آن خوشتر ز حسن   یار ما این دارد و آن نیز هم
یاد باد آن کو به قصد خون ما   عهد را بشکست و پیمان نیز هم
چون سر آمد دولت شبهای وصل   بگذرد ایام هجران نیز هم
دوستان در پرده میگویم سخن   گفته خواهد شد ز دستان نیز هم
هردو عالم یک فروغ روی اوست   گفتمت پیدا و پنهان نیز هم
محتسب داند که حافظ عاشق است
وآصف ملک سلیمان نیز هم

نیزهم : همچنین= آن خوشترزحسن: آن مسئله برتر از زیبائیست = به قصد خون ما: برای خونین ساختن دل ما= عهد را بشکست وپیمان نیز هم : جفا میسازدو برهیچ قول وقراری پایبند نیست= چون سرآمد دولت شبهای وصل= همانطور که شبهای شیرین وصل یار تمام گشت= ایام هجران: این روزهای جدائی= دوستان در پرده میگویم سخن : ای عاشقان با شرحی سربسته میگویم = ز دستان : بوسیله بلبل عاشق= هردو عالم یک فروغ روی اوست= زیبائی و نظم در ساخت هر دوعالم فقط بروز وجلوه گرشدن یک ارائه زیبائی از اوست= پیدا و پنهان : شرحی آشکار و سربسته = محتسب : پاسبان (پاسدار اجرای قانون)= وآصف ملک سلیمان نیز هم : وفرمانروای پاک ملک عشق(خدای سلیمان) همچنین=

(حافظ خود حافظ)

ابیات زیرکه بعنوان ابیات هفتم و هشتم غزل فوق در نسخه قزوینی آمده اند بعلت عدم رعایت مبانی عرفان و سیر معنی غزل و لحن مشخصا از حافظ نیست و بدان اضافه گشته اند:

اعتمادی نیست بر کار جهان   بلکه بر گردون گردان نیز هم
عاشق از قاضی نترسد می بیار   بلکه از یرغوی دیوان نیز هم

{۲٦۹}

ما سرخوشانِ مستِ دل از دست داده‌ایم — همراز عشق و هم نفس جام باده‌ایم
بر ما بسی کمان ملامت کشیده‌اند — تا کار خود ز ابروی جانان گشاده‌ایم
ای گل تو دوش داغ صبوحی کشیده‌ای — ما آن شقایقیم که با داغ زاده‌ایم
چون لاله می مبین و قدح در میان کار — آن داغ بین که بر دل خونین نهاده‌ایم
کار از تو می‌رود ، مددی ای دلیل راه — کانصاف میدهیم وز راه اوفتاده‌ایم
گفت حافظ این همه رنگ و خیال چیست
نقشی غلط زما ، که همان لوح ساده‌ایم

ما سرخوشان مست دل از دست داده ایم : ما مستان غرق در خوشی ، دل و جان در این راه گذارده ایم = **همراز عشق و هم نفس جام باده ایم** : غرق در راز و نیاز عشق یارو بدنبال مست گشتن از اوئیم = **برما بسی کمان ملامت کشیده اند:** چه بسیار تیرملامت که بر سرما میریزند(سرزنش میکنند مارا)= **تا کارخود ز ابروی جانان گشاده ایم** : از زمانیکه فقط رو بعشق شیرین یارداریم ودرانتظار وصل شیرین اوئیم= **دوش داغ صبوحی کشیده ائی:** شبی پس ازارائه مست سازیش با یک بی محلی او پژمرده وخشک گشته ائی = **ما آن شقایقیم که با داغ زاده ایم:** ما از آن خونین دلیم (حضرت آدم) که برای این کار(غرق عشق یار گشتن و صبردرسختیهای آن) خلق گشت= **چون لاله می مبین وقدح در میان کار:** ما را چون جام گل لاله (شکل گل لاله) مبین که برپاست ومست و مست ساز به ارائه گوشه ائی از زیبائی یار مشغول است = **آن داغ بین که بردل خونین نهاده ایم:** آن داغ (سیاهی) ته جام آن (کاسه گل لاله) را بین که دل خون گشته ما از دوری یار مثل آنست = **کارازتومیرود:** یارا توباید بخواهی تا بشود = **مددی ای دلیل راه** : وصلی مقرر ساز ای آنکه تمامی مقصد و منظورمائی = **کانصاف میدهیم وز راه اوفتاده ایم** : که انصافا دیگر جان و رمقی برایمان نمانده است = **این همه رنگ و خیال چیست** : این خیال و اشکال خوش رنگ (صحبت از گلها) که خود را با آنها در آمیخته ائی دیگر چیست = **نقشی غلط زما** : (گفتم) تشبیه دل عشاق تو با زیبائیهائی که آفریده ائی که کاری بس اشتباه درراه خلوص برای توست =**که همان لوح ساده ایم** : که نباید هیچ چیز جز تورا در دل راه داد و از خلوص خارج شد و ما آنیم =

(حافظ خود و دیگر عشاق)

بیت زیرکه بعنوان بیت چهارم غزل فوق در نسخه قزوینی آمده است بعلت عدم رعایت مبانی عرفان و سیر معنی غزل و لحن مشخصا از حافظ نیست و بدان اضافه گشته است:

پیر میکده ز توبه ما گر ملول شد — گو باده صاف کن که به عذر ایستاده‌ایم

عمریست تـا بـه راه غمت رو نهاده‌ایم　　روی و ریای خُلق به یک سو نهاده‌ایم
طاق و رواق مدرسه و قال و قیل علم　　در راه جـام و سـاقی مـه رو نهاده‌ایم
هم جان بدان دو نرگس جادو سپرده‌ایم　　هم دل بـدان دو گلبن هنـدو نهاده‌ایم
بی زلف سرکشش سَرِ سودایی از ملال　　همچـون بنفشه بر سر زانـو نهاده‌ایم
در گوشـه امیـد چـو نظـارگان مـاه　　چشم طلب بر آن خـم ابرو نهاده‌ایم
گفتی که حافظا دل سرگشته‌ات کجاست
در حلقـه‌های آن خـم گیسـو نهـاده‌ایم

عمریست تا به راه غمت رو نهادیه ایم : عمری گذشت تا با عشق به غم رسان توآشنا گردیم = **روی وریای خُلق به یک سو نهاده ایم :** آنگاه که خود فریبی و تزویر بردل وجان را کنار گذاردیم (عمری را باید بپاکی گذراند تاراه عشقش را بر طالب آن بنمایاند) = **طاق ورواق مدرسه و قال وقیل علم :** حجره ها و مجالس محل درس و تدریس و آموزش علم را = **در راه جام وساقی مه رو نهاده ایم:** در راه مست گشتن از آن مست ساز بس زیبا کنار گذاشته ایم = **هم جان بدان دو نرگس جادو سپرده ایم :** هم آماده جان فدا ساختن برای آن دوچشمان بس زیبای سحر آمیزیم = **هم دل بدان دو گلبن هندو نهاده ایم :** هم برای آن دو زلف خوشبوی سیاهش (زیبائی بس فریبنده یار) از دل خود نیز گذشته ایم = **بی زلف سرکشش سرسودائی ازملال :** در دوری از آن زیبای فریبنده ، سرعاشق و پرامید به وصل شیرینش از روی غم= **همچو بنفشه برسرزانو نهاده ایم:** همچون خم گشتن گل بنفشه داغ دیده بربرگهای خود برزانو خم گشته است= **درگوشه امید چونظارگان ماه :** درتنهائی خود همچون امیدواران به دیدن(هلال) ماه نو (عید فطر) که به آسمان می نگرند= **چشم طلب بر آن خم ابرو نهاده ایم :** در انتظاردیدن آن ابروی زیبا و کمان توچشم ودلی مدام آماده داریم = **گفتی که حافظا دل سرگشته ات کجاست :** گفتی که ای حافظ دل حیرانت (حال) در کجا سیر میکند= **درحلقه های آن خم گیسونهاده ایم:** درخیال پیچ و خم آن گیسوی بس زیبایت گم گشته است= **(حافظ خود حافظ)**

ابیات زیرکه بعنوان ابیات چهارم، پنجم و ششم غزل فوق درنسخه قزوینی آمده است بعلت عدم رعایت مبانی عرفان وسیر معنی غزل وتکرار ساختن تعابیر و قافیه ارائه شده در غزل مشخصا از حافظ نبوده و به آن اضافه گشته اند :

عمـری گذشت تا بـه امیـد اشـارتی　　چشمی بـدان دو گوشه ابرو نهاده‌ایم
مـا مُلکِ عافیت نه به لشکر گرفته‌ایم　　ما تخت سلطنت نه به بـازو نهاده‌ایم
تا سِحر چشم یار چه بازی کند که باز　　بنیـاد بـر کـرشمـه جـادو نهاده‌ایم

{۲۷۱}

ما بدین در نه پی حشمت و جاه آمده‌ایم از بـد حـادثه این جـا به پنـاه آمده‌ایم
رهرو منزل عشقیم و ز سَرحدِّ عَـدم تا به اِقلیم وجـود ایـن همه راه آمده‌ایم
سبزی خط تو دیدیم و ز بُستان بهشت بـه طلبکاری ایـن مِهـر گیاه آمده‌ایم
با چنین گنج که شد خازن او روح امین بـه گدایی به در خـانه شـاه آمده‌ایم
لنگر حِلـم تو ای کشتی توفیق کجاست که در این بحر کـرم غرق گناه آمده‌ایم
حافظ ایـن خـرقه پشمینه بینداز که ما
از پـی قـافلـه با آتـش آه آمـــده‌ایم

ما بدین در نه پی حشمت وجاه آمده ایم : ما به این دنیا برای برپائی حکومت خود و به شکوه رساندن آن نیامده ایم = **از بد حادثه این جا به پناه آمده ایم :** از آنزمان که این سرنوشت تلخ آزمایش گشتن برایمان مقرر شد در اینجا(دنیا)از شیطان ووسوسه هایش پناه گرفته ایم تا حال در عمرداده شده چه خواهیم کرد = **ره رو منزل عشقیم و زسرحد عدم** > **تابه اقلیم وجود:** ما با حساب این مزیت والا که میتوانیم راه عشق ورزی بایار رابه پیمائیم از نبود به بود تبدیل گشته ایم = **این همه راه آمده ایم :** و این موارد بسیار عظیم و شگفت آور برای موجود گشتن ما خلق و برقرار گشته است (خلق و استقرار جهان و آخرت) = **سبزی خط تودیدیم و زبستان بهشت :** آن زیبائی مبهوت ساز و فریبنده تورا (درمیان آن زیبارویان بهشتی) دیدیم (پدرم آدم دید) که بهشت را ترک کردیم و = **به طلبکاری این مهرگیاه :** برای طلب کردن داروی درمان ساز دل دردمند خود (رسیدن به حقی (امکان رسیدن به وصل زیبایت) که برای ما مقررساختی) = **گنج :** جان گرانبها با قابلیت والا گشتن در سیرزندگی دنیا = **خازن او روح امین:** که با دربرروح القدس قرارش دادن استوارش ساختی= **به گدائی به درخانه شاه آمده ایم:** برای تمناهای مدام همین جان درمستی از وصلت بسوی توای عالی مقام روی آورده ایم = **لنگر حلم تو ای کشتی توفیق کجاست :** کجاست آنجا که اقامتی داری و میتوان بحضور توای حامل همه خوشیها و موفقیتها رسید= **که در این بحرکرم غرق گناه آمده ایم :** که دراین دریای مهرولطف توما درگناه غرق گشته ایم= **این خرقه پشمینه بینداز:** آن تن پوش زمستانی را کنار بگذار = **ازپی قافله با آتش آه آمده ایم:** که آهت بعد از رفتن ما آنچنان آتشی بپا میکند که دیگربه آن احتیاج نخواهی داشت = **(حافظ خودحافظ)**

بیت زیرکه بعنوان بیت ششم غزل فوق در نسخه قزوینی آمده است ، بعلت عدم رعایت م بانی عرفان و سیر معنی غزل و لحن مشخصا از حافظ نیست و بدان اضافه گشته است:

آبرو می‌رود ای ابر خطاپوش ببار که به دیوان عمل نامه سیاه آمده‌ایم

فتَوی پیر مغان دارم و قولیست قـدیم — که حرامست می آن جا که نه یارست ندیم
تا مگـر جرعه فشـاند لـب جانان بر من — سالهـا شـد کـه منم بـر در میخـانه مقیم
بعد صد سال اگـر بر سر خاکم گـذری — سر برآرد ز گِلم رقص کنان عَظـم رَمیم
غنچه گو تنگ دل از کار فروبسته مباش — کز دم صبـح مـدد یابی و انفـاس نسیم
فکر بهبود خـود ای دل ز در مهرش کن — درد عـاشـق نشود بـه ز مـداوای حکیم
گوهر معرفت آمـوز که بـا خـود ببـری — که نصیب دگـران است نصاب زر و سیم
دام سخت است مگریار شود لطف خدای — ور نـه آدم نبـرد صـرفه ز شیـطان رجیـم

حافظ ار سیم و زرت نیست چه شد شاکر باش
چـه بـه از دولـت لطف سخـن و طبع سلیـم

فَتوی پیرمغان دارم و قولیست قدیم : این گفته حکمی از یارست که قدمتش به حضورآدم(ع) میرسد= **که حرامست می آنجا که نه یارست ندیم :** که مست گشتن از غیرعشق یار غلط و راهی بسوی خطاکاریست = **جرعه فشاند لب جانان برمن:** از وصل یارمست گردم = **بر در میخانه مقیم :** در رسیدن به مستی اش انتظار میکشم = **سر برآرد زگِلم رقص کنان عظم رمیم :** استخوانهای پوسیده ام سرمست و رقصان از گورم برخیزند = **غنچه گو تنگ دل از کار فرو بسته مباش :** به فرو رفته درخود بگو نا امید از خواسته ات که خبری از انجامش نیست مباش = **کزدم صبح مددی یابی و انفاس نسیم :** که لطافت هوای صبحگاهی و نسیم خوش آن ترا شکوفا میسازد(که از مهرورزی یار بخواسته ات میرسی)= **زدر مهرش کن:** باروی آوردن به مهرورزی یار انجام پذیرد= **نشود به ز مداوای حکیم :** با درمان دنیائی مداوا نشود = **گوهر معرفت آموز که با خود ببری :** با باری از عشق و معرفت (والاگشتن از نزدیک شدن به) یار به دیار باقی برو= **که نصیب دیگران است نصاب زر وسیم:** که هر چه ازدنیا بدست آری به وارث میرسد= **دام سخت است :** گمراه سازی شیطان بس ظریف و قویست وهرچه استقامت بورزی باشدت بیشتری حمله میکند= **مگر یار شود لطف خدای :** وفقط روی داشتن به مهر یارست که کمک مینماید که متوجه وسوسه های شیطان گردیم = **نبرد صرفه ز شیطان رجیم :** از شیطان رانده شده ایمن نخواهد بود = **شاکر باش :** شکر خداوند را بجای آر = **چه به از دولت لطف سخن وطبع سلیم :** چه نعمتی بهتر از تسلط درسخن عارفانه (از مهریار) گفتن و روانی درشعرسُرائی = **(حافظ خود حافظ)**

ابیات زیرکه بعنوان ابیات دوم ، چهارم و ششم غزل فوق درنسخه قزوینی آمده است بعلت عدم رعایت مبانی عرفان و سیر معنی غزل و لحن مشخصا از حافظ نبوده و به آن اضافه گشته اند :

چاک خواهم زدن این دلق ریایی چه کنم — روح را صحبت ناجنس عذابیست الیم
مگرش خدمت دیرین من از یـاد برفت — ای نسیم سحری یاد دهش عهد قدیم
دلبـر از مـا به صد امید سـتـد اول دل — ظاهرا عهد فرامش نکند خلق کریم

{۲۷۳}

خیـز تـا از در میخـانه گشادی طلبیم به ره دوسـت نشینیم و مرادی طلبیم
زاد راه حـرم وصـل نداریـم ، مگـر بـه گـدایی ز در میکـده زادی طلبیم
لـذت داغ غمـت بـر دل مـا بـاد حرام اگـر از جور غم عشق تو دادی طلبیم
عشوه‌ای از لب شیرین تو دل خواست بجان بـه شکر خنده لبت گفت مزادی طلبیم
چو بود نسخه عطری ، دل سودا زده را از خط غالیـه سای تو سوادی طلبیم
چون غمت را نتوان یافت مگردر دل شاد ما به امید غمت خاطر شادی طلبیم

بـر در مـدرسه تا چند نشینی حافظ
خیـز تا از در میخانه گشـادی طلبیم

خیز تا از در میخانه گشادی طلبیم : همتی ساز تا با روی آوردن به مستی یار مشکل خود را حل سازیم = **برره دوست نشینیم و مرادی طلبیم :** روی بسوی یار آوریم و وصلی را تمنا سازیم = **زادراه حرم وصل:** توشه(ملزومات) رسیدن به وصالش را= **به گدائی زدرمیکده زادی طلبیم:** توشه راه (می مست سازش) رابادرخواست وتمنا بدست آوریم= **لذت داغ غمت بردل ما باد حرام :** از لذت داغ جفایت که بردل عاشق میگذاری محروم میگردیم اگر= **جور :** ستم = **دادی طلبیم :** به دادخواهی برخیزیم (باید در همه حال صبور و مطیع توبود) = **بجان :** در عوض دادن جان = **بشکر خنده لب گفت مزادی طلبیم :** با لبخند شیرینی لبت گفت باید اضافه تر(ازجان) داشته باشی= **چون بود نسخه عطری دل سودا زده را :** چون دل عاشق ما با نسخه خوشبوی تو درمان میگردد = **از خط غالیه سای توسوادی طلبیم:** طالب نگارش نسخه خود با دست خط بس خوشبوی تومی باشیم= **مگر در دل شاد :** مگر دلی که شادی وصلت را چشیده باشد = **ما به امید غمت خاطر شادی طلبیم :** ما برای آنکه به غم عشق تو برسیم وصل پراز شادی ترا تمنا میکنیم = **بر در مدرسه تا چند نشینی :** تا کی میخواهی به تربیت دیگران بپردازی = **(حافظ خود وعام)**

ابیات زیرکه بعنوان ابیات سوم و پنجم غزل فوق درنسخه قزوینی آمده است بعلت عدم رعایت مبانی عرفان و سیر معنی غزل و لحن مشخصا از حافظ نبوده و به آن اضافه گشته اند :

اشک آلوده ما گـرچه روانست ولی به رسالت سوی او پاک نهادی طلبیم
نقطه خال تو بر لوح بصر نتـوان زد مگر از مـردمک دیـده مـدادی طلبیم

{۲۷۴}

ما ز یــاران چشم یاری داشتیم — خود غلط بــود آنچه می پنداشتیم
تا درخــت دوستی بــر کــی دهد — حالیــا رفتیــم و بــذری کاشتیم
گفت و گو آیین درویشی نبــود — ور نــه بــا تو مــاجراها داشتیم
شیوه چشمت فریب جنگ داشت — مــا خطــا کردیم ، صلح انگاشتیم
گلبن حُسنت نه خود شد دلفروز — مـــا دم همّـــت بــرو بگماشتیم
نکته‌ها رفت و شکایت کس نکرد — جانــب حــرمــت فرو نگذاشتیم
گفت تو خود دادی به ما دل حافظا
مــا محصــل بــر کسی نگماشتیم

ما ز یاران چشم یاری داشتیم : ما از دیگر عشاق راه وصل تورا جویا بودیم = **خود غلط بود آنچه میپنداشتیم** : از پایه اشتباه است این فکرکه کسی میتواننددر این راه کمکی نماید= **تا درخت دوستی برکی دهد:** تا چه زمانی تمناهایمان به وصل شیرینش منجر شود = **حالیا رفتیم و بذری کاشتیم** : با هر توانی که داشتیم شروع به تمنایش نمودیم = **گفتگو آئین درویشی نبود** : شرح دادن شور عشق ورزی با تو به دیگران از کارهای پاکباختگان نیست(که جزتلف شدن وقت عاشق وحیران شدن شنونده نا عاشق حاصلی ندارد) = **شیوه چشمت فریب جنگ داشت** : طرز نگاهت سختی های بعد از آنرا نشان نمیداد= **ما خطا کردیم صلح انگاشتیم:** مشکل ما عاشقانیم که هروصل تو را رسیدن به منتهای خود میدانیم و دیگر به جفای تونمی اندیشیم= **گلبن حسنت نه خود شد دلفروز** : رویت با تمام زیبائی بینظیرش عاشق ساز دلی نبود = **ما دم همت برو بگماشتیم** : دلهای عشاقت بود که عاشق آن گشت وآنرا بر ملا ساخت = **نکته ها رفت و شکایت کس نکرد** : از نکته ائی که گفتم عارفی شاکی نخواهد بود زیرا = **جانب حرمت فرو نگذاشتیم** : از حدود عرفان خارج نشدم (آنگاه که گفتم "ما دم همت برو بگماشتیم" ایجاد اصالتی برای عشاق در برابر یار نبود بلکه خبردادن به اینست که دراصل ما آدمیان را برای همین منظور(عاشق او گشتن و برملا ساختن عشقش) خلق کرده است = **محصل** : حاصل ساز، آنکه برای اینکار (عاشق یار گشتن) افراد را ترغیب کند و پیگیر آن باشد = **(حافظ خود حافظ)**

صلاح از ما چه می‌جویی که مستان را صلا گفتیم
به دور نرگس مستش سلامش را دعـا گفتیم
در میخـانه‌ام بگشـا کـه هیچ از خانقه نگشـود
گرت باور بود ور نه سخن این بود و ما گفتیم
قدش گفتیم که شمشادست وبس خجلت ببارآورد
که این نسبت چرا کردیم و این بهتان چرا گفتیم
جگر زان نافه‌ام خون گشت و کم زینم نمی‌باید
جزای آنکه با زلفش سخن از چین خطـا گفتیم
من از چشم تو ای سـاقی خـراب افتاده‌ام لیکن
بلایی کز حبیـب آیـد هـزارش مرحبا گفتیم
اگـر بـر ما نبخشایی ، پشیمانی خوریم آخـر
به خاطـر دارم این معنی که درخدمت کجا گفتیم
تو آتش گشتی ای حافظ ولی با یار درنگرفت
ز بـدعهدی گل ، گویی حکایت با صبا گفتیم

صلاح از ما چه میجوئی: چگونه انتظارمصلحت طلبی در کار دنیا را از ما داری = **که مستان را صلا گفتیم :** که دیگر با روی آوران به مستی یار همراه گشته ایم= **به دورنرگس مستش سلامش رادعا گفتیم:** با خیال آن روی مست سازش، در تمنای وصلش(سلامش) میباشیم = **در میخانه را بگشا که هیچ از خانقه نگشود :** سرای مست سازت را نشانم ده که از مجلس عشاق نیزمستی وصلی عاید نمیگردد= **سخن این بودوما گفتیم:** اینست آنکه من بدان رسیده ام= **قدش گفتیم که شمشادست و بس خجلت ببار آورد :** چون نمای او را با زیبائی شمشاد مقایسه ساختیم بسیار خجالت کشیدیم= **بهتان:** دروغ = **جگر زان نافه ام خون گشت و کم زینم نیم باید :** جگرم برای شنیدن بوی خوش او بس خونین گشت و باید میگشت = **با زلفش سخن از چین خطا گفتیم :** که در ترسیم چین زلف بس فریبنده اش بسیار خطا و غلط داشتیم = **من از چشم تو ای ساقی خراب افتاده ام لیکن:** من از بابت آن چشم بس فریبنده تو ای مست ساز چنین درد مند گشته ام ولی = حبیب : معشوق ، یار = **هزارش مرحبا گفتیم :** با دل وجان و با درود و سلام به پیشوازش میرویم= **پشیمانی خوریم آخر:** در قیامت از زیاندیدگان خواهیم بود = **این معنی که در خدمت کجا گفتیم :** که در زمان درس و مدرسه چقدر به این مسئله تاکید میکردیم= **ولی با یار در نگرفت :** وصلی برایت مقرر نشد = **زبد عهدی گل ، گوئی حکایت باصبا گفتیم:** باید علتش درد دلی باشدکه ازجفای یار با نسیم صبحگاهی کردیم= **(حافظ خود و عام)**

مـا درس سحر در ره میخانه نهادیم — محصول دعـا در ره جـانـانـه نهادیم
در خِرمَن صـد زاهـد عاقـل زند آتش — ایـن داغ کـه مـا بر دل دیوانه نهادیم
سلطـان ازل گنـج غم عشق بمـا داد — تـا روی در ایـن منزل ویرانه نهادیم
در دل ندهیم ره پس ازایـن مِهر بتان را — مُهـر لـب او بر در ایـن خـانه نهادیم
در خرقه از ایـن بیش منافق نتوان بود — بنیـاد از این شیـوه رنـدانـه نهادیم
چُون میرود این کشتی سرگشته که آخر — جـان در سـر آن گوهر یکدانه نهادیم

قانع بـه خیالی ز تـو باشند چو حافظ
یاران ، چـه گـدا همت و بیگانه نهادیم

ما درس سحر دره میخانه نهادیم: ماعاشقان جلسات درس بعداز نماز صبح را درراه مست گشتن ازیار کنار گذاردیم = **محصول دعا:** ثواب آخرت را = **در ره جانانه :** در راه آنکه دل عاشق اوست = **در خرمن صد زاهد عاقل زند آتش :** حاصل جمع ثوابهای روی هم ریخته شده صدها پرهیزگار ناعاشق (هوشیار) را میسوزاند = **این داغ که ما بردل دیوانه نهادیم:** این آتشی که دل دیوانه مارا دربرگرفته است(اگرهوشیاران مزه عشق یاررا بچشند به همه ثوابهای خود بی توجه میگردند)= **سلطان ازل:** آنکه از بدو وجود برهرچیزی تسلط کامل دارد= **گنج غم عشق بماداد :** ارزشمندترین چیزخلقت (داشتن غم عشقش)را بماداده است= **تا روی دراین منزل ویرانه نهادیم:** تا پای به این دنیای ویران سازآرزوها گزاردیم = **مهربتان را:** دوست داشتن خوشیهای دنیائی را= **مُهرلب او برداین خانه نهادیم :** دروازه دل ما فقط برای عشق او بازست و برای دیگر عشقها بسته و مهروموم است= **درخرقه ازاین بیش منافق نتوان بود:** از خرقه پوشان بودن (تشکیل دادن فرقه های درویشی) نیز روی آوری به دنیا وخودرا فریفتن (از خلوص دورگشتن) است= **بنیاد ازاین شیوه رندانه نهادیم:** و از این روش زیرکانه روی به دنیا داشتن نیزروی گردانده ایم = **چون میرود این کشتی سرگشته که آخر:** چگونه پیش خواهد رفت این سرنوشت نامعلوم نمیدانیم ولی ما دیگر = **جان در سر آن گوهر یکدانه نهادیم :** برای بدست آوردن آن گوهر یکتا(یار) جان را گذارده ایم = **قانع به خیالی زتوباشند چو حافظ :** یاران نیز چو من باداشتن خیالی از تو راضی گشته وبدان دل خوش ساخته اند= **یاران ، چه گدا همت و بیگانه نهادیم :** ای یاران، چه سُست و کم همت گشته ایم و چقدر جانمان با عشق او بیگانه گشته است = **(حافظ خود و عام)**

بیت زیرکه بعنوان بیت هفتم غزل فوق در نسخه قزوینی آمده است بعلت عدم رعایت مبانی عرفان و سیر معنی غزل مشخصا از حافظ نیست و بدان اضافه گشته است:

المنه لله که چو ما بی‌دل و دین بود — آن را که لقب عاقل و فرزانه نهادیم

{۲۷۷}

بیـا تـا گل بـرافشانیم و مـی در ساغـر اندازیم
فلک را سقـف بشکافیم و طـرحی نو دراندازیم
شـراب ارغـوانی را گـلاب انـدر قـدح ریـزیم
نسیم عطـر گردان را شِکَـر در مجمر اندازیم
چو دردست است رودی خوش بزن مطرب سرودی خوش
کـه دست افشان غـزل خوانیم و پاکوبان سر اندازیم
صبـا ، خـاک وجـود مـا بدان عالـی جنـاب انداز
بـود کان شـاه خوبـان را نظر بر منظر اندازیم
اگـر غـم لشکر انگیزد کـه خـون عاشقان ریـزد
من و ساقـی بهم سازیم و بنیـادش براندازیم
یکـی از عقـل می‌لافـد یکـی طـامـات می‌بافد
بیـا کایـن داوری‌هـا را بـه پیـش داور اندازیم
سخنـدانیّ و خوشخـوانی نمـی‌ورزنـد در شیـراز
بیـا حافظ کـه تا خـود را به مُلکـی دیگـر اندازیم

بیاتا گل برافشانیم ومی درساغر اندازیم : بیا تا با باز کردن (شکوفا ساختن)گلها همه را به مستی کشانیم= **فلک را سقف بشکافیم وطرحی نودراندازیم:** و با آن مستی سقف آسمان را شکافی دهیم (و گلهارا در آن نهیم) و شکلی زیبا و جدید برایش بسازیم= **شراب ارغوانی راگلاب اندر قدح ریزیم:** سپس بوی خوش گلاب را نیزبه مست ساز خود اضافه سازیم = **نسیم عطرگردان را شکر در مجمر اندازیم :** و با ریختن شکردر منقل آتش شیرینی را نیز به عطری که نسیم می آورد اضافه نمائیم = **چو در دست است رودی خوش بزن مطرب سرودی خوش :** حال که ساز رود تو ای ساز زن کوک و آماده نواختن است پس آهنگی شورانگیز بنواز = **دست افشان غزل خوانیم و پاکوبان سراندازیم :** حال با طرحی نو در رقص دستها و پاها، شعر عشق یاررا بخوانیم وسرهارا مست سازیم =**خاک وجود ما بدان عالی جناب انداز :** گردوخاک این نو آوری (ابراز وجود) مارا بر یار عرضه دار= **شاه خوبان :** یار زیبا و دوستار زیبائی را = **نظر بر منظر اندازیم :** بر نوآوریمان(تمنای وصلمان) نظرش را جلب سازیم = **اگر غم لشکر انگیزد که خون عاشقان ریزد :** اگر غم با سپاهش بخواهد که عاشقان را اسیرخود سازد (تا جلوی نو آوریشانرابگیرد)= **من وساقی بهم سازیم وبنیادش براندازیم:** عاشقان با رسیدن به خوشی و شور مستی یار سپاه غم را تارو مار میکنند = **یکی از عقل می لافد یکی طامات می بافد :** یکی عقل و تدبیر خودرا به رخ دیگران میکشدودیگری سخنهای گنگ وپریشان شرعی از خود میسازد(واعظ شهر)= **بیا کاین داوری هارا به پیش داور اندازیم :** بیا در دنبال نو آوریمان، قضاوت کار ایشان را به یارواگذارده توجهی به ایشان نکنیم = **سخندانی وخوشخوانی نمی ورزند در شیراز :**این زمان درشیراز دورانیست که فهم سخن رواج ندارد و به نوآوریها توجه نمی کنند= **بیا حافظ که تاخودرابه ملکی دیگر اندازیم :** بیائیدای عاشقان که دیگر باید(در دنبال ساختن نو آوری خود) از این شهرنیز برویم = **(حافظ خود عام)**

بیت زیرکه بعنوان بیت هفتم غزل فوق در نسخه قزوینی آمده است بعلت عدم رعایت مبانی عرفان و سیر معنی غزل مشخصا از حافظ نیست و بدان اضافه گشته است:

بهشت عدن اگر خواهی بیا با ما به میخانه   که از پای خمت روزی به حوض کوثراندازیم

دوستان وقت گل آن به که به عشرت کوشیم　　سخن اهل دلست این و به جـان بنیوشیم
گُـل بـه جوش آمـد و از مـی نزدیمش آبـی　　لاجـرم ز آتش حرمان و هوس می‌جوشیم
می‌کشیم از قـدح لالـه شـرابی مـوهـوم　　چشم بد دور که بی مطرب و مـی مدهوشیم
نیست در کس کـرم و وقت طـرب می‌گذرد　　چـاره آنست کـه سجـاده به مـی بفروشیم
خوش هواییست فرح بخش خدایا بفرست　　نازنینی کـه بـه رویش مـی گلگون نوشیم
ارغـوان سـاز فلک ، رهـزن اهـل هنر است *　　چون از ایـن غصه نتالیم و چـرا نخروشیم
حافظ این حال عجب با که توان گفت که ما
بلبـلانیـم کـه درمُـوسـم گـل خـاموشیم

وقت گل: فصل بهار= **به عشرت کوشیم:** به عشق ورزی روی آوریم= **سخن اهل دلست این وبه جان بنیوشیم:**این سخن همه عاشقانست بیائید با تمام وجود آنرا باورسازیم= **گل به جوش آمدواز می نزدیمش آبی:** یار زیبائیهای خود را عرضه ساخته ولی ما به مست گشتن از آنها روی نیاوردیم = **لاجرم زآتش حرمان و هوس می جوشیم** : به همین خاطر از حالت بی نصیب ماندن وتمایل شدیدخود نا آرام گشته ایم= **میکشیم از قدح لاله شرابی موهوم** : زیبائی لاله خود بتنهائی بطور عجیبی مارا به مستی میکشاند= **چشم بددورکه بی مطرب ومی مدهوشیم** : باید شاکرباشیم و دعا کنیم که این بهار دوراز طوفانها(بلایا) باشد که ما بتوانیم بدون حضوردر بزمی مست ساز، از آن مست یار گردیم و بیخبراز دنیا = **نیست درکس کرم و وقت طرب میگذرد:** کسی(با آمدن گلها) بزمی درآنها برپا نمیسازد و موسم گل درحال گذشتن است = **چاره آنست که سجاده به می بفروشیم:** دیگرباید ازگوشه تنهائی خود بیرون آمدو با هرچه داریم در گلها بزمی بپا کنیم و روی به مستی یارآوریم= **فرح بخش** : روح افزا ، شاداب ساز= **خدایا بفرست** : بخداوندیت مقرر ساز = **نازنینی که به رویش می گلگون نوشیم:** وصل شیرین خود را تا از روی بس زیبایت به سرمستی تمام رسیم = **ارغوان سازفلک رهزن اهل هنرست:** آنکه آسمان را (در صبح وغروب)ارغوانی میسازددل اهل هنر(لطیف دلان) را میبرد= **چون از این غصه نتالیم و چرا نخروشیم** : چگونه میشود با دیدن این دلبریها غم دوربودن از یار را نخورد وآرام بود = **حال عجب** : این وضعیت بس عجیب درون خود را = **بلبلانیم که در موسم گل خاموشیم** : عاشقانی هستیم که با رسیدن موسم عشق ورزی با یار هنوز گرفتار خودیم و تلاشی برای عشق ورزیدن نمیسازیم = **(حافظ خود حافظ)**

*- نام "ارغنون" که در مصرع اول این بیت درنسخ دیگر آمده است عربیست و به سازی گفته میشودکه از تعدادی لوله ساخته شده است و به تعبیری همان اُرگ است که دربعضی صومعه ها مینواختند که باتوجه به عدم سابقه استفاده این ساز در ایرانیان و مسلمانان و همچنین عدم وجود تعبیر خاصی از آن درادبیات عرفانی ایران واینکه چطور یک ساز غریب درجامعه آنروز میتواندرهزن اهل هنرباشد وهرهنرمندواهل دلی از شنیدن آن دلش برود ومبهوت آن گردد وبعلاوه معنی بیت غزل را نیز به بیراهه ببرد و مخدوش سازد ، بنابراین با کمی دقت متوجه میشویم که این کلمه دراصل ارغوان بوده است که با لهجه شیرازی "ارغوون" تلفظ میگشته و اینچنین نیز در کتب اولیه رونویسی شده و ادیبان نیز فکرکرده اند این لغت میتواند همان"ارغنون"باشدبخصوص که کلمه "ساز" نیزبعد آن آمده در صورتی که معنی اصلی"ارغوان ساز فلک" خداوندگارزیبائی آفرینست که با ارغوانی کردن آسمان در شامگاهان و صبحگاهان هردلی را مجذوب خود میکند واین دلفریبی آنچنان معروفست که کسی نیست که آنرا ندیده باشد" ولی این اهل دلندکه مبهوت آن میگردند".

{۲۷۹}

ما نگوییم بد و میل به ناحق نکنیم　　جامه کس سیه و دلق خود ازرق نکنیم
عیب درویش وتوانگر به کم و بیش بد است　　کار بد مصلحت آن است که مطلق نکنیم
رقم مغلطه بر دفتر دانش نزنیم　　سّر حق بر ورق شعبده ملحق نکنیم
شخص اگرجرعه چو رندان نه بحرمت نوشد　　التفاتش به می صاف مروّق نکنیم؟
آسمان کشتی ارباب قلم می شکند　　تکیه ، به که بر این بحر معلق نکنیم
حافظ ار خصم خطا گفت نگیریم بر او
ور به حق گفت جدل با سخن حق نکنیم

میل به ناحق نکنیم : به آنچه خداوند دوست نمیدارد روی نمی آوریم = **جامه کس سیه و دلق خوود ازرق نکنیم** : با بدنام ساختن دیگران جامه درویشی خودرا لکه دار نمی سازیم (با بی آبرویان همراه نمیشویم)= **عیب درویش و توانگر:** بدنام ساختن و عیب گذاردن بر کار دارا و ندار(هرکسی) = **مصلحت آنست** : صلاح زندگی و ایمان ما در آنست = **مطلق** : بهیچ عنوان = **رقم مغلطه بر دفتر دانش نزنیم** : در عقایدخود و آنچه می نگاریم و ابراز میکنیم کلام غلط وناحقی را درست و حق جلوه ندهیم = **سّرحق بر ورق شعبده ملحق نکنیم** : آنچه خداوند برای ما و دیگران از حوادث ، حالات و موقعیتها پیش می آوردکه شگفت انگیز مینمایدآنرا(نشانه نظارت او به کار خودگذارده و)بحساب پیش آمدهای طبیعی ومعمول زمانه نگذاریم= **شخص اگرجرعه چورندان نه به حرمت نوشد:** آنکه مستی می دنیائی راهمچومستی پاکباختگان ازمی یار بداند = **التفاتش به می صاف مروق نکنیم؟**: آیا نباید اورا به مستی که از می ناب (از وصل به زیبائیهای یار) حاصل میگردد متوجه ساخت؟= **آسمان کشتی ارباب هنرمی شکند:** همین آسمان زیباست که حاصل زحمات صنعتگران وهنرمندان رادردریا ازبین میبرد= **تکیه به که براین بحرمعلق نکنیم:** فردعاقل به این روزگارگذرا و مدام درحال دگرگونی چون دریا اعتماد (تکیه) نمی کند و به ناحق روی نمی آورد = **ارخصم خطا گفت نگیریم بر او** : اگر بد خواهی کلام ناحقی درباره ما گفت اورا بحال خود وا میگذاریم = **جدل باسخن حق نکنیم** : حرف حق او را می پذیریم وبه اصلاح خود روی می آوریم =　　**(حافظ خود و عام)**

ابیات زیرکه بعنوان ابیات پنجم و هفتم غزل فوق در نسخه قزوینی آمده اند بعلت عدم رعایت مبانی عرفان و سیر معنی غزل مشخصا از حافظ نیست و بدان اضافه گشته اند:

خوش برانیم جهان ، در نظر راهروان　　فکر اسب سیه و زین مغرّق نکنیم
گر بدی گفت حسودی و رفیقی رنجید　　گوتوخوش باش که ما گوش به احمق نکنیم

{۲۸۰}

سرم خوش است و به بانگ بلند میگویم   که من نسیم حیات از پیاله می‌جویم
عبوس زهد به وجه خمار ننشیند   مُرید خرقه دُردی کشان خوش خویم
ز شوق نرگس مست بلند بالایی   چو لاله با قدح افتاده بر لب جویم
مکن در این چمنم سرزنش به خودرویی   چنان که پرورشم می‌دهد می‌رویم
شدم فسانه به سرگشتگیِ ابروی دوست   کشیده درخم چوگان خویش چون گویم
غبارِ راه طلب، کیمیای به روزیست   غلام دولت آن خاک عنبرین بویم
بیار می که به فتوی حافظ از دل پاک
غبار زرق به فیض قدح فرو شویم

سرم خوشست: مست گشته ام= **بانگ:** صدا ، آوا = **نسیم حیات از پیاله میجویم:** احساس زنده بودن را(ویا کسب زندگی ابدی را) درمست یار گشتن میجویم = **عبوس زهد به وجه خمار ننشیند:** درهمی و چروکیدگی چهره زاهد از عبادتش با چهره خمار عاشق از دوری یار یکسان نیست= **مرید خرقه دردی کشان خوش خویم:** و من دنبال ساز مرام سرمستان به شادی وسروررسیده ازوصل یارمیباشم= **نرگس مست بلند بالائی :** روی مست ساز آن یار بس زیبا = **چو لاله با قدح افتاده بر لب جویم :** همچون گل لاله افتاده برزمین ، جام بدست (در انتظار مست یار گشتن) در کنار جوی افتاده ام = **این چمنم سرزنش به خود روئی:** سرزنشم مکنیدکه در زندگی دنیا بدنبال آنچه خود خواسته ام رفته ام= **چنانکه پرورش میدهد می رویم :** این یارست که مرا به آن میخواند وهمه رابرایم مقررمیسازد= **شدم فسانه به سرگشتگی ابروی دوست:** از ندیدن روی زیبای یار چنان حیران و پریشان گشته ام و خود را از او دور می بینم که انگار به افسانه ها پیوسته ام = **کشیده درخم چوگان خویش چون گویم:** انگارمراهمچوگوئی باچوب چوگانش (خم ابرویش) برگرفته و به دوردستها انداخته است= **غباره راه طلب کیمیای به روزیست:** حتی درکی از اشارات (نشانه های) کوچک یار رمزرسیدن به سعادت و خوشبختی است= **غلام دولت آن خاک عنبرین بویم:** با تمام وجود بدنبال رسیدن به برپا کننده آن گردوغبار(نشانه) بس خوش بویم = **بیار باده که به فتوی حافظ از دل پاک :** بیائید روی به مستی از یار آوریم ای مومنان دل پاک که به حکم یار (در قرآن) = **غبار زرق به فیض قدح فرو شویم :** هر مقدار ریا و دوروئی که بر دل است را با مست گشتن از یار(خالص گشتن برای او) پاک سازیم = **(حافظ : یار ، خداوند)**

ابیات زیرکه بعنوان ابیات چهارم وششم غزل فوق درنسخه قزوینی آمده اند بعلت عدم رعایت مبانی عرفان وسیر معنی غزل و تکرار قافیه مشخصا از حافظ نیست و بدان اضافه گشته اند :

گرم نه پیر مغان در به روی بگشاید   کدام در بزنم چاره از کجا جویم
تو خانقاه و خرابات در میانه مبین   خدا گواه به هر جا که هستم با اویم

{۲۸۱}

بـارها گفتـه‌ام و بـار دگـر می‌گویـم — که من دلشده این ره نه بخود می‌پویم
در پس آینـه طوطـی صفتـم داشته‌اند — آن چه استاد ازل گفت بگو می‌گویم
من اگرخارم و گرگُل، چمن آرایی هست — که از آندست که او می‌کِشدم می‌رویم
خنـده و گریه عاشق ز جایی دگـر است — می‌سُرایم به شب و وقت سحر می‌مویم
دوستان عیـب من بی‌دل حیران مکنید — گوهری دارم و صاحب نظری می‌جویم
حافظ ار گفت کـه خاک در میخانه و بـوی !
گـو مکن عُجب که من مُشک خُتن می‌بویم

که من دلشده این ره نه بخود می پویم: که من در این راه فقط دلی عاشق و مخلص گذارده ام و مابقی ماجراهایم با یار در دست من نیست = **در پس آینه طوطی صفتم داشته اند :** با آشنا گشتن به وجود و تمایلات خود در زندگی به تسلیم او بودن وچون طوطیان تکرار کردن کلام حق را توصیه گشته ام = **آنچه استاد ازل گفت بگو میگویم :** بدین سبب فقط آنچرا یار به من از کلام حق در زندگی آموخته است بازگو نمایم = **من اگر خارم ور گل چمن آرائی هست :** اگردر نظر مردم محبوبم ویا فاصله خود را با من حفظ میکنند(وجود خلق و خوی مختلف در آدمی) این یارست که اینچنین برای ما (براساس برنامه ریزی خلقت خود) خواسته است = **که از آندست که اومیکشدم می رویم:** که ما (در مسیر انتخابها و روابط خود) آن مسائلی را تجربه و طی مسیر میکنیم که او برایمان مقررمی سازد = **خنده و گریه عاشق زجائی دگر است :** ودراین میان حال وهوای عشق یار و عشق ورزی با او خود مسیر خاصی است و شرح خاص خودرا دارد = **می سُرایم به شب وقت سحرمی مویم:** و بهمین سبب شبهارا به تمنای وصلش میگذرانم و با گریه از شادی توجه ساختنش یا از غم بی توجهی اش سحرهایم میگذرد= **عیب من بیدل حیران مکنید:** مرا بخاطر از خود بیخبر بودنم سرزنش نسازید = **گوهری دارم و صاحب نظری میجویم:** دل(جان) چون جواهرم بدنبال جواهرشناس اصلی خودست= **حافظ :** رهروی (رو به عشق یار ساخته ائی)= **گو مکن عجب که من مشک ختن می بویم :** بگو اگر میدانستی که خاک درگاه سرای وصلش چه بوی شگفت انگیزی دارد اینچنین تعجب نمی کردی= **(حافظ : رهرو یار)**

بیت زیرکه بعنوان بیت پنجم غزل فوق در نسخه قزوینی آمده است بعلت عدم رعایت مبانی عرفان و سیر معنی غزل مشخصا از حافظ نیست و بدان اضافه گشته است:

گرچه با دلق ملمع می گلگون عیب است — مکنم عیب کز او رنگ ریا می‌شویم

فـاتحه را چـو آمدی بر سر خفته‌اش بخوان　　لب بگشا کـه میدهد لعـل لبش بـه مرده جـان
ای کـه طبیب خسته‌ای ، روی زبـان من مبین　　کایـن دم و درد سینه‌ام بـار دلست بـر زبـان
زانک چوتب استخوان من کرد زمهرگرم ورفت　　همچـو تبـم نمـی‌رود آتـش مهـر ز استخوان
حال تنـم ز خـال او ، هست در آتشش وطن　　چشمم زان دو زلـف او بسته شده‌ست و ناتوان
بازنشست حـرارتم ز آب دو دیـده پس ببین　　نبض مـرا کـه می دهـد هیـچ ز زندگـی نشان
زآنکـه مدام شیشه‌ام از پـی عیش داده است　　شیشه‌ام از چه می برنـد پیش طبیب این زمـان
حافظ از آب زندگـی ، شعـر تو داد شربتش
تـرک طبیـب کنم بیـا نسخه شربتم بخوان

فاتحه را چوآمدی برسرخفته اش بخوان : ای طبیب بایدسوره فاتحه را چو به بالین بیمار عشق آمدی بخوانی(دعائی کنی شایدبه وصلش برسد)= **لب بگشاکه میدهدلعل لبش به مرده جان:** بخوان که گفتارگوهربارش(آیات فاتحه که لب یاقوتی مست سازش را بیاد می اندازد)عاشق از دست رفته را زنده می سازد = **ای که طبیب خسته ائی روی زبان من مبین:** ای طبیب که ازدرمان من عاجزی بار زبان من کمکی به تشخیص درد نمیکند= **کاین دم ودرد سینه ام باردلست برزبان:** که علت آن دردیست که در سینه ام (ناگفته های دلم)دارم= **زانک چو تب استخوان من کرد ز مهر گرم ورفت :** از آنی که مثل تب جسم وجانم مرا ازمهروزیش گرم ساخت ورفت = **همچو تبم نمی رود آتش مهرز استخوان:** آتش عشق اوهمچون همین تبی است که مرا فرا گرفته وازوجودم خارج نمیگردد= **حال تنم زخال او هست در آتشش وطن:** این تن درآتش شوق دیدار آن روی بس زیبا درحال سوختن است= **دوزلف او بسته شده است وناتوان :** از دیدار روی زیبای اوست که بسته شده است و توان باز شدن ندارد= **باز نشست حرارتم زآب دو دیده پس ببین :** چون اشکهای روانم حرارت بدن را کاهش داد آنگاه معاینه کن (ای طبیب)= **نبض مراکه میدهد هیچ ز زندگی نشان :** پس نبضم را بگیر و ببین آیا نشانی از شوق زندگی در من می یابی = **زانکه مدام شیشه ام از پی عیش داده است:** ازآنجاکه همیشه شیشه ام از می خوش مست ساز (شربت درمان ساز) تو پرمیگشته = **شیشه ام ازچه می برند پیش طبیب این زمان :** چراحال شیشه ام را پیش این طبیب خسته ازدرمان من میبرند(آری نمیدانند که شربت دردمن نزدکیست)= **از آب زندگی شعرتودادشربتش:** شربت شفا بخش خودرادرزندگیش دراشعار شیرین ازتوگفتن یافته است= **بیا نسخه شربتم بخوان:** بیا و با حضور شیرینت متن اشعار زنده ساز و درمان سازت را بر من (عشاقت) عرضه ساز = **(حافظ خود حافظ)**

بیت زیرکه بعنوان بیت دوم غزل فوق در نسخه قزوینی آمده است بعلت عدم رعایت مبانی عرفان و سیر معنی غزل مشخصا از حافظ نیست و بدان اضافه گشته است:

آنکه به پرسش آمد و فاتحه خواند و می‌رود　　گو نفسی که روح را می‌کنم از پی اش روان

{۲۸۳}

چندان کـه گفتم غم بـا طبیبان   درمـان نکردند مسکین غریبان
آن گل که هردم در دست بادیست   گـو شـــرم بـادش از عندلیبان؟
یـا رب امـان ده تــا بـاز بیند   چشـم محبـان روی حبیبان
دُرج محبت بـر مُهر خود نیست   یـــا رب مبـادا کـام رقیبان
ای منعـم آخر بـر خوان جودت   تــا چند بـاشیم از بی نصیبان
حافظ نگشتی شیدای گیتی
گـر می‌شنیدی پنـد ادیبان

چندان که گفتم غم با طبیبان : هر چه غم دل را برای طبیبان باز گو کردم = درمان نکردند مسکین غریبان : مظلومان نا آشنا به درد عشق نتوانستند آنرا درمان سازند = که هر دم در دست بادیست : که بوی خوشش را هر لحظه به هر سوئی می پراکند (بر همه عرضه میدارد) = گو شرم بادش از عندلیبان؟ : آیا تفاوتی(امتیازی) برای عشاقش قائل میگردد = محبان : عاشقان = حبیبان: زیبائیهای معشوق را = دُرج محبت بر مُهر خود نیست : جعبه عشق مهر وموم خودرا ندارد (حال وهوائی از عشق ورزی برای ما مقرر نمی سازی) = مبادا کام رقیبان : آیا عاشقان دیگر روی ترا از ما گردانده اند = ای منعم : ای نعمت ساز = برخوان جودت: از سفره بخشش و بزرگواریت = تا چند باشیم از بی نصیبان : تا کی باید چشم انتظار مهرورزیت بمانیم = نگشتی شیدای گیتی : نمی گشت از دیوانگاه معروف جهان = پند ادیبان : هشدار مربیان هوشیارو عاقبت اندیش را =

(حافظ خود و عام)

می‌سوزم از فراقت روی از جفا بگردان هجران بلای ما شد یا رب بلا بگردان
مه جلوه می‌نماید بر سبز خُنگِ گردون تا او به سر درآید بر رَخش پا بگردان
مرغول را برافشان یعنی به رغم سنبل گِردچمن بُخُوری همچون صبا بگردان
یغمای عقل ودین کن بیرون خرام سرمست در سر کلاه بشکن در بر قبا بگردان
ای نور چشم مستان در عین انتظارم چنگ حَزین و جامی بنواز یا بگردان
دوران همی نویسد برعارضش خطی خوش یا رب نوشته بد از کار ما بگردان
حافظ ز خوبرویان ، بختت جز این قدر نیست
گر نیستت رضایی حکم قضا بگردان

می سوزم از فراقت روی از جفا بگردان : در آتشم از دوری تو بیا و روئی نشان ده = **هجران بلای ما شد :** جدا ماندن از تو عذابی سخت بر دل وجان روا میدارد = **بلا بگردان :** از این عذاب نجاتم ده(با نشان دادن روی خود) = **مه جلوه مینماید برسبزخنگ گردون :** ماه براسب آسمان(آسمان چرخنده) نیلگون زیبائیش را برخ میکشد= **تا او بسردرآید بر رخش پا بگردان :** برای آنکه او از چشم بیافتد بررخش(اسب بس زیبای) خود سوار شوو روئی بنما= **مرغول را برافشان یعنی برغم سنبل:** زلفهای تابیده ات را باز کن تابا وجود عطرافشانی گل سنبل= **گردچمن بخوری همچون صبا بگردان :** بر طبیعت زیبایت عطری اززلف خود پخش ساز مثل آنزمان که با صبا آنرا می پراکنی = **یغمای عقل ودین کن بیرون خرام سرمست :** با عرضه روی مست سازت دین وعقل عشاقت را بر باد ده = **درسرکلاه بشکن دربر قبا بگردان :** تا کلاه ها ازسرها بیفتدولباسها در بدنها پاره پاره گردد= **ای نور چشم مستان در عین انتظارم :** ای آنکه چشم عشاق بدنبال مستی توفقط آنگاه میبیندکه تورا می بیند، تمام وجودم انتظار ترا میکشد= **چنگ حزین وجامی بنواز یابگردان:** یا با نوای چنگ ویابا زیبائی خود مستم ساز= **دوران همی نویسد برعارضش خطی خوش :** دنیای گذرا عرضه کننده مدام زیبائیهای اوست = **نوشته بد از کارما بگردان :** نازیبائیها(فراق ودوری خود)را برای ما مقرر مفرما و ازما دورش ساز= **زخوبرویان بختت جز اینقدر نیست :** میزان و قسمت عیش تو(با این همتی که درعشق ورزی وتمنای وصل میکنی) همین مقدارست = **حکم قضا بگردان :** تمنا وهمت خودرا برای وصلش بیشترساز باشد که یار بیشتر روی نماید = **(حافظ خود وعام)**

{۲۸۵}

یا رب آن آهـوی مشکین به خُتن بازرسان وان سهی سروخرامان بـه چمن بازرسان
دل آزرده مـا را بـه نسیمـی بنـواز یعنی آن جـان زتـن رفته به تن بازرسان
دیـدهها در طلـب لعل یمـانی خون شد یارب آن کوکب رخشان به یَمن بازرسان
بـرو ای طایـر میمـون همایـون آثـار پیش عنقـا سخـن زار زغـن بازرسان
سخن اینست که ما بی تو نخواهیم حیات بشنو ای پیک خبرگیـر و سخن بازرسان
آن که بـودی وطنش دیده حافظ یا رب
به مرادش ز غریبی بـه وطن بازرسان

آن آهوی مشکین به ختن بازرسان: آن عطرافشان مدهوش سازرا (روی وزلفت خوشبوی خودرا) به شهر خود (دل عاشق من) برسان = **وآن سهی سروخرامان** : آن قامت زیبا و دلربایت را = **به چمن** : به کوی عشق ورزی = **به نسیمی** : با بوئی جانبخش شاداب ساز= **آن جان ز تن رفته به تن باز رسان:** باحضورت شورزندگی و زنده بودن را درعاشقت بیدار کن= **لعل یمانی** : لب سرخ گون ویاقوتیت= **آن کوکب رخشان به یمن باز رسان:** آن ستاره (جواهر) پرازدرخشش را به جایگاهش(دل عاشق من) باز گردان= **ای طایر میمون همایون آثار** : ای پرنده مبارک که خدمت و خبرآوری بزرگان را میکنی(هدهد سلیمان) = **عنقا** : سیمرغ (یار) = **سخن زار زغن** : شرح پریشانی پرنده شکاری کوچک که بدنبال شکار خودست را(تمنای عاشق ناچیز اورا) = **حیات** : زندگی و زنده بودن را = **بشنو ای پیک خبرگیر و سخن باز رسان** : گوش دل بگذار براین تمناها ای باد صبا و آنهارا به یار برسان = **بودی وطنش** : باشد جایگاه و قرارگاهش = **به مرادش ز غریبی به وطن باز رسان** : بخواه که این دوری را پایان دهد و به جایگاهش باز گردد = **(حافظ خود حافظ)**

بیت زیرکه بعنوان بیت سوم غزل فوق در نسخه قزوینی آمده است بعلت عدم رعایت مبانی عرفان ولحن وسبک بودن تعبیر ارائه شده مشخصا از حافظ نیست و بدان اضافه گشته است:

ماه و خورشید به منزل چو به امر تو رسند یـار مـه روی مـرا نیـز به مـن بازرسان

شـاه شمشاد قدان خسرو شیرین دهنان — کـه به مژگان شِکَنَد قلب همه صف شکنان
مست بگذشت و نظر بر من درویش انداخت — گفت ای چشم و چـراغ همه شیرین سخنان
تـاکی از سیم و زرت کیسه تهی خواهد بود — بنده مـن شـو و برخور ز همه سیم تنـان
بر جهـان تکیه مکـن ور قدحی می دارد — شـادی زهـره جبینان خـور و نازک بدنان
پیـر پیمانه کش من که روانش خوش باد — گفت پرهیـز کن از صحبت پیمان شکنان
بـا صبـا در چمـن لالـه سحر می‌گفتم — کـه شهیدان کهاند این همه خونین کفنان

گفت حافظ من و تو محرم این راز نه‌ایم
از می لعل حکایت کن و شیـرین دهنان

شاه شمشادقدان خسروشیرین دهنان: شاه حاکم وشاعرپرور= **که به مژگان شکند قلب همه صف شکنان :** که سرداران و دلیران سپاه بدنبال کسب نگاه ومهری از او و نزدیکتر شدن به اویند = **مست بگذشت و نظر بر من درویش انداخت :** در حالیکه مست مقام وحاکمیت خودبود از کنار من گوشه گیر بگذشت و برمن نظری افکند= **گفت ای چشم و چراغ همه شیرین سخنان :** ای شاعربرجسته در میان تمامی شاعران= **تا کی از سیم وزرت کیسه تهی خواهد بود :** تا کی میخواهی اینچنین درفقرو تنگدستی بسر بری= **بنده من وشو برخور ز همه سیم تنان :** بیا به بارگاه من و با زیبارویانی بس دلفریب دم خور شو= **برجهان تکیه مکن ور قدحی می دارد :** به این مستی کمی که از طبیعت کسب میکنی و مداوم هم نیست بها مده= **شادی زهره جبینان خور ونازک بدنان :** از همراهی مدام زیبارویان و مه پیکران لذت ببر = **پیر پیمانه کش من:** آنکه عشق یار ومست گشتن از اورا به من می آموخت= **گفت پرهیزکن از صحبت پیمان شکنان:** گفت برحذر باش از آنچه دنیا داران تورا به آن میخوانند= **با صبا در چمن لاله سحر می گفتم :** پس از او در سحر با دیدن گلهای لاله (مظهرشهدا)بیاد مردان سپاهی وجانبازیهای ایشان برای حکومتها افتادم وبا نسیم سحری درددلی کردم=**که شهیدان که اند این همه خونین کفنان:** که موقعیت و مقام اینهمه کشته شده جوان و پیرجنگهای بین حکومتها نزد یار چگونه است (آیا همه مقام شهدا رادارند) = **محرم این راز نه ایم:** امکان درک این مسئله برای ما (بشر) مقدور نیست (فقط یارست که میداندکه هرکشته ویا وفات یافته در چه رتبه ائی از حق به سویش روان گشته)= **از می لعل حکایت کن وشیرین دهنان:** از لب مست ساز یار سخن بگو و زیبائیهای او که شیرینترینست = **(حافظ خود حافظ)**

غزل فوق شرح ملاقات شاه وقت باحافظ ودعوت اوبه پیوستن به جمع شعرای کاخ ولذت بردن ازامکانات آنست که حافظ بشرح آن پرداخته است که بیت اول نیز خود شاهدی برقدرت حافظ در ارائه تعابیر زیبای دنیائی برای نشاندادن شکوه و بزرگی حاکمی از حاکمان دنیاست که البته حافظ این بیت را با حفظ حرمت یار و به احترام آمدن آن حاکم و دعوت ساختن وحرمت گزاریش به اوسروده است بنابراین اگرحافظ میخواسته که در مدح شاهان شعربسراید کسی به گرد پای اوهم نمیرسیده و این را شاعران هم دوره اش به گفته همین حاکم در غزل بخوبی به آن واقف بوده اند .

ابیات زیرکه بعنوان ابیات چهارم و هفتم غزل فوق در نسخه قزوینی آمده اند بعلت خارج بودن آشکار مسیرآنان از سیر معنی غزل مشخصا از حافظ نیست و بدان اضافه گشته اند همچنین تعابیر آمده دربیت اول زیراز دیگر غزلهای حافظ برداشت شده است :

کمتـر از ذره نه‌ای پست مشو مهـر بورز — تـا بـه خلوتگه خورشید رسی چـرخ زنان
دامن دوست به دست آر و ز دشمن بگسل — مرد یـزدان شو و فـارغ گـذر از اهرمنان

بهار و گل طرب انگیز گشت و توبه شکن   بـه شادی رخ گل ، بیخ غـم ز دل برکن
رسیـد بـاد صبـا و غنچـه در هـواداری   زخود برون شد و بر خود دَرید پیراهن
ز دستبرد صبـا گِـرد گُـل ، کُلاله نگـر   شکنج گیسوی سنبل ببین به روی سمن
صفیـر بلبـل شـوریده و نفیـر هـزار   برای نقـد گل آمـد برون ز بیت حَزَن
طـریق صـدق بیـاموز از آب صافی دل   به راستی طلـب ، آزادگی ز سرو چمن
حدیث صحبت خوبان و جـام بـاده بگو
بـه قـول حافظ و فتوی پیـر صاحب فن

طرب انگیز گشت وتوبه شکن: شاد ساز گشتند وروی گردان ساز عشاق از دنیا = **به شادی رخ گل، بیخ غم زدل برکن:** باروی آوردن به اینهمه زیبائی در کندن ریشه غم از دل تلاش کن = **رسید باد صبا و غنچه درهواداری :** غنچه با شنیدن بوی یاراز باد صبا ودر پیروی از آن زیبا= **زخود برون شدو برخوددرید پیراهن :** به خود آمد و با زیبائی تمام بشکفت = **ز دستبرد صبا گرد گل ، کلاله نگر:** از حاصل کار باد صبا برروی گلها ، گلهای زیبای شکُفته گشته را بنگر= **شکنج گیسوی سنبل ببین به روی سمن :** پیچ و تاب خوردن گل سنبل برروی گل یاسمن را ببین= **صفیر بلبل شوریده و نفیر هزار:** آن صوت کشیده بلبل بشوق آمده وآوای بلندش= **برای نقد گل آمدبرون زبیت حزن:** برای شرح زیبائی وفریبندگی روی یارش گوشه تنهائیش را ترک کرده است= **طریق صدق بیاموزاز آب صافی دل :** از اشکهای پاک و روان دل عاشق گشته روی به پاکی وخلوص داشتن را بیاموز= **به راستی طلب آزادگی ز سرو چمن:** به دور از خود فریبی، رها بودن از تعلقات دنیا را از یار خواهان باش = **حدیث صحبت خوبان و جام باده بگو:** شرح زیبارویان و زیبائیهای یار و مست سازیش را بازگو ساز = **بقول:** همچون اشعار = **فتوی پیرصاحب فن :** احکام و کلام حق پیردانا (خداوند در قرآن)= **(حافظ خود حافظ)**

بیت زیرکه بعنوان بیت پنجم غزل فوق در نسخه قزوینی آمده است بعلت عدم رعایت مبانی عرفان و مخدوش بودن معنی تعابیر بکار گرفته شده و لحن شعرمشخصا از حافظ نیست و بدان اضافه گشته است :

عروس غنچه رسید از حرم به طالع سعد   به عینه دل و دین می‌برد به وجه حَسَن

{۲۸۸}

خوشتر از فکر می و جام چه خواهد بودن — تا ببینم کـه سرانجام چه خواهد بودن

پیرمیخانه چه خوش خواند معمایی دوش — از خط جام، که فرجام چه خواهد بودن

مرغ کم حوصله را گو غم خود خورکه براو — رحم آنکس که نهد دام چه خواهد بودن

غم دل چند تـوان خورد که ایـام نماند — گو نـه دل باشد و ایام چه خواهد بودن

دسترنج تو همان به که شود صرف بکام — دانی آخر که بـه ناکام چه خواهد بودن

بردم از ره دل حافظ به دف و چنگ و غزل
تا جـزای مـن بـدنـام چـه خواهـد بودن

ازفکر می وجام چه خواهد بودن: از اندیشه روی آوردن به مستی یار چه چیز بهتری میتواند باشد = **تا ببینیم که سرانجام چه خواهد بودن :** تا بتوان مشاهده و حس کرد که به چه جایگاه والائی خواهیم رسید = **پیر میخانه چه خوش خواند معمائی دوش :** یار دیشب چه خوش وشیرین جواب این سئوال را برایم باز نمود = **از خط جام :** از روی به مستی اش آوردن = **فرجام :** عاقبت وآخر کار عاشق= **مرغ کم حوصله را گو غم خود خور که براو :** عاشق بیتاب وصل را هشدار ده که به فکرحال خود بعد از رسیدن به وصل (افتادن دردام) باشد که = **رحم آنکس که نهددام چه خواهدبودن :** آنکه دام می افکند برای صید پرنده ائی(عاشقی)رحم ساختنش برآن پرنده (وفاکردنش به تداوم وصل)دیگرچیست = **غم دل چند توان خورد که ایام نماند:** چرا به زیادی غم روزهای در حال گذشتن را بخوریم که وصلی مقرر نگشت= **گو نه دل باشدوایام چه خواهد بودن :** بگو اگر گذشتن ایام ودلهای منتظروصل را کنارگذاریم مگر چیزدیگری هم هست که بشود به آن توجه کرد(همین دو، کار اصلی عشاق یارمیباشند)= **دست رنج تو همان به که شود صرف به کام :** بهترین حالت برای تو ای عاشق آنست که حاصل ودستآورد روزهایت، رسیدن به وصل شیرین یارباشد = **دانی آخرکه به ناکام چه خواهد بودن :** میدانی برعاشقی که به وصل یارنمی رسد چه خواهد گذشت= **بردم ازره دل حافظ به دف وچنگ وغزل:** دل هرکه روی به یاردارد را به وجد وشور عشق انداختم با نوا ونغمه های عاشقانه= **تاجزای من بدنام چه خواهد بودن:** تا با منی که به اینکار مشهور گشته ام چه خواهدکرد(آیا وصل شیرینش را خواهم چشید؟) =
(حافظ بصورت عام)

بیت زیرکه بعنوان بیت چهارم غزل فوق درنسخه قزوینی آمده است بعلت عدم رعایت مبانی عرفان و استفاده ازتعابیر مخدوش مشخصا از حافظ نیست و بدان اضافه گشته است :

باده خور، غم مخور و پند مقلد منیوش — اعتبار سخن عام چـه خـواهد بودن

منم که شهره شهرم به عشق ورزیدن | منم کـه دیـده نیالـوده‌ام بـه بـد دیدن
وفا کنیم و ملامت کشیم و خوش باشیم | کـه در طریقت ما کافریست رنجیدن
مـراد دل ز تماشای بـاغ عالـم چیست | بدست مردم چشم ، از رخ تـو گل چیدن
به رحمـت سـر زلـف تـو واثقـم ور نه | کشش چو نبود از آنسو، چه سودکوشیدن
به می پرستی ازآن نقش خود زدم بر آب | که تا خراب کنم نقش خود پرستیدن
عنان بمیکده خواهم تافت زین مجلس | که وعظ بی عملان واجب است نشنیدن
به پیـر میکده گفتم که چیست راه نجات | بخواست جام می و گفت عیب پوشیدن
ز خـط یــار بیـاموز مهـر با رخ خـوب | که گِـردعارض خوبان خوشست گردیدن

مبـوس جز لـب ساقی و جـام مـی حافظ
که دست زهـدفروشان خطـاست بوسیدن

منم که شهره شهرم به عشق ورزیدن : اینکه من به عشق ورزی یار در شهر معروف گشته ام = **منم که دیده نیالوده ام به بدیدن:** بدانست که در دنیا مدام بدنبال دیدن زیبائیهای یارم نه زشتیهای ایجاد شده در آن = **وفا کنیم و ملامت کشیم وخوش باشیم:** کارما وفادار به یارماندن وازجفایش سختی کشیدن ودرآن خوش بودنست= **طریقت:** باور واعتقاد = **کافریست رنجیدن :** رنجیدن و کینه گرفتن از یار یعنی روی گرداندن از او = **مراد دل ز تماشای باغ عالم چیست :** قصددل ازتماشای طبیعت زیبای دنیا میدانی چیست= **به دست مردم چشم از رخ توگل چیدن :** از طریق نگاه، یاد روی بس زیبای تورا دردل زنده ساختن= **به رحمت سرزلف توواثقم :** به مهرورز بودن توبس اطمینان دارم = **کشش چو نبود از آنسو چه سود کوشیدن:** این توئی که این کشش و شوق وصل زیبای خود را در عشاق ایجاد میکنی وگرنه چگونه کسی میتوانست متوجه آن شود و برایش استقامت ورزد = **به می پرستی از آن نقش خود زدم بر آب :** برای مست تو گشتن عکس خود در آب را نیز برهم زدم= **نقش خود پرستیدن:** که حتی تا همین اندازه نیز بخود روی نیاورم = **عنان به میکده خواهم تافت :** روی به مجلس مست سازان خواهم آورد= **که وعظ بی عملان واجبست نشنیدن:** که پای صحبت آنانکه راه مینمایند ولی خود بدان نمیروند نباید نشست= **پیر میکده :** عاشق با سابقه یار= **که چیست راه نجات:** چگونه میتوان از این سخنان وعقاید زهد فروشان (وعاظ در نمازها) در آسایش بود = **بخواست جام می و گفت عیب پوشیدن :** گفت روی به مستی یار آوردن و از ایشان وکارشان صحبتی بمیان نیاوردن و دنبال اصلاح ایشان نیز نبودن = **ز خط یاربیاموز مهربا رخ خوب:** اززیبائیهای آفریدگاربیاموزعشق ورزیدن وارائه زیبائی ومحبت را=**که گردعارض خوبان خوش است گردیدن:** که خوشی آنست که درجوارارائه کنندگاه عشق و زیبائی یافت میشود= **مبوس جز لب ساقی و جام می :** جز مستی یارووصل مست ساز اورا دنبال مکن= **که دست زهدفروشان خطاست بوسیدن:**که تائید وهمراهی بی عملانی که خودرا راهبر و راهنمای مردم میدانند به خطا و گناه افتادن است = **(حافظ خود و عام)**

ای روی ماه منظر تو ، نوبهار حُسن — خال و خط تو مرکز حُسن و مدار حُسن
در چشم پرخمار تو پنهان فسونِ سِحر — در زلف بی‌قرار تو پیدا قرار حُسن
گرد لبت بنفشه از آن تازه و تر است — کآب حیات میخورد ازچشمه سار حُسن
خرم شد از ملاحت تو عهد دلبری — فرخ شد از لطافت تو روزگار حُسن
از دام زلف و دانه خال تو در جهان — یک مُرغدل نماندکه نگشته شکارحُسن
دائم به لطف ، دایه طبع از میان جان — می پرورد به ناز تو را در کنار حُسن
حافظ طمع برید که بیند نظیر تو
دیّار نیست جز رخُت اندر دیار حُسن

نو بهار حسن : شکوفاساز خوبیها و زیبائیها= **خال و خط تو مرکز حسن و مدار حسن:** زیبائی تو مبنای نیکوئی و زیبائی وتجدیدساز آنها دردوران وگذر ایام است = **پر خمارتو پنهان فسون سحر:** بس مست ساز تو تمام عوامل از خود بیخود گشتن پنهان گشته = **درزلف بیقرار تو پیدا قرار حسن :** در زیبائی فریبنده و بیقرار ساز توست که همه چیز زیبا میگردد= **گرد لبت بنفشه از آن تازه وتراست :** تازگی وطراوت بنفشه (گلهای بهاری) در طبیعت زیبا به این خاطرست که = **کاب حیات میخورداز چشمه سار حسن:** زیراکه با آب چشمه شاداب ساز وحیات بخش لبهای تو آبیاری میشوند = **خرم شد از ملاحت تو عهد دلبری:** عشق وعشق ورزی که بنا نهادی از دلنشینی ودلفریبی توست که چنین شادی آفرین است = **فرخ شداز لطافت توروزگارحسن:** این از نرمی و لطافت توست که روزهای فصل زیبای بهار، فرح بخش ومبارکست (برای همه) = **از دام زلف ودانه خال تو درجهان :** از این دامی که برای شکار عشاق با عرضه زیبائیهای خود در جهان می افکنی = **یک مرغدل نماند که نگشته شکار حسن :** یک عاشق و بی تاب شده از زیبائیها نیست که بدام توی زیبا افتاده نباشد(همه عشاق بنحوی اسیر زیبائیهائی هستندکه تو برایشان ایجاد میکنی)= **دایم به لطف دایه طبع از میان جان:** آرام ساز دلم از درون جانم مدام در مسیر مهرورزی = **می پرورد به ناز تورا در کنارحسن:** خیالی از ناز لطیف تو را درکنار زیبائیهایت برایم نقش میکند= **طمع برید :** قطع امیدکرد= **دیّـارنیست جزرخت اندر دیار حسن :** عاملی جز روی زیبای تو نیست ، زیبا ساز وجود وهستی = **(حافظ خود حافظ)**

بیت زیرکه بعنوان بیت سوم غزل فوق در نسخه قزوینی آمده است بعلت عدم رعایت مبانی عرفان و مخدوش بودن معنی تعابیر بکار گرفته شده و لحن شعرمشخصا از حافظ نیست و بدان اضافه گشته است :

ماهی نتافت همچو تو از برج نیکویی — سروی نخاست چون قدت از جویبار حُسن

گلبـرگ را ز سنبل مُشکین نقـاب کن　　یعنی که رخ بپوش و جهانی خراب کن
بگشا به عشوه ، نرگس مست خراب را　　وز رشک چشم نرگس رعنا پُرآب کن
بفشان عرق ز چهره و طـرف باغ را　　چون شیشه های دیده مـا پرگلاب کن
بیـا و حبـاب دیده به روی قدح گشای　　وین خانه را قیاس اساس از حباب کن
ایـام گـل چو عمر بـه رفتن شتاب کرد　　ساقی به دور بـاده گلگون شتاب کن
حـافظ وصـال می‌طلبـد از ره دعـا
یا رب دعای خسته دلان مستجاب کن

گلبرگ را ز سنبل مُشکین نقاب کن : روی لطیف وزیبای خود را با سنبل خوشبوی(زیبائیهای عالم خلقت) بپوشان = **یعنی که رخ بپوش وجهانی خراب کن** : یعنی خود را غایب نما و عالمی را مست وحیران (زیبائیهای خلق ساخته) خود ساز = **بگشا به عشوه نرگس مست خراب را** : باز کن با ملاحت آن چشم مست واز خود بیخود ساز عاشقان را= **و ز رشک چشم نرگس رعنا پرآب کن** : تا گل نرگس از حسادت آن قطره های اشکش (شبنمها را) بیرون ریزد = **بفشان عرق ز چهره و طرف باغ را** : عرق خوشبوی رویت را بر ما بریز و اطراف باغ را = **چون شیشه های دیده ما پرگلاب کن** : همچون کاسه چشم ما از آب عطرآگین بس خوشبوی خود پرساز= **حباب دیده به روی قدح گشای**: مارا از طریق جام چشمها به مستی خودرسان = **وین خانه را قیاس اساس ازحباب کن** : سپس تن وجان ما را چون جامی بگیرو از باده مست ساز خود لب ریزساز= **ایام گل چوعمربه رفتن شتاب کرد** : بهار نیز چون عمر بسرعت سپری میگردد= **ساقی به دور باده گلگون شتاب کن** : ای یار مست ساز نوبت مست ساختن عشاق را سریعتر بگردان = **وصال می طلبد از ره دعا** : بدنبال وصل شیرین توازطریق تمناهای خوداست = **دعای خسته دلان مستجاب کن** : تمنای عشاق درمانده خود را بر آورده ساز = **(حافظ خود وعام)**

ابیات زیر که بعنوان ابیات پنجم وششم غزل فوق در نسخه قزوینی آمده اند بعلت عدم رعایت مخاطب غزل و سیر معنی آن و عدم رعایت عرفان دربیت دوم مشخصا از حافظ نیست و به غزل فوق اضافه گشته اند :

بوی بنفشه بشنو و زلف نگار گیر　　بنگر به رنگ لاله و عزم شراب کن
زان جـا که رسم عاشق‌کُشی تراست　　با دشمنان قدح کش و با ما عتاب کن

{۲۹۲}

صبح است ساقیا قدحی پرشراب کن　　دور فلک درنگ نداند شتاب کن
زان پیشتر که عالم فانی کند خراب　　ما را ز جام باده گلگون خراب کن
زانکه ما مرد توبه و طامات نیستیم　　ما را جام باده صافی خطاب کن
روزی که چرخ از گِل ما کوزه ها کند　　زنهار و کوزه ما پُر شراب کن
خورشید می ز مشرق ساغر طلوع کند　　گربرگ عیش میطلبی ترک خواب کن
کار صواب باده پرستی است حافظا
برخیز و عزم جزم به کار صواب کن

صبح است ساقیا قدحی پر شراب کن : صبح رسید ای مست ساز، مارا به مستی تمام خود (وصل خود) برسان = **دور فلک درنگ نداند شتاب کن** : به گذر زمان تاخیرانداختن و ایستادن را که نیاموخته ائی پس مست ساختن ما را خود جلو انداز = **زان پیشترکه عالم فانی کند خراب** : پیش از آنکه دنیا با گذران کردنش وآمدن روز مارا نا امید و خراب سازد = **مارا زجام باده گلگون خراب کن** : با وصلی مست ساز مارا مدهوش خود ساز = **زانکه ما مرد توبه وطامات نیستم** : از آن جهت که ما نمی توانیم روی از توبگردانیم و یا تزویری بنمائیم = **جام باده صافی خطاب کن** : جامهای خالی و در انتظار لبریز شدن از سرمستی خود صدا بزن = **روزی که چرخ از گل ما کوزه ها کند**: آن زمان که روزگار از گل خاک ماکوزه هائی ساخت = **زنهار و**: لطفی برما ساز و= **کوزه ما پر شراب کن**: مقرر کن کوزه ائی که با خاک ما ساخته شده در راه مست ساختن عشاق بکار رود = **خورشید می ز مشرق ساغر طلوع کند** : یارمست ساز ، وصل مست ساز خودرا در صورت روی آوردن به مستی اش برقرارمی سازد = **گربرگ عیش میطلبی ترک خواب کن**: اگر میخواهی از این روزی نصیبی داشته باشی باید از خواب شب بگذری = **کار صواب** : درست ترین کار = **باده پرستی است**: روی داشتن مدام به مست گشتن از یارست= **عزم جزم به کار صواب کن** : تلاش و همتی استواردراین کار درست (که هدف اصلی موجود گشتن است) برپا نما = **(حافظ خود وعام)**

{۲۹۳}

ز در دراً و شبستان ما منور کن　　هوای مجلس روحانیان معطر کن
بگو به خازن جنت که خاک این مجلس　　به تحفه ببرسوی فردوس و عودِ مِجمَر کن
چو شاهدان چمن زیر دست حُسن تو اند　　کرشمه بر سمن و جلوه بر صنوبر کن
بچشم و ابروی جانان سپرده‌ام دل و جان　　بیا بیا و تماشای طاق و منظر کن
فضول نفس ، حکایت بسی کند ساقی　　تو نیزکار مگیر زدست و می به ساغر کن
اگر فقیه نصیحت کند که عشق مباز　　پیاله‌ای بدهش گو دِماغ را تر کن
حجاب دیده و ادراک شد ، شعاع جَمال
بتاب بر دل بیتاب حافظ و جان را منّور کن

شبستان ما منور کن : جایگاه تجمع و نشست مارا نورانی ساز = **هوای مجلس روحانیان معطرکن**: هوای مجلس عشاق خود را از بوی خوشت پُرساز= **خازن جنت** : دربان بهشت= **به تحفه ببرسوی فردوس وعودِ مجمرکن**: بعنوان هدیه ائی به بهشت ببروبجای عود با آن هوای آنجارا معطرسازد = **چو شاهدان چمن زیر دست حسن تو اند** : حال که گلها و درختان زیبا از زیبائی تو اینچنین زیبا گشته اند = **کرشمه بر سمن و جلوه بر صنوبر کن** : با عشوه ات زیبائی یاسمن و با خرامیدنت صنوبررا از نظر بینداز= **جانان** : یار= **بیا بیا و تماشای طاق ومنظر**: بیا و ببین که به چه کمان ابروئی وچه خوش سیمائی دل داده ام = **فضول نفس حکایت بسی کند ساقی**: نفس سرکش ما بسیارمارا بغیرتو میخواند ای مست ساز ما = **تو کار مگیر زدست ومی به ساغرکن** : تونیز مست سازی مارا کنارمگذار و مارا مدام به مستی خود بخوان = **فقیه**: مجتهد و عالم دینی= **پیاله ائی بدهش گودماغ را ترکن**: جام مست سازی براوعرضه دار وبگوکه مغزراشستشوئی ده = **حجاب دیده ادراک شد شعاع جمال** : تابش نورسیمای تو مانع از ترسیم نقشت در چشم وذهن میگردد= **منورکن** : پُر از نور وروشنائی ساز =　　**(حافظ خود عام)**

ابیات زیرکه بعنوان ابیات چهارم ، ششم ، نهم ، دهم و بیت آخر غزل فوق در نسخه قزوینی آمده است بعلت عدم رعایت مبانی عرفان و سیر معنی غزل مشخصا از حافظ نبوده و به آن اضافه گشته اند، متاسفانه غزل فوق بشدت مورد هجوم شاعران دیگر قرار گرفته تا آنجا که بیت آخر حافظ دار را نیز خود ایشان برای غزل سروده اند و بیت اصلی نامشخص مینماید به همین دلیل آخرین بیت غزل فوق حافظ دار گردید و بنظر میرسد به اصل نزدیکترین باشد :

ستاره ، شب هجران نمی فشاند نور　　به بام قصر برآ و چراغ مَه بَر کن
ازین مزوجه و خرقه نیک در تنگم　　به یک کرشمه صوفی وشم قلندر کن
طمع به قند وصال تو حد ما نبود　　حوالتم به لب لعل همچو شکر کن
لب پیاله ببوس آنگهی به مستان ده　　بدین دقیقه دماغ معاشران تر کن
پس از ملازمت عیش وعشق مه رویان　　ز کارها که کنی شعر حافظ نیز در سر کن

{۲۹٤}

کرشمه‌ای کن و بازار ساحری بشکن　　به غمزه رونق و ناموس سامری بشکن
به باد ده سر و دستار عالمی یعنی　　کلاه گوشه به آیین سروری بشکن
به زلف گوی که آیین دلبری بگذار　　به عشوه گوی که قلب ستمگری بشکن
به آهوان نظر، شیر آفتاب بگیر　　به ابروان دو قوس مشتری بشکن
چو عطر سای کرد زلف سنبل از دم باد　　تو بهایش بسر زلف عنبری بشکن
چو عندلیب فصاحت فروشد ای حافظ
تو قدر او به سخن گفتن دری بشکن

کرشمه ائی کن و بازارساحری بشکن: نازی ازخودنشان ده وطنازیهاو عشوه گریهارادردنیا ازچشمان محوساز= **به غمزه رونق و ناموس سامری بشکن:** و با آن ناز بازار آنانکه با افسون مردم را بسوی خود میکشند برچین (گاو طلائی ساخت سامری درزمان حضرت موسی باصدای سحرآمیزش مردم را بخود جلب مینمود)= **به بادده سرودستار عالمی یعنی:** اینکه میگویند عالمی را شیفته واز خود بیخودساز یعنی= **کلاه گوشه به آئین سروری بشکن:** گوشه کلاهت را خم ساز (وقارو شکوه خود رابنما) وفرمانروائیت را آشکار نما= **آئین دلبری بگذار :** رسم دلربائی را برقرار ساز = **به عشوه گوی که قلب ستمگری بشکن :** به ناز و غمزه خود بگو ستمگری را از قلبها بزدایند = **به آهوان نظر شیرآفتاب گیر:** با درخشش آن چشمان بس زیبایت تابش خورشید را بی رنگ کن = **دو قوس مشتری بشکن :** خم زیبای دو جایگاه سیاره مشتری را ازنظر بینداز= **چو عطرسای کرد زلف سنبل:** آنگاه که گل سنبل بوی عطرش را پخش نمود= **تو بهایش بسرزلف عنبری بشکن:** توبا عطرزلف خوشبویت آنرا بی بها ساز = **عندلیب:** بلبل = **فصاحت فروشد:** زیبا و روان خوانی خود را بنمایش گذاشت= **تو قدراو به سخن گفتن دری بشکن:** تو لطافت آنرا با سرودن اشعار فارسی کم ساز = **(حافظ خود حافظ)**

بیت زیرکه بعنوان بیت چهارم غزل فوق در نسخه قزوینی آمده است بعلت عدم رعایت سیر معنی غزل بدین معنی که حور و پری از موارد ماورائی وغیرقابل دیده شدن و یا دردسترس بودن برای افراد دنیاست که شعر میگوید رونق ایشان را ازنظرها بینداز ولی تعابیردیگرآمده درغزل فوق همگی درارتباط با مواردیست که فرد قادر به دیدن آنهاست و میتوان آنها را از نظرو چشم افراد انداخت بنابراین بیت زیرمشخصا از حافظ نیست و به غزل فوق اضافه گشته است :

برون خرام و ببَر گوی خوبی از همه کس　　سزای حور بده رونق پری بشکن

{۲۹۵}

بالا بلند عشوه گر نقش باز من　　کوتاه کرد قصه زهد دراز من
دیدی دلا که آخر پیری و زهد و علم　　با تو چه کرد دیده معشوق باز من
می‌ترسم از خرابی ایمان که می‌برد　　محراب ابروی تو حضور نماز من
گفتم به دلق زرق بپوشم نشان عشق　　غماز بود اشک و عیان کرد راز من
یا رب کی آن صبا بوزد کز نسیم آن　　گردد شمامه کرمت کار ساز من
نقشی بر آب می‌زنم از گریه حالیا　　تا کی شود قرین حقیقت مجاز من
حافظ ز گریه سوخت بگو حالش ای صبا
با شاه دوست پرور دشمن گداز من

بالابلند عشوه گرنقش باز من : یار بس زیبا و طنازم با ارائه زیبائیهایش بر من= **کوتاه کرد قصه زهد دراز من:** عشقش را جایگزین عبادت زیادی که برایش میکردم نمود= **دیدی دلا که آخر پیری وزهد وعلم :** دیدی ای دل من که درآخرزندگی با تمام عبادتی که کردم و علمی که اندوختم = **با تو چه کرددیده معشوق بازمن :** چه عشق آتش زنی را بر تو نشاند چشم مدام در جستجوی یار من = **می ترسم از خرابی ایمان :** می ترسم از اینکه به ایمانم صدمه رساند = **محراب ابروی تو حضور نماز من :** اینکه یاد کمان ابروی زیبای تو مرا از نمازم خارج میکند و مشغولم میسازد= **به دلق زرق بپوشم نشان عشق :** با لباسی زاهدانه عشق خودرا پنهان سازم= **غماز بود اشک و عیان کرد راز من:** این اشک جاسوس با روان شدن رازم را آشکار ساخت= صبا : نسیم خوشبوی سحری= **شمامه کرمت کار ساز من :** عطرافشانی از روی مهرت مرا درمانی سازد = **نقشی برآب میزنم از گریه حالیا :** خیالی از تورا با گریه زیاد در خاطر خود نقش میکنم= **قرین حقیقت مجاز من:** به حقیقت بپیوندد آن نقش خیال من= **بگو حالش ای صبا:** خبرحالش را باز گوساز ای نسیم سحری= **باشاه دوست پروردشمن گداز:** بایار مهرورز بر مومنان وسختگیربرسرکشان (از آیات قران) = **(حافظ خود حافظ)**

ابیات زیرکه بعنوان ابیات پنجم ، هشتم و نهم غزل فوق درنسخه قزوینی آمده است بعلت عدم رعایت مبانی عرفان و سیر معنی غزل مشخصا از حافظ نبوده و به آن اضافه گشته اند:

مست است یار و یاد حریفان نمی‌کند　　ذکرش به خیر ساقی مسکین نواز من
بر خود چو شمع خنده زنان گریه می‌کنم　　تا با تو سنگدل چه کند سوز و ساز من
زاهد چو از نماز تو کاری نمی‌رود　　هم مستی شبانه و راز و نیاز من

چون شوم خاک رهش دامن بیفشاند ز من | ور بگـویم دل مگـردان رو بگـرداند ز من
روی رنگین را به هرکس مینماید همچو گل | ور بگـویم بـاز بنمـا بـاز پوشـاند ز من
گرچو شمعی پیش میرم برغمم خندان شود | ور بـرنجم خاطـر نـازک برنجـاند ز من
او به خونم تشنه و من بر لبش تا چون شود | کـام بستانم از او یـا داد بستـاند ز من
دوستان جـان دادهام بهر دهانش بنگرید | کو به چیزی مختصر چون باز می‌ماند ز من

صبر کن حافظ که چو زین دست باشد درس غم
عشق در هر گوشـه‌ای افسانه‌ائی خـواند ز مـن

چون شوم خاک رهش دامن بیفشاند زمن : اگرخاک مسیرحرکتش بگردم نیز مرا ازدامنش پاک میسازد = **دل مگردان رو بگرداند زمن** : نگذار چیزی جزتو دردل من راه یابد(وصلت را مدام ساز) وصلش را قطع نیز میکند = **روی رنگین را به هرکس مینماید همچو گل:** زیبائی اش را برهمه بندگان(برای متوجه کردن ایشان بخود) همچون گلها عرضه میسازد = **وربگویم باز بنما باز پوشاندزمن:** اگر بگویم بر من نیزخود را بنما (وصلی مقرر ساز) خودش را از من پنهان نیز میکند= **گرچوشمعی پیش میرم برغمم خندان شود:** اگرچون شمعی بسوزم و گریان باشم بر کارم میخندد = **ور برنجم خاطر نازک برنجاند زمن:** ولی چون دلم بشکند اوبرایم نگران میشود = **او به خونم تشنه و من بر لبش تا چون شود** : او قصد گرفتن جان من ومن بدنبال وصل مست سازش تا زنده ام پس باید دیداو چگونه میخواهد= **کام بستانم ازو یا داد بستاند زمن:** اجازه میدهد وصل شیرینش را بچشم یا جانم را میگیرد= **جان داده ام بهر دهانش بنگرید** : تمام هستی و وجودم را برای بوسیدن آن لب (چشیدن وصل شیرینش) برایش داده ام و بس عجیب است = **کوبه چیزی مختصرچون بازمی ماند زمن:** که این بدن نحیف چگونه هنوز زنده است= **صبرکن:** در عشقت استقامت ورز= **که چوزین دست باشد درس غم** : که چون عشق ورزی یاراین عشوه ها ودرس گرفتنها را دارد= **عشق درهرگوشه ائی افسانه ائی خواند زمن:** عشاق را بینی که درهرجا داستانی از عشق ورزیت می سرایند= **(حافظ خود حافظ)**

ابیات زیرکه بعنوان بیت سوم و پنجم غزل فوق درنسخه قزوینی آمده اند بعلت عدم رعایت مبانی عرفان و سیر معنی غزل وتکرار قافیه مشخصا از حافظ نبوده و به آن اضافه گشته اند :

چشم خود را گفتم آخر یک نظر سیرش ببین | گفت میخواهی مگر تا جوی خون راند ز من
گر چو فرهادم به تلخی جان برآید باک نیست | بس حکایتهای شیرین بـاز می‌مـاند ز من

{۲۹۷}

نکتـه‌ای دلکش بگویم ، خـال آن مه رو ببین
عقـل و جـان را بسته زنجیر آن گیسو ببین
عیب دل ساز که وحشی وضع و هرجایی مباش
باز گویش چشم شیر گیرو غنج آن آهو ببین
حلقـه زلفـش تمـاشـاخـانه بـاد صبـاست
جانِ صـد صاحبدل آنجا ، بسته یک مو ببین
زلـف دل دزدش ، صبـا را بنـد بر گردن نهاد
بـا هـواداران رهـرو حیلـه هنـدو ببین
آنکه من در جستجوی او ز خود فارغ شدم
کس ندیده‌ست و نبیند مثلش ، از هـر سو ببین
حافظ ار در گوشه محراب می‌نالد رواست
ای نصیحتگو خدارا ، آن خـم ابـرو ببین

دلکش: دلربا و شاد ساز دل= **خال آن مه رو ببین :** بدنبال زیبائی آن یار دلفریب باش = **عقل وجان را بسته زنجیر آن گیسو ببین:** تا ببینی چگونه عقل وجان در گرو آن زیبارو قرار میگیرد= **عیب دل ساز که وحشی وضع و هرجائی مباش:** از دل عیب بگیر و بگو که بدنبال هر زیباروئی روانه مشو= **باز گویش چشم شیر گیرو غنج آن آهو ببین :** برایش بگو اگر چشمی تیزبین چون شیرپیدا کنی میتوانی ناز وکرشمه آهو (آن یار دلربا) را ببینی= **حلقه زلفش تماشاخانه باد صباست :** لطافت وبوی خوش نسیم سحری برای آنست که درگردش خود تماشاگر زلف یارست= **جان صد صاحب دل آنجا بسته یک موببین:** وچه بسیار عشاق ازجان گذشته که درتمنای بوئیدن ودیدن فقط یک تار موی یارند= **زلف دل دزدش صبارا بند برگردن نهاد :** خم گیسوی فریب سازدلش، باد صبا را بنده و اسیرخود ساخته است= **با هوداران رهرو حیله هندو ببین:** ببین دلفریبی آن سیاه گیسو را با آنانکه درخدمتش میباشند که به چه روزی از عشقش افتاده اند= **ز خود فارغ شدم:** ازهمه چیزخود دست کشیدم= **مثلش، از هرسو ببین :** همانندش را به هرسوکه میخواهی نظرانداز = **ار در گوشه محراب می نالد رواست :** اگربا دیدن(خم) گوشه محراب نماز به ناله می افتد حق دارد = **ای نصیحت گو خدارا ، آن خم ابرو ببین:** ای دلسوز عشاق برو و آن خم ابروی یار را ببین سپس به نصیحت ساختن عشاق بپرداز= **(حافظ خود و عام)**

ابیات زیرکه بعنوان بیت چهارم و آخرین بیت (حتی بعد از بیت حافظ دار) غزل فوق درنسخه قزوینی آمده اند بعلت عدم رعایت مبانی عرفان و سیر معنی غزل مشخصا از حافظ نبوده و به آن اضافه گشته اند:

عـابدان آفتـاب از دلبـر مـا غـافلند   ای ملامتگو ، خدا را رومبین آن رو ببین
از مراد شاه منصورای فلک سربرمتاب   تیـزی شمشیر بنگـر قوت بازو ببین

{۲۹۸}

شراب لعل کِش و روی مه جبینان بین — خلاف مذهب آنان جمال اینان بین
بـه زیـر دلـق ملمـع کمنـدها دارند — دراز دستی ایـن کـوتـه آستینان بین
بـه خرمن دو جهـان سـر فرو نمی‌آرند — دِماغ و کبر گدایان و خوشه چینان بین
اسیر عشق شدن چاره خلاص من است — ضمیر عاقبت اندیش پیش بینان بین
برای نیم کرشمه هـزار جـان طلبند — نیـاز اهـل دل و نـاز نازنینـان بین
حقوق صحبت ما را به بـاد داد و برفت — وفای صحبت یاران و همنشینان بین

کدورت از دل حافظ ببرد صحبت دوست
صفـای همت پـاکـان و پاک بینان بین

شراب لعل کش وروی مه جبینان بین : مست سازی لب یاقوتی یار و سیمای زیبارویان همراه وصل را بنگر= **خلاف مذهب آنان جمال اینان بین** : آنچه این زیبارویان عرضه میکنند خلاف آنچه دنیا خواهان از زیبائی ارائه میدهند میباشد = **به زیر دلق ملمع کمند ها دارند** : در زیرجامه زر دوز وفاخرخود نقشه های زیادی برای رسیدن به آرزوهای دنیائی خود دارند = **درازدستی این کوته آستینان بین** : آرزوهای بلند دنیائی این افراد خرد وکوچک را بنگر= **به خرمن دوجهان سر فرودنمی آرند**: ازحرصی که دارند تمامی نعمتهای دنیا وآخرت برایشان کم است = **دماغ وکبرگدایان وخوشه چینان بین**: خودباوری و بزرگ بینی این حریصان و مجیزگویان و متملقان را بنگر = **چاره خلاص من است**: عامل نجات جان انسانست = **ضمیرعاقبت اندیش پیش بینان بین** : (درمقابل) به نحوه تفکر وعمل عشاق که به آخرت و عاقبت کار خود می اندیشند بنگر = **برای نیم کرشمه هزار جان طلبند**: برای دیدن عشوه کوچکی از یار بسیارسختی بایدکشید= **نیاز اهل دل و ناز نازنینان بین**: آنچه عشاق بدنبال آنندو ارزش و مقام وصل یاررابنگر= **حقوق صحبت مارابه باداد وبرفت**: حقی که مابرای عاشق اوگشتن برای خودتصورمیکردیم را به هیچ گرفت = **وفای صحبت یاران و هم نشینان بین** : میزان وفای یارو همراهی همراهان وصل را بنگر= **کدورت از دل حافظ ببرد صحبت دوست** : از یارگفتن غم و ناراحتی راازدل عاشق خواهدبرد= **صفای همت پاکان وپاک بینان بین**: شادی و صفائی که ازشنیدن صحبت و ماجرای عشاق پاکباخته با یار بر دل می نشیند را بنگر =

(حافظ خود وعام)

{۲۹۹}

می‌فکن بر صف رندان نظری بهتر از این / بر در میکده می کن گذری بهتر از این
در حق من ، لبت این لطف که می‌فرماید / سخت خوبست ولیکن قَدَری بهتر از این
آن که ذکرش گره از کار جهان بگشاید / گو در این کار بفرما اثری بهتر از این
ناصحم گفت که جز غم چه هنر دارد عشق / آخر ای خواجه عاقل ، هنری بهتر از این؟
دل بدان روی گرامی چه کنم گر ندهم / مادر دهر ندارد گوهری بهتر از این
کلک حافظ شکرین میوه نباتیست ، بچین
که در این باغ نبینی ثمری بهتر از این

می فکن بر صف رندان نظری بهتراز این : برعاشقان ودل باختگانت بیشتراز این که مهر میورزی مهربورز = **بر در میکده میکن گذری بهتراز این :** و مست سازیت را بر ما بیشتر فرما = **در حق من لبت این لطف که میفرماید :** در خصوص من این وضعیتی که لبت برایم بوجود آورده (سختی دوریش) = **سخت خوبست ولیکن قدری بهتر ازاین:** بسیار دوستار آنم ولی چه خوب که مقداری شیرین ترش فرمائی (وصلی هم برقرار سازی) = **ذکرش گره از کار جهان بگشاید :** یاد ساختنش مشکل را در زندگی برطرف میسازد= **گودراینکار بفرما اثری بهتراز این :** بگودرکار مهرورزیش برای عاشقان گره گشائی اش(مست ساختنش) را با وصلش همراه سازد= **ناصحم :** نصیحت سازم= **آخرای خواجه عاقل هنری بهتراز این:** آخر ای بزرگواردانا آیااز این هنرکه مبنای همه هنرهاست مگربهتر هم پیدا میشود= **روی گرامی:** روی والاساز و آرامش بخش = **مادر دهر ندارد گوهری بهتر از این :** در وجود و هستی چنین جواهر زیبا و دلخوش سازی (همچون روی یار) پیدا نخواهی کرد=**کلک:** نگارش قلم= **شکرین میوه نباتیست بچین:** شیرین ترین شعربرای شیرین ساختن دل وجان است پس غزلی از آن بچین و نوش جان کن= **که در این باغ نبینی ثمری بهتر از این :** که در میان سروده های عشاق اشعاری بهتراز آن برای عشق ورزی با یار نیابی = **(حافظ خود حافظ)**

بیت زیرکه بعنوان بیت ششم غزل فوق درنسخه قزوینی آمده است بعلت عدم رعایت مبانی عرفان و سیر معنی غزل و لحن مشخصا از حافظ نبوده و به آن اضافه گشته است :

من چه گویم که قدح نوش ولب ساقی بوس / بشنو از من که نگوید دگری بهتر از این

به جان پیـر خرابات و حـق صحبت او — که نیست در سر من جز هوای خدمت او
بهشت اگر چه نه جای گناهکاران است — بیـار بـاده که مُستظهرم بـه منّت او
چـراغ صـاعقه آن سحـاب روشن باد — کـه زد به خِرمن ما از آتش محبت او
مکن به چشم حقارت نگاه در من مست — که نیست معصیت و زهـد بـی مشیت او
بیا که دوش به مستی سروش عالم غیب — نویـد داد که عام است فیض رحمت او
مـدام خرقـه حافظ به بـاده در گرو است
کـه ز نـور خـرابـات بـود فطـرت او

به جان پیرخرابات وحق صحبت او: قسم به وجود یارو لطفی که درهمصحبتی با خود برای ما مقررداشته است = **هوای خدمت او :** مدام در خدمت یار بودن و ازاو گفتن = **بیار باده که مستظهرم به منت او :** به مستی اش روی آورم که پشتم گرمست به لطف ومهرورزی یار= **چراغ صاعقه آن سحاب روشن باد :**آتش افکنی آن ابرصاعقه زن همیشه برقرار باد (برما)= **که زد به خرمن ما از آتش محبت او :** که آتش عشق یاررا آن برما زد وهرچه داشتیم جز عشق او را سوزاند = **مکن به چشم حقارت نگاه درمن مست :** من مست(از خود بیخود شده) را فرومایه وافتاده درگناه مبین= **معصیت و زهد:** گناه وپرهیزکاری= **بی مشیت او:** بدون راهبری وخواست یار = **بیا که دوش به مستی سروش عالم غیب :** بیائید در عشق ورزیش بکوشیم که دیشب درعالم مستی وحی سازی از آن سرا = **نوید داد که عام است فیض رحمت او:** مژده دادکه مهرورزی یار همگانی است (هرروی آوری بخودرا والا می سازد)= **مدام خرقه حافظ به باده درگرو است :** هستی حافظ همیشه دربند(گرو) مست وصل یار گشتن است = **که ز نور خرابات بود فطرت او:** که سرشت و ذات او (جان او) از جنس یار(نور خرابات) میباشد(و برای مهرورزی با یار خلق گشته است) = **(حافظ خود حافظ)**

ابیات زیرکه بعنوان ابیات چهارم و هفتم غزل فوق درنسخه قزوینی آمده است بعلت عدم رعایت مبانی عرفان و سیر معنی غزل مشخصا از حافظ نبوده و به آن اضافه گشته اند:

بـر آستانه میخـانه گـر سـری بینی — مزن به پای که معلوم نیست نیت او
نمی‌کند دل من میل زهد و توبه زانک — به نام خواجه بکوشم و فرّ دولت او

{۳۰۱}

مـزرع سبز فلک دیـدم و داس مـه نو　　یادم از کِشته خویش آمـد و هنگام درو
گفتم ای بخت بخُسبیدی و خورشید دمید　　گفت بـا ایـن همـه از سابقه نومید مشو
گر رَوی پـاک و مجـرد چو مسیحا به فلک　　از چراغ تـو بـه خورشید رسد صد پرتو
آسمان گو مفروش این عظمت کاندر عشق　　خِرمن مِه به جوی خوشه پروین به دو جو
تکیـه بر اختـر شب دزد مکن کاین عیـار　　تـاج کـاووس ببُـرد و کمـر کیخسرو
چشم بد دور ز خالش که در عَرصه حُسن　　بیدقی راند که بُرد از مَه و خورشید گرو

آتش زهـد ریا خِرمن دین خواهد سوخت
حافظ ایـن خـرقه پشمینـه بینـداز و برو

مزرع سبز فلک : آسمان سبز سحری= **داس مه نو :** هلال ماه جدید = **کِشته خویش آمدو هنگام درو :** ازعملکرد خود و روز جواب دادنها = **گفتم ای بخت بخسبیدی و خورشید دمید :** ای سرنوشت دیدی شب تمام گشت واوضاع بکام نگشت وخورشیدهم طلوع کرد(دیگرامیدی به وصل یار نیست)= **گفت با اینهمه ازسابقه نومید مشو:** گفت با این وجود ، تجربه ائی که از کار یار داری را فراموش مساز = **گرروی پاک ومجرد چو مسیحا به فلک:** اگر پاک ودست کشیده از دنیاهمچون مسیح به حضوریاررسی(وصل یارگردی) = **از چراغ تو به خورشیدرسد صد پرتو:** از پرتونور روی تو همین خورشید طلوع کرده نور خواهد گرفت= **آسمان گو مفروش این عظمت کاندر عشق :** به آسمان خواهی گفت که خود را عظیم مدان که در برابر عظمتی که از عشق یار نصیب عاشق میگردد = **خرمن مِه به جوی :** توده های بزرگ ابرت به ارزش یک دانه جوست= **خوشه پروین به دو جو:** ستارگان کنار هم قرار گرفته چون خوشه انگور در آسمان شبت(تنها کهکشان قابل دید انسان در شب بدون ابزاری) به دو دانه جو ارزش خواهد داشت (بشدت بی ارزش میباشند) = **تکیه بر اختر شب دزد مکن :** بر روی شهابهایت که شب را می شکافند نیزحساب مکن = **کاین عیار:** این شاه جوانمرد (یار) = **تاج کاووس ببرد و کمر کیخسرو :** حکومت شاهان بزرگی (چون کاووس و خسرو) را برچیده است = **چشم بد دور زخالش :** (چه حیف که) چشم دنیا خواه نمی تواند زیبائیهایش را ببیند= **که درعرصه حسن :** زیراکه در عرضه ساختن زیبائی اش= **بیدقی راند :** سربازی درعرصه شطرنج حرکت داد (زیبائی را بر ما ارائه ساخت) = **که بُرد از مِه وخورشید گرو :** که زیبائیهای ماه و خورشید (برترینان ارائه زیبائی در دنیا) از چشمان ما افتاده است = **آتش زهد ریا خرمن دین خواهدسوخت:** آتشی که از عمل فرد بظاهر مومن دنیا دوست برپا میگردد تمام ثوابی که در دینداری کسب کرده است را میسوزاند(قران)= **این خرقه پشمینه بینداز وبرو :** به همین اندازه هم بدنیا روی میاور= **(حافظ خود وعام)**

بیت زیرکه بعنوان بیت پنجم غزل فوق درنسخه قزوینی آمده است بعلت عدم رعایت مبانی عرفان و سیر معنی غزل مشخصا از حافظ نبوده و به آن اضافه گشته است :

گوشوار زر و لعل ارچه گران دارد گوش　　دور خوبی گذرانست نصیحت بشنو

{۳۰۲}

ای آفتاب آینه دار جمال تو / مشک سیاه مجمره گردان خال تو
صحن سرای دیده بشستم ولی چه سود / کاین گوشه نیست درخور خیل خیال تو
مطبوعتر ز نقش تو صورت نبست باز / طغرا نویس ابروی مِشکین مثال تو
در چین زلفش ای دل مسکین چگونه‌ای / کاشفته گفت باد صبا شرح حال تو
برخاست بوی گل ز در آشتی درآی / ای نوبهار ما رخ فرخنده فال تو
تا آسمان ز حلقه بگوشان ما شود / کو عشوه‌ای ز ابروی همچون هلال تو
تا پیش تخت باز روم تهنیت کنان / کو مژده‌ای ز مقدم عید وصال تو

حافظ دراین کمند سَر سَرکشان بسی است
سودای کج مپز که نباشد مجال تو

ای آفتاب آینه دار جمال تو : ای آنکه آفتاب نشانه ائی از زیبائی روی توست = **مشک سیاه مجمره گردان** : مشک سیاه خوشبوی درآتشگردان یاد آوری کننده = **صحن سرای دیده بشستم ولی چه سود**: با اشکهایم چشمانم را کاملا تمیز ساختم ولی چه فایده = **کاین گوشه نیست در خور خیل خیال تو** : جایگاه دیدگانم امکان پذیرش لشکری ازخیال تورا ندارد = **مطبوعتر ز نقش تو صورت نبست باز** : زیبائی و شیفته سازی شکل ابروی تورا نتوانست باز هم ارائه سازد = **طغرا نویس ابروی مشکین مثال تو**: نقاش ترسیم ساز ابروی معروف به"سیاه زیبای" تو= **درچین زلفش ایدل مسکین چگونه ائی**: در یاد وصل زیبایش ای دل درمانده در چه حالی= **کاشفته گفت باد صبا شرح حال تو** : که صبا خبربرده است که فقط آشفته ائی = **برخاست بوی گل ز در آشتی درآی** : بهار گشت بیا و وصلی مقرر ساز = **ای نوبهارما رخ فرخنده فال تو**: ای آنکه درهرزمان بهاراصلی ما روی خوش وخوشبخت ساز توست= **تا آسمان زحلقه بگوشان ما شود:** تا آسمان را درنوردیم و زیبارویانت بخدمت مادر آیند =**کو عشوه ائی** : کو اشاره ائی برای شروع وصل شیرینت = **هلال:** کمان = **تا پیش تخت باز روم تهنیت کنان:** تا به بار گاهت باعرض سلام وشاد باش قدم گزارم = **کو مژده ائی ز مقدم عید وصال تو:** کجاست مژده دهنده به نزدیک شدن جشن خوش وصل توگشتن= **در این کمند سرسرکشان بسی است :** در این مسیر(تمنای وصل یار) سر بسیاری از آنانکه ازدنیا (چون تو)دست کشیده اند گرفتار ومنتظراست= **سودای کج مپز که نباشد مجال تو:** دل خوش مدارو وعده نامعلوم بخود مده که دراین مسیرفعلاجائی برای تونیست= **(حافظ خود حافظ)**

ابیات زیرکه بعنوان ابیات سوم ، نهم و دهم غزل فوق درنسخه قزوینی آمده است بعلت عدم رعایت مبانی عرفان وسیر معنی غزل وتکرار قافیه مشخصا از حافظ نبوده و به آن اضافه گشته اند:

در اوج ناز و نعمتی ای پادشاه حسن / یا رب مباد تا به قیامت زوال تو
این نقطه سیاه که آمد مدار نور / عکسیست در حدیقه بینش ز خال تو
در پیش شاه عرض کدامین جفا کنم / شرح نیازمندی خود یا ملال تو

{۳۰۳}

تـاب بنفشه می‌دهـد طـره مشک سای تو | پـرده غنچه مـی‌دَرَد خنـده دلگشـای تو
ای گل خوش بسیم من بلبل خویش را مسوز | کز سر صدق می‌کند شب همه شب دعای تو
من کـه ملـول گشتمی بـی نفس فرشتگان | قـال و مقـال عـالـمی میکشم از برای تو
خرقه زهدو جـام می گرچـه نه درخـور همند | ایـن همه نقش می‌زنـم از جهت رضای تو
شـور شـراب عشق تـو آن نفسم رود ز سر | کایـن سر پُرهـوس شود خـاک درسرای تو
دولت عشق بین که چون ازسر فقر و افتخار | گـوهـر تـاج سلطنت مـی‌شکند گـدای تو

خوش چمنیست عارضت خاصه در بهار حسن
حافظ خـوش کلام شد مـرغ سخن سُرای تو

تاب بنفشه میدهد طره مشک سای تو: این بوی خوش زلف توست که اینچنین بنفشه ها را به پیچ و تاب وا میدارد = **پرده غنچه می دردخنده دلگشای تو:**خنده شیرین ودلنشین توغنچه هارا باز وتبدیل به گل میکند= **خوش بسیم:** خوشرو، خوش خنده = **بلبل خویش را مسوز :** عاشق سرگشته خودرا بعذاب مینداز= **کز سر صدق :** با تمامی دل وجان = **من که ملول گشتمی بی نفس فرشتگان:** من که بعذاب افتاده ام از همراه نبودن بافرشتگان زیبای مسیروصل تو = **قال و مقال عالمی میکشم از برای تو :** حرف وسرزنشهای زیادی را هم در راه عشق تو میشنوم و تحمل میکنم= **خرقه زهدوجام می گرچه نه درخور همند:** این سیمای زاهدانه من و رو به مستی توداشتن هرچنددر مرتبه و مسیر هم نیستند= **این همه نقش میزنم از جهت رضای تو:** به هرشکلی که درمی آیم و هرچه را می سرایم برای دست یافتن به رضایت ونظری از توست= **شورشراب عشق توآن نفسم رودزسر:** لذت ازمستی وصل مست سازت فقط آنزمان ازسرم بیرون میرود= **خاک درسرای تو :** برای همیشه باتو همنشین گردد= **دولت عشق بین که چون ازسر فقر و افتخار :** کارعشق ورزیت را بنگرکه چگونه عاشقت باتمام فقرش می بالداز اینکه= **گوهر تاج سلطنت می شکند گدای تو:** در عین داشتن جانی حکمران و سلطنت کننده در زمین این گوهر(جان)را درراه گدائی روی توچنین میشکند(خوار میسازد)= **خوش چمنیست عارضت خاصه در بهارحسن:** آنچه اززیبائی در طبیعت عرضه میداری بس خوش ووجدآورست بخصوص در بهار زیبایت = **حافظ خوش کلام شد مرغ سخن سرای تو :**که حافظ عاشق وشیرین سخن فقط ازتوو زیبائیهای تو می سراید= **(حافظ خود حافظ)**

ابیات زیرکه بعنوان ابیات هفتم غزل فوق واعلام شده درپاورقی برای آن در نسخه قزوینی بعلت عدم رعایت مبانی عرفان و سیر معنی غزل وتکرار قافیه مشخصا از حافظ نمی باشند:

شـــاه نشین چشم من تکیه گه خیال توست | جای وفاست شاه من بی تو مبـاد جای تو
دلـق گـدای عشق را گنـج بـود درآستین | زود به سلطنت رسد هرکه بود گدای تو
عشق تو سرنوشت من خاک درت بهشت من | مهر رخت سرشت من راحت من رضای تو

{۳۰٤}

مرا چشمیست خون افشان ز دست آن کمان ابرو
جهان بس فتنه خواهد دید از آن چشم و از آن ابرو
غلام چشم آن تُرکم که در خواب خوش مستی
نگارین گلشنش روی است و مشکین سایبان ابرو
هلالی شد تنم زین غم که با طغرای ابرویش
که باشد مَه که بنماید ز طاق آسمان ابرو
روان گوشه گیران را جبینش طُرفه گلزاریست
که بر طرف سمن زارش همی‌گردد چمان ابرو
تو کافر بر نمی چینی نقاب زلف و دانستم
که محرابم بگرداند خم آن دلستان ابرو
اگر چه مرغ زیرک بود حافظ در هواداری
به تیر غمزه صیدش کرد چشم آن کمان ابرو

خون افشان: با اشکی خونین= **آن کمان ابرو:** آن یار با ابروی بس شیفته سازش= **جهان بس فتنه خواهد دید ازآن چشم و ازآن ابرو:** دنیا محل عرضه عشق وآزمون وماجراهای عشاق با آن زیبا روست= **غلام چشم آن تُرکم که درخواب خوش مستی :** بنده و جویای چشم آن زیبایم که در مست سازی خوشش= **نگارین گلشنش روی است و مشکین سایبان ابرو :** گلستان مهرورزیش روی بس زیبای او وسایبان خوشبوی آن ابروی اوست = **هلالی شد:** خمیده گشت = **طغرا:** کمان = **که باشد مه که بنماید ز طاق آسمان ابرو:** چگونه میشود هلال ماه را در آسمان با آن مقایسه کرد= **روان گوشه گیران را جبینش طرفه گلزاریست :** روح وجان عشاق با دیدن پیشانیش درگلزاری بس شگفت ، وارد خواهد گشت = **که برطرف سمن زارش همی گردد چمان ابرو :** که یاربا ابروی شیفته سازش درسمت یاسمن زار آن میخرامد= **توکافربر نمی چینی نقاب زلف ودانستم:** تویار مدام پوشیده نقاب زلفت را از روی زیبایت کنار نخواهی زد پس میدانم= **که محرابم بگرداند خم آن دلستان ابرو:** که خم آن ابروی پیدای تواز آن نقابست که تمامی عبادت وراز ونیازم میگردد = **اگر چه مرغ زیرک بود حافظ در هواداری:** هرچند هر عاشقی در شروع دلباختگی با طمع بهره بردن از لذت دنیا وآخرت به عشق ورزی تو روی می آورد = **به تیرغمزه صیدش کرد چشم آن کمان ابرو :** با دیدن وشیفته گشتن از یک عشوه تو از هردو آنها (دنیا و آخرت) برای رسیدن به وصل تو میگذرد = **(حافظ خود و عام)**

ابیات زیرکه بعنوان ابیات چهارم وششم غزل فوق درنسخه قزوینی آمده اند بعلت عدم رعایت مبانی عرفان وسیر معنی غزل وسبُک بودن درمعنی و لحن مشخصا از حافظ نبوده و به آن اضافه گشته اند :

رقیبان غافل وما را از آن چشم وجبین هردم — هزاران گونه پیغام است و حاجب در میان ابرو
دگرحور وپری را کس نگوید با چنین حسنی — که این را اینچنین چشم است و آنرا آنچنان ابرو

{۳۰۵}

خط عذار یـــار کــه بگــرفت مــاه از او — خوش حلقه‌ایست که به در نیست راه از او
ابروی دوست گوشه محراب دولت است — آنجـا بسای چهــره و حاجت بخواه از او
ای جرعه نوش مجلس جم سینه پاک دار — کآیینه‌ایست جــام جهــان بین که آه از او
سلطـان غــم هــر آن چــه تواند بگو بکن — من بـُـرده‌ام بــه باده فروشـان پنـاه از او
ســاقی چــراغ مــی بــه ره آفتــاب دار — گـــو بــر فــروز مشعـله صبحـگاه از او
آیا در این خیـال که دارد گـدای شــهر — روزی بــود کــه یـاد کنـد پـادشـاه از او

حافــظ که راز محفل عشاق به ساز کرد
خالــی مبـاد عرصـــه این بــزمگاه از او

خط عذار یار که بگرفت ماه از او : نحوه چهره نمائی به این زیبائی که ماه از یار آموخته است = **خوش حلقه ایست که به درنیست راه از او:** آنچنان زیبا و جذاب است که کسی نیست مجذوب آن نگردد و از آن لذت نبرد = **ابروی دوست گوشه محراب دولت است:** رسیدن به وصل یار مکان اصلی ارج یافتن و مقام گرفتن است = **آنجا بسای چهره و حاجت بخواه از او :** بسوی او فقط روی کن و تمنا فقط از او بنما = **ای جرعه نوش مجلس جم سینه پاک دار:** ای بدنبال مست گشتن ازیاردرون(جان ودل) را ازغیراوپاک کن= **کایینه ایست جام جهان بین که آه ازاو:** که دل پاک عاشق منعکس ساز آن زیبائیست که آه از یاد ساختنش(که بسیار دلرباست) = **سلطان غم:** غم دربرگیرنده عاشقان = **برده ام به باده فروشان پناه از او :** که من با روی آوردن به مست سازان یارخودرا ایمن ساخته ام= **ساقی چراغ می به ره آفتاب دار:** یارا نور مست سازت را کار آفتاب زیبایت بگردان = **گو برفروز مشعله صبحگاه از او :** و بگو هرصبح با پرتوش مارا از تو سرمست سازد= **گدای شهر :** حافظ(عاشق او)= **پادشاه :** یار= **راز محفل عشاق به ساز کرد :** راز و نیاز عشاق را با یار آوای ساز مجلس عشاق نمود = **خالی مباد عرصه این بزمگاه از او:** درتمامی محافل عشق ورزی یار درهرعصر وزمان حضور خواهد داشت = **(حافظ خود حافظ)**

ابیات زیرکه بعنوان ابیات چهارم و هفتم غزل فوق در نسخه قزوینی آمده است بعلت عدم رعایت مبانی عرفان و سیر معنی غزل مشخصا از حافظ نمی باشند:

کــردار اهل صومعه‌ام کــرد می پــرست — این دود بین که نامه من شد سیاه از او
آبــی بــه روزنــامه اعمــال ما فشــان — باشــد تــوان سِتُــرد حــروف گناه از او

{۳۰۶}

گلبن عیش می‌دمد ساقی گلعذار کو   باد بهار می‌وزد باده خوشگوار کو
هر گل نو ز گلرخم یاد همی‌کند ولی   گوش سخن شنو کجا دیده اعتبار کو
مجلس بزم عیش را غالیه مراد نیست   ای دم صبح خوش نفس نافه زلف یار کو
حسن فروشی گلم نیست تحمل ای صبا   دست زدم به خون دل بهر خدا نگار کو
شمع سحرگهی اگر لاف ز عارضش زند   خصم زبان دراز شد خنجر آبدار کو
حافظ اگر چه در سخن خازن گنج حکمتست
از غم روزگار دون طبع سخن گزار کو

گلبن عیش میدمد ساقی گلعذار کو: فصل بهار گشته است یار مست سازو زیباروی من کجاست = باده خوشگوارکو: پس مست سازیش چه شد= هر گل نو ز گلرخم یاد همی کند ولی= هر گلی که میشکفد یار زیبا رویم را به یاد می آورد ولی= گوش سخن شنو کجا دیده اعتبار کو : کجاست گوشی که بشنود و دیده ائی که با دیدن آنها آرام گیرد= مجلس بزم عیش را غالیه مراد نیست: عطرخوش یاردر مجلس عشق ورزیش به مشام نمیرسد= ای دم صبح خوش نفس نافه زلف یار کو: ای نسیم سحری زنده ساز دل، بوی خوش گیسوی آن زیبا چه شد = حسن فروشی گلم نیست تحمل ای صبا: از فخری که گل از زیبائیش درنبود یار میکند بی طاقت گشته ام ای نسیم سحری خبری بیاور= دست زدم به خون دل بهرخدا نگار کو: مدام خون دل میخورم آخر بخداوندیش خبری از آمدنش بده = اگرلاف زعارضش زند : اگر بگوید که مرا نمائی از یار بگیر= خصم زبان دراز شد : دیگر پایش را بیش از حدخود بیرون نهاده : خنجرآبدار کو : آن خنجر فولادین کجاست = اگرچه درسخن خازن گنج حکمت است : اگر چه چون شعر بسراید حکمت زیادی از آنچه از یار آموخته را عرضه میدارد= ازغم روزگاردون طبع سخن گزارکو: ولی در روزهای خوارگشتن و دور بودن ازیار در زندگی (تا یار وصلی مقررنسازدولطافتی از خودبروز ندهد) چگونه میتوان آن حکمتهارا با شعری زیبا عرضه داشت=

(حافظ خود حافظ)

بیت زیرکه بعنوان بیت ششم غزل فوق درنسخه قزوینی آمده است بعلت عدم رعایت مبانی عرفان وسیر معنی غزل مشخصا از حافظ نبوده و به آن اضافه گشته است :

گفت مگر ز لعل من بوسه نداری آرزو   مردم از این هوس ولی قدرت و اختیار کو

ای پیک راستان خبر یار ما بگو — احوال گل به بلبل دستان سرا بگو
ما محرمان خلوت اُنسیم و غم خوار — با یار آشنا سخن آشنا بگو
بَرهم چو می‌زد آن سرزلفین مشکبار — با ما سر چه داشت ز بهر خدا بگو
بر این فقیر نامه آن مُحتشَم بخوان — با این گدا حکایت آن پادشا بگو
جان پرور است قصهٔ ارباب معرفت — رمزی برو بپرس حدیثی بیا بگو
حافظ گر به مجلس او راه همی خواهی
مِی ، نوش و ز ترک زرق بهر خدا بگو

ای پیک راستان خبر یار ما بگو: ای باد صبا خبری از احوال یار ما باز گوی= **احوال گل به بلبل دستان سرا بگو :** خبر معشوق رابه عاشق نغمه خوانش برسان= **مامحرمان خلوت انسیم و غم خوار :** ما حرمت داران (ارج گذاران) هم نشینی شیرین اوئیم و چشم انتظاراو= **با یار آشنا سخن آشنا بگو:** خبر آن یار عزیز را برای آشنایان وطالبانش بازگو = **برهم چو میزد آن سرزلفین مشکبار:** آنگاه که حال مارا با ارائه بوی خوش زلف زیبایش دگرگون میساخت = **با ما سرچه داشت ز بهرخدا بگو:** چه قصدی برما ساخته بود (آیا نوید وصلی بود) به خداوندیش قسم میدهیم ترا که بگوئی= **فقیر:** بی چیز و بی مرتبه = **محتشم :** با شوکت و مقام = **جان پرورست قصه ارباب معرفت:** باعث جان گرفتن واحساس به زندگی باز گشتن است شنیدن داستان مهرورزیهای آن یارعرضه ساز عشق=**رمزی بروبپرس حدیثی بیابگو:** مطلب کوچکی بروبپرس وبیا شرح مفصلی ازآن بیان کن= **گربه مجلس اوراه همی خواهی:** اگرقصدوصل شیرین یاررادر سرداری = **می نوش و ز ترک زرق بهرخدا بگو:** روی بمستی یار آر واز دوری ساختن ازخودفریبی وریابرای رسیدن به یاربگو=**(حافظ خودو عام)**

ابیات زیرکه بعنوان ابیات چهارم ، پنجم ، ششم ، هفتم و نهم غزل فوق درنسخه قزوینی آمده است بعلت عدم رعایت مبانی عرفان و سیر معنی غزل مشخصا از حافظ نمی باشند و به غزل فوق اضافه گشته اند :

هرکس که گفت خاک دردوست توتیاست — گو این سخن معاینه در چشم ما بگو
آن کس که منع ما ز خرابات می‌کند — گو در حضور پیر من این ماجرا بگو
گر دیگرت بر آن در دولت گذر بود — بعد از ادای خدمت و عرض دعا بگو
هر چند ما بدیم تو ما را بدان مگیر — شاهانه ماجرای گناه گدا بگو
جانهاز دام زلف چو برخاک می‌فشاند — برآن غریب ماچه گذشت ای صبا بگو

{۳۰۸}

خنـک نسیم معنبـر شمـامه‌ای دلخواه		که در هـوای تو برخاست بامداد پگاه
ز راستـان تـو آموخت در طریقت مهر		سپیده دم که صبح چاک زد شعار سیاه
دلیـل راه شـو ای طایـر خجسته لقـا		که دیده آب شـد از شوق خاک آن درگاه
بتشخیص تن نزارم که غرق خون دلست		انگار هـلال را در کنـار افـق کنند نگاه
به عشق روی تو روزی که از جهان بروم		ز تربتم بدمد سرخ گل به جـای گیاه
منم که بی تو نفس می‌کشم زهی خجلت		مگر تو عفو کنی ور نه چیست عذر گناه

مـده به خاطـر نازک ، ملالی از مـن دون
که حافظ بدیدنت هر لحظه گفت بسم الله

خنک نسیم معنبر شمامه ائی دلخواه : نسیمی خنک و خوشبو با عطری دلخواه= **بامداد پگاه :** صبح سحری = **ز راستان توآموخت در طریقت مهر:** از خوانندگان بسوی راستی ونور توودرمسیرمهرورزی توآموخت = **سپیده دم که صبح چاک زد شعارسیاه :** صبحگاه که با روشنائیش پرده شب را درید= **دلیل راه شوای طایرخجسته لقا:** خبروصل بیاور ای(هدهد) پرنده نوید دهنده وصل وخوشبختی= **که دیده آب شد ازشوق خاک آن درگاه :** که چشمانم غرق اشک شد از شوق بوسیدن خاک سرای یار = **بتشخیص تن نزارم که غرق خون دلست :** اگرمیخواهی اوضاع بدن رنجور و دل خونینم را بدانی= **انگار هلال را درکنار افق کنند نگاه :** مثل آنست که درافق به هلال ماه سرخ رنگ گشته (از غروب یا طلوع خورشید) نگاه کنی= **زتربتم بدمد سرخ گل بجای گیاه :** (با این دل خونین) از خاک گورم گل سرخ بجای گیاهان دیگر خواهدروئید= **منم که بی تونفس میکشم زهی خجلت:** ازاینکه درنبود تو هنوز زنده ام بسیار خجالت زده ام = **عذر گناه:** بهانه ام برای این گناه= **مده بخاطرنازک ملالی از من دون :** به آن وجود لطیف بخاطر این عاشق ناچیز ناراحتی راه مده= **بدیدنت هرلحظه گفت بسم الله :** برای دیدن آن روی زیباهرلحظه آماده کشیدن آخرین نفس است= **(حافظ خود حافظ)**

عیشم به راه است از یـار دلخواه　　کـارم بـه کـام اسـت الحمدلله
ای بخت سرکش تنگش به برکش　　گه جام زرکش گه لعل دلخواه
جـانا چـه گـویم شـرح فـراقت　　چشمی و صد نـم جانی و صد آه
زاهد مبیناد این غم که دیده‌ست　　از قامتت سرو از عارضت مـاه
مـا را بـه مستی افسـانه کردند　　پیـران جـاهـل شیخان گمـراه
از قـول زاهـد کـردیم تـوبه　　وز فعــل عــابــد استغفرالله
شـوق لبت بـرد از یـاد حافظ
درس شبــانه ورد سحـرگاه

عیشم براه است از یار دلخواه : یار زیبایم وصلش را مقرر ساخته = **کارم به کام است الحمدلله:** و غرق خوشی و لذت در وصل شیرین اویم با سپاس از خداوندیش= **ای بخت سرکش تنگش به برکش:** ای سرنوشتی که از وصل یار دور می ماندی حال با تمام وجوداز وصلش لذت ببر= **گه جام زرکش گه لعل دلخواه :** هم ازاومست گرد هم از لب یاقوتیش لذتی تمام ببر= **جانا چه گویم شرح فراقت:** یارا چگونه بگویم داستان دورگشتن از ترا = **صد نم:** اشک بسیار= **صد آه :** غم بسیار= **زاهد مبیناد :** آنکه مصلحت دنیایش را در نظرگیرد نمی تواند درک نماید = **این غم که دیده است :** این غمی که باعث میشود تا دیدهٔ عاشق= **ازقامتت سرو ازعارضت ماه :** قامت تورا درسرو بیند ورویت را درماه تابان = **مارا به مستی افسانه کردند:** از مستی ما در عشق تو داستانها ساختند (دروغها گفتند) = **جاهل :** نادان = **شیخان :** وعاظ= **از قول زاهدکردیم توبه:** از نصحیت عابدان (که گویند اصل پرداختن به تکالیف دینی است) روی گرداندیم = **از فعل عابد:** از عملکرد آنکه خود را مومن مینمایدو سپس به هرکار شرم آوری دست میزند = **استغفرالله :** به خداوند پناه میبریم = **شوق لبت:** شور وشیرینی وصلت= **درس شبانه ورد سحرگاه :** قرآن خوانی شب ودعای سحرم را= **(حافظ خود حافظ)**

{۳۱۰}

گر تیغ بارد درکوی آن ماه   گردن نهادیم الحکم لله

آیین تقوا ما نیز دانیم   لیکن چه چاره با بخت گمراه

ما شیخ و واعظ کمتر شناسیم   یا جام باده یا قصه کوتاه

من رند و عاشق در موسم گل   آن گاه توبه استغفرالله

مهر تو عکسی بر ما نیفکند   آیینه رویا آه از دلت آه

الصبر مُر و العمر فان   یا لیت شعری حتّام القاه

حافظ چه نالی گر وصل خواهی

خون بایدت خورد در گاه و بی‌گاه

گرتیغ بارد درکوی آن ماه : اگرهمه را در کوی آن یار زیبا با شمشیر بزنند = گردن نهادیم الحکم لله : ما جان برای آن گذارده ایم که حکم ، حکم خداوندست(قرآن)= آئین تقوا : رسوم عبادت یاررا = بخت گمراه : دل سرکش برای عشق یار= ما شیخ و واعظ کمترشناسیم : ما عاشقان همچون سخنرانان مذهبی بدنبال تفصیل وشرح سخن نیستیم= یا جام باده یا قصه کوتاه : یا از یار و مستیش میگوئیم ویا هیچ نمی گوئیم = رند : دلبخته ائی پاکباخته= درموسم گل: آنهم درفصل بهار= آنگاه توبه استغفرالله : وسپس اززیبائیهای یار روی گرداندن!! برخداوند ازآن (کار اشتباه) پناه میبریم = عکسی برما نیفکند: شمائی بر ما عرضه نکرد= آیینه رویا : ای آنکه رویت بازتاب همه زیبائیها و شیرینی هاست = آه از دلت آه : درد میکشیم از روی گردانیت، دردی سخت = الصبرمُروالعمرفان : انتظار تلخست وعمرگذران وازدست رفتنی= یالیت شعری حتّام القاه : ایکاش میدانستم چه زمانی دیدارم میسر میگردد = چه نالی : آیا فقط ناله سر میکنی= خون بایدت خورد در گاه وبیگاه : مدام باید خون دل خورد (تا وصلی مقرر گردد) =   (حافظ خود و عام)

{۳۱۱}

وصال او ز عمر جاودان به | خداوندا مرا آن ده که آن به
به داغ بندگی مُردن بر این در | به جان او که از مُلک جهان به
دلا دائم گدای کوی او باش | به حکم آنکه دولت، جاودان به
گُلی کان پایمال سرو ما گشت | بود خاکش ز خون ارغوان به
به خلدم دعوت ای زاهد مفرما | که این سیب زنخ زان بوستان به
جوانا سر متاب از پند پیران | که رای پیر با بخت جوان به

سخن اندر دهان دوست گوهر
نباشد گفته حافظ از آن به

وصال او ز عمر جاودان به : وصل او گشتن ازعمرجاودان داشتن دردنیا بهترست= **آن ده که آن به** : آنرا برایم مقرر ساز که برای من خوب است = **به داغ بندگی مردن بر این در** : با درد عشق و پاکباختگی در راه وصل یار مردن = **به جان او که از مُلک جهان به** : به خداوند قسم که از فرمانروائی جهان بهترست= **دائم گدای کوی اوباش** : مدام تمنای وصل اورا بنما= **به حکم آنکه دولت، جاودان به**: بر این اساس(که یار در قرآن یاد ساخته)که مقام جاودانی درجواراو یافتن برترین مقامیست که بشری میتواند کسب کند= **گِلی کان پایمال سرو ماگشت**: گِلی را که یارما برآن پا نهد= **بودخاکش زخون ارغوان به** : بوی خاک آن گل ازشراب سرخ مست سازترمیگردد = **به خلدم دعوت ای زاهد مفرما** : مرا به زهد معمول ومصلحت اندیشی دنیا برای ورود به بهشت راه منما = **که این سیب زنخ زان بوستان به** : که دیدن چال چانه یاربه تمامی بهشت می ارزد= **سر متاب** : روی مگردان ، ساده مگذر = **که رای پیربا بخت جوان به** : که آمیختن تجربه پیران بوسیله فرد جوان درکار خود بهترین روش زندگی است = **سخن اندر دهان دوست گوهر**: = سخن آمده از دهان دوست (قرآن) آن جواهریست پرارزش وخوشبخت ساز(پس به آن رجوع بایدکرد)= **گفته**: اشعار = **(حافظ خود حافظ)**

ابیات زیرکه بعنوان ابیات دوم ، چهارم ، نهم و دهم غزل فوق در نسخه قزوینی آمده است بعلت عدم رعایت مبانی عرفان و سیر معنی غزل مشخصا از حافظ نمی باشند و به غزل فوق اضافه گشته اند :

به شمشیرم زد و با کس نگفتم | که راز دوست از دشمن نهان به
خدا را از طبیب من بپرسید | که آخر کی شود این ناتوان به
شبی می‌گفت چشم کس ندیده‌ست | ز مروارید گوشم در جهان به
اگر چه زنده رود آب حیات است | ولی شیراز ما از اصفهان به

{۳۱۲}

ناگهـان پـرده بـرانداختـه‌ای یعنی چه — مست از خـانـه بـرون تاخته‌ای یعنی چه

زلف در دست صبـا گوش به پیغام رقیب — این چنین با همه درساخته‌ای یعنی چه

شـاه خوبانـی و منظـور گدایان شده‌ای — قـدر این مرتبـه نشناخته‌ای یعنی چه

نه سر زلـف خود اول تو به دستم دادی — بـازم از پـای در انـداختـه‌ای یعنی چه

سخنت رمز دهان گفت و کمر سرّ میـان — و ز میان تیـغ به مـا آخته‌ای یعنی چه

هر کس از مُهره مهر تو به نقشی مشغول — عاقبـت با همه کـج باختـه‌ای یعنی چه

حافظـا در دل تنگت ، چـون فرود آید یـار
خـانـه از غیــر نپـرداختـه‌ای یعنی چه

ناگهان پرده برانداخته ائی یعنی چه: اینکه یکباره به خلقت ما و جهان بدین عظمت دست زده ائی بدنبال چه هستی؟= **مست ازخانه برون تاخته ائی:** واینچنین به مست سازی بازیبائیهایت میپردازی=**زلف دردست صباگوش به پیغام رقیب:** مست ساختن با بوی خوشت با باد صبا سپس جفا کردن وروی گرداندن = **اینچنین با همه درساخته ائی :** اینکار را با همه انجام میدهی واستثنا نیزقائل نمیشوی= **شاه خوبانی و منظورگدایان شده ائی:** ازهرچیزوهرکس والاتروبا مقام تری ولی به آنانکه بی چیز و بی مرتبه در دنیا باشند (از دنیا گذشته باشند) اجازه حضور میدهی= **قدراین مرتبه نشناخته ائی:** چگونه است که با این مقام ومرتبه فقط به این ناچیزان عاشقت روی میکنی و مهرمی ورزی = **نه سر زلف خود اول تو به دستم دادی :** توخوداول عشق وعشق ورزیت را به من (ما) عرضه کردی وآموختی= **بازم از پای درانداخته ائی:** اینکه من (ما) را از غم جدائیت اینچنین درمانده می نمائی = **سخنت رمز دهان گفت:** آیاتت (قرآنت) ما را به شیرینی وصلت میخواند= **کمرسّرمیان :** و زیبائیهائی که در دنیا عرضه میداری نشانیهای این رابطه و برقراری آنست = **وز میان تیغ به ما آخته ائی یعنی چه :**(با شناخت تو و ورود به این رابطه تاوصل شیرینت) پس جفا ساختن برعاشق وایجاد خون دل برای او دیگرچیست(اولین وصل را چرا مدام نمی سازی)= **هرکس از مُهره مهرتو به نقشی مشغول :** همه یکسان از مهرورزی توبهره میبرند و بکاری در زندگی که مقرر کردی مشغولند = **عاقبت با همه کج باخته ائی:** اینکه هیچ کس از آزمونهای تو(خوشیهای وسختیهای زندگی) مستثنا نیست(حتی پیامبران) = **دل تنگت :** دلی که بجز از یاد یار با یاد دیگران نیز پر میباشد(برای همین نیز تنگ گشته و جای کمی در آن مانده) = **چون فرود آید یار :** چگونه یار بر آن نظر اندازد = **خانه از غیر نپرداخته ائی :** مگر نمی دانی جز یار را نباید دردل راه دهی= **(حافظ خود وعام)**

{۳۱۳}

در سـرای مغـــان رُفتِـه بـود و آب زده
نشسته پیـر و صلایی به شیخ و شـاب زده
سبوکشان همـه در بندگیش بسته کمـر
و او ز طــرف کُلـه چتـــر بـر سَحـاب زده
فـروغ جـام و قـدح ، نـور مـاه پوشیده
عـــذار مغبـچگان راه آفتـــاب زده
عـروس بخت در آن حجلـه با هزاران ناز
شکسته کَسمه و بر برگ گـل گلاب زده
گـرفته ســاغر عشـرت فـرشته رحمت
ز جرعـــه بـر رخ حـور و پـری آب زده
ز شـور و عربـــده شاهـدان شیـرین کار
شکّــر شکسته سمن ریخته ربـاب زده
سلام کـردم و با مـن به روی خندان گفت
کــه ای خمـــارکـش مفلس شـراب زده
که این کندکه تو کردی به ضمّ همت و رای
ز کُنـج خـانه شـده خیمـه بـر خـراب زده
وصـــال دولـت بیـدار تَرسَمش نـدهنـد
هـر آنکه خفته در آغـوش بخت خواب زده
بیـا بـه میکـده حافظ کـه بر تـو عرضه کنم
هـــزار صـف ز دعـاهـای مستجـاب زده

درسرای مغان رُفته بود : ورودی کوی یارجارو گشته بود = **نشسته پیر و صلائی به شیخ و شاب زده :** یار نشسته و خوش آمدگوبه پیروجوان= **سبوکشان همه دربندگیش بسته کمر:**مست سازانش همگی درخدمتش حاضروآماده= **و او ز طرف کله چتر برسحاب زده :**و یار با لبه کلاهش (فرمانروائیش) سایبانی برهمه مقرر ساخته = **فروغ جام وقدح نور ماه پوشیده :** پرتومست سازکویش نورماه را میپوشاند= **عذار مغبچگان راه آفتاب زده :** زلف زیبارویان(همراه وصل)زیبائی

آفتاب را بفراموشی سپرده = **عروس بخت درآن حجله:** یار زیبای آرزوها در سرای وصلش= **شکسته کسمه :** زلف را پریشان ساخته= **بربرگ گل گلاب زده :** عطرش بوی خوش گلهارا از یاد می برد = **گرفته ساغر عشرت فرشته رحمت :** جامی خوش و سرمست ساز در دست عامل نازل ساز مهرش= **ز جرعه بر رخ حور و پری آب زده :** با پخش ساختن هر جرعه ائی حوران وپریان را زیباترومست سازترمیساخت = **ز شور و عربده شاهدان شیرین کار :** از مستی و سرخوشی همراهان زیباروی و شادساز وصل= **شکرشکسته سمن ریخته رباب زده:** در مقابل ایشان شکر از شیرینی و گل یاسمن از چشم و رباب از زیبا نواختن افتاده = **خمارکش مفلس شراب زده :** ای پاکباخته مست که سختی انتظار وصل یار را کشیده ائی= **که این کند که توکردی به ضم همت و رای:** کم میباشند آنانیکه مثل توتمام همت وتمنای خودرا برای وصل یارگشتن بکارگیرند= **زکُنج خانه شده خیمه برخراب زده :** خانه (مکان) آسایش خودرارها ساخته بخرابات(روی گرداندن از تعلقات دنیا) روی آورده = **وصال دولت بیدار ترسمش ندهند:** شایدکه نتواند وصلی ازیاررا تجربه کند(امکانش کم است) = **هر آنکه خفته درآغوش بخت خواب زده :** آنکه بی همت است در اینکاروفقط درانتظارسرنوشت نشسته است تا چه زمانی وصلی برایش مقرر گردد= **بیابه میکده حافظ که برتو عرضه کنم :** واردسرای مست سازمن شوکه نشانت دهم= **هزار صف ز دعاهای مستجاب زده :** درخواستها ودعاهای بسیار برای وصل که درانتظار اجابتند= **(حافظ خود حافظ)**

دوبیت زیربعنوان آخرین ابیات حتی بعد از بیت حافظ دار در نسخه قزوینی آمده اند وکاملا مشخص است که بوسیله شاعری درباری سروده گشته و متعلق به حافظ نیست ولی حضور این ابیات نشانگرعرض اندام میان شعرای درباری در زمان حافظ یا بعد آن میباشدکه از این طریق قصدداشته اند تبحرخود درسرودن اشعاری همسنگ با حافظ را در غزلهای سخت او بلحاظ قافیه و معنی بردیگران به اثبات برسانند والبته نظری نیز ازحاکم وقت جلب نموده باشند که البته فاصله زیاد کیفیت ابیات زیربا اشعار حافظ بلحاظ مرتبه ، معنی، لحن و لطافت بخوبی مشخص میباشد:

فلک جنیبه کش شاه نصره الدین است — بیا ببین ملکش دست در رکاب زده
خرد که ملهم غیب است بهر کسب شرف — ز بام عرش صدش بوسه بر جناب زده

{٣١٤}

دوش رفتم به در میکده خواب آلوده   خرقه تر دامن و سجاده شراب آلوده
آمد افسوس کنان مغبچه باده فروش   گفت بیدار شو ای رهرو خواب آلوده
به هوای لب شیرین دهنان چند کنی   جوهر و روح به یاقوت مذاب آلوده
شست و شویی کن و آنگه بخرابات خرام   تا نگردد ز تو این دیر خراب، آلوده
گفتم ای کار جهان دفتر گل عیبی نیست   که شود فصل بهار از می ناب آلوده
آشنایان ره عشق در این بحر عمیق   غرقه گشتند و نگشتند به آب آلوده
گفت حافظ لغز و نکته به یاران مفروش
آه از این لطف به انواع عتاب آلوده

رفتم به در میکده خواب آلوده : درخواب و بیداری بسوی سرای مست ساز یار رفتم = **خرقه تر دامن و سجاده شراب آلوده :** جامه ام خیس از عرق شوق دیدن یار و مست در سجاده خود افتاده = **مغبچه باده فروش :** زیباروئی مست ساز ازهمراهان وصل= **گفت بیدار شو ای رهرو خواب آلوده :** گفت برخیز ای آنکه راهی وصل یاری = **به هوای لب شیرین دهنان چندکنی :** برای رسیدن به وصل شیرین یارچقدر = **جوهر و روح به یاقوت مذاب آلوده :** جان وروح خود را در خیال لب سرخ مست سازش درگیرمیسازی= **شست و شوئی کن و آنگاه بخرابات درآی :** خود را پاک ساز سپس قصد سرای یار کن = **تا نگردد زتو این دیرخراب آلوده :** اگر میخواهی سرای یاراز توآلوده نگردد = **ای کار جهان :** ای آنکه بکار جهان مشغولی (ای خدمتگزار یار) = **دفترگل عیبی نیست :** آیا درگل و زیبائیش آلودگی می بینی = **که شود فصل بهار از می ناب آلوده :** که گلهای فصل بهار هرتماشاگری را مست میسازند = **آشنایان ره عشق در این بحر عمیق :** عاشقان پاکباخته یاردر این راه بی انتهای عشق او= **غرقه گشتند ونگشتند به آب آلوده :** در طلب مستی یار بماندند و جز وصل اورا نه خواستند ونه تمایلی نشان دادند= **لغز و نکته به یاران مفروش :** زیرحرفهای سربسته ونکاتی که خود دانای آنی غم خود را پنهان مساز = **آه از این لطف به انواع عتاب آلوده :** که بس نگرانیم برا ی شما (مهرورزان خالص یار) که با چه جفاهائی از یار روبرو هستید = **(حافظ خود حافظ)**

ابیات زیرکه بعنوان ابیات پنجم وششم غزل فوق درنسخه قزوینی آمده اند بعلت عدم رعایت مبانی عرفان وسیرمعنی غزل مشخصا از حافظ نبوده و به آن اضافه گشته اند :   (تشریف شباب : خلعت (لباس) جوانی – تراب خاک)

به طهارت گذران منزل پیری و مکن   خلعت شیب چوتشریف شباب آلوده
پاک وصافی شو و از چاه طبیعت به درآی   که صفایی ندهد آب تراب آلوده

ای کـه با سلسـله زلـف دراز آمـده ائی　　فرصتم بـاد کـه دیـوانه نـواز آمده ائی
آب و آتش بهـم آمیختـه ائی از لـب لعل　　چشم بـد دور کـه بس شعبده بـاز آمده ائی
زهد من با تو چه سنجش که به یغمای دلم　　مسـت و آشفته به خلـوتگه راز آمده ائی
آفریـن بـر دل نرم تـو که از بهر ثواب　　کُشته غمـزه خـود را به نمـاز ، آمده ائی
پیش بالای تو میرم چه به صلح و چه بجنگ　　کـه بهـر حـال بـرازنـده نـاز آمده ائی
ساعتی نـاز مفـرما و بگـردان عیشی　　ار بـه پـرسیدن اربـاب نیـاز آمده ائی
گفت حافظ دگرت خرقه شراب آلوده است
و دگـر از مذهـب ایـن طـایفه باز آمده ائی

سلسله زلف دراز: باتمام وعده های شیرینی که دادی= **فرصتم باد که دیوانه نواز :** غنیمت می شمارم آنرا که برای آرام ساختن دیوانه ات = **از لب لعل :** با لب سرخ یاقوتیت = **چشم بد دور :** چشم دنیادار دورست از این تماشا = **که بس شعبده باز:** که بسیارمبهوت ساز دلهای عاشق وخالص= **زهدمن با تو چه سنجش که به یغمای دلم :** عبادت وتمنای من وحضور تو چگونه با هم قابل قیاسند با این نحوه دل بردن و شیفته ساختن تو= **مست وآشفته به خلوتگه راز :** که اینچنین مست ساز و شیفته ساز دل به خلوت من= **آفرین بر دل نرم تو که ازبهر ثواب :**درود براین مهرورزی لطیف تو که برای والا ساختن عاشقت= **کشته غمزه خودرا به نماز آمده ائی:** وصل عاشق از دست رفته خودرا مقرر ساخته ائی= **پیش بالای تومیرم :** برای وصل شیرین توای نازنین نازساز، جان را فدا میسازم= **چه به صلح و چه به جنگ :** با هر وضعیتی که برایم مقررسازی= **که بهرحال برازنده ناز آمده ائی :** زیرااین ناز زیبای توست که برای آن میشود جان داد = **ناز مفرما و بگردان عیشی :** رحمی به من کن و وصل شیرینت را برپا ساز = **ار به پرسیدن ارباب نیاز آمده ائی:** اگر آمده ائی تا خبری ازعاشق تمنا سازت بگیری= **دگرت خرقه شراب آلود است :** دیگراز عاشقان یارو جویندگان مستی اش گشته ائی= **از مذهب این طایفه باز آمده ائی :** ازمرام عافیت بینان و صلاح اندیشان خارج شده ائی= **(حافظ خود حافظ)**

از من جدا مشو که تو ام نور دیده ائی آرام جـــان و مونس قلـب رمیده ائی
از دامـن تـو دست ندارند عاشقان پیـراهن صبـوری ایشان دریده ائی
از چشم زخم خلق مبادت گزند از آنک در دلبـری بغایت خوبـی رسیده ائی
منعم کنی ز عشق وی ای مفتی زمان معـذور دارمت کـه تـو او را ندیده ائی
آن سرزنش که کرد ترا دوست حافظا
بیش از گلیم خویش مگر پا کشیده ائی

تو ام نور دیده ائی : غیر از تو چیزی برایم دیدنی نیست = **مونس قلب رمیده ائی** : همدم دل از دنیا بریده = **از دامن تو دست ندارند** : از دنبال سازی عشقت تا چشیدن وصل شیرینت دست نمی کشند = **پیراهن صبوری ایشان دریده ائی** : درعشق خود دیگر تاب و توانی برایشان باقی نگذارده ائی = **از چشم زخم خلق مبادت گزند**: چشمی نمیتواند ترا چشم زخم زند = **در دلبری**: درمبهوت سازی دل و چشم = **بغایت** : به کمال= **منعم کنی**: باز میداری مرا = **ای مفتی زمان** : ای شیخ فتوا دهنده (صاحب حکم) شهر= **معذور دارمت** : عذرت برایم موجه (قابل درک) است = **آن سرزنش که کرد ترا دوست** : هشدار و اخطاری که یار فرستاد(مفتی شهر را بسویم فرستاد) = **بیش از گلیم خویش مگر پا کشیده ائی** : حتما تندروی کرده و از حدود تجاوز نموده ام = **(حافظ خود و عام)**

دامـن کشان همی‌شد در شُرب زرکشیده — صـدمـاه روی رشکش جیـب قصب دریده
از تـاب آتش مـی بر گرد عارضش خوی — چـون قطره‌های شبنم بـر برگ گل چکیده
یاقـوت جـان فزایش از آب لطـف زاده — شمشـاد خـوش خرامش در نـاز پروریده
آن لعل دلکشش بین وان خنده دل آشوب — وان رفتـن خوششش بیـن وان گام آرمیده
آن آهـوی سیه چشم از دام ما برون شد — یاران چـه چـاره سازم بـا ایـن دل رمیده
تـا کـی کشم عتیبت از چشـم دلفریبت — روزی کرشمـه ائی کـن ای یـار برگزیده

گـر خاطـر ظریفت رنجیده شد ز حافظ
بـازآ کـه توبـه کـردیم از گفته و شنیده

دامن کشان همی شددر شُرب زر کشیده : با تمام زیبائی پا بر خیال مست گشته ام گذارد = **صدماه روی رشکش جیب قصب دریده :** چه بسیار زیبا رویانی که از حسادت زیبائیش پیراهن خود را پاره کردند(پر پر گشتند) = **ازتاب آتش می برگرد عارضش خوی:** از شور وحرارت عشق مست سازش برچهره اش عرقی نشسته = **یاقوت جان فزایش از آب لطف زاده :** لب شیرین زنده سازش پراز لذت عشق ومستی= **شمشاد خوش خرامش در ناز پروردیده:** هیبت دلربایش با گام برداشتن زیبایش کاملا در ناز پرورش یافته = **لعل:** لب یاقوتیش= **دل آشوب :** پراز شور وشاد ساز د = **وان گام آرمیده :** و آن گام برداشتن آرام و مبهوت سازش= **آهوی سیه چشم :** یار زیبا روی = **از دام ما برون شد :** از خیال سر مست گشته من بیرون رفت= **دل رمیده :** دل نا آرام و بیتاب گشته من= **تا کی کشم عتیبت از چشم دلفریبت :** تا کی تحمل کنم سرزنشهارا از بابت دنبال تو وعشق تو بودن= **کرشمه ائی کن:** وصلی مقرر ساز= **ای یاربرگزیده :** ای بهترین انتخاب (زندگی دنیا)= **گر خاطر ظریفت رنجیده شد :** اگرمن ودل، وجود بس زیبا و لطیف ترا آزرده ساختیم = **بازآ که توبه کردم از گفته وشنیده :** تو مارا ببخش و نظری بر ما انداز که دیگر نه هیچ میگوئیم و نه خیالی را باز گو میکنیم =
(حافظ خود حافظ)

ابیات زیرکه بعنوان ابیات سوم ، هفتم و بیت بعد از بیت حافظ دار غزل فوق در نسخه قزوینی آمده است بعلت عدم رعایت مبانی عرفان و سیر معنی غزل مشخصا از حافظ نمی باشند و به آن اضافه گشته اند:

لفظی فصیح شیرین قدی بلند چابک — رویی لطیف زیبا چشمی خوش کشیده
زنهـار تـا توانی اهـل نظـر میازار — دنیا وفـا ندارد ای نـور هر دو دیده
بس شکر باز گویم در بندگی خواجه — گر اوفتـد به دستم آن میـوه رسیده

{۳۱۸}

از خون دل نوشتم نزدیک دوست نامه

انـی رایـت دهـرا مـن هجـرک القیـامه

(از دوریت روزگارم چون حال قیامتیان است)

دارم من از فِراقت در دیده صد علامت

لیسـت دمـوع عینـی هـذا لنـا العـلامه

(نیست ترا اشکهای چشمم آن (نیز برای تو) ازما نشانه ائی)

هـر چنـد کآزمودم از وی نبـود سودم

مـن جـرب المجـرب حلّـت بـه الندامه

(کیست تجربه دار اینکار بدون فرو نیامدن در پشیمانی)

پرسیدم از حبیبی احـوال دوست گفتا

فـی بُعـدها عـذاب فی قُربهـا السلامه

(در دوریش عذابست در وصل او آسایش)

گفتم ملامت آید گر گِرد دوست گردم

و اللـه مـا راینـا حُبـا بلا ملامـه

((گفتا) بخدا هرگز ندیدیم عشقی بی سرزنش شدن)

حافظ که طالب آمد شُربی بجان شیرین

حـتی یـذوق منـه کاسـا مـن الکـرامـه

(برای آنست که بنوشد جامی(مست وصلش گردد) از سر مهر و بزرگواری او)

از خون دل نوشتم نزدیک دوست نامه : با دلی خونین بر یار پیغام دادم = **از فراقش دردیده صد علامت**: از جدائیش اشکهایم پایان نمی پذیرد= **هرچند کآزمودم از وی نبود سودم** : هرچه تلاش و تمنا کردم به جائی نرسیدم = **از حبیبی احوال دوست** : از اهل دلی چگونگی حال عشق ورزی با یاررا = **ملامت آیدگر گرد دوست گردم** : مورد سرزنش قرار خواهم گرفت اگربدنبال یار باشم = **که طالب آمد شربی بجان شیرین**: حاضرگشت برای مستیش جان را تقدیم سازد = (حافظ خود حافظ)

{۳۱۹}

چراغ روی تو را شمع گشت پروانه — مرا ز حال تو با حال خویش پروا نه
مرا به دور لب دوست هست پیمانی — که بر زبان نبرم جز حدیث پیمانه
خرد که نقد مجانین عشق می‌فرمود — به بوی مشک زلف تو گشت دیوانه
ببوی زلف تو گرجان بباد رفت چه باک — چه بس جان گرامی فدای تو جانانه
بر آتش رخ زیبای او بجای سپند — به غیر خال سیاهش که دید به دانه
چه نقشه‌ها که برانگیختیم و سود نداشت — فسون ما بر او گشته است افسانه
حدیث مدرسه و خانقه مگوی که باز
فتاد در سر حافظ هوای میخانه

شمع گشت پروانه : شمع با تمام زیبائی بدنبال زیبائی نور روی توست = مرا زحال تو با حال خویش پروا نه : در راه عشق تو ترسی به جان خود راه نمی دهم = مرا به دور لب دوست هست پیمانی : من با یار پیمانی در عشق بسته ام = جز حدیث پیمانه : که جز از او و مستی وصل شیرینش هیچ نگویم = خرد که نقد مجانین عشق میفرمود : عقلم که از دیوانگان عشق توانتقاد میکرد= به بوی مشک زلف تو گشت دیوانه : با بوئیدن بوی خوش گیسوی تو، خود نیز دیوانه گشت = به بوی زلف تو : برای رسیدن به وصل شیرین تو : چه باک : از هیچ چیز نباید ترسید = چه بس جان گرامی فدای تو جانانه : چه بسیارند عاشقان و راهیان تو که حاضر به تقدیم جان برای تو میباشند= بر آتش رخ زیبای او : بر آن روی زیبای چون آتش سوزنده اش = که دید به دانه : چه کسی بهترو زیباتر از آن دانه سیاه را دیده است = چه نقشه ها که بر انگیختیم : به چه کارها که در کار عشق او دست نزدیم = فسون ما براو گشته است افسانه : نقشه ها و ترفندهای ما آنچنان برای او ناچیزودورند که انگار افسانه ائی بیش نیستند= حدیث : صحبت = خانقه : سرای جمع شدن درویشان = هوای میخانه: حال و هوای مستی از عشق یار = (حافظ خود حافظ)

ابیات زیرکه بعنوان ابیات چهارم و هفتم غزل فوق درنسخه قزوینی آمده است بعلت عدم رعایت مبانی عرفان وسیر معنی وتکرار معنی بیت دیگرغزل مشخصا از حافظ نبوده و به آن اضافه گشته اند :

من رمیده ز غیرت ز پا فتادم دوش — نگار خویش چو دیدم به دست بیگانه
به مژده جان به صبا داد شمع در نفسی — زشمع روی تواش چون رسید پروانه

{۳۲۰}

سحـرگاهـان ز مخمـور شبانه　　بـدادم بـاده بـا چنگ و چغانه

نهـادم عقـل را ره توشه از مـی　　ز شهـر هستیش کـردم روانه

نگار مـی فروشم عشوه‌ای کـرد　　کـه ایمـن گشتم از مکـر زمانه

ز سـاقـی کمـان ابـرو شنیدم　　کـه ای تیـر ملامت را نشانه

نبندی زان میـان طرفـی کمروار　　اگـر خـود را ببینی در میانه

ندیم و مطرب وساقی همه اوست　　خیـال آب و گُـل در ره بهانه

بنـه کشتی مـی تـا خوش برانی　　در ایـن دریـای ناپیدا کـرانه

وجـود مـا معمـاییست حـافظ
کـه تحقیقش فسـون است و فسانه

مخمورشبانه : بعداز یک خماری کشیدن سخت شبانه = **بدادم باده :** مستی اش را برایم مقررساخت = **چغانه :** نوعی ساز= **ره توشه از می:** می مست ساز یاررا آذوقه راهش کردم = **ز شهرهستیش کردم روانه :**از مقامش خلعش نمودم= **نگار می فروشم عشوه ائی کرد:** یار مست سازم وصلی مقررساخت =**که ایمن گشتم ازمکرزمانه:** فارغ ازدنیای مکار و فریبکار شدم= **ساقی کمان ابرو :** یاربس زیبای خود= **که ای تیرملامت را نشانه :** ای عاشقی که سرزنش عشق ما را بدوش میکشی = **نبندی زان میان طرفی کمروار :** هیچگاه دستت بدور کمری نرود (به وصلی از یار نخواهی رسید) = **اگر خودرا ببینی درمیانه:** اگربه آن سرزنشها توجه کنی و به صلاح دیدخود روی آوری= **ندیم ومطرب و ساقی همه اوست :** تمام عوامل مست ساز تو از یارست = **خیال آب و گل دره بهانه :** همه نشانه های یار در این راه تو را برای وصل آماده میسازند= **بنه کشتی می تا خوش برانی:** پس به مستی تمام از یار روی آورتا با وجد وشادی بسر نمائی= **دراین دریای ناپیدا کرانه:** دراین جهان هستی(دنیا وآخرت– محضریار) = **وجود مامعمائیست:** وجود ما و یار عشق ورز و روابط ما و او معمائی حل نشدنیست = **فسون است وفسانه :** به داستانسرائی افتادن ودور گشتن از یارست =

(حافظ خود وعام)

ابیات زیرکه بعنوان ابیات ششم و هفتم غزل فوق در نسخه قزوینی آمده است بعلت عدم رعایت مبانی عرفان و سیر معنی و تکرار معنی ابیات دیگرغزل مشخصا از حافظ نمی باشند و به آن اضافه گشته اند:

برو این دام بر مرغی دگـر نـه　　که عنقا را بلند است آشیانه

که بندد طرف وصل از حسن شاهی　　که با خود عشق بازد جاودانه

ساقی بیا که شد قدح لاله پر ز می   طامات تا به چند و خرافات تا به کی
خوش نازکانه می‌چمد آن شاخ نوبهار   کاشفتگی مبادش از آشوب باد دی
زان می که داد حسن و لطافت به ارغوان   بیرون فکند لطف مزاج از رخش به خوی
هشیار شو که مرغ چمن مست گشت هان   بیدار شو که خواب عدم در پی است هی
مسند به باغ بر که به خدمت چو بندگان   استاده است سرو و کمر بسته است نی
بر مِهر چرخ و شیوه او اعتماد نیست   ای وای بر آنکه شد ایمن ز مکر وی

حافظ حدیث سحر فریب خوشت رسید
تا حد مصر و چین و به اطراف روم و ری

ساقی بیا که شد قدح لاله پر زمی : ای مست ساز بیا که گل لاله نیز مست و مست ساز گشته است = **طامات تا به چند خرافات تا به کی** : تا کی به سخنهای آشفته گوش دادن و شاهد افکارو اعمال نابخردانه دیگران بودن = **خوش نازکانه می چمد آن شاخ نوبهار** :چه زیبا با شکوفه ویا برگهای لطیف شاخه درخت برقص درمی آیند درشروع بهار= **کاشفتگی مبادش از آشوب باد دی**: که خیالش دیگر از بادهای زمستانی آسوده است = **زان می که داد حسن و لطافت به ارغوان:** آن مستی که چنین لطافت وزیبائی به گل ارغوان میدهد= **بیرون فکند لطف مزاج از رخش به خوی:** از درون خوش گشته اش آن شبنمهای زیبارابرروی گلبرگهایش ظاهرمیگرداند= **هوشیارشو که مرغ چمن مست گشت** : توجه کن و به بین که مرغان نیز مست زیبائی یار گشته اند (که اینچنین میخوانند) = **بیدار شود که خواب عدم در پی است** : به یار و مست گشتن اززیبائیهایش روی آورکه دیگرزمان زیادی به مرگ نمانده است(مدت عمرکم است)= **مسند به باغ برکه به خدمت چو بندگان** : به بوستان روی آور وبنگرکه همچون خدمتکاران= **استاده است سرو و کمر بسته است نی** : سرو به نحوی و نی ها به نحوی دیگر به مست سازی روی آوردگان می پردازند = **بر مهر چرخ و شیوه او اعتماد نیست** : به آنچه دنیا به ما میدهد وآنچرا بعد آن به انجام میرساند اعتماد نکن= **برآنکه شد ایمن زمکر وی** : فکر کنداز آزمایش وفریب روزگار (یار) ایمن است = **حدیث سحرفریب خوشت** : صحبت اشعار جادوئی و بس خوش تو= **(حافظ خود حافظ)**

ابیات زیرکه بعنوان ابیات دوم ، ششم ، هفتم ، هشتم و نهم غزل فوق در نسخه قزوینی آمده است بعلت عدم رعایت مبانی عرفان و لحن و سیر معنی غزل مشخصا از حافظ نمی باشند و به آن اضافه گشته اند:

بگذر ز کبر و ناز که دیده‌ست روزگار   چین قبای قیصر و طرف کلاه کی
فردا شراب کوثر و حور از برای ماست   و امروز نیز ساقی مه روی و جام می
باد صبا ز عهد صبی یاد می‌دهد   جان دارویی که غم ببرد درده ای صبی
حشمت مبین و سلطنت گل که بسپُرد   فراش باد هر ورقش را به زیر پی
درده به یاد حاتم طی جام یک منی   تا نامه سیاه بخیلان کنیم طی

به صوت بلبل و قُمری اگر ننوشی می / علاج کی کنمت آخر الدواء الکی
ذخیره‌ای بنه از رنگ و بوی فصل بهار / که می‌رسند ز پی رهزنان بهمن و دی
شکوه سلطنت و حسن کی ثبات داشت / ز تخت جم چه سخن ماند و افسر کی
زمانه هیچ نبخشید که باز نستاند / مجو ز سفله مروت که شیئهٔ لا شی
خزانه داری میراث خوارگان کفر است / به قول مطرب و ساقی به فتوی دف و نی
سخاناند سخن طی کنم شراب کجاست / بده به شادی روح و روان حاتم طی
بخیل بوی خدا نشنود بیا حافظ
پیاله گیر و کرم ورز و الضمان علی

صوت : آواز = **اگرننوشی می**: اگر به مست گشتن از زیبائیهای یار روی نیاوری = **علاج کی کنمت آخرالدواء الکی:** چگونه درمان سازم ترا با دارو که تو داغ دل (از دوری یار) داری = **ذخیره ائی بنه** : توشه ائی برگیر(ماجراهائی از عشق ورزی و مستی یاردر بهار برپا کن برای ذخیره خیال خود) = **ز پی رهزنان بهمن ودی** : بعداز آن باد های سرد زمستانی = **شکوه سلطنت و حسن کی ثبات داشت** : دوام عظمت حکومت و روزهای خوش وموفق برای چه کسی ماندنی گشته است = **ز تخت جم چه سخن ماند و افسرکی:** از حکومت جمشید شاه چه نشانی ماند واز تاج(نشان) فرمانروائیش= **باز نستاند** : پس نگرفت = **سفله** : فرد خوار و پست = **مروت** : وفاداری به عهد = **که شیئه لاشی:** که آنچه ندارد چگونه بروز دهد = **خزانه داری میراث خوارگان کفرست** : گنج اندوزی که عاقبت بچنگ وراث می افتد روی گرداندن و بی اعتمادی به خداوندست = **بقول مطرب و ساقی:** به گفته مفرح ساز و مست ساز (یار در قرآن) = **بفتوای دف ونی:** بنوای روح افزای سازها = **سخا نماند سخن طی کنم شراب کجاست** : بخشش و دست گیری نمی بینم پس سخن تمام سازم وبه مست ساز پناه برم= **بده به شادی روح وروان حاتم طی:** مستم ساز و درود فرست بر روح حاتم طاعی بزرگ سخاوتمندان = **بخیل:** خسیس و مانع در کمک به دیگران= **پیاله گیرو کرم ورز** : روی به مست گشتن از یار آور و ببخش واز دنیا بگذر = **والضمان علی** : و تضمینش با من = **(حافظ خود وعام)**

ابیات زیرکه بعنوان ابیات سوم و هفتم و غزل فوق درنسخه قزوینی آمده است بعلت عدم رعایت مبانی عرفان و لحن و سیر معنی غزل مشخصا از حافظ نمی باشند و به آن اضافه گشته اند:

چو گل نقاب برافکند و مرغ زد هوهو / منه ز دست پیاله چه میکنی هی هی
نوشته‌اند بر ایوان جنه المـاوی / که هر که عشوه دنیی خرید وای به وی

{۳۲۳}

مخمـور جـام عشقم ساقی بده شرابی   پر کن قدح که بی می مجلس ندارد آبی
وصف رخ چو ماهش در پرده راست ناید   مطـرب بزن نوایی ساقی بده شرابی
شد حلقه، قامت من تا بعد از این رقیبت   زین در ، دگـر نراند مـا را به هیچ بابی
در انتظـار رویـت مـا و امیـدواری   در عشوه وصالت مـا و خیـال و خوابی
مخمور آندو چشمم مـارا کجاست جامی   بیمـار آن دو لعلـم آخر کـم از جوابی

حافظ چه می‌نهی دل تو در خیال خوبان
کـی تشنه سیـر گـردد از لمعه سرابی

مخمورجام عشقم ساقی بده شرابی: خمارودردمند مستی عشق یارم، یارا مستم ساز= **پرکن قدح که بی می مجلس ندارد آبی:** بتمامی مستم سازکه غیراز مست گشتن از تومجلس ماچیزی برای مست گشتن از آن ندارد = **وصف رخ چو ماهش درپرده راست ناید :** شرح زیبائی بی نظیرش دردنیا امکان باز گوئی ندارد= **مطرب بزن نوائی ساقی بده شرابی:** پس نوازندگان بنوازید(خیال خوششِ را زنده سازید) تا روی به مستی اش(ودیدن رویش) آوریم= **حلقه:** نحیف ودوتا شده= **رقیبت:** مراقب و نگهبان درب سرای تو= **زین در:** از درب سرای تو= **هیچ بابی:** به دیگردرب ها (دیگر زیبارویان مست ساز)= **درانتظار رویت:** درانتظار دیدن روی چون ماهت= **در عشوه وصالت :** دررسیدن به وصل مست سازت = **مخمور:** خمار ودردمند= **کجاست جامی:** مست گشتنی از دیدن آنها = **آن دولعلم :** آن دولب یاقوتیم= **آخرکم از جوابی:** آخرکی کلامی ازآن دو لب شیرین خواهم شنید = **چه می نهی دل تودر خیال خوبان :** چقدر دل رادر گروی وفای یار میگذاری وامیدوار وسرخوشی باخیال او= **ازلمعه سرابی:**ازدیدن پرتوهای سراب(دیدن خیال یار)= **(حافظ خودحافظ)**

{۳۲٤}

ای که بر ماه از خط مِشکین نقاب انداختی

لطف کردی سایه‌ای بر آفتاب انداختی

تا چه خواهد کرد با ما آب و رنگ عارضت

حالیا نیرنگ نقشی خوش بر آب انداختی

هرکسی باشمع رخسارت به وجهی عشق باخت

زان میان پروانه را در اضطراب انداختی

گنج عشق خود نهادی در دل ویران ما

سایه دولت بر این کنج خراب انداختی

خواب بیداران ببستی وانگه از نقش خیال

تهمتی بر شبروان خیل خواب انداختی

پرده از رخ برفکندی یک نظر در جلوه گاه

وز حیا ، حور و پری را درحجاب انداختی

از فریب نرگس مخمور و لعل می پرست

حافظ خلوت نشین را در شراب انداختی

ز خط مشکین نقاب انداختی: اززیبائی شور انگیزخود نقشی گذاردی = **لطف کردی سایه ائی برآفتاب انداختی:** واز سر مهرخود نما و باز تابی اززیبائت درآفتاب گذاردی= **آب ورنگ عارضت:** زیبائی بس فریبنده روی خودت = **حالیا نیرنگ نقشی خوش برآب انداختی:** حال(دردنیا) مشابهی خوش ومشغول سازدل عاشق درطبیعت مقررکردی= **باشمع رخسارت به وجهی عشق باخت:** بر روی دل افروزت (آتش زن دل) به شکلی جذب گشته و با آن به مهرورزی میپردازد = **پروانه را در اضطراب انداختی:** عاشق پاکباخته و فدائی خود را در دل نگرانی و درد دوریت گذاردی= **گنج عشق خود نهادی در دل ویران ما :** ثروت عشق خود (بی نیازگشتن از همه جز خود را) در این خرابه دل ما پنهان ساختی= **سایه دولت براین کنج خراب انداختی :** احساس والا گشتن(بزرگی و اشراف برامور) را دراین دل از دست رفته برپاساختی= **خواب بیداران ببستی وانگه ازنقش خیال :** خواب را از عشاق در بند خود بگرفتی سپس با خیالی از زیبائی دلفریب خود =

تهمتی بر شبروان خیل خواب انداختی : با این خیال دروغین(که این نقشی از توست) آنان را که با خیال تو سربه بالین نهادند خواباندی = پرده از رخ برفکندی یک نظردر جلوگاه : برای یک لحظه در زمان وصل روی زیبایت را به نمایش گذاردی = وز حیا حورو پری را در حجاب انداختی: و زیبارویان را شرمنده خود ساختی واز چشمها افتادند = از فریب نرگس مخمور و لعل می پرست : با مبهوت سازی باروی بس دلفریب و لبهای مست سازت = خلوت نشین را در شراب انداختی: از همه بریده را بتمامی مست ساختی=
(حافظ خود حافظ)

ابیات زیرکه بترتیب بعنوان ابیات سوم ، ششم ونهم ومابقی بعنوان ابیات بعدازبیت حافظ داردر نسخه قزوینی آمده اند بعلت عدم رعایت مبانی عرفان وعدم همسوئی با سیر معنی غزل مشخصا از حافظ نبوده وبه غزل فوق اضافه گشته اند:

گوی خوبی بردی از خوبان خلخ شاد باش	جام کیخسرو طلب کافراسیاب انداختی
زینهار از آب آن عارض که شیران را از آن	تشنه لب کردی و گوران را در آب انداختی
باده نوش از جام عالم بین که بر اورنگ جم	شاهد مقصود را از رخ نقاب انداختی
و از برای صید دل در گردنم زنجیر زلف	چون کمند خسرو مالک رقاب انداختی
داور دارا شکوه ای آن که تاج آفتاب	از سر تعظیم بر خاک جناب انداختی
نصره الدین شاه یحیی آن که خصم ملک را	از دم شمشیر چون آتش در آب انداختی

ای دل مباش یک دم خالی ز عشق و مستی — وان گه بـرو که رستی از نیستی و هستی
گر جـان به تـن بینی مشغول کـار او شو — هـر قبله‌ای کـه بینی بهتـر ز خودپرستی
تا فضـل و عقـل بینـی بی‌معـرفت نشینی — یک نکته‌ات بگویم خـودرا مبین که رستی
در مذهـب طریقت خامـی نشان کفر است — آری طـریق دولت چالاکی است و چستی
در آستان جـانـان از آسمان میندیش — کـز اوج سربلندی افتی به خـاک پستی
درضعف وناتوانی همچون نسیم خوش باش — بیمـاری انـدر ایـن ره بهتر ز تندرستی
خار ار چه جـان بکاهد گل عـذر آن بخواهد — سهل است تلخی می در جنب ذوق مستی

صوفی پیالـه پیمـا حافظ قـرّابه سـرکش
ای کـوتـه آستینـان از چـه درازدستی

ای دل مباش یکدم خالی ز عشق و مستی: ای آنکه تورا دلی هست لحظه ائی از عشق و مست گشتن از زیبائیهای یار غافل مباش= **وانگه برو که رستی از نیستی و هستی :** آنگاه بینی که آزادگشته ائی از آرزو وتمایل داشتن به دودنیا= **گر جان به تن بینی مشغول کار او شو:** هر زمان فراغتی یافتی روی به مهروزی با یار آر = **هرقبله ائیکه بینی بهتر ز خود پرستی:** هر نشانی را که ازاو بیابی بهترست تادر باورو دیدگاه قبلی خود ماندگار بمانی= **تا فضل و عقل بینی بی معرفت نشینی:** اگر به دانش و عقل خود تکیه کنی به شناخت او نرسی و عارف نگردی = **یک نکته ات بگویم خود را مبین که رستی :** میخواهی رمزکاررا بدانی اینست که باورها را کنار گذاری و فقط اورا دنبال سازی تا رها بودن و عشق اورا تجربه کنی= **در مذهب طریقت خامی نشان کفرست :**در راه عشق یاردر مرتبه ائی ماندن نشان خارج شدن از راه است = **آری طریق دولت چالاکی است و چستی :** بلی برای رسیدن به مقام وصل یار باید همت و استقامت مدام داشت= **در آستان جانان از آسمان میندیش :** در کار یار به جایگاه والا و بلندی که رسیده ائی مناز و بها مده= **کزاوج سربلندی افتی بخاک پستی:** زیرا به هر مرتبه ائی که رسیده باشی آن بها دادن ترا به دنیای دون(مرتبه خاک) باز میگرداند= **همچو نسیم خوش باش:** مثل نسیم (که بادی ضعیف است) شاد باش وشادی آور= **تندرستی:** سلامتی= **خار ارچه جان بکاهدگل عذرآن بخواهد:** اگرچه راه وصلش بس سخت وجانکاه است ولی دیداررویش آنرابخوبی جبران میسازد= **سهل است تلخی می درجنب ذوق مستی:** تلخی راهش با تمام سختی آن پهلوی لذت مستی اش هیچ است = **صوفی پیاله پیما:** یاران خانقاه تا حد چشیدن لذت مستی یار = **قرابه سرکش:** بدنبال مستی تمام از وصل یار = **ای کوته آستینان ازچه دراز دستی:** ای نا آشنایان به معرفت و عشق یار بدنبال چه هستید با دست درازی به اشعار عاشقان (بنظر میرسد حافظ دراین بیت به شاعرانی که درزمانش به غزلهای او و دیگر بزرگان ادب پارسی دست درازی میکردند و اشعاری اضافه میساخته اند تذکری میدهد) = **(حافظ خود حافظ)**

با مدعی بگویید اسرار عشق و مستی | تا بی‌خبر نمیرد در درد خودپرستی
عاشق شو ار نه روزی کار جهان سر آید | ناخوانده نقش مقصود از کارگاه هستی
دوش آن صنم چه خوش گفت درمجلس مغانم | با کافران چه کارت گر بُت نمی‌پرستی
در گوشه سلامت مخمور چون توان بود | تا نرگس تو با ما گوید رموز مستی
سلطان من خدا را زلفت شکست مارا | تا کی کند سیاهی چندین درازدستی
آنروز دیده بودم این فتنه‌ها که برخاست | کز سرکشی زمانی با ما نمی‌نشستی

عشقت به دست طوفان خواهد سپرد، حافظ
چون برق از این کشاکش پنداشتی که جستی

با مدعی بگوئید اسرار عشق و مستی : با آنکه فکرمیکند راه را یافته(زاهد مصلحت بین) از زیبائی یار و شور و وجد عشق ورزی با او سخن گوئید= **در درد خود پرستی** : بدون چشیدن طعم عشق یار= **ار نه روزی کار جهان سر آید**: زیرا در آنروز که قیامت برپا میگردد = **ناخوانده نقش مقصود از گارگاه هستی** : وجودی خواهی بود رشد نیافته (پست) بخاطر پی نبردن بعلت موجود شدنت درگذران زندگی دنیا = **صنم** : زیباروی= **مجلس مغانم**: در کوی یار (گاه وصل)= **با کافران چه کارت** : بگذار روی گردانان را بحال خودشان (قرآن) = **گربت نمی پرستی** : اگرروی بچیزی جز یار نداری (غم کافران مشغولت نسازد) = **درگوشه سلامت مخمور چون توان بود**: درزمان وصل توچگونه میتوان شاد نبود = **تا نرگس توبا ماگوید رموز مستی**: تاروی زیبای تو مارا مست، والا وآگاه میسازداز راز وجودو لذت مستی تو= **سلطان من خدا را** : ای مسلط برهمه چیز، بخداوندیت= **زلفت شکست مارا** : وصل نبودن بتوای زیبا از پایمان انداخت= **تا کی کند سیاهی چندین درازدستی**: این پوشیدگیت که آزارساز دل ماست تا کی برقرار است = **آنروز دیده بودم این فتنه ها که برخاست**: سختی آزمایشهای تو(برای سنجش استقامت ما در عشقت) آنروزها بر ما معلوم گشت = **کزسرکشی زمانی با مانمی نشستی** : که با روی گردانیت به من و دل توجهی نمیکردی = **عشقت بدست طوفان خواهد سپرد** : حال طوفانهای سختتر دردوری از یار در راه است = **چون برق ازاین کشاکش پنداشتی که جستی** : با وصل خوشی از او (درخشیدنی چون برق) گمان بردی که دیگربه مقصود رسیده ائی = **(حافظ خود حافظ)**

بیت اول با دو حالت متفاوت در منفی و مثبت بودن دومصراع درنسخ مختلف آمده است ولی بعلت اینکه معنی آن با "نگوئید" دشمنی را میرساند وبا "بگوئید" مهرورزی را بنابراین با توجه به مهرورز بودن عارفان در هرکاری و اینکه در این خصوص حافظ سرآمد ایشانست حالت درست بصورت " بگوئید" است که درغزل فوق آمده واین درحالیست که بیت دوم غزل نیزدرسیر معنی غزل همین معنی را دنبال و تائید مینماید . همچنین در نسخه قدسی دیده میشودکه این غزل با غزل قبلی (شماره ۳۲۵) با مطلع این غزل درهم آمیخته شده وبااضافه شدن ابیات دیگربه آن ، غزلی ازدو غزل حاصل و ارائه شده است.

{۳۲۷}

ای قصه بهشت ز کویت حکایتی | شرح جمال حور ز رویت روایتی
انفاس عیسی از لب لعلت لطیفه‌ای | آب خضر ز نوش لبانت کنایتی
هر پاره از دل من از غصه قصه‌ای | هر سطری از خصال تو از رحمت آیتی
کی عطرسای مجلس روحانیان شدی | گل را اگر نه بوی تو کردی رعایتی
ایدل به هرزه دانش و عمرت بباد رفت | صد مایه داشتی و نکردت کفایتی
در آتش ار خیال رُخَش دست می‌دهد | ساقی بیا که نیست ز دوزخ شکایتی

دانی مراد حافظ از این درد و غصه چیست
از تو کرشمه‌ای و ز رخسار عنایتی

ای قصه بهشت زکویت حکایتی:ای که شرح بهشت روایت کوچکی ازکوی توست = **شرح جمال حور زرویت روایتی:** شرح زیبائی حوریان و پریان شرحی کوچک از زیبائی روی توست = **انفاس عیسی از لب لعلت لطیفه ائی :** دم های جان بخش وزنده ساز عیسی در برابر لب یاقوتی تو عرضه لطافتی بس کم است = **آب خضرز نوش لبانت کنایتی:** آب حیات مثال کوچکیست از آنچه که میشود از آن لب نوشید = **هرپاره ازدل من از غصه قصه ائی:** هر تکه دل من حامل داستانی بلند ازغصه دوری توست = **هرسطری ازخصال تو:** هرسطر هرنگارشی از احوال تو= **ازرحمت آیتی:** نشانه ائی از عرضه مهرتوبربندگانست= **عطرسای مجلس روحانیان:** خشبو ساز مجالس وعظ ودعا نبود= **گل را اگرنه بوی تو کردی رعایتی:** عطر گلاب(در آن مجالس) اگر بوی تورعایت آنرا نمیکرد = **به هرزه دانش وعمرت به باد رفت :** انگار هرچه آموختی و تجربه ساختی دردی رادوا نکرد= **صد مایه داشتی ونکردت کفایتی :** همه هنر و همت خودرا بکار بردی و باز هم کاری از پیش نرفت(وصلی مقرر نشد)= **درآتش ار خیال رخش دست میدهد:** اگردرجهنم هم وصلش را مقرر میسازد = **ساقی بیا :** ای مست سازما، مست ساز مارا= **نیست زدوزخ شکایتی:** که آتش دوزخ درمقابل لذت وصل تو هیچ نیست = **مراد :** هدف = **کرشمه ائی:** عشوه ساختنی= **ز رخسار عنایتی :** ز رویت توجهی و وصلی= **(حافظ خود حافظ)**

ابیات زیرکه بعنوان ابیات چهارم وششم غزل فوق در نسخه قزوینی آمده است بعلت عدم رعایت مبانی عرفان و سیر معنی غزل و لحن مشخصا از حافظ نمی باشند و به آن اضافه گشته اند:

در آرزوی خاک در یار سوختیم | یاد آور ای صبا ، که نکردی حمایتی
بوی دل کباب من آفاق را گرفت | این آتش درون بکند هم سرایتی

{۳۲۸}

دیدم به خواب دوش که ماهی برآمدی / کز عکس روی او شب هجران سرآمدی
تعبیر رفت یار سفر کرده میرسد / ای کاش هر چه زودتر ز در درآمدی
آن عهد یاد باد که از بام و در مرا / هر دم پیام یار و خط دلبر آمدی
خوش بودی ار بخواب بدیدی دیار خویش / تا یاد صحبتش سوی ما رهبر آمدی
خامان ره نرفته چه دانند ذوق عشق / دریا دلی بجوی دلیری سرآمدی
فیض ازل به زور و زر ار آمدی بدست / آب خضر نصیبه اسکندر آمدی
گر به دگر شیوه حافظ زدی رقم / مقبول طبع شاه هنرپرور ، آمدی

دوش که ماهی برآمدی : دیشب که ماهی طلوع کرد= کزعکس روی او شب هجران سرآمدی : که با ظاهر گشتن نمائی از یاردر شور و شوق وصل غرق گشتم= تعبیررفت: تعبیرش ساختند = آن عهد یادباد :آن زمان خوش یادش بخیر= هردم پیام یار وخط دلبر آمدی : هرلحظه نشانه های زیبای وصل یار بر من ظاهر میگشت = خوش بودی : چه خوش ولذت بخش است= دیارخویش: کوی یار را = تا یاد صحبتش سوی ما رهبرآمدی : تا با یاد وصل شیرینش خودرادر آن سرا احساس کنی= خامان ره نرفته: نا پخته گان، افراد به راه عشق گام ننهاده = ذوق عشق : وجد وشادی ولذت عشق ورزی با یار را= دریادلی بجوی دلیری سرآمدی: (شاها) وقت مهرورزی و خوش سازی دل است و دیگر فکرکشور گشائی بس است= فیض ازل : دستیابی به عهد بسته شده با یاردر ازل (مهرورزی و نزدیک شدن هرچه بیشتر به او)= به زور و زر ار آمدی بدست : با دلاوری و ثروت بدست می آمد = آب خضر نصیبه اسکندر آمدی : اسکندر میتوانست به آب حیات جاودان سازش که در دنیا بدنبالش بود دست یابد = گر به دگر شیوه حافظ زدی رقم : اگر حافظ با روش دیگران شعر می سرود (حاکمان را بجای پند دادن می ستود) = مقبول طبع شاه هنر پرور آمدی : بخوبی مورد توجه حاکمان قرار میگرفت = (حافظ خود حافظ)

ابیات زیرکه بعنوان ابیات سوم ، هفتم و نهم غزل فوق در نسخه قزوینی آمده است بعلت عدم رعایت مبانی عرفان و سیر معنی غزل و لحن مشخصا از حافظ نمی باشند و به آن اضافه گشته اند:

ذکرش به خیر، ساقی فرخنده فال من / کز در مدام با قدح و ساغر آمدی
کی یافتی رقیب تو چندین مجال ظلم / مظلومی ار شبی به در داور آمدی
کو تو را به سنگ دلی کرد رهنمون / ای کاشکی که پاش به سنگی برآمدی

سحر با باد می‌گفتم حدیث آرزومندی　　خطاب آمد که واثق شو به الطاف خداوندی
دعای صبح و آه شب کلید گنج مقصودست　　بدین راه و روش می‌رو که بر دلدار پیوندی
جهان پیر رعنا را ترحم در جبلت نیست　　ز مهر او چه می‌پرسی در او همت چه می‌بندی
دراین بازار اگر سودیست بادرویش خرسندست　　خدایا منعمم گردان به درویشی و خرسندی
قلم را آن زبان نبود که سرّ عشق گوید باز　　ورای حد تحریر است شرح آرزومندی

به شعر حافظ شیراز می‌رقصند و می‌نازند
سیه چشمان کشمیری و ترکان سمرقندی

حدیث آرزومندی: شرح عذاب دوری وتمنای دیدن روی یار= **خطاب آمدکه واثق شوبه الطاف خداوند:** ندائی رسید که به مهرورزی یاراطمینان کن وادامه بده = **کلید گنج مقصو د:** راه گشایش و رسیدن به وصل یارست = **جهان پیر رعنارا ترحم درجبلت نیست:** این دنیای قدیمی(با عمرزیاد)وزیبا ودلفریب براساس رحم و مروت بنا نگشته(همه جانداران در مسابقه زنده ماندن می باشند) = **ز مهراو چه می پرسی دراو همت چه می بندی :** چگونه امیدبه یافتن مهرورزی از آن (دنیا) داری وچرا اینقدرسخت برای دست یافتن به آن تلاش میکنی = **درویش خرسندست :** پاکباخته راضی گشته به رضای یارست = **منعمم گردان :** این نعمت را برای من نیز مقررفرما = **آن زبان نبود که سرّعشق گوید باز:** آن امکان نیست که ماجرای عشق و عشق ورزی با یار را به نگارش درآورد = **ورای حد تحریرست:** از محدوده نگارش بیرون است = **می رقصند ومی نازند :** به رقص و شادی میپردازند و به عشق ورزی روی می آورند= **سیه چشمان کشمیری وترکان سمرقندی:** زیبارویان و عاشقان این سرزمین تا کشمیر و سمرقند = **(حافظ خود حافظ)**

ابیات زیرکه بعنوان ابیات چهارم وششم غزل فوق درنسخه قزوینی آمده اند بعلت عدم رعایت مبانی عرفان وسیر معنی غزل مشخصا از حافظ نبوده و به آن اضافه گشته اند :

الا ای یوسف مصری که کردت سلطنت مهجور　　پدر را باز پرس آخر کجا شد مهر فرزندی
همایی چون تو عالیقدر حرص استخوان تا کی　　دریغ آن سایه همت که برنا اهل افکندی

{۳۳۰}

چـه بودی ار دل آن مـاه ، مهربان بودی — که حال ما نه چنین بودی ، ار چنان بودی

بگفتمی کـه بـه ارزد نسیم طره دوست — گـرم به هـر سر مویی هـزار جان بودی

بـرات خوشـدلی ما چه کم شدی یا رب — گـرش نشـان امان از بد زمـان بودی

گـرم زمـانه سـرافراز داشتی و عـزیز — سـریر عزتـم آن خـاک آستان بودی

ز پرده کاش برون آمدی چو قطره اشک — تا که بر دو دیده ام حکـم تو روان بودی

اگـر که دایـره عشـق راه بـربستی

مگر نقطه حافظ سرگشته در میان بودی

چه بودی ار دل آن ماه مهربان بودی: چه میشد اگرآن یارزیبا مهری می ورزید= **ار چنان بودی :** اگر یار مهرمی ورزید = **که به ارزد نسیم طره دوست:** که شنیدن بوی خوش زلف یار ارزشش را دارد= **گرم به هرسر موئی هزار جان بودی :** که برای بوئیدن هرسرمویش هزار جان میدادم = **برات خوش دلی ما :** کار(تجارت) عشق ورزی توبا من = **گرش نشان امان از بد زمان بودی:** درحالیکه کار(معامله و رابطه) میان ماز بد گشتن اوضاع زمانه(رکود و قحطی) در امانست = **گرزمانه سرافراز داشتی وعزیز:** اگرکه نوبت من در وصل والای تو رسید بود= **سریر عزتم آن خاک آستان بودی:** به مقام و شکوه خود که حضور و بوسیدن خاک کوی توست رسیده بودم = **ز پرده کاش برون آمدی چو قطره اشک :** ایکاش از حجاب خود همچون اشکهایم بیرون می آمدی = **تا که بردودیده ام حکم تو روان بودی :** تا بجای اشکهایم تو بر چشمانم حکمرانی میکردی(فقط در حال دیدن توبودم)= **اگرکه دایره عشق راه بربستی :** اگرکه راه دایره عشق ورزی با تو بسته شده است = **مگر نقطه حافظ سرگشته درمیان بودی:** شاید که این نقطه وجود من حیران است که سد راه برقراری آنست (شاید من لیاقت عشق ورزی با تورا ازدست داده ام) = **(حافظ خود حافظ)**

به جان او که گَرَم دسترس به جان بودی   کمینه پیشکش بندگیش آن بودی
بگفتمی که بهـا چه بُود خاک پایش را   اگر حیـات گرانمـایـه ، جاودان بودی
اگـر دلـم نشـدی پایبنـد طـره او   کی اش قرار در این تیره خاکدان بودی
به دلبری قدش سرو معترف گشتی   گرش چو سوسن آزاده ده زبان بودی
به رخ ، چـو مـاه فلک بی‌نظیرِ آفاقست   بـه دل بسا کـه یک ذره ، مهربان بودی
به خواب نیز نمی‌بینمش چه جای وصال   چو این نبـود و ندیدم بـاری آن بودی

ز پـرده ، نـالـه حافظ بـرون کی افتادی
اگـر نه همدم مرغـان صبح خوان بودی

گرم دسترس به جان بودی: اگراجازه جان دادن برایش دراختیارمن بود= **کمینه پیشکش بندگیش :** حداقل هدیه من برای بنده او بودن= **که بهاچه بودخاک پایش را :** دیگرچه چیزی میتوانستم درراه وصل اونثارکنیم= **اگرحیات گرانمایه جاودان بودی:** اگرزندگی دنیائی ماجاودانی بودوجانی برای تقدیم ساختن درکارنبود= **اگردلم نشدی پایبندطره او :** اگر دلم امیدوار به عشق وعشق ورزی او نبود= **کی اش قراردراین تیره خاکدان بودی:** چگونه این دنیای عرضه ساز سیاهی وتباهی قابل تحمل بود= **سرو معترف گشتی :** درخت سرو اعتراف میکرد = **گرش چو سوسن آزاده ده زبان بودی :** اگر او نیززبانهای زیادی مثل گل سوسن باز شده داشت (که گلبرگهایش همچون زبانهای سخن گو میباشند)= **به رخ چو ماه فلک بینظیر آفاق است :** روی زیبایش درجهان همتا ندارد مثل ماه تابان در آسمان شب = **بدل بسا که یک ذره مهربان بودی :** ولی دلش فقط ذره ائی از مهربانیش را عرضه میدارد= **چه جای وصال:** چه برسدکه وصل شیرینش را ببینم= **باری آن بودی :** امیددیدنش درخواب بود= **ز پرده ناله حافظ برون کی افتادی:** ناله ام هیچگاه آشکار نمیگشت= **اگر نه همدم مرغان صبح خوان بودی :** اگربا شنیدن نوای مرغان صبحگاهی غم رسیدن سحر و نرسیدن به وصل یارمرا فرا نمیگرفت = **(حافظ خود حافظ)**

بیت زیرکه بعنوان بیت هشتم غزل فوق که درنسخه قزوینی آمده است (بجز تکرار نمودن بیت پنجم غزل قبلی در این غزل در حالیکه از تعبیر" لمعه نور" خود حافظ برای ایجاد تغییردر آن استفاده گشته است) مخاطب مصرع دوم (دیده ما) با مخاطب مصرع اول(زدرم) نمیخواند و هم اینکه معنی آن نیز با سیر معنی غزل بطور کامل همراه نیست بنابراین میتوان نتیجه گرفت بیت زیر بوسیله شاعری خوش ذوق با مهارتی خاص به غزل فوق اضافه گشته است :

در آمدی ز دَرَم کاشکی چو لَمعِه نور   که بردو دیده ما حکم او روان بودی

{۳۳۲}

چـو سـرو اگر بخـرامی دمی به گلزاری / شود ز غیـرت روی تـو هـر گلی خاری
ز کفـر زلف تـو هـر حلقه‌ای و آشـوبی / ز سحر چشم تو هر گوشه‌ای و بیماری
مرو چو بخت من ای چشم مست بخواب / که در پی است ز هر سویت آه بیداری
نثـار خاک رهت نقـد جان من ، هر چند / که نیست نقـد روان را بر تو مقداری
سرم برفت و زمانی بسر نرفت این کار / دلـم گـرفت و نبودت غم گرفتاری
دلا همـی مـزن لاف زلـف دلبنـدش / چو تیره نای شوی کی گشایدت کاری
چـو نقطـه گفتمش انـدر میـان دایـره آی
به خنده گفت که ای حافظ این چه پرگاری

چوسرو اگر بخرامی دمی به گلزاری : اگر آن قد وبالارا برای زمانی در گلزار به نمایش گزاری= **شودزغیرت روی تو هر گلی خاری:** بادیدن روی توهرگلی از شرمندگی چون خاری میگردد= **زکفرزلف توهرحلقه ائی وآشوبی:** با یادحلقه های زیبای زلف پنهان تو، دیدن هرحلقه زیبا در طبیعت ایجاد آشوبی است درجان عاشق = **زسحر چشم توهر گوشه ائی و بیماری:** از دلفریبی چشم بس زیبایت درهر گوشه ائی از دست رفته ائی داری = **(مرو) ای چشم مست بخواب:** آن چشم مست سازخود را برهم مگذار (روی مگردان)= **که در پی است زهرسویت آه بیداری :** درهرجا عاشقی بی خواب گشته با ناله هایش بدنبال آنست= **نثار خاک رهت نقد جان من :** این جان آماده فدا گشتن من فدای خاک مسیری که بر آن قدم میگذاری = **که نیست نقد روان را بر تو مقداری :** هرچند که نیست این جانهای آماده فدا گشتن برای توآنچنان هم با ارزش = **سرم برفت و زمانی بسر نرفت اینکار :** از دست برفتم و این جدائی تمام نگشت= **نبودت غم گرفتاری :** هیچ نگران عاشق دردمند خود نمی گردی که روئی بنمائی = **همی مزن لاف زلف دلبندش:** آنقدر به عشق خود به آن زلف دلفریب افتخار مکن= **چوتیره نای شوی کی گشایدت کاری:**آنگاه که برای دیدنش بیتاب ودردمند میشوی چه امید و تضمینی به روی آوردن یارهست= **چونقطه گفتمش اندرمیان دایره آی:** بیا وکنارعشاقت یکی از نقاط این دایره زندگی بشو= **این چه پرگاری :** این دیگر چه جور دایره ایست (چه نوعی از دایره وجودست) = **(حافظ خود حافظ)**

شهریست پـرظریفان و از هـر طرف نگاری　　یاران صـلای عشق است گـرمی‌کنید کاری
چشم فلک ندیدست زیـن طرفه‌تر جوانی　　در دست کس نیفتــد زیـن خوبتر نگاری
در بوستــان حریفــان ماننـد لالـه و گـل　　هـر یک گرفته جامی بر یاد روی یاری
می بیغشست دریاب وقتی خوشست بشتاب　　سـال دگـر کــه دارد امیـد نو بهاری
هرگز کـه دیده باشد جسمی به جان مرکب　　بر دامنش مبـادا زیـن خاکـدان غباری
چون این گره گشایم ویـن راز چون نمایم　　دردی و سخت دردی بـاری و صعـب باری

هـر تار موی حافظ زلفی بدست شوخیست
مشکل توان نشستن در ایـن چنین دیـاری

پُرظریفان وزهرطرف نگاری: به هرطرف که مینگری پراز زیبارویانی ظریف ولطیف= **یاران صلای عشق است گرمیکنید کاری :** ای عاشقان گاه عشق ورزی برپا گشته اگر بدنبال آنید= **چشم فلک ندیدست زین طرفه تر جوانی :** گردش زمانه شگفت انگیزترازاین بهار(جوان گشتن)رابیاد ندارد = **در دست کس نیفتد زین خوبتر نگاری :** هیچ جان عاشقی نخواهد یافت یاری ازاین فریبنده تروزیباتر= **دربوستان حریفان :** درگلزارآنان که نمادی از یارند= **هریک گرفته جامی بریاد روی یاری :** هرکدام از ایشان خود مست خیالی از زیبائی روی یارند = **می بی غش است دریاب وقتی خوش است بشتاب :** مست گشتنی وجد آورست پس روی به بوستان آور زمان خوشی آغاز گشته لحظه ائی از آنرا از دست مده = **امید نوبهاری :** امید زنده ماندن و دیدن بهاری دیگررا = **چون این گره گشایم وین رازچون نمایم:** این درد جدائی را چگونه برطرف سازم وازعشق اوبا چه کسی بگویم (بجز با روی آوردن به زیبائیهائی که آفریده)= **باری و صعب باری :** فشاری و باری سخت وسنگین است= **هرگزکه دیده باشد جسمی به جان مرکب:** هیچگاه در دنیا جسم وجان انسانی نمی توانند در هم ترکیب شوند و نزد هم مدام بمانند (زیرا که جان انسان از جنس یارست نه از جنس دنیا) = **بردامنش مبادا زین خاکدان غباری :** پس جسم دنیائی ما راهی به کوی یار ندارد (و این جان ماست که همه درد ها و خوشیها برای اوست) = **هرتار موی حافظ زلفی بدست شوخیست :** عشاق همه به عشق ورزی با یار روی آورده و مست وصل اویند= **مشکل توان نشستن دراین چنین دیاری:** چگونه میتوان درمیان ایشان بود و بدنبال مستی از یار نبود= **(حافظ : حفظ کننده، یار)**

بیت زیرکه بعنوان بیت چهارم غزل فوق درنسخه قزوینی آمده است بعلت عدم رعایت مبانی عرفان وسیرمعنی غزل مشخصا از حافظ نبوده وبه غزل فوق اضافه گشته است :

چون من شکسته‌ای را از پیش خود چه رانی　　کم غایت توقع بوسیست یا کناری

تو را که هر چه مراد است در جهان داری — چه غـم ز حـال ضعیفـان ناتوان داری
بخواه جـان و دل از بنـده و روان بستان — چـو حکـم بر سـر آزادگان روان داری
بیاض روی ترا نیست نقشِ درخور از آنک — سوادی از خط مُشکین بر ارغوان داری
به اختیـارت اگـر صد هزار تیـر جفاست — به قصد جـان من خسته در کمان داری
بکِش جفـای رقیبان مدام و جور حسود — که سهل باشد چـو یاری مهربان داری
به وصل دوست گرت دست بر دهد یکدم — برو که هر چه مراد است در جهان داری

چو گل به دامن از این باغ می بری حافظ
نـه غـم ز نـاله و فریـاد باغبـان داری

هرچه مرادست درجهان داری: هرآرزو وخواسته ائی بسوی توست وبتوختم میگردد= **ضعیفان ناتوان:** عشاق درمانده ات = **بخواه جان ودل ازبنده و روان بستان :** از عاشقت دل و جانش را بخواه تا براحتی تقدیمت سازد = **چو حکم بر سر آزادگان روان داری:** اگر میخواهی حکمی برای از دنیا گذشتگان (پاکباختگانت) صادر فرمائی= **بیاض روی تورا نیست نقش درخور از آنک:** هیچ نقشی را نمی توان برای روی تومثال آورد زیرا= **سوادی از خط مشکین برارغوان داری:** زیرا نقشی زیبا و خوشبوبا مست ساختنی بس شیرین و والا ساز ارائه میکنی= **بکش جفای رقیبان وجور حسود:** رفتار وگفتار دیگران را درراه عشق او باید تحمل کنی= **سهل:** آسان = **به وصل دوست گرت دست بردهد یکدم:** اگر لحظه ائی طعم وصل یار را بچشی = **هرچه مرادست درجهان داری :** به تمام آرزوئی که یک انسان میتواند داشته باشدرسیده ائی= **چو گل به دامن ازاین باغ می بری حافظ:** آنگاه که تمامی دل وجان عاشق خود را با روی گردانیت بهمراه می بری= **نه غم ز ناله و فریاد باغبان داری:** هیچ نگران عاشق بی دل گشته و درمانده ات نمی باشی = **(حافظ : یار، خداوند)**

ابیات زیرکه بعنوان ابیات سوم ، پنجم و ششم غزل فوق در نسخه قزوینی آمده است بعلت عدم رعایت مبانی عرفان و لحن و سیر معنی غزل مشخصا از حافظ نمی باشند و به آن اضافه گشته اند:

میان نداری و دارم عجب که هـر ساعت — میـان مجمع خـوبان کنـی میانداری
بنوش می که سبک روحی و لطیف مدام — علی الخصوص درآن دم که سرگران داری
مکـن عتـاب و جور از این بیش بر دل ما — مکن هر آنچه توانی ، که جای آن داری

ای کـه در کـوی خـرابات مقـامی داری — جـم وقت خـودی ار دست به جامی داری
ای که با زلف و رخ یار گذاری شب و روز — فرصتت بادکه خوش صبحی وشامی داری
ای صبـا سوختگان بـر سـر ره منتظرند — گـر از آن یـار سفـر کـرده پیـامی داری
چـون بـه هنگام وفـا هیچ ثباتت نبود — می‌کنم شُکـر که بـر جـور دوامی داری
بوی جـان از لـب خندان قدح می‌شنوم — بشنو ای خواجه اگر زان کـه مشامی داری
نـام نیک ار طلبـد بر تـو غریبی بشنو — تویی آخـر در این شهر که نـامی داری

بس دعای سَحَرت مونس جان خواهد بود
تا چـو حافظ تو شبخیـز غلامی داری

ای که درکوی خرابات مقامی داری: ای آنکه در پاکباختگی وخلوص جایگاهی یافته ائی= **جم وقت خودی اردست به جامی داری :** اگرمستی وصل یاررا نیزبچشی به پادشاهی خود (دنیارا در زیربال خود دیدن) دست یافته ائی= **ای که با زلف و رخ یارگذاری شب و روز :** ای آنکه شب وروزت دررسیدن به وصلی ازیار میگذرد= **فرصتت بادکه خوش صبحی وشامی داری:** برقرارباد آن(وصل)برایت وخوشابحالت درشب وصبحی که میگذرانی= **سوختگان :** عشاق دل شکسته اش = **چون به هنگام وفا هیچ ثباتت نبود :** هرچند که وصل شیرینت را زود به پایان میرسانی = **بر جور دوامی داری :** در جفا ساختن(وصل رامقرر نکردن) بسیار پایبند و محکمی= **بوی جان ازلب خندان قدح میشنوم :** بوی زندگی و زنده بودن را در زمان مستی تواحساس میکنم= **بشنوای خواجه اگرزان که مشامی داری:** روی ببوی خوش او (عشق ورزی با یار) آور ای پرهیزکار اگر مشامت (دلت) بدنبال بوی خوش یارست = **نام نیک ار طلبد برتو غریبی بشنو:** اگر هرکس ترا بسوی نیکنامی(رضای یار) خواند بدان گوش فرا دار= **توئی آخردراین شهرکه نامی داری :** زیراکه این جهان برای حضور و آزمایش جانهائی چون ما بنا گشته و تنها فرصت ماست= **بس دعای سحرت مونس جان خواهد بود :** تمناهای سحری از تو (خواندن یا شنیدن اشعار تمنا ساز عشق و وصل تو) آرام ساز جانهاست = **تا چوحافظ تو شبخیز غلامی داری:** تا وقتی عاشقان(شاعران)شب زنده داری چون حافظ برایت می سرایند= **(حافظ خود حافظ)**

بیت زیرکه بعنوان بیت چهارم غزل فوق درنسخه قزوینی آمده است بعلت عدم رعایت مبانی عرفان و سیرمعنی غزل مشخصا از حافظ نبوده وبه غزل فوق اضافه گشته است :

خال سرسبز تو خوش دانه عیشیست ولی — برکنار چمنت وه که چه دامی داری

ای که مهجوری عشاق روا می‌داری
عاشقان را ز بر خویش جدا می‌داری

تشنه بادیه را هم به زلالی دریاب
به امیدی که دراین ره به خدا می‌داری

ساغرم را که حریفان دگر می‌نوشند
چون تحمل نکنم، چون تو روا می‌داری

دل ببردی و بحل کردمت ای جان لیکن
به از این دارنگاهش که مرا می‌داری

تو به تقصیر خود افتادی از این در محروم
از که می‌نالی و فریاد وفا می‌داری

ای مگس عرصه سیمرغ نه جولانگه توست
عِرض خود می‌بری و زحمت ما می‌داری

حافظ ار پادشهت پای به خدمت طلبید
سعی نابرده چه امید روا می‌داری

ای که مهجوری عشاق روا میداری : ای آنکه از عشاقت دوری می کنی = **ز برخویش جدا میداری** : وصلت را مقرر نمی سازی= **تشنه بادیه** : تشنه گشته در بیابان (مسافرحج ، عاشق درمانده خود)= **به زلالی دریاب** : چاهی با آب شیرین و پاک نشانش ده (وصلی سیراب ساز را برایش مقرر ساز) = **به امیدی که دراین ره بخدا میداری**: به امیدی که گفته ائی در این راه (حج خود، وصل خود) برخداوندیت داشته باشیم = **ساغرم را که حریفان دگر مینوشند** : اینکه عاشقان دیگرت را به جای من به مستی وصلت میرسانی= **چون تحمل نکنم چون تو روا میداری**: چگونه تحملش نسازم وقتی تو اینچنین میخواهی = **بحل کردمت ای جان** : حلالت ساختم ای یار عزیز= **توبه تقصیر خود افتادی از این در محروم** : تو بخاطر همت و استقامت کم خود در راه یار از وصلش محروم مانده ائی = **از که می نالی و فریاد وفا میداری** : چرا بر من شکوه میکنی و خواهان وفا ساختن منی= **ای مگس**: ای پروازسازکم قدر(بی همت وسعی برای پرواز بلند خود) = **عرصه سیمرغ نه جولانگه توست** : سرای بلند پروازترین، جایگاهی نیست که با این سطح پروازت (سعی وهمتت)بدان برسی= **عرض** : آبروی = **زحمت ما میداری** : مارا غمگین بی همتی خود میسازی = **ار پادشهت پای به خدمت طلبید** : هرچند یار بسوی خود خوانده و مژده وصل شیرینش را داده است = **سعی نابرده چه امید روا میداری** : بدون همت ساختن در راهش چگونه به خود امید وصل میدهی = **(حافظ خود و عام)**

روزگاریست که ما را نگـران مـی‌داری — مخلصـان را نه بـه وضع دگران می‌داری
گـوشه چشم رضـایی بـه مَنت بـاز نشد — ایـن چنین عـزت صاحب نظران می‌داری
نه گل از دست غمت رست و نه بلبل در باغ — همه را نعـره زنان جامـه دران می‌داری
چون تویی نرگس باغ نظر ای چشم و چراغ — سر چـرا بر مـن دلخسته گران می‌داری
گوهر جام جـم از کان جهانی دگر است — چـه توقع ز گِل کـوزه گران می‌داری
کیسه سیـم و زرت پـاک بباید پرداخت — ایـن طمع‌ها کـه تـو از سیمبران می‌داری
مگذَران روز سلامت بـه ملامت حافظ
چـه توقـع ز جهـان گـذران می‌داری

روزگاریست که مارا نگران میداری : چه بسیار روزهاست که چشم انتظارتوائیم = **مخلصان را نه به وضع دگران می داری:** عاشقان خالصت را همچون دیگرعشاق که از عشق خود مست می سازی، توجهی نمیکنی= **گوشه چشم رضائی:** نظرشاد و خوشنود ساز خود را= **این چنین عزت صاحب نظران میداری :** بدینسان عاشقان با سابقه ات را که چشمشان بر (روی زیبای) تو نظر انداخته گرامی میداری = **از دست غمت رست :** توانست غم جدائی از تو را تحمل کند= **همه را نعره زنان ، جامه دران میداری:** آنهارا یا چون بلبل با تمام وجود بخواندن وا میداری ویا چون گلها پرپر میسازی= **چون توئی نرگس باغ نظرای چشم و چراغ :** حالیکه توئی تنها زیبا ودلفریبی که چشم من راغب به دیدن آنست ای تمام لذت بینائی من= **گران میداری:** سرمیگردانی و نظری نمی کنی= **گوهرجام جم از کان جهانی دگرست :** این جانی که ارزانی داشتی ازجنس خودتوست که پُراز توانست = **چه توقع زگِل کوزه گران :** این بدن خاکی مراچه امیدی بدوامش میرودکه وصل شیرین تورا برجان عرضه کند= **پاک بباید پرداخت :** باید بتمامی از همه چیز خود در راهت گذشت (پاکباخته ائی تمام گشت)= **این طمعهاکه تو از سیمبران میداری:** بااین شرایطی که توبرای وصل خود بر پاکباختگانت مقررداشته ائی= **مگذران روز سلامت به ملامت :** زمانیراکه میتوانی به تمنای عشق و وصل یار بگذرانی با شکوه گزاری ازاوبه هدر مده= **چه توقع زجهان گذران میداری:** مگرغیرازاین، ازدنیای درحال گذر انتظارداری = **(حافظ خود وعام)**

ابیات زیر که بعنوان ابیات سوم، پنجم ، هشتم و دهم غزل فوق درنسخه قزوینی آمده است بعلت عدم رعایت مبانی عرفان و سیر معنی غزل مشخصا از حافظ نبوده و به آن اضافه گشته است :

ساعد آن به که بپوشی توچو از بهرنگاه — دست در خون دل پُـر هنران می‌داری
ای که در دلق ملمع طلبی نقد حضور — چشم سری عجب ازبی‌خبران می‌داری
پدر تجربه ای دل تویی آخر ز چه روی — طمع مهر و وفا زین پسران می‌داری
گر چه رندی و خرابی گنه ماست ولی — عاشقی گفت که توبنده بر آن می‌داری

خوش کرد یاوری فلکت و بـه روز داوری | تا شُکر چُـون کنی و چـه شُکـرانه آوری
آن کس که اوفتاد ، خدایش گرفت دست | گـو بر تو بـاد تـا غـم افتادگان خوری
در شاهراه جـاه و بزرگی خطر بسی است | آن به کـز ایـن گریوه ، سبکبار بگذری
نیل مـراد بر حسب فکـر و همت است | از شـاه قصد خیر و ز توفیـق یـاوری
در کوی عشق شوکت شاهی نمی‌خرند | اقـرار بنـدگی بایـد و اظهـــار چـاکری
ساقـی بـا مژده عیش از دَرم بدرآی | کـه یکدم ازاین دل ، غـم دنیـا بدر بری
حافظ غبـار فقـر و قناعت ز رخ مشوی
کایـن خـاک بهتـر ز حاصل کیمیـاگری

خوش کرد یاوری فلکت وبه روز داوری: حال که زمانه تو را موفق ساخت(حکمران گشتی) پس ازبابت روز جواب دادنها (قیامت)= **تا شکرچون کنی وچه شکرانه آوری:** تا چگونه شکرگزارباشی وچه عملکردی ارائه سازی = **آنکس که افتاد خدایش گرفت دست :** هرکس که مشکلی پیدا کند خداوند(سرپرست همه ما)اورا سروسامانی میدهد = **گو برتوباد:** بگوو آن نشانه ائی برای توست= **تا غم افتادگان خوری :** بفکر مردم گرفتار باشی و کارشان را آسان سازی = **در شاهراه جاه و بزرگی خطربسی است:** مقام داشتن و بزرگ جامعه بودن یعنی بیشتردرخطر وسوسه های شیطان قرارگرفتن=**گریوه:** تپه و ماهور (دنیای بالا وپائین ساز)= **سبکبار بگذری :** بدون بردوش داشتن گناهان بزرگ (ستمکاری برمردم با وسوسه شیطان) زندگی را سپری نمائی= **نیل مراد بر حسب فکر وهمت است :** رسیدن بهدف احتیاج به برنامه ریزی و سعی درآن دارد= **ازشاه قصد خیر وز توفیق یاروی :** ازحکمران عزم به بخشش وترویج نیکوئی با امید به یاری خداوندگار = **درکوی عشق شوکت شاهی نمی خرند :** در راه مهروزی با یار به شکوه ومقام فرد بهائی نمی دهند= **اقرار بندگی باید و اظهار چاکری :** باید دل وجانی عاشق و مطیع یارداشت ودر عشق ورزی با او آنرا ابراز کرد = **ساقی با مژده عیش از درم بدرای:** ای مست ساز با خبرخوش وصل شیرینت بر من وارد شو = **غم دنیا :** غم این دنیای خوار ساز و مردم درگیربا آنرا = **غبارفقرو قناعت ز رخ مشوی:** ساده زندگی کن وبه روزی خداوند قناعت نما = **کیمیاگری :** تبدیل فلزات به طلا=

(حافظ خود و عام)

ابیات زیرکه بعنوان بیت ششم و هفتم غزل فوق درنسخه قزوینی آمده اند بعلت عدم رعایت مبانی عرفان وسیرمعنی غزل مشخصا از حافظ نبوده وبه غزل فوق اضافه گشته اند :

سلطان و فکر لشکر و سودای تاج و گنج | درویش و امن خاطر و کنج قلنـدری
یک حرف صوفیانه بگویم اجازت است | ای نور دیده صلح به از جنگ وداوری

طفیل هستی عشقند آدمی و پری — ارادتی بنما تا سعادتی ببری
بکوش خواجه و از عشق بی‌نصیب مباش — که بنده را نخرد کس، به عیب بی‌هنری
می صبوح و شِکَرخواب صبحدم تا چند — به عذر، نیم شبی کوش و گریه سحری
دعای گوشه نشینی بلا بگرداند — چرا به گوشه چشمی بدو نمی‌نگری
تو خودچه لعبتی ای شهسوار شیرین کار — که در برابر چشمی و غایب از نظری
به بوی زلف و رُخت می‌روند و می‌آیند — صبا به غالیه سایی وگل به جلوه گری
هزار جان مقدس بسوخت زین غیرت — که هر صباح و مسا شمع مجلس دگری
به یُمن همت ، امید هست که باز حافظ
اری اسامر لیلای لیلةُ القمری

طفیل هستی عشقند آدمی وپری: خلق شده ومحتاجانی وابسته به عشق وعشق ورزیندجماعت انسان وجن=**ارادتی بنما تاسعادتی ببری:** روی به عشق یارعشق ورز بیاورتا ازخوشی آن سرشارگردی وبخوشبختی واقعی برسی= **بکوش خواجه:** همت وتلاشی ساز ای آنکه دنیا مشغولت ساخته است= **نصیب** : بهره بردن= **بنده** : غلام وبرده = **به عیب بی هنری** : اگر بدرد کاری نخورد= **می صبوح و شکر خواب صبحدم تا چند:** نماز ودعای صبح وخواب شیرین بعد آن تا کی= **به عذر نیم شبی کوش وگریه سحری:** که نشان خروج ازغفلت شبیداری ورسیدن به مرحله گریه سحریست = **دعای گوشه نشینی بلا بگرداند** : از دنیا گذشتن و تمنای یار را ساختن بلا را دور میسازد (در قیامت سرافرازی) = **چرا به گوشه چشمی بدو نمینگری:** چرا برای زمانی به عشق ورزی با یارروی نمی آوری(تا آنرا تجربه سازی)= **چه لعبتی ای شهسوار شیرین کار:** چقدر دلفریب و زیبائی ای یار شیرین ما= **که در برابرچشمی و غایب از نظری:** همه جا نشانه های زیبایت را میتوان دید ولی خودت را نه = **به بوی زلف و رخت میروند و می آیند:** برای عرضه بوی خوش گیسوی و روی زیبای تو می آیند (ظاهر میگردند) و میروند= **صبا به غالیه سائی گل به جلوه گری:** باد صبا به پراکندن بوی خوش تووگل به ایجاد بوی خوش وارائه زیبائی از تو= **هزار جان مقدس بسوخت زین غیرت:** چه بسیار جان جاودانی (انسان و جن عاشق) بیتاب گشته است ازاین درد= **که هرصباح ومسا شمع مجلس دگری:** که هرصبح و شب (چرا فقط) عاشقان دیگربوصل شیرینت میرسند= **به یمن همت:** با همت وتلاشی مجدد= **اری اسامر لیلای لیله القمری:** خواهددید بعد شبهای تاریک ودراز، شبی ماه را (وصل شیرینی ازیار زیبارا خواهد چشید)= **(حافظ خود و عام)**

ابیات زیر که بعنوان ابیات شش ، هفت ،هشت ، ده ، دوازده و سیزدهم غزل فوق در نسخه قزوینی آمده است بعلت عدم رعایت مبانی عرفان وسیرمعنی غزل وشدت سبکی درلحن ومعنی مشخصاازحافظ نیست وبدان اضافه گشته اند :

ز من به حضرت آصف که می‌برد پیغام — که یاد گیر دو مصرع ز من به نظم دری
بیا که وضع جهان را چنان که من دیدم — گر امتحان بکنی می خوری و غم نخوری
کلاه سروریت کج مباد بر سر حسن — که زیب بخت و سزاوار ملک و تاج سری
چو مستعد نظر نیستی وصال مجوی — که جام جم نکند سود وقت بی‌بصری
بیا و سلطنت از ما بخر به مایه حسن — و از این معامله غافل مشوکه حیف خوری
طریق عشق طریقی عجب خطرناکست — نعوذ بالله اگر ره به مقصدی نبری

{۳٤۰}

ای که دائم به خویش مغروری   چون ترا نیست عشق معذوری
گِرد دیوانگی از عشق مگرد   ور به عقل عقیله مشهوری
روی زرد است و آه دردآلود   عاشقان را و دوا ، مستوری
مستی عشق نیست در سر تو   رو که تو مست آب انگوری
بگذر از نام و ننگ خود حافظ
ساغر می‌طلب ز مخموری

دائم به خویش مغروری: عقاید کسب کرده خودرا حق وقابل پیروی میدانی= **چون تورا عشق نیست معذوری:** چون به عشق یار آشنا نگشته ائی اینگونه ائی = **گرد دیوانگی از عشق مگرد :** فکر دیوانه گشتن از عشق یار را ازسربیرون کن = **ور به عقل عقیله مشهوری :** اگر به کسی که عاقل ودرست اندیش است معروف می باشی = **و دوا، مستوری:** ودوای آن مست وصل یار گشتن است = **مستی عشق نیست در سر تو :** این حال وهوای تو مستی از عشق ورزی با یار نیست = **مست آب انگوری:** از شراب دنیائی مست گشته ائی= **بگذر از نام و ننگ خود حافظ:** باید از همه چیز دنیائیت دست بکشی ای عشق ورز یار= **ساغرمی طلب ز مخموری :** و برای آرام گشتن به مستی عشق ورزی با یار روی آوری =
(حافظ خود و عام)

{۳٤۱}

ز کوی یار می‌آید نسیم باد نوروزی
از این باد ار مدد خواهی چراغ دل برافروزی
به صحرا رو که از دامن غبار غم بیفشانی
به گلزار آی کز بلبل غزل گفتن بیاموزی
چو امکان خلود ای دل در این فیروزه ایوان نیست
مجال عیش فرصت دان به فیروزی وبهروزی
زجام گل دگر بلبل چنان مست می لعل است
که زد بر چرخ فیروزه صفیر تخت فیروزی
سخن درپرده میگویم چو گل از غنچه بیرون آی
که بیش از پنج روزی نیست حکم میر نوروزی
چو گل گرخرده‌ای داری خدارا صرف عشرت کن
که قارون را غلط ها داد سودای زراندوزی
طریق کام بخشی چیست ترک کام خود کردن
کلاه سروری آن است کز این تَرک، بردوزی
جدا شد یار شیرینت کنون تنها نشین ای شمع
که حکم آسمان اینست اگر سازی و گرسوزی
به عُجب علم نتوان شد ز اسباب طرب محروم
بیا حافظ که جاهل را هَنی تر می‌رسد روزی

باد نوروزی : باد بهاری = **ار مدد خواهی چراغ دل بر افروزی** : اگر کمک گیری(خود را در آن اندازی) دل را سر مست می سازی= **که از دامن غبار غم بیفشانی** : غم و خمودی را از دل وجان دور سازی = **غزل گفتن بیاموزی** : از دل برای یار بخوانی= **چو امکان خلود ای دل در این فیروزه ایوان نیست** : چون زندگی جاودان دراین دنیای زیباگشته امکان پذیر نیست = **مجال عیش فرصت دان به فیروزی و بهروزی** : برای رسیدن به خوشی و خوشبختی دائمی در کنار یار فرصتی که برای عشق ورزی با یار داری را از دست مده =**زجام گل دگر بلبل چنان مست می لعل است** : ببین از مست

سازی گل ، بلبل چگونه مست زیبائی او گشته = **که زد بر چرخ فیروزه صفیر تخت فیروزی** : که رسیدن به حکمرانی (شور و وجد وصل) خودرا با صدائی بلند اینچنین در آسمان نیلگون فریاد میکند= **سخن درپرده میگویم چوگل ازغنچه بیرون آی:** به این نکته که میگویمت توجه کن وباروی به عشق یار آوردن خمودی حاصل ازروی داشتن به دنیارا ازخود بیرون ریزو عرضه ساز زیبائی باش= **که بیش از پنج روزی نیست حکم میر نوروزی:** زمان و فرصت داده شده به ما برای روی به عشق یار آوردن دردنیا بسیار کم است (میرنوروز فردی بوده است که طبق رسوم قدیم در ایام نوروز چندروزی بعنوان مدیروگرداننده کارهای مراسم نوروز با قدرتی درحد حاکم منسوب میگشته وبعد از آن چند روز بر کنار میشده است)= **چو گل گرخرده ائی داری خدا را صرف عشرت کن:** تو نیز مثل گل با ازخود گذشتگی و ارائه زیبائی (و بوی خوش) خدا را بیادها آور و ایجاد لذت وشادی دردلها کن = **غلط ها داد سودای زر اندوزی** : به خطاهای بزرگی کشاند اورا طمعش در جمع آوری ثروت = **طریق کام بخشی چیست ترک کام خودکردن:**راه کام گرفتن ازیارنیست جزترک لذتهای دنیوی= **کلاه سروری آنست کز این ترک بردوزی** : مقام یافتن ووالاگشتن نزدیار وقتی است که آن ترک کردن(لذتهای دنیا) را به انجام رسانی= **جدا شد یارشیرینت** : یاربس شیرین از ماروی گرداند= **ای شمع:** ای عاشق در حال سوختن از عشق او= **که حکم آسمان اینست اگرسازی وگرسوزی:** که این حکم یارست چه تحمل نمائی وچه بسوختنت ادامه دهی = **به عُجب علم نتوان شدز اسباب طرب محروم:** نباید گذاشت شگفتی ها از کسب علوم دنیا انسان را مشغول ساخته و عشق ورزی با یار فراموش گردد = **بیاحافظ که جاهل را هنی ترمیرسد روزی** : نگران مباش ای عاشق که عالمان بی خبر از عشق یاربسیارراحتتربه روزی(علم آموزی) خود میرسند واز آن مست میگردند تا عاشقان درکسب روزی خود (وصل شیرین یار) = **(حافظ خودو عام)**

ابیات زیرکه بعنوان ابیات هشتم، نهم ، دوازدهم ،سیزدهم وبیت آخردر نسخه قزوینی آمده بعلت عدم رعایت مبانی عرفان و سیرمعنی غزل و تکرار قافیه ولحن مشخصاازحافظ نبوده وبه آن اضافه گشته است ، اضافه گشتن نام حافظ در بیت انتهائی غزل بکر فوق با توجه به گزارش آمده در ذیل غزل فوق در نسخه قزوینی انجام و اصلاح گردیده است :

ندانم نوحه قمری به طرف جویباران چیست — مگر او نیز همچون من غمی دارد شبانروزی
می‌ای دارم چوجان صافی وزاهد می‌کند عیبش — خدایا هیچ عاقل را مبادا بخت بد روزی
می اندر مجلس آصف به نوروز جلالی نوش — که بخشد جرعه جامت جهان را ساز نوروزی
نه حافظ می‌کند تنها دعای خواجه تورانشاه — ز مدح آصفی خواهد جهان عیدی و نوروزی
جنابش پارسایان راست محراب دل و دیده — جبینش صبح خیزان راست روز فتح و فیروزی

عمرتو بگذشت به بی‌حاصلی و بوالهوسی ای پسر جام می‌ائی گیر چو پیری را رسی
بال بگشـا و صفیـر از شجـر طـوبی زن حیف باشد چو تو مـرغی که اسیر قفسی
کاروان رفت و تو در خواب و بیابان در پیش وه کـه بس بی‌خبـر از غلغل چندین جرسی
لمـع البـرق مـن الطـور و آنـست بـه فلعـلـی لک آت بشهـاب قبـس (ی)
چه شِکّرهاست دراین شهرکه قانع شده‌اند شاهبازان طـریقـت بـه مقـام مگسی
با دل خون شده چون نافه خوش می بوید هرکه مشهورجهان گشت به مُشکین نفسی
تـا به مجمر ، نفسی دامـن جانان گیرم جـان نهادم بر آتش ز پی خوش فَرَسی
چند پویـد به هـوای تـو ز هر سـو حافظ
یسـر الله طـریقـا بـک یـا ملتمـسی

بوالهوسی: بدنبال هوسها بودن= **جام می ائی گیر چو پیری رارسی:** روی به عشق مست ساز یارآور چون دوران جوانی طی شد= **بال بگشا و صفیر از شجر طوبی زن:** همتی ساز در راه وصل یار وسرود عشق ازبالای درخت معروف بهشت بخوان= **چوتومرغی که اسیرقفسی:** چون تو وجودی باجانی چنین والاو پرواز ساز که در بند دنیا اسیر باشد= **کاروان :** غافله (ردیف مسافربرها از درشکه واسب و شتر)= **بیابان در پیش :** مسیری ناآشنا که در آن گم خواهی گشت = **وه که بس بی خبراز غلغل چندین جرسی:** بسی مایه تاسف است که با وجود زنگهای زیاد هشدار حرکت قافله(گذر دوران عمرت)باز بیدار نگشتی ودرخواب گمراهی مانده ائی= **لمع البرق من الطور و آنست به :** درخشید برقی ازطور (کوه) و بهترکه تاملی (درراه) کنی برای آن نور(دراین شب سرد(گمراهی خود))= **فلعلی لک آت بشهاب قبس:** باشد که بیاید تورا با گوله ائی از آتش(هدایت سازدترا) (برگرفته شده از آیات داستان حضرت موسی درقرآن) = **چه شکرهاست در این شهر که قانع شده اند :** چقدر مگر این دنیا شیرین و خوش است که راضی گشته اند = **شاهبازان طریقت به مقام مگسی:** که بزرگان دین ودینداری در این سطح کم پرواز (به اندازه پرواز مگسها به گرد شیرینی) مانده اند = **چون نافه خوش می بوید :** همچون ماده خوشبو، بوی خوش از خود می پراکنند= **به مُشکین نفسی:** با ارائه کلام خوب ودلنشین= **تا به مجمر نفسی دامن جانان گیرم :** تا از طریق آتشدان یکدم وصل شیرین یار را دریابم= **جان نهادم بر آتش ز پی خوش فرسی :** جان را در آتش آن انداختم تا بخوبی در همه جا پراکنده گردد= **چند پوید به هوای تو ز هر سو :** چقدر برای یافتن تو به هر سمت و سوئی رهسپار گردد = **یسرالله طریقا بک یا ملتمسی :** آسان سازد خداوند برایت راه را ای التماس ساز (وصلش) = **(حافظ خود حافظ)**

بیت زیرکه بعنوان بیت سوم غزل فوق در نسخه قزوینی آمده است بعلت عدم رعایت مبانی عرفان و سیر معنی غزل مشخصا از حافظ نبوده و به آن اضافه گشته است :

دوش در خیل غلامان درش می‌رفتم گفت ای عاشق بیچاره تو باری چه کسی

نوبهارست در آن کوش که خوشدل باشی — که بسی گُل بدمد باز و تو در گِل باشی
من نگویم که کنون با که نشین و چه بنوش — که تو خود دانی اگر زیرک و عاقل باشی
چنگ در پرده همین می‌دهدت پند ولی — وعظت آنگاه کند سود که قابل باشی
در چمن هر ورقی دفتر حالی دگر است — حیف باشد که ز کار همه غافل باشی
نقد عمرت ببرد غصه دنیا به گزاف — گر شب و روز در این قصه مشکل باشی
گر چه راهیست پر از بیم ز ما تا بردوست — رفتن آسان بود ار واقف منزل باشی
حافظا گر مدد از بخت بلندت باشد
صید آن شاهد مطبوع شمایل باشی

نوبهارست درآن کوش که خوشدل باشی: بهار گشته است بکوش و همتی ساز تادلت از عشق پُرگردد = **که بسی گل بدمد بازو تودرگِل باشی:** که میشود بهاران زیادی را ببینی و بهره ائی از آنها نبری(به عشق یار روی نیاورده باشی) = **چه بنوش :** چگونه روی به مست گشتن ازیار آور = **زیرک وعاقل باشی :** رند (پاکباخته)گشته باشی= **چنگ درپرده همین می دهدت پند :** این نشانه ها و توصیه ها را درپرده های آوای چنگ نیزمی یابی= **وعظت آنگاه کند سود که قابل باشی :** پندها آنزمان بدردت میخورند که عشق را یافته باشی و بدنبال نوش حکمت آنها باشی= **درچمن هر ورقی دفتر حالی دگرست :** در طبیعت هربرگی ویا گلی خود پیامی از مهرورزی یار ارائه میکند = **حیف باشد که زکار همه غافل باشی:** تاسف آنگاه است که هیچکدام (حتی یک مورد هم) جلب نظرت را نکرده باشد = **نقد عمرت ببرد غصه دنیا به گزاف :** خوردن زیاد غم دنیا عمررا به باد دادن است = **در این قصه مشکل :** درکاردنیائی که پر از ماجراست و سختگیرست (برای آزمایش ما) = **پراز بیم زما تا بردوست :** پراز دلهره و سختی تا دل عاشق شده به وصل یار رسد = **واقف منزل باشی:** خودرا وقف کوی یارساخته باشی= **گرمددازبخت بلندت باشد:** سرنوشتت درمسیروالاگشتن تو(رسیدن به یار)رقم بخورد= **صیدآن شاهدمطبوع شمایل:** وصل آن همیشه ناظرو گواه خوش سیما و منظر(یار) گردی= **(حافظ خود وعام)**

{٣٤٤}

هـزار جهـد بکـردم که یـار مـن باشی　　　مـراد بخش دل بی قرار من باشی

چـراغ دیدهِ شب زنـده دار مـن گـردی　　　انیس خـاطر امیـدوار من باشی

درآن چمن که بتان دست عاشقان گیرند　　　گـرت ز مهر بـرآیـد نگار من باشی

شبی بـه کلبـه احـزان عاشقت آیی　　　دمـی مونس دل سـوگـوار من باشی

از آن عقیق کـه خونین دلـم ز عشوه او　　　اگر کنـم گلـه‌ای غمگسار من باشی

مـن این مراد ببینم به خـود که نیم شبی　　　به جای اشک روان در کنار من باشی

من ار چـه حافظ شهرم جوی نمی‌ارزم
مگـر تو از کـرم خویش یـار من باشی

هزار جهد: تلاش وکوششی بس زیاد = **مرادبخش:** کام ساز و به خوشی رسان = **چراغ دیده شب زنده دار** : نور چشم مدام بیدار= **انیس خاطر امیدوار** : همنشین خیال مدام در انتظار = **در آن چمن که بتان دست عاشقان گیرند** : درآن حال وهوای بهاری که محبوبان ماهرو دست عشاق خودرا در دست دارند= **گرت زمهربرآید نگارمن باشی:** اگرتو مهری برمن بورزی آنگاه با تودر آنجا دست دردست خواهم داشت = **کلبه احزان** : خانه پراز غم = **مونس** : همنشین = **ازآن عقیق که خونین دلم ز عشوه او** : ازآن لبها که خونین سازدلست با عشوهای زیبایش= **اگرکنم گله ائی غمگسار من باشی** : اگر دلتنگی برایش نمودم سیرابم سازی = **من این مراد ببینم به خود که** : من این آرزو را همیشه دردل خواهم داشت که = **بجای اشک روان درکنارمن باشی:** باوصل شیرینت اشکهای غمناکم را پایان دهی= **حافظ شهرم جوی نمی ارزم**:حافظ قرآنم دراین مردم ولی هیچ ارزشی برای خود احساس نمی کنم = **مگرتو از کرم خویش یار من باشی:** مگرتو با بزرگواری و عشق و وصل خود مرا با ارزش سازی = **(حافظ خود حافظ)**

ابیات زیرکه بعنوان ابیات سوم ، هفتم و هشتم غزل فوق درنسخه قزوینی آمده است بعلت عدم رعایت مبانی عرفان و سیر معنی غزل مشخصا از حافظ نبوده و به آن اضافه گشته اند:

چو خسروان ملاحت به بنـدگان بازند　　　تـو در میـانه خداوندگار مـن باشی

شود غزاله خورشید صید لاغر من　　　گر آهویی چو تو یک دم شکار من باشی

سه بوسه کز دو لبت کرده‌ای وظیفه من　　　اگـر ادا نکنی قـرض دار من باشی

{۳۴۵}

ای دل آن دم که خراب از می گلگون باشی — بی زر وگنـج به صد حشمت قارون باشی

در مقـامی که صـدارت به فقیـران بخشند — چشم بگذار که به جاه از همه افزون باشی

تـاج شـاهی طلبـی ،گوهـر ذاتـی بنمـای — ور خـود از تخمه جمشید و فریدون باشی

نقطه عشق نمودست ، هـان سهو مکن — ورنه نیک بنگری از دایـره بیرون باشی

در ره منـزل لیلی کـه خطـرهاست در آن — شرط اول قدم آن است که مجنون باشی

ساغری نوش کن و جرعه بر افلاک فشان — چنـد و چنـد از غم ایام جگر خون باشی

حافـظ از فقـر دل بیخبـران آه مکش
خوشدلی را نه پسندست که محزون باشی

ای دل آندم که خراب از می گلگون باشی : ای عاشق اگربه تمامی مست وصل یار گشته باشی پس ازخون دل خوردن بسیار= **بی زر و گنج به صد حشمت قارون باشی:** بدون داشتن ثروتی(با تمام فقرت) به جاه ومقامی صد برابر بیشتراز قارون دست یافته ائی= **درمقامی که صدارت به فقیران بخشند:** آن زمان که(درقیامت)مقام عشاق ازدنیا گذشته را میدهند = **چشم بگذار که به جاه از همه افزون باشی:** امید بدان بدار که برترین مقام وبزرگی را نزد یار کسب کنی = **تاج شاهی طلبی گوهر ذاتی بنمای :** اگر آن مقام را میخواهی آنچه درجانت گمارده را بها بده و به آن بپردازد= **ورخود از تخمه جمشید وفریدون باشی :** همت ساختن دراین راه برای همه مقدور و سختیهای آن برای همه یکسانست و ارتباطی به طبقه فرد(پادشاه یا دهقان بودن) ندارد= **نقطه عشق نمودست هان سهو مکن:** ترا بعنوان یکی از نقاط دایره عشق ورزی با خود خلق و سپس به آن متوجه ات ساخته است پس آنرا کاری ساده مگیر= **ور نه نیک بنگری از دایره بیرون باشی:** زیرا اگردقیقتردل وجان خود را بسنجی خواهی دیدکه هنوز در دایره عشق او قرار نگرفته ائی= **منزل لیلی :** کوی یار = **که خطرهاست درآن :** راهی سخت و دشوارست = **شرط اول قدم :** اولین شرط ورود به آن = **مجنون باشی :** همچون مجنون معروف باشی(چشم از دنیا بپوشی) = **ساغری نوش کن و جرعه برافلاک افشان:** سپس از عشق و عشق ورزی با یارمست شو وجهانی را نیزمست ساز= **چند وچنداز غم ایام جگر خون باشی:** تاکی بابت مصلحت دنیائی خود میخواهی در غم و اندوهی تمام نشدنی بسر بری = **حافظ از فقردل بیخبران آه مکش:** ای عاشق و راهی یار از کار مردمی که روی به دنیا دارند غم مخور = **خوشدلی را نه پسندست که محزون باشی :** غم ایشان را خوردن نیز چون غم دنیا را خوردن دل را از خوش گشتن از عشق یاردور میسازد = **(حافظ خود و عام)**

بیت زیرکه بعنوان بیت پنجم غزل فوق درنسخه قزوینی آمده است بعلت عدم رعایت مبانی عرفان و سیرمعنی غزل مشخصا از حافظ نبوده وبه غزل فوق اضافه گشته است:

کاروان رفت وتودرخواب و بیابان درپیش — کوره بروی زکه پرسی چه کنی چون باشی

زین خوش رقم که بر گلِ رخسار می‌کشی — خـط بـر صحیفه گـل و گلـزار می‌کشی
کاهـل روی ، به بـاد صبـا و بـوی زلف — هر دم به قیـد سلسله در کار می‌کشی
گفتی سر تو نیز بسته فتراک مـا شـود — سهلست اگر تـو زحمت این بار می‌کشی
اشـک حـرم نشین نهـانخـانـه مـرا — زان سوی هفت پرده بـه بازار می‌کشی
هر دم به یاد آن لب میگون و چشم مست — از خلوتم بـه خـانـه خمـار می‌کشی
با چشم و ابـروی تـو چه تدبیر دل کنـم — وه زین کمان که بـر من بیمار می‌کشی
بازآ که چشم بد ز رُخت دفع همی شود — ای تازه گل که دامن از این خار می‌کشی

حافـظ دگـر چـه می‌طلبی از نعیـم دهر
مـی میخـوری و طـره دلـدار می‌کشی

زین خوش رقم که بر گل رخسار میکشی : با این زیبائی که با روی خود عرضه می سازی = **خط برصحیفه گل و گلزار میکشی:** گل و گلزار را بدین زیبائی در می آوری= **کاهل روی، به باد صبا و بوی زلف :** که روی آوران بخود را با باد صبا وبوی خوش زلفت= **هر دم به قید سلسله در کارمیکشی:** مدام درکار دستیابی به آن گیسوی خوشبوی وا میداری = **بسته فتراک ما شود :** در این بند گرفتار خواهدگشت= **سهلست اگر تو زحمت این بار میکشی :** بس ساده است اگر لطف توآنرا بخواهدوبه انجام رساند(وبخودمن وا مگذاری)= **اشک حرم نشین نهانخانه مرا:** اشک مراکه درخانه چشمم فقط درعشق ورزی با توروان میگردد= **زان سوی هفت پرده به بازار میکشی :** با تمام مقاومتی که مینمایم تا برکسی آشکار نگردد برهمگان معلوم میسازی = **هردم به یاد آن لب میگون و چشم مست :** مدام با خیال لب سرمست ساز و چشم بس مست سازت = **از خلوتم به خانه خمار میکشی :** در گاه گوشه نشینی ام بیتاب به سوی مست گشتن از خود روانه میسازی= **چه تدبیردل کنم :** دل سرگشته خود را چگونه آرام سازم = **وه زین کمان که برمن بیمارمی کشی:** آه که چه خوشست آن تیرکمان ابرویت برمن بیمارگشته از دوری آن= **بازآکه چشم بد زرخت دفع همی شود :** بازآی بسوی من که هیچ چشم بدبینی به روی تو نمی تواند بنگرد = **ای تازه گل که دامن از این خار میکشی :** ای گل بی همتا که مرا نیز چون مزاحمی دور میسازی= **از نعیم دهر:** از نعمت های که زمانه (یار) به تو ارزانی ساخته = **می میخوری وطره دلدار میکشی:** کارت بدنبال مست گشتن از یار و چشیدن وصل شیرین او بودن گشته است = **(حافظ خود و عام)**

کتبت قصهٔ شوقی و مد معی باکی ... بیا که بی تو به جان آمدم ز غمناکی
بسا که گفته‌ام از شوق با دو دیده خود ... ایا منازل سلمی فاین سلماک(ی)
صبا عبیر افشان گشت ساقیا بر ریز ... و هات شَمسَهٔ کَرَمَ مُطیّبَ زاکی
ز خاک پای تو داد آب به روی لاله و گل ... چو کلک صنع رقم زد به آبی و خاکی
دع التَکاسَل تَغَنَّمَ فقد جَری مَثَل ... که زاد راهروان چُستی است و چالاکی
اثر نماند ز من بی شمایلت آری ... اری مآثر محیای من محیاک(ی)
ز وصف حسن تو حافظ چگونه نطق زند
که همچو صُنع خدایی ورای ادراکی

کتبت قصه شوقی ومد معی باکی: نگاشتم حکایت اشتیاقم را و درازگشت گریه و زاریم= **به جان آمدم ز غمناکی:** جانم به لب رسید از غم بسیار= **بسا که گفته ام از شوق با دو دیده خود :** چه زمانها که با دیدگان جستجوگرم(در هرجائی) انگار می پرسیدیم= **ایا منازل سلمی فاین سلماکی:** ای مکانهای عشق وآشتی پس کجاست آشتی ساز(یار)= **عبیر افشان گشت ساقیا برریز :** خوشبو ساز شد ای مست ساز ، مست ساز مارا = **وهات شمسه کرم مطیب زاکی:** و بده خورشید را هم عرضه کنندگی عطری والاساز= **ز خاک پای تو داد آب بروی لاله و گل :** زیبائی لاله و گل برای اینست که خاک پای تو را در روی خود دارند = **چو کلک صُنع رقم زد به آبی و خاکی :** آنگاه که قلم خلقت شروع به نگارش (خلق کردن) کرد با آب وخاک= **دع التکاسل تغنم فقدجری مثل:** خمودی را دورساز وهمت پیشه کن که اینچنین بوده همیشه روال کار = **که زاد رهروان چستی است و چالاکی :** که توشه راه راهیان یار سرزندگی و داشتن همت زیاد است = **بی شمایلت:** بدون دیدن رویت= **اری مآثر محیای من محیاک:** نشان ده آنچه باعث زنده گشتن منست از زندگی بخشی خود= **وصف حسن:** شرح زیبائی= **نطق زند:** بشرح و بیان بپردازد= **که همچوصنع خدائی ورای ادراکی:** که مثل ساختار جهانی که خلق کردی غیر قابل درک و توصیفی = **حافظ خود حافظ)**

ابیات زیرکه بعنوان ابیات سوم و چهارم غزل فوق در نسخه قزوینی آمده است بعلت عدم رعایت مبانی عرفان و سیر معنی غزل مشخصا از حافظ نبوده و به آن اضافه گشته اند:

عجیب واقعه‌ای و غریب حادثه‌ای ... انا اصطبرت قتیلا و قاتلی شاکی
که را رسد که کند عیب دامن پاکت ... که همچو قطره که بر برگ گل چکد پاکی

سلام الله ما کر اللیالی   و جاوبت المثانی و المثالی
علی وادی الاراک و من علیها   و دار باللوی فوق الرمال(ی)
دعاگوی غریبان جهانم   و ادعوه بالتواتر و التوالی
به هر منزل که رو آرد خدا را   نگه دارش به لطف لایزالی
بر آن نقاش قدرت آفرین باد   که گرد مه کشد خط هلالی
منال ایدل که در زنجیر زلفش   همه جمعیت است آشفته حالی
تو می‌بایدکه باشی ورنه سهلست   زیان مایه جاهی و مالی
فحبک راحتی فی کل حین   وذکرک مونسی فی کل حال(ی)
سویدای دل من تا قیامت   مباد از شوق و سودای تو خالی
خدا داند که حافظ را غرض چیست
و علم الله حسبی من سؤالی

سلام الله ما کراللیالی: سلام خداوندست آنچه در شبهای پی درپی است (که همه چون شب قدرند) = **و جاوبت المثانی والمثالی:** وجوابم خواندن فاتحه(شکرگزاریش)وآرمانم(آرزویش را نمودن است)= **علی وادی الاراک ومن علیها:** دردیار الاراک واطراف آن= **و دار باللوی فوق الرمال :** ودرکلبه ائی برروی تپه ائی = **دعاگوی غریبان جهانم:** درخواست کننده ازاو چون دیگردور افتادگانم(عشاقش در غربتم)= **و ادعوه بالتواترو التوالی:** و میخوانیمش به دفعات زیاد و در نشستهای مداوم= **به هرمنزل که روی آرد خدا را :** درهر نشستی که روئی نشان دادی به خداوندیت = **نگه دارش به لطف لایزالی:** وصلت را قطع مفرمابه مهربی انتهایت= **نقاش قدرت:** زیبائی آفرین جهان با توانائیهایش=**که گردمه کشد خط هلالی:** ماه را بصورتهای زیبا درمی آورد= **که در زنجیر زلفش :** در اسیر بودن به آن گیسوی زیبا = **همه جمعیت است آشفته حالی:** هرکسی از جماعت عشاقش بنحوی آشفته و حیران اوست= **تو می باید که باشی ورنه سهلست :** توخود باید جایگاهت را بیابی وگرنه آنچنان سخت نیست= **زیان مایه جاهی ومالی :** بدنبال جاه و مقام در دنیا بودن و از زیان دیدگان شدن(از آیات قران)= **فحبک راحتی فی کل حین:** پس عشق ورزی توست راحتی من درهرزمانی= **وذکرک مونسی فی کل حالی :** وازتویادساختن همدمم درهروضعیتی= **سویدا :** ضمیر، درون = **سودای تو :** تمنای(وصل) تو= **غرض :** منظور، قصد = **و علم الله حسبی من سئوالی :** و دانائی خداوندکافیست برایم از پرسش ساختن از آن=   **(حافظ خود حافظ)**

ابیات زیر که بعنوان ابیات ششم و یازدهم غزل فوق در نسخه قزوینی آمده بعلت عدم رعایت مبانی عرفان و سیر معنی غزل از حافظ نیست و به غزل فوق اضافه گشته اند:

خطت صد جمال دیگر افزود   که عمرت باد صد سال جلالی
کجا یابم وصال چون تو شاهی   من بدنام رند لاابالی

بنهـــاد کـار حُسنت بـر عشـق مـن کمالی — خوش باشدم کـه نبـود ایـن هـر دورا زوالی
در وهـم مـی‌نگنجـد کانـــدر تصـور عقـل — آیـد بـه هیــچ وجهـی زیـن خوبتـر جمالی
چُـون مـن جمال رویت جانا بـه چشم بینم؟ — کـز خواب می‌نبیند چشمم بـه جز خیالی
بـاد حظ عمـر حاصـل گـر زانکه با تـو ما را — در کـار عمــر و روزی ، روزی شـود وصالی
آندم کـه بـا تـو هستم یکسال هست روزی — واندم که بی تو باشم یک لحظه هست سالی
رحـم آر بـر دل مـن کـز مهـر روی خوبت — شـد تـن نـاتـوانم بـاریک چـون هلالی

حافظ مکـن شکایت گـر وصل دوست خواهی
زیـن بیشتـر ببـایـد بـر هجــرت احتمالی

بنهاد کار حسنت بر عشق من کمالی : این عشق ورزی والاو زیبای توست که عشق مرا والا و وجد آور ساخته است = **این هردو را زوالی :** نه عشق ورزی تو و نه عشق من هیچگاه تا ابد از بین نمی روند = **در وهم می نگنجد کاندر تصور عقل :** تصور رویت درخیال نمی گنجد و عقل این باور را پیدا کرده است که = **آید به هیچ وجهی زین خوبتر جمالی :** زیباتراز روی زیبای تو هیچگاه وجود نخواهد داشت = **چون من جمال رویت جانا به چشم بینم : چگونه** من میتوانم زیبائی رویت را با چشمان خود ببینم ای یار زیبا = **کزخواب می نبیند چشمم به جزخیالی :** که چشمم فقط خیال آنرا در خواب می بیند= **باد حظ عمرحاصل گر زانکه با تومارا :** برترین خوشی و لذت زندگی دردنیا حاصل خواهد شد اگر که درارابطه با تو= **درکار عمر و روزی، روزی شود وصالی :** در عمر و روزی که بما عطا میکنی وصل زیبایت راهم روزی ما بگردانی = **کز مهر روی خوبت :** که از عشق روی بس زیبایت = **شد تن ناتوانم باریک چون هلالی :** به تمامی از دست رفته و خمیده گشته ام = **دوست :** یار = **زین بیشتربباید بر هجرت احتمالی :** باید احتمال بیشتری به دورماندن از یار بدهی و سختیهایش را تحمل کنی= **(حافظ خود وعام)**

{۳۵۰}

این خـرقه که من دارم در رهن شراب اولی وین دفتــر بـی‌معنی غـرق مـی نـاب اولی
چون عمـر تبه کردم چندان که نگه کـردم در کُنـج خـرابـاتی افتـاده خـراب اولی
چون مصلحت اندیشی دور است ز درویشی هم سینه پـر از آتش هم دیده پـر آب اولی
از همچـو تـو دلـداری دل بـرنکنم آری چون نـاز کشم باری زان زلف به تاب اولی
من حالت زاهد را با خلـق نخواهم گفت این قصه اگر گـویم بـا چنگ و رباب اولی
تا بی سر و پـا بـاشد اوضاع فلک زین دست در سـر هوس سـاقی در دست شراب اولی
چـون پیر شدی حافظ از میکده بیـرون شو
رنـدی هوسناکـی در عهـد شبـاب اولی

در رهن شراب اولی : بهترین کارش اینست که برای مست گشتنم به گرو رود = وین گوهربی معنی غرق می ناب اولی : این جان دور مانده از عشق ورزی یار بهترین وضعیتش بتمامی مست وصل یار بودنست = چون عمر تبه کردم چندان که نگه کردم: حال که می بینم عمرم تباه گشته(بی عشق یار گذشته) پس هرجور که می سنجم = در کنج خراباتی افتاده خراب اولی: بهترین وضعیتم در گوشه ائی افتاده وخراب از مستی عشق یارزندگی را سپری کردنست = چون مصلحت اندیشی دور است زدرویشی : حال که صلاح کارو زندگی را درنظر گرفتن کار پاکباختگان یار نیست = هم سینه پر از آتش هم دیده پر آب اولی : مدام در آتش عشقش سوختن و گریستن برای وصلش بهترین کارم میباشد = دل بر نکنم : هیچگاه روی نمی گردانم = چون ناز کشم باری زان زلف به تاب اولی : چون امید وصل شیرینت را دارم پس سختی کشید برایش بهترین کارست = من حالت زاهد را با خلق نخواهم گفت : من هیچگاه بطور مستقیم حال عافیت بینان و مصلحت اندیشان را بامردم درمیان نمیگزارم = با چنگ و رباب اولی : بصورت ترانه و آواز عرضه می سازم تا بهتر بدلها به نشیند = تا بی سرو پا باشداوضاع فلک زین دست : حال که اول و آخرآنچه بر ما در زندگی میرود معلوم نیست = در سر هوس ساقی دردست شراب اولی: مدام در فکر یار مست ساز و مست گشتن از او بودن بهترین کارست = میکده: شرابخانه، محافل مست گشتن دنیائی = رندی هوسناکی در عهد شباب اولی : تجربه مستی و عشق ورزی دنیائی کاریست متعلق بدوران جوانی =

(حافظ بصورت عام = دیگر راهیان یار)

زان می عشق کزو پخته شود هر خامی گـر چـه مـاه رمضان است بیاور جامی

روزه دانـی که مهمانی عزیزست ای دل صحبتش موهبتی دان و شـدن انعامی

مـرغ زیـرک به در خانقـه اکنـون نپـرد کـه نهادند به هر مجلس وعظی دامی

گله از زاهد تندخو نکنم رسم این است که چو صبحی بدمددر پی اش افتد شامی

روزها رفت که دست من مسکین نگرفت زلـف شمشاد قـدی ، ساعد سیم اندامی

یار مـن چون بخرامد به تماشـای چمن برسانـش ز مـن ای پیک صبـا پیغامی

آن حریفی که شب و روز می صاف کشد بـود آیـا کـه کنـد یـاد ز دُرد آشامی

حافظا گـر ندهـد دادِ دلـت آصف عهد

کـام هیهـات به دست آوری از خودکامی

زان می عشق کزو پخته شودهرخامی: ازآن عشق مست ساز یارکه هر نا آگاهی را به رمز وجود آگاه میسازد =**گرچه ماه رمضان است:** هرچنداکثرمردم این شبها بیدارند و راز ونیاز کننده با اوبسیارست= **بیاورجامی:** مرا نیزمست سازید= **دانی که مهمانی عزیزست :** دانی که عزیزترین مهمان یک مومن است و چند روزی بیش نمی ماند = **صحبتش موهبتی دان :** آمدنش را قدر دان= **شدن انعامی:** توان گرفتن آنها (روزه های ماه رمضان) ورود به نعمتهای یارست= **مرغ زیرک:** عاشق پاکباخته= **خانقه :** جای جمع شدن عشاق یار = **که نهادند به هر مجلس وعظی دامی:** که خانقاه ها نیز این شبها مجلس وعظ است وخواندن مردم به پیروی از بزرگان دین(نه از قرآن و رابطه داشتن مستقیم با یار)= **گله از زاهد تندخود نکنم رسم اینست:** ازمتعصبین دینی که مردم را برای اجرای احکام خداوندبا نظرخود درفشارمیگذارند شاکی نیستم که همیشه اینچنین بوده است = **که چو صبحی بدمد در پی اش افتد شامی :** هرگاه که نوری مستقیم از یار (قرآن) برمردم عرضه میشود هستند(درهر عصر) جماعتی که سعی میکنند جلوی آن نور را بگیرند (و تاریکی را مستقر سازند) تا آن نور بر مردم نتابد= **مسکین :** درمانده و از دست رفته = **زلف شمشاد قدی ساعد سیم اندامی :** دستم زلف یار بس زیبا و خوش اندامم را نگرفته است = **چون بخرامد به تماشای چمن :** آنگاه که نظری به سمت عشاقش میکند = **پیک صبا :** باد صبح گاهی = **آن حریفی:** آن عشق ورز (یار)= **می صاف کشد:** که عشقی پاک وبس مست ساز برهمه عرضه میسازد= **بود آیاکه کند یاد زدُرد آشامی :** آیا یادی از عاشق خود که بدنبال مستی تمام از اوست خواهد کرد= **دادِ دلت :** آنچه حق دل خود میدانی= **آصف عهد :** آنکه عهدش از هرشرطی پاک است (عهدش تظمینی ندارد) = **کام هیهات بدست آوری از خودکامی:** بسی دور(غیرممکن) است که فقط با تلاش خود به گرفتن کامی از یاردستیابی(یار باید بخواهد تا بشود) =

(حافظ خود و عام)

{۳۵۲}

کـه بَـرَد بـه نزد شـاهان ز من گدا پیامی
که بکوی مـی فروشان دو هـزارجـم به جامی
اگر این شراب خامست وگر آن حریف پخته
کـه هـزار بـار بهتـر ز هـزار پختـه خامی
ز رهم میفکن ای شیخ تو به دانه‌های تسبیح
که چو مرغ زیـرک اُفتد نَفِتد به هیچ دامی
شـده‌ام خراب و بدنام و بسی امید دارم
که به لطف آن عـزیـزم برسم به نیک نامی
سر خدمت تو دارم بخرم به مهر و مفروش
کـه چـو بنـده کمتر افتـد بـه مبارکی غلامی
به کجا برم شکایت به که گویم این حکایت
کـه لبت حیـات مـا بـود و نداشتی دوامی
بگشـای تیـر مـژگان و بـریـز خـون حافظ
کـه چنـان کُشنده‌ای را نکِشد کـس انتقامی

پیامی: این پیام را= **که بکوی می فروشان دو هزار جم به جامی** : که در جایگاه طلب سازان مستی یار تسلط برهزاران فرمانروائی به مست گشتنی از یارنمی ارزد= **اگراین شراب خام است** : اگراین مسلک بدنبال مستی یار بودن معامله با باد است (دستاوردش بچشم نمی آید)= **وگرآن حریف پخته:** اگر مظاهردنیائی دست به نقد وحاضر= **که هزار بار بهترز هزار پخته خامی:** هزاران بار این طلب خام مستی یار(معامله با باد) از هزاران دستاورد آماده در دنیا برترو بهترست = **ز رهم میفکن ای شیخ توبه دانه های تسبیح** : ای زاهد نخواه که مرا از مسیرم دورسازی ازطریق احکام دین= **که چو مرغ زیرک افتد نفتدبه هیچ دامی:** که عاشق پاکباخته یاررا هیچ دام دنیائی بکام خود نکشد(زیرا که یار با اوست) = **خراب و بدنام** : ازدست رفته از دوری یارواز چشم مردم افتاده = **عزیزم** : یارگرامی ساز من= **به نیک نامی:** جایگاه عاشقان پاک خود= **بخرم به مهرو مفروش:** وصل سازمرااز عشق ورزیت وترکم مساز= **که چو بنده کمتر افتد به مبارکی غلامی:** مرا از آن بنده هائی قرارده که مورد توجه صاحب خود قرار میگیرند و هیچگاه فروخته نمی شوند (از صاحبشان جدا نمی گردند) = **این حکایت** : ماجرای بی وفائی تو را = **که لبت حیات ما بود و نداشتی دوامی** : که در وصلت مااحساس زنده بودن میکردیم که آنرا پایان دادی= **بگشای تیرمژگان** : نگاهی برمن انداز وبا تیرمژه ات = **نکشد کس انتقامی:** هیچکس تمایل پیدا نمی کند که از او انتقام گیرد (بلکه برعکس که حاضرند خون خودشانرا نیز بریزد) = **(حافظ خود حافظ)**

ابیات زیرکه بعنوان ابیات سوم و چهارم غزل فوق در نسخه قزوینی آمده اند بعلت عدم رعایت سیر معنی غزل و تکرار قافیه و لحن سروده (هرچند حاوی تعابیر مشابه آمده در دیگر اشعارحافظ میباشند) مشخصا از حافظ نبوده و به غزل فوق اضافه گشته اند:

تـو که کیمیـا فروشی نظری به قلب ما کن — کـه بضاعتی نـداریـم و فکنـده‌ایم دامی
عجب از وفـای جـانـان که عنایتی نفرمود — نـه بـه نامه‌ای پیـامی نه به خامه‌ای سلامی

سینه مالامال درد است ای دریغا مرهمی — دل ز تنهایی به جان آمد خدا را همدمی
چشم آسایش که دارد از سپهر تیزرو — ساقیا جامی مرا ده تا بیاسایم دمی
زیرکی را گفتم این احوال بین خندید وگفت — صعب روزی بوالعجب کاری پریشان عالمی
درطریق عشق امن و آسایش بهمراه بلاست — ریش باد آن دل که با این درد خواهد مرهمی
اهل کام و ناز را در کوی رندی راه نیست — رهروی باید جهان سوزی نه خامی بی‌غمی
آدمی در عالم خاکی نمی‌آید به دست — عالم دیگر بباید ساخت از ، نو آدمی
گریه حافظ چه سنجش پیش استغنای عشق
کاندر این دریا نماید هفت دریا شبنمی

مالامال : پر از = **ای دریغا مرهمی** : کجاست داروئی درمان ساز = **به جان آمد خدا را همدمی** : بس بی تاب گشت به خداوندیت وصلی مقرر ساز = **چشم آسایش که دارد از سپهرتیزرو**: کیست آنکه به آسایشی مدام رسیده باشد در این روزو شبهای بسرعت گذرا = **ساقیا جامی مرا ده تا بیاسایم دمی**: ای یار مست ساز مستم ساز تا دمی در آسایش همدم بودن باتو باشم= **زیرکی**: نکته دانی، فال بینی= **این احوال بین** : احوال مرا چگونه می بینی= **صعب روزی بوالعجب کاری پریشان عالمی**: شگفتا ازسختی افتاده در روزیت(تمنایت) و پریشانی درکارت= **بهمراه بلاست** : با سختیهای زیاد همراه است = **ریش باد** : رنجش بیشترگردد = **با این درد خواهد مرهمی** : برای این درد داروی دنیائی بطلبد = **اهل کام وناز را درکوی رندی راه نیست** : اهل آسایش و راحتی در دنیارا به مسلک پاکباختگان راه نیست = **رهروی باید جهان سوزی نه خامی بی غمی** : با دل وجان روی آورده ائی که از دنیاروی گردانده است میخواهد نه نا آگاه از عشق یار و غم آن = **آدمی**: یا آنکه برای آن(آدم) بودن وشدن خلق گشته ایم وآمده ایم تابه مقامش برسیم= **در عالم خاکی نمی آید بدست** : مقامش را به تمامی دراین دنیای مادی نمی توان دریافت و احساس کرد (که تا آخرین لحظه در آزمایش الهی هستیم) = **عالم دیگرباید ساخت از، نوآدمی**: آمده ایم تا سرای دیگرمان را با مدام روی به آدمیت آوردن بسازیم (نو آدمی یا در مسیررضای یارگام نهادن) ودر آنجاست که مقامی را که برای خود کسب کرده ایم را می بینیم و احساس میکنیم = **چه سنجش پیش استغنای عشق**: چگونه میتواند خود را بنمایاند دربرابر یارعرضه ساز عشق و بی نیاز از عشق ورزی = **کاندر این دریا نمایدهفت دریا شبنمی**: که در مقابل دریای عشق او هفت دریا اشک ریختن چون شبنمی بیش نیست =

(حافظ خود وعام)

ابیات زیر که بعنوان ابیات چهارم و هشتم غزل فوق در نسخه قزوینی آمده اند بعلت عدم رعایت مبانی عرفان و سیر معنی غزل مشخصا از حافظ نیست و به آن اضافه گشته اند :

سوختم در چاه صبر از بهر آن شمع چگل — شاه ترکان فارغ است از حال ما کو رستمی
خیزتا خاطر بدان تُرک سمرقندی دهی — کز نسیمش بوی جوی مولیان آید همی

به دلبـــرم کـه رسـاند نـوازش قلمـی | کجاست پیک صبـا گر همی کند کرمی
بر آنکه وقت شناسان ، دو کون بفروختند | به یک پیالـه می صـاف و صحبت صنمی
چرا به یک نی قندش نخرد آن کس را | که کرد صـد شکرافشانی از نـیِ قلمی
نمی‌کنـم گلـه‌ای لیک ابـر رحمت دوست | به کِشتزار جگـرتشنـگان نـداد نَمی
دوام عیش و تنعم نـه شیوه عشق است | کـه گـر معاشـر آنی بنوشی نیش غمی
دلـم گرفـت ز سالوس طبـل این اقلیم | بـه ، آنکـه بر در میخـانه بـرکشم عَلَمی

سزای قـدر تو یـارا به حـد حافظ نیست
جـز از دعای نیم شبی و نیـاز صبح دمی

نوازش قلمی : شرح عشق نگاشته ام را = **پیک صبا گرهمی کندکرمی :** باد صبحگاهی اگر لطفی برمن سازد = **برانکه وقت شناسان دوکون بفروختند:** اینکه عاشقان پاکباخته دلواپس ازدست رفتن فرصت داده شده به ایشان(در زندگی دنیا) از دودنیا دست کشیده اند= **به یک پیاله می صاف و صحبت صنمی :** بدنبال مست گشتن هرچه بیشتراز وصل یار وهمدم گشتن با اویند تا زنده اند= به یک نی قندش: با یک وصل شیرینش= **که کرد صد شکر افشانی از نی قلمی :** چه بسیار با اشعارخود عشق وزیبائی بی همتا و وصل شیرین او را برهمگان عرضه ساخته است = **ابررحمت دوست:** یار، مهرورزی زنده ساز خود را = **به کشتزار جگر تشنگان نداد نمی :** آنرا برعاشقان از دست رفته اش عرضه نساخت = **دوام عیش و تنعم نه شیوه عشق است :** درکار عشق ورزی یار دوامی درخوشی ولذت وصل شیرینش نمی یابی= **که گر معاشر آنی بنوشی نیش غمی :** اگردراین مسیر سیر میکنی بدان که غم جانکاه جدائی را خواهی چشید = **ز سالوس طبل این اقلیم :** از ریای فتواها واحکام اعلامی برمردم این دیار= **به آنکه بردرمیخانه برکشم علمی:** همان بهتر که نشانه ساز و راهنمای کوی عشق و مستی یار باشم = **سزای قدر تو :** کلامی که بتواند مرتبه و شکوه تورا باز گو نماید = **به حد :** در توان = **نیاز صبح دمی:** تمنای سحریم = **(حافظ خود حافظ)**

ابیات زیرکه بعنوان ابیات دوم ، سوم ، چهارم و پنجم غزل فوق درنسخه قزوینی آمده است بعلت عدم رعایت مبانی عرفان وسیر معنی غزل و لحن از حافظ نیست و به غزل فوق اضافه گشته اند (ابیات اول و چهارم زیر مشخصا از ابیات آخرو چهارم غزل ۳۵۳ (قبلی) برداشت شده است) :

قیـاس کردم ز تدبیر عقـل در ره عشق | چو شبنمی است که بربحـر می‌کشد رقمی
بیا که خرقه من گر چه رهن میکده‌هاست | ز مـال وقـف نبینی بـه نـام مـن درمی
حدیث چـون و چرا درد سر دهد ای دل | پیاله گیـر و بیـاسـا ز عمر خویش دمی
طبیب راه نشین درد عشق نشنـاسـد | برو بدست کـن ای مـرده دل مسیح دمی

هوا خواه توام جانا و می‌دانم که می‌دانی
که هم نادیده می‌بینی و هم ننوشته می‌خوانی
ملک در سجده آدم زمین بوس تو نیت کرد
که در حسن تو لطفی دید بیش از حد انسانی
بیفشان زلف وصوفی را به پا بازی و رقص آور
که از هر رقعه دلقش هزاران بُت بیفشانی
دریغا عیش شبگیری که درخواب سحربگذشت
ندانی قدر وقت ای دل مگر وقتی که درمانی
ملول از همرهان بودن طریق کاردانی نیست
بکش دشواری منزل به یاد عهد آسانی
چراغ افروز چشم ما نسیم زلف جانان است
مباد این جمع را یا رب غم از باد پریشانی
خیال چنبر زلفش فریبت می‌دهد حافظ
نگر تا حلقه اقبال ناممکن نجنبانی

هواه خواه توام: بدنبال تووعشق توام= **نادیده** : آنچه پنهان است = **ننوشته** : آنچه در ذهن و نیت است = **ملک در سجده آدم زمین بوس تونیت کرد:** سجده فرشتگان برآدم برای درخدمت انسان درآمدن در اصل بیعت با تو بود = **که در حسن تو لطفی دید بیش از حد انسانی:** در مهری که گستردی زیبائی شیفته سازی دیدند که بر او سجده کردند وانسان هرگز نمی توانست آنهارا اینگونه شیفته سازد وبه خدمت گیرد= **بیفشان زلف و صوفی را به پا بازی ورقص آور:** روی زیبایت را بنما وعاشقت را (با مستی آن)از خودبیخود ساز و به پایکوبی و رقص بکشان= **از هررقعه دلقش هزاران بُت بیفشانی:** که از هروصله لباسش هزاران زیبائی وشادی و شعف ارائه خواهی ساخت = **دریغا عیش شبگیری که در خواب سحر بگذشت :** افسوس که آن خوشی و شعف وصلت درشب با خواب خوش سحری به پایان رسید= **ندانی قدروقت ای دل**

مگروقتی که درمانی : هیچگاه ارزش این اوقات وصل را درنمی یابی ای دل مگر آنگاه که غم دوری یار درمانده ات میسازد = **ملول ازهمرهان بودن طریق کاردانی نیست :** نگرانی و حسادت به کار وصل دیگر عشاق هم کیش خود به یار تورا بجائی نمی رساند= **بکش دشواری منزل به یاد عهد آسانی :** دشواری کار وصلش را تحمل کن ودر آن همت ساز به امید زمان آسایش و لذت از وصلش= **چراغ افروز چشم ما نسیم زلف جانان است :** چشم ما آنگاه شروع به دیدن می نماید که نسیم خوشبوی یارمی وزد = **مباد این جمع را یا رب غم ازباد پریشانی :** پروردگارا باد های پراکنده ساز بوی خوشت که غم از خودبجا میگذارندرا از عشاقت دور ساز= **خیال چنبرزلفش فریبت میدهد :** خیال زیبای خمی که زلف او بخود میگیرد آنقدر فریبنده وواقعی مینماید= **نگرتاحلقه اقبال نا ممکن نجنبانی :** بخود آی و با خیالش دلخوش مسازکه هیچگاه درخیال دستت آن زلف زیبارا نخواهد گرفت(کوشادرتمنای وصل واقعی یار باش)= **(حافظ خود وعام)**

ابیات زیر که بعنوان ابیات دوم و چهارم غزل فوق در نسخه قزوینی آمده است بعلت عدم رعایت مبانی عرفان و سیر معنی غزل و لحن از حافظ نیست و به غزل فوق اضافه گشته اند:

ملامتگو چــه دریابد میان عاشق و معشوق　　نبیند چشم نابینا خصوص اسـرار پنهانی
گشادِ کار مشتاقان در آن ابـروی دلبندست　　خدا را یک نفس بنشین گره بگشا ز پیشانی

با یار زیرک و از باده کهن ، دومنی — فراغتی و کتابی و گوشه چمنی
من این مقام به دنیا و آخرت ندهم — اگرچه در پی ام افتند هر دم انجمنی
هر آنکه کُنج قناعت به گنج دنیا داد — فروخت یوسف مصری به کمترین ثمنی
بیا که رونق این کارخانه کم نشود — به زهد همچو تویی یا به فسق همچو منی
به صبر کوش تو ای دل که حق رها نکند — چنین عزیز نگینی به دست اهرمنی
از این سموم که بر طرف بوستان بگذشت — عجب که بوی گلی هست و رنگ نسترنی

مزاج دهر تبه شد در این بلا حافظ
کجاست فکر حکیمی و رای بَرهَمَنی

با یار زیرک واز باده کهن دومنی: داشتن یاری عشق ورز واز مست سازی دیرینه اش مست گشتنی به تمامی= **فراغتی :** رها گشته از گرفتاری زندگی = **کتابی :** نامه یار (قرآن) ودفترسروده هایم = **گوشه چمنی :** نشستن درمحفل بس زیبای طبیعت= **این مقام :**رسیدن به این جایگاه را= **درپی ام افتندهردم انجمنی:** گروههای مختلف از مردم مدام سرزنشم سازند = **کُنج قناعت:** گوشه پاکباختگی وتسلیم یار بودن= **گنج دنیا:** به مقام وثروت دردنیا رسیدن= **یوسف مصری :** جان والای خود را= **به کمترین ثمنی:** به بی ارزش ترین بهائی (دنیا)(از مثالهای آمده در قرآن)= **بیاکه رونق این کارخانه کم نشود:** روی به عشق یار آرکه کار عشق ورزی بایار تغییری نمی کند= **به زهد همچو توئی یا به فسق همچو منی :** با این روش دینداى تو و یا زشتی روش من= **به صبر کوش تو ای دل که حق رها نکند :** با صبوری تمام در راه عشقش کوشا باش ای دل عاشق که یار نمیگذارد = **چنین عزیزنگینی بدست اهرمنی:** تا عاشق پاک وخالصش اسیردست دنباله روان شیطان گردد= **سموم :** سیاه کاری دنباله روان شیطان = **برطرف بوستان بگذشت:** درجامعه برقرار گشته است = **عجب که بوی گلی هست ورنگ نسترنی:** جای شکردارد که هنوز بوی مست ساز یار بمشام می آید زیبائیش را برقرار میسازد = **مزاج دهر تبه شد در این بلا:** روزگار در حال عرضه سیاهی و بدی است از کار اینان = **کجاست فکرحکیمی ورای برهمنی:** کجایند دانایان چاره جو و روحانیان ازدنیا گذشته حکم ساز= **(حافظ خود وعام)**

ابیات زیرکه بعنوان ابیات پنجم و ششم غزل فوق در نسخه قزوینی آمده اند بعلت عدم رعایت مبانی عرفان و سیر معنی غزل مشخصا از حافظ نیست و به آن اضافه گشته اند :

ز تندباد حوادث نمی‌توان دیدن — در این چمن که گلی بوده است یا سمنی
ببین در آینه جام نقش بندی غیب — که کس به یاد ندارد چنین عُجب ز منی

صبح است و ژاله می‌چکد از ابر بهمنی — سرو صبوح ساز و دهد جام یک منی
ساقی بدست باش که غم در کمین ماست — مطرب نگاه دار همین ره که می‌زنی
در بحر مایی و منی افتاده‌ام بیار — مِی تا خلاص بخشدم از مایی و منی
می ده که سر بگوش من آورد چنگ وگفت — خوش گذران و بشنو زین پیر منحنی
خون پیاله خور که حلالست خون او — در کار یار باش که کاریست ماندنی
ساقی به بی‌نیازی رندان که می بده — تا بشنویم ز صوت مغنی هوالغنی
حافظ نهال قد یار در جویبار دل
خون خوردی و بر نشاندی و حال برکنی

ژاله می چکد ازابر بهمنی: قطرات باران از ابر زمستانی= **سرو صبوح ساز ودهد جام یک منی:** سرو با زیبائی مست ساز خود به مستی تمام (وصل یار) میخواند= **ساقی بدست باش که غم در کمین ماست :** ای مست ساز روی از ما مگردان که غم منتظرست تا بر ما یورش آورد = **مطرب نگاه دار همین ره که میزنی :** ای نوازندگان شما نیز همین گونه درراه مستی ما ازیار بنوازید= **در بحرمائی و منی افتاده ام :** گرفتار خودبینی و اسیر کار دنیا گشته ام = **می تا خلاص بخشدم از مائی ومنی:** که مستی از یارست که از این وضع نجاتم میدهد = **می ده که سر بگوش من آورد چنگ وگفت :** مست ساز مرا(یارا) که نوای چنگ اینچنین در گوشم زمزمه کرد= **خوش گذران و بشنوزین پیرمنحنی:** بخوشی روی آور وباور ساز از این عرضه ساز عشق قدیمی (از من چنگ)= **خون پیاله خور که حلالست خون او :** مست عشق یارشو که حلال همان عشق مست ساز اوست = **درکار یارباش که کاریست ماندنی :** به مهرورزی با یار روی آورکه هم آن ترا بصورت جاودان از عشق سیراب می سازد = **ساقی به بی نیازی رندان که می بده :** ای مست ساز برای رها ساختن پاکباختگانت ازدنیا مست سازیت را آغاز کن= **زصوت مغنی هوالغنی :** از آوای آواز خوان که اوست (یارست) رهائی ، رها ساز (بی نیازیست بی نیاز ساز)= **نهال قد یاردر جویباردل :**درختچه عشق والاساز یاررا دردل نرم خود= **خون خوردی وبرنشاندی وحال برکنی:** بسیار عذاب کشیدی تابه بار نشست وحال در لذت آن غرق خواهی گشت = **(حافظ خود و عام)**

{۳۵۸}

بشنو این نکته که خود را زغم آزاده کنی	خون خوری گر طلب روزی ننهاده کنی
آخرالامر گِل کوزه گران خواهی شد	حالیا فکر سبو کن که پر از باده کنی
خاطرت کی رقم فیض پذیرد هیهات	مگر از نقش پراکنده ورق ساده کنی
اجرها باشدت از خسرو شیرین دهنان	گر نگاهی سوی فرهاد دل افتاده کنی
تکیه بر جای بزرگان نتوان زد به گزاف	مگر اسباب بزرگی همه آماده کنی

کار خود گر به کرم بازگذاری حافظ
ای بسا عیش که با بخت خداداده کنی

بشنواین نکته که خود را زغم آزاده کنی: بایداین نکات رارعایت کنی اگرمیخواهی از غم دنیا رها گردی= **خون خوری گرطلب روزی ننهاده کنی:** اگربدنبال آنچه برای تو مقرر نشده است باشی، فقط خشم و غم را درجان خود فرود برده ائی = **آخرالامر گل کوزه گران خواهی شد :** در نهایت بدنت خاکی میگردد که میشود کوزه ائی برای می از آن ساخت = **حالیا فکرسبو کن که پر از باده کنی:** درحالیکه این جان توست که تا زنده ائی باید چون کوزه ائی آماده پر گشتن از می (مست گشتن تمام ازیار) گردد = **خاطرت کی رقم فیض پذیرد هیهات:** دل توجه زمانی می تواند که جایگاه مهر یار قرار گیرد و والا گردد، هیچوقت (بدین راحتی نیست) = **مگر از نقش پراکنده ورق ساده کنی :** مگر آنکه از دلبستگیهای گوناگون دنیا آنرا پاک سازی= **اجرها باشدت از خسرو شیرین دهنان :** به شادی و والا گشتنی بسیار میرسی از یاری که شیرین ترینست و والاساز= **گرنگاهی سوی فرهاد دل افتاده کنی :** اگر از فرهاد دلباخته روش دلباختگی (پاکباختگی) و صبرو تحمل در سختی آنرا بیاموزی = **تکیه بر جای بزرگان نتوان زند به گزاف :** راه بزرگان را پیمودن و بر جای ایشان نشستن با شعار دادن میسر نمی شود = **مگر اسباب بزرگی همه آماده کنی :** مگربا کشیدن سختیهای آن و بکار گرفتن آموخته هایش صلاحیت آنرا بدست آوری= **کار خود گر به کرم باز گذاری حافظ :** اگر تمام تلاش و دستاوردت در این راه را از لطف و مهرورزی یار بر خود بدانی و خود را به او واگذاری ، ای رهرو عاشق = **ای بسا عیش که با بخت خداداده کنی:** به لطفش با بهترین سرنوشتی که میتواندبرایت رقم خورد(وصل شیرینش) درخوشی غرق خواهی گشت=
(حافظ بطور عام)

ابیات زیر که بعنوان ابیات سوم و آخرین بیت بعداز بیت حافظ دار غزل فوق در نسخه قزوینی آمده است بعلت عدم رعایت مبانی عرفان وسیر معنی غزل و غریب بودن لحن از حافظ نیست و به غزل فوق اضافه گشته اند:

گر از آن آدمیانی که بهشتت هوس است   عیش با آدمی ائی چند چو پری زاده کنی
ای صبا بندگی خواجه جلال الدین کن   که جهان پرسمن و سوسن آزاده کنی

{۳۵۹}

ای دل به کـوی عشق گـذاری نمی‌کنی؟ اسباب جمـع داری و کاری نمی‌کنی؟
چوگان حکـم در کـف و گویی نمی‌زنی؟ باز ظفـر به دست و شکاری نمی‌کنی؟
این خون که موج می‌زند اندر جگر تو را در کـار رنگ و بـوی نگاری نمی‌کنی؟
در آستین جـان تو صد نافه مُدرج است وان را فـدای طـره یـاری نمی‌کنی؟
مُشکین ازآن نشددم خُلقت که چون صبا بر خـاک کـوی دوست گذاری نمی‌کنی
ترسـم کـز این چمن نبـری آستین گل کـز گلشنش تحمـل خـاری نمی‌کنی
حافظ بـرو کـه بنـدگی بارگاه دوست
گـر جمله می‌کنند تـو باری نمی‌کنی

ای دل به کوی عشق گذاری نمی کنی: ای دل(جان)که برای عشق ورزی خلق گشته ائی به عشق یار روی نمی آوری؟ = **اسباب جمع داری و کاری نمی کنی:** همه چیزبرایت مهیاگشته باز قدمی برایش بر نمیداری؟= **چوگان حکم در کف و گوئی نمی زنی:** دل بهره گیرو لذت براززیبائیهای یار ووصل او دراختیارداری و کاررا آغاز نمی کنی = **بازظفر:** پرنده شکاری تیزبین (جان حساس جستجو گرت را) = **این خون که موج میزند اند جگر تو را :** این التهاب جان و تنگی دل (که علتش دور ماندن از لذت مستی یارست) = **در کار رنگ و بوی نگاری نمیکنی:** در راه تمنای دیدن روی و شنیدن بوی یار بکارش نمی گیری؟ = **در آستین جان توصدنافه مُدرج است :** این از قدرت جان توست که میتواند با دیدن زیبائیهای یار بشرح آنها بپردازد و دیگرجانها را خوشبو سازد = **وان را فدای طره یاری نمی کنی:** این نعمت داده شده به جانت را بتمامی در راه شرح ووصف زلف خوشبوی یارقرار نمی دهی؟= **مشکین از آن نشد دم خُلقت که چون صبا:** به این علت نفسی ازبوی خوش یارتاکنون نشنیده ائی که مثل باد صبحگاهی=**برخاک کوی دوست گذاری نمی کنی :** بسوی یار روی نمی آوری و برای رسیدن به سرایش همتی نمی ورزی= **کزین چمن نبری آستین گل :** ازاین فرصتی که داری جانت بهره ائی از شور ومستی دیدن زیبائیهای یار نبرند = **کز گلشنش تحمل خاری نمیکنی :** که سختی راه رسیدن به آن زیبا ساز را تحمل نمی کنی ودر آن مقاومت نمی ورزی = **برو که بندگی بارگاه دوست :** بدان از تلاش و تمنا دررسیدن به وصل شیرین یار= **گر جمله میکنند تو باری نمیکنی :** اگر دیگران را نصیبی است و تو را نه بدانست که با تمام وجود به آن نپرداخته ائی = **(حافظ بطور عام)**

بیت زیرکه بعنوان هفتمین بیت غزل فوق در نسخه قزوینی آمده است بعلت عدم رعایت مبانی عرفان و سیر معنی غزل مشخصا از حافظ نیست و به آن اضافه گشته است:

ساغر لطیف و دلکش ومی افکنی به خاک و اندیشه از بلای خماری نمی‌کنی

ساقی آن سایه ابرست و بهار و لب جوی　　من چه گویم چه کنی اهل دلاخود تو بگوی
بوی یک رنگی از این نقش نمی‌آید خیز　　دلق آلوده صوفی به می ناب بشوی
شکر آن را که دگر بار رسیدی به بهار　　بیخ نیکی بنشان و ره تحقیق بجوی
گوش بگشای که بلبل به فغان می‌گوید　　خواجه تقصیر مفرما و گل توفیق ببوی
روی جانان طلبی آینه را قابل ساز　　ورنه هرگز گل و نسرین ندمدز آهن و روی
دو نصیحت کنمت بشنو و صد گنج ببر　　از در عیش درآ و به ره عیب مپوی
گفتی ای حافظ ز ما بوی ریا می‌آید
آفرین بر نفست باد که خوش بردی بوی

ساقی : مست ساز = **من چه گویم چه کنی اهل دلاخود تو بگوی:** من چه دارم که بگویم که چگونه باشی ای آنکه دلت هوای یاردارد، تو خود باید به آن برسی = **بوی یک رنگی از این نقش نمی آید خیز:** بوی صداقت از کار عشق ورزیت بمشام نمی رسد، همتی سازو = **دلق آلوده صوفی به می ناب بشوی** : این جامه درویشی آلوده (به ناخالصی ها و توجه به غیریار داشتنها) را باروی به مستی یار آوردن با تمامی وجود وهمتت ازخود پاک ساز= **شکر آنرا که دگر بار رسیدی به بهار** : شاکر باش که این بهار را نیز دیدی (زنده ماندی و فرصتی دوباره یافتی) = **بیخ نیکی بنشان و ره تحقیق بجوی:** درخت خوبی و عشق ورزی بکارودر بهارش بدنبال نشانه های او باش = **گوش بگشای:** با دل وجانت بشنو = **به فغان** : با فریاد= **خواجه تقصیر مفرما و گل توفیق ببوی:** ای مرد عاشق در راهش کوتاهی مکن و سست مباش تا بمراد خود برسی (مست یار گردی) = **روی جانان طلبی آینه را قابل ساز** : خواهان وصل وديدن روی زیبای یاری؟ دلت را لایق حضور او کن = **ندمد ز آهن و روی** : پدید نمی آید از فلزات (دنیا خواهی) بدون حضور خاک (فروتنی و تحمل) = **بشنو وصد گنج ببر:** باورش ساز و ثروتمندترین مردم شو= **ازدرعیش درآ** : روی به عشق ورزی یارآورو به تمنای وصل شیرینش بپرداز= **به ره عیب مپوی** : عذر وبهانه ائی برخود متراش(همت وپشتکار داشته باش)= **زما بوی ریا می آید** : آن خود فریبی که عاشق را دربر میگیرد همین کار ماست = **بر نفست باد که خوش بردی بوی** : براین کلامت که چه خوب به حال خود آگاه شدی = **(حافظ خود حافظ)**

بیت زیرکه بعنوان بیت سوم غزل فوق در نسخه قزوینی آمده است بعلت عدم رعایت سیرمعنی غزل وتکرار قافیه و اینکه هردو مصرع شعر یک موضوع را بیان میکنند مشخصا از حافظ نیست و به آن اضافه گشته است:

سفله طبع است جهان برکرمش تکیه مکن　　ای جهان دیده ثبات قدم از سفله مجوی

{۳٦۱}

بلبـل ز شـاخ سـرو به گلبانگ به لَوی	می‌خـواند دوش درس مقـامـات معنوی
یعنی بیـا کـه آتـش موسـی نمـود گل	تـا از درخـت ، نکتـه توحیـد بشنوی
چشمش به غمزه خانه عاشق خراب کرد	مخموریت مباد چو خوش مست می‌روی
این قصه عجـب شنـو از بخـت واژگون	مـا را بکشت یـار بـه انفـاس عیسوی
خوش فـرش بوریا و گدایی و خواب امن	کاین عیش نیست درخور اورنگ خسروی
دهقان سالخورده چه خوش گفت با پسر	کای نور چشم من به جز از کِشتِه ندروی
مرغـان باغ قافیه سنجند و بذله گـوی	تا خواجه مِی خورد به غزلهای پهلوی

سـاقـی مگـر وظیفـه حافظ زیـاده داد
کاشفتـه گشـت طُـره و دستـار مـولـوی

ز شاخ سرو به گلبانگ به لَوی : بر روی شاخه درخت سرو با آوازی با پیچ و تاب زیبا = **دوش درس مقامات معنوی :** دیشب شرح والاگشتن ازروی آوردن به یاررا(عشق وعشق ورزی با یار را)= **آتش موسی نمود گل :** آن آتشی که موسی دید دوباره برافروخته گشته است = **نکته توحید:** رمز یکتائی یار(فقط روی آوری به اوست که باعث رسیدن به خوشی و آسایش بصورت جاودانه است) = **چشمش به غمزه :** چشمش با آن عشوه دلفریبش = **مخموریت مباد چو خوش مست میروی:** تا مست یار زیبائی هیچ غمی نمیتواند ترا دربر گیرد= **این قصه عجب شنواز بخت واژگون :** این حکایت عجیب بشنو ازسرنوشت (نصیب) برعکس ما= **به انفاس عیسوی :** با دمیدنهای زنده سازی چون دمیدنهای عیسی (ع) بر مردگان= **خوش فرش بوریا و گدائی وخواب امن :** چه خوش است زیراندازی از حصیرو تمنای مدام وصل یارو خوابی باخیال یار= **کین عیش نیست درخور اورنگ خسروی :** این خوشی هیچگاه در تخت پادشاهی یافت نمی شود = **ای نور چشم من بجزاز کِشتِه ندروی:** ای فرزند دلبندم (که از مظاهرزیبائیهای یاری) آنرا درو خواهی کرد که میکاری= **مرغان باغ قافیه سنجند و بذله گوی :** شاعران عاشق یار نکته دان وخوش گویند دراشعاری که میسرایند = **تا خواجه می خورد به غزلهای پهلوی :** تا هربه عشق روی آورده ائی مست گردد با اشعار عاشقانه پارسی = **ساقی مگروظیفه حافظ زیاده داد:** مست ساز مگر کلام مرا زیادتر از معمول مست ساز نموده است = **کاشفته گشت طره و دستارمولوی :** که پریشان گشته موی و سربند پاک باخته مجلس گردان = **(حافظ: خود حافظ)**

بیت زیرکه بعنوان بیت چهارم غزل فوق در نسخه قزوینی آمده است بعلت عدم رعایت مبانی عرفان (اظهار نظردرباره آنچه فقط یار بدان آگاه است به گفته قرآن و اینکه عدم صحت آن بدگوئی از شخص محسوب میگردد) و لحن مشخصا از حافظ نیست و به آن اضافه گشته است:

جمشید جز حکایت جـام از جهان نبرد	زنهـار دل مبند بـر اسبـاب دنیـوی

ای بی‌خبر بکوش که صاحب خبر شوی　　تا راهرو نباشی کی راهبر شوی
در مکتب حقایق پیش ادیب عشق　　هان ای پسر بکوش که روزی پدر شوی
دست از مس وجود چو مردان ره بشوی　　تا کیمیای عشق بیابی و زر شوی
خواب و خورت از مرتبه خویش دور کرد　　آنگه رسی بخویش که بیخواب وخور شوی
گر نور عشق بر جان و دلت اوفتد　　بالله کز آفتاب فلک خوبتر شوی
یک دم غریق بحر خدا شو گمان مبر　　کز آب هفت بحر به یک موی تر شوی
بنیاد هستی تو چو زیر و زبر شود　　در دل مدار هیچ که زیر و زبر شوی
وجه خدا گر شودت منظر نظر　　زین پس شکی نماند که صاحب نظر شوی
گر در سر هوای وصال است حافظا
باید که خاک درگه اهل هنر شوی

ای بیخبر: ای آنکه فکرمیکنی(از یار وعشق زیبایش) باخبری= **صاحب خبرشوی :** خبر اورابا تمامی وجود کسب نمائی و همدم دل و جانت گردانی= **تاراهرو نباشی کی راهبر شوی:** تا خودچیزی نیاموخته باشی چگونه میتوانی کسی را (به راه یار)هدایت سازی= **درمکتب حقایق:** در دنیائی که مدام حق (نشانه های حضور یار) در آن تجلی میکند و ارائه میشود = **پیش ادیب عشق :** زیر نظر ادب ساز انسان با عشق (یار) = **پدر شوی :** آن کسی گردی که دیگران به او روی می آورند برای بهره بردن از آنچه(از رموز عشق یار)حاصل کرده است= **مس وجود :** ناخالصی جان چون طلایت = **کیمیای عشق بیابی و زرشوی :** تا عشق طلا گردان جان ودلت را بیابی وبه طلائی ناب تبدیل شوی = **خواب وخورت از مرتبه خویش دور کرد:** مشغول گشتن مدام توبدنیا نمی گذارد به جایگاه اصلی خود دست یابی= **آنگه رسی به خویش که بی خواب و خور شوی:** آنگاه عظمت و مقام جانت را درمیابی که حیران عشق یار گشته باشی = **بالله کز آفتاب فلک خوبتر شوی :** به خداوند قسم، خورشید به پرتوافشانی ات نرسد = **یکدم غریق بحر خدا شو گمان مبر :** زمانی در عشق شیرین یار غرق شووهیچ نگرا ن مباش= **کزآب هفت بحر به یک موترشوی:** موارد ومسائلی که در آن برایت پیش می آید و بدان وارد میشوی هزینه و ضرری برایت ندارد= **بنیاد هستی تو چو زیر و زبر شود :** اوضاع زندگی دنیایت اگر برهم ریزد و از دست برود= **در دل مدار هیچ که زیر وزبرشوی :** به آن اهمیتی نده که ازاین رو به آنروخواهی شد (به مقام خود دست می یابی)= **وجه خدا گرشودت منظر نظر:** اگردرهرحال و هرچیز فقط خداوند(حق) را به بینی= **زین پس شکی نماند که صاحب نظر شوی:** حال به واقع اززمره صاحب نظران عشق و راه او (از عارفان) گشته ائی= **هوای وصال است :** بدنبال مستی وصل یاری= **بایدکه خاک درگه اهل هنرشوی :** باید با خضوع کامل به هنر هنرمندان روی آوری(تا با زیبا ساختن جان و روان خود راه وصل یار برایت هموارگردد)= **(حافظ بصورت عام)**

بیت زیرکه بعنوان بیت هفتم غزل فوق درنسخه قزوینی آمده بعلت مخدوش بودن تعبیربکاررفته برای یک عارف راهی (از پای تاسرت همه نورخدا شود و بی پا وسر) و لحن شعرمشخصا از حافظ نیست و به آن اضافه گشته است:

از پای تا سرت همه نور خدا شود　　در راه ذوالجلال چو بی پا و سر شوی

{۳۶۳}

سحــرم هاتف میخـــانه بــه دولتخواهی — گفـت بـاز آی کـه دیرینـه ایـن درگاهی
همچوجم جرعهٔ می کش که ز سِرّ دو جهان — پـرتو جـام جهـان بیـن دهـدت آگاهی
اگــرت سلطنـت فقــر ببخشند ای دل — کمتریـن مُلـکِ تـو از مــاه بود تا ماهی
سـر مـــا و در میخـانه کـه طـرف بامش — بــه فلک بـر شـد و دیـوار بدین کوتاهی
خشت زیـر سر و بـر تارک هفت اختر پای — دست قـدرت نگـر و منصب صاحب جاهی
تــا دم فقـــر ندانـی تــو از دست ندهــی — مسنـد خواجگـی و مجـلس تورانشاهی

حافظ خـام طمـع دست از ایـن قصه بدار
عملـت گفت ، تو مـزد دو جهان می‌خواهی

هاتف میخانه به دولتخواهی: خبرآورنده سرای مست ساز یاربخاطرشکایتهای من ازجدائی از یار=**گفت باز آی که دیرینه این درگاهی:**گفت به مستی وصل یارخواهی رسیدکه تورا حقی است با سابقه ات در عشق ورزی یار= **همچو جم جرعه می کش که ز سر دو جهان** : همانند جمشید روی به مستی یارآر که از اسرار دنیا و آخرت = **پرتوجام جهان بین دهدت آگاهی:** از آگاه سازی و روشن نمائی یاربه آن (سّر موجود گشتن آنها) پی خواهی برد = **اگرت سلطنت فقر ببخشند:** اگر مقام حکمرانی خود درقناعت و تسلیم بودن به یار را بدست آوری= **کمترین مُلک تو ازماه بود تا ماهی:** کمترین وسعت حکمرانی تو، جهان در گردش خواهد بود = **سرما و درمیخانه که طرف بامش** : جانم فدای آن سرای مست ساز یار که بلندی ووالائیت مقامی که در آن می یابی= **به فلک برشد و دیوار بدین کوتاهی** : به آسمان سر میکشد حالیکه واردشدن بدان در دسترس همگان است = **خشت زیر سرو برتارک هفت اخترپای** : از دنیا به تمامی دست کشیدن و به اوج هفت آسمان رسیدن= **دست قدرت نگر ومنصب صاحب جاهی** : به قدرت و عظمت یار بنگر و مقامی که بدان میرسی = **تا دم فقر ندانی** : تا از دنیا دل نکنی = **مسندخواجگی و مجلس تورانشاهی** : مقام دنیائی داشتن و با حکام نشست و برخاست کردن را= **حافظ خام طمع دست ازاین قصه بدار** : ای آنکه خودرا عاشق یارمیخوانی خودرا فریب مده = **عملت گفت تو مزد دو جهان میخواهی** : رفتار وکردارت نشان میدهد تو از آنانیکه میخواهند هردو دنیا را داشته باشند= **(حافظ بصورت عام)**

ابیات زیر که بعنوان ابیات سوم و ششم غزل فوق درنسخه قزوینی آمده است بعلت عدم رعایت مبانی عرفان و سیر معنی غزل مشخصا از حافظ نیست و به آن اضافه گشته اند :

بـر در میکـده رنـدان قلنـدر باشند — که ستانند و دهنـد افسر شاهنشاهی
قطع این مرحله بی همرهی خضر مکن — ظلمات است بترس از خطر گمراهی

در همـه دیـر مغان نیست چـو من شیدایی | خـرقه جایـی گــرو بــاده و دفتـر جایی
دل کـه آیینـه شاهیست غبـاری دارد | از خـدا مـی‌طلبـم صحبت روشن رایی
شرح ایـن قصه مگر شمع بـرآرد به زبـان | ورنــه پـروانـه نـدارد ز سخن مأوائی
جـوی‌ها بسته‌ام از دیـده به دامـان که مگر | در کنــارم بــه نشینـد سهـی بالایی
کشتی بـاده بیـاور کـه مـرا بی رخ دوست | گشت هـر گـوشه چشم از غـم دل دریایی
سخن غیـر مگو بـا مـن معشوقه پرست | کـزوی و جـام مـی‌ام نیست به کس پروایی
این حدیثم چه خوش آمدکه سحرگه میگفت | بـر در میکـده‌ائی بـا دف و نـی ترسایی

گـر مسلمانی از ایـن است کـه حافظ دارد
آه اگـر از پـی امـروز بــود فـردایی

در همه دیرمغان نیست چو من شیدائی : درمیان همه راهیان کوی یار حیران و سرگشته ائی چون من نمی یابی = **خرقه جائی گرو باده ودفتر جایی:** آن‌چه دارم از سوئی گرو مست یارگشتن است ودفترشعرم به نحوی دیگرگرو بیان مستی شیرین اوست= **آئینه شاهیست غباری دارد :** که جایگاه حضور یارست را سایه ها فرا گرفته= **صحبت روشن رائی :** آنکه میتواندروشن سازدش(سایه اش را ببرد)= **شرح این قصه مگر شمع برآردبه زبان:** ماجرای حال مرا آنکه درحال سوختن ازدوری یارست قادر بشرح است= **ز سخن مأوائی:** بدنبال فدا گشتن برای وصل است نه بیان آن= **جویها بسته ام ازدیده به دامان:** اشکهایم بشدت از رویم روان است = **سهی بالائی:** یار بس زیباورویم= **کشتی باده بیاور . . . .از غم دل دریائی:** به مستی تمام یار رسیدن کشتی نجات من در این دریای اشک است = **سخن غیر مگو با من معشوقه پرست :** سخن از مراعات کسی را کردن با من که تمام هوش وحواسم یارست مگوئید = **کز وی و جام می ام نیست به کس پروائی :** که ازبابت عشق او ومست گشتن از اوازکسی ترس و واهمه ائی ندارم = **این حدیثم چه خوش آمد :** این سخن که درشرح من می گفت چقدر بردلم نشست = **با دف و نی ترسائی :** با نوا و آوازی عاشقانه دلباخته ائی= **گرمسلمانی ازاینست که حافظ دارد:** اگرمسلمانی همین است که حافظ ارائه میکند و شرح میدهد= **آه اگر از پی امروز بود فردائی:** کارما افسوس خوردن و متاسف بودن است چون قیامت برپا گردد = **(حافظ خود حافظ)**

ابیات زیرکه بعنوان ابیات سوم و چهارم غزل فوق در نسخه قزوینی آمده اند بعلت عدم رعایت مبانی عرفانی و سیر معنی غزل و لحن مشخصا از حافظ نیست و به غزل فوق اضافه گشته اند :

کرده‌ام توبه بدست صنم باده فروش | که دگر می نخورم بی رخ بزم آرایی
نرگس ار لاف زد از شیوه چشم تو مرنج | نروند اهل نظر از پی نابینایی

سلامی چو بوی خوش آشنایی | بر آن مردم دیده روشنایی
درودی چو نور دل پارسایان | بدان شمع و خلوتگه پارسایی
ز کوی مغان رخ مگردان که آن جا | فروشند مفتاح مشکل گشایی
دل خسته من گرش مرهمی هست | نخواهد ز سنگین دلان مومیایی
بیاموزمت کیمیای سعادت | ز همصحبت بد جدایی جدایی
مرا گر گذاری تو ای نفس طامع | بسی پادشائی کنم در گدایی
رفیقان چنان عهد صحبت شکستند | که گویی نبودست خود آشنایی
عروس جهان گرچه درحد حُسن است | زحد می‌برد شیوه بی وفایی
نمی‌بینم از همدمان هیچ بر جای | دلم خون شد ازغصه ساقی کجایی

مکن حافظ از جور دوران شکایت
چه دانی تو ای بنده کار خدایی

سلامی چو بوی خوش آشنائی: سلامی عطرآگین چون عطر خوش پراکنده در مستی یار= **برآن مردم دیده روشنائی:** بر آنانکه چشمانشان به روشنی یار آشنا گشته (دلباختگان یار) = **درودی چو نور دل پارسایان :** مبارک بادی به پاکی و روشنائی دل پاکان (که خالی ازهرچیزجزیادیارست)= **بدان شمع وخلوتگه پارسائی:** برشمع و شور وحال تمنای وصل درخلوتشان = **ز کوی مغان رخ مگردان :** بدنبال نشانی ازیار بودن را هیچگاه و در هیچ موقعیت کنار مگذار = **فروشند مفتاح مشکل گشائی :** میتوانی کلید گشودن مشکلات را بیابی= **دل خسته من گرش مرهمی هست :** این دل دردمند مرا اگرداروئی باشد= **نخواهد زسنگین دلان مومیائی:** میداند بهترین داروی تسکین دهنده درد آنانکه با عشق بیگانه اند درمانش نمیسازد = **کیمیای سعادت :** رمزخوشبختی= **ز همصحبت بد جدائی جدائی :** از آنکه مدام از دنیا ودنیا خواهی میگوید دوری ساز= **ای نفس طامع :** ای جان مدام بدنبال خوشی های دنیا = **بسی پادشاهی کنم در گدائی :** از طریق این فقرو از دنیا گذشتن به مقام و حکومت خود در جوار یار خواهم رسید= **رفیقان چنان عهد صحبت شکستند:** دیگر عاشقان چنان مست وصل یارند= **که گوئی نبودست خود آشنائی:** دیگرحتی آشنایان خود را نیز نمی شناسند= **عروس جهان گرچه درحد حسن است:** یاردلفریبم اگرچه آخرخوبی وزیبائی ولطافت است = **زحد میبرد شیوه بی وفائی :** ولی بسیار بی وفائی میکند و انگار عاشق دردمندش را نمی بیند = **از همدمان هیچ برجای :** از زیبارویان همراهی کننده در وصل هیچکدام را= **ساقی:** ای یار مست سازم = **از جور دوران :** از سختی دوران جدائی از یار= **چه دانی تو ای بنده کار خدائی :** توهرگز به رمز آن پی نخواهی برد و شاید که وصلی بس شیرین در راه باشد = **(حافظ خود وعام)**

ای پادشـه خـوبـان داد از غـم تنهایـی — دل بی تو به جان آمد وقت است که بازآیی
بی تو گل و این بستان شاداب نمی‌مانند — دریـاب ضعیفـان را ای آنکـه توانـایی
ای درد تـوام دائم در بستـر نـاکامی — و ای یـاد تـوام مونس در گوشه تنهـایی
مشتاقی و مهجوری دور از تو چنانم کرد — کـز دست بخـواهد شد پـایـاب شکیبایی
دیشب گِلِـه زلفت بـا بـاد همی‌کـردم — گفتـا غلطی بگذر زین فکرت سـودایی
صد بـاد صبا اینجا با سلسله می‌رقصند — اینست حریف ای جان تا بـاد نپیمایی
فکر خود و رای خود در عالم رندی نیست — کفرست دراین مذهب خودبینی وخودرایی
در دایـره قسمت مـا نقطـه تسلیمیـم — لطف آنچه تو اندیشی حکم آنچه تو فرمایی
ساقی چمن وگل را بی روی تورنگی نیست — شمشاد خـرامان کن تـا بـاغ بیـارایی
زیـن دایـره مینـا خونین جگـرم می ده — تا حل شـود این مشکل در ساغر مینایی

حافظ شب هجران شد بوی خوش وصل آمد
شـادیت مبـارک بـاد ای عاشـق شیدایی

ای پادشه خوبان: ای خوبترین خوبان= **دل بی تو به جان آمد وقت است که باز آئی:** بتمامی بی تابت گشته ام ودیگر زمان آمدن توست = **بی تو گل و این بستان شاداب نمی مانند :** در نبودت این عاشق و جمع عشاقت از شور و شعف می افتند= **دریاب ضعیفان را ای آنکه توانائی :** روئی بنما بر خمودان و واماندگانت ای (یار که توئی) تنها قادر به انجام آن (در وقت توانائی آمده در نسخه قزوینی شاید در نظر اول حامل پیامی قرآنی باشد که در وقت توانائی دیگران را فراموش نکنیم ولی این تعبیرچون روی شعر به یارست در خصوص یار کفر محسوب میگردد زیرا توانائی یار زمان و دوره ندارد و او همیشه و در هرلحظه قادر و تواناست و این تعبیرآمده در فوق است که هر دو مورد توانائی همیشگی یار و اندرز کمک در زمان توانائی را ارائه مینماید) = **در بستر ناکامی :** در جدا بودن ازتو= **مونس در گوشه تنهائی :** همدم در تنهائی هایم = **مشتاقی و مهجوری دور از تو چنانم کرد:** اشتیاق دیدنت و بی نصیب ماندنم از نبودنت مرا بوضعی

کشاند = **کز دست بخواهد شد پایاب شکیبائی** : دیگر امکان و توان صبرو تحمل را در خود نمی بینم = **گله زلفت با باد همی کردم** : گله از باد صبا کردم که خبری از وصل تو نمی آورد= **غلطی بگذر زین فکرت سودائی:** بسیار دراشتباهی با داشتن این فکرکه روابط دنیائی آنجانیز برقرارست (که مارا عاملی موثردرکار یار میدانی) = **با سلسله میرقصند** : درحال گردش و حیران کار اویند= **اینست حریف ای جان تا باد نپیمائی:** کار معشوق اینچنین است ای عاشق گفتمت تابه کارگشائی بادها دل نبندی= **فکر خود ورای خود در عالم رندی نیست** : باروی آوردن به آنچه نظرتوست ومیخواهی که آن شود به پاکباختگی نمیرسی= **کفرست در این مذهب خودبینی و خود رائی** : در راه عشق یار خودرا دیدن یا مطرح کردن روی گردانی از یارست = **در دایره قسمت ما نقطه تسلیمم** : در برنامه ائی که یار مقرر می سازد ما باد ها تسلیمانی بیش نیستیم(هیچ نظرو اراده ائی نداریم)= **لطف آنچه تو اندیشی حکم آنچه تو فرمائی:**روش اینست آنچه یار میگویدومیخواهدآن خوبست واز مهرورزی اوست(حالتی که حکم است که انسانهابرای کسب مقام والای خودبه آن روی آورندیعنی تسلیم گشتن وسر فرود آوردن به آنچه که یار برایشان میخواهد ومقرر میکند) = **ساقی چمن وگل را بی روی تو رنگی نیست** : ای مست ساز، طبیعت به این زیبائیت بدون حضور تو هیج زیبائی ندارد = **شمشاد خرامان کن تا باغ بیارائی** : گذری با قد زیبایت بفرما تا گلستان را زنده و زیبا سازی = **زین دایره مینا خونین جگرم می ده** : در زیر این آسمان آبی و زیبایت دلم بس خون گشته است مستم ساز = **تا حل شود این مشکل درساغر مینائی:** تا دل خونم از مست سازی تو در پروازی مستانه در آن آبی زیبا درمان گردد= **شب هجران شد** : شبهای سخت جدائی به پایان رسید= **بوی خوش وصل آمد** : بوی خوش وصل یار شنیده میشود= **شیدائی:** دیوانه یار= **(حافظ خود حافظ)**

بیت زیر که بعنوان بیت ششم غزل فوق در نسخه قزوینی آمده است بعلت عدم رعایت مبانی عرفانی و عدم تطابق با هردو سیرمعنی غزل و لحن مشخصا ازحافظ نیست وبه آن اضافه گشته است :

یا رب به که شاید گفت این نکته که در عالم   رخساره به کس ننمود آن شاهد هرجایی

می خواه و گل افشان کن از دهر چه می‌جویی
این گفت سحرگه گـل ، بلبل تو چه می‌گویی
امـروز که بازارت پـرجوش ز خـریـدار است
دریـاب و بنـه گنجـی از مـایـه نیکویی
چون شمع نکورویی در رهگـذر بـادست
طـرف هنری بر بنـد زیـن شمع نکـورویی
آن طـره که هر جعدش صد نافه چین ارزد
خوش بودی کـه آن بودی بویش ز خوشخویی
تا غنچه خنـدانت، دولـت به کـه خواهد داد
ای شـاخ گـل رعـنا از بهـر کـه می‌رویی
شمشاد خـرامان کـن ، آهنگ گلستان کـن
تـا سـرو بیـاموزد از قـد تـو دلجویی
هـر مـرغ به دستانی در گلشن یار آمد
بلبـل به نـواسازی حافظ به غزل گویی

می خواه و گل افشان کن از دهر چه میجوئی : رو به مستی از یارآر وزیبائی بیافرین، در زندگی بدنبال چه هستی؟ = **بلبل تو چه میگوئی** : ای بلبل عاشق توبدنبال چه میباشی = **امروز که بازارت پر جوش ز خریدارست** : در این زمان که مورد نظر مشتاقانت قرار گرفته ائی= **دریاب و بنه گنجی از مایه نیکوئی** : بخود آی و با شرح عشق یار اثری عاشقانه که همچون گنجی برای عشاق باشد از خود باقی گذار= **چون شمع نکوروئی در رهگذر بادست** : چون جوانی وشادابی بسرعت میگذرد وپایان عمرنا مشخص است = **طرف هنری بربند زین شمع نکوروئی** : با عشق سوزان یار روی به هنری

آور و با آن زیبائیهایش را ارائه ساز= آن طره که هر جعدش صد نافه چین ارزد : آن زلف زیبای یار که بوی هر خم آن از صدها بار شتر از عطر خوشبوی چینی بیشتر می ارزد = خوش بودی که آن بودی بویش ز خوشخوئی : ازآنروی آن بوی زلف اینچنین خوش است که ازمهرو لطافت ذات یار می آید = تا غنچه خندانت : تا آن روی زیبایت= دولت : اجازه حضور و ملاقات (وصل) = ای شاخ گل رعنا از بهر که می روئی: ای یار خوش بروسیما چه کسی شیرینی این وصل را خواهد چشید= شمشاد خرامان کن آهنگ گلستان کن : قدو بالای زیبا و دلربای خود را بر عاشقانت ارائه ساز = تا سرو بیاموزد از قد تو دلجوئی: تا سرو از چشم افتاده دوباره بتواند زیبائی و دلبری تو را به یاد عشاقت آورد = هرمرغ به دستانی در گلشن یار آمد : هر دلداده آزاده برای ابراز عشقش روی به زیبائیهای یار می آورد = نواسازی: خواندن با آهنگی زیبا = غزل گوئی: اشعار عاشقانه سرودن = **(حافظ خود حافظ)**

بیت زیرکه بعنوان بیت دوم غزل فوق در نسخه قزوینی آمده است بعلت عدم رعایت مبانی عرفان و لحن مشخصا از حافظ نیست و به آن اضافه گشته است:

مسند به گلستان بر تا شاهد و ساقی را   لب گیری و رخ بوسی می نوشی و گل بویی

****
****
***
*

کشف غزل (بکر) از تعابیر و لغات خاص

****

در این بخش کلیه تعابیر و لغات خاص غزلهای بکر حافظ استخراج ، تفکیک و بر اساس حروف الفبامرتب گردیده اند، البته تعابیر و لغات خاصی که درغزلیات بکر بسیار استفاده گشته اند تماما" جمع آوری نشده و فقط آن مواردی که با لغتی دیگر تعبیرخاصی را ارائه نموده اند برداشت و ثبت گردیده است همانند لغت " زلف" که بعلت کثرت استفاده در غزلیات حافظ فقط تعابیر ترکیبی آن همچون " زلف سرکش" و " بوی زلف" و موارد مشابه دیگر آن مشخص و جمع آوری گشته اند.

همچنین تعابیر جمع آوری شده در این بخش بجز کاربردی که برای کشف غزل بکر بوسیله یکی از تعابیر بخاطر مانده و یا بدست آمده بوسیله دوستاران حافظ دارد بصورت کاربردی میتواند مورد استفاده اساتید محترم ادبیات پارسی در راستای آموزش تعابیر زیبا و انحصاری حافظ به دانشجویان و علاقمندان قرار گرفته و منبع و ابزاری قابل اعتماد برای تحقیق در ادبیات شعری حافظ و تعابیر عرفانی این شاعر والا مقام و بتمام معنی عارف قرار گیرد انشاالله.

تعبیر	شماره غزل بکر	تعبیر	شماره غزل بکر	تعبیر	شماره غزل بکر
آب از چشم	۲۱۴	آب زندگی	۵۲- ۱۷۳- ۲۸۲	آتش می	۳۱۷
آب چشمم	۵۷	آبستن	۱۹۰	آتش نهفته	۶۸
آب چشمه خورشید	۲۵۴	آب صافی دل	۲۸۷	آتش وادی ایمن	۱۷۲
آب حرام	۱۱	آب طربناک	۱۹۳	آتش هجران	۲۱۶
آب حسرت	۱۳۱	آب گلزار	۴۱	آتش هوس	۴۸
آب حیات ۷۴	- ۱۳۵- ۲۹۰	آب لطف	۶۸- ۲۵۴- ۳۱۷	آتشی ازجگر جام	۱۹۳
آب خرابات	۱۷	ابروان محرابی	۹۸	اتقاق افتاده بود	۱۵۶
آب خضر	۳۲۷- ۳۲۸	ابروی جانان	۲۶۹	اتفاق مجال سلام	۸۶
آبخور	۷	ابلق چشم	۱۷۰	اثر نماند زمن	۳۴۷
آب درمیکده	۱۸۳	آب می لعل	۱۴	اجتناب	۱۴۰
آب دیده	۹۹-۱۸۰- ۱۹۶	ابنای عوام اندیش	۳۹	اجر صبر	۱۳۵-۲۳۱
" " "	۲۱۳-۲۲۱	آب و آتش	۲۱۳- ۳۱۵	اجل ۳۲	-۳۶-۶۳-۱۳۸
آب دو دیده	۲۸۲	آب و رنگ	۳- ۳۲۴	احباب	۲۳۲
ابر آذاری	۱۷۶	آب و عرق	۵۷	احتمالی	۳۴۹
ابرام رقیب	۱۸۵	آب و گل	۳۲۰	احرام طواف	۲۶- ۵۶
ابر بهار	۱۲۹	آب هفت بحر	۳۶۲	احوال ملک دارا	۵
ابر بهمنی	۸۹-۳۵۷	آبی و خاکی	۳۴۷	احوال دوست	۳۱۸
آب رخم	۱۴۳	اتحادیست	۳۰	احوال گل	۳۰۷
ابر رحمت دوست	۳۵۴	آتش اشک	۱۷	احیا	۱۳۸
آب رکن آباد- رکنی	۳- ۳۳-۷۵	آتش آن نیست	۱۳۶	اختر	۱۲۱
ابر لطف	۲۶۷	آتش آه	۲۷۱	اختر شب دزد	۳۰۱
ابرو	۱۶	آتش چهره	۱۵۵	اختیار ۴۳	-۴۴-۵۲-۱۰۰
آب روان	۳۲-۱۵۷-۲۶۴	آتش حرمان وهوس	۲۷۸	" "	۲۲۵-۳۳۴
آب روشن می	۹۹	آتش درون	۱۶۸	آخرالامر	۳۵۸
ابرو کمان	۱۰۲	آتش دل ۱۷-	۶۵- ۱۱۸- ۱۷۸	آخر پیری	۲۹۵
ابرو نمود	۲۶	" " " ۲۱۳	- ۲۴۵- ۲۵۰	آخر صحبت	۱۸
آب روی	۱۲-۱۴-۱۱۴	آتش رخ زیبا	۳۱۹	آخر عمر	۱۵۸
" " "	۱۷۶-۲۶۷	آتش رخساره	۱۲۵	آخر کار جهان	۶۸
ابروی جانان	۲۰۳- ۲۹۳	آتش رویت	۱۳۳	آدم ۷-۲۲۹	-۲۷۲-۳۵۳
ابروی دلدار	۱۵	آتش زهد ریا	۳۰۱	آدم بهشتنی	۲۴۸
ابروی دوست	۲۱۵-۲۸۰- ۳۰۵	آتش سودا	۵۶- ۱۸۹	آدم وحوا	۲۵۶
ابروی شوخ	۱۴	آتشش وطن	۲۸۲	آدمی بچه	۱۳۰
ابروی عید	۱۷۴	آتش طور	۱۵- ۲۵۳	آدمی و پری	۲۳۹
ابروی مِشکین	۳۰۲	آتش غم	۱۰۵	ادیبان	۲۸۳
ابروی همچو هلال	۳۰۲	آتش گشتی	۲۷۵	ادیب عشق	۳۶۲
ابروی یار	۱۷۴-۲۳۲	آتش محبت	۳۰۰	آذاری	۱۷۶
ابریشم	۷۵	آتش موسی	۳۶۱	ارادت (ی)	۴۸- ۳۳۹
آب زده	۳۱۳	آتش مهر	۱۷-۲۱۳-۲۸۲	آرام جان	۳۱۶

جدول ۲

آرامگه یار	۱۵	ازدست دوا رفت	۶۵	اسباب جمع	۳۵۹
ارباب امانت	۱۵۷	ازدست غمت	۳۳۷	اسباب دل خرم	۱۱۳
ارباب بی مروت	۴۰	از دم صبح	۱۲۷	اسباب طرب	۳۴۱
ارباب قلم	۲۷۹	از دوست جوابی	۹۵	اسب و قبا	۷۰
ارباب کرم	۱۷۲	از دیده شمارم	۲۳۷	استاده است	۳۲۱
ارباب معرفت	۳۰۷	از راست نرنجیم	۶۴	استاد ازل	۲۸۱
ارباب نیاز	۳۱۵	از رحمت آیتی	۳۲۷	آستان پیر مغان	۳۳
ار بخواب بدیدی	۳۲۸	از رخ بفروزی	۲۴۵	آستان تو	۷
آرزومند رخ	۱۷۱	از خدا بترس	۲۶۷	آستان جانان	۳۲۵
آرزومندی	۳۲۹	آزرده گزند	۸۰	آستان مراد	۲۴۱
آرزوی خام	۱۲۳	ازرق (فام)	۸- ۲۷۹	آستانه تسلیم	۱۱۴
آرزوی دل	۲۳۹	از ره دعا	۲۹۱	آستانه عشق	۴۹
آرزوی دیدن جان	۲۵۵	از ره صورت	۸۵	آستانه میخانه	۳۸
ارغوان ساز فلک	۲۷۸	از سابقه نومید	۳۰۱	استخاره	۲۵۷
آری به اتفاق	۶۸	از سر حقارت	۹۸	استخوان	۲۸۲
آزاده(گان) ۳۳۱	-۳۳۴- ۳۵۸	از طلب بنشینم	۱۱۴	استغفرالله	۳۰۹- ۳۱۰
آزادی (گی)	۶۶- ۲۸۷	از عارضت ماه	۳۰۹	استغنا ۱۱۰	-۱۵۰-۳۵۳
آزار جهان	۱۹۴	از عقل می لافد	۲۷۷	استمداد همت	۲۵۹
آزار کسش	۱۹۷	از غصه غباری	۱۹۸	آستین جان	۳۵۹
ازاین درمحروم	۳۳۶	از غصه قصه ای	۳۲۷	آستین فشان	۶۷- ۶۸
از این غصه	۱۱۶	ازغمزه خطارفت	۱۳	آستین گل	۳۵۹
از این کشاکش	۳۲۶	از قامتت سرو	۳۰۹	اسرار الهی	۱۲۴
از بار غم آزاد	۱۲۶	از کجا به کجا	۷۰	اسرار خانقه	۳۸
از بد زمان	۳۳۰	از گرو می	۱۳۱	اسرار علم غیب	۱۴۰
ازبلا نگه دارد	۹۳	از گل ما کوزه	۲۹۲	اسرارعشق ومستی	۳۲۶
از بهر عیش	۲۲۷	ازماه بود تا ماهی	۳۶۳	اسرارغمت	۱۳۳
ازپای درانداخته	۳۱۲	از نشاط کلاه	۸۶	اسرار نهان	۱۹۸
از پرده برون شد	۱۳۱	ازهرطرف نگاری	۳۳۳	اسرار هستی	۱۷۹
از پی امروز	۳۶۴	اساس توبه	۲۲	اسرارهویدامیکرد	۱۰۶
از پی جانان	۲۶۵	اساس هستی	۲۹	اسکندر	۳۲۸
ازپی عیش	۲۸۲	آسان گیربرخود	۲۰۹	اسلام	۱۴۰
از پی قافله	۲۷۱	آسان نمود اول	۱۱۲	اسم اعظم	۱۶۳-۲۳۹
از ثبات خودم	۲۲۶	آسایش ۳۹-۱۷۶	۱۸۱-۲۰۳-۳۵۳	آسوده بر کنار	۶۸
از جهان بروم	۳۰۸	آسایش وخوابت	۱۳	اسیردست جوانان	۲۴۸
از جهت رضای	۳۰۳	آسایش دوگیتی	۵	اسیر زلف	۲۶۷
از خدا بترس	۲۶۸	اسب باد	۲۲	اسیر (چنبر)عشق	۲۹- ۲۱۶- ۲۹۸
از خدا میطلبم	۱۷۱ - ۳۶۴	اسباب بزرگی	۳۵۸	اسیر فراق	۱۷۸
ازدایره بیرون	۳۴۵	اسباب جهان	۵۸	اسیر(ان) قفس	۱۸۱-۳۴۲

جدول ۳

اشتیاق جمال	۲۱۹	افتاب فلک	۳۶۲	المنه (لله)	۳۴- ۲۳۹
آشفته حالی	۳۴۸	آفتاب می	۱۶۹	آلوده دامن	۴۶
اشک (چو) باران	۱۷۱- ۲۱۳	آفتاب هر نظر	۷۸	آلوده نظر	۱۹۳
اشک چو گلنار	۴۱	افتادگان	۳۳۸	ام الخبائث	۵
اشک حافظ	۶۴	افتاده خراب	۳۵۰	امام جماعت	۹۹
اشک حرم نشین	۳۴۶	افتان و خیزان	۲۵۹	امام خواجه	۹۹
اشک خونین	۹۴	آفرین ۲۰۶-	۳۱۵- ۳۴۸- ۳۶۰	امام شهر	۲۰۷
اشک روان	۲۶۳-۳۴۴	افتی بخاک پستی	۳۲۵	امان ده	۲۸۳
اشک غماز	۵۷	افسانه است و	۵	امان نخواست	۳۸
آشنا	۶- ۹۳-۹۶	افسانه ائی	۲۹۶	آمد بهار و سبزه	۱۷۵
آشنایان ره عشق	۳۱۴	افسردگان خام	۸	امکان خلود	۳۴۱
آشنائی نه غریب	۱۷	افسر رندی	۳۸	امن صحت	۸۰
آشوب (ی)	۹۹-۳۳۲	افسر کی	۳۲۲	امن عیش	۱
آشوب باد دی	۳۲۱	افسوس کنان	۲۳- ۳۱۴	امن و آسایش	۳۵۳
آشوب قیامت	۱۸	افسون چشمت	۷۳	امید دراز	۲۶۶
اشیان فراق	۲۱۶	افسونگری	۱۱۰	امید روی او	۱۴۳
آشیان وفا	۷۰	افسون و نیرنگ	۲۶۱	امید غمت	۲۷۳
آصف ۲۵	-۱۹۸- ۲۰۹	افغان	۲۴-۵۹- ۹۷	امید فراوان	۳۶
" "	۲۲۸-۲۶۷	افق	۱۱۱- ۳۰۸	امید نوبهاری	۳۳۳
آصف ثانی	۳۹	افکند و کشت	۶۲	امید وصال ۲۱۶	- ۲۱۸- ۲۵۵
آصف دوران	۲۶۵	افلاک	۹-۱۹۳- ۳۴۵	امید وفا	۱۹۷
آصف عهد	۳۵۱	افیون	۱۷۹	آمینی بگو	۱۲
آصف ملک سلیمان	۲۶۸	اقبال نامکن	۳۵۵	انبان بهانه	۲۸
اصلاح جفا	۱۵۱	اقرار بندگی	۳۳۸	انبای زمان	۱۳۷
اضطراب	۳۲۴	اقلیم	۳۵۴	انتقام	۳۵۲
اطوار سیر	۶۱	اقلیم وجود	۱۲۰-۲۷۱	انتصاف آصف	۲۶۷
اظهار احتیاج	۲۷	اکسیر	۱۰۷-۱۴۹	انجمن ۱۶۸	-۲۳۹- ۳۵۶
اظهار چاکری	۳۳۸	اگرجرعه چورندان	۲۷۹	آن داغ بین	۲۶۹
اعتبار نیست	۵۲	اگرسازی وگرسوزی	۳۴۱	اندربند زلفش	۲۰۱
اعتقادی بنما	۲۵۱	اگرمی اینست	۱۶۴	اندرپرده بازیهای	۱۸۵
اعمی	۱۴۴	اگهی	۷۶-۱۰۷- ۲۰۴	اندر دهان دوست	۳۱۱
آغاز ندارد	۲۲۳	التجا	۱۰۸	اندرزهای دوست	۳۱۱
اغیار	۱۴۷	التفات	۱۹- ۱۴۷-۲۷۹	اندرکنار دوست	۴۹
آفاق ۸۰	- ۱۸۰- ۳۳۱	الحمدلله	۳۰۹-۳۱۰	اندرمیان دایره آی	۳۳۲
آفاق جهان	۲۴۵	الست ۲۱	-۲۲-۲۳-۱۰۹	اندرون من غمگین	۴۴
آفت	۱۲۵-۲۰۶	الضمان علی	۳۲۲	اندرون من خسته	۱۹
آفتاب صبح امید	۲۴۲	الطاف خداوندی	۳۲۹	آندم که خراب	۳۴۵
افتاب طلعت	۴۴	الف قامت دوست	۲۲۹	آن دو چشم	۳۲۳

جدول ۴

آندو لعل	۳۲۳	اوضاع فلک	۳۵۰	آهوی مشکین	۸۳-۱۲۹- ۲۸۵
اندوه دل	۱۸۱	آه آتشناک	۱۰	ایاغ	۸۹- ۲۱٤
اندوه عشق	۲۰٦	آه از آن جور	۱۵۳	ایام شباب	۱۳
اندوه فراغ	۵۹	آه از دلت آه	۳۱۰	ایام غم	۱۳۲
آن ده که آن به	۳۱۱	آه بیداری	۳۳۲	ایام گل	۲۹۱
اندیشه آمرزش	۱۳	آه درد آلود	۳٤۰	ایام نماند	۲۸۸
اندیشه او	۲۳٦	اهرمن ۱۲۸	-۲۳۸-۳۵٦	ایام وصال	۲۰٤
اندیشه این کار	۷۹	آهسته دعا	۱۰۱	ایام هجران	۲٦۸
اندیشه تبه	۳۸	آه سحر	۲۳۸-۲٦۳	ای بخت بخسبیدی	۳۰۱
اندیشه خطا	۹٦	آه شب	۳۲۹	ای بسا عیش	۳۵۸
آن زبان نبود	۳۲۹	آه عذر خواه	٤۳	ای بیخبر بکوش	۳٦۲
آنسوی فنا	۲۲٦	اهل بشارت	۱۵	ای پسر جام می	۳٤۲
انصاف	۱۹۳-۲٦۹	اهل خدا	۹۳	آیت افسونگری	۱۲۵
آن عهد یاد باد	۳۲۸	اهل دل ۱۹	- ۱٤۰- ۱۷۹	آیت عشق آموزی	۳۹
انفاس سحرخیزان	۱۳۵	" " " ۲٦٤	- ۲۷۸- ۲۹۸	آیتی از لطف	۱۰
انفاس خوشش	۱۷۲	اهل دلا	۳٦۰	ای خوشا سرو	۱۲٦
انفاس نسیم	۲۷۲	اهل دولت	۲۵۹	ای دل مپیچ	۷۲
انفاس عیسی(وی)	۳۲۷- ۳٦۱	اهل راز	۱٤۸	ای دلیل راه	۲٦۹
انفعال	۲۰٤	اهل روی	۳٤٦	ایزد	۱۳۸
انقلاب زمانه	۷۵	اهل ریا	۱۹٤-۲٦۲	ای صبح روشن	۱۸۲
انکار	٤۱- ٦۲- ۱۳۱	اهل سلامت	۱۵٤	ایغاغ	۲۱٤
انکار شراب	۱۱٦	اهل عقول	۲۲۰	ایمن ز مکر وی	۳۲۱
انکار می وجام	۱۱۱	اهل کام و ناز	۳۵۳	این احوال بین	۳۵۳
آنگاه کند سود	۳٤۳	اهل کرم	۱۳۲	این پنج روزنوبت	٤٦
آن نگار رام	۱۲۳	اهل کلام	۲۲۳	این پند مبر ازیاد	۳۱
انگشتری	۱۱۹	اهل نظر	٤- ۱٤۷- ۲۰۷	این حکایت ها	۱٤۸
انواع عتاب	۳۱٤	" " "	۲٦۰	این دو حرف	۵
انیس خاطر	۳٤٤	اهل وجد وحال	۲٦	این ره دلسوز	۱۰۳
آوار توبودن	۵۵	اهل هنر	۲۷۸- ۳٦۲	این ره نه بخود	۲۸۱
آواز حزین	۲۳	آه مکش	۳٤۵	این سلسله را آخر	۵٦
آواز درآ	۱۲۷	آهن (و روی)	۲۵۳-۳٦۰	این عجب بین	۲٦۳
آواز رود	۲۰۱	آهنگ چنگ	۲۰۰	این قدر هست	۱۰۱
آواز نی	۲۵۸	آهنگ گلستان کن	۳٦۷	این قصه درازست	۳٤ -۱۹۷
اوج جاه	۱۷۸	آه نیمه شب	۱٤۸	آینه ادارک	۱۹۳
اوج سربلندی	۳۲۵	آهوان نظر	۲۹٤	آینه جام	۸٤
اوج سعادت	۸٦	آهو روش	۸۲	آینه ام روی	۲۵۳
اورنگ خسروی	۳٦۱	آه و ناله	۱۷۷	آینه اوهام	۸٤
اوضاع جهان	۱۲٦	آهوی سیه چشم	۳۱۷	آینه پاک	۱۹۳

جدول ۵

آینه حجله بخت	۱۳۳	باد شبگیری	۲۶۱	بار ملامت	۵۵
آینه داران	۷۹	باد شرطه	۵	باری برد برد	۶۶
آینه دار طلعت	۴۶	باد شمال	۲۳۴	باریکتر زمو	۱۳۰
آینه دار جمال	۳۰۲	باد صبح(دم)	۱۶۶-۱۰۸-۹۱	باریک چون هلالی	۳۴۹
آینه دل	۱۹۰	باد غرور	۸	بازار	۱۳۱- ۱۸۳-۱۸۱
آینه را قابل ساز	۳۶۰	باد فتنه	۴۹	" " "	۲۳۶- ۳۴۶-۳۲۹
آینه رخشان	۱۴۸	باد نافه گشای	۱۲۸	بازار بتان	۱۰۹
آینه رویا	۳۱۰	باد نوروزی	۳۴۱-۱۷۶	بازارت پرجوش	۳۶۷
آینه سازد	۱۳۰	باده ازل	۳۶	بازار جهان	۱۹۴
آینه سکندر	۵	باده به اندازه	۷۹	بازار ساحری	۲۹۴
آینه شاهیست	۳۶۴	باده پرست(ان)۲۱	۲۱۴-۲۳-۲۲-	باز بین	۷
آینه صافی	۷	باده پرستی	۲۹۲	باز سفید	۱۶۰
آینه کردار	۱۸۱	باده پیمائی	۴	باز ظفر	۳۵۹
این همان دادست	۲۹	باده خوردن پنهان	۲۵۷	بازنشست حرارتم	۲۸۲
این همه راه	۲۷۱	باده خوشگوار	۳۰۶	باز نظر	۱۴۱
این همه نقش	۸۴- ۳۰۳	باده در ده	۸	بازوی بی زور	۲۰۳
آینه مهر آئین	۲۶۲	باده صاف(ی)	۳۵-۱۲۶- ۲۹۲	بازوی پرهیز	۱۳۷
آینه وصف جمال	۱۳۵	باده فروش(ان)	۹- ۳۰۵	بازوی خود	۲۳۵
این یک دو دم	۱۸۴	باده کهن	۳۵۶	بازی غیرت	۵۸
ایوان	۹	باده گلگون	۲۹۲-۲۹۱	بازیهای پنهان	۱۸۵
ای آنکه توانائی	۳۶۶	باده لعل	۵۴- ۱۴۶	با سر پیمانه	۱۲۵
آیین تقوا	۳۱۰	باده مست(انه)	۲۳-۱۳۶	باسلسله میرقصند	۳۶۶
آیین درویشی	۲۷۴	باده مشکین	۱۶۵	باشه	۱۶۰
آیین دلبری	۲۹۴	باده ودفتر	۳۶۴	باطل	۱۵۳
آیین سروری	۱۳۰-۲۹۴	باده و گل	۱۷۶	باغبان	۴۱- ۲۰۱-۳۳۴
باب وصال	۱۹۰	بادی ببرد ناگاهم	۳۶۶	باغ بهار	۵۲
با خدای خود	۱۳۹	باد یمانی	۳۹	باغ بهشت	۲۶۰
بادا حرام	۲۷۳	بادیه	۱۸۳- ۳۳۶	باغ جهان	۳۹
باد استغنا	۱۵۰	بار امانت	۱۳۶	باغ شود سبز	۱۶۷
با داغ زاده ایم	۲۶۹	بار دگر میگویم	۲۸۱	باغ عارض ساقی	۱۶۹
بادبان	۲۱۶	بار دل	۲۸۲	باغ دل	۲۸۹
باد بهار(ی)	۱۸-۱۲۸-۱۶۱	بار غم	۱۵۹-۲۶۲	باغ کاران	۷۷
" " "	۱۹۹-۳۰۶	بارگاه استغنا	۲۲	باغ نظر	۲۱
باد پریشانی	۳۵۵	بارگاه تو	۸۶	باغ نعیم	۳۰
باد پیما	۴	بارگاه دوست	۳۵۹	بالابلند(ان)	۲۳۵-۲۹۵
باد خزان	۱۵- ۳۹	بارگاه قبول	۱۷۸	بالای بلند	۲۲۶
باد خوش نسیم	۳۳	بارگه پادشاست	۱۲۵	بالای چمن	۱۳۳
باد دی	۱۲۱-۳۲۱	بار گران	۲۶۲	بالای صنوبر	۲۴

جدول ۶					
بال بگشا	۳۴۲	بحرمعلق	۲۷۹	بدرد جامه قبا	۲۲۴
بال درهوای وصال	۲۱۶	بحل کردم	۳۳۶	بدرقه اش نورخدا	۱۵۸
بالله	۳۶۲	بحمدالله	۲۳۹	بدرقه باد	۲۲۳
بال و پر	۲۲	بخارا	۳	بدرقه ره(راه)	۲۱۵-۲۴۰
بالین	۲۳ - ۱۲۹	بخت ار مدد دهد	۲۴۸	بدرود کن	۹
بامداد پگاه	۳۰۸	بخت بخسبیدی	۳۰۱	بد زمان	۳۳۰
بام سعادت	۱۷۱	بخت برخوردار	۶۱	بدست شوخی	۳۳۳
بام و در	۳۲۸	بخت بلند	۳۴۳	بدست طوفان	۳۲۶
بانگ بلند	۲۸۰	بخت بیدار	۱۷۹	بدست هجر	۲۱۶
بانگ بربط ونی	۲۵۷	بخت پریشان	۲۰	بد عهدی	۱۲۱- ۲۷۵
بانگ جرس	۱۷۲	بخت جوان	۳۱۱	بدکاری چو من	۱۴۲
بانگ مرغ	۱۲۴	بخت حافظ	۱۵۲	بد نام جهان	۲۵۱
بانگ نای ونی	۱۴۲	بخت خداداده	۳۵۸	بد نام(ی)	۱- ۸- ۶۱- ۸۴
بانگ نوش(شانوش)	۷۷- ۲۰۷	بخت خفته	۱۳۹	بدین ترانه	۱۰۷
ببخشند گنه	۲۰۸	بخت خواب آلود	۱۲	بذری	۲۷۴
ببرد بنیادم	۲۲۹	بخت خواب زده	۳۱۳	بذله گوی	۳۶۱
ببر ز خلق	۳۵	بخت سرکش	۳۰۹	بر ابروی تو مایل	۲۲۱
ببوی او بدریدم	۲۳۴	بخت کارساز	۴۹	برات (خوشدلی)	۱۳۵-۳۳۰
ببیند نظیر تو	۲۹۰	بخت گران خواب	۲۴۷	برادران غیور	۱۴۷-۱۷۸
بتاب بر دل بیتاب	۲۹۳	بخت گمراه	۳۱۰	برازنده ناز	۳۱۵
بتان دست عاشقان	۳۴۴	بخت من ۶۲-	۱۰۴-۱۷۳-۳۳۲	بر افلاک فشان	۳۴۵
بت بیفشانی	۳۵۵	بخت نیکخواه	۱۹۵	بربط	۱۰۲-۲۵۸
بت شیرن دهن	۴۰	بخت واژگون	۳۶۱	بربط ونی	۲۵۷
بت ماهرخ	۱۲۷	بخدای خود پناهم	۶	برجوردوامی داری	۳۳۵
بت میگسار	۲۶۷	بخرابات خرام	۳۱۴	بر حذر باش	۲۰۲
بت نمی پرستی	۳۲۶	بخرم به مهر	۳۵۲	برحسب آرزوست	۴۹
بتی چوماهت	۱۹۵	بخشش ازل	۱۴	بُردم از ره	۲۸۸
بتی شکرشکن	۲۳۹	بخشندگان عمر	۵	بر سربازار	۱۸۱-۱۸۳
بجان آمد	۳۵۳	بخواب ببینم	۵۰	بر سرخفته اش	۲۸۲
بجز از کِشته	۳۶۱	بخواست جام می	۲۸۹	بر سر زانو	۲۷۰
بجز باد بدست	۲۱	بخون تشنه	۴۱- ۲۹۶	بر سر صلح	۲۱۹
بحث کشف و	۳۵	بخون تو اشارت	۶	بر سر گردون	۲۱۶
بحر بی کران	۲۱۶	بخیال زاهدی	۲۱۵	بر سر منبر	۲۶۰
بحر خدا	۳۶۲	بخیل	۳۲۲	بر غم خندان	۲۹۶
بحر عمیق	۳۱۴	بدایت	۷۲	برغیر نتوان گفت	۳۴
بحر غم	۲۱۶	بد پسند	۸۰	برق	۱۰۵-۱۸۴-۳۲۶
بحر کرم	۲۷۱	بد حادثه	۲۷۱	برق دولت	۱۷۱
بحر مائی ومنی	۳۵۷	بد دیدن	۲۸۹	برق عشق	۶۶

جدول ۷					
برق غیرت	۲۵۳-۱۱۳	بسته یک مو	۲۹۷	بلبل صبا	۲۸
برق لامع	۷٦	بس خجلت	۲۷۵	بلبل عاشق	۱٦۷ -۹۷
برق وصال	۲۱۹	بسر در آید	۲۸٤	بلبل مست	۲۲
برقع	۱۳۳ -۷۳	بسط شراب	۱۷۵	بلبل مطبوع	۱۹۰
بر کشم عَلَمی	۳۵٤	بسلامت بگذر	۱۹۷	بلبل و قمری	۳۲۲
برگرد لب	۲۲۲	بسم الله	۳۰۸	بلبل هزار	۸۷
برگ عیش	۲۹۲	بسوز و بساز	۱۸۹-۱۸۷	بلغزد پای	۹۳
برگ کاه	۱۷۸ -٦۰	بسیار طراری	۱٤۲	بلند بالائی	۲۸۰
برگ گفت و شنید	۱۷۵	بسی سود نکرد	۱۵۵	بلندست جنابت	۱۳
برگ گل ٤۸- ٦۱	۳۱۷-۳۱۳-۲۲۸	بسی گل بدهد	۳٤۳	بلند نظر	۳۱
برگ نسترن	۲۳۹	بشارت ۵- ۱۵-	۲٦۷-۱۷۸ -۹۷	بم و زیر	۱۸٦
برگ و نوا	٦۱	بشرط مزد مکن	۱۳۰	بناز پروردم	۲۱۵
برمُهرخودنیست	۲۸۳	بشکست عهد	۱۸۹	بنال بلبل (بیدل)	۵۳ -۳۱
بر مه کشی	۹	بشنو وبهانه مگیر	۱۸٦	بنام من دیوانه	۱۳٦
بر ندارم ازقدمت	۷۱	بصارت	۹۸	بنای عهد قدیم	۱۰۰
بر نشاندی	۳۵۷	بصری نیست	۵۷	بند بر گردن	۲۹۷
بر نفست باد	۳٦۰	بصوت و نغمه	۱۷۷	بند زلف	۲۰۱ - ۱۰
برو دوش	۷۹	بطلب کام	۲۳۱	بند غم	۱۳۵ -۵۰
برون آی و درا	۱۱۵	بفخر می سودم	۲۱٦	بند قبا	۲۵٦ -۷٦-٤۰
برون تاخته ای	۳۱۲	بکن معامله ائی	۲۵	بند کمر	۲۵٦
برهمنی	۳۵٦	بکش به غمزه	٤۰	بندگان خداوندگار	۲٤۷
برید	٦۹ -٦۲	بگذاری مرابرخاک	۲۳۰	بندگی بارگاه دوست	۳۵۹
بزاد و بشد	۷۵	بگشا بند قبا	۱۵٤	بند نقاب	۱۳
بزم جم	۱۲	بگشای تربتم	۱٦۸	بند و بلا	۷۷
بزم حریفان	۵۵	بگشای لب	۱٦۸	بند و دام	٤
بزم دور	۷	بگشود نافه ائی	۲٦	بند و زنجیرش	۱٤۲
بزم طرب	۲۵۷-۱٤۱	بگوش خود	۱۹٦	ینده بندگی برسان	۷
بزمگاه(بزمگه) ١٤	۳۰۵-۱۸٦-۱۵۱	بگوش هوش	۱۲۸	بنده پرور	۱٦٦
بزم عیش	۳۰٦	بلا بگردد(اند،ان)	۳۳۹-۲۸٤-۱٦۹	بنده پیر	۱۰۳
بزن مطرب	۲۷۷	بلاد غریب	۲٤٤	بنده را نخرد کس	۳۳۹
بساز پرده	۱۳۸	بلاغ	۱۲٤	بنده طالع	٤۱
بسای چهره	۳۰۵	بلاکش	۲۳۸-۱۷۳-۱۱۷	بنده عشق	۲۲۹
بستان بهشت	۲۸۱	بلاگردان	۲۸۲	بنده معتقد	۲٦٦
بستر ناکامی	۳٦٦	بلای زلف	۱۷۳	بنده نواز(ی)	۲٤۰-۱۸۸
بستگان کمند	۱٤٦	بلبلان از دی	۱۷۰	بنفشه (زار)	۲٤۱-۱٤٦-۱٤
بسته دام و قفس	۵٦	بلبل بیدل	۲۱٤-۳۱	" " "	۲۹۰-۲۷۰
بسته زنجیر	۲۹۷	بلبل دستان سرا	۳۰۷	بنفشه شاد وش	۱۰۸
بسته کمر	۳۱۳	بلبل شوریده	۲۸۷	بنگاله	۱٦۱

جدول ٨

بنمای رخ	١٦٨	بوی مژده وصل	٢٤٩	به درد تو خوکرد	٦٩
بنواز یا بگردان	٢٨٤	بوی مشک زلف	٣١٩	به درد صبر کن	٧٠
بن و بیخ	١٣٣	بوی نافه	١	به راحتی نرسید	١٧٥
بنوش نیش غمی	٣٥٤	بوی نسیم	٢٦	بهرام	٢٠٣
بنه گنجی	٣٦٧	بوی وصل تو	٧٦	بهر ثواب	-٣١٥
بنیادش براندازیم	٢٧٧	بوی یک رنگی	٣٦٠	بهر خدا	٢٥١-٣٠٦-٣٠٧
بنیاد عمر	٣١	بوی یوسف	١٤٧	بهر دل عامی چند	١٣٤
بیناد مکن	٢٢٨	بویی به زلف یار	١٣٩	بهر دهانش	٢٩٦
بنیاد هستی	١٨٥- ٣٦٢	به اتفاق ملاحت	٦٨	به رغم برادران	١٧٨
بوالعجب کاری	٣٥٣	بها چه بود	٣٣١	به سر بپوید باز	١٩١
بوالهوسی	٣٤٢	به ادب	٨٢-٢٠٦	به سر در آید	٢٨٤
بوته هجران	١٤٨	بهار توبه شکن	٢٥٧	به شهر خود روم	٢٤٧
بوریا (باف)	٣٥- ٣٦١	بهار حُسن	٣٠٣	به صبر کوش	٣٥٦
بوسه ٧٨-١٣٣	- ١٦٥- ٢٣٢	بهار عارضش	٩٢	به عتابم می کشت	١٥١
بوسه ربایان	٧٩	بهار عمر	٨٧- ١٨٤-١٨٥	به عزت باش	٨٧
بوسید	١٠٤	بهار و لب جوی	٣٦٠	به عشرت گوش	١٢٨
بوی آن کلاله	١٦٩	بهار و گل	٢٨٧	به غفلت عمرشد	٢١١
بوی بهبود	١٢٦	به اشک مشوی	١٦٠	به قصد خون ما	٢٦٨
بوی جان	٣٣٥	به امید دو ا	١٢٧	به کجابرم شکایت	٣٥٢
بوی حق	٢٥٩	به آن دل قرار	١٧٠	به کف آری جامی	١٥٨
بوی خدا شنود	٣٢٢	بهانه	٢٨- ١٨٦-٣٢٠	به گلزار آی	٣٤١
بوی خوش آشنائی	٣٦٥	بهای باده چون لعل	٩٨	بهمن و دی	٣٢٢
بوی خوش وصل	٣٦٦	بهای خرقه	١٧٦	به می اش رنگین	١٨١
بوی خیر	١٦٥	بهای وصل	١٧٤	به می حواله کن	١٩٩
بوی دوست	١١٢	به باد داد برفت	٢٩٨	به نقشی مشغول	٣١٢
بوی ریا	٣٦٠	به باد رفت	٢٢	به هوای سر کوی	٢٢٩
بوی زلف ٩١-	١٥٧-١٦٠-١٦٦	به باده بشوئید	١٩	بهوش باش	١٥٠
" " " ٣١٩	-٣٣٩-٣٤٦	به باده در گرو	٣٠٠	به هیچ باب	٢٢٠
بوی سنبل	٢٠١	به بد دیدن	٢٨٩	به یک مو ترشوی	٣٦٢
بوی شفابخش	٢٣٧	به بوی توزنده ام	٢٦٧	بیابان نبرد ره	٢٦٥
بویش زخوشخوئی	٣٦٧	بهتان	٦٩- ٢٧٥	بیابان در پیش	٣٤٢
بوی شوق	٢٥٢	به تحقیق ندانی	٣٩	بیابان طلب	٢١٠
بوی کسی	١٧٢	بهتر زخودپرستی	٣٢٥	بیابان عشق	١١٤
بوی کنار تو	٢٣٧	به چه کار دگرم	١٧١	بی اجل نمرد	١٣٨
بوی گل ٤٠-	١٩٩-٣٠٢-٣٥٦	به جوی نفروشم	٢٥٠	بی آواز رود	٢٠١
بوی گلبن وصل	١٩٠	به حکم بلا	٢٢	بیاض	٧٤- ٣٣٤
بوی گلستان	٢١٤	به خارم مبتلا	٩٧	بیاموزد کار	١٤٤
بوی گیسو	٧٣	به دانه	٣١٩	بیاموز مهر	٢٨٩

جدول 9

بی بنیاد	75-261	بی قراران	146	پارسی گو	5
بی ثبات وبی محل	36	بیکران	102-216	پاسبان	22-236
بیت الحرام	191	بیگانگان	97-199	پاکان و پاک بینان	298
بیت الحزن	205	بیگانه نهاد	276	پاک دامن	5
بیت الغزل	206	بیگانه و خویش	212	پاکدلی	262
بی جرم وبی جنایت	72	بی گل رویت	184	پا کشیده ائی	316
بیچاره دلم	184	بیمار آن دو لعلم	323	پاکوبان	277
بیت حزن	287	بیمارغم	172	پاک و مجرد	301
بی حاصلی وبوالهو	342	بیماری چشم	226	پاکیزه سرشت	63
بی حد و شمار	121	بیماری هجر	213	پامال جفا	266
بی حفاظ	76	بی مدد سرشک	143	پایاب شکیبائی	366
بیخبران حیرانند	144	بی مدد لطف	212	پای آزادی چه	66
بیخبرنرود(نمیرد)	160-326	بی معرفت مباش	147	پای بند طره او	331
بیخردی	16	بی ملالت	169	پای بوس	88
بیخ غم	287	بیم موج	1	پای به خدمت	336
بیخ نیکی	360	بیم هلاک	218	پای بید	211
بی خواب و خور	362	بی مهری یار	105	پای پیل	222
بید (لرزان)	50- 174	بی می و خمخانه	17	پای شوق	216
بیداد و جور	29	بی می ومعشوق	100	پای طلب	226
بیدار شو	321	بینش	73-130	پای قدح	91
بیدق	301	بی نصیب مباش	339	پایمال سرو	311
بیدل حیران	281	بی نظیران آفاق	331	پای ما لنگ	222
بی رخ دوست(تو)	234 - 364	بی نفس فرشتگان	303	پخته شودهرخامی	351
بیرون خرام	284	بی نیازی رندان	357	پدر	-63	215-250-362
بی روی تورنگی	366	بی وفائی دهر	75	پر از آتش	350
بی زرو زور	220	پا بازی	355	پر از بیم	343
بی زرو گنج	345	پاداش عمل	194	پر آشوب	36
بی سرو پا	350	پادر گل بود	153	پر پیچ و خم	142
بی (سرو) سامان	197-238-251	پاره از دل من	327	پرتوجام جهان بین	363
بی سکون	81	پادشاهی	6- 61-94-365	پرتو حسن	113
بیش ازحد انسانی	355	پادشاه (شه)	38-60- 305	پرتو ذات	135
بیش از گلیم خود	316	پادشا- پادشهت	307-336	پرتو روی	51-57
بی صبرو قرار	81	پادشاه(شه) حسن	27- 212	پرتو می	39
بی عمر زنده ام	184	پادشهانند	47	پُرجوش زخریدار	367
بی غش	150	پادشه خوبان	366	پرده از رخ	324
" "	238	-248-333	پادشه عیب پوش	208	پرده اسرار	105
بی غلط	261	پارسایان	264- 365	پرده بر افتد	147
بیفشان زلف	355	پارسائی	197	پرده برانداخته ای	312

جدول ۱۰

پرده بردل خونین	۲۳۴	پنج روزی ۴۶-	۵۸- ۲۰۱-۳۴۱	پیشکش بندگی	۳۳۱
پرده بگردان	۱۰۳	پند ادبیان	۲۸۳	پیش(بالای تو)میرم	۲۹۶- ۳۱۵
پرده پندار	۱۳۱	پنداشتی که جستی	۳۲۶	پیش نه قدمی	۱۰۷
پرده دار	۴۶- ۵۲- ۱۳۲	پند پیر (ان)	۳- ۳۱۱	پیشه(درویشی)	۱۵۰-۲۴۷
پرده در(ی)	۵۷- ۱۶۲	پنهان خورید باده	۱۴۹	پی عیش	۲۸۲
پرده زلف	۹۵	پنهان فسون سحر	۲۹۰	پیغام رقیب	۳۱۲
پرده سماع	۲۶	پهلوی	۳۶۱	پیغام سروش	۲۰۹
پرده شام	۱۱۱	پیاده میروم	۱۴۶	پیغام وی	۱۴۲
پرده عصمت	۳	پیاله پیما	۳۲۵	پیک صبا	۳۵۱-۳۵۴
پرده غنچه	۳۰۳	پیاله گیر(م)	۲۵۷-۳۲۲	پیک خبر گیر	۲۸۵
پرده غیب	۱۲۱	پیام آشنایان	۶	پیک راستان	۳۰۷
پرده گلریز	۲۱۹	پیام یار	۳۲۸	پیک راه	۱۹۵
پرده مطرب	۱۷۹-۲۳۶	پی خجسته	۱۴۶-۲۲۵	پیک صبح	۲۵۸
پرده نشین	۱۱۹	پیدا و پنهان	۲۶۸	پیک نامور	۴۹
پر شراب کن	۲۹۲	پیران جاهل	۳۰۹	پیل	۲۲۲
پر شکر باد	۷۸	پیرانه سر ۷	-۸۳-۸۷- ۱۲۵	پیمان بشکست	۱۲۷
پُر شکن	۱۴۳	" " "	۱۷۱-۲۳۱	پیمان شکنان	۲۸۶
پُر ظریفان	۳۳۳	پیراهن (صبوری)	۱۴۷-۳۱۶	پیمان و صلاح	۲۱
پرگار ۱۶	- ۶۱- ۶۸-۸۴	پیر باده فروش	۱۷۵	پیمانه کشی	۲۱
" " ۱۰۵	-۱۸۳- ۳۳۲	پیر پیمانه کش	۲۸۶	پیوند جان آگه	۲۰
پرگار وجودند	۱۴۴	پیر خرابات	۲۴۲- ۳۰۰	تاب آتش دوری	۲۶۱
پر گلاب	۲۹۱	پیر خرد	۱۵۳	تاب آتش می	۳۱۷
پر نقش	۱۰۵- ۲۱۰	پیر دردی کش	۹۴	تا باد نپیمائی	۳۶۶
پر نیرنگ	۱۴۲	پیر سالخورده	۶۷	تا باغ بیارائی	۳۶۶
پروای ثواب	۱۳	پیر سالک عشق	۱۹۹	تاب بنفشه	۳۰۳
پروانه ناپروا	۱۵۱	پیرست و بی بنیاد	۲۶۱	تاب جعد مشکین	۱
پرورش	۲۸۰	پیر صاحب فن	۲۸۷	تاب غمزه	۲۴۳
پری چهره	۱۳۹	پیر فرزانه	۲۳۹	تاب وپیچ دام	۱۲۳
پری رویان	۱۴۵	پیر منحنی	۳۵۷	تا بر دوست	۳۴۳
پریشان عالمی	۳۵۳	پیر میخانه	۱۳۴-۲۸۸	تا بیخبر نمیرد	۳۲۶
پریشانی شبها	۱۲۱	پیر می فروش	۱۲۸	تاجدارانند	۱۴۶
پسته	۶۷- ۷۹	پیر میکده	۲۸۹	تاج سر	۱۷۱-۲۴۰
پس پرده چه دانی	۶۳	پیر و خسته دل	۲۳۳	تاج سلطنت	۳۰۳
پسر ۲۰۹-	۳۴۲-۳۶۱- ۳۶۲	پیرهن چاک	۲۳	تاج سلیمانی	۱۱۲
پسران ناخلف	۲۱۵	پیش بینان	۲۹۸	تاج شاهی	۳۴۵
پس و پیش	۲۱۲	پیش پائی	۱۶۴	تاج کاووس	۳۰۱
پشمینه پوش	۶۶- ۱۴۲	پیش چشم تو	۲۲۵	تاج هدهدی	۱۶۰
پشیمانی خوریم	۲۷۵	پیش داور	۲۷۷	تا دل شب	۱۵۴

جدول ۱۱

تارک هفت اختر	۳۶۳	ترانه	۲۸- ۴۳- ۱۰۷	تصور عقل	۳۴۹
تازه برات	۱۳۵	تربت ۱۵۱	-۱۵۴-۱۶۸	تصویر	۲۵۵
تازه تر آبی	۹۵	" " " ۱۶۹	-۲۴۱-۳۰۸	تطاول	۸۵-۱۲۰- ۱۴۶
تازه عشقی	۷۸	ترحم ۷-	۲۵-۲۲۳-۳۲۹	" " " ۱۵۳	-۱۷۶- ۱۸۲
تازه گل	۳۴۶	ترسائی	۳۶۴	تعبیر رفت	۳۲۸
تازه و تر	۲۹۰	ترسد ز ملال	۲۰۶	تعبیه	۲۰۲
تازیان	۲۶۵	ترک افسانه بگو	۱۷	تعزیر	۱۴۹
تا شکر چون کنی	۳۳۸	ترکان (سمرقندی)	۳- ۳۲۹	تعلق	۳۱-۱۲۶
تایید نظر	۱۰۶	ترک پریچهره	۶۵	تعلل	۲۰۱
تبارک الله	۱۹-۲۰۵	ترک پیمانه	۲۳۹	تعلیم سخن گفتن	۴۲
تب استخوان	۲۸۲	ترک خاک بوس	۲۶۰	تعویذ	۶۷- ۲۲۱
تبسم	۳۱- ۲۴۱	ترک خواب کن	۲۹۲	تغابن	۲۰۲
تاتاری	۵۳	ترک درمان گفت	۶۹	تغییر قضا	۵- ۱۰۱
تازیانه	۲۸- ۱۷۷	ترک دستان گفت	۶۹	تفاوت ره	۲
تحت وفوق وجود	۲۳۳	ترک دل سیه	۳۸	تفرج	۷۰
تحریر	۲۱۹-۲۵۵	ترک دل و دین	۱۹۷	تفسیر	۵-۱۰
تحسین منست	۴۲	ترک زرق	۳۰۷	تفقد	۴- ۵
تحصیل عشق	۲۲۱	ترک سر	۱۰۷-۱۱۲	تقاضا چه حاجت	۲۷
تحفه	۲۳- ۲۹۳	ترک شاهدوساغر	۲۵۴	تقدیر ۱۰	- ۱۴۹- ۲۵۵
تحقیق	۳۹-۲۱۷-۳۲۰	ترکش جوزا	۲۵۶	تقریر ۵۸	- ۱۴۹- ۲۵۵
تحمل خاری	۳۵۹	ترک شیرازی	۳	تقصیر ۱۴۹-	۱۸۶-۳۳۶- ۳۶۰
تحمیق	۲۱- ۲۱۷	ترک طبیب کنم	۲۸۲	تقوا ۲-۶۳-۷۴	-۸۸-۹۰-۱۱۲
تجارت	۹۸-۹۹	ترک عاشق کش	۱۵۲	" " ۱۱۶	- ۲۴۲-۳۱۰
تجلی	۱۱۳- ۱۳۵	ترک عشق	۲۶۰	تقوا و دانش	۲۰۱
تجمل	۱۵۸-۲۰۱	ترک فلک	۹۸	تقویم تمام	۲۶۰
تخت جم	۳۲۲	ترک کام خود	۳۴۱	تکیه بر ایام	۲۵۶
تخت چمن	۱۸۵	ترک لشکری	۱۰۸	تکیه بر تقوا	۲۰۱
تخت روان	۲۵۶	تریاک	۱۹۳- ۲۱۸	تکیه برجای بزرگان	۳۵۸
تخت فیروزی	۳۴۱	ترک می	۲۵۸	تکیه بر عهد	۱۰۱
تخت گل	۸۹	ترک هشیاری	۱۴۲	تکیه گه(گاه)	۴۳- ۲۴۹
تخته بند تن	۲۵۲	تزویر	۱۴۹	تلافی صد جفا	۱۳۹
تخمه جمشید	۳۴۵	تسبیح	۶۱- ۲۰۰-۳۵۲	تلخ واز شورش	۲۰۳
تدبیر ۱۰- ۱۴۵	-۱۴۹-۲۵۵	تسلسل	۲۰۱	تلخی غم	۷۷
تدبیر دل	۳۴۶	تسلیم ۶۳-۱۱۴	-۲۲۳- ۲۵۸	تلخی می	۳۲۵
تدبیر نثاری بکند	۱۴۱	تشخیص	۳۳- ۳۰۸	تلقین	۲۶۰-۲۶۱
تدبیر و تامل	۲۰۱	تشنه بادیه	۳۳۶	تماشاخانه	۲۹۷
تذرو	۱۴۱	تشنه سیر گردد	۳۲۳	تماشاگه	۴۲- ۱۱۳-۱۳۱
تذروی خوشخرام	۲۵۹	تصدیق	۲۱۷	تماشای باغ عالم	۲۸۹

جدول ۱۲

تماشای چمنی	۳۵۱	تیر اندرکمان	۹۲	جام تجلی صفات	۱۳۵
تمتع	۱۸۶	تیر آه	۱۰	جام جم ۳۸	۷۱-۹۱-۱۰۶-
تمکین	۴۲	تیر بلا	۲۵۹	" " " ۱۰۷	۲۰۳-۳۳۷-
تمنای وصل	۵۰	تیر پرتابی	۲۲	جام جهان بین	۶۴-۱۰۶-۱۹۸
تن بیمار	۲۶۵	تیر جفا	۳۳۴	" " "	۳۰۵-۳۶۳
تن چو جام می	۱۴۳	تیر چشم	۷۴-۱۰۲-۱۰۴	جام جهان نما	۲۷-۱۳۹-۱۹۹
تند خو	۱۴۲	تیر دعا	۱۶۲-۱۷۳	جام عقیقی	۱۲۰
تندرستی	۳۲۵	تیر عاشق کش	۱۷۶	جام دمادم ده	۱۵۶
تند نشست	۱۳۰	تیر غمزه	۳۰۴	جام زجاجی	۲۲
تن رسد به جانان	۱۶۸	تیر فلک	۲۵۶	جام زر کش	۳۰۹
تنعم ۹۷-۱۱۷-	۱۲۱-۲۲۳-۳۵۴	تیر قضا	۵۵	جام سعادت	۲۲۵
تنگ چشمی	۱۰۸	تیر مراد	۴۰-۲۱۵	جام عدل	۱۳۸
تنگدستی (ان)	۵-۱۶۸	تیر مژگان	۳۵۲	جام غرور	۵۳
تنگدل	۲۷۲	تیر ملامت	۳۲۰	جام غم	۴۴
تنگش به بر کش	۳۰۹	تیره خاکدان	۳۳۱	جام گل	۳۴۱
تنگنای حیرت	۱۶۲	تیره نای	۳۳۲	جام مرصع	۶۴
تن مرده	۱۹۰	تیز هوش	۲۰۹	جام می ۲۰۰-	۲۶۲-۲۸۹-۳۰۳
تن ناتوان	۳۴۹	تیغ اجل	۴۳	جام می وخون دل	۱۱۹
تن نزار	۳۰۸	تیغ بارد	۳۱۰	جام هلالی	۲۲۶
تنور لاله	۱۲۸	تیغ بما آخته ای	۳۱۲	جام وساقی مه رو	۲۷۰
توانگرا	۱۳۲	تیغ جهانگیر	۸۳	جام و قدح	۱۲۵-۳۱۳
تو بر تو	۴۸	تیغ سزاست	۱۴۳	جامه پاره کنم	۲۵۷
تو بندگی کن	۱۶۶	تیغ غم	۲۲۰	جامه جان	۱۰۱
توبه حافظ	۲۳	تیغم کشی	۲۴۲	جامه داران	۳۳۷
توبه زلعل	۲۱۷	تیمار عقل و دین	۲۸۴	جامه زرق	۵۳
توبه ز می	۱۸۹	ثابت قدم	۱۸۲	جامه قبا	۱۹۳-۲۲۴
توبه شکن	۲۸۷	ثباتت	۳۳۵	جامه کس سیه	۲۷۹
توبه وطامات	۲۹۲	ثبات خود	۲۲۶	جامی زمی الست	۱۰۹
تورانشاهی	۳۶۳	ثباتی ندهد	۱۹۳	جام یک منی	۳۵۷
توسن	۲۸	ثبت	۱۱-۲۶۱	جان از بدن	۱۶۸
تو عمر خواه	۱۱۴	ثلاله غساله	۱۶۱	جان افشان	۶۱
توفیر	۲۵۵	ثمنی	۳۵۶	جانبازان	۱۸۱
توفیق	۱۲۴-۳۳۸	ثنا	۷۰	جان بباد رفت	۳۱۹
توقع	۳۳۷	جادوی مکحول	۲۲۰	جان بجای دوست	۲۶۱
توکل	۲۰۱	جاعل الظلمات	۷۴	جانب حرمت	۲۷۴
تولّا	۲۱۰	جام باده	۳۵-۲۶۹-۲۸۷	جان بر افشانم	۵۰-۲۱۳
ته خم شراب	۱۹۲	" "	۲۹۲-۳۱۰	جان بر جانان	۱۲۵
تهنیت	۱۲۸-۳۰۲	جام باده بیاور	۱۳۲	جان بر لب	۱۲-۱۶۸

جدول ۱۳

جان بسپارم	۲۳۷	جاودان کس	۱۳۱	جگر سوز	۹۴
جان بکاهد	۳۲۵	جاوید	۱۳۱	جلال و جمال	۴۹
جان بگدازد	۱۹۷	جاهل	۳۰۹ - ۳۴۱	جلو داری	۲۶۵
جان به تن بینی	۳۲۵	جاه و بزرگی	۳۳۸	جلوسی کنارهم	۲۶۷
جان بیمار	۹۵	جاهی و مالی	۳۴۸	جلوه ائی کردرخت	۱۱۳
جان پناه	۱۷۸	جای بزرگان	۳۵۸	جلوه بر صنوبر	۲۹۳
جان پرور	۳۰۷	جای خوشست	۲۶۶	جلوه ذات	۱۳۵
جان خواجه	۲۵	جای فریادست	۳۱	جلوه گاه	۱۴۴ - ۳۲۴
جان داده ام	۲۹۶	جای شکایت باشد	۱۱۶	جلوه گل سوری	۲۱۴
جان در ازی تو	۵۹	جای دلهای عزیز	۲۰۶	جلوه معشوق	۶۱
جان در بدن دارم	۲۳۹	جبلت	۳۲۹	جلوه نظر	۹۱
جان درمیانه حائل	۲۲۱	جدائی جدائی	۳۶۵	جماش	۶۰ - ۹۸
جان ز رنج	۹۶	جدل با سخن حق	۲۷۹	جم اقتدار	۲۶۷
جان ز (از) تن	۱۶۸ - ۲۸۵	جد و جهد	۱۴۹	جمال بخت	۱۷۸
جان زنده دلان	۲۰۵	جرس(ی)	۱ - ۱۷۲ - ۳۴۲	جمال بی جمیل	۲۲۲
جان شیرین	۲۶۱ - ۳۱۸	جرعه (ائی)	۶ - ۷۱ - ۷۹ -	جمال تو عیب	۴
جان عاریت	۲۵۸	" " " ۱۷۲	- ۲۴۲-۲۶۴	جمال چهره	۲۰
جان عزیزست	۲۳۷	جرعه بر افلاک	۳۴۵	جمال حور	۳۲۷
جان عشاق	۱۵۵	جرعه جام	۲۵۶	جمال دوست	۵۳
جان علوی	۱۱۳	جرعه فشاند	۲۷۲	جمال روی	۳۴۹
جان فدای دهنش	۲۱	جرعه(می) کش	۴۲ - ۳۶۳	جمال صورت و	۸۰
جان فدای لبش	۸۶	جرعه لب	۲۶۷	جمال عالم آرا	۲۱۳
جان فرسود از او	۱۴۲	جرعه نوش	۳۰۵	جمال کعبه	۲۰۵
جان کعبه	۲۰۵	جرم بخش	۲۰۹	جمال یار	۳ - ۴۹ - ۱۰۷
جان گرامی	۳۱۹	جرم ما	۲۰۸	جمشید	۱۳۲-۱۹۸
جان مرکب	۳۳۳	جریده رو	۳۶	جمشید و فریدون	۳۴۵
جان مقدس	۳۳۹	جریده عالم	۱۱	جمعیت	۲۳۱ - ۳۴۸
جان من خسته	۳۳۴	جزای من بدنام	۲۸۸	جمله اعضا	۲۰۹
جان من سوخت	۵۴	جز هوای خدمت	۳۰۰	جمله دهن	۱۴۳
جان من وجان شما	۱۲	جعد	۷۳	۲۰۱ - ۳۶۷	جم وقت خودی	۳۳۵
جان ناتوان	۱۰۲-۲۲۱	جعفر آباد	۲۰۴	جمیل (لم)	۲۱۹ - ۲۲۲
جان نهادم بر	۳۴۲	جفا کش	۱۸۲	جناب عشق	۱۵۰
جان و تن	۲۰۶	جفای خار هجران	۲۰۱	جنب ذوق مستی	۳۲۵
جان و جانان	۶۶	جفای خزان	۹۱	جنس خوب	۱۷۴
جان و دل	۲۱۴-۲۲۲	جفای رقیبان	۳۳۴	جنون	۸۱
" " ۲۲۵	- ۳۳۴ - ۳۶۲	جفای فلک	۱۵۹	جواب تلخ	۳
جان وسیله مساز	۸۶	جگر تشنگان	۳۵۴	جوانا سر متاب	۳۱۱
جاودان (نه)	۱۶۱-۳۱۱-۳۳۱	جگر جام	۱۹۳	جوانان چمن	۹

جدول ۱۴

جوانان سعادتمند	۳	جهانی خراب کن	۲۹۱	چشم آن ترک	۳۰٤
جوانان مه وش	۲٤۸	جهان یکسرنمی	۱۱۲	چشم انعام	۱۳٤
جوان بخت	۱۰۳	جیب (قصب)	۹۱- ۳۱۷	چشم بدار	۲۲٦
جوان بخت جهان	۲٤۳	چابک و چست	۲٥	چشم بد ۸۰-۲۷۸	۳۰۱-۳۱٥-۳٤٦
جوانی خوش	۲۲٤	چار تکبیر	۲۱	چشم بیمار	۲۲۳-۲٦۱
جواهر مهر	۲۲۰	چارده روایت	۷۲	چشم پرخمار	۲۹۰
جور جان	۳۳٥	چار سو	۲٦	چشم پرنیرنگ	۱٤۲
جور چرخ	۱۹۲	چاره تیره شب	۲٥۳	چشم تر دامن	۲٤٦
جور حسود	۳۳٤	چاره خلاص	۲۹۸	چشم جادو	۳۰
جور دوران	۳٦٥	چاره هجران	۳۲	چشم جاودانه	۱٦۱
جور دور گردون	٤٤	چاکر دولتخواه	۲٦٦	چشم جهان بین	٤۲- ٦٥
جور و جفا	۱۳٥	چاکری	۳۳۸	چشم حسودچمن	۲۰٦
جور و ستم	٦۲	چاک گریبان	٥۹	چشم حقارت	۳۰۰
جور و تطاول	۱٥۳	چالاک (ی) ۱۹۳	- ۳۲٥- ۳٤۷	چشم خلق	۲۱۸
جوش و خروش	۳٤	چاه ذقن	۹۰	چشم خمار	۱۳
جولانگه	۳۳٦	چاه (چه) زنخدان	۱۲-۱۱۳- ۲۰۰	چشم خوشت	۹۰
جوهر(ی)	۱۱۰- ۱۳۰	" " " "	۲۰٥-۲۱۷	چشم دلفریب	۳۱۷
جوهر عقل	۹۸	چاه زنخ	۸٤	چشم رضائی	۳۳۷
جوهر و روح	۳۱٤	چتر برسحاب زده	۳۱۳	چشم زخم	۲۲۱-۳۱٦
جوی (یک جو)	۲٥۰-۳٤٤	چتر گل	۱۸٥	چشم سیاه(سیه)	٤٥-۱٤٤
جویبار دل	۳٥۷	چراغ افروز	۳٥٥	چشمش برساد	۲۱
جویبار دیده	۲٦٤	چراغ افروزد	۱۱۳	چشم شوخ	٤٥
جهان بر هم زد	۱۱۳	چراغ(روی) تو	۱٦٤-۳۰۱- ۳۱۹	چشم شیر گیر	۲۹۷
جهان بس فتنه	۳۰٤	چراغ(روشن)چشم	٤۹- ۲٤۹	چشم طلب	۲۷۰
جهان به کام دل	۱۷۸	چراغ خلوتیان	٦۷	چشم عقل	۳٦
جهان پر بلا	۱۳۸	چراغ دل	۳٤۱	چشم غم پرست	۲۱۳
جهان پُراست	۲٦۷	چراغ دیده	۲۳٤-۳٤٤	چشم فلک	۳۳۳
جهان پیر رعنا	۳۲۹	چراغ صاعقه	۳۰۰	چشم گشاد	۲۳٦
جهان پیرست	۲٦۱	چراغ مرده	۲	چشم گوهربار	۱۳۱-۱٥۷
جهان پیما	۱٥۱	چراغ می	۳۰٥	چشم محبان	۲۸۳
جهان سست نهاد	۳۱	چرا میل چمن	۱٤۳	چشم مست	٤٤-۹٥- ۲۱۲
جهان سوزی	۳٥۳	چرخ شعبده باز	۱۱٤	" " " ۲۲۱	-۳۳۲- ۳٤٦
جهان فانی وباقی	۲٦۱	چرخ فیروزه	۳٤۱	چشم می پرستان	۱۹۱
جهان بگیرد	۱۳۰	چرخ کبود	۳۱- ۱۸۳	چشم می گون	٤۷
جهان گذرا(ن)	۱۹٤-۳۳۷	چرخ هشتم	٤٥	چشم نرگس	۱۲۰-۱۲۲-۲۹۱
جهانگیری	۱۱۲	چستی(وچالاکی)	۳۲٥- ۳٤۷	چشم وابرو	۲۱۰-۲۹۳-۳٤٦
جهان و کار جهان	۳٦- ۲۱۷	چشم آسایش	۳٥۳	چشم و چراغ	۲۸٦-۳۳۷
جهانیان	۱٦٥	چشم آلوده نظر	۱۹۳	چشم وگوش	۲۳۲

جدول ۱۵

چشم یاری	۲۷۴	چنین قفس	۲۵۲	چه سنجش	۳۱۵-۳۵۳
چشمه حکمت	۱۵۸	چنین محترم	۱۳۲	چه سود	۶- ۹۹-۱۱۰-۲۸۹
چشمه خورشید	۱۶۳-۲۵۴-۲۶۵	چو باد بگریزد	۱۱۴	چه شُکر گویمت	۱۸۸
چشمه سار	۲۹۰	چو باران چکد	۱۸۴	چه شُکرهاست	۳۴۲
چشمه قند	۱۸۰	چو بخت من	۳۳۲	چه عجب	۱۳۵
چشمه عشق	۲۱-	چوپیری را رسی	۳۴۲	چه کارم با کس	۲۵۱
چشمه نوش(ت)	۵۷- ۲۳۴	چو تو مرغی	۳۴۲	چه گویم چه کنی	۳۶۰
چغانه	۱۷۷	چو جان خویشتن	۲۳۹	چه لعبتی	۳۳۹
چگونه شاد شود	۴۴	چوچنگ اندر	۲۰۹	چه مژده ها	۳۱
چلیپا	۲۱۲	چو خاک راهم	۲۶۶	چیزی مختصر	۲۹۶
چمان ابرو	۳۰۴	چو سرو پایبند	۸۹	چه نوری زکجا	۲۶۳
چمن آرای (ئی)	۲۱-۴۶-۲۸۱	چوسهوست و	۲۵۶	چه هنردارد عشق	۲۹۹
چمن خوشت	۱۶۵	چو صبح جامه	۱۷۴	چهره جان	۲۵۲
چمن دهر	۱۵	چو صبحی بدمد	۳۵۱	چهره حافظ	۲۲۹
چمن لاله	۲۸۶	چو قطره اشک	۳۳۰	چهره خندان	۱۲۵
چمن وگل	۳۶۶	چوگان	۹- ۲۴۵	چهره گشاید	۲۳۸
چنبر زلف	۳۵۵	چوگان حکم	۳۰۹	چهره مقصود	۱۸۱
چنبر عشق	۲۱۶	چو گرد درپی اش	۱۱۴	چیست راه نجات	۲۸۹
چندان غریب	۵۱	چو لاله با قدح	۲۸۰	چیست فرمان	۱۲
چند رنگ می	۲۶	چو لاله خونین	۱۰۲	چین	۱۱۹	۱۳۱-۲۶۳-
چند و چند	۳۴۵	چو لاله داغ دارد	۸۹	"	۲۷۵	۳۲۱-۳۶۷
چندین تجمل	۲۰۱	چو ماهی	۱۰۹	چین زلف	۷۴-۱۴۳-۳۰۲
چندینت نصیحت	۲۵۹	چو من شیدائی	۳۶۴	چین طره	۷۶
چندین جرسی	۳۴۲	چو لبت ماهر	۵۶	چین و چگل	۴۰
چندین هنر	۲۲۴	چون بمهرپیوستم	۲۲۷	حاتم طی	۳۲۲
چنگ حزین	۲۸۴	چون تحمل نکنم	۳۳۶	حاجب	۲۰
چنگ در پرده	۳۴۳	چون خوشست	۱۰	حاجت یخواه	۳۰۵
چنگ زهره	۲۴۴	چون عشوه کند	۲۰۲	حاجت رندان	۱۳۸
چنگ و بربط	۲۵۸	چون ناز کشم	۳۵۰	حاجت مطرب ومی	۱۳۳
چنگ و چغانه	۱۷۷-۳۲۰	چه بازی انگیخت	۱۰۵	حاسد	۶۸
چنگ و دف	۲۱۵	چه باک	۲۳۰	حاشا	۶۲-۲۲۸-۲۵۸
چنگ و رباب	۱۷۴-۳۵۰	چه تدبیر کنم	۲۵۵	"	۲۶۶
چنگ وعود	۱۴۹	چه جای وصال	۳۳۱	حاشاک	۲۱۸
چنگ و غزل	۲۸۸	چه چاره سازم	۳۱۷	حاصل بصر	۸۸
چنین باده خورد	۱۶	چه حاجت	۱۹۴	حاصل خرقه و	۲۴۶
چنین حیرتم	۲۲۴	چه حکایت باشد	۱۱۶	حاصل کارگه	۵۸
چنین خوشش	۱۹	چه در سرست	۳۳	حاصل کیمیاگری	۳۳۸
چنین روز غلامست	۳۷	چه روایت باشد	۱۱۶	حاصل و فرجام	۸۴

جدول ۱۶

حافظ شهرم	۳۴۴	حدیث مدعیان	۳۵	حسن تو لطفی	۳۵۵
حاکم اوست	۲۶۱	حدیث هول قیامت	۶۹	حسن خداداد	۱۲۶-۱۰۳
حالت زاهد	۳۵۰	حدیثی عجیب	۵۱	حسن دوست	۶۱
حال تنم	۲۸۲	حرارتم	۲۸۲	حسن روز افزون	۳
حال خوش شود	۱۸۰	حرام ۳۵-۱۱	۲۷۳-۲۰۱-۱۱۹	حسن روی تو	۸۴
حال خونین دلان	۱۹۱	حرامست می آنجا	۲۷۲	حسن عاقبت	۱۴۷
حال عجب	۲۷۸	حرامم باد	۲۶۱	حسن فروشی	۳۰۶
حال گردان	۱۸۵	حرز جان	۴۹	حسن میفروخت	۶۷
حال مردمان	۴۴	حرص (و آز)	۲۳۱-۲۰۳	حسن و جوانی	۲۱۴
حباب دیده	۲۹۱	حرفی چند	۱۷۴	حسن ولطافت	۳۲۱
حباب وار	۸۶	حرمان	۱۶۳-۱۱۸	حسن وملاحت	۲۱۲
حبیب (ان) ۵۱-	۲۸۳-۲۷۵-۲۴۴	حرمان و هوس	۲۷۸	حسن و خط	۸۸
حبیبی	۳۱۸-۴	حرمت ۴۶-	۲۷۹-۲۷۴-۶۲	حسود چمن	۲۰۶
حجاب ۱۲۹	۳۲۴-۱۴۷-	حرم دل	۲۳۶	حشمت	۲۰۳-۴۲
حجاب چهره جان	۲۵۲	حرم ستر	۱۳۶	حشمت وجان	۲۷۱
حجاب دیده	۲۹۳	حرم وصل	۲۷۳	حصاری بسواری	۱۳۷
حج	۹۸	حرم نشین	۳۴۶	حضرت(دوست)	۹۳-۵۰-۴۸
حجاز	۱۸۹-۱۸۸	حرم یار	۱۳۱	حضور نماز	۲۹۵
حجت موجه	۲۰	حریفان ۵۵-	۱۵۳-۱۳۷-	حظ عمر	۳۴۹
حجله(بخت)	۳۱۳-۱۳۳	" "	۳۳۶-۳۳۳-۲۵۷-۱۷۹	حفاظ مجوی	۲۵
حد انسانی	۳۵۵	حریفان دغا	۲۶۲	حقارت	۳۰۰-۹۸
حد تحریر	۳۲۹	حریفان نفاق	۱۶	حق بدست شما	۱۹
حد حسن	۳۶۵-۱۶۱	حریف پخته	۳۵۲	حق خدمت	۷
حد هر سیاهی	۶۰	حریف شبانه	۱۷۷	حق دوستی	۱۲۴
حدیث آروزمندی	۳۲۹-۲۶۱	حریف شهر	۱۰۴	حق شناسان	۱۲۴
حدیث پیمانه	۳۱۹	حریف عشق	۱۸۰	حق صحبت	۳۰۰
حدیث توبه	۱۸۶	حریفند و نظرباز	۸۴	حق قدیم	۲۵
حدیث جان	۱۷۹	حریم حرم	۱۳۲	حق گزاران	۷۷
حدیث دوست	۹۳	حریم حرمت	۴۶	حق نعمت	۲۳۵
حدیث ساغرو می	۱۱۰	حریم درگه	۱۹۵	حقوق بندگی	۱۷۷
حدیث سحرفریب	۳۲۱	حریم عشق	۲۰۹	حقوق خدمت	۷۱
حدیث سرو و گل	۱۶۱	حریم وصال	۱۱۸	حقوق صحبت	۲۹۸
حدیثش همه جا	۱۳۱	حساب خرد	۷۱	حقه مهر	۱۵۷
حدیث صحبت	۲۸۷	حساب مطرب ومی	۲۴۳	حکایت با صبا	۲۷۵
حدیث عشق	۹۸	حسب حالی	۱۳۴	حکایت دل	۱۷۳
حدیث غمزه	۴۵	حسرت دهانش	۱۶۸	حکایت زلف	۱۴
حدیثم	۳۶۴	حسرت لب شیرین	۷۵	حکایت شب هجران	۲۱۹-۱۶۹
حدیث مدرسه	۳۱۹	حسنت به اتفاق	۶۸	حکایت لب شیرین	۴۴

جدول ۱۷

حکایتی بتصور	۱۴۷	حیات ۷۴-۹۰-	۲۸۰-۲۸۵-۲۹۰	خاک برسر	۸
حکمت	۳-۱۳۴-۱۵۸	حیات گرانمایه	۳۳۱	خاک بوس(بوسم)	۲۶۰-۲۶۶
" " "	۱۹۱-۳۰۶	حیات ما بود	۳۵۲	خاک پای ۲۲۷-	۲۳۴-۳۳۱-۳۴۷
حکم ازلی	۱۱۹	حیای لب شیرین	۵۷	خاک پستی	۳۲۵
حکم آسمان	۳۴۱	حیران	۱۶۸	خاکدان غم	۷۰
حکم بر ستاره	۲۵۷	حیف اوقات	۱۵۸	خاکدان غباری	۳۳۳
حکم تو روان	۳۳۰	حیف باشد	۳۴۲-۳۴۳	خاک در(ش-ت)	۵۷-۱۱۲-۱۹۶
حکم قضا	۱۱۰-۲۸۴	حیل	۲۸-۱۶۳	" " " ۲۲۶	-۲۴۰-۲۷۷
حکم مستوری	۱۵۸	حیله هندو	۲۹۷	خاک در سرا	۳۰۳
حکم میر نوروزی	۳۴۱	حیوان	۱۶۳	خاک درگه	۲۰-۳۶۲
حکیم (ی) ۱۰۶-	۱۳۸-۲۷۲-۳۵۶	خاتم ۲۵-	۴۷-۹۱-۱۵۸	خاک در میخانه	۲۸۱
حلال	۱۱-۲۰۶-۲۱۹	خاتم لعل	۲۱۷-۲۳۹	خاک درمی فروش	۲۰۸
حلالست خون او	۳۵۷	خاتم جمشید	۱۶۴	خاک را بنظر	۱۴۷
حلقه اقبال	۳۵۵	خار مغیلان	۱۸۵	خاک روب	۹
حلقه اوراد	۱۲۵	خارم وگر گل	۲۸۱	خاک ره ۱۱۴	-۱۸۱-۲۳۰
حلقه ائی و آشوبی	۳۳۲	خازن او	۲۷۱	" " "	۲۹۶-۳۳۲
حلقه بگوش(ان)	۲۲۹-۳۰۲	خازن جنت	۲۹۳	خاک ره پیر مغان	۱۵۲
حلقه بندگی	۷۹	خازن گنج حکمت	۳۰۶	خاک زر	۱۰۷-۱۶۲
حلقه پیر مغان	۱۵۲	خازن میکده	۲۴۶	خاکسار	۱۳۲-۲۰۰
حلقه توبه	۲۴۶	خاص و عام	۸	خاک سرکوی	۷۳-۲۴۷
حلقه چمن	۲۰۰	خاصه در بهار	۳۰۳	خاک عنبرین بو	۲۸۰
حلقه ذکر	۱۶۵	خاصه سرو جان	۲۸	خاک کالبد	۱۶۹
حلقه زلف	۹۹-۱۷۳-۲۹۷	خاطر امیدوار	۳۴۴	خاک کف پا	۱۷۱-۲۳۷
حلقه زنار	۶۱	خاطر تماشا	۸۹	خاک کوی تو	۸۶
حلقه قامت من	۳۲۳	خاطر خوشست	۸	خاک کوی دوست	۲۶۰-۳۵۹
حلقه گل و مل	۵	خاطر دل	۲۳۸	خاک کوی نیاز	۱۸۸
حلقه گیسو	۲۰۸	خاطر شادی	۲۷۳	خاک لعل گون	۲۶۷
حلقه وصل تو	۸۱	خاطر ظریف	۳۱۷	خاک لحد	۱۱۵
حل معما	۱۰۶	خاطرعاطر	۲۴۰	خاک مهربانان	۱۲۴
حلیب	۵۱	خاطر مجموع	۱۲	خاک میکده	۹۸-۱۰۷-۱۴۰
حمایت زلف	۶۰	خاطر مرفه	۲۰	خاک نیکبخت	۴۹
حمایل	۲۲۱	خاطر نازک	۲۹۶-۳۰۸	خاک وجود ما	۲۷۷
حوالتگاه	۲۶	خاک انداز	۱۹۳	خاکی از کویش	۱۷۳
حواله (به تقدیر)	۱۴۹-۱۶۹	خاک آن درگاه	۳۰۸	خاکیان	۲۶۷
حوالتم به خرابات	۲۳۳	خاک آستان	۲۸-۳۳۰	خال آن مه رو	۲۹۷
حور بهشت	۱۴۰	خاک این مجلس	۲۹۳	خال رخ	۳۳
حوری سرشت	۶۱	خاک بر دهان	۱۴	خال سیاه	۳۱۹
حوری و پری	۳۱۳-۳۲۴	خاک بر ره کن	۸	خال مشکین	۴۷

جدول ۱۸					
خال و خط	۳-۲۸-۲۹۰	خدا بفرستاد	۶۷	خرقه پشمینه	۱۴۴-۲۷۱-۳۰۱
خال هندو	۳-۷۳	خدا دادست	۳۱	خرقه پوش	۲۵۰
خالی از خلل	۳۶	خدا داند	۳۴۸	خرقه تر دامن	۳۱۴
خالی زعشق و	۳۲۵	خدارا بخرام	۲۲۳	خرقه تقوا	۲۴۲
خامان ره نرفته	۳۲۸	خدا را مپسند	۱۶۵	خرقه جائی گرو	۳۶۴
خام طمع	۳۶۳	خدا را مددی	۱۵۸-۲۴۴	خرقه حرام	۲۲۳
خامه	۸۸-۲۱۶	خدا گواه منست	۴۳	خرقه رهن	۶۱-۱۳۱
خامی بی غمی	۳۵۳	خداوندا (نند)	۱۴۴-۲۰۴-۳۱۱	خرقه زاهد	۱۷
خامی چند	۱۳۴	خداوندگار	۱۶۵-۲۴۷	خرقه زهد	۳۰۳
خامی نشان کفر	۳۲۵	خداوندی	۳۲۹	خرقه سالوس	۲-۱۸
خامی و ساده دلی	۱۸۱	خدایا بفرست	۲۷۸	خرقه سوخته	۲۳۲
خاندان	۲۱۵	خدا یار شماست	۱۳۴	خرقه شراب آلوده	۳۱۵
خانقاه	۴۳-۶۶	خدای حال گردان	۱۸۵	خرقه می آلوده	۵
خانقاه به میخانه	۱۲۸	خدایش گرفت	۳۳۸	خرقه میشویم	۱۴
خانقاه وخرابات	۵۱	خدمت تن	۱۴۳	خرقه و سجاده	۲۴۶
خانقه ۳۸-۲۷۵	-۳۱۹-۳۵۱	خدمت جام جهان	۱۳۹	خرگاه افق	۱۱۱
خانگیست غمازم	۲۴۴	خدمت رندی(ان)	۱۸۳-۲۲۶	خرما بر نخیل	۲۲۲
خانه ارباب بیمروت	۴۰	خدمت قامتت	۸۱	خرم آنروز	۱۸۳-۲۶۵-۲۴۰
خانه زغیر نپرداخته	۳۱۲	خدمتکار	۲۰۲	خرم و خندان	۱۰۶
خانه برانداز	۵۴	خدمت معشوق ومی	۲۵۸	خرمن بلبل	۱۲۵
خانه پرور	۳۳	خدمتی بسزا	۲۲۷	خرمن پروانه	۱۳۶
خانه خمار ۱۰-	۶۱-۱۳۱-۳۴۶	خراب آباد	۲۹-۷۵	خرمن دین	۳۰۱
خانه دین	۱۶۴	خراب از می	۳۴۵	خرمن دوجهان	۲۹۸
خانه شاه	۲۷۱	خراب افتاده	۲۷۵	خرمن صبر	۲۱۲
خانه عشق	۶۳-۳۶۱	خرابات طریقت	۱۰	خرمن صد زاهد	۲۷۶
خانه عقل	۱۷	خرابات مغان	۲۴۶-۲۶۳	خرمن طاعت	۱۵۰
خانه موروث	۲۵۳	خراب باده	۱۴۶	خرمن عمر	۶۰-۲۲۷
خبث بدگویان	۲۳۹	خرابتر زدل من	۲۲۰	خرمن مجنون	۱۰۵
خبراز خویشتن	۲۰۶	خرابم زعتابت	۱۳	خرمنم بسوخت	۶۸
خبربلبل این باغ	۱۷۲	خرابم ز غم	۲۱۲	خرمن مه	۳۰۱
خبر یار ما بگو	۳۰۷	خراب و بدنام	۳۵۲	خروج ودخول	۲۲۰
خجالت(خجلت)	۴۹-۱۵۸-۲۷۵	خرابی ایمان	۲۹۵	خروش	۱۲۸-۱۹۲-۲۰۹
خجسته زمانی	۱۷۰	خرافات	۳۲۱	خزان به یغمائی	۸۰
خجسته طالع	۲۵۸	خرد خام	۲۰۸	خزانه	۲۸-۱۴۷
خجسته لقا	۳۰۸	خرد وصبر	۶۴	خزانه داری	۳۲۲
خجل از کرده	۵	خرده مگیر	۲۳	خزف	۲۰۲
خدا آفریده است	۲۹	خرقه آلوده	۲۲۴-۲۶۲	خزینه دل	۶۰
خدا با او بود	۱۰۶	خرقه بسوزان	۱۵۵	خسته از زنجیر	۱۸۶

جدول ۱۹

خسته دل (ان)	۲۳۳-۲۹۱	خلاص	۱۴۶- ۱۶۲	خم طره	۱۳۷
خسته رنجور	۳۲	خلاف آمد عادت	۲۳۱	خم گیسو	۲۶۶-۲۷۰
خسروا	۹۴	خلاف مذهب	۲۹۸	خُم می	۲۵۰
خسروان(بی کُله)	۱۵۰-۲۰۷	خلد (برین) ۲۲۲	-۲۵۳- ۳۱۱	خُم نشین	۱۹۱
خسرو شیرین	۴۲- ۱۲۹	خلق خدا	۱۰۱	خنجر آبدار	۳۰۶
خسروشیرین دهنان	۲۸۶-۳۵۸	خلق را ورد زبان	۴۲	خندان لب ومست	۲۳
خشت	۶۳- ۳۶۳	خلق کریم	۱۶۵	خندد شمع	۱۳۶
خصال (خصائل)	۲۲۱-۳۲۷	خلق و ادب	۱۵۱	خنده دل آشوب	۳۱۷
خصم	۱۰۱-۲۲۳	خلق و لطف	٤	خنده دلگشا	۳۰۳
خصم جان	۲۳۰	خلل	۱۶- ۳۶- ۲۴۹	خنده زنان	۵۴- ۱۰۷
خصم خطا گفت	۲۷۹	خلوت انس	۳۰۷	خنده جام	۲۱۷
خصم زبان دراز	۳۰۶	خلوت تقوا	۶۳	خنده مستانه	۱۵۱
خضر ۷۱-۹۰-	۹۶-۱۴۶-۲۰۴	خلوت خاطر	۲۳۹	خنده (جام) می	۲۳-۸۴
" " " ۲۲۵	-۳۲۷- ۳۲۸	خلوت دل	۱۶۷	خنده و گریه	۲۸۱
خطا اینجاست	۱۹	خلوت سحر	۲۱۴	خنک نسیم معنبر	۳۰۸
خطا بر قلم صنع	۷۹	خلوت سرا	۲۰	خنک نسیمی	۱۶۶
خطاپوش	۷۹-۹۴	خلوت شبهای تار	۱۸۵	خنگ گردون	۲۸۴
خطاست بوسیدن	۲۸۹	خلوت صوفی	۵۵	خواب آلوده	۱۷۹-۳۱۴
خطای بنده	۵۲	خلوت گزیده	۲۷	خواب امن	۳۶۱
خط بنفشه	۱۷۵	خلوتگه پارسائی	۳۶۵	خواب بیداران	۳۲۴
خط جام	۲۸۸	خلوتگه راز	۳۱۵	خواب خوش	۴۹- ۳۰۴
خط چون سلسله	۸۲	خلوت نشین	۳۲۴	خواب سحری	۳۵۵
خط دلبر	۳۲۸	خلوتیان ملکوت	۱۸	خواب عدم	۳۲۱
خطرهاست	۳۴۵	خلوتی حاصل	۲۳۹	خواب کجا	۲
خط زنگار(ی)	۵۳- ۲۳۸	خلوتی خوش	۲۰۴	خوابگاه (گه)	۹ - ۱۷۸
خط ساغر	۳۸	خلوتی نافه گشای	۱۲۹	خواب وخورت	۳۶۲
خط ساقی	۱۱۷	خلود	۳۴۱	خواجه تقصیر	۳۶۰
خط سبز	۱۱۵	خلیل	۲۲۲	خواجه عاقل	۲۹۹
خط عذار یار	۳۰۵	خم ابرو ۱۲۶	-۱۵۶- ۲۱۵	خواجه می خورد	۳۶۱
خط غالیه سای	۲۷۳	" " "	۲۷۰- ۲۹۷	خوان خدا	۲۶۳
خط غبار	۲۳۷	خمار کش	۳۱۳	خوان روزه	۹۸
خط مشکبار	۴۹	خماری خوش	۲۱۱	خوان نگون فلک	۱۶۹
خط مشکین	۲۲۶-۳۲۴- ۳۳۴	خم اندر خم	۱۱۳	خوان وجود	۲۸۳
خط وخال	۱۶-۷۹- ۲۱۰	خم چوگان	۱۷۰-۲۸۰	خوان یغما	۳
خط هلالی	۳۴۸	خُمخانه	۱۶-۱۷	خواهد سپرد جان	۲۲۵
خط یار	۱۷۹-۲۸۹	خمر بهشت	۲۳	خوبان ۱۴۹	-۱۵۹- ۲۳۹
خطی خوش	۲۸۴	خم زلف	۴۵- ۸۴- ۱۱۵	خوبان پارسی گو	۵
خفته در آغوش	۳۱۳	خُم شراب	۱۹۲	خوبرویان	۱۶۶-۲۸۴

جدول ۲۰

خوبتر نگاری	۳۳۳	خوش خواند	۵- ۲۸۸	خون خوری اگر	۳۵۸
خودبینی وخودرائی	۳٦٦	خوشخوانی	۲۷۷	خون دختر رز	۹۹
خود پرستی	۳۲۵-۳۲٦	خوشخو(یم،ئی)	۲۸۰- ۳٦۷	خون دردل	۹۷-۱۵۳
خود درمیان	۲٦٤	خوشدار	۱٦۳	خون دل	۱۱۹-۲۳٦-۳۰٦
خود را مبین	۳۲۵	خوش درکش	۳۵	" "	۳۰۸-۳۱۸
خود عیان شود	۲۷	خوشدل(ی)	۱۳۵- ۲۱۱-۲۵٦	خون دل ریش	۵٦
خود غلط بود	۲۷٤	" " "	۳٤۳- ۳٤۵	خون دلم (من)	۸۳- ۲۵۱-۲۵۲
خود فروشی	۱٤	خوش دم	۲۳۰	خون دیده فرهاد	۷۵
خودکامی	۱- ۳۵۱	خوش رقم	۳٤٦	خون ریز	۷۲
خورشید ۲۵-٦۸	۱۱۱-۱٤٤- ۱٦۷	خوش سوادی	۱۷۳	خون شد دلم	۷٦
خورشید درخشان	۱٦۳- ۲٦۵	خوش عروسیست	۸۵	خون عاشق(ان)	۷٤- ۷۹- ۲۷۷
خوشید دمید	۳۰۱	خوش فرسی	۳٤۲	خون مات هلال	۲۱۹
خورشید کلاه	۲۵٦	خوش کلام	۳۰۳	خون من بگردن	۲٤۹
خورشید می	۲۹۲	خوش‌کرد یاوری	۳۳۸	خون موج میزند	۲۰۲
خوشا آبی روان	۹۲	خوش گذران	۳۵۷	خون میچکد	۱۷٦
خوشا دلی	۱٦۰	خوش لحن	۲٤٤	خون میخورم	۲۵۰
خوشا دمی	۲۵۲	خوش مست	۳٦۱	خونین جگر	۳٦٦
خوشا هوائی	۱٦٦	خوش میباش	۲۲	خونین دل(ان)	۱۰۲-۱۹۱-۳٤٤
خوش الحان	۹- ۲۵۲	خوش میروی بناز	۱۸۹	خونین کفنان	۲۸٦
خوش آواز	۲٤٤	خوش نازکانه	۳۲۱	خوی(عرق) ۱٤-	۲۳- ۳۱۷- ۳۲۱
خوش آهنگ	۹٤	خوش ناله های زار	٦۱	خیال آب و گل	۳۲۰
خوش باد جاوید	۱۷۹	خوش نفس	۳۰٦	خیال چنبرزلف	۳۵۵
خوش باش(د،یم) ۹	۲۸۹-۳۲۵-۳٤۹	خوش و آسان	۲٦۵	خیال جمال	۱۹۰
خوش بخوان	۳	خوشه پروین	۳۰۱	خیال خوبان	۳۲۳
خوش برا (ی)	۱٤۸- ۳٦۰	خوشه چینان	۲۹۸	خیال دهن(دهان)	۱۵۹-۲۱۹
خوش برانی	۳۲۰	خوش هوائیست	۲۷۸	خیال رخ	۳۲۷
خوش بردی بوی	۳٦۰	خوگر	۲۰۲	خیال روی تو	۲۰-۲٤۹
خوش بسوز	۲۲٤	خونابه	۱۱۷-۱۵۷-۲۳۸	خیال زاهدی	۲۱۵
خوش بسیم	۳۰۳	خون ارغوان	۹۲- ۳۱۱	خیال زلف	۵۳-۸٦
خوش‌بگیرندحریفان	۱۳۷	خون افشان	۳۰٤	خیال کج	۲۱۵
خوش بنشینم	۲٦۲	خونبار	۱۸۱	خیال محال	۲۱۹
خوش بنگری	۵۸	خون بایدت خورد	۳۱۰	خیال منظر	٤۹
خوشبو مشام	۳۷	خون بجوش	۲۰۸	خیال نقش تو	۲۳٤
خوش بیاسای	۵۸	خون پیاله	۳۵۷	خیال و خوابی	۳۲۳
خوشتر ز حسن	۲٦۸	خون جگر ۳۲-	۷۸- ۹۸-۹۹ -	خیال و عشق	۸۱
خوش چمنی است	۳۰۳	" " "	۱٦۲-۱۸۸-۲٤۹	خیال همکاران	۳۵
خوش حلقه ائی	۳۰۵	خون خم	۲٦- ۱۹۱	خیر مقدم	۲۲۳
خوش خبر(ی)	۱۰۸-۱۲۷-۱۸۱	خون خوردی	۳۵۷	خیر و خوبی	۱۰۸

جدول ۲۱

خیر و قبول	۱۰۳	دام عاشقی	۱۰۴	دراز دستی	۳۲۶-۳۲۵-۲۹۸
خیل	۱۳۷	دام کفر و دین	۴۵	در آستان مراد	۲۴۱
خیل حوادث	۱۸۴	دامگه حادثه	۲۲۹	در آن حرم	۴۶
خیل خواب	۳۲۴	دامن از این خار	۳۴۶	در آن غوغا	۲۴۳
خیل خیال	۳۰۲-۱۷۰-۲۱۶	دامن بیافشاند	۲۹۶	درانکار منست	۴۱
خیل شادی	۱۹۰	دامن پاک	۴۷	در این باب	۲۳۲
خیل عشقبازان	۱۶۸	دامن تر	۲۵۴	دراین پرده	۲۶۳
خیل غم	۲۴۱	دامن تو	۳۱۶	در این ره بخدا	۳۳۶
خیمه	۴۳	دامن جانان	۳۴۲	در این سراچه	۱۶۷
خیمه برخراب زده	۳۱۳	دامن چشم	۲۴۹	دراین شهر	۳۷
داد بستاند	۲۹۶	دامن حسن	۲۶۶	در این کوه	۱۰۳
دادخواه(ی)	۱۷۸ -۱۶۰ -۶۰	دامن دوست	۱۰۱	در بحر فتاده ام	۱۰۹
داد خوشدلی	۲۱۱	دامن دولت	۱۰۱	در برابر چشمی	۳۳۹
داد دلت	۳۵۱	دامن سرو	۸۵	دربند دین	۴۵
داد سلطان	۱۷۶	دامن کشان	۳۱۷	در بند زلفش	۱۰
دادگستری(گسترا)	۱۷۵ - ۱۳۰	دامنی گرچاک شد	۱۷۶	در پای حریف	۱۱۱
داد من بستان	۹۲	دام و دانه	۲۸	در پرده میزند	۱۹
دادن جان	۴۱	دام وصل	۲۵۹	درپس آینه	۲۸۱
دادی طلبیم	۲۷۳	دام و قفس	۵۶	در پی ام افتند	۳۵۶
دار فنا	۶۵	دامی ز بلا	۵۵	در پی عزم دیار	۲۴۷
داس مه نو	۳۰۱	دانش حافظ	۲۲۶	درج ۱۱۲	۲۸۳ -۱۹۸ -
داعیه سور	۳۲	دانش ودین	۱۰۰	درجهان انداخت	۱۴
داغ بندگی مردن	۳۱۱	دانش وعمر	۳۲۷	در حد حسن	۳۶۵
داغ زلف سرکش	۲۴۱	دانه اشک	۱۱	در حد کمال	۲۴۳
داغ سودا	۱۱۵	دانه تسبیح	۳۵۲	در حق من	۲۹۹
داغ صبوحی	۲۶۹	دانه خال ۱۱۱	۲۹۰ -۲۲۳-	درحین گوشه گیری	۲۲۱
داغ غم	۲۷۳	دانه و آب	۱۳	درخت دوستی	۲۷۴ -۸۷
داغ دل	۱۲۷ -۵۶	داور(ی)	۲۷۷-۲۵۴	درخت کام	۱۷۳
داغدار ازل	۴۸	دایره چرخ کبود	۱۸۳	درخور خیل خیال	۳۰۲
داغ هوائی	۸۸	دایره عشق	۳۳۰	در خون میگشت	۱۵۴
دام اشتیاق	۱۵۶	دایره قسمت	۳۶۶ -۱۱۹	دُرد آشام	۳۵۱
دام باز چین	۷	دایره گردش ایام	۸۴	دردانه	۲۵۴
دام بلا	۱۱۴	دایره مینا(ئی)	۳۶۶ -۱۰۵	درد توام دائم	۳۶۶
دام تزویر	۹۰	دایم گدای کوی	۳۱۱	درد جانسوز	۱۰۲
دام ره	۲۵۹ -۶۰	دایه طبع	۲۹۰	درد خود پرستی	۳۲۶
دام زلف	۲۹۰ -۴۰	دختر گلچهره رز	۱۹۲	درد خویش	۱۸۶
دام سخت است	۲۷۲	دُرّ	۱۴۵ -۶۴	درد دارد	۱۵۹
دام طره افشاند	۹۲	درآرزوی روی تو	۱۵۴	درد دل	۲۴۱

جدول ۲۲

در درد بمردیم	۶۵	در عین نیاز	۳۴	دریا و کوه	۲۲۵
در دست بادیست	۲۸۳	در عین وصل	۶۱	دریای ناپیدا کرانه	۳۲۰
در دست شراب	۳۳- ۳۵۰	درفغان و درغوغا	۱۹	درید پیراهن	۲۸۷
در دست نسیم	۳۰	در کار چنگ	۲۵۸	دریغ مدار	۱۶۰
دُرد سرکش	۸۷	در کار یار باش	۳۵۷	دریغا	۷۷-۳۵۳- ۳۵۵
درد شب نشینان	۹۷	درگاه نشین	۹۴	دریغ مدت عمرم	۲۱۶
درد عاشق	۲۷۲	در گِل باشی	۳۴۳	دریغ و درد	۱۲۳-۲۵۲
درد عشق ۵۹-	۹۴-۱۹۶- ۲۲۰	در گوش کن	۱۷۴	دُرّ یکتا	۵۴
درد فراق	۱۵۳	درگه پیرمغان	۲۳۳	دژم	۸۰
دُرد(ی) کش(ان)	۹-۲۳-۸۳-۹۴	در لب این فضائل	۲۲۱	دستار ۱۱۱	-۱۷۹- ۲۹۴
" " " "	۹۸-۱۲۳-۱۳۴	در معنی گشوده	۲۳۳	دستار مولوی	۳۶۱
در دل شاد	۲۷۳	در مهرش	۲۷۲	دستان ۶۹-	- ۱۸۳- ۲۰۵
در دل مدار هیچ	۳۶۲	در میان میکده	۲۶۰	" "	۲۶۸- ۳۶۷
دردم ازیارست	۲۶۸	در میخانه ۹-	۱۸۹-۲۴۸-۲۷۲	دستان سرا	۳۰۷
دردم نهفته	۱۴۷	" " ۳۵۴-۲۷۳	۲۷۵-۲۹۹-۳۶۳	دست افشان	۲۷۷
دُرد و صاف	۳۵	در میخانه و بوی	۲۸۱	دست ایام	۲۱۱
درد و غصه	۳۲۷	در میکده ۳۰-	۳۴-۶۳-۲۷۳	دست باد	۲۲
دردولت (سرا)	۴۳- ۱۰۸- ۲۲۵	" " " ۲۹۹	-۳۱۴- ۳۶۴	دستبرد صبا	۲۸۷
در ده جام را	۸	درنگ ندارد	۲۹۲	دست بلورین	۱۳۱
دردی نشان	۲۸۰	دُرّ و گوهر	۱۴۱	دست به دست	۲۲
دردی وسخت درد	۳۳۳	در همه احوال	۱۰۶	دستت از دامن	۲۳۰
در رحمت	۲۱	دروازه	۴۱	دستخوش جفا	۱۴۳
درراه جام وساقی	۲۷۰	درودی	۳۶۵	دسترس بجان	۳۳۱
در ره خطا	۱۹۲	درو دیوار	۱۳۱	دست رنج	۲۸۸
در ره فرمان	۸۸	دروغ	۲۵- ۱۴۴	دست زهد فروشان	۲۸۹
درس اصل نظر	۲۶۰	درون پرده ۷-	۵۲-۱۴۷-۱۴۹	دست طلب	۲۶۶
درستی عهد	۳۱	درون گوشه گیران	۸۹	دست غم	۲۱۳
در سرای مغان	۳۱۳	در وهم می نگنجد	۳۴۹	دست غیب	۱۱۳
در سر می	۱۳۸	درویشان	۲۰۳	دست قدرت	۳۶۳
درس سحر	۲۷۶	درویش و توانگر	۲۷۹	دست کش خیال	۲۱۵
درس شبانه	۳۰۹	درویش یک قبا	۱۰۸	دست کشش	۸۳
درس صبحگاه	۱۷۸-۱۹۵	درویشی وخرسندی	۳۲۹	دست کوتاه(کوته)	۲۰- ۲۳۵
درس قرآن	۱۸۵	درویشی وراهروی	۱۵۰	دست ما کوتاه	۲۲۲
درس غم	۲۹۶	در هجر تو	۳۲	دست من مسکین	۳۵۱
دُرّ سفتی	۳	دری	۱۳۰-۲۹۴	دست نسیم	۳۰
درس مقامات	۳۶۱	دریاب کار ما	۱۸۴	دست و بازو	۲۴۳
دُرّ عدن	۱۴۳	دریا دلی	۳۲۸	دست هجر	۲۱۶
در عیش	۵ -۷- ۳۶۰	دریا میکده	۲۵۴	دشمن(ان) ۲-۵	-۴۹-۸۷-۲۱۸

جدول ۲۳

دشمن گداز	۲۹۵	دلالت خیر	۲۰۷	دل دشمنان	۲
دشنام	۳	دل آن تنگنا	۲۴۱	دل دمساز	۲۴
دشواری منزل	۳۵۵	دل آن ماه	۳۳۰	دل دیوانه ۵۴-	۱۳۰- ۲۵۵-۲۷۶
دعا گوی (م)	۳- ۳۴۸	دل بباد دهم	۷۶	دلربائی	۲۰۲
دعا و ثنا	۷۰	دل بُبردی	۳۳۶	دل رحیمت	۱۶۶
دعا ودرس قرآن	۱۸۵	دل بد مکن	۱۸۵	دل رمیده ۱۲۲	-۱۸۶-۳۱۷
دعاهای مستجابزده	۳۱۳	دلبرا	۲۱۳-۲۴۰	دل ریش	۵۶-۸۷-۱۸۳
دعای پیر مغان	۴۳	دل بر دلدار رفت	۱۲۵	" " " ۲۱۲	-۲۳۱-۲۳۴
دعای خسته دلان	۲۹۱	دلبر شیرین	۲۱۱	دل زار ونزار	۲۱۳
دعای خیر	۷۰	دلبر عیار	۱۸۱	دل زخم کش	۲۶۵
دعا (گو)ی دولت	۲۵- ۲۲۵	دل بر نکنم	۳۵۰	دلستان ابرو	۳۰۴
دعای سحر	۳۳۵	دلبر نوخاسته	۲۲۴	دل سرگشته	۱۱۸-۱۹۲-۲۷۰
دعای صبح(گاهی)	۶- ۳۲۹	دلبری(قدش)	۱۴۸-۳۱۶-۳۳۱	دل سنگ	۱۰۴
دعای گوشه نشینی	۳۳۹	دلبری برگزیده ام	۱۹۶	دل سنگین	۱۰
دعای می فروشان	۲۳۵	دل بلبل	۲۱۴	دل سوخته ۸۴-	۱۳۴-۱۵۱- ۱۵۵
دعای نیمه شب	۱۹۵-۳۵۴	دل بیتاب حافظ	۲۹۳	دل سودا زده	۳۰- ۲۷۳
دعای وصل تو	۷۴	دل بی حفاظ	۷۶	دل سوز (ان)	۱۷- ۱۷۸
دغا	۹۶	دل بی طاقت	۲۶۵	دل سوگوار	۳۴۴
دفتر اشعار	۳۵	دل بی قرار	۱۰۴-۳۴۴	دل شاد(م)	۲۲۹-۲۷۳
دفتر بی معنی	۳۵۰	دل بیمار	۱۲۲	دل شاهان عالم	۷۸
دفتر جائی	۳۶۴	دل پاک	۲۸۰	دل شده (گان)	۱۰۴-۲۱۲- ۲۸۱
دفتر حالی دگر	۳۴۳	دل پر امید	۲۱۵	دل شکسته	۲۵-۱۹۲
دفتر دانش	۲۷۹	دل پیمان شکن	۲۳۹	دل شوریده	۲۰۱
دفتر عقل	۳۹	دلت خوش باد	۱۷۹	دل شیدا ۸-	۸۵-۱۰۶-۱۱۵
دفتر گل	۳۱۴	دل تنگ ۴۸	- ۱۹۸- ۲۱۹	دل صنوبری	۵۰
دفع خمار	۱۴۱-۲۳۷	" " "	۲۲۰-۳۱۲	دل ضعیفم	۹۶
دفع صد بلا	۱۳۹	دل تنگ گنهکار	۲۵۶	دل عالمی	۶
دف وچنگ	۱۱۶-۲۸۸	دلجوئی (حور)	۲۲۹- ۳۶۷	دل غم دیده	۱۰۳-۱۱۳-۱۸۵
دف و نی ۱۸۳	-۳۲۲-۳۶۴	دل خرم	۴۷- ۱۱۳	دل غمزده	۱۵-۱۵۵
دقیقه ائی	۲۹	دل خسته(ائی)	۷۱- ۹۵- ۱۶۵	دل غمگین	۴۲
دلا بسوز	۱۳۹	" " " ۱۹۰	-۳۳۷-۳۶۵	دل فروز	۲۷۴
دلارامی	۸	دل خوش(دار)	۱۳۹-۲۵۶	دل فریبان نباتی	۱۲۶
دل آزرده	۲۸۵	دل خونین ۲۰۹	-۲۳۴-۲۶۹	دلق ۱۱۲-	۱۱۷ -۱۳۱-۲۷۹
دل ازدست داده	۲۶۹	دل خون گرفته(شده)	۱۰۰-۳۴۲	دلق ازرق فام	۸
دل آشوب	۳۱۷	دل خویشتن	۲۰۹	دلق آلوده صوفی	۳۶۰
دلا طمع مبر	۲۵	دل دُردانه	۱۷	دلق حافظ	۱۸۱
دل افروز	۵۴- ۵۵- ۲۱۱	دل دردمند	۸۹- ۲۴۹	دلق زرق	۲۹۵
دل افکار	۱۰۵	دل درویش خود	۱۳۲	دلق ملمع	۲۹۸

جدول ۲۴					
دل گلاب	۱۹۲	دمی به گلزاری	۳۳۲	دور نرگس	۲۷۵ -۱۲
دلکش ۱۳۰-۱۶۵	۲۹۷-۲۴۸-۲۰۶	دمی مونس	۳۴۴	دوری دلبر	۱۷
دلکشش	۳۱۷ -۱۱۲	دنیا و آخرت	۳۵۶	دوزخ	۳۲۷
دل گمگشته	۱۵۸	دنیاوشرو شورش	۲۰۳	دو زلف	۲۸۲
دل لعل	۲۰۲	دنیای دون	۱۱۲	دوستاران،دوستان ۵	۲۹۶-۱۲۴-۷۷-
دل مجروح	۲۸۸ -۷۸	دنیی و عقبی	۱۹	دوست پرور	۲۹۵
دلم خون شد	۳۶۵	دواش جز	۲۶۴	دوست کجا ره کدام	۲۲۳
دلم زپرده برون	۱۹	دوا مستوری	۳۴۰	دو سه ساغر	۱۹۸
دل مسکین ۴۲-	۳۰۲-۲۶۲-۱۵۹	دوام عیش	۳۵۴	دوشش بدوش	۲۰۷
دل مگردان	۲۹۶	دوام وصل	۱۴۷	دو صد غلام	۹۰
دل نازک	۵۴	دوای درد عاشق	۱۴۵	دو صد من زر	۱۱۲
دل نرم تو	۳۱۵	دو آینه	۲۶۴	دو عاشق زار	۵۳
دل نگرانست	۱۵۷	دو پیمانه	۲۴۸	دوعالم ۱۴-	۲۶۸-۴۷-۲۹
دل نگرانی دانست	۳۹	دو جادو	۲۲۰	دو قوس مشتری	۲۹۴
دل وجان ۶-۵۸-	۲۹۳ -۲۲۴-۱۵۹	دو جهان ۳۹-۴۹-	۳۶۳-۲۹۸ -۱۸۶	دو کون	۴۶
دل و دین	۱۹۷-۵۴ -۱۸	دو چشم	۳۲۳-۲۱۸	دو گلبن هندو	۲۷۰
دل و هوش مدار	۱۲۶	دو دام ره	۱۵۰	دو گندم	۲۵۰
دل ویران(نه)	۳۲۴-۳۷	دود از کفن	۱۶۸	دو گیتی	۵
دلها برخاست	۱۶	دود آه	۱۹۳ -۱۷۸ -۸	دولت احباب	۲۳۲
دلهای عزیزست	۲۰۶	دود دل	۱۶۰	دولت آن مست	۱۱۱
دل هرزه گرد	۱۴۳	دو دست دعا	۹۳	دولت این غم	۲۲۴
دلیری سر آمدی	۲۸	دو دیده	۳۴۷-۳۳۰-۲۸۲	دولت بیدار	۳۱۳-۱۲۹-۶۴
دلیل راه شو	۳۰۸	دو دیده حیران	۲۶۴	دولت جاودان به	۳۱۱
دمار	۲۳۰	دور از رخت	۳۲	دولت خواه(ی)	۳۶۳ -۲۶۶
دماغ و کبر	۲۹۸	دوران چو نقطه	۶۸	دولت در آن سرا	۳۳
دماغ ۱۹-	۲۱۴-۱۵۹-۸۹	دوران همی نویسد	۲۸۴	دولت سرا	۲۲۵
" "	۲۹۳-۲۵۷	دور باده	۲۹۱ -۴۴	دولت شبهای وصل	۲۶۸
دم خُلقت	۳۵۹	دور دهان	۲۳۴	دولت صحبت	۱۹۴ -۵۴
دم در کش	۱۶۲	دور روزگاران	۱۲۴	دولت طالع	۲۱۱
دم سردم	۲۳۰	دور رویت	۸۹	دولت عشق ۲۱-	۳۰۳-۲۴۳-۲۲۷
دم صبح خوش	۳۰۶	دور زخالش	۳۰۱	دولت فقر	۴۲
دم صبح قیامت	۱۵۲	دور زمانه	۱۷۷	دولت قرآن	۲۳۱
دم صبح مددی	۲۷۲	دور فلک	۲۹۲-۲۰۶	دولت لطف سخن	۲۷۲
دم عیسی مریم	۴۷	دور قدح	۹۹-۹۸	دولت ملازمت	۲۸
دم فقر ندانی	۳۶۳	دور لاله	۲۵۷-۱۹۹	دولت وصل	۲۲۰
دم میدهی تاکی	۲۳۰	دور لب دوست	۳۱۹	دولت هجر	۳۲
دم ودرد سینه	۲۸۲	دورم بصورت	۲۲۵	دولت یار	۱۲۱
دم همت	۲۷۴	دور مجنون	۴۶	دو منی	۳۵۶

جدول ۲۵					
دو نرگس	۲۷۰-۲۲۰	دیر خراب آلوده	۳۱٤	راز روزگار	۲۳۵
دو نصیحت	۳٦۰	دیر راهب	۵۱	راز سربسته	۱۸۳
دونیم	۳۰	دیر رند سوز	٤۸	راز سر به مهر	۱٦۲
دو هزار (جم)	۳۵۲ -۲۱۲	دیر مغان ۲-	58 -۲٤ -۱۹	راز محفل عشاق	۳۰۵
دهان دوست	۳۱۱	" " " ۱۹٤	۳٦٤-۲٦٦-	راز نهانی	۳۹
دهان گشاده	۲۱٤	دیر مکافات	۸۳	راستان	۳۰۸-۲۱٦
ده بلا	۱۸۷	دیرینه این درگاهی	۳٦۳	رام تازیانه	۲۸
ده روز	۵	دی سحر گه	۱۵٦	راه آفتاب	۳۱۳
ده زبان ۱۱۸	۳۳۱-۱۲۸ -	دیگ سینه	۲۰۷	راه اهل دل	۱٤۰
دهقان سالخورده	۳٦۱	دین منست	٤۲	راه باد	۲٤۹
دهم جان بصراحی	۲٤۵	دین و دانش	۲۲۷	راهبر	۳٦۲
دهن دوست	۱۸۱	دین ودل	۲۵۵ -۱۲۵	راه بدوست	۱۵۸ -۱۱۷
دیّار	۲۹۰	دیو ۱٤٤	۱٦۷-۱٦۳ -	راه به رندی	۱۱٦
دیار حبیب	۲٤٤	دیوسیرت	٦	راه جفا	٦۵
دیار حسن	۲۹۰	دیو محن	۱۹۲	راه خطا	۱۹۲
دیار دوست	٤۹	دیواربدین کوتاهی	۳٦۳	راه خیال	۲٦۳
دیدار آشنا	۵	دیوانه نواز	۳۱۵	راه دل عشاق	۱۳
دیدار دوست	۱۸۸	دیوانه همان به	۱۳۳	راهرو(ی) ۵۷-	۳٦۲-۲۰۱-٦۲
دید ملک عشق	۱۱۳	دی وعده داد	۳۳	راهزن(رهزن)۳٦	۲۷۸ -۱۲۵-٤۷-
دیدن جان	۲۵۵	ذره ۱٦۳	۳۳۱-۲۲۷-	راه صحرا گیر	۱۰۸ -۳۵
دیده آب شد	۳۰۸	ذره خاک	۲٦٦	راه عشق	٦۱
دیده اعتبار	۳۰٦	ذره صفت	۲٦۵	راه غریب	۲٦۵
دیده بخت	۲۳٦	ذکر تسبیح ملک	٦۱	راه غم	۲۷۰
دیده بد بین	۲۵۹	ذکر خیر	۱٦۸ -۷۰	راه کرم	۱٤۲
دیده بی خواب	۲۳۲	ذکر رخ و زلف	۹۰	راه مقصود	۷۲
دیده پر آب	۳۵۰	ذکر رواح	۷٤	راه میکده	۱۲۲
دیده جهان بین	٤۲	ذوفنون	۸۱	راه نجات	۲۰۷
دیده حافظ	۲۸۵	ذوق عشق	۳۲۸	راه نشین	۱۳٦
دیده خونبار	۱۸۱	ذوق مستی	۳۲۵-۱۲٤	راه نظر	۱٦٦-۸۳
دیده دریا کنم	۲۵٦-۲٤۰	راحت جان	۲٦۵	راه و رسم	۱
دیده روشنائی	۳٦۵	راح و روح	۵٤	راه و روش	۳۲۹
دیده غمدیده	۱٦۰	راز این پرده	۱۵۲	راه وفا	۱۲۷
دیده گریان	۲٦۵-۱۸۳-۵۹	راز پنهان(ی)	۱٤۵ -۵	رای برهمنی	۳۵٦
دیده مردم	۱۱۵	راز حافظ	۷۷	رای پیر	۳۱۱
دیده معشوق باز	۲۹۵	راز دار(ان)	۲٤۷ -۱٤٦-۷۷	رایت	۱۷۸
دیده نیالوده ام	۲۸۹	راز درون پرده	۵۲ -۷	رای صواب	۱۳
دیده وادراک	۲۹۳	راز دو عالم	۳۸	رای عشق	٤۰
دیر خراب آباد	۲۲۹	راز دهر	۳	رباب	۳۱۳-۱۷٤

جدول ۲۶

رباط دو در	۲۲	رستگاری جاوید	۵۳	رقم کرده ائی	۷۱
رتبت دانش حافظ	۲۲۶	رسم بد عهدی ایام	۱۲۹	رقم مغلطه	۲۷۹
رجعتی میخواستم	۱۵۶	رسم تطاول	۸۵	رقم مهر	۱۵۱
رحم آر بر این دل	۳۴۹	رسم عاشق کشی	۱۵۵	رقم نیک	۵۸
رحمت آمرزگار	۵۲	رسم فنا	۷۳	رقیب (رقیبت)	۶-۱۱۸-۳۲۳
رحمت خدا	۱۹۹	رسم لطف	۶۲	رکاب	۱۵۱
رحمت سرزلف	۲۸۹	رسم لقمه پرهیزی	۲۵۷	رکن آباد	۷۵-۲۰۴
رحیل	۲۲	رسم و راه	۴۳-۶۰	رگ جان	۲۵۱
رخ ازغبارمشوی	۱۸۸	رسم وفا بیاموز	۱۶۶	رمزی بروپپرس	۳۰۷
رخ اندیشه	۱۳۶	رسن زلف	۲۳۸	رمز دهان	۳۱۲
رخ بپوش	۲۹۱	رسول	۲۱۴	رمز عشق	۱۴۹
رخ برافروز	۲۲۸	رسید مژده	۱۳۲	رمضان	۱۹۸-۳۵۱
رخ برتاب	۱۱۲	رشته صبر	۲۱۳	رموز جام جم	۳۸
رخ بخون بشوید	۱۹۱	رشحه	۷۱	رموز عشق	۲۲۰
رخت بمیخانه	۲۶۲	رشک چشم	۲۹۱	رموز مستی	۳۲۶
رخ تو گل چیدن	۲۸۹	رشک عیش	۲۴۰	رموز مصلحت	۲۰۷
رخ جانان	۱۹۳	رشک و حسد	۱۹۲	رنج خاطرم	۴۴
رخ چو ماهش	۳۲۳	رطل	۶۸-۱۹۴	رنج و بیماری	۹۶
رخ خوب	۲۵۵-۲۸۹	رغبت خویش	۱۲۳	رندان آشنا	۱۹۹
رخ دوست	۳۷-۴۸-۳۶۴	رغم سنبل	۲۸۴	رندان بلاکش	۱۱۷
رخ زیبا	۲۱۰-۳۱۹	رفت عمر	۱۹	رندان پارسا	۵
رخ زرد	۲۳۸	رفتن آسان بود	۳۴۳	رندان تشنه لب	۷۲
رخسار(ه)	۱۵۵-۲۳۶	رفتن خوشش بین	۳۱۷	رندان جهان	۱۵۲-۱۹۸
رخ ساقی	۱۷۷-۲۶۲	رفیق خیل خیال	۲۱۶	رندان ریا	۱۶
رخ سوخته	۱۲۹	رفیق(ان) ره	۲۴۴-۲۵۹	رندان مست	۷
رخش	۲۸۴	رفیق شفیق	۲۱۷	رندان نو آموخته	۲۵۱
رخشان	۱۴۸	رفیق سفر	۱۰۴-۱۹۵	رند بازاری	۱۴۲
رخ فرخنده فال	۳۰۲	رفیق عشق	۱۸۷	رند شرابخواره	۲۵۷
رخ گل	۲۸۷	رفیقم سرزنشها	۱۱۲	رند عاشق	۷۴
رخ ماه	۱۶۵	رفیق و مونس	۱۲۲	رند عالم سوز	۲۰۱
دون پرور	۲۰۳-۲۵۴	رقص کنان	۲۶۵-۲۷۲	رند عافیت سوز	۱۳۰
رخ مگردان	۳۶۵	رقص(ی)	۴-۲۸-۸۴-۱۳۶-۱۳۷	رند و عاشق	۳۱۰
رخ مهتاب	۲۳۲	" "	۱۷۹-۳۲۹ - ۳۵۵-۳۶۶	رند و گدا	۱۹۳
رخ مهر(فروغ)	۱۳۴-۱۴۵	رقعه دلق	۳۵۵	رند ومست	۱۵۰
رخنه درایمان	۱۴۸	رقم خیر و قبول	۱۰۳	رندی آموز وکرم	۱۶۳
رخنه در دین	۲۶۱	رقم زد	۳۴۷	رندی(های) حافظ	۲۰۸-۲۰۹
رخ یار	۱۹	رقم سود وزیان	۵۸	رندیم وگدا	۱۹۴
رستگاران	۱۲۶	رقم فیض	۳۵۸	رندیم و نظرباز	۳۷

جدول ۲۷

رندی وزاهدی	۱۴۷	روز فراق	۱۸۴	ره دعا	۲۹۱
رندی و عشق	۱۴۰	روزگار(ی ، ان)	۷۷-۱۱۴-۳۳۷	ره دلسوز	۱۰۳
رندی هوسناکی	۳۵۰	روزگار حسن	۲۹۰	ره دوست	۲۷۳
رنگ آشنائی	۴	روزگار دون	۳۰۶	رهروان ۱۹۵	-۲۰۵-۳۴۷
رنگ الفت	۱۴	روزگار عمر	۱۸۴	رهرو حیله	۲۹۷
رنگ خون دل	۱۵۷	روزگار وصل	۲	رهروخواب آلوده	۳۱۴
رنگ رخ	۹۷	روزگار هجران	۶۹- ۲۰۵	رهرو منزل عشق	۲۷۱
رنگ شفق یافت	۱۰۵	روزگاری خوش	۲۱۱	رهروی۳۱-۱۶۷	-۲۰۷-۳۵۳
رنگ عقیق	۲۱۷	روزن چشم	۲۴۹	رهزن آدم	۴۷
رنگ نسترنی	۳۵۶	روز واقعه	۲۴۷	رهزن امل	۳۶
رنگ و بوی	۴۶- ۳۲۲-۳۵۹	روز وشب	۸-۱۰۱-۲۱۳	رهزنان بهمن ودی	۳۲۲
رنگ وخیال	۲۶۹	روز وصال	۲۱۹	رهزن اهل هنر	۲۷۸
رواق زبرجد	۱۳۲	روز وصل	۷۷	ره سفر	۸۸
رواق منظر	۲۸	روز وفات	۱۹۲	ره صد ساله	۱۶۱
رواق و طاق	۲۲	روزه	۱۶- ۳۵۱	ره صواب	۱۹۲
روان بخش	۵۶	روز هجران	۱۲۱	ره عشق ۱۹۶	-۲۱۰-۲۲۶
روان بستان	۳۳۴	روزی شود وصالی	۳۴۹	" " "	-۲۵۰- ۳۱۴
روان تشنه	۷۱	روش بنده پروری	۱۳۰	ره عقل و فضل	۱۳۸
روانش خوش باد	۲۸۶	روشن ازخاک در	۱۵۳	ره عمر	۳۶
روان گوشه گیران	۳۰۴	روضه ارم	۵۲	ره عیب	۳۶۰
روان ناصح	۷۶	روضه رضوان	۲۵۰	رهگذار پر آشوب	۳۶
رو بگرداند	۲۹۶	روضه شیراز	۱۹۵	رهگذر باد	۳۶۷
روح افزا	۵۶- ۱۸۱	روضه دارالسلام	۷	رهگذ(ا)ر دوست	۴۹- ۱۸۱
روح القدس	۱۰۶	روم و ری	۳۲۱	ره مقصد	۲۴۰
روح امین	۲۷۱	روندگان طریقت	۱۸۷	ره منزل لیلی	۳۴۵
روحانیان	۲۹۳-۳۲۷	رونق	۹- ۱۴۹- ۳۵۶	ره میخانه	۱۱۶-۲۷۶
روح مکرم	۴۷	رونق و ناموس	۲۹۴	رهن	۶۱- ۱۳۱
رودی خوش	۲۷۷	روی از جفا	۲۸۴	ره نجات	۲۸۹
روز اجل	۶۳	روی است و ریا	۲۳۶	رهن شراب	۳۵۰
روز الست	۲۱- ۲۳	روی بتان	۲۰۰	ره وادی ایمن	۱۵
روز بی کسی	۲۴۱	روی به روی	۲۴۴	ره و رسم	۲۴۴- ۲۵۷
روز بازخوست	۱۱	روی جانان طلبی	۳۶۰	ریاحین	۱۲۹
روز پسین	۱۱۹	روی چو مه(ماه)	۲۰-۷۴-۸۰	ریاورزد وسالوس	۱۶۳
روز جزا	۲۵۰	روی حبیبان	۲۸۳	ریحان	۹
روز حشر	۲۵۸	ره جانانه	۲۷۶	ریسمان فراق	۲۱۶
روز داوری	۳۳۸	ره خاندان بصدق	۲۱۵	ریش باد	۳۵۳
روز سلامت	۳۳۷	ره خروج ودخول	۲۲۰	زاد سفر	۱۸۰
روز عمر	۲۳۴	ره خواب	۲۳۲	زاد ره (رهروان)	۲۷۳-۳۴۷

جدول ۲۸

زادی	۲۷۳	ز رخسار عنایتی	۳۲۷	زلف سرکش	۲۷۰-۲۴۱
زارت بکشم	۱۵۵	زر دوز	۳۵	زلف سمن سای	۲۱۰
زار ناتوان	۱۴	زر سرخ	۳۵	زلف سنبل	۲۹۴-۹۷-۶۴
زارو نزار	۲۱۳ -۵۸	زر شوی	۳۶۲	زلف(ین) سیاه	۱۷۳-۱۹۷-۷۴
ز اشک پرس	۱۸۷	زرق ۵۳-۱۰۰-	۳۰۷-۲۹۵-۲۸۰	" " "	۲۳۷-۲۰۶
زاغ	۸۹	زر ناسره	۱۵۵	زلف شاهین شهپر	۷۸
زال	۶۹	زر و زور	۲۲۰-۹۴	زلف شمشاد قدی	۳۵۱
زاهدان(و تقوا)	۱۴۸ -۹۰	زر و سیم	۲۷۲	زلف کمند	۷۴
زاهد پاکیزه سرشت	۶۳	زر و گنج	۳۴۵	زلف گره گیر	۲۳
زاهد تندخو	۳۵۱	ز روی لطف	۹۳	زلف عنبرافشان	۴۸
زاهد خلوت نشین	۱۲۵	ز شوق روی او	۱۷۴	زلف عنبری(ین)	۲۹۴-۲۰۵-۱۴۵
زاهد خود بین	۱۹۳	ز غصه شکایت	۱۷۵	زلف مِشکین	۶۶ -۳۰
زاهد عاقل	۲۷۶	زغن	۲۸۵-۱۱۸	زلف مشوش	۲۳۸
زاهد عالی مقام	۷	زکات	۲۴۳-۱۳۵	زلف معشوق	۱۵۲
زاهد میناد	۳۰۹	ز کویت حکایتی	۳۲۷	زلف نگار	۲۶۷
زاهد فریبی	۲۴۳	زگردون گذرد	۱۰	زلف و خال	۶۰
زاهد و عجب	۱۱۶	زلال(ی)	۳۳۶-۸۶-۷۱	زلف و رخ ۲۰۱ -	۳۳۹-۳۳۵-۲۳۸
زبان آتشین	۱۱۰	زلف آشفته	۲۳	زلفین ۱۷۰-	۳۰۷-۲۴۵-۲۳۷
زبان خامه ندارد	۲۱۶	زلف بت(ان) ۸۳-	۲۶۳-۲۵۰-۱۰۶	زلیخا	۳
زبان سوسن	۱۲۷	زلف بر باد مده	۲۲۸	زمام (مراد)	۱۹۵ -۱۱
زبان کشیده چوتیغ	۲۱۴	زلف بنفشه	۱۴۳	زمان شباب	۱۴۰
زبان کلک	۲۲	زلف به پیرای	۵۵	زمان زمان	۲۱۸
زبان مور	۲۵	زلف به تاب	۳۵۰	زمان عشرت	۱۶۶
زبرجد	۱۳۲	زلف بیقرار	۲۹۰	زمان عمر	۱۷۳
ز بند غم ایام	۱۳۵	زلف پریشان ۱۲	-۵۹- ۲۳۱-۲۶۵	زمره ارباب امانت	۱۵۷
زدم این فال	۱۲۱	زلف تابدار	۱۴۶	زمره حضور	۱۴۷
زد وسوخت	۱۰۵	زلفت شکست	۳۲۶	زمزمه عشق	۱۸۸
ز بنفشه تاب دارد	۸۹	زلف جانان	۳۵۵	ز ملک تا ملکوت	۱۳۹
زحد می برد	۳۶۵	زلف چون کمند	۷۲	زمهر برآید	۳۴۴
زحمتی	۱۹۷ -۱۷۵	زلف خم اندر خم	۳۴	زمهر او روشن	۱۰۰
زحمت ما میداری	۳۳۶	زلف دراز	۲۰	زمین بوس تو	۳۵۵
زخم زنی	۲۱۸	زلف در دست	۳۱۲	زنار ۶۱	- ۱۳۱- ۲۲۳
زخمه	۱۲۴	زلف دلبر	۲۵۹	زنجیر	۲۵۵ -۱۰
زد درپرده مطرب	۱۷۹	زلف دلبند	۳۳۲	زنجیر آن گیسو	۲۹۷
ز درخویش مران	۴۱	زلف دلدار	۲۲۳	زنجیر زلف	۳۴۸
ز دوزخ شکایتی	۳۲۷	زلف دل دزدش	۲۹۷	زنجیر موی	۲۳۵
زده ام فالی	۱۷۲	زلف دوتا	۱۴۶-۱۰۱-۵۵	زندان	۲۳۱ -۹
ز دیده منت دار	۹۸	زلف سخن	۱۳۶	زندان جهان	۱۹۸

جدول ۲۹

زندان سکندر	۲٦۵	زیر سلسله	۵۳	سالک ۱-	۳۸-۱۳۸-۱۵۸
زنده رود	۷۷	زیرکان جهان	۱۵۰	سالکان درش	۱۵۰
زنده شد بعشق	۱۱	زیرک و عاقل	۳٤۳	سالوس	۱٦۳-۳۵٤
ز نظرمران	٦	زیر و رو	۳٦۲	سامان	۱۸۵-۲۳۰
زنگ حوادث	۲۲۰	زیر و بم	۷۸	سامری	۱۰٦
زنهار	۵۸-۱۱۹	زین بحرقطره ائی	۲۰۰	سایبان	۹۲
زوال	۲۰٤-۳٤۹	زین پرده رمزی	۲۰۹	سایه ابرست	۳٦۰
زورمردم آزاری	۲۳۵	زین خوبترجمالی	۳٤۹	سایه آن سرو روان	۱۹٤
زور و زر	۳۲۸	زین خوبترنگاری	۳۳۳	سایه ائی بر آفتاب	۳۲٤
زورق صبر	۲۱٦	زینهار	۱۲	سایه دولت	۳۲٤
زهاد	۲٤٦	زیور	۱۲٦-۲۱۱	سایه شوق	۱۱۸
زهد خشک	۲۰۰	ژاله	۳۵۷	سایه قد	۳۰
زهد دراز	۲۹۵	سابقه پیشین	۱۱۹	سایه طوبی	۲۲۹-۲٦۰
زهد رندان	۲۵۱	سابقه لطف ازل	٦۳	سایه گیسوی نگار	۱۲۱
زهد ریا ۹۷-	۱۲۸-۱٦۵-۳۰۱	ساحل	۱	سبا	۷۰-۱۰۸-۱۲۷
زهد فروشان	۱٦-۲۸۹	ساروان	٤۱	سبب انتظار	۵۲
زهد گران	۲۰۰	ساز خوش نوا	۱۰۸	سبب درد فراق	۱۵۳
زهد و علم	۲۵۸-۲۹۵	ساز و سوز	۲٤۸	سبزپوشان	۲۲۲
زهد هم مفروش	۲۰۷	ساز و نوا	۷۰-۹٤	سبزی خط	۲۷۱
زهر دهی به که	۲۱۸	ساعتی ناز مفرما	۳۱۵	سبز خنگ گردون	۲۸٤
زهر هجر	۱۹٦	ساعد سیم اندامی	۳۵۱	سبکبار(ان)	۱-۳۳۸
زَهره	۲٤٤	ساغر زرین خور	۹۹	سبو (کشان)	٤۸-۱۳٤-۳۱۳
زُهره جبین (ان)	۵٤-۲۸٦	ساغر شکرانه	۱۳٦	ستاره ائی بدرخشید	۱۲۲
زُهره جنگی	۲۰۳	ساغر عشرت	۳۱۳	ستر و عفاف	۱۳٦
زُهره و زحل	۳٦	ساغر گیر	۲۵٤	سپاس	۱۸۷
زهی توفیق	۲۱۷	ساغر می	۸-٦۸-۱۹۵	سپر ٦۰	-۷۵-۷۸-۲۱۸
زهی خجلت	۳۰۸	ساغر مینائی	۳٦٦	سپند ۸۰-۱۳۳-	۱۵۵-۲۱۱-۳۱۹
زهی شرف	۲۱۵	ساقیا قدحی	۲۹۲	سپهر ٦۹	-۱۷۸-۲۱۵
زهی طرب	۲۱۵	ساقیان بزم جم	۱۲	سپهر تیزرو	۳۵۳
زیادت طلبی	۱۹٤-۱۹۵	ساقی بدست باش	۳۵۷	سپه زنگی	۱۹۰
زیادت میکنی دردم	۲۳۰	ساقی بده شرابی	۳۲۳	سپیده دم	۳۰۸
زیارتگه	۱۵۲	ساقی خوش	۱۵۰	ستاره می شمرم	۱۹۰
زیان مایه	۳٤۸	ساق سیم ساق	۱٤۳	ستمگری	۱۳۰
زیر بار منت	٤٦	ساقی(ان)کمان ابرو	۱۸٦-۳۲۰	سجاده	۱-۱۱۲-۱۱۷
زیر بارند درختان	۱۲٦	ساقی گلعذار	۳۰٦	" " ۲۰۷	-۲٤٦-۲۷۸
زیر بام قصر	٦۱	ساقی مستان	۲۱٤	سجاده شراب آلوده	۳۱٤
زیر چرخ کبود	۳۱	ساقی مه رو	۲۷۰	سجایا	۲۲۱
زیردست حُسن	۲۹۳	ساقی مه وش	۱۷۵	سجده آدم	۳۵۵

جدول ۳۰					
سجیل	۳۲۲	سراپای وجود	۵۷	سر خرابی داشت	۲۴۹
سحاب	۹۵- ۳۰۰-۳۱۳	سراپرده	۴۶-۱۲۰- ۲۴۷	سرخ گل	۳۰۸
سحر آفرین	۴۵	سراچه عجب	۱۶۷	سر خُم	۱۸۹
سحر خیز(ان)	۶- ۱۳۵- ۱۴۵	سراچه ترکیب	۲۵۲	سرخوش (ی)	۱۱۷-۱۲۹-۱۷۷
سحر چشم	۳۳۲	سر ارادت ما	۴۸	سر خوشان مست	۲۶۹
سحر فریب	۳۲۱	سرافراز	۳۳۰	سرخی روی	۲۳۶
سحرگهان(گاهان)	۳۸- ۳۲۰	سر امن	۲۲۷	سر دار بلند	۱۰۶
سحرگه گل	۳۶۷	سرانجام هرکمال	۲۲	سر درس عشق	۸۹
سحر مبین	۴۵	سَر آن دانه	۴۷	سر در کوه	۲۲۸
سخا نماند	۳۲۲	سرای بازیچه	۱۸۸	سر رشته (جان)	۹۰- ۹۳
سخت خوبست	۲۹۹	سرای دیده	۳۰۲	سرزخجالت	۲۲۷
سخت دردی	۳۳۳	سرای(پیر) مغان	۲۶۰-۳۱۳	سر زلف بتان	۸۳
سخت کوش	۲۰۹	سر بازار	۱۸۱- ۱۸۳	سر زلفت پیوند	۱۵۹
سخت میگیرد	۲۰۹	سربازان	۲۱۳	سر زلف ساقی	۱۳۷
سخن از چین	۲۷۵	سر بتراشد	۱۳۰	سر زلف ورخ	۲۳۸
سخن آشنا	۳۰۷	سربسته	۱۷۹	سر زلف یار	۱۶۵
سخن اهل دل	۱۹- ۲۷۸	سربلند(ی)	۲۲ - ۳۲۵	سر زلفین	۱۷۰
سخن اینست	۲۸۵	سر به ره آرم	۱۱۶	سرزنش بخودروی	۲۸۰
سخن به خاک	۲۲۷	سر به لحد	۱۵۲	سرزنش پیر	۱۴۹
سخن چینان	۶۶	سر بیان فراق	۲۱۶	سرزنش رندی	۲۵۱
سخن حق	۲۷۹	سربیگانه و خویش	۲۱۲	سرزنش سوسن	۲۱۴
سخن دانسته گوید	۲۰۹	سر پُرهوس	۳۰۳	سرزنش مدعیان	۲۵۱
سخندانی	۲۷۷	سر پنجه	۱۵۳-۲۲۲	سرزنشها	۱۸۵
سخن در پرده	۳۴۱	سر پیمان	۱۵۹	سر سرکشان	۳۰۲
سخن درست	۲۵۷	سر پیوند تو	۵۶	سر سودا(ئی)	۱۱۵-۲۴۶- ۲۷۰
سخن در شکر	۶۷	سر تازیانه	۱۷۷	سر سودا زده	۲۵۶
سخن دُر فشان	۲۶۴	سرت سبز	۱۷۹	سر سودای ایاز	۲۴۵
سخن زار زغن	۲۸۵	سر تسلیم	۶۳	سرشاخ سخن	۲۳۲
سخن سخت	۶۴	سَر جام جم	۱۰۷	سرشک ۲۵-۶۵-	۹۵-۱۴۳- ۱۴۵
سخن شناس	۱۹	سرجور و ستم	۶۲	" " ۱۸۴-۱۹۸-	۲۳۷-۲۴۴-۲۴۹
سخن طی کنم	۳۲۲	سر چه داشت	۳۰۷	سر شوریده	۱۸۵
سخن عشق	۶۴- ۱۳۱	سرحد عدم	۲۷۱	سر صدق	۳۰۳
سخن غیر مگو	۳۶۴	سَر حق	۲۷۹	سرصلح	۲۱۹
سخن گفتن دری	۲۹۴	سر حقارت	۹۸	سر صید دل	۱۷۲
سخنی خوش	۶۹	سَر حکمت	۱۹۱	سَر عشق	۳۲۹
سدره	۵۶- ۲۲۳	سر حلقه	۱۹۸	سرعهد ازل	۲۴۸
سدره نشین	۳۱	سرخ بر آمد	۵۷	سر عهد و وفا	۴۰
سدره و طوبی	۵۸	سرخدمت تو دارم	۳۵۲	سَرغیب	۹۱- ۱۸۵-۱۹۹

جدول ۳۱

سر طاعت	۸۸	سرو چمان	۱۴۳	سعد و نحس	۳۶
سرفرازی عالم	۳۸	سرو چمن(خلد)	۲۱۰-۲۸۷	سعی من ودل	۱۵۳
سر فراگوش من	۲۳	سرو خرامان	۱۵۹-۲۳۴- ۲۶۵	سعی نابرده	۳۳۶
سَر قضا	۲۱	سر و خشت	۶۳	سفر دراز	۱۴۳
سرکوی تو(کویت)	۱۵۳ -۱۵۸-۱۹۴	سرود	۱۲۰ -۲۳۲	سفله	۲۰۶-۳۲۲
" " " ۲۲۶-	۲۲۹-۲۳۴-۲۴۰	سرود زهره	۴	سفینه	۳۶ -۲۶۴
سر کشیده رود	۱۷۷	سرود حافظ	۱۰۳	سقف بشکافیم	۲۷۷
سرگران (ی)	۹۲-۱۰۲ -۱۱۵	سرود مجلس	۲۸ -۷۰ - ۱۳۲	سقیم	۳۰
سرگردان (ی) ۹	- ۱۶-۷۳-۱۵۹	سرود وترانه	۱۷۷	سکندری	۱۳۰
سرگردانند	۱۴۴	سرودی خوش	۲۷۷	سکون	۸۱
سر گردون	۲۱۶	سر و دستار	۱۱۱ -۲۹۴	سلام (ی) ۷۱	-۸۲-۸۶-۳۱۳
سر گشتگی	۲۸۰	سرو دلجو	۴۴	" " " ۱۸۲	- ۲۷۵- ۳۶۵
سرگیسو	۵۷	سرو روان	۵۸-۱۹۴-۲۵۳	سلام الله	۳۴۸
سرما خاک ره	۱۵۲	سرو سرکش	۱۸	سلامت برخاست	۱۸
سرما فرونیاید	۸۹	سرو سهی قامت	۸۰	سلامت طلبی	۲۳۱
سرما و درمیخانه	۳۶۳	سرو سیم اندام	۸	سلامت همه آفاق	۸۰
سر ما وقدمش	۲۰۶	سروش	۱۲۸-۲۰۸-۲۰۹	سلامش را دعا	۲۷۵
سرم برفت (برود)	۷۱-۳۳۲	سروش عالم غیب	۳۱- ۳۰۰	سلحشور	۲۰۳
سرم خوشست	۲۸۰	سرو صبوح ساز	۳۵۷	سلسبیل	۲۲۲
سَر محبت	۱۴۰	سرو(و) صنوبر	۱۱- ۳۳	سلسله زلف	۱۰۶ -۳۱۵
سرمست(ی)۲۱	-۴۱-۸۲-۱۵۶	سرو قد	۹۲	سلسله مشکین	۱۵
" " " ۲۰۴	-۲۵۶ -۲۸۴	سرومعترف گشتی	۳۳۱	سلسله موی	۱۵۴
سر منبر	۲۶۰	سرو می نازد	۲۲۳	سلطان ازل	۲۳۱-۲۷۶
سر منزل سلمی	۲۰۶	سرو ناز حسن	۱۸۹	سلطان جهان	۳۷
سرمنزل عنقا	۲۳۱	سرو و گل	۹- ۱۶۱	سلطان غم	۳۰۵
سرمه ناز	۱۸۷	سرها بریده بینی	۷۲	سلطان من خدا	۳۲۶
سرمو	۱۵	سَر هویدا	۱۱۵	سلطانی جم	۹۰
سَر میان	۳۱۲	سر یاری است	۵۳	سلطانی عالم	۲۶۱
سر می شکند	۲۰۲	سریر عزت	۳۳۰	سلطنت و حسن	۳۲۲
سر می فروش	۲۰۹	سزای تکیه گهت	۲۴۹	سلطنت فقر	۳۶۳
سرنماز دراز	۹۹	سزای خویشتن	۴۰	سلمی	۲۰۶
سرود مجلس ما	۷۰	سزای قدر تو	۳۵۴	سلوک عشق	۱۶۱
سر نیش	۲۱۲	سست بنیاد	۳۱	سلیمان (ی) ۲۱	-۴۷-۶۹-۱۰۸
سروبالای من	۱۰۱	سست نظم	۳۱	" " ۱۶۳-۲۰۳	- ۲۶۵ - ۲۶۸
سرو بلند	۵۶-۱۳۳-۱۶۴	سست و خراب	۱۹۲	سلیمان گل	۱۲۷
سرو بن	۴۸	سطری از خصال	۳۲۷	سماط	۲۰۳
سرو بیاموزد	۳۶۷	سعادت پرتو	۵۴	سماع	۲-۱۰۱
سرو جان	۲۸	سعادتی ببری	۳۳۹	سمر	۱۶۲

جدول ۳۲

سمرقند و بخارا	۳	سود و زیان	۵۸- ۱۹۴	سینه پاک دار	۳۰۵
سمرقندی	۳۲۹	سود ها کنی	۱۰۷	سینه پراز آتش	۳۵۰
سمند	۱۳۳- ۱۷۷	سوز آتش دل	۱۱۸	سینه تنگ	۲۶۲
سمن ۱۴-۱۲۰	۱۴۳-۲۸۷-۲۹۳	سوز جگر	۶۵	سینه ریش	۹۰
سمن بویان	۱۴۵	سوز دل	۳۴- ۱۸۹-۲۶۳	سینه نالان	۸
سمن ریخته	۳۱۳	سوز سینه شبگیر	۱۰	سینه نامحرم	۱۱۳
سمن زار	۳۰۴	سوز غم عشق	۶۴	سیه پرده	۴۷
سمن سای	۲۱۰	سوز و گداز	۳۴	سیه چشم(ان)۴-	۸۳-۳۱۷-۳۲۹
سمن صفا آورد	۱۰۸	سوز ونیاز	۱۵۳	سیه روی شود	۱۱۷
سمن وسنبل	۱۲۹	سوسن آزاد(ه)	۱۲۸-۳۳۱	شاخ سرو	۳۶۱
سموم	۳۵۶	سوسن و گل	۱۵۳	شاخ گل	۱۶۷- ۳۶۷
سنبل مشکین	۲۹۱	سوگند	۲۳۴	شاخ نبات	۱۳۵
سنبل و نسیرین	۱۲۹	سوگواران	۱۴۶	شاخ نرگس	۱۴۸
سنجش	۳۱۵-۳۵۳	سهی بالائی	۳۶۴	شاخ نوبهار	۳۲۱
سنگ خارا	۵	سهی سرو	۶۰-۹۵- ۲۸۵	شاداب	۳۶۶
سنگدل	۲۱۵	سهی قدان	۴- ۱۱	شادخواران	۷۷
سنگ لعل شود	۱۶۲	سهو	۵۲- ۷۱- ۳۴۵	شاد وش	۱۰۸
سنگ و سبو	۴۸	سهو است وخطا	۲۵۶	شادی آورد گل	۱۲۶
سنگ و گِل(ی)	۳۹-۱۶۳	سیاه دلی	۲۴۱	شادی جهانگیری	۱۱۲
سنگین دل(ان)	۴۷- ۳۶۵	سیاه کم بها	۸۹	شادی رخ گل	۲۸۷
سواد دیده	۱۶۰	سیاه نامه	۱۶۰	شادی روح وروان	۳۲۲
سواد زلف	۷۴	سیب بوستان	۲۴۳	شاعر	۱۸۰
سواد سحر	۳۰	سیب زنخ(دان)	۲-۲۰-۳۱۱	شاکر باش	۲۷۲
سواد لوح	۷۳	سیرت و سان	۱۵۷	شام (سر) زلف	۵۷- ۱۷۴
سوادی از خط	۳۳۴	سیرو سفر	۷۵	شام غریبان	۲۴۴
سواران	۱۲۴	سیر طریق	۱۵۶	شامگاهش نگران	۱۱۷
سوار عمر	۱۸۴	سیل(اب) سرشک	۶۵- ۹۵- ۱۹۸	شام و سحر	۱۲۵
سوال کن	۲۷	سیل سرشک	۲۳۲	شان	۴۶
سوخت سوخت	۶۶	سیل بلا	۲۱۰	شانه	۱۳۶
سوختگان	۳۳۵	سیل خیز	۵۷	شاه	۸۲-۸۹- ۱۷۸
سوخته خرمن	۲۵۳	سیل دمادم	۲۲۹	" " ۲۲۶	-۲۷۱-۳۳۸
سوخته دل	۲۱۲	سیل فنا	۱۸۵	شاهان (عالم)	۷۸-۸۵-۳۵۲
سودا زده	۲۷۳	سیم اندام	۸	شاهباز	۳۱- ۱۷۲
سودای ایاز	۲۴۵	سیم بران	۳۳۷	شاهبازان طریقت	۳۴۲
سودای بتان	۴۲	سیم تنان	۲۸۶	شاه خوبان ۱۳۰	- ۲۷۷-۳۱۲
سودای دام عاشقی	۱۰۴	سیمرغ	۱۹۹-۳۳۶	شاه دوست پرور	۲۹۵
سودای زراندوزی	۳۴۱	سیم ساق	۱۴۳	شاه شجاع	۲۰۷
سودای کج	۳۰۲	سیم و زر ۲۷۲	-۲۸۶-۳۳۷	شاه شمشاد قدان	۲۸۶

جدول ۳۳

شاهدان	۱۴۸	شب قدر	۱۳۵	شرط ادب	۱۵۰
شاهدان چمن	۲۹۳	شب نشین(ان)	۹۷-۲۱۳	شرط اول قدم	۳۴۵
شاهدان شهر	۲۶۰	شب و روز	۶۵- ۳۳۵-۳۴۳-۳۵۱	شرط عشقبازی	۴۰
شاهدان شیرینکار	۳۱۳	شب وصل	۱۸۲	شرف صحبت	۵۸
شاهد بازاری	۱۱۹	شبهای دراز	۱۲۱	شرم از آن چشم	۴۱
شاهد عهد شباب	۱۲۵-۱۵۶	شب هجر(ان)	۱۶۹-۱۸۲-۲۱۹	شرم بادش	۲۸۳
شاهد قدسی	۱۳	" " "	۲۴۲-۳۲۸-۳۶۶	شرو شور	۲۰۳
شاهد مطبوع	۳۴۳	شب همه شب	۲۳۶-۳۰۳	شست (صدق)	۲۴-۱۰۹-۱۷۳
شاهد مقصود	۷۹	شب یلدا	۱۶۷	شست وشوئی کن	۳۱۴
شاهد و دلبند	۱۱	شتاب -۲-	۹۵-۲۹۱-۲۹۲	شش درم	۹۱
شاهد و ساغر	۲۵۴-۲۶۰	شجر طوبی	۳۴۲	شطح	۲۰۰
شاهد و ساقی	۲۰۰-۲۶۱	شحنه	۳۸-۴۲- ۹۲-۱۶۴-۲۱۵	شط شراب	۱۹۲
شاهراه	۴۱- ۱۰۴-۱۰۷-۳۳۸	شراب ارغوانی	۲۷۷	شعار سیاه	۳۰۸
شاه شوریده سران	۲۵۱	شراب آلوده	۳۱۴	شعاع جمال	۲۹۳
شاه کامران	۶۶	شراب تلخ	۲۰۳	شعبده (عقل)	۱۰۶- ۲۲۴
شاه هنر پرور	۳۲۸	شراب خام	۳۵۲	شعبده باز	۲۸-۱۱۴-۳۱۵
شاهین	۷۸ -۱۲۹- ۱۵۳	شرابخانه	۱۹	شعر تر	۱۱۹-۱۳۷-۱۷۶
شایسته انعام	۸۴	شراب خانگی	۲۰۷	شعر تو	۲۸۲
شباب	۷-۹-۱۳	شراب خواه	۳۳	شعر حافظ	۲۵۰-۳۲۹
شباب و شیب	۱۴۰	شراب خورده	۱۴	شعر خونبار	۲۵۱
شب آبستن روز	۱۹۰	شراب زده	۳۱۳	شعر دلکش	۱۳۰
شبان	۱۴۰	شراب عشق	۳۰۳	شعر شکرین	۲۳۸
شب پره اعمی	۱۴۴	شراب کجاست	۳۲۲	شعشعه	۱۳۵
شب تار(یک،تیره)	۱- ۱۲۱-۲۱۴	شراب کوثر	۵۲	شعیب	۱۴۰
شب تنهائی	۱۰۲	شراب لعل(کش)	۲۰۰-۲۹۸	شغل	۹۱
شب چه زاید باز	۱۹۰	شراب ناب	۲	شفاخانه	۱۹۳
شبخیز غلام	۳۳۵	شرابی موهوم	۲۷۸	شفق	۱۰۵
شب دیجور	۳۲	شراررشک وحسد	۱۹۲	شقایق	۱۲۰-۲۱۴-۲۶۹
شب رو	۱۶۶	شریتش	۲۸۲	شکار حسن	۲۹۰
شبروان خیال	۳۲۴	شرب زرکشیده	۳۱۷	شکایت کس نکرد	۲۷۴
شب زلف	۲۳۴	شرب مدام	۱۱-۱۱۱	شکر افشانی	۳۵۴
شب زنده دار	۲۰۰-۳۴۴	شربی بجان شیرین	۳۱۸	شکر آنرا	۱۳۶
شبستان	۲۹۳	شرح آرزومندی	۳۲۹	شکرانه	-۵ -۵۰-۲۰۰-۱۳۶
شب سیاه	۷۲	شرح این قصه	۳۶۵	" " "	۲۳۵-۳۳۸
شب صحبت	۸۷-۲۱۱	شرح جمال حور	۳۲۷	شکر ایام وصال	۲۰۴
شب ظلمت	۸۹	شرح حال تو	۳۰۲	شکر ایزد	۱۲۱-۱۳۱
شب فراق	۲۵۸	شرح شکن زلف	۳۴	شکرخا -۳-	۴-۱۵۱-۲۱۰
شب فرقت یار	۱۲۱	شرح فراق	۲۲۹-۳۰۹	شکر چشم تو	۲۱۰

جدول ۳۴

شکر چون کنی	۳۳۸	شمشیر	۸۴-۱۳۲- ۲۱۸	شوق منت	۷۰
شکر خدا	۴۹	شمع آفتاب	۲	شوق نرگس مست	۲۸۰
شکر خنده	۲۷۳	شمع انجمن	۱۱۸	شوق و سودای تو	۳۴۸
شکر خواب	۱۵۶-۳۳۹	شمع چگل	۲۳۹	شوکت خار	۱۲۱
شُکر دارم	۲۶۷	شمع خلوت سحر	۲۴۱	شوکت شاهی	۳۳۸
شکر دردهان	۹۲	شمع دل افروز	۵۴- ۵۵	شهاب انداز	۱۹۲
شکر در مجمر	۲۷۷	شمع دل دمساز	۲۴	شهاب ثاقب	۶
شُکر رقیب	۶۹	شمع دیده	۷۳	شهاب قبسی	۳۴۲
شکر زمنقار	۱۷۹	شمع رخسار	۳۲۴	شهان بی کمر	۱۵۰
شکر شکسته	۳۱۳	شمع رویت	۸۹	شهباز	۲۴۶
شکر شکن	۱۶۱-۲۳۹	شمع سحرگهی	۳۰۶	شهد	۳۳- ۱۳۵
شکرفروش	۴	شمع سر گرفته	۶۷	شهد آسایش	۲۰۳
شُکر گویم	۲۴۱	شمع سعادت پرتو	۵۴	شهد و شیر	۲۴۳
شکر لب	۸۲	شمع صبحدم	۱۰۰	شهرآشوب	۳-۹۲- ۱۵۵
شُکروشکایت	۱۳۲	شمع طرب	۱۵۱	شهر هستی	۳۲۰
شکریست با شکایت	۷۲	شمع عارض	۱۸۹	شهره شدم	۲۱
شکرین پسته	۷۹	شمع گشت پروانه	۳۱۹	شهره شهر	۲۲۸-۲۸۹
شکرین میوه	۲۹۹	شمع مجلس دگری	۳۳۹	شهریار(ان)	۱۲۴-۲۴۷
شکست عهد	۶۲	شمع نکو روئی	۳۶۷	شهسوار	۲۸- ۱۷۰-۳۳۹
شکسته بد حال	۲۲۰	شمع و خلوتگه	۳۶۵	شهیدان	۲۸۶
شکسته کسمه	۳۱۳	شمع وفا	۱۸۷	شیب	۱۴۰
شکنج (گیسو)	۴۴- ۴۸- ۲۸۷	شمه ۴۱-	۴۵-۱۶۹-۱۸۱	شیخان گمراه	۳۰۹
شکن طره	۱۰۳-۱۵۴	شنگولان	۲۱۱	شیخ پاکدامن	۵
شکوه آصفی	۲۲	شوخ(ی)	۲۸-۱۰۴- ۳۳۳	شیخ جام	۷
شکوه تاج	۱۱۲	شوخ شیرین کار	۳	شیخ شهر	۹۸
شکوه حسن	۴	شوخی کشی	۲۲۱	شیخ مذهب ما	۳۸
شکوه سلطنت	۳۲۲	شور درون	۱۸۷	شیخ و شاب	۱۹۲-۳۱۳
شک و ریب	۱۴۰	شور شراب عشق	۳۰۳	شیخ و واعظ	۳۱۰
شمال و صبا	۷۰	شور و شر	۱۵۴	شیدا (ئی) ۴-	۲۶-۲۳۵-۳۶۴
شمامه دلخواه	۳۰۸	شور و شیرین	۲۲۸	شیدای کوه ودشت	۲۵
شمامه کرم	۲۹۵	شور و عربده	۳۱۳	شیدای گیتی	۲۸۳
شمایل	۲۲۱-۳۴۷	شوق آن حریم	۱۸۹	شیراز ۳-۳۳	-۱۸۸- ۱۹۵
شمس وش	۵۴	شوق خاک آن	۳۰۸	" " " ۲۰۴	-۲۷۷- ۳۲۹
شمشاد	۱۰۲- ۲۷۵	شوق رخ	۱۳۴	شیر آفتاب	۲۹۴
شمشادخانه پرور	۳۳	شوق روی تو	۱۷۸	شیر دل	۱۱۴
شمشادخرامان کن	۳۶۶ -۳۶۷	شوق ساغر می	۶۸	شیر روان	۵۹
شمشادخوش خرام	۳۱۷	شوق کعبه	۱۸۵	شیرین دهن (ان)	۴۰- ۴۷- ۱۴۴
شمشاد قدی(ان)	۲۸۶- ۳۵۱	شوق لبت	۳۰۹	" " "	۲۸۶-۳۱۴

جدول ۳۵

شیرین سخن(ان)	۲۸- ۴۱- ۲۸۶	صبح و شام	۷۰-۹۰- ۳۳۵	صدت عندلیب	۵۱
شیرین کار ۳-	۲۸-۳۱۳-۳۳۹	صبحی بدمد	۳۵۱	صد جفا	۱۳۹
شیرین و دلفریب	۶۷	صبر بصحرافکنم	۲۵۶	صد حشمت	۳۴۵
شیرینی عالم	۴۷	صبر بلبل	۲۰۱	صد خطر	۲۲۶
شیشه ام	۲۸۲	صبر جمیل	۲۱۹	صد خون دل	۱۰۱
شیشه های دیده	۲۹۱	صبردل وهوش	۱۲۶	صد داغ	۲۱۴
شیطان رجیم	۲۷۲	صبر و آرام	۸۵	صد رساله	۱۶۹
شیوه بی وفائی	۳۶۵	صبر و ثبات	۱۳۵	صد رود	۷۷
شیوه پری	۱۳۰	صبوحی زده	۱۵۱	صد ره	۲۲۱
شیوه جانبازان	۱۸۱	صبور	۲۱۸	صد زاهد عاقل	۲۷۶
شیوه چشم	۲۷۴	صحت	۸۰	صد سال (ساله)	۱۶۱-۲۷۲
شیوه رندان(ه)	۱۱۷-۲۷۶	صحبت (او)	۴۶- ۱۲۰	صد شعبده	۲۲۴
شیوه شهر آشوبی	۱۵۵	صحبت اضداد	۱۶۷	صد شغل	۹۱
شیوه عشق	۳۵۴	صحبت پاک	۱۵۳	صد شکرافشانی	۳۵۴
شیوه کرم	۹۱	صحبت پیمان	۲۸۶	صد صاحبدل	۲۹۷
شیوه مستیو رندی	۲۵۱	صحبت خوبان	۲۸۷	صد عربده	۵۵
شیوه و ناز	۲۱۰	صحبت حکام	۱۶۷	صد علامت	۳۱۸
شیئه لاشی	۳۲۲	صحبت حور	۲۴۶	صد عیب	۱۳۱-۲۵۰
صاحب جامی	۳۶۳	صحبت دوست	۲۹۸	صد غصه	۱۶۹
صاحب خبر	۳۶۲	صحبت روشنرائی	۳۶۴	صد فتنه	۱۴
صاحبدلان	۵	صحبت شمال	۷۰	صد فریب	۱۴۹
صاحب قرآن	۲۰۹	صحبت صنمی	۳۵۴	صد قافله دل	۲۰۲
صاحب کرامت	۵	صحبت عافیت	۲۰۲	صد قتیل	۲۲۲
صاحب نظر(ان)	۵۷-۱۴۴-۱۶۲	صحبت گل	۲۰۱	صد گل	۸۷
" " " 281	- ۳۳۷- ۳۶۲	صحبت یاران	۶۹-۲۹۸	صد گناه	۱۴۷
صاف(ی و)بیغش	۱۱۷- ۲۴۸	صحبت یوسف	۲۳۱	صد گنج	۳۶۰
صالح و طالح	۱۶۷	صحرای ختن	۱۲۹	صد گونه تماشا	۱۰۶
صبا وشمال	۲۴۴	صحن سرای دیده	۳۰۲	صد لشکر	۲۳۹
صباح و مسا	۳۳۹	صحیفه	۱۳۲-۳۴۶	صد لوحش الله	۲۰۴
صبح است	۲۹۲	صدارت بفقیران	۳۴۵	صد ماه	۳۱۷
صبح امید	۱۲۱	صد ازاین نامه	۲۵۸	صد مایه	۳۲۷
صبح چاک زد	۳۰۸	صد آه	۳۰۹	صد مدرس	۱۲۲
صبح خوان	۳۳۱	صدای سخن عشق	۱۳۱	صد مرحله	۲۰۶
صبح خوش نفس	۳۰۶	صد باد صبا	۳۶۶	صد ملک دل	۱۴۹
صبح خیزی	۲۳۱	صد بار(توبه)	۱۸۶-۲۶۰	صد ملک سلیمان	۱۱۹
صبح روشن دل	۱۸۲	صد بلا	۱۳۹	صد منت	۵۷
صبح صادق	۱۷۶	صد بلبل	۲۰۱	صد نافه چین	۳۶۷
صبح نخست	۲۵	صد پرتو	۳۰۱	صد نامه مدرج	۳۵۹

جدول ۳۶

صد نم	۳۰۹	صلائی	۳۱۳	صید حرم	۶۲
صد نیاز	۱۸۹	صلای سر خوشی	۲۲	صید دل	۱۷۲
صدهزار ۲۵	-۳۵-۷۲-۱۶۹	صلای عشق	۳۳۳	صید مختصر	۱۶۰
" " "	۲۱۷-۳۳۴	صلح	۱۶۶- ۲۱۹	صیقل	۲۲۰
صدهزاران گل	۱۲۴	صلح افتاد	۱۳۶	ضایع نگشت	۱۲۵
صد هنر	۲۰۱	صلح انگاشتیم	۲۷۴	ضعیفان	۳۳۴- ۳۶۶
صدر جلال	۱۷۷	صلح وچه بجنگ	۳۱۵	ضعف دل	۲۸- ۱۰۸
صدر مصطبه	۱۹۵	صلحی کن	۱۳	ضعیف رای	۱۳۸
صدف	۱۰۶	صمد	۹۱	ضعف و ناتوانی	۳۲۵
صدق ۲۵-۱۷۳-	۲۱۵-۲۸۷-۳۰۳	صنع	۷۰- ۷۹- ۱۰۳	ضلالت	۱۵۸
صدق و صفا	۱۸۷	صنع خدائی	۳۴۷	ضمان	۱۲۰-۲۳۳
صراحی گریه	۱۰۲	صنعان	۶۱	ضم همت و رای	۳۱۳
صراحی می	۳۶- ۱۹۵	صنعت	۹۸- ۱۶۱-۲۵۹	ضمیر	۲۲- ۱۸۶-۲۴۳
صراحی و کتاب	۲۶۲	صنم(صنما) ۵۵-	۵۷-۲۵۵-۳۲۶	ضمیرعاقبت اندیش	۲۹۸
صراف	۳۵	صنم لشکری	۲۲۶	ضمیر منیر	۲۷
صرف بکام	۲۸۸	صنمی خوش	۲۳۸	طارم فیروزه	۲۱
صرف دعا	۱۴۷	صنوبر خرام	۱۱	طاعت ۲۱-	۸۸- ۴۷- ۱۵۰
صرف عشرت	۳۴۱	صواب ۱۳-	۹۵- ۱۹۲-۲۹۲	طاعت بوده ام	۱۴۲
صرفه ائی نبرد	۱۱	صوت این غزل	۲۳۲	طاعت بیگانگان	۱۹۹
صعب (باری)	۲۰۸- ۳۳۳	صوت بلبل وقمری	۳۲۲	طاعت دیوانگان	۳۸
صعب روزی	۳۵۳	صوت چنگ	۲۰۷	طاق آسمان	۳۰۴
صفای خلوت خاطر	۲۳۹	صوت مغنی	۳۵۷	طاق افتاده بود	۱۵۶
صفای دل	۱۰۰	صورت تو	۲۳۴	طاق سپهر	۱۰۷
صفای همت پاکان	۲۹۸	صورت جان	۲۲۶	طاق و راق	۲۷۰
صفت رندی	۱۸۳	صورت چین	۱۳۱	طاق و منظر	۲۹۳
صفحه جهان	۱۸۴	صورتگر چین	۱۱۹	طاقت وصبر	۱۵۶
صفحه دفتر	۲۵۴	صورت نبست	۳۰۲	طالح	۱۶۷
صف شکنان	۲۸۶	صورت و معنی	۸۰	طالع منست	۲۶۷
صف رندان	۷۵- ۲۹۹	صوفیان ۲۲-	۸۴-۱۳۱-۱۳۶	طالع بی شفق	۱۰۵
صفیر	۳۱-۲۲۳- ۳۴۲	صوفی پیاله پیما	۳۲۵	طالع شوریده	۵۷
صفیر بلبل	۲۸۷	صوفی صومعه	۲۶۶	طالعم همایونست	۴۴
صفیرتخت فیروزی	۳۴۱	صوفی مجلس	۱۲۵	طامات ۲۰۰-	۲۷۷-۲۹۲-۳۲۱
صفیر مرغ	۱۷۵	صومعه آلوده شد	۱۹	طاووس	۳۰
صلاح اندیش	۲۵۱	صومعه داران	۱۳۷	طاهر	۵۶
صلاح کار	۲	صومعه زاهد	۵۵	طایرخجسته لقا	۳۰۸
صلاح و تقوا	۲	صهبا	۱۴۰-۱۵۱	طایر دولت	۱۴۱
صلاح وتوبه و تقوا	۷۴	صهیب	۱۴۰	طایر سدره	۵۶
صلا گفتیم	۲۷۵	صید بهرامی	۲۰۳	طایر فرخ پی	۲۲۳

جدول ۳۷

طایر فکر	۱۵۶	طرف سبا	۱۲۷	طریق کام بخشی	۳۴۱
طایر قدس	۱۷۱-۲۴۰	طرف سمن زار	۳۰۴	طریق کاردانی	۳۵۵
طایر گلشن قدس	۲۲۹	طرف کرم	۲۱۵	طریق کرم	۶۲
طایر میمون	۲۸۵	طرف کله	۱۳۰-۳۱۳	طربق مروت	۱۰۴
طایفه	۳۱۵	طرف لاله زار	۲۱۱	طریق هوسی	۱۷۲
طبع ۳۹-	۱۳۰-۲۰۹	طرف هنر	۳۶۷	طعن حسود	۱۱۹
" " ۲۱۱-۲۱۷	-۲۴۸-۲۹۰	طرفه اکسیریست	۱۰۷	طعنه (بدبین)	۸۰-۱۱۴-۲۵۳
طبع چو آب	۱۹۴	طرفه آنک	۲۱۵	طغرا نویس	۳۰۲
طبع سلیم	۲۷۲	طرفه تر	۱۱۴-۳۳۳	طغرای ابرو	۳۰۴
طبع سخن گزار	۳۰۶	طرفه حریفیست	۸۳	طفل یک شبه	۱۶۱
طبع شاه سخن	۳۲۸	طرفه شاخ نبات	۳۳	طفیل(هستی و)عشق	۲۶۱-۳۳۹
طبع شعر	۲۱۱	طرفه گلزاریست	۳۰۴	طلاق	۱۵۶
طبع لطیف	۱۰۱	طرفی به خون	۹۲	طلب جان	۲۳۷
طبع مردم	۱۶۲	طرفی کمر وار	۳۲۰	طلب روزی ننهاده	۳۵۸
طبل	۳۵۴	طرفی نبست	۱۲	طلبکاری	۲۷۱
طبله عطر گل	۴۱	طره پر پیچ و خم	۱۴۲	طلعت	۴۴-۴۶-۱۸۹
طبیبان	۸۰-۹۴-۲۳۸	طره دلدار	۳۴۶	طمع باید برید	۱۷۶
طبیبان مدعی	۱۴۷	طره دوست	۵۳-۳۳۰	طمع ببریدم	۸۵
طبیب	۵۱-۲۸۲	طره را تاب مده	۲۲۸	طمع برید	۲۹۰
طبیب آمد و دوا	۱۰۸	طره شبرنگ	۱۴۲	طمع بدوردهانت	۲۳۴
طبیب خسته ائی	۲۸۲	طره شمشاد	۱۰۳	طمع خام	۸۴
طبیب عشق	۹۶-۱۳۹	طره طرار	۱۸۳	طمع درگردش	۲۵۴
طبیبم قصد جان	۱۰۲	طره لیلی	۴۴	طمع درلب جانان	۲۵۰
طرار(ی)	۱۴۲-۱۸۳	طره مشک سای	۳۰۳	طمع صبر	۱۲۶
طرب آشیان بلبل	۸۹	طره مفتول	۱۴	طمع مَبُر	۲۵-۱۳۲
طرب انگیز	۲۷۸	طره مه چهره	۳۶	طمع مدار	۲ – ۷
طرب دل شاد	۷۵	طره و دستار	۳۶۱	طواف	۲۵۲
طرب سرای	۱۲۲	طره هندو	۱۵۴	طواف حرمت	۵۶
طربنامه	۱۱۳	طره یاری	۳۵۹	طواف کعبه کویت	۱۸۹
طرب و عیش	۱۲۸	طریق ادب	۴۳	طوبی	۴۶-۵۸-۲۲۹
طرح محبت	۱۴	طریقت۱۰- ۱۰۴	۱۵۶-۱۸۷-۱۸۸	طوطی ۱۱۸	-۱۷۹-۱۸۰
طرحی نو	۲۷۷	" " ۲۰۱-	۲۸۹-۳۲۵-۳۴۲	طوطیان هند	۱۶۱
طرز غزل	۴۱	طریقت مهر	۳۰۸	طوطی شکرخا	۴
طرف باغ	۲۹۱	طریق دولت	۳۲۵	طوطی صفت	۲۸۱
طرف بام	۳۶۳	طریق صدق	۲۷۸	طوع	۱۰۸
طرف بوستان	۳۵۶	طریق طلب	۱۷۵	طوفان بلا رفت	۶۵
طرف چمن	۹۶	طریق عشق	۱۰۰-۳۵۳	طوفان نوح	۲۵-۲۲۱
طرف جویبار	۵۲	طریق عیاری	۵۳	طهارت	۹۸-۹۹-۱۸۸

جدول ۳۸

طیلسان	۲۰۰	عاطفت شاه	۲۲۶	عذر گناه	۳۰۸
طی مکان وزمان	۱۶۱	عافیت ۱۲	- ۳۶-۴۰-۱۵۶	عذر می طلبد	۲۱۹
ظلمات حیرت	۲۲۵	" " " ۱۸۳	- ۲۰۲-۲۲۷	عراق	۱۰۳-۱۸۸
ظلمت شب	۱۳۵- ۱۶۷	عافیت چشم بدار	۲۲۶	عربده	۲۳-۱۰۱- ۱۹۷
ظل ممدود	۱۱۵	عافیت سوز	۱۳۰	عربده شاهدان	۳۱۳
عابد فریب	۱۶۱	عاقبت کار	۶۳- ۲۴۵	عرصه سیمرغ	۳۳۶
عارض بستان	۱۷۵	عاقلان	۸ -۱۰- ۱۴۴	عرض خود میبری	۳۳۶
عارض خوبان	۲۸۹	عاقلی گنه دانست	۳۸	عرضه حسن	۳۰۱
عارض سوسن	۲۵۳	عالم پیر	۱۲۰-۱۸۶	عرضه زیبای تو	۳۴
عارضش خطی	۲۸۴	عالم خاکی	۳۵۳	عرق چینم	۲۶۱
عارض شمع	۲۴۶	عالم رندی	۱۷۶-۳۶۶	عرق زچهره	۲۹۱
عارض گندمگون	۴۷	عالم سرّ(اسرار)	۱۶- ۱۸۱	عروس بخت	۳۱۳
عارض و خال	۵۳	عالم غیب	۳۱- ۱۴۰-۳۰۰	عروس جهان	۳۶۵
عارض و قامت	۱۸	عالم فانی	۲۹۲	عروس طبع	۲۱۱-۲۴۸
عارف (ان)	۲۸-۸۴-۱۱۱	عالم قدس	۲۵۲- ۲۶۶	عروس هزار داماد	۳۱
عارف سالک	۱۹۸	عالی جناب	۲۷۷	عروسیست	۸۵
عارف وقت	۲۵۱	عام است فیض	۳۰۰	عزت	۸۷- ۳۳۷
عارفی طهارت کرد	۹۹	عبارت شیرین	۶۷	عزم توبه	۱۸۶-۲۵۷
عارفی کو	۱۲۷	عبوس زهد	۲۸۰	عزم جزم	۲۹۲
عاشقانه بکش	۱۳۹	عبیر افشان	۴۱- ۳۴۷	عزم صلح	۱۶۶
عاشق بی دل	۱۸۰	عبیر آمیز	۲۰۴	عزم وطن	۱۴۳
عاشق دیرینه	۳۱	عبیر جیب	۱۴۰	عز و وقار	۴۹
عاشق رویت	۷۸	عتاب ۲-	۱۳- ۶۶- ۹۵	عزیز مصر	۱۷۸
عاشق شو	۳۲۶	" " ۱۲۹	-۱۵۱- ۳۱۴	عزیز من	۲۴۴
عاشق شیدائی	۳۶۶	عتیب	۳۱۷	عزیز نگینی	۳۵۶
عاشق کش (ی)	۱۵- ۴۵- ۱۵۲	عُجب ۱۱۶	-۲۸۱- ۳۴۱	عشرت ۱۲۰	- ۱۶۶-۱۸۱
" " "	۱۵۵	عَجَب سازونوائی	۹۴	" " ۲۱۱	-۲۷۸-۳۴۱
عاشق (به)کشی	۱۵۵-۲۰۲	عَجَب علمی است	۴۵	عشرت امروز	۲۵۶
عاشق گدا	۲۷	عَجَب مدار	۷۵-۱۸۴-۲۵۲	عشق باخت	۳۲۴
عاشق و مجنون	۷۴	عجوز	۳۱- ۱۶۱	عشق بازی(ان)۶۶	۱۴۴-۱۶۸-۱۸۷
عاشق مسکین	۱۲۹-۲۰۱	عدالت	۹۴	عشقت رسد بفریاد	۷۲
عاشق مفلس	۵۶	عدو چو تیغ کشد	۶۰	عشق تو باقی	۳۹
عاشق و دیوانه	۱۲۵	عذار(یار)	۶- ۳۰۵	عشق جوانی	۸۳
عاشق ورند	۲۲۴	عذار مغبچگان	۳۱۳	عشق خانقاه	۵۱
عاشق وش	۱۵۶	عذر بخت	۹۲	عشق خط و خال	۱۶
عاشق ومعشوق	۱۴۶	عذرخواهت	۱۹۵	عشق دردانه است	۲۵۴
عاشقی و رندی	۲۴۷	عذر رهروان	۲۰۵	عشق در هرگوشه	۲۹۶
عاشقی و کار	۱۲۶	عذر قدم	۲۶۶	عشق دلبرست بار	۲۱۱

جدول ۳۹

عشق روی (گل)	۳۰۸-۹۷	عقل دیوانه شد	۱۵	عمر شده	۲۴		
عشق شاهد وساغر	۲۶۰	عقل رمیده	۸۲	عمرش درازباد	۴		
عشق غیر	۱۸۷	عقلش نمی کند	۲۱۷	عمر عزیز	۳۶- ۲۱۵		
عشق فشاند	۲۶۷	عقل عقیله	۳۴۰	عمر گرانمایه	۱۶۴		
عشق کاریست	۱۱۶	عقل از خانه	۱۶۴	عمری شب وروزم	۶۵		
عشق مباز	۲۹۳	عقل میخواست	۱۱۳	عنان فراق	۲۱۶		
عشق من کمالی	۳۴۹	عقل و جان	۲۹۷	عنان کشیده	۶۰		
عشق می ورزم	۱۶۳	عقل و دین	۲۸۴	عنان گسسته	۱۸۴		
عشق ناتمام	۳	عقل و فضل	۱۳۸	عنان بمیکده	۲۸۹		
عشق نگار	۲۲۲	عقل و کفایت	۱۱۶	عنایت	۷۲-۱۱۶ - ۱۴۷-۲۱۲		
عشق ورزیدن	۲۸۹	عقل و می	۲۱۱	"	۲۳۳ - ۲۳۶-۳۲۷		
عشق و رندی	۲۲۱	عقیق	۳۹-۱۲۰ - ۲۱۷-۳۴۴	عنبر افشان	۴۸-۱۲۹-۲۰۵		
عشق و مستی	۳۲۵	عکس برون	۲۳۶	عنبر بو	۴۸		
عشوه دنیا	۱۶۱	عکس رخ یار	۱۱	عنبر زلف	۱۸۹		
عشوه شیرین	۲۱۰	عکس روح	۳۰	عنبر سارا	۹		
عشوه گر	۲۹۵	عکس روی	۸۴-۳۲۸	عندلیب(ان) - ۴	۵۱-۱۲۴-۱۴۶		
عشوه وصال	۳۲۳	عکس عارض	۶۸	" " "	۲۸۳-۲۹۴		
عصا	۱۰۶	عکسی	۸۶- ۳۱۰	عنقا	۷-۳۵- ۲۸۵		
عصمت	۳-۴۶	علاج دماغ	۲۱۴	عوام اندیش	۳۹		
عطابخش	۹۴	علاج ضعف دل	۲۸-۱۰۸	عود (ساز)	۱۲۴-۱۴۹		
عطار	۴۱	علاج گلاب	۸۰	عود(ماده خوشبو)	۱۷۴-۱۸۹-۲۹۳		
عطای کثیر	۱۸۶	عَلَم برافرازم	۲۴۴	عهد ازل	۱۰-۸۴-۲۴۸		
عطر حور	۱۴۰	علم بی خبر افتاد	۱۲۲	عهد آسانی	۳۵۵		
عطر دامنت	۱۴۳	علم بی عمل	۳۶	عهد الست	۲۲		
عطرسای	۲۹۴-۳۲۷	علم غیب	۱۴۰	عهد امانت	۱۳۸		
عطر میامیز	۳۷	علم هیئت عشق	۴۵	عهد توبا یاد صبا	۱۰۱		
عظمت	۴۲-۳۰۱	عَلمی	۳۵۴	عهد درست	۲۵		
عظم رمیم	۳۰-۲۷۲	علی الصباح	۹۹	عهد دلبری	۲۹۰		
عفاف	۱۳۶	علیرغم عدو	۲۵۰	عهد را بشکست	۲۶۸		
عفاک الله	۲۴۱	عمر بگذشته	۱۷۱	عهد شباب ۱۲۵	۱۵۶- ۳۵۰		
عفو گناه	۲۳۳	عمر بودآن لحظه	۲۳۷	عهد شکن	۱۴۳		
عفو و رحمت	۵۲	عمر تان باد	۱۲	عهد صحبت	۱۷۷-۳۶۵		
عقب نامه	۱۹۸	عمر تبه کردم	۳۵۰	عهد طرب	۱۲۶		
عقبی	۷۳	عمر جاودان	۳۱۱	عهد قدیم	۳۰-۱۰۰		
عقد ثریا	۳	عمر خضر	۲۰۴	عهد نشکستم	۲۲۷		
عقده	۲۵۶	عمرخواه	۱۱۴-۱۶۷	عهد (و) وفا	۳۱-۴۰- ۵۵		
عقل بی حس شد	۱۲۲	عمرخودش کاوین	۸۵	عهد یار قدیم	۱۹۵		
عقل بیخبر افتاد	۸۸	عمر دراز	۲۴۵	عهدیست با جانان	۲۳۹		

جدول ۴۰

عیار شهر آشوب	۹۲	غایب مشو	۱	غفلت	۱۶۷
عیب ۱٤۰	- ۲۷۹- ۲۸۱	غایت	۱۱٦	غلام دولت	۲۸۰
عیب بی هنری	۳۳۹	غایت خوبی	۳۱٦	غلام طبع	۲۱۷
عیب پوش	۲۰۸-۲۰۹-۲۵۹	غایت دینداری	۲۵۰	غلام مردم چشم	۲٤۱
عیب پوشیدن	۲۸۹	غبار تن	۲۵۲	غلام نرگس	۱٤٦
عیب جوان	۱٤۹	غبار راه طلب	۲۸۰	غلام و چاکر	٤۹
عیب درویش و	۲۷۹	غبار راه(ره)	۹۳-۱۰۷- ۲۸۰	غلام همت	۳۱- ۹۱- ۱۳۰
عیب دل ساز	۲۹۷	غبار زرق	۲۸۰	غلط ٦-	۱۳- ۱۱۲-۲٦۱
عیب(رندان) مکن	٦۳-۱۳۱	غبار غم ۱٤٥	-۱۸۰- ۳٤۱	" " ۲٦۹	-۲۷٤- ۳٤۱
عیب می	۱۳٤	غبار فقرو قناعت	۳۳۸	غلطی	٥٥ - ۳٦٦
عید یاد باد	۳۲۸	غباری ازدر دوست	٥۰	غلغل ۲٦-۱۹۳	- ۲٥٦-۳٤۲
عید آمد	۱٦	غرامت	۱۸	غم احوال	۲٦٥
عید صیام	-۳۷	غرض ۱۲-	٤۳- ٥۸- ۳٤۸	غماز ۱۸-	٥۷-۹۲-۱٤٦
عید وصال	۳۰۲	غرق خون دل	۳۰۸	" " " ۱۸۷	-۲٤٤-۲۹٥
عیسی۳۰-٥٦-٦۷	-۷۱-۱۳۸-۳۲۷	غرق گناه	۲۷۱	غم افتادگان	۳۳۸
عیسی مریم	٤۷	غرق می ناب	۳٥۰	غمان	۱۳۸
عیش جوانی	۲۱٤	غرقه	۱۸۳- ۲۱٦-۳۱٤	غم ایام	۸- ۱۳٥- ۳٤٥
عیش خوش	۱٤۸	غرقه درخون	۷۸	غم پرست	۲۱۳
عیش رقیبان	۲٤۰	غریب(انه)۹٦ -	۱٥۸- ۱۷۳- ۲٤٤	غم تنهائی	۳٦٦
عیش شبگیری	۳٥٤	غریبان (جهان)	۲٤٤- ۲۸۳- ۳٤۸	غم جانانه	۱۷
عیش صحبت	٥۲	غریب در ره عشق	۱۹٦	غم جهان	۳۱
عیشم براه است	۳۰۹	غریبی	۳۳٥	غم خدمتکارش	۲۰۲
عیش نقد	۷	غریبی و غربت	۲٤۷	غم خوار(ی)	۲۲٦- ۳۰۷
عیش نهان(ی)	۳۹- ۷٥-۱٤۲	غریق بحر خدا	۳٦۲	غم خود خور	۲۸۸
عین آتش شد	۱۱۳	غزال رعنا	٤	غم درکمین ماست	۳٥۷
عین الطاف	۳٥	غزل خوان(نیم)	۲۳- ۲۷۷	غم دریا	۱۱۲
عین انتظار	۲۸٤	غزل خوان وسرود	۱۲۰	غم دل	۹٦-۱۲۱- ۲٤٥
عین قصور	۲٤٦	غزل سرایم(ئی)	۱٤٦-۱۸۷	" " ۲٥۰	- ۲۸۸- ۳٦٤
عین نقصانم	۲۱۳	غزل گفتی (گفتن)	۳- ۳٤۱	غم دنیا	۳۳۸
عین نمازم	۳٤	غزل گوئی	۳٦۷	غم روزگار دون	۳۰٦
غارت دل	۲۲٦	غزلهای پهلوی	۳٦۱	غمزدگان	۱۷۰
غارتگری	۳۹	غزلهای حافظ	۱۸۸	غم زمانه	۲٦٤
غافل باشی	۳٤۳	غزلهای روان	۱۹٤	غمزه جادو	۱٥٤
غالیه خوشبو شد	۲٤	غزلیات عراقی	۱۰۳	غمزه دلدار	٦٦
غالیه سا (ئی)	٤۸-۳۳۹	غزلی نغز	۱۲٦	غمزه ساقی	۱٤۰
غالیه تابی دارد	۹٥	غصه دنیا	۳٤۳	غمزه شوخ	۹٥- ۱۸۳
غالیه مراد	۳۰٦	غصه دوران	۸٥-۱٥۹	غم عشق ۳۳	- ۱۰٥- ۱۷۸
غایب از نظر	۷۰-۳۳۹	غصه قصه ائی	۳۲۷	" " " ۲۳۰	-۲٥٥-۲۷۳

جدول ۴۱

غم طوفان	۱۶۹	فال ۱۲۱	-۱۷۲- ۳۰۲	فرخنده فال	۳۰۲
غم غریبی	۲۴۷	فال مراد وکام	۲۳۲	فردوس	۱۹۴- ۲۹۳
غم گرفتاری	۳۳۲	فالق الاصباح	۷۴	فردوس برین	۲۲۹
غمگسار	۱۷۰-۳۴۴	فتاد دل ازره	۲۹	فردوس عذار	۳۰
غم گیتی	۲۴۲	فتح و بشارت	۱۷۸	فرزانه	۱۲۵
غم لشکر(انگیزد)	۱۱۲-۲۷۷	فتراک ۱۴۵	- ۲۱۸- ۳۴۶	فرس	۳۴۲
غم محنت	۵۹	فتنه آخر زمان	۲۳۳	فرسود	۱۴۲
غم مسکینان	۱۳۷	فتنه انگیز جهان	۱۵۴	فرش بوریا	۳۶۱
غم ملالت دل	۱۷۴	فتنه چشم	۲۳۳	فرشته	۹۳- ۱۶۷
غمناک(ی)	۱۱۹-۳۴۷	فتوی (حافظ)	۳۵- ۲۸۰	فرشته رحمت	۳۱۳
غم و شادی جهان	۲۳۸	فتوی دف و نی	۳۲۲	فرصت شمار(شمر)	۵- ۲۱۷
غم وفاداران	۱۷۷	فتوی پیر	۲۷۲- ۲۸۷	فرصت عشق	۱۳۴
غم هجر(ان)	۶۵-۱۲۰-۱۷۲	فتوی خرد	۲۳۱	فرصت(تش) باد	۹۵-۳۳۵
غم یار خراباتی	۲۱۲	فدای تو جانانه	۳۱۹	فرصت دان	۳۴۱
غمی از نو به	۲۲۹	فدای دهنش باد	۲۱	فرصتم باد	۳۱۵
غنج آن آهو	۲۹۷	فدای رویت	۶	فرض ایزد	۱۶
غنچه خندان	۳۶۷	فدای شاهدو ساقی	۲۶۱	فر فروشی	۲۰۹
غنچه غرق عرق	۱۲۸	فدای شکرین پسته	۷۹	فرقت تو	۱۹۰
غنچه گل	۷۶	فدای طره یار	۳۵۹	فرقت جانان	۱۸۵
غنیمت دان	۸۷- ۲۱۱-۲۱۴	فدای عارض	۱۲۲	فرقت یار	۱۲۱
غنیمت شمر(یدش)	۱۲۰ - ۱۳۲	فدای قد تو	۴۸	فرو بستگی	۱۹۹
غنیمت وقت	۲۱۷	فدای لبش شد	۸۶	فروردین	۸۵
غواص	۲۵۴	فرازمسندخورشید	۴۳	فروغ ۲۲۵-	-۲۳۴- ۲۶۸
غوطه خورم	۲۴۰	فراز و نشیب	۱۱۴	فروغ رخت	۱۸۴
غیبت	۲۵۹	فراغ بال	۲۴۶	فروغ جام و قدح	۳۱۳
غیب نما	۹۱	فراغت	۹۶	فروغ چشم	۲۳۹
غیر بلاغ	۲۱۴	فراغتی و کتابی	۳۵۶	فروغ ماه حسن	۱۲
غیرت ۵-	۵۸-۱۰۱-۱۱۳	فراق افتاده بود	۱۵۶	فرهاد ۴۴-۷۵-	۸۵-۱۰۳-۲۲۸
" " ۱۳۸	- ۲۵۳-۳۳۹	فراق رخ	۸۵	فرهاد دل افتاده	۳۵۸
غیرت روی تو	۳۳۲	فراق یار	۶۹	فرهاد کش فریاد	۲۶۱
غیرت قرآن	۵۵	فرا گوش	۲۳	فر همائی	۹۴
غیر حسن	۱۶۲	فرجام	۸۴- ۲۸۸	فریاد باغبان	۳۳۴
غیر عشق مباز	۱۸۸	فرح بخش	۹۴- ۲۷۸	فریاد رسی	۱۷۲
غیور	۱۴۷- ۱۷۸	فرخ شد	۲۹۰	فریاد و وفا	۳۳۶
فاتحه ۹۴	- ۱۳۹- ۲۸۲	فرخنده باد	۱۸۸	فریب جنگ	۲۷۴
فاش میگویم	۲۲۹	فرخنده پی	۲۵۸	فریب چشم	۱۴-۷۳
فاش نکردی رازم	۲۴۶	فرخنده پیام	۲۲۳	فریب خوشت	۳۲۱
فاق ابرو	۱۲۲	فرخنده شبی	۱۳۵	فریب نرگس	۳۲۴

جدول ۴۲

فریدون	۳۴۵	فکر معقول	۱۵	قال ومقال عالمی	۳۰۳
فسانه وافسون	۲۹	فکر می وجام	۲۸۸	قامت چالاک	۱۹۳
فسق	۱۳۱-۲۰۷-۲۵٤-۳۵٦	فکر وهمت	۳۳۸	قامت یار	٤٦
فسون سحر	۲۹۰	فلاطون	۱۹۱	قانع به خیالی	۲۷۶
فسون مدام	۲۹	فلان	۲۰	قبا بگردان	۲۸٤
فسون ما	۳۱۹	فلک برقص آرد	۲۸	قبای غنچه	۹۷
فصاحت	۶۲-۲۹٤	فلک هرساعت	۱۸۳	قبای ناز	۱۸۹
فصل بهار	۳۱٤-۳۲۲	فنای خویشتن	٤۰	قبسی	۱۷۲-۳٤۲
فضای سینه	۱۹-۲٤۳	فن شریف	۱۶۳	قبله	۵-	۱۰-۳٤-۳۲۵
فضایل	۲۲۱	فهم زبان سوسن	۱۲۷	قبول افتد	۱۶۷
فضل و عقل	۳۲۵	فهم سخن	۱٤۳	قبول خاطر	۳۱
فضول نفس	۲۹۳	فهم ضعیف رای	۱۳۸	قبول راه اهل دل	۱٤۰
فضول(ی) ۱۳۸	۱٤۰-۲۹۳-	فیروزه ایوان	۳٤۱	قبیله	۵۲
فطرت	۲۲۵-۳۰۰	فیروزی وبهروزی	۳٤۱	قتیل (عشق)	۲۱۹-۲۲۲
فعل عابد	۳۰۹	فضای عالم قدس	۲۵۲	قحط جور	۱۷۶
فغان	۳-۱۹-۶۹-۹۶-۹۸-۱۰۲-	فیض ازل	۳۲۸	قحط وفا	٤۱
" "	-۱۷۵-۱۷۳ -۱۸۲-۳۶۰	فیض جام سعادت	۲۲۵	قد برافراز	۲۲۸
فقر دل بیخبران	۳٤۵	فیض جام می	۳۸	قد بلند	۲٤-۱۷۳
فقر ظاهر	٤٦	فیض حسن	۲۶۷	قدت همچو سرو	٤٤
فقر و افتخار	۳۰۳	فیض رحمت	۳۰۰	قدح آینه کردار	۱۸۱
فقر و قناعت	۳۳۸	فیض روح القدس	۱۰۶	قدح باده بدست	۱۰۶
فقرو گدائی	۳۶۳	فیض شکر	۱۶۵	قدح گیرو بی ریا	۱۹۹
فقیه (مدرسه)	۳۵-۲۹۳	فیض عفو	۲۵۰	قدح لاله	۲۷۸-۳۲۱
فکر بد نامی	۶۱	فیض قدح	۲۸۰	قدحی در دست	۲٤
فکر بکر	۲۱۱	فیض گل	۲۰۲	قدر این مرتبه	۳۱۲
فکر بلبل	۲۰۲	فیض لطف	۲۵۸	قدر پند عزیزان	۷۶
فکر بهبود خود	۲۷۲	فیض یک شمه	٤۱	قدر گوهر یکدانه	۱۳۰
فکرت سودائی	۳۶۶	قابل باشی	۳٤۳	قدر نفس	۳۹
فکر تفرقه	۱۲۸	قابل ساز	۳۶۰	قدر وقت	۲۱۱-۳۵۵
فکر جگر سوز	۱۳	قابل فیض	۱۶۳	قدری بهتر ازاین	۲۹۹
فکر حکیمی	۳۵۶	قارون	۵-	قد سروت	۱۸۹
فکر خویش	۲٤۳	قاصر	۵۶	قدم باد بهار	۱۲۱
فکرخود ورای خود	۳۶۶	قاطعان طریق	۲۱۷	قدم یار	۱۷۱
فکر دوربست	۲۶۳	قاف تا قاف	۳۵	قدمی نه به وداع	۱۲۰
فکرسبو کن	۳۵۸	قافله	۷۰-۱۲۷-۲۰۲-۲۲۳-۲۷۱	قدو بالا	۵۰-۲۱۰
فکر صواب	۹۵	قافیه سنجند	۳۶۱	قد و چهره	۱۳۰
فکر عشق	۱۰۵	قالبم	۳۰	قدو قامت	۱۸
فکر عمیق	۲۱۷	قال و قیل علم	۲۷۰	قد یار	۳۵۷

جدول ۴۳

قرار برده زمن	۲۲۰	قصه مشکل	۳۴۳	قیامت ۶- ۱۸-	۶۹-۱۵۲- ۳۴۸
قرابه سرکش	۳۲۵	قصه من	۲۱۵	قید سلسله	۳۴۶
قرار دل شیدا	۱۱۵	قضا ۵-۲۱-	۵۵-۱۰۱-۱۱۰	کاتش محرومی	۹۶
قرار حسن	۲۹۰	" " " ۱۵۳	-۱۷۰-۱۸۷	کاتشی که نمیرد	۱۹
قرار نزول	۲۲۰	قضا بگردان	۲۸۴	کار اهل دولت	۲۵۹
قرآن ۹-	۵۵-۷۲-۱۴۴	قطره اشک	۳۳۰	کار بد	۲۷۹
" " ۱۸۵-۱۹۷	- ۲۰۹-۲۳۱	قطره ائی(ززلالش)	۸۶-۱۴۸	کار بسته	۱۰۸
قربان تو کافر	۲۵۱	قطره باران ما	۱۲۵	کار بی اجر	۱۸۲
قرعه (قسمت،کار)	۱۱۱-۱۱۳- ۱۳۶	قطره های شبنم	۳۱۷	کار بی بنیاد	۷۵
قرین آتش هجران	۲۱۶	قطع این مرحله	۲۳۱	کار بی سامان	۲۴۷
قرین حقیقت	۲۹۵	قعر چاه	۱۷۸	کار جهان	۱۹- ۱۹۹-۳۱۴
قسمت حوالتم	۲۳۳	قفس	۵۶ -۱۸۱-۲۵۲	کار حسنت	۳۴۹
قسمت ازلی	۱۸۶	قفس خاک	۲۴۶	کارخانه	۴۸ -۷۱ -۱۳۸
قسمت و جان	۲۷۱	قلاب شهر	۳۵	کار خدائی	۳۶۵
قصارت	۹۹	قلب (تیره)	۱۴۹- ۲۸۶	کار خرابات	۹
قصد دام ما	۱۱	قلب ستمگری	۲۹۴	کاردانی	۲۰۹
قصد خون ما	۲۶۸	قلب شناس	۱۵۵	کار دل تمام	۱۲۳
قصد خیر	۳۳۸	قلب دل	۲۳۷	کار دیده	۹۸
قصد دل	۲۳۹	قلب رمیده	۳۱۶	کار ساز	۱۸۸-۲۹۵
قصد جان	۱۴-۱۰۲-۲۵۰	قلم بر سر اسباب	۱۱۳	کارستان	۴۵
قصد هلاک	۲۱۸	قلمم	۱۶۰	کار شب تار	۱۲۱
قصر امل	۳۱	قلندر(ی)	۶۱- ۱۳۰	کار صواب	۲۹۲
قصر بلند	۱۳۳	قناعت	۱۱۲	کار عمر ۱۸۴	-۲۴۷-۳۴۹
قصر فردوس	۱۹۴	قند پارسی	۱۶۱	کارفرمای قدر	۲۵۳
قصرو حور	۲۶۰	قند مصری	۲۰۴	کار فرو بسته	۲۷۲
قصه ارباب معرفت	۳۰۷	قوام بر دین	۸۵	کارگاه خیال	۲۱۹
قصه ائی غریب	۵۱	قوت بازوی پرهیز	۱۳۷	کارگاه دیده	۲۳۲-۲۳۴
قصه بهشت	۳۲۷	قوت جان	۷۴	کارگاه هستی	۳۲۶
قصه خونابه چشم	۱۵۷	قول چنگ	۲۳۲	کارگر	۱۶۲-۱۷۳
قصه زهد دراز	۲۹۵	قول زاهد	۳۰۹	کارم به کامست	۳۰۹
قصه دراز	۳۴- ۱۹۷	قول مطرب وساقی	۳۲۲	کارُ ملک	۲۰۱
قصه دل ریش	۱۸۳	قول نی	۳۷	کاروان	۱۵۸- ۳۴۲
قصه شوقی	۳۴۷	قول و غزل	۷۰- ۲۰۲	کاروان سحر	۱۶۱
قصه عجب	۳۶۱	قولیست قدیم	۲۷۲	کار و بار ۴۹-	۵۳-۱۰۰-۲۱۱
قصه غصه	۱۲۱	قهقهه	۱۵۳	کارها بکند	۱۳۹
قصه کوتاه	۳۱۰	قیاس اساس	۲۹۱	کار یار	۳۵۷
قصه گیسو	۱۵۴	قیاس کار گیر	۳۵	کاریست ماندنی	۳۵۷
قصه مخوان	۳۶- ۴۲	قیل و قال	۲۵۸	کاسه چشم	۲۱۱

جدول ۴۴

کاسه زر	۱۹۳	کرامات و مقامات	۸۲	کشم رخت بمیخانه	۲۶۲
کاسه سر	۱۹۳	کرامت ۵-۱۸-	۴۲-۱۲۴-۱۶۵	کشمیری	۳۲۹
کاسه گردان	۱۹۱	کران (نه) ۱۶۲	-۲۰۵- ۲۶۴	کشور حسن	۶۰
کاسه میگرفت	۲۳۲	کردگار	۵۲	کشور دوست	۵۰
کاشانه	۱۷- ۵۴	کرشمه ۲-	۱۴-۱۲۲-۱۳۹	کعبه ۲۶	-۳۰-۳۴- ۴۲
کاشانه رندان	۲۳۸	" " ۲۴۱	-۲۶۰-۲۹۸	" " ۱۸۵	-۱۸۹- ۲۰۵
کافر(ی) ۲۳-	۲۰۱- ۲۸۹-۳۰۴	کرشمه ائی (کن)	۲۹۴-۳۱۷-۳۲۷	کفر زلف	۳۳۲
کافران	۳۲۶	کرشمه بر سمن	۲۹۳	کفرست ۳۲۲	-۳۲۵- ۳۶۶
کافر کیش	۲۱۲	کرشمه چشمت	۵۳	کفر و دین	۴۵
کاکل	۲۰۱	کرشمه ساقی	۱۰۸- ۱۷۵-۱۸۶	کف زنان	۱۸۹
کالبد	۱۶۹	کرشمه و ناز	۱۱	کف غصه	۸۵
کام بخت	۱۸۰	کرم خویش	۳۴۴	کف گل	۳۵
کام بخشی	۳۴۱	کرم نما وفرود آ	۲۸	کفن (ان) ۱۶۸	-۲۴۱- ۲۸۶
کام بستانم	۲۹۶	کرم ورز	۳۲۲	کلاله سنبل	۱۶۹
کام خوش	۱۸۷	کریم عیب پوش	۲۵۸	کلاله نگر	۲۷۸
کام دل ۸۷-	۱۴۲-۱۷۸-۲۳۴	کز ازل تا به ابد	۱۳۱	کلام فرهاد	۴۴
کامران	۶۱- ۶۶- ۲۳۳	کز این باب	۱۱۲	کلامی وسلامی	۸۲
کام رقیبان	۲۸۳	کز می جهان پر	۲۶۷	کلاه(کله) ۳۸-۶۸	۱۱۱-۱۲۱-۱۳۰
کامروا گشتم	۱۳۵	کزوی وجام می	۳۶۴	کلاه بشکن	۲۸۴
کامکارا	۱۳۴	کسب جمعیت	۲۳۱	کلاهداری	۱۳۰
کام و آرزو	۲۳۹	کسب مال و جاه	۱۹۵	کلاه دلکشش	۱۱۲
کام و مراد	۱۷۳	کس کس رانپرسد	۲۴۳	کلاه سروری	۳۴۱
کام هزار ساله	۱۶۹	کشاکش	۳۲۶	کلاه گوشه	۲۹۴
کان جهانی دگر	۳۳۷	کشتزار	۳۵۴	کلبه احزان ۱۸۵	-۲۳۱-۳۴۴
کاوین	۸۵	کِشته	۳۰۱- ۳۶۱	کلبه گدائی	۱۹۶
کاهل روی	۳۴۶	کشته دل زنده	۸۳	کلک خیال انگیز	۱۱۹
کاینات	۲۶۷	کُشته غمزه	۱۴۳-۱۵۷-۳۱۵	کلک دبیر	۲۴۳
کاین اشارت	۱۹۴	کشتی ارباب قلم	۲۷۹	کلک صنع	۳۴۷
کائینه خدای نما	۷۰	کشتی باده	۳۶۴	کلک مشاطه	۱۰۳
کبر گدایان	۲۹۸	کشتیبان	۱۸۵	کلید گنج	۱۴۰-۳۲۹
کبک خرام(ان)	۸۲- ۱۵۳	کشتی توفیق	۲۷۱	کم از جوابی	۳۲۳
کبوتر(دل) ۶۲	- ۱۲۳- ۱۲۹	کشتی سرگشته	۲۷۶	کمال سّر محبت	۱۴۰
کجاگشایدت کاری	۳۳۲	کشتی عمر	۲۱۶	کمال عدل	۱۷۸
کج باخته ائی	۳۱۲	کشتی ما	۱۹۲	کمال عشق	۲۱۳
کجدل	۲۵۴	کشتی می	۳۲۰	کمال هنر	۴۷
کحل	۴۹- ۱۰۷	کشتی نشستگان	۵	کمان ابروجانان	۲۰۳
کدو	۲۶	کشتی نوح	۹	کمان ابروی (ئی)	۸۹-۱۲۹
کدورت	۶۶-۲۹۸	کشف کشاف	۳۵	کمان اندر کمین	۴۵

جدول ۴۵

کمانخانه	۱۵٤	کوس نودولتی	۱۷۱	گاه وبیگاه	۳۱۰
کمانکش	۲٤	کوکب طالع	۳۸	گداخت جان	۱۲۳
کمان ملامت	۲٦۹	کوکب رخشان	۲۸۵	گدازانم چو شمع	۲۱۳
کمتر افتد	۳۵۲	کوکبه	۲٦۵	گدا صفتی	۱۳۰
کمترین ثمنی	۳۵٦	کوکب هدایت	۷۲	گدا معتبر شود	۱٦۲
کمترین مُلک	۳٦۳	کو کریمی	۱٤۱	گدا همت	۲۷٦
کمر بربستی	۱۵۱	کو مجالی	۲۵۵	گدایان خرابات	۱۳٤
کمر بسته	۲۲٤-۳۲۱	کون و مکان	۵۸- ۱۰٦-۱۹٤	گدایان عشق	۱۵۰
کمر سَر میان	۳۱۲	کوه صبر	۲۱۳	گدای بی نشان	۱٤۲
کمر کوه	۲۱	کوه وبیابان	٤	گدای شهر	۱۲۲-۳۰۵
کمر کیخسرو	۳۰۱	کوی آن ماه	۳۱۰	گدای کوی او	۲۹-۳۱۱
کمر مو	۲۱	کوی خرابات ۳۷	-۶۰-۶۳-۳۳۵	گدای میکده	۲۵۷
کمند ۱٤٦	-۱۵۰- ۳۰۲	کوی دلبر	۱٦٦	گدایی در میخانه	۱۰۷
کمند صید بهرامی	۲۰۳	کوی دوست	۲۷- ۲۵۹-۲٦۰	گذر آتش دل	٦۵
کم وبیش	۲۷۹	کوی رقیب	۱۸۱	گذر(گذار) عمر	۱۸٤-۱۹٤
کمین بگشاید	۱۹۵	کوی رندی	۳۵۳	گذر گاه عافیت	۳٦
کمین غلام	۱۲۳	کوی عشق	۳۳۸-۳۵۹	گرامی داری	٤۷
کمینگه عمر	۱۸٦-۲۱۷	کوی مغان	٦۸ - ۳٦۵	گرانان جهان	۱۹٤
کمین گهی است	۱۸٤	کوی می فروشان	۹۷-۱۱۲- ۳۵۲	گران باران	۲٦۵
کمینه پیشکش	۳۳۱	کوی میکده ۳۸-	۱٤۷-۱۹۲-۲٤٤	گران جانان	۱٦
کنار افق	۳۰۸	کوی نیاز	۱۸۸	گربت نمی پرستی	۳۲٦
کنایتی	۲٦۰	کوی نیک نامی	۵	گرداب	۱- ۲۱٦
کنج خانه	۳۱۳	کوی وفا	۲۰٦	گرد آلوده	۲۵٤
کنج خراب(ات)	۳۲٤-۳۵۰	کوی یار ۱۰۰	-۲٤۷- ۳٤۱	گرد چمن	۲۸٤
کنج خلوت	۲۵۹	که باشد مه	۳۰٤	گرد خاطر عاشق	۹۲
کنج دل	۲٤۹	کی اش قرار	۳۳۱	گرد دوست گردم	۳۱۸
کنج عافیت	٤۰- ۲۲۷	کید زلف	٤۵	گرد دیوانگی	۳٤۰
کنج فقر	۱۸۵	کیسه تهی	۲۸٦	گرد ستم	۲٦۲
کنج قناعت	۸۵- ۳۵٦	کیسه سیم و زر	۳۳۷	گردش پرگار	٦۱- ۱۰۵
کنج محنت آباد	۳۱	کیمیا (گری)	۱۳۰-۱٤۷-۳۳۸	گردش جام	۳۷
کنشت	٦۳	کیمیای به روزی	۲۸۰	گردش ساغر	۲۰۱
کنعان	٦۹- ۱۸۵	کیمیای سعادت	۳٦۵	گرد عارض	۲۸۹-۳۱۷
کنف	۱٦٤	کیمیای عشق	۳٦۲	گرد فشاند	۲٤۸
کنگره عرش	۳۱	کیمیای مراد	۱۸۸	گرد گل ز سنبل	۹۲
کوته آستینان	۲۹۸-۳۲۵	کیمیای مهر	۱٦۲	گردگل کلاله نگر	۲۷۸
کوته نتوان کرد	۳٤	کیمیای هستی	۵	گرد لب	۲۲۲- ۲۹۰
کوچه معشوقه	۲۰۲	گام آرمیده	۳۱۷	گرد مه	۳٤۸
کوزه ها	۲۹۲	گامی چند	۱۳٤	گردن چشم	۲٤۹

جدول ۴۶					
گردن صبر	۲۱٦	گل آدم	۱۳٦	گلعذار ۱۹٤	-۲۱۱- ۳۰٦
گردن نهادیم	۳۱۰	گل افشان	۳٦۷	گل عذرآن بخواهد	۳۲۵
گردون(دون پرور)	۱۰- ۲۵٤	گل افکند نقاب	۱۳٤	گل عزیزست	۱۲۰
گرم تو دوستی	۲۱۸	گلبانگ به لوی	۳٦۱	گل کورزه گران	۳۵۸-۳۳۷
گرو باده	۳٦٤	گلبانگ عاشقانه	۲۸	گلگشت مصلا	۳
گرو بوی تو	۱۵٤	گل بجوش آمد	۱۲۸- ۲۷۸	گل ماکوزه هاکند	۲۹۲
گرو می	۱۳۱	گل بخندید	٦٤	گل مراد تو	۱۰۷
گره از کار جهان	۲۹۹	گل بر افشانیم	۲۷۷	گلنار	٤۱
گره به باد	٦۹	گلبرگ (طری)	۲۹۱-۲۱۰	گل نسرین	۸۵
گره بند قبا	۹۷	گلبن حسن	۲۷٤	گل نو	٤٦- ۳۰٦
گره ز دل بگشا	۷۵	گلبن عیش	۳۰٦	گل نوخاسته	٦٤
گره گشا ۱۰۸	-۱۹۹- ۳۳۳	گلبن وصل	۱۹۰	گل و این بستان	۳٦٦
گره نگشوده ام	۱٤۲	گلبن هندو	۲۷۰	گل وجود من	۱۷٤
گرهی در کارم	۲۳٦	گل به جلوه گری	۳۳۹	گل و سرو	۱۸
گریان وداد خواه	۱٦۲	گل به دامن	۳۳٤	گل و گلزار	۳٤٦
گریبان چاک	۲۱۸	گل بی خار	۱۵	گل و گلشن	۲۵۳
گریوه	۳۸۸	گل توفیق	۳٦۰	گل و مل	۵
گریه حافظ	۳۵۳	گلچهره رز	۱۹۲	گل و می	۱۱۵
گریه سحری	۳۳۹	گل چیدن	۲۸۹	گل و نسرین	٤۲-۱۰۸- ۳٦۰
گریه شام وسحر	۱۲۵	گل حمرا	۲۲	گل و یاسمن	۳۷
گزارند نمازم	۲٤۵	گل خوش بسیم	۳۰۳	گله از یار	۱٤٤
گزاف	۳٤۳- ۳۵۸	گل در اندیشه	۲۰۲	گله زلفت	۳٦٦
گزیر	۲٤۸	گل در بر	۳۷	گله های شب فراق	۲۵۸
گشادی دل	۱۵٤	گلرخ(ان)	۱٤۸-۳۰٦	گلی بچین	۱۷۵- ۲۰۰
گشته ام درجهان	۱۹٦	گل رخسار	۳٤٦	گلیم خویش	۳۱٦
گفتا غلطی بگذر	۳٦٦	گل روی	۱۸٤	گمراه عالم	۱٦٦
گفت بگو میگویم	۲۸۱	گلزار اقبال	۲۳۹	گمشدگان	۱۰٦
گفت و شنفت	٦٤	گلستان جهان	۱۹٤	گناه باغ	۲۵
گفت(ه) و شنید(ه)	۵۷- ۲۰۹-۱۷٤	گلستان خیال	۲۱۰	گناهیست صعب	۲۰۸
" " "	۱۷۵-۳۱۷	گل سوری	۲۱٤	گناهکاران	۳۰۰
گفت و گو	۱۹۷-۲۷٤	گل شد یارش	۲۰۲	گنبد افلاک	۱۹۳
گفته شکرفشان	۸۰	گلشن جان	۸٦	گنبد دوار	۱۳۱
گلاب(انداز)	۱۹۲- ۲۹۱	گلشن چشم	۲٤۹	گنبد مینا	۱۰٦-۲۵٦
گلاب اندر قدح	۲۷۷	گلشن رضوان	۲۵۲	گنج او در سینه	۲٤۳
گلاب زده	۳۱۳	گلشن سبا	۱۰۸	گنج حضور	۱۲۳
گلاب گل	۱۱۹	گلشن قدس	۲۲۹	گنج درم	۱۳۲
گلاب و قند	۸۰	گلشن یار	۳٦۷	گنج دنیا	۳۵٦
گلاب و نبید	۱۷٤	گل عارض	۱٤٦	گنج روان	۲۳۱

جدول ۴۷

گنج زر	۸٥	گوشه محراب	-۲۳۲-۲۲۳	لاف صلاح	۲٦۲
گنج سعادت	۱٤۰	" " "	۳۰٥ -۲۹۷	لاف عشق	۱٤٤-۲٥
گنج سلطانی	۲٥٤	گوشه ملامت	۳۲٦	لاف عقل	۲٥۸
گنج طرب	٤٦	گوشه میخانه	۲۰۸ -٤۳	لاف کرامات	۸۲
گنج غمت	۳۷	گوشه نشین(ی،ان)	-٥٥-۳٥-۲۰	لاله با قدح	۲۸۰
گنج (غم) عشق	۳۲٤-۲۷٦	" " " ۲۰۷	۳۳۹-۲۱٥ -	لاله بوی می	۱۲۷
گنج یابی	۱٦۷	گوهر پاک	۱٦۳	لاله خودرو	٤۸
گنجینه محبت	٤٦	گوهر تاج سلطنت	۳۰۳	لاله خونین دل	۱۰۲
گندم گون	٤۷	گوهر جام جم	۳۳۷	لاله زار	۲۱۱-۱۸٤
گنه آدم وحوا	۲٥٦	گوهر جان	۱۷۱	لاله ساغرگیر	۲٥٤
گنه ببخشد	۱۳۸	گوهر ذاتی	۳٤٥	لاله صفت	۱۱٥
گواه عصمت	٤٦	گوهرمخزن اسرار	۱٥۷	لاله گون	۸۱
گوش بگشای	۳٦۰	گوهر معرفت	۲۷۲	لاله و گل ۲٦۷	۳٤۷-۳۳۳-
گوش بپیغام رقیب	۳۱۲	گوهر مقصود	۱٦۹ -۹۲	لاله و نسیرین	۲۳۹
گوش دلم	۱۲۷	گوهر منظوم	۳۹	لایعقل	۱٥۳
گوش سخن شنو	۳۰٦	گوهر ناسفته	۱٥۱	لباس فقر	۲٥۹
گوشش باد	۷۹	گوهروصل	۲٤۰	لبت حیات ما بود	۳٥۲
گوش کشیده	۱٤۳	گوهر هرکس	۳۹	لب جام	۲۳٥
گوش کن	۲۰۹ -۳	گوهر یکدانه ٥٤	۲۷٦-۱۲٥-۱۱٥	لب جانان	۲۷۲-۲٥۰
گوش گذاری	۱٤۱	گویای اسرار	۱۷۹	لب جوی	۱۹٤
گوشم بقول چنگ	۲۳۲	گوی توفیق	۱۲٤	لب چه میگزی	۱۹٦
گوش من بادست	۲۹	گوی فصاحت	٦۲	لب چشمه خورشید	۲٦۳
گوشم همه بقول	۳۷	گهربار	۱۳۱	لب حوض	۲۲۹
گوش نام محرم	۲۰۹	گیاه نرست	۲٥	لب خاموش	۲۰۷
گوش هوش نیوش	۱۲۸	گیتی	٥	لب خندان	۲۰۹ -٤۷ -۱۸
گوشرم بادش	۲۸۳	گیسوی حور	۲٤۸	" " "	۳۳٥-۲٥۷
گوشه ابرو	٥٥	گیسوی سنبل	۲۸۷	لب روح بخش	۲۷
گوشه امید	۲۷۰	گیسوی شکن در	۱٥	لب ساقی ۱٥٦	۲۸۹ -۱۸۹-
گوشه ائی وبیماری	۳۳۲	گیسوی مشکین	۱۳۳	لبش افسوس کنان	۲۳
گوشه تنهائی	۳٦٦	گیسوی معنبر	٥۰	لبش جرعه کش	٤۲
گوشه چشم (ی)	۳۳۷ -۱٤۷-٦٥	گیسوی نگار	۱۲۱	لب شکرخا	۱٥۱
" " "	۳٦٤-۳۳۹	لابه	۱٤۳	لب شیرین ٤٤	۸٥ -۷٥-٥۷-
گوشه چمنی	۳٥٦	لاجرم ٤۷	۲۷۸ -۱٥۷ -	" " "	۲۷۳ -۱٦۰
گوشه خورشید	۱۱۱	لاف تجرد	۹۱	لب شیرین دهنان	۳۱٤-۱٤٤
گوشه دل	۱۹٥	لاف دروغ	۱٤٤	لب لعل ۳-	۱۷٦-۱٥۷-٥۳-
گوشه کناری	۱٤۱	لاف ز عارض	۳۰٦	" " " ۱۹٦	۲۳۷-۲۱۲-
گوشه گیری(ان)	۲۲۱-۱۷٦-۱٤٥	لاف زلف دلبند	۳۳۲	" " ۳۱٥	۱۲۳-۳۲۷-
" " "	۳۰٤	لاف سلیمانی	۲۳۹	لب ما ودهنش	۲۰٦

جدول ۴۸

لب مردمان دون	۸۱	لعل دلکش	۳۱۷	مال و جاه	۱۹۵
لب می گون	۳۴۶	لعل رُمّانی	۱۴۴	مامن (وفا)	۲۱۷- ۲۶۰
لب یار منست	۴۱	لعل روان بخش	۱۹۸	مانی ومنی	۳۵۷
لحد	۱۵۲	لعل سیراب	۴۱	ما و امیدواری	۳۲۳
لذت داغ غمت	۲۷۳	لعل شکر افشان	۱۲	ماه تمام	۱۱۱-۱۸۰
لذت شرب مدام	۱۱	لعل شکرین	۷۸	ماه حسن	۱۲
لشکر شکن	۲۳۹	لعل گون	۲۶۷	ماه ختن	۲۳۹
لطافت تو	۲۹۰	لعل لب	۳۷- ۵۴- ۲۸۲	ماه خورشیدنمایش	۹۵
لطائف	۱۷۶	لعل می پرست	۳۲۴	ماه رخ	۳۷- ۵۴- ۱۶۵
لطف ازل	۶۳-۲۲۳-۲۴۷	لعل نگار	۲۱۷	ماه رمضانست	۳۵۱
لطف الهی	۲۰۸	لعل نوشین	۸۷- ۱۸۰	ماه روی تو	۱۷۴
لطف آن عزیزم	۳۵۲	لعل و عقیق	۳۹	ماه سیما	۴
لطف باده	۱۷۷	لعل و گوهر	۲۴۹	ماه فلک	۳۳۱
لطف بی نهایت	۲۵	لعل یمانی	۲۸۵	ماه کنعان	۹
لطف خال وخط	۲۸	لغز و نکته	۳۱۴	ماه مراد	۸۶
لطف خداداد	۱۲۷	لفظ اندک	۱۷۹	ماه مجلس	۱۲۲
لطف خدای	۲۷۲	لله دَرُ قائل	۲۲۱	ماه من شو	۱۶۶
لطف سخن	۳۱- ۲۰۶-۲۷۲	لمعه سرابی	۳۲۳	ماه منظر	۲۹۰
لطف طبع	۱۳۰	لنگر(حلم)	۹۶-۲۷۱	ماه نو	۲۶- ۱۸۰
لطف لایزالی	۳۴۸	لوء لوء	۱۶۳	ماه و خورشید	۱۴۴
لطف لب	۲۲۶	لوح بصر	۲۳۷	ما همه بنده	۱۴۴
لطف مزاج	۳۲۱	لوح بینش	۷۳	ماهی بر آمدی	۳۲۸
لطف نسیم	۱۸۱	لوح خال هندو	۷۳	مایل افسانه کیست	۵۴
لطف و خوبی	۱۰	لوحش الله	۲۰۴	مایه خوشدلی	۲۵۶
لطف و صفا	۲۶۳	لوح دل 158	- ۱۵۹-۲۲۹	مایه نقد بقا	۱۲۰
لطفها میکنی	۲۴۰	لوح ساده	۲۶۹	مایه نیکوئی	۳۶۷
لطفهای بیکران	۱۰۲	لوح سینه	۲۵- ۲۲۱	مباح (ات)	۷۴- ۲۰۷
لطف هوا	۶۴	لولیان شوخ	۳	مبارک باد	۲۲۹- ۳۶۶
لطیف وموزون	۴۴	لولی سرمست	۴۱	مبارک سحری	۱۳۵
لطیفه ائی	۳۲۷	لولی شنگول	۲۰۴	مبارکی غلامی	۳۵۲
لطیفه عشق	۳۱	لیل و نهار	۸۷	مبتلای خویشتن	۴۰
لطیفه های عجب	۲۸	ماتم زده	۳۲	مبصر	۱۷۴
لعب زهره	۲۰۳	ماجرای من و	۲۲۳	مبین حقیر	۱۵۰
لعبتی ای شهسوار	۲۸- ۳۳۹	ماجرا ها داشتیم	۲۷۴	متاع	۱۶۷-۱۸۶
لعل باده فروش	۲۳۴	مادر دهر	۲۹۹	مثال روی تو	۲۰۵
لعلت سلسبیل	۲۲۲	مار سر زلف	۱۹۳	مجاز	۳۴-۱۸۸- ۲۹۵
لعلت نمکی تمام	۹۰	مالامال	۳۵۳	مجال سلام	۸۶
لعل دلخواه	۳۰۹	مال اوقاف	۳۵	مجال عیش	۳۴۱

جدول ۴۹

مجال گفت و شنید	۱۷۴	محراب دل	۱۰۱	مدارنقطه بینش	۱۳۰
مجال وصول	۲۲۰	محراب دولت	۳۰۵	مداوا مقررست	۳۳
مجانین عشق	۳۱۹	محرم اسرار	۱۵- ۱۹۸	مداوای حکیم	۲۷۲
مجروح بلاکش	۲۳۸	محرمان پادشهند	۱۵۰	مدت عمر	۲۱۶
مجلس افسانه	۱۲۵	محرم این راز	۲۸۶	مدت هجر	۲۵۵
مجلس انس	۱۵۱-۱۲۰	محرم راز	۲۴۵-۳۴	مدحت	۴۲
مجلس بزم عیش	۳۰۶	محرمان سراپرده	۲۴۷	مدد بخت	۴۹
مجلس تورانشاهی	۳۶۳	محرم خلوت انس	۳۰۷	مدد کن به همتم	۲۲۵
مجلس جم	۳۰۵	محرم دل	۱۳۱	مدد لطف	۲۱۲
مجلس جمشید	۱۳۲	محرمی کو	۱۳۴	مدد(از) بخت	۳۴۳ -۴۹
مجلس دوست	۲۵۷	محروم	۳۴۱-۳۳۶-۹۲	مدد سرشک	۱۴۳
مجلس روحانیان	۲۷۳-۲۹۳	محزون	۳۴۵	مدد لطف تو	۲۱۲
مجلس مغانم	۲۳۶	محصل	۲۷۴	مدد یابی	۲۷۲
مجلس منورست	۱۸۷	محصول دعا	۲۷۶	مُدرج	۳۵۹
مجلس ندارد آبی	۳۲۳	محصول زهدو علم	۲۵۸	مدرس	۱۲۲
مجلس وعظ	۳۵۱	محفل(عشاق) ۱-	۳۰۵ -۲۰۹-۱۵۳	مدرسه	۲۷۳-۲۷۰
مجلسیان	۳۴	محقق	۸۸	مدرسه و خانقه	۳۱۹
مجمر ۲۷۷	۳۴۲-۲۹۳ -	محک تجربه	۱۱۷	مدهوش	۲۴۸
مجمره گردان	۳۰۲	محمل	۱	مذاق	۲۰۳-۱۵۶ -۷۸
مجموع پریشانی	۲۵۵	محمود	۲۴۵	مذهب	۱۰۱ -۷۴-۳۸
مجموعه گل	۲۵۴ -۳۹	محن	۱۹۲	" " ۲۹۸	۳۶۶ -۳۱۵-
مجنون ۴۴-	۳۴۵ -۷۴- ۴۶	محنت بی حد	۱۲۱	مذهب رندان	۲۳۱
مجنون خسته از	۱۸۶	محنت آباد	۳۱	مذهب طریقت	۳۲۵
مجنون دل افکار	۱۰۵	محنت واندوه	۵۹	مراد بخش	۳۴۴
محاکات	۲۷	محیط فنا	۱۸۴	مراد حافظ	۳۲۷
محالست	۲۵۵	مختصر	۲۹۶-۱۶۰	مراد خاطر	۴۰
محبان	۲۸۳ -۲۶۳-۴	مخدوم	۷۲	مراد دل	۲۸۹ -۹۱
محبوب جهان	۱۰۱	مخزن اسرار	۱۵۷	مردان خدا	۹
محتاله	۱۶۱	مخزن چشم	۲۴۹	مرتبه خویش	۳۶۲
محتسب ۳۸	۱۰۹-۶۲-۳۹-	مخزن نور	۱۳۲	مرجان	۱۶۳
" " " ۱۳۱	-۲۰۷-۱۴۹-	مخلصان (نه)	۳۳۷-۱۷۷	مرحبا	۲۷۵ -۲۲۳
" " " ۲۵۴	۲۶۸ -۲۶۷ -	مخمور آندو چشم	۳۲۳	مرد افکن	۲۰۳
محتشم	۳۰۷	مخمور جام عشق	۳۲۳	مرد(ان) ره	۳۶۲ -۱۸۸
محجوب	۲۰	مخمورشبانه	۳۲۰	مرد این بار گران	۲۶۲
محراب ۲۲۳-۹۸	۳۰۴-۲۹۷-۲۳۲	مخموریت باد	۳۶۱	مرد توبه	۲۹۲
محراب ابرو	۲۹۵ -۷۳	مدارا	۶ -۵	مرد عاقل	۲۰۹
محراب بفریادآمد	۱۲۶	مدار حسن	۲۹۰	مردمان دون	۸۱
محراب دعا	۵۵	مدار عمر	۱۸۴	مردمان سختکوش	۲۰۹

جدول ۵۰

مردم افکن	۲٤۹	مروت	۵-۱۰٤- ۳۲۲	مستانه ۱۳٦	- ۱۵۱- ۲۰۱
مردم ایغاغ	۲۱٤	مروق	۲۷۹	مست برون رفت	۱۵۲
مردم بی عیب	۱٦	مرهمی بفرستم	۲۲۷	مست بگذشت	۲۸٦
مردم چشم ٤٤-	۱٤۸-۲٤۱-۲۸۹	مریخ سلحشور	۲۰۳	مستجاب	۲۹۱-۳۱۳
مردم دار	۷۹	مریدان	۱۰	مست جام غرور	۵۳
مردم دیده	۵٦- ۳٦۵	مرید جام می	۷	مستحق	۱۳۵- ۱٤٤
مردم نادان	۱۹۵-۱۹۷	مرید خرقه	۲۸۰	مستظهر	۳۰۰
مردم هشیار	۱۰۵-۲۲۷	مرید راه عشق	٦۱	مستغنی	۳- ۲۹- ۱۸۷
مردمی کردو کرم	۱۲۷	مرید طاعت	۱۹۹	مست می لعل	۳٤۱
مرد وزن	۱٦۸	مزاج دهر	۳۵٦	مست و آشفته	۳۱۵
مرصع	٦٤	مزادی طلبیم	۲۷۳	مستوجب آتش	۱۱۷
مرغان باغ	۳٦۱	مزد دوجهان	۳٦۳	مست(و)خراب ۳۱	۱۸۱-۱۹۲-۲۹۱
مرغ (ان) چمن	۲۵۲-۳۲۱	مزدوران	۱۷۹	مستور(ی)۱۲-۵۲	۱۱٦-۱۵۸-۳٤۰
مرغان صبح خوان	۳۳۱	مزرع سبز فلک	۳۰۱	مستوری ومستی	۱٤٤-۲۳۱
مرغ بهشتی	۱۳	مزرعه	۱۹۳	مست و هوشیار	۱۷۹
مرغ جان	۲۲۳	مژدگانی بده	۱۲۹	مستی زهد ریا	۱۲۸
مرغ (ان) چمن	٦٤-۱۲٦- ۱۸۱	مژده امان	۱۳۸	مستی عشق	۲۹- ۳٤۰
مرغ خرد	۱۱۱	مژده ای دل	۱۲۷-۱۷۲	مستی و رندی	۲۵۱
مرغ خوشخوان	۱۸۵	مژده این دولت	۱۳۵	مستی و نیاز	۱۱٦
مرغ دانا	٤	مژده ائی فرما	۱۵٦	مسجد	۱۰- ٦۳
مرغ دل	۸۲- ۸۳- ۱۰٤	مژده دلدار	۱۸۱	مسجد به خرابات	۸٤
" " " ۱۲۹	-۲۱٦-۲۹۰	مژده رحمت	۲۰۸	مسجد و میخانه	٤۳
مرغ زیرک ۲۰۱-	۳۰٤-۳۵۱-۳۵۲	مژده طرب	۱۰۸	مسکن مالوف	۷٦- ۱۹۵
مرغ سان	۲٤٦	مژده عیش	۳۳۸	مسکینان	۱۳۷
مرغ سحر ۳۹-	۱۰۳-۱۲۷-۱۸۰	مژده فروردین	۸۵	مسکین غریبان	۲۸۳
مرغ سخن سرا	۳۰۳	مژده گل (زار)	۹- ۱۸۱	مسکین وسرگردان	۷۳
مرغ سلیمان	۲۳۱	مژده وخجلت	٤۹	مسکین و فقیر	۲٤۳
مرغ صبح	۱۲۸	مژده وصل	۲٤۹	مسلمان(ی)	۱٦۳-۲۱۲- ۳٦٤
مرغ فکر	۲۳۲	مژگان	۹- ۸۳-۳۵۲	مسند به باغ بر	۳۲۱
مرغ کم حوصله	۲۸۸	مژگان سیه	٤۱-۲۵۱- ۲٦۱	مسند جم	٦٤
مرغ نغمه سرا	۱۰۸	مژه ائی	٦٤	مسند خواجگی	۳٦۳
مرغ وحشی	۵٦	مژه سیاه	٦	مسند خورشید	٤۳
مرغ وصل	۱۱	مسا	۷٤	مسند مصر	۹
مرغول	۲۸٤	مساعد شودم	۱۸۳	مس وجود	۳٦۲
مرقع	۱۷۵-۲۰۰	مسئله آموز	۱۲۲	مسیحا ٤-	۱۰٦- ۱۳۹-۳۰۱
مرکز حسن	۲۹۰	مست آب انگوری	۳٤۰	مسیح(حا) نفس	۱۲۸- ۱۷۲
مرنجان ضمیر	۲۲	مست از خانه	۳۱۲	مشاطه	۱۸۷
مروارید	۱۷٤	مستان ۲۱٤-۲۲۱	۲٤۵-۲۷۵-۲۸٤	مشام	۸٦- ۱۸۱

جدول ۵۱

مشام دل	۲۱۰	مصلحت ۲۹	- ۱۳۷ - ۲۷۹	معشوق کجاست	۱۷۲
مشتاق(روی) ۲۰	- ۷۸-۱۵٤-۲۰٦	مصلحت اندیش	۳۵۰	معشوق نگسلد	۹۳
مشتاقان	۷٤- ۷۸- ۱۱۲	مصلحت بین	۲۰۱	معشوق(قه) و می	۱٦٤-۲۵۸
مشتاق بندگی	۲۲۵	مصلحت ملک	۲۰۷	معشوقه پرست	۳٦٤
مشتاقی ومهجوری	۳٦٦	مصلحت وقت	۲٦۲	معشوقه ما میگذری	۲۰۲
مشتی خاک	۹	مضطرب(حال)	۹	معصیت و زهد	۳۰۰
مشرب قسمت	۱۹٤	مضراب	۲۳۲	معقول	۱۵
مشرب مقصود	۲۰۰	مطبوع ۱۹۰	-۲۱۰-۳٤۳	معما (ئیست)	۳- ۱۷۹- ۳۲۰
مشرق پیاله	۱٦۹	مطبوع تر	۳۰۲	معمائی دوش	۲۸۸
مشرق ساغر	۲۹۲	مطربا(ن) ۷۰	- ۱۰۳- ۱۲۰	معمور	۳۲- ۱۲۲
مشرق سر	٤٤	مطرب بزن نوائی	۳۲۳	معنی بسیار	۱۷۹
مشعله صبحگاه	۳۰۵	مطرب بسازپرده	۱۳۸	معیشت	۲۲
مشغول کار اوشو	۳۲۵	مطرب عشق	۹٤	معین چشم	۲٤۹
مشفق	۱۳۹	مطرب مجلس	۲۵۰	مغبچه ۹-	۱٤-۱۲۵-۲۱۵
مُشکبار ٤۹-	۱۰۰-۲٦۷-۳۰۷	مطرب نگاه دار	۳۵۷	مغبچه باده فروش	۳۱٤
مشک بو	۱۹۲	مطرب و ساقی	۳۲۰- ۳۲۲	مغبچگان	۱٤-۳۱۳
مشک چین و گل	٤۰	مطرب و می ۳-	۱۳۳-۲٤۳-۲۷۸	مغتنم	۵۲
مشک ختن ۱٤۳	-۲٦۳- ۲۸۰	مطلع الفجر	۱۸۲	مغرور(ی) ۱٤۹	-۲۱٤-۳٤۰
مشک زلف	۳۱۹	مطلق	۲۷۹	مغیلان	٤۲
مشک سیاه	۳۰۲	مظلومان عشق	۱۷٦	مفرح یاقوت	۲۸
مشک فشان	۱۲۰	معاش چنان کن	۹۳	مفرش	۲٤۸
مشکلات طریقت	۱۸۸	معاشر(ان)	۱۷۷-۲۱۱	مفتاح	۳٦۵
مشکل توان نشستن	۳۳۳	معاشر رندان آشنا	۱۹۹	مفتی و محتسب	۱٤۹
مشکل حکایتیست	۱٤۹	معاشری خوش	۱۸٦	مفتی عشقش	۱۸۸
مشکل خویش	۱۰٦	معامله با آشنا	۱٤۷	مفتی عقل	۱۵۳
مشکل گشائی	۳٦۵	معانی دانست	۳۹	مفتی زمان	۳۱٦
مشکین سایبان	۳۰٤	معتبر	۱٦۲	مفلسانیم	۱٤٤
مشکین مثال	۳۰۲	معترف	۳۳۱	مفلسی که طلبکار	٤٤
مشکین نفس	۳٤۲	معتقد(ان)	٤۷- ۲٦٦	میان انجمن	۲۳۹
مشهور خوبان	۲۱۳	معتکف	۱۲۱	مقامات طریقت	۱۵٦
مشهور جهان	۷۹-۳٤۲	معجز حسن	٤۵	مقامات معنوی	۳٦۱
مشهوری	۳٤۰	معجز عیسوی	۱۵۱	مقام امن	۲۱۷
مشیت	۳۰۰	معجون	۹٦	مقام رضا	٦۹
مصر	۱۵٦-۲۰٤	معذور(ی)	۳۲- ۱۱٦-۱۵۹	مقام صبر	۱٦۲
مصر و چین	۳۲۱	" "	۳۱٦-۳٤۰	مقام عیش	۲۲
مصطبه	۱۲۲- ۱۹۵	معرفت	۱٤۷-۲۰٦	مقام مجاز	۱۸۸
مصقول	۲۲۰	معشوق باز	۲۹۵	مقام مجنون	٤٤
مصلا	۷۵-۲۰٤	معشوق بکامست	۳۷ -۲۲۳	مقام مگسی	۳٤۲

جدول ۵۲

مقامی داری	۳۳۵	ملک جهان	۳۱۱-۲۵۰	منظور گدایان	۳۱۲
مقبول طبع	۳۲۸-۱۶۲	مُلک دارا	۵	منع عشق	۲۰
مقتول	۲۲۰	مُلک دل	۱۹۰	مُنعم ۱۱۰	۳۲۹ -۲۸۳-
مقدم عید وصال	۳۰۲	ملک سلیمان	۲۶۸-۲۶۵ -۱۱۹	منعم کنی	۳۱۶
مقدور	۳۲	ملک عشق نداشت	۱۱۳	منقار ۶۱	۲۰۲ -۱۷۹ -
مقراض غم	۲۱۳	ملکوت	۱۳۹ -۱۳۶	منقش	۲۳۸ -۱۱۷
مقصد عالی	۱۳۴	ملول	۳۰۳-۲۵۷	من مست	۳۰۰
مقیم ۳۰-۳۷-	۲۷۲-۱۷۳-۱۷۰	ملول ازجان شیرین	۲۶۱	من مسکین	۲۲۸
مقیمان حضرت	۲۲۵	ملول از همرهان	۳۵۵	من ملک بودم	۲۲۹
مکارم	۱۸۰	ملیح	۲۱۰	منوّر کن	۲۹۳
مکاره	۱۶۱	منافق	۲۷۶	من و ساقی	۲۷۷
مکتب	۲۳۳-۱۲۲	منافی بزرگی	۲۰۳	من یزید	۱۴۷
مکتب حقایق	۳۶۲	من بد نام	۲۸۸	موجب حرمان	۱۶۳
مکحول	۲۲۰	من خسته	۲۲۵ -۱۹	موج خون افشان	۹۲
مکدر	۲۶۲	منبر	۲۶۰	موج سرشک	۲۳۷
مکر آسمان	۲۰۳	منت پذیرم	۲۴۳-۲۴۲	موج شوق	۲۱۶
مکر زمانه	۳۲۰	منت دونان	۱۱۲	موزون	۴۴
مکر عالم پیر	۱۸۶	مُنتهای همت	۲۳۳	موسم طرب وعیش	۱۲۸
مکر و دستان	۲۰۵	من خاکی	۲۶۷	موسم عاشقی	۱۲۶
مکمن غیب	۲۵۳	من درویش	۲۸۶	موسم گل ۲۵۸	۳۱۰-۲۷۸-
مکن آهنگ او	۱۴۲	من دل شده	۲۱۲	موسی	۳۶۱ -۱۷۲
مکن عجب	۲۸۱	منزل آن مه	۱۵	موعد دیدار	۱۵
مگر تو عفو کنی	۳۰۸	منزل بس دراز	۲۲۲	موقوف هدایت	۱۱۶
مگس ۹۴-	۳۳۶-۱۷۲-۱۶۰	منزل آسایش	۱۳	مولوی	۳۶۱
ملائک	۱۳۶	منزل جانان	۱۸۰ -۱	موم	۲۱۳ -۵
ملاح	۷۴	منزل شویم	۱۰	مومیائی	۳۶۵
ملاحت	۲۹۰ -۶۸	منزل عشق	۲۷۱	مونس جان	۱۹۴-۱۵۷-۳۰
ملازمان سلطان	۶	منزلگه دلدار	۴۱	" " "	۳۳۵ -۱۹۸
ملالت صد غصه	۱۶۹	منزلگه سلطان	۴۲	مونس دم صبح	۲۵
ملالتها پدید آید	۶۶	منزلگه معشوق	۱۷۲	مونس قلب رمیده	۳۱۶
ملامت علما	۳۶	منزل لیلی	۱۰۵	موهبت(ی)	۳۵۱-۲۲۵
ملامت کشیم	۲۸۹	منزل ما	۱۹۳	موئی ازسردوست	۵۰
ملامتگر بیعار	۱۵	منزل ویران(نه)	۲۷۶-۲۶۵ -۲۵۳	موی دلکش	۲۴۸
ملتمسی	۳۴۲ -۱۷۲	من سوخته	۱۶۴	موی راحلقه مکن	۲۲۸
ملک الحاج	۲۶۳	منصب صاحب	۳۶۳	موی میان	۲۶۴
ملک این مزرعه	۱۹۳	منصور	۱۴۵	مویه های غریبانه	۲۴۴
ملک تا ملکوت	۱۳۹	منطق طیر	۲۲	مهتاب	۲۳۲ -۲۱۱
مُلکت عاشقی	۴۶	منظر نظر	۳۶۲	مه جبینان	۲۹۸

جدول ۵۳

مه جلوه مینماید	۲۸۴	مه و مهر	۴۸	می ناب ۳۶-۲۳۲	۳۶۰-۳۵۰-۳۱۴
مهجوری	۳۳۶- ۳۶۶	مه وش	۱۷۵-۱۱۷	می نوش دمی	۱۷
مه خورشید کلاه	۲۵۶	مهیمنا	۲۴۴	می وجام	۲۸۸
مهر آئین	۲۶۲	می از خم به سبو	۱۳۴	می و مشک	۱۸۶
مهربان (ی)	۳۳۴-۱۲۴-۱۰۴	می الست	۱۰۹	می ومطرب ۱۴-	۱۴۴ -۱۳۱-۱۰۷
مهربان بودی	۳۳۱- ۳۳۰	میان دایره آی	۳۳۲	می ومعشوق ۳۷	۱۵۸ -۱۰۰ -
مهربانی جانان	۱۳۲	میان گریه میخندم	۱۱۰	می و میخواران	۲۴
مهربتان (سنگدل)	۲۷۶-۲۳۲-۲۱۵	میانه بزم طرب	۲۵۷	می و میگسار	۲۰۰
مُهر بر دهن	۱۱۸	می باقی	۳	نا امیدم مکن	۶۳
مُهربر لب	۲۵۰	میبوسم لب جام	۲۳۵	نا انصافیست	۱۹۴
مهر تو عکسی	۳۱۰	می به ساغر کن	۲۹۳	ناپروا	۱۵۱
مهر توونشانه تو	۲۸	می بیغش ۱۶۵-	۳۳۳-۲۳۸-۲۱۷	ناپیدا کرانه	۳۲۰
مهر چرخ	۳۲۱	می پرستی (ان)	۱۹۱- ۲۸۹	نادره گفتار	۴۱
مهر خدا	۲۰۸	می چون ارغوان	۲۶۴	نادرویش	۲۵۱
مُهر خود	۲۸۳	می چون لعل	۱۱۰	نادیده می بینی	۳۵۵
مهر رخ	۱۷- ۳۲	می حرام	۳۵	ناز بر فلک	۲۵۷
مهر روی خوبت	۳۴۹	میخانه ارباب کرم	۱۷۲	ناز بیناد مکن	۲۲۸
مهر فروغ	۱۳۴	میخانه عشق	۲۲۹	نازپرورد(یده)	۳۱۷-۲۰۲-۱۱۷
مهرگسل	۶۹	میخانه نشین	۲۲۶	ناز پرورم	۲۱۵
مهر گیاه	۲۷۱	میخانه و مستی	۱۱۶	نازکانه می چمد	۳۲۱
مهر لب	۲۷۶	میخانه و می	۱۵۲	نازک بدنان	۲۸۶
مهر ملک وشحنه	۱۶۴	می خواره (گان)	۲۴- ۳۷	ناز طبیبان	۸۰
مهر مهرویش	۱۱۰	می خورندحریفان	۲۵۷	ناز کم کن	۶۴
مهر نگاری	۱۶۴	می خوشگوار	۵۲- ۲۰۰	نازکی طبع لطیف	۱۰۱
مه رو	۲۹۷	می درساغراندازیم	۲۷۷	ناز نازنینان	۲۹۸
مهروزان	۱۶۶	می در کف	۳۷	ناز وتنعم	۱۲۱
مهرو ماه	۱۷۸	می دلیر نوش	۲۰۷	ناز و عتاب	۹۵
مُهرو نشان	۲۸- ۱۵۷ ۱۹۸	میراث خوارگان	۳۲۲	ناز و کرشمه	۲۶۰
مُهره مهر	۳۱۲	میراث فطرت	۲۲۵	ناز و نوش	۱۲۸
مه عاشق کن	۱۵	میر عاشقان	۲۰۰	ناسره	۱۵۵
مهلت دیدار	۱۸۴	میرقصند ومینازند	۳۲۹	ناشنیده پند	۱۴۳
مهمان خرابات	۸۷	میر مجلس	۱۲۳-۱۲۲	ناصح(مشفق) ۷۶	۲۹۹-۲۵۳-۱۸۶
مهمانی عزیزست	۳۵۱	می رنگین	۲۶۲	ناظر روی تو	۵۷
مهندس	۱۲۲-۷۵	میر نوروزی	۳۴۱	نافه چین	۳۶۷ -۲۶۳
مه نامهربان	۶۹	می سُرایم به شب	۲۸۱	نافه ختنم	۲۵۲
مه نو	۲۴- ۱۵۱	می لعل فام	۷	نافه خوش	۳۴۲
مه نو سفر	۱۷۱	میلم زیادت میشود	۲۳۰	نافه زلف یار	۳۰۶
مه و خور(شید)	۶۷- ۳۰۱	می مغان	۱۴	نافه سرزلف	۱۶۲

جدول ۵۴					
نافه گشای	۱۲۸- ۱۲۹	نثار قدم یار	۱۷۱	نسیم صبح (گاهی)	۶- ۴۹-۹۷
نافه گشائی	۲۰۶- ۲۶۳	نثارمقدم	۲۴۹	نسیم طره دوست	۳۳۰
ناقوس دیر	۵۱	نجف	۲۱۵	نسیم عطر گردان	۲۷۷
ناله ائی و آهی	۶۰	نجنبانی	۳۵۵	نسیم گلشن جان	۸۶
ناله بم و زیر	۱۸۶	نخست روز	۲۴۹	نسیم معنبر	۳۰۸
ناله چنگ	۷۵	نخفتی شب	۱۷	نسیم موی	۲۰
ناله حافظ	۱۴۰	نخوت	۱۲۱- ۱۶۲	نسیم وصل	۱۸۰
ناله شب	۲۶۳	نخیل	۲۲۲	نسیمی زعنایت	۲۳۶
ناله شبگیر	۲۵۵	ندای وصل	۱۹	نشاط دل	۴۲
ناله عشاق	۹۴	ندیم شاه	۸۹	نشاط و عیش	۲۱۴
ناله فریاد رس	۱۲۹	ندیم و مطرب	۳۲۰	نشان امان	۳۳۰
ناله نی	۱۳۷	ندیدم و نشنیدم	۲۳۴	نشان ستم	۱۳۲
ناله وفریاد ۱۳-	۶۱-۱۷۲-۳۳۴	نرگس باغ نظر	۳۳۷	نشان عشق	۲۹۵
ناله و فغان	۵۹	نرگس تو	۱۱۴	نشان کفر	۳۲۵
نامحرم	۲۰۹	نرگس جادو	۱۰۵	نشان موی میان	۲۶۴
نامکرر	۳۳	نرگس جماش	۶۰	نشان یارسفرکرده	۶۹
ناموس سامری	۲۹۴	نرگسدان	۱۴۸	نشان یوسف دل	۲۰۵
نام و نشان	۱۵۲	نرگس رعنا ۱۱۵	۲۱۴-۲۲۰- ۲۹۱	نشسته درخونست	۴۴
نام و ننگ	۳۷- ۳۴۰	نرگس ساقی	۳۸- ۱۲۵	نشیب و فراز	۱۸۷- ۱۸۸
نامه ائی خوش	۱۸۱	نرگس فتان	۵۹- ۱۹۷	نصاب	۲۴۳- ۲۷۲
نامهربان	۶۹	نرگس مخمور	۳۲۴	نصیبه ازل	۱۴
نامه سیاه	۱۵۰- ۲۵۸	نرگس مستانه	۲۰۱	نصیبه اسکندر	۳۲۸
نامه عمر	۲۳۲	نرگس مست ۷۹	-۹۱-۱۴۶-۱۸۷	نصیب همین کرد	۲۹
نامه هجر	۱۸۲	" " ۱۹۱-	۲۵۴- ۲۸۰-۲۹۱	نصیحت ۲۵۹	-۲۹۳-۳۶۰
نان حلال	۱۱	نزاع و محاکات	۲۷	نصیحت رندان	۱۰۷
ناوک چشم تو	۲۲۲	نزدیک دوست	۳۱۸	نصیحت شنود	۲۵۵
ناوک دلدوز	۲۴۹	نژند	۸۰	نصیحت همه عالم	۲۹
ناوک شهاب	۱۹۲	نسخه (عطری)	۳۰- ۲۷۳	نصیحت گو	۲۲۷-۲۹۷
ناوک غم	۲۱۲	نسخه شربت	۲۸۲	نصیحتگوی رندان	۱۱۰
ناوک غمزه	۲۳۸	نسیم بهار	۲۰۰	نصیحت گوش کن	۳
ناوک مژگان	۵۹-۱۵۴	نسیم جعد گیسو	۷۳	نصیحتی کنمت	۱۸۶
ناهید	۳۸- ۱۸۷	نسیم حیات	۲۸۰	نطاق سلسله	۲۵
نای	۲۹	نسیم خطت	۱۷۴	نطق زند	۳۴۷
نای و نی	۱۴۲	نسیم روضه شیراز	۱۹۵	نظاره	۲۵۷
نبض	۲۸۲	نسیم زلف	۱۶۹	نظارگان ماه	۲۷۰
نبید	۱۷۴- ۱۷۵	نسیم سحر	۱۵- ۶۴- ۱۰۴	نظام	۹۰
نثار خاک ره	۱۰۰-۳۳۲	" " " ۱۰۷	-۱۷۳-۲۴۰	نظرباز(ان) ۲۴	-۳۷-۸۴-۱۵۶
نثار دوست	۴۹	نسیم شمال	۲۱۹	" " "	۲۲۴

جدول ۵۵

نظربازی(حرام)	۱۴۴-۲۰۱- ۲۶۳	نقد بقا	۱۲۰	نقشی درخیال	۱۱۰
نظر برمنظر	۲۷۷	نقد جان	۳۳۲	نقشی زندم راه	۲۶۳
نظر به عیب کند	۱۴۰	نقد دل	۲۸	نقشی غلط	۲۶۹
نظرپاک خطاپوش	۷۹	نقد روان	۵۶- ۲۳۷- ۳۳۲	نقصان	۲۱۳
نظرها بود با مور	۲۰۳	نقد صوفی	۱۱۷	نقص و گناه	۱۴۰
نظم پریشان	۱۵۶	نقد عمر	۳۴۳	نقطه پرگار	۱۴۴
نظمش	۱۷۴	نقد قلب	۴۹	نقطه تسلیمم	۳۶۶
نعره زنان	۱۲۰-۳۳۷	نقد گل	۲۸۷	نقطه حافظ سرگشته	۳۳۰
نعل در آتش	۲۳۷	نقد مجانین عشق	۳۱۹	نقطه دل	۱۶
نعل سمند	۲۴	نقدها	۱۳۷	نقطه دهان	۱۸۴
نعیم (دهر)	۱۸۶-۳۴۶	نقش باز	۲۹۵	نقطه عشق	۳۴۵
نغمه	۲-۹۴-۱۷۷	نقش پراکنده	۳۵۸	نُقل	۲۳۸
نغمه چنگ	۳۷-	نقش تو	۳۰۲	نقل معانی	۱۵۳
نغمه داوودی	۱۲۷	نقش بر آب	۱۱۷	نکته ائی	۱۸۱- ۲۹۷
نفاق	۱۶- ۱۵۶	نقش بند قضا	۱۷۰	نکته بسته	۲۰۸
نفاق و زرق	۱۰۰	نقش جور	۱۳۲	نکته توحید	۳۶۱
نفحه (ات)	۵۰- ۱۸۱	نقش جهالت	۱۵۸	نکته دان(ان)	۷۲- ۲۰۹-۲۳۳
نفرین	۳	نقش خاک ره	۳۸	نکته روح فزا	۱۸۱
نفس باد صبا	۱۲۰	نقش خال	۱۶۰-۱۸۶	نکته غیر حسن	۱۶۲
نفس ببوی خوشش	۱۰۰	نقش خرابی	۱۵-۴۴	نکته ها رفت	۲۷۴
نفس دلکش	۲۰۶	نقش خود (پرستیدن)	۲۸۹	نکنی بنیادم	۲۲۸
نفس طامع	۳۶۵	نقش خیال	۱۶۰-۲۳۲-۳۲۴	نکوئی اهل کرم	۱۳۲
نفس فرشتگان	۳۰۳	نقش درخور	۳۳۴	نکهت ۱۰۰	-۱۸۱-۱۹۳
نفس نافرجام	۸	نقش دو عالم	۱	نگار من باشی	۳۴۴
نفس نفس	۲۱۸	نقش دیوار	۱۷۹	نگار می فروش	۳۲۰
نفس یار	۱۸۱	نقش رخ	۲۵۵	نگارنده غیب	۱۰۵
نفسی رخ بنما	۲۲۳	نقشش به حرام	۱۱۹	نگاری خوش	۲۱۱
نفسی همدم صبا	۱۹۹	نقش عجب	۶۱	نگارین گلشنی	۳۰۴
نفیر هزار	۲۸۷	نقش غم	۳۳	نگران میداری	۳۳۷
نفی حکمت	۱۳۴	نقش مراد	۱۰۳	نگسلد پیمان	۹۳
نقاب انداز	۱۹۲	نقش مستوری	۲۳۱	نگشود و نگشاید	۳
نقاب بگشاید	۱۰۷	نقش مقصود	۲۳۶	نگوئیم بد	۲۷۹
نقاب ز رخ	۱۴۷	نقش می زنم	۳۰۳	نماز(دراز)	۹۹- ۳۱۴
نقاب زلف	۳۰۴	نقش نگین	۱۶۴	نماز شام غریبان	۲۴۴
نقاب گل	۱۳- ۱۷۵	نقش نیک و بد	۱۳۲	نماز و نیاز	۹۹
نقاب و پرده	۱۰۷	نقش و نگار	۲۱۰	نمک(نمکدان)	۵۹- ۹۰- ۲۱۲
نقاش (قدرت)	۶۱- ۳۴۸	نقش هر نغمه	۹۴	نمی توانم دید	۲۵۷
نقد بازار جهان	۱۹۴	نقشی(خوش)برآب	۲۹۵-۳۲۴	ننگ نام (ز نام)	۷- ۸- ۳۷

جدول ۵۶

ننوشته میخوانی	۳۵۵	نهانش نظری	۱۵۵	وادی ایمن	۱۵-	۱۴۰-۱۷۲-۲۵۳
ننوشد می وانسان	۱۶۳	نهانی نظرت	۱۵۱	وادی		۶۲-۱۰۷-۱۹۳
نو آدمی	۳۵۳	نهایت صورت	۷۲	واژگون		۳۶۱
نوازش قلمی	۳۵۴	نه این ترانه سراید	۱۳۸	واعظ	۲۹-۶۶	۹۸-۱۴۴-۲۵۹
نواسازی	۳۶۷	نه پسند است	۳۴۵	واعظ شحنه شناس		۴۲
نوای من بسحر	۴۳	نه چندان هنرست	۱۶۳	واعظ شهر		۶۹-۱۶۳-۱۶۴
نوبهار(ی) ۱۷۰	۳۰۲-۳۲۱-	نه حلال	۲۰۶	واقعه		۱۸۳- ۲۴۷
" "	۳۳۳-۳۴۳	نه خامی بی غمی	۳۵۳	واقف		۶۵- ۱۸۵
نوبهار حسن	۲۹۰	نهد دام	۲۸۸	واقف منزل		۳۴۳
نور چشم	۲۸۴-۳۶۱	نه کارهرخامیست	۵۳	واله شوند		۱۶۸
نور خدا	۱۵۸	نه مرد رهند	۱۵۰	وثاق		۱۵۶
نور خرابات	۳۰۰	نه یارست ندیم	۲۷۲	وجد و حال		۲۶
نور دل	۳۶۵	نهیب	۹۶	وجه خمار		۲۸۰
نور دیده	۳۱۶	نیارست نهفت	۶۴	وجه عشق		۳۶۲
نور عشق	۱۰۷-۳۶۲	نیاز اهل دل	۲۹۸	وجه می		۱۷۶
نورماه پوشیده	۳۱۳	نیاز صبحدمی	۳۵۴	وجود خاکی ما		۷۴
نور و صفا	۵۵	نیازمند بلا	۱۸۸	وجود ضعیف		۷۶
نوروز	۱۷۶-۳۴۱	نیاز نیم شبی	۱۳۹	وجود ما معمائیست		۳۲۰
نورهدایت	۱۵۸	نیاز و ناز ما	۶۱	وجود نازکت		۸۰
نوسفر	۲۴۰	نیت کرد	۳۵۵	وجه تو		۸۰
نوشت خطی چند	۱۷۴	نیرنگ نقشی خوش	۳۲۴	وحشت زندان		۲۶۵
نوشته بد	۲۸۴	نیستی و هستی	۳۲۵	وحشی صفت		۸۲
نوش لبانت	۳۲۷	نیش غمی	۳۵۴	وحشی وضع		۲۹۷
نوش لب لعل	۲۱۲	نی قلمی	۳۵۴	وداع		۱۰۳
نوش لعل	۱۶۶	نی قندش	۳۵۴	ورای ادراک		۳۴۷
نو عروس	۱۶۱	نیک بنگری	۱۴۹-۳۴۵	ورای حد تحریر		۳۲۹
نوک خامه	۷۱	نیک سرانجام	۸۴	ورای طاعت		۳۸
نوگل خندان	۲۰۶	نیک نامی	۵-۱۷۶-۳۵۲	وردت دعاو درس		۱۸۵
نومید نتوان بود	۱۴۲	نیک و بد	۱۳۲	ورد زبان		۴۲-۷۴
نویدفتح و بشارت	۱۷۸	نیل مراد	۳۳۸	ورد سحری(گاه)		۱۱۷-۳۰۹
نهادم آئینه ها	۴۸	نیم جو	۱۵۰	ورد صبحگاه		۴۳
نهادم عقل را	۳۲۰	نیم شبی کوش	۳۳۹	ورد نیم شب		۱۷۸
نهادم قدح زکف	۱۸۶	نیم کرشمه	۲۹۸	ورطه بلا		۹۶
نهاد نیک تو	۷۶	نیم نظر	۱۴۹	ورع می ومطرب		۱۴
نهال دشمنی	۸۷	نیمه شب (ی)	۲۳-۱۳۹-۱۴۸	ورق ساده کنی		۳۵۸
نهال شوق	۱۴۵	وائق	۲۸۹-۳۲۹	ورق شعبده		۲۷۹
نهال قد یار	۳۵۷	واجب	۲۸۹	ورق گل		۲۰۵
نهانخانه (عشرت)	۲۳۸-۳۴۶	واخواست	۸۲	ورقهای غنچه		۴۸

جدول ۵۷

ورقی خواند	۳۹	وقت سحر	۱۳۵-۲۸۱	هر دو جهان	۲۲۹
وسوسه عقل	۸۸	وقت سرخوشی	۱۷۷	هر دو عالم	۲۹-۲۶۸
وسیله ساز	۸۶	وقت سفر	۱۰۳	هرزه	۵۱-۱۰۰-۳۲۷
وصال دوام را	۷	وقت سماع	۲۵۰	هرزه گرد	۱۴۳-۱۶۰
وصال دولت بیدار	۳۱۳	وقت شناسان	۳۵۴	هرساعتی حسنی	۷۸
وصال (تو) شماست	۴۳-۲۵۵	وقت صبحدم	۲۳۲	هر سر بازار	۱۳۱
وصال میطلبد	۲۹۱	وقت طرب	۲۷۸	هر سر مونی	۳۳۰
وصف جمال	۱۳۵	وقت فاتحه صبح	۱۳۹	هرسطری ازخصال	۳۲۷
وصف حسن	۳۴۷	وقت گل	۲۷۸	هرکه بی هنرافتد	۱۴۰
وصف رخ	۳۲۳	وقت مدرسه	۳۵	هرگزنگشت زایل	۲۲۱
وصل پروانه	۱۳۲	وقت مرحمت	۱۷۷	هر گل نو	۴۶
وصل خورشید	۱۴۴	وقت مستی بین	۲۵۷	هر گلی خاری	۳۳۲
وصل دوست	۱۴۹-۳۳۴-۳۴۹	وقت و فرصت	۲۵۹	هر گوشه چشم	۳۶۴
وصل گل	۲۸	وقتی خوش است	۳۳۳	هرلحظه صد نیاز	۱۸۹
وصل مدام	۳۶	وقوف	۵۲-۱۸۹	هر منزل	۳۴۸
وصله	۲۲۴	ولوله	۱۹۲	هزاران بت	۳۵۵
وصل وروی جوانی	۱۸۶	ولی شناسان	۷۲	هزاران درد	۲۶۱
وضع بی مثال	۲۰۴	وه زین کمان	۳۴۶	هزاران را چه شد	۱۲۴
وضع دگران	۳۳۷	وهم	۳۴۹	هزاران رخنه	۲۶۱
وضو	۲۱-۲۶	ویرانه نشیمن	۲۵۳	هزاران ناز	۳۱۳
وطن	۱۴۳-۱۱۸- ۲۲۵-۲۸۲-۲۸۵	وی و جام می	۳۶۴	هزارانند	۱۴۶
وظیفه	۲۷-۱۷۵-۱۸۰	هاتف	۱۲۸-۷۰	۱۳۵-۲۰۸-۳۶۳	هزار افسوس	۲۶۴
وظیفه حافظ	۳۶۱	هان سهو مکن	۳۴۵	هزار بار	۲۱۷-۳۵۲
وعظ	۲-۳۴۳-۳۵۱	هایل	۱	هزار پخته خامی	۳۵۲
وعظ بی عملان	۲۸۹	های و هوی	۲۶	هزار تیر دعا	۱۷۳
وفا با ما بود	۱۵۱	هجران بلای ما	۲۸۴	هزار جاده	۳۳۰
وفات	۱۶۸-۱۹۲	هجرت	۳۴۹	هزارجان	۷۳-۲۹۸-۳۳۰
وفا خواهی	۱۸۲	هدف	۲۱۵	هزارجان مقدس	۳۳۹
وفادار(ی) ۱۰۵ -۱۱۴-۱۴۲	هدهد ۷۰-۱۰۸	- ۱۲۷- ۱۶۰	هزار جهد	۳۴۴
وفاداران	۱۷۷	هربه	۱۹۹	هزار حیله	۱۲۳
وفا و عهد	۱۳۰	هرپاره از دل	۳۲۷	هزارخرمن طاعت	۱۵۰
وفای صحبت	۲۹۸	هرتارمویِ حافظ	۳۳۳	هزاردشمن	۲۱۸
وفای عشق	۲۱۳	هرجائی	۱۶۰-۲۹۷	هزار شکر	۱۸۷
وفق رضا	۱۸۶	هرچه باد(آباد،باد)	۷۵-۷۶	هزار صف	۳۱۳
وقت حافظ	۲۳۲	هرچه مرادست	۳۳۴	هزارش مرحبا	۲۷۵
وقت خوش	۵۲	هر حریفی	۱۷۲	هزار قطره ببارد	۲۴۱
وقت دعای سحر	۲۴۰	هرحلقه ائی واثیوبی	۳۳۲	هزار گونه سخن	۲۰۷
وقت رندی	۱۶	هر دم انجمنی	۳۵۶	هزار گونه فراغ	۲۱۴

جدول ۵۸

هزار لاله	۱۶۹	همدم نیکو نهاد	۷۶	هوای خدمت	۳۰۰
هزار نکته	۱۳۰ -۵۳	هم رازعشق	۲۶۹	هوای کوی	۱۴۳-۱۱۸
هزاران هزار	۷۵	هم روی توخوش	۲۱۰	هوای لب	۳۱۴
هزار یوسف	۲۰	هم صحبت بد	۳۶۵	هوای مجلس	۲۹۳
هستان	۱۲	همصحبتی اهل ریا	۱۹۴	هوای میخانه	۳۱۹
هست و نیست	۲۱	هم قران	۲۱۶	هوای می ومطرب	۱۴۴
هستی وعشق	۳۹۹	هم عنان	۲۳۴	هوای وصال	۳۶۲ -۲۱۶
هشت خلد	۲۹	هم نشینان	۲۹۸	هوس روی تو	۳۰
هشیار شو	۳۲۱	هم نشین دل	۲۶۱ -۷۰	هوس ساقی	۳۵۰
هفتاد ودو ملت	۱۳۶	هم نشین شکیب	۲۱۶	هوسناکی	۳۵۰
هفت اختر	۳۶۳	هم نفس	۲۶۹ -۲۰۵	هوشیاران	۱۴۶
هفت بحر	۳۶۲	همه را عذر بنه	۱۳۶	هویدا	۱۱۵ -۱۰۶
هفت پرده	۳۴۶	همه شب ۶-	۳۰۳-۲۳۶-۱۵۷	هیچ آفریده	۲۹
هفت خانه چشم	۲۱۹	همه شیوه های	۹۰	هیچ باب	۲۲۰
هفت دریا	۳۵۳	همه عالم ۳۴-	۲۵۱-۱۱۳ -۴۶	هیچ به هیچ	۲۱۷
هفت کشور	۳۳	همه فانی دانست	۳۹	هیچ ثباتت	۳۵۵
هفتم زمین	۴۵	همه کاروباردوست	۴۹	هیچ دلاور	۵۵
هلال(ی) ۳۰۲-	۳۴۹-۳۴۸-۳۰۸	همیشه سر دارد	۸۸	هیچ دم برنیاوردم	۲۳۰
هلال عید	۱۷۴-۹۹ -۹۸	هند	۱۶۱	هیچ طرف نبست	۲۲
هلالی شد تنم	۳۰۴	هندو(ی) ۳-۶۶	۱۵۷-۱۵۴-۷۳	هیچ عارضه	۸۰
هما	۱۱۸ -۸۶-۷۸	" " ۲۵۰	۲۹۷-۲۷۰	هیچ محرم دل	۹۱
هم اوت رهبرآید	۱۶۶	هنر پرور	۳۲۸	هیچ مقامی	۸۲
همایون	۱۶۴ -۴۴	هنرش نیز بگو	۱۳۴	هیچ وجهی	۳۴۹
همایون آثار	۲۸۵	هنر های دگر	۱۶۳	هیهات ۳۲-۵۰	۲۵۵ -۲۱۸ -
همت او قاصر	۵۶	هنگام درو	۳۰۱	" " ۲۶۲	۳۵۸-۳۵۱-
همت پاکان	۲۹۸ -۴۷	هنگام وفا	۳۳۵	یاد توام مونس	۳۶۶
همت چه می بندی	۳۲۹	هنوز می نچشید	۱۷۵	یاد حریفان	۱۵۳
همت خواه	۱۵۲	هنی ترمیرسد	۳۴۱	یاد روی(یاری)	۳۳۳-۲۳۳
همت سرو	۹۱	هواخواه(ی) ۹۴-	۳۵۵-۲۶۵ -۲۲۵	یاد سمن	۱۴۳
همت شحنه نجف	۲۱۵	هواداران رهرو	۲۹۷	یاد صحبت	۳۲۸
همت عالی	۱۶۳	هوادار(ی) ۱۸-	۳۰۴-۲۸۷-۱۲۹	یادگار عمر	۱۸۴
همت و رای	۳۱۳	هواداری کویش	۲۳۹	یادگار نسیم صبا	۹۳
همچو تو دلداری	۳۵۰	هوا دلکش	۱۶۵	یادگاری	۱۳۱
همچو نسیم خوش	۳۲۵	هواگیر	۸۳	یاد گوشه محراب	۲۳۲
همدم جان	۱۴۳	هوالغنی	۳۵۷	یاد مجلس دوست	۲۵۷
همدم گل	۱۴۳	هوا مسیح نفس	۱۲۸	یار آشنا	۳۰۷
همدم مرغان	۳۳۱	هوای رُخت	۲۲۷	یاران شهر	۱۵۰
همدم نافه ختن	۲۵۲	هوای خاک درش	۱۹۶	یاران طریقت	۱۰

جدول ۵۹

یار برگزیده	۳۱۷	یاقوت جانفزا	۳۱۷	یکسال هست	۳۴۹
یا رب مبادا	۲۸۳	یاقوت قدح	۱۵۱	یک سخن بگو	۲۴۸
یار جان پناه	۱۷۸	یاقوت مذاب	۳۱۴	یک شکر	۱۶۵
یار چو ماه	۱۷۱	یاوری فلکت	۳۳۸	یک فروغ روی	۲۶۸
یار خراباتی	۲۱۲	یاوه کرد	۲۵	یک قبا	۱۰۸
یار دلارای ما	۱۷۳	ید بیضا	۱۰۶	یک لحظه هست	۳۴۹
یار دلخواه	۳۰۹	یغما(ئی)	۳- ۸۰	یک مو	۲۹۷- ۳۶۲
یار دلنواز	۷۲-۲۲۷	یغمای دل	۳۱۵	یک میوه بچینم	۱۶۴
یار دیرینه	۱۰۵	یغمای عقل ودین	۲۸۴	یک نفس باقیست	۲۱۳
یار زیرک	۳۵۶	یقین میدانم	۵۹	یک نکته ات	۳۲۵
یارست ندیم	۲۷۲	یکباره بردآرام را	۸	یکی کارگرشود	۱۶۲
یار سفر کرده	۳۲۸-۳۳۵	یک پیمانه می	۱۴۲	یَمَن	۲۸۵
یار شیرین	۴۱- ۳۴۱	یک تار مو	۲۶-	یُمن رحمت	۴۶
یار عزیز	۳۰	یک جرّعه می	۱۲۵	یُمن لطف	۱۶۲
یار گرامی	۱۷۱	یک جو منت	۱۱۲	یُمن نظر	۳۹
یار مردان خدا	۹	یک دم بنشینم	۱۶۴	یُمن همت	۳۳۹
یار مفروش بدنیا	۱۵۵	یکدم خالی زعشق	۳۲۵	یمین و یسار	۱۴۶
یار و دیار	۲۴۴	یک دو جام	۱۵۶	یوسف ۳- ۱۴۷	155-185-231
یار وفادار	۱۰۵	یک دو دم	۱۸۴	یوسف دل	۲۰۵
یار و ندیم	۲۶۲	یک دو قدح	۷	یوسف مصری	۲۰- 356
یار یارمن باشد	۱۱۸	یک ذره مهربان	۳۳۱		
یاری مهربان	۳۳۴	یک رنگی	۳۶۰		

غزلهای غیر حافظی نسخه قزوینی

******

غزلیات ذیل که بعنوان غزلیات حافظ در نسخه قزوینی آمده است بعلت سبک بودن لحن اشعار سروده شده که از لطافت اشعار حافظ بشدت دورمیباشند و عدم رعایت عرفان در تعابیر ارائه شده و مخدوش بودن معانی تعابیر ارائه شده هرچندکه حتی از خود حافظ و یا دیگر شاعران عارف پارسی برداشت و آورده شده است همچنین تعاریف عقیدتی ارائه شده در خصوص مبانی وجودی انسان که از قرآن نشات میگیرد بسیارمخدوش وحتی در بعضی موارد اشتباه تعریف گردیده است، این موارد بخوبی نشانگر این مطلب است که غزلیات زیر مطلقا متعلق به حافظ نبوده و متاسفانه بوسیله شاعران درباری هم عصر وحتی بعد از حافظ با مقاصد مختلف سروده شده (این موضوع دراولین بخش کتاب " چرا بکر؟ " بصورت کامل شرح داده شده است) که در سیر جمع آوری دیوان حافظ در قرون بعد بعلت زیبائی ظاهری و مشابهت در سبک و داشتن نام حافظ در بیت انتهائی در دیوان او جای گرفته است .

در این بخش ضمن جمع آوری غزلیات غیر حافظی نسخه قزوینی ، موارد مشکل دار و حتی اشتباه که در هر غزل در میان تعابیر و موارد صحیح و عرفانی دیده میشود (با نازک ساختن حروف نوشتاری آنها) مشخص گردیده که میتواند منبعی خوب برای آموزش دروس ادبیات عرفانی در مراکز آموزشی باشد. بنابراین غزلهائی که تماما با حروف نازک نگارش شده اند یعنی موارد عرفانی در آنها دیده نمی شوند .

اینجانب درزمان جمع آوری و کار بر روی این نسخه که حدود دوسال بطول انجامید با اینکه طبع شعر ندارم و فقط دوستار اشعار عارفانه میباشم بعلت همنشینی زیاد و توجه و غرق شدن در اشعار حافظ برای درک مفاهیمی که ارائه نموده است و متعاقبا بهره بردن از لطافت و زیبائی تعابیر اشعار والای او بدون داشتن سابقه ائی اشعاری به ذهنم خطورکرد که منجر به سروده شدن دو رباعی زیر گشت که مشخصا هیچکدام از اشکالات اشعار غیر حافظی در آنها دیده نمیشود و بسیار نزدیک به اشعار حافظ میباشند هر چند باز آن لطافت لحن را ندارد ولی بخوبی میتوان دو بیت زیر را به حافظ نسبت داد حالیکه این بنده حقیر ناشاعر فقط بخاطر همنشینی با حافظ لطیف آنها را سروده ام :

داغ بی مهری یارم که پریشان سازست — کار بیداد غمش را بدل آسان سازست
مگر آن روی چو ماهش بزُداید این غم — ورنه این داغ نشین را که درمان سازست

****

چو نگارم نظری بر دل طوفانی کرد — این دل شب زده را وه که چه مهسانی کرد
وه به آن ماه که چونش بربودی ظلمت — وه به آن شمس که جان را چه نورانی کرد

****

همچنین قابل توجه است که غزلیات غیر حافظی این بخش با اینکه نیم قرن است که با غزلیات حافظ همراه گشته و بنام غزلیات حافظی عرضه گشته اند فقط بعلت داشتن اشکالات فوق و دور بودن از لطافت اشعار حافظ بصورت خود کار از غزلیات مورد استفاده ویا مطالعه حافظ در میان مردم حذف گردیده اند بدین معنی که در غزلیات و اشعار حافظی که مردم در میان خود میخوانند و یا بوسیله هنرمندان به آواز کشیده میشود هیچکدام از غزلیات غیر حافظی نه دیده میشوند و نه مطرح هستند البته چند بیت از تمامی غزلیات غیر حافظی این بخش بعنوان پند و اندرز معروف گشته و گاهی مورد استفاده قرار میگیرد که علت اصلی آن نیز باز استفاده شاعر آن از مثل معروفی است که در جامعه رواج داشته و دارد که اصل آنها نیز باز از عارفان پارسی گو نشات گرفته است ولی چون با نام حافظ عرضه شده است بوسیله بعضی از آموختگان ادب پارسی درمواقعی مورد استفاده قرارگرفته و بصورت شعری از حافظ ارائه میگردد که البته بعلت رواج داشتن اصل ضرب المثلها در میان مردم کاربرد زیادی نیز درمیان مردم نداشته و با نام حافظ معروف نمی باشند، بنابراین میتوان گفت که سعی اینجانب در این بخش فقط جدا سازی ، جمع آوری و ثبت غزلهای غیر حافظی است که پیش از این مردم پارسی زبان با عدم عرضه آنها به یکدیگر در محافل خود در واقع آنهارا پیش از چاپ این نسخه از دیوان حافظ پاک سازی نموده اند.

۱

می‌دمد صبح و کُله بست سحاب ‌ ‌ ‌ ‌ الصبوح الصبوح یا اصحاب
می چکد ژاله بر رخ لاله ‌ ‌ ‌ ‌ المدام المدام یا احباب
می‌وزد از چمن نسیم بهشت ‌ ‌ ‌ ‌ هان بنوشید دم به دم می ناب
تخت زمرد زده است گل به چمن ‌ ‌ ‌ ‌ راح چون لعل آتشین دریاب
در میخانه بسته‌اند دگر ‌ ‌ ‌ ‌ افتتح یا مفتح الابواب
لب و دندانت را حقوق نمک ‌ ‌ ‌ ‌ هست بر جان و سینه های کباب
این چنین موسمی عجب باشد ‌ ‌ ‌ ‌ که ببندند میکده به شتاب
بر رخ ساقی پری پیکر
همچو حافظ بنوش باده ناب

غزل فوق بوسیله شاعری خوب سروده شده است ولی متاسفانه سطح آن به لحاظ سرایندگی و معانی بسیار پائین و بشدت از عرفان دورست غزل فوق نشان میدهد که شاعرآن به تعابیرحافظ و شاعران عارف دیگر بخوبی آشنائی داشته است ولی بعلت عارف نبودن و اشراف نداشتن به معانی عرفانی آنها نتوانسته از آنها به نحوه شایسته استفاده کند .

۲

گفتم ای سلطان خوبان رحم کن براین غریب ‌ ‌ ‌ ‌ گفت در دنبال دل ره گم کند مسکین غریب
گفتمش مگذر زمانی گفت معذورم بدار ‌ ‌ ‌ ‌ خانه پروردی چه تاب آرد غم چندین غریب
خفته برسنجاب شاهی نازنینی را چه غم ‌ ‌ ‌ ‌ گر ز خار و خاره سازد بستر و بالین غریب
ای که در زنجیر زلفت جای چندین آشناست ‌ ‌ ‌ ‌ خوش فتاد آنخال مشکین بررخ رنگین غریب
می‌نماید عکس می در رنگ روی مه وشت ‌ ‌ ‌ ‌ همچو برگ ارغوان بر صفحه نسرین غریب
بس غریب افتاده است آن مورخط گِرد رُخت ‌ ‌ ‌ ‌ گرچه نبود در نگارستان خط مُشکین غریب
گفتم ای شام غریبان طره شبرنگ تو ‌ ‌ ‌ ‌ در سحرگاهان حذرکن چون بنالد این غریب
گفت حافظ آشنایان در مقام حیرتند
دور نبود گر نشیند خسته و مسکین غریب

شاعر فوق از شعرای خوش ذوق زمان خود است وبرای تشخیص شعر او از حافظ با توجه به دانش و فنی که میداند و سبک شعرش که با سبک حافظ همخوانی دارد فقط میتوان ازموارد عدم رعایت عرفان در اشعاراو مشخص ساخت که متعلق به حافظ نیست و به شاعردیگری تعلق دارد ، شاید این شاعر محترم با توجه به اینکه شعرش بدلش نشسته بوده است با آوردن نام حافظ دربیت مقطع قصد جاودان کردن شعرش را داشته که موفق نیز شده است. ازاین شاعر مجددا غزلهای دیگری دراین قسمت مشاهده خواهید نمود .

۳

ساقیـا آمدن عید مبارک بـادت
وان مواعید که کردی مرواد از یادت

در شگفتم که در این مـدت ایام فراق
برگرفتی ز حریفان دل و دل می دادت

برسـان بنـدگی دختـر رز گـو به درآی
که دم و همـت ما کـرد ز بند آزادت

شادی مجلسیان در قدم و مقدم توست
جای غم باد مر آن دل که نخواهد شادت

شکر ایزد که ز تاراج خزان رخنه نیافت
بوستان سمن و سرو و گل و شمشادت

چشم بد دور کـز آن تفرقهات بازآورد
طالـع نامـور و دولـت مـادر زادت

حافظ از دست مده دولت این کشتی نوح
ور نـه طـوفان حـوادث ببـرد بنیـادت

این غزل نیز بخوبی میتواند متعلق به شاعر (غزل ۲) باشد زیراکه همان خصوصیات را داراست و اینکه در این غزل سیر معنی نیز کاملا رعایت نشده ومسائل بصورت مخلوط عرضه میگردد .

۴

ما را ز خیـال تو چه پروای شـراب است
خم گـو سر خود گیرکه خمخانه خراب است

گرخمر بهشت است بریزید که بی دوست
هر شربت عذبم که دهید عین عذاب است

فسوس کـه شـد دلبـر و در دیده گریان
تحریر خیـال خط او نقش بـر آب است

بیـدار شـو ای دیـده که ایمن نتـوان بود
زین سیل دمادم که دراین منزل خواب است

معشـوق عیـان میگـذرد بـر تـو ولیکن
اغیـار همی بیند از آن بسته نقـاب است

گل بـر رخ رنگیـن تـو تا لطف عرق دید
در آتش شوق از غم دل غرق گلاب است

سبـز است در و دشـت بیـا تا نگذاریـم
دست از سرآبی که جهان جمله سراب است

در کنـج دماغـم مطلـب جای نصیحـت
کاین گوشه پر از زمزمه چنگ و رباب است

حافظ چه شد ار عاشق و رند است و نظرباز
بس طور عجب لازم ایام شبـاب است

این غزل را نیزبراحتی میتوان گفت که از شاعر(غزل ۲) است زیرا بسیار با دوغزل فوق این شاعر بلحاظ سبک و نحوه سیر معانی و دور بودن ایهامها از عرفان میخواند. ابیات خوب آن بیشتر بنظرقرض گرفته از خود حافظ است آنچنانکه محتوای مصرع اول بیت مقطع را مشخصا از خود حافظ قرض گرفته است .

۵

آن شب قدری که گویند اهل خلوت امشب است — یا رب این تأثیردولت در کدامین کوکب است
تا به گیسوی تو دست ناسزایان کم رسد — هر دلی از حلقه‌ای در ذکر یارب یارب است
کشته چاه زنخدان توام کز هر طرف — صد هزارش گردن جان زیر طوق غبغب است
شهسوار من که مه آیینه دار روی اوست — تاج خورشید بلندش خاک نعل مرکب است
عکس خوی بر عارضش بین کآفتاب گرم رو — درهوای آن عرق تا هست هر روزش تب است
من نخواهم کرد ترک لعل یار و جام می — زاهدان معذور داریدم که اینم مذهب است
اندر آن ساعت که بر پشت صبا بندند زین — باسلیمان چون برانم من که مورم مرکب است
آن که ناوک بر دل من زیر چشمی می‌زند — قوت جان حافظش در خنده زیر لب است
آب حیوانش ز منقار بلاغت می‌چکد — زاغ کلک من بنام ایزد چه عالی مشرب است

خوی(خی) : عرق

شعر فوق نیز مشخصات اشعار قبلی را داراست و میتوانداز شاعر (غزل۲) باشد و باید گفت که بعلت استفاده خوب ایشان از تعابیر حافظ و دیگران و دادن نظم جدید به آنها این غزل به لحاظ معانی عرفانی از غزلهای دیگر این شاعر برترست هرچند مشکلات خاص خود را بلحاظ رعایت عرفان و سیر معنی دارد همچنین مطلب قابل توجه در این شعر اینست که شاعر در بیت ماقبل آخر به حافظ با معنی حفظ کننده دلش اشاره کرده است و همانند دیگر غزلهای منسوب مشخصا" در بیت مقطع نام حافظ را هم نیاورده است ولی بعلت خوب بودن ظاهر شعر و داشتن همین اشاره به حافظ رسما در میان اشعار حافظ قرار گرفته در حالیکه از نحوه سروده شدن غزل بنظر می آید شاعر چنین قصدی که شعر خودرا بنام حافظ مطرح نماید نیز نداشته است .

۶

خدا چو صورت ابروی دلگشای تو بست — گشادِ کار من اندرکرشمه‌های تو بست
مرا و سرو چمن را به خاک راه نشاند — زمانه تا قصب نرگس قبای تو بست
ز کار ما و دل غنچه صد گره بگشود — نسیم گل چو دل اندر پی هوای تو بست
مرا به بند تو دَوَران چرخ راضی کرد — ولی چه سودکه سَرِرشته دررضای تو بست
چو نافه بر دل مسکین من گره مفکن — که عهد با سر زلف گره گشای تو بست
تو خود وصال دگر بودی ای نسیم وصال — خطا نگرکه دل ، امید در وفای تو بست

ز دست جور تو گفتم ز شهر خواهم رفت
به خنده گفت که حافظ برو که پای تو بست

قصب : نی و هرساقه ائی چون نی ، مروارید آبدار

شاعر غزل فوق از شاعران خوش ذوق است و سیر معنی را نیز در غزل حفظ نموده ولی هرچند از تعابیر خود حافظ برای این غزل کمک گرفته است (بخصوص در مصرع انتهائی) باز عدم رعایت مبانی عرفان و ارائه بعضی تعابیر عجیب و سلیس نبودن و همچنین دور بودن از لحن و لطافت اشعار حافظ ،حافظی نبودن غزل فوق خود را نشان میدهد .

۷

اگـر چه باده فرح بخش و بـاد گل‌بیز است / ببانگ چنگ مخورمـی که محتسب تیز است
صراحی و حـریفی گـرت بـه چنگ افتد / به عقل نوش کـه ایـام فتنه انگیـز است
در آستین مـرقـع پیـاله پنهـان کن / که همچو چشم صراحی زمانه خونریز است
به آب دیـده بشـوییم خرقـه‌ها از مـی / که موسم ورع و روزگـار پـرهیـز است
مجوی عیش خوش از دور باژگـون سپهر / که صاف این سرخم جمله دُردی آمیز است
سپهر بـر شده پرویز نیست خون افشان / که ریزه‌اش سر کسری و تاج پرویز است
عراق و فارس گرفتی به شعر خوش حافظ
بیـا کـه نوبت بغـداد و وقت تبریز است

شاعر غزل فوق مشخصا هم وارد عرفان نشده است و هم از شاعرانیست که مجلس میگساری عرفانی و عادی را رسما یکی میداند وبه همین مناسبت روشهائی را نیز برای اینکه دوستان اهل از بابت آن به دردسر نیافتند ارائه میدهد .

۸

حال دل با تو گفتنم هوس است / خبـر دل شنفتنم هوس است
طمـع خـام بین که قصه فاش / از رقیبـان نهفتنم هوس است
شب قدری چنین عزیز شریف / با تـو تا روز خفتنم هوس است
وه کـه دُردانـه‌ای چنیـن نـازک / در شب تار سفتنم هوس است
ای صبـا امشبـم مـدد فـرمای / که سحرگه شکفتنم هوس است
از بـرای شـرف به نـوک مـژه / خاک راه تـو رُفتنم هوس است
همچـو حافظ بـه رغـم مدعیـان
شعـر رنـدانـه گفتنـم هوس است

شاعر غزل (شاید تصنیف) فوق مشخصا از شاعران خوب و شوخ طبع زمان خود بوده است و بخوبی تمام موارد واشارات عرفانی را به مزاح گرفته است و در آخر نیز خود به این مسئله که این غزل از حافظ نیست اشاره کرده است ولی باز بعلت استفاده از نام بزرگ حافظ افتخار پیدا کرده است که از غزلهای حافظ محسوب ودردیوان اوثبت گردد .

۹

صحن بستان ذوق بخش و صحبت یاران خوش است
وقت گل خوش باد کز وی وقت میخواران خوش است
از صبـا هـر دم مشام جـان مـا خـوش می‌شـود
آری آری طیـب انفـاس هـواداران خـوش است
نـاگشـوده گل نقـاب ، آهنـگ رحلـت سـاز کـرد
نالـه کـن بلبل کـه گلبـانگ دل افـکاران خوش است
مـرغ خوشخـوان را بشارت باد کانـدر راه عشـق
دوسـت را بـا نـاله شبهـای بیـداران خـوش است
نیست در بازار عالـم خوشـدلی_ ور زان کـه هست
شیـوه رنـدی و خـوش باشی عیـاران خـوش است
از زبـان سـوسـن آزاده‌ام آمـد بـه گـوش
کانـدر ایـن دیـر کهـن کـار سبکبـاران خوش است
حافظـا ترک جهان گفتن طریق خوشدلیست
تا نپنداری که احوال جهان داران خوش است

طیب : بوی خوش

شاعر غزل فوق شاعری خوب است و در این غزل بسیار کوشیده است تا تمام قوائد شعر حافظ به لحاظ سبک و سیر معنی و نتیجه گیری و پند دهی آخر را به نمایش گذارد و خوب نیز پیش رفته است ولی ۱- بعلت نداشتن طبعی سلیس چون حافظ (کنار هم آوردن کلمات ساده و زیبا که بیان ساز معانی والای عرفانی باشند) و ۲- عارف و پاکباخته نبودن که باعث خروج ایشان از مبانی عرفان شده است و حتی عدم درک صحیح از معانی تعابیر عارفانه که از آنها به اشتباه نیز استفاده کرده است (مانند بیت ماقبل آخر و استفاده از ایهام سبکباران) بخوبی مشخص میکند که این غزل متعلق به شاعری دیگرست و نمیتواند از حافظ باشد.

۱۰

روضه خلد برین خلوت درویشان است — مایه محتشمی خدمت درویشان است
کُنج عزلت که طلسمات عجایب دارد — فتح آن در نظر رحمت درویشان است
قصر فردوس که رضوانش به دربانی رفت — منظری از چمن نزهت درویشان است
آن چه زر می‌شود از پرتو آن ، قلب سیاه — کیمیاییست که در صحبت درویشان است
آن که پیشش بنهد تاج تکبر خورشید — کبریاییست که در حشمت درویشان است
دولتی را که نباشد غم از آسیب زوال — بی تکلف بشنو ، دولت درویشان است
خسروان قبله حاجات جهانند ولی — سببش بندگی حضرت درویشان است
روی مقصود که شاهان به دعا می‌طلبند — مظهرش آینه طلعت درویشان است
از کران تا به کران لشکر ظلم است ولی — از ازل تا به ابد فرصت درویشان است
ای توانگر مفروش این همه نخوت که ترا — سر و زر در کنف همت درویشان است
گنج قارون که فرو می‌شود از قهر هنوز — خوانده باشی که هم ازغیرت درویشان است
حافظ ار آب حیات ازلی می‌خواهی — منبعش خاک در خلوت درویشان است
من غلام نظر آصف عهدم کو را
صورت خواجگی و سیرت درویشان است

این غزل مشخصا بوسیله یکی از شعرای خوب مسلک درویشی و درراستای معرفی والائیت مسلک درویشان نسبت به دیگر گروههای جامعه سروده شده است وهمانگونه که میدانیم مسلک درویشی با قشرروحانیان و فقیهان درتضاد قرار داشته و دارند. این شاعر در بیت آخر وابستگی خود را به مقام حکومتی که حامی مسلک دراویش بوده است را بخوبی نشان میدهد . دراین راستا این غزل فقط بعلت اشاره داشتن به نام حافظ در بیت یکی مانده به آخر(که توصیه ائی مخدوش به حافظ است) از غزلیات حافظ محسوب گردیده حالیکه این غزل با تمام زیبائی ظاهری بشدت با روال اشعار حافظ متفاوت بوده واین مسئله بجز از رعایت شئون عرفانی است که دراین غزل مشخصا رعایت نشده است بنابراین این غزل مطلقا نمی تواند متعلق به حافظ باشد .

۱۱

دارم امید عاطفتی از جناب دوست
کردم جنایتی و امیدم به عفو اوست

دانم که بگذرد ز سر جُرم من که او
گر چه پریوش است ولیکن فرشته خوست

چندان گریستیم که هر کس که برگذشت
دُراشک ماچودیدروان گفت کاین چه جوست

هیچ است آن دهان و نبینم از او نشان
موی است آن میان وندانم که آن چه موست

دارم عجب ز نقش خیالش که چون نرفت
از دیده‌ام که دم به دمش کارشست و شوست

بی گفت و گوی زلف تو دل را همی‌کشد
با زلف دلکش توکه را روی گفت و گوست

عمریست تا ز زلف تو بویی شنیده‌ام
زان بوی در مشام دل من هنوز بوست

حافظ بد است حال پریشان تو ولی
بر بوی زلف یار پریشانیت نکوست

متاسفانه شاعر این غزل نه آنکه مبانی عرفان را رعایت نکرده است با آوردن لغات و تعابیر عجیب در شعرش مانند "گرچه پریوش است لیکن فرشته خوست" نشان داده است که حتی از مبانی عرفان خبرنیز ندارد و برداشت مفاهیمش فقط تکرار و نظم دادن ظاهرمعانی و تعابیر دیگرانست ، این غزل خود دلیل خوبیست برای این مطلب که خصوصیت داشتن نام حافظ دربیت مقطع اشعارغیرحافظی دردورانهای بعد ازحافظ حداقل این بوده است که غزل مزبور نیز بهمراه غزلهای دلکش حافظ جاودانه گشته ومردم دورانهای بعدآنرا خواهند خواند هرچند به دلشان ننشیند وازآن سریع بگذرند.

۱۲

گر چه عرض هنر پیش یار بی ادبیست
زبان خموش ولیکن دهان پر از عربیست

پری نهفته رخ و دیو در کرشمه حسن
بسوخت دیده زحیرت که این چه بوالعجبیست

در این چمن گل بی خار کس نچید آری
چراغ مصطفوی با شرار بولهبیست

سبب مپرس که چرخ از چه سفله پرور شد
که کام بخشی او را بهانه بی سببیست

به نیم جو نخرم طاق خانقاه و رباط
مرا که مصطبه ایوان و پای خم طنبیست

جمال دختر رز نور چشم ماست مگر
که در نقاب زجاجی و پرده عنبیست

هزار عقل و ادب داشتم من ای خواجه
کنون که مست خرابم ، صَلاحِ بی‌ادبیست

بیار می که چو حافظ هزارم استظهار
به گریه سحری و نیاز نیم شبیست

بولهبیست : ابو لهب است = بوالعجبیست : پراز شگفتی است = طنبی : تالار ، اطاق بزرگ کاخ

شاعر این غزل (که میتواند شاعر غزل (۱) نیز باشد) شاعری خوش طبع و دانشمند است و شعری خوب سروده است ولی متاسفانه نه موارد عرفان را بطور کامل در آنها رعایت ساخته و نه سیر مشخصی در معانی ابیات شعر دیده میشود ودر هربیت به موضوعی خاص با الهام از تعابیر دیگر شاعران و حتی خود حافظ پرداخته است همچنین متاسفانه درمعانی بعضی از لغات بکار گرفته شده در ارتباط با معنی بیت نیز مشکلاتی دیده میشود به همین سبب مشخصا غزل فوق متعلق به حافظ نیست و بعلت داشتن نام حافظ در بیت مقطع به جمع غزلیات حافظ وارد گشته است .

۱۳

مرحبـا ای پیـک مشتاقـان بـده پیغـام دوسـت

تـا کنـم جـان از سـر رغبت فـدای نـام دوسـت

والـه و شیـداست دایـم همچـو بلبـل در قفـس

طـوطـی طبعـم ز عشـق شکـر و بـادام دوسـت

زلف او دام است و خالش دانه آن دام و من

بـر امیـد دانـه‌ای افتاده‌ام در دام دوسـت

سـر ز مستـی برنگیـرد تـا بـه صبـح روز حشـر

هرکـه چـون مـن درازل یـک جرعـه خـورد از جـام دوسـت

بـس نگـویم شمـه‌ای از شـرح شـوق خـود از آنـک

دردسـر باشـد نمـودن بیـش از ایـن ابـرام دوسـت

گـر دهـد دستـم کشـم در دیـده همچـون تـوتیـا

خـاک راهـی کـان مشـرف گـردد از اَقـدام دوسـت

میـل مـن سـوی وصـال و قصـد او سـوی فـراق

تـرک کـام خـود گـرفتـم تـا برآیـد کـام دوسـت

حافـظ انـدر درد او می‌سـوز و بی‌درمـان بسـاز

زان کــه درمـانـی نـدارد درد بـی‌آرام دوسـت

ابرام : پافشاری

غزل فوق که در نگاه اول غزلی خوب و متعلق به حافظ مینماید با دقت درآن متوجه خواهیم شد اولا بعلت بکار بردن کلمه های تشریفاتی باید از شاعری درباری باشد و ثانیا با توجه به زبدگی و هوش خوب دراستفاده از تعابیر شعرای دیگر و سبک خاص خود شاعرکه کمی نیز سبک است و هم سیری خاص در معانی غزل دیده نمیشود و ثالثا مشخصه اصلی آن که عدم رعایت مبانی عرفان است که از بعضی ابیات حتی میتوان به سطح آگاهی شاعر ازعرفان پی برد نشانگر اینست که مشخصا غزل فوق متعلق به حافظ نمیباشد ولی میتواند از شاعر غزل (۲) همین قسمت باشد .

۱۴

ماهم این هفته برون رفت و بچشمم سالیست　　حال هجران تو چه دانی که چه مشکل حالیست

مردم دیده ز لطف رخ او در رخ او　　عکس خود دید گمان برد که مُشکین خالیست

می‌چکد شیر هنوز از لب همچون شکرش　　گر چه در شیوه گری هر مژه‌اش قتالیست

ای که انگشت نمایی به کرم در همه شهر　　وه که در کار غریبان عجبت اهمالیست

بعد از اینم نبود شائبه در جوهر فرد　　که دهان تو در این نکته خوش استدلالیست

مژده دادند که بر ما گذری خواهی کرد　　نیت خیر مگردان که مبارک فالیست

کوه اندوه فراقت به چه حالت بکُشد
حافظ خسته که از ناله تنش چون نالیست

شکل و سبک غزل فوق با خصوصیاتی که دارد بدین معنی که با عرضه نکته ائی جالب مثل مصرع بیت اول واستفاده شاعر از تعابیر دیگران و حتی خود حافظ و عدم رعایت مبانی عرفان و مراتب کلام و کلمات که میدانیم هر کلمه را شانی است و آنرا برای هر کس و درهر جا نمی توان بکاربرد و ابراز عقیده ائی که در بیت پنجم کرده است همگی نشانگر اینست که شاعر غزل فوق شاعرخوبیست ولی از نظرسواد و مرتبه کلامی مطلقا در سطح حافظ نیست و همچنین با توجه به شباهت این غزل به دیگر غزلهای این قسمت به احتمال زیاد میتواند متعلق به یکی از شعرای غزلهای همین قسمت باشد .

۱۵

زاهد ظاهرپرست از حال ما آگاه نیست　　در حق ما هر چه گوید جای هیچ اکراه نیست

در طریقت هرچه پیش سالک آید خیر اوست　　در صراط مستقیم ای دل کسی گمراه نیست

تا چه بازی رخ نماید بیدقی خواهیم راند　　عرصه شطرنج رندان را مجال شاه نیست

چیست این سقف بلند ساده بسیار نقش　　زین معما هیچ دانا در جهان آگاه نیست

اینچه استغناست یارب وینچه قادر حکمتست　　کاین همه زخم نهان هست و مجال آه نیست

صاحب دیوان ما گویی نمی‌داند حساب　　کاندر این طغرا نشان حسبهٔ الله نیست

هر که خواهد گو بیا و هر چه خواهد گو بگو　　کبرو ناز وحاجب و دربان بدین درگاه نیست

بر در میخانه رفتن کار یکرنگان بود　　خودفروشان را بکوی می فروشان راه نیست

هر چه هست از قامت ناساز بی اندام ماست　　ور نه تشریف تو بر بالای کس کوتاه نیست

بنده پیرخراباتم که لطفش دایم است　　ور نه لطف شیخ و زاهدگاه هست وگاه نیست

حافظ ار بر صدر ننشیند ز عالی مشربیست
عاشق دُردی کش اندر بند مال و جاه نیست

طغرا : نامه حساب -- حسبه : ثواب

غزل فوق نیزهمان مشخصات غزلهای دیگر این قسمت را داشته و به سبک غزل شماره (۲) میباشد وبایدمتعلق به همان شاعر نیز باشد. لحن خاص غزل فوق بیشتر نشانگر لحن و کلام یک فرد مقام دار جامعه است تا یک عاشق دلخسته چون حافظ همچنین غزل سیرمعنی خاصی را نیزدنبال نمیکند وشاعر به هر دری که طعمی از آن یافته سری میزند آنهم بدون رعایت مبانی عرفان که مواردش در غزل مشخص گشته است ، از بیت مقطع نیز بخوبی مشخص است که این شاعر در حال یاد کردن از حافظ و شرح این موضوع که چرا او همچون دیگر شعرا خدمت دربار را نمی کند میباشد و این درحالیست که بعلت یاد شدن نام حافظ دربیت مقطع ، غزل فوق نیز با غزلهای حافظ همراه گردیده است . موارد فوق مشخصا نشانگر این مطلب است که غزل فوق مشخصا متعلق به حافظ نمیباشد.

۱۶

راهیست راه عشق که هیچش کناره نیست
آنجا جز آن که جان بسپارند چاره نیست

هر گه که دل به عشق دهی خوش دمی بود
در کار خیر حاجت هیچ استخاره نیست

ما را ز منع عقل مترسان و می بیار
کان شحنه در ولایت ما هیچ کاره نیست

از چشم خود بپرس که ما را که می‌کشد
جانا گناه طالع و جرم ستاره نیست

او را به چشم پاک توان دید چون هلال
هر دیده جای جلوه آن ماه پاره نیست

فرصت شمر طریقه رندی که این نشان
چون راه گنج بر همه کس آشکاره نیست

نگرفت در تو گریه حافظ به هیچ رو
حیران آن دلم که کم از سنگ خاره نیست

غزل فوق با توجه به پائین بودن سبک و تعابیر استفاده شده و داشتن مشخصات دیگر غزلهای این قسمت بلحاظ عدم رعایت مبانی عرفان و سیر معنی با توجه به تعابیر اشتباه آن که نشانگر شاعری تازه کار و ناپخته است میتواند از آن شاعرانی باشد که حافظ در ارتباط با ایشان میگوید " حافظ ببر تو گوی فصاحت که مدعی هیچش هنر نبود و خبر نیز هم نداشت " باشد بخصوص که شاعر فوق با عمد کامل شعر مقطع را طوری سروده که نشان دهد شعر از حافظ است و نه از شاعری دیگر که البته با همراه شدن این غزل با دیگرغزلیات حافظ دراینکار موفق نیز شده است .

۱۷

کنون که می‌دمد از بوستان نسیم بهشت
من و شراب فرح بخش و یار حورسرشت

گدا چرا نزند لاف سلطنت امروز
که خیمه سایه ابر است و بزمگه لب کشت

چمن حکایت اردیبهشت می‌گوید
نه عاقل است که نسیه خرید و نقد بهشت

به می عمارت دل کن که این جهان خراب
بر آن سراست که از خاک ما بسازد خشت

وفا مجوی ز دشمن که پرتوی ندهد
چو شمع صومعه افروزی از چراغ کنشت

مکن به نامه سیاهی ملامت من مست
که آگه است که تقدیر برسرش چه نوشت

قدم دریغ مدار از جنازه حافظ
که گر چه غرق گناهست می‌رود به بهشت

این غزل میتواند کاری دیگر از شاعرغزل(۲) باشد که بعلت استفاده خوب وبجا از تعابیر حافظ در شعرش وهمچنین ایجاد سیر معنی درغزل فوق آنرا بسیار بلحاظ ظاهر به حافظ نزدیک کرده است که این خود نشانگر استادی و تیز بینی و هوش این شاعر خوب در سرایندگی شعر و دانش آن میباشد و فقط با دقت در معانی ابیات که خروج از مبانی عرفان در آنها مشخص میگردد و پائین بودن سطح سروده بلحاظ روانی شعر و بکار گیری بعضی لغات کم شان نسبت به سروده های حافظ میتوان مشخص نمود که غزل فوق متعلق به حافظ نیست و فقط بعلت داشتن نام حافظ در بیت مقطع وارد غزلیات حافظ گردیده است .

۱۸

ساقی بیار باده که ماه صیام رفت
در ده قدح که موسم ناموس و نام رفت

وقت عزیز رفت بیا تا قضا کنیم
عمری که بی حضور صراحی و جام رفت

مستم کن آن چنان که ندانم ز بیخودی
در عرصه خیال که آمد کدام رفت

بر بوی آن که جرعه جامت به ما رسد
در مَصطَبه دعای تو هر صبح و شام رفت

دل را که مرده بود حیاتی به جان رسید
تا بویی از نسیم می‌اش در مشام رفت

زاهد غرور داشت سلامت نبرد راه
رند از ره نیاز به دارالسلام رفت

نقد دلی که بود مرا صرف باده شد
قلب سیاه بود از آن در حرام رفت

در تاب توبه چند توان سوخت همچو عود
می ده که عمر در سر سُودای خام رفت

دیگر مکن نصیحت حافظ که ره نیافت
گمگشته‌ای که باده نابش ، به کام رفت

این غزل نیز تمامی مشخصات غزل قبلی را داراست و باید متعلق به همان شاعر غزل (۲) باشد که البته به لحاظ خروج از معانی عرفان وارائه معانی عامیانه برای بعضی لغات مانند توبه از غزل قبلی سطحش پائین ترست ، این غزل در واقع نمایش فردیست که بعلت وجود ماه رمضان و امساکهای آن دستش از میگساری تهی بوده و حال با اتمام ماه خوشحالی خود را از رهاشدن و رسیدن به گاه خوشی مینگارد ، که البته با استفاده از استعداد خود ازتعابیر حافظ و دیگران نیز درآن بخوبی استفاده کرده است ، این موضوع وقتی بهتر برای ما مشخص میگردد که به معنی ابیات که تا آخر غزل یک سیر را طی میکنند با دقت بیشتری توجه کنیم.

۱۹

شربتی از لب لعلش نچشیدیم و برفت
روی مه پیکر او سیر ندیدیم و برفت

گویی از صحبت ما نیک به تنگ آمده بود
بار بربست و به گردش نرسیدیم و برفت

بس که ما فاتحه و حرز یمانی خواندیم
و ز پی اش سوره اخلاص دمیدیم و برفت

عشوه دادند که بر ما گذری خواهی کرد
دیدی آخرکه چنین عشوه خریدیم و برفت

شد چمان در چمن حُسن و لطافت لیکن
در گلستان وصالش نچمیدیم و برفت

همچو حافظ همه شب ناله و زاری کردیم
کای دریغا به وداعش نرسیدیم و برفت

غزل فوق احتیاج زیاد به شرح درخصوص حافظی نبودن ندارد زیرا بجز خارج بودن بشدت آن از مبانی عرفان بلحاظ سرایندگی ، روانی شعر وتعابیر بکار برده شده بسیار مشکل دارد و بنظر میرسد شاعرغزل در بیت آخر نیز از حافظ فقط یادی کرده باشد ولی غزل فوق بخاطر داشتن نام حافظ در میان غزلیات حافظ قرارگرفته است .

۲۰

یا رب سببی ساز که یارم به سلامت
باز آید و برهاندم از بند ملامت
خاک ره آن یار سفر کرده بیارید
تا چشم جهان بین کنمش جای اقامت
فریاد که از شش جهتم راه ببستند
آن خال وخط و زلف و رخ وعارض و قامت
امروز که در دست توام مرحمتی کن
فردا که شوم خاک چه سود اشک ندامت
ای آنکه به تقریر و بیان دم زنی از عشق
ما با تو نداریم سخن خیر و سلامت
درویش مکن ناله ز شمشیر احبا
کاین طایفه از کشته ستانند غرامت
در خرقه زن آتش ، که خم ابروی ساقی
بر می شکند گوشه محراب امامت
حاشا که من از جورو جفای تو بنالم
بیداد لطیفان همه لطف است و کرامت
کوته نکند بحث سر زلف تو حافظ
پیوسته شد این سلسله تا روز قیامت

غزل فوق میتواند از شاعر غزل قبلی باشد زیرا تمام خصوصیات آنرا بلحاظ شدت خارج بودن از مبانی عرفان و سبک و لحن و تعابیر بکار رفته و استفاده از ایهامهای حافظ ودیگران را دارا میباشد .

۲۱

ای غایب از نظر به خدا می‌سپارمت
جانم بسوختی و به دل دوست دارمت
تا دامن کفن نکشم زیر پای خاک
باور مکن که دست ز دامن بدارمت
محراب ابرویت بنما تا سحرگهی
دست دعا برآرم و در گردن آرمت
گر بایدم شدن سوی هاروت بابلی
صد گونه جادویی بکنم تا بیارمت
خواهم که پیش میرمت، ای بی‌وفا طبیب
بیمار باز پرس که در انتظارمت
صد جوی آب بسته‌ام از دیده بر کنار
بر بوی تخم مهر که در دل بکارمت
خونم بریخت وز غم عشقم خلاص داد
مِنّت پذیر غمزه خنجر گذارمت
می‌گریم و مرادم از این سیل اشکبار
تخم محبت است که در دل بکارمت
بارم ده از کرم سوی خود تا به سوز دل
در پای دم به دم گُه راز دیده بارمت
حافظ شراب و شاهد و رندی نه وضع توست
فی الجمله می‌کنی و فرو می‌گذارمت

غزل فوق نیز میتواند از شاعر غزل شمار(۲) همین قسمت باشد زیرا تمام خصوصیات آنرا داراست وجالب آنکه بنظر میرسد با توجه به ابیات ششم وهشتم که متشابه میباشند واینکه بعیدست شاعری دوبیت را اینچنین نزدیک و با یک قافیه سه لغتی در غزل خود بکار ببرد باید گفت که شاعر دیگری با افزودن یکی از ابیات که احتمالا بیت هشتم باید باشد میخواسته کاستی بیت ششم را جبران سازد و غزل فوق را که فکر میکرده از حافظ است بهینه سازی نماید .

۲۲

میر من خوش می‌روی کاندر سر و پا میرمت / خوش خرامان شو که پیش قد رعنا میرمت
گفته بودی کی بمیری پیش من، تعجیل چیست / خوش تقاضا می‌کنی پیش تقاضا میرمت
عاشق و مخمور و مهجورم بت ساقی کجاست / گو که بخرامد که پیش سرو بالا میرمت
آن که عمری شد که تا بیمارم از سودای او / گو نگاهی کن که پیش چشم شهلا میرمت
گفته‌ای لعل لبم هم درد بخشد هم دوا / گاه پیش درد و گه پیش مداوا میرمت
خوش خرامان می‌روی چشم بد از روی تو دور / دارم اندر سر خیال آن که در پا میرمت
گر چه جای حافظ اندر خلوت وصل تو نیست
ای همه جای تو خوش پیش همه جا میرمت

غزل فوق نیز میتواند متعلق به شاعر غزل قبلی همین قسمت باشد زیرا تمام خصوصیات آنرا بلحاظ شدت خارج بودن از مبانی عرفان و سبک و لحن و تعابیر بکار رفته و استفاده از ایهامهای حافظ و دیگران را دارا میباشد. شاعر فوق در این غزل در ارتباط با استفاده از قافیه عجیب و ایهامهای عجیب تر و استفاده مکرراز یک ایهام در غزل سنگ تمام گذاشته است .

۲۳

درد ما را نیست درمان الغیاث / هجر ما را نیست پایان الغیاث
دین و دل بردند و قصد جان کنند / الغیاث از جور خوبان الغیاث
در بهای بوسه‌ای جانی طلب / می‌کنند این دلستانان الغیاث
خون ما خوردند این کافردلان / ای مسلمانان چه درمان الغیاث
همچو حافظ روز و شب بی خویشتن
گشته‌ام سوزان و گریان الغیاث

الغیاث : فریادا ، ای فریاد

غزل فوق احتیاج زیادی بشرح درخصوص اینکه چرا متعلق به حافظ نیست ندارد و هرحافظ خوانی با مقایسه آن با دیگر اشعار حافظ این مسئله را متوجه میگردد احتمالا شاعر مربوطه نیز به خاطر سبک بودن زیاد شعرش در بیت مقطع " همچو حافظ " می سراید که وجدانش زیاد ازاینکه شعرش را بعنوان حافظ عرضه میکنند ناراحت نگردد.

۲۴

تویی کـه بر سر خوبان کشوری چون تاج
سـزد اگــر همـه دلبـران دهنـدت باج

دو چشم شـوخ تو برهم زده خطا و حبش
به چیـن زلف تـو ماچین و هند داده خراج

بیـاض روی تو روشن چو عارض رخ روز
سـواد زلف سیـاه تـو هست ظلمت داج

دهـان شهـد تـو داده رواج آب خضـر
لـب چـو قنـد تو بـرد از نبات مصر رواج

از این مرض به حقیقت شفا نخواهم یافت
که از تو درد دل ای جـان نمیرسد به علاج

چـرا همی شکنیجـان مـن ز سنگ دلـی
دل ضعیـفکـه باشـد به نازکی چو ز جاج

لـب تو خضر و دهان تو آب حیوان است
قد تو سرو و میان موی و بر به هیئت عاج

فتـاد در دل حافـظ هـوای چـون تو شهی
کمینـه ذره خـاک در تـو بـودی کاج

غزل فوق که با توجه به سبک آن میتواند متعلق به شاعر غزل (۲) همین قسمت باشد ، دقیقا مشخصات غزلهای دیگر این شاعررا دارد که در زیر اشعارش توضیح آنها داده شده است ولی از غزل فوق میتوان چند مورد دیگر را در مورد شاعر کشف کرد اول اینکه ایشان با توجه به دو بیت اول ومصرع دوم بیت هفتم وبیت مقطع بطور حتم از شاعران درباری زمان خود بوده است ثانیا به اشعار بزرگان بخصوص حافظ بخوبی آشنا بوده واز طرفی بخوبی از بیسوادی حاکمان درخصوص شعر وادبیات مطلع زیرا همانطور که دربیت سوم مشخص است مدام لغات هم معنی عربی وفارسی را ردیف کرده است همچنین بعلت عارف نبودن و باز نبودن چشمش به زیبائیهای یار و نداشتن مراوده با او مطلب برای ابراز کم آورده دوبار یک موضوع را مطرح میکند مثل بیت چهارم و مصرع اول بیت هفتم و همچنین در مصرع دوم بیت آخر نیز به ارائه تعبیری روی آورده که بنظرمیرسد باید خود شاعر حاضر باشد تا منظور از شعرش مشخص گردد.

۲۵

دل من در هوای روی فرخ — بود آشفته همچون موی فرخ
بجز هندوی زلفش هیچ کس نیست — که بر خوردار شد از روی فرخ
سیاهی نیکبخت است آن که — دایم بود همراز و هم زانوی فرخ
شود چون بید لرزان سرو آزاد — اگر بیند قد دلجوی فرخ
بده ساقی شراب ارغوانی — به یاد نرگس جادوی فرخ
دوتا شد قامتم همچون کمانی — ز غم پیوسته چون ابروی فرخ
نسیم مشک تاتاری خجل کرد — شمیم زلف عنبر بوی فرخ
اگر میل دل هر کس به جایست — بود میل دل من سوی فرخ
غلام همت آنم که باشد
چو حافظ بنده و هندوی فرخ

هندو : سیاهی ، غلام (برده هندی)

نام فرخ که معنی خجسته ومبارک آن بیشتر رواج دارد تا زیباروی آن باید به احتمال زیاد نام حاکم وقت بوده باشد که بنظر میرسد شاعر بقول خود خواسته با یک تیر دو نشان بزند. سبک شعر ومشخصات شعرکه مشابه بعضی از غزلهای این قسمت میباشد نشان میدهد که شاعر این غزل میتواند همان شاعر غزلهای شماره ۱۹ و ۲۳ همین قسمت باشد و همچنین متاسفانه نحوه سرودن بیت مقطع نشان میدهد ایشان رسما از نام حافظ برای وارد ساختن وجاودان ساختن شعرخود در غزلیات حافظ سود بردهٔ و این قصد را داشته است .

۲۶

دی پیر می فروش که ذکرش به خیر باد — گفتا شراب نوش و غم دل ببر ز یاد
گفتم به باد می‌دهدم باده نام و ننگ — گفتا قبول کن سخن و هر چه باد باد
سود وزیان و مایه چ وخواهد شدن ز دست — از بهر این معامله غمگین مباش و شاد
بادت به دست باشد اگر دل نهی به هیچ — در معرضی که تخت سلیمان رود به باد
حافظ گرت ز پند حکیمان ملالت است
کوته کنیم قصه که عمرت دراز باد

شاعر این غزل که میتواند شاعر غزل قبلی همین قسمت نیز باشد دراصل کاری بسیار جالب نیز دراین غزل نموده است و آن سرودن غزلی با تعابیر مختلف اشعار حافظ وبکار بردن آنها با کمترین جابجائی کلمات برای سرودن غزل خود ودر نهایت خلق غزل فوق میباشد ، دراین راستا کلام هر مصرع یا بطور کامل ویا اگر به دو قسمت کلامی تقسیم شود مشاهده میشود که هر کدام تعبیری از اشعار مختلف و معروف حافظ با همان ترکیب است وشاعر این کار را حتی تا بیت مقطع ادامه داده است و بنظرمی آید شاعر روشی جدیدی در سرودن غزلهای عرفانی برای خود کشف نموده باشد ولی فراموش ساخته است که گذاشتن تعابیر کلام ساز در کنار هم بتنهائی معانی عرفانی را باز گو نمی کند و شاعر باید عارف و پاکباخته باشد تا خداوند کلامش را دلنشین و هدایت ساز عشاق نماید .

۲۷

خسروا گوی فلک درخم چوگان تو باد — ساحت کون و مکان عرصه میدان تو باد
زلف خاتون ظفر شیفته پرچم توست — دیده فتح ابد عاشق جولان تو باد
ای که انشاء عطارد ، صفت شوکت توست — عقل کل ، چاکر طغراکش دیوان تو باد
طیرهِ جلوهِ طوبی قد چون سرو تو شد — غیرت خُلد برین ساحَت بُستان تو باد
نه به تنها حَیَوانات و نباتات و جَماد — هر چه در عالم امر است بفرمان تو باد

گوی فلک : جهان گردون -- در خم چوگان تو باد : درحیطه قدرت توست -- ساحت : درگاه -- کون ومکان : گاه بودن (لحظه ، زمان) ومکان -- دیده فتح ابد : نگاه با قصد دست یابی به آرامش ابدی -- عاشق جولان تو باد : شیفته عشوه گری های تومیگردد -- انشاء عطارد صفت شوکت توست : بررسی نجومی ستارگاه بیان ساز شکوه وعظمت توست -- عقل کل:آن عقلی که آفریدی ودرجانها نهادی برای حفاظت انسان ازخود وتصمیم گیری درانتخاب راههای جلوی رویش -- چاکرطغراکش دیوان توباد: خادم نگارنده حساب وکتاب درحکومت توست-- طیره جلوه طوبی: علت شرمنده شدن ازخود نمائی کردن درخت طوبی بهشت -- خلد برین: بهشت جاودانی-- ساحت: درگاه، ورودی-- بستان: باغ-- جماد: جامدات

غزل فوق بدون داشتن نامی از حافظ درآن بعنوان غزلی از حافظ در دیوان راه یافته است و هیچ توضیحی نیز برای آن داده نشده که فقط میتواند بعلت بکار رفتن ایهامهای خوب که از خود حافظ گرفته شده در آن و استادی شاعرش در سرودن شعری خوب با ارائه معانی درست وبجادرشعرباشد که خود نشانگر دانشمند بودن شاعر فوق است ولی بادرنظر گرفتن تمام موارد فوق باز نشانگر حافظی بودن غزل فوق نیست زیرا غزل از اول تا به انتها با یک موضوع و با سبک مداحی سروده شده(برای مدح خداوند ویایک حاکم) وبنظرمیرسد که شاعربا استادی تمام به این هدف که با سرودن این غزل هم به میخ بزند و هم به نعل یعنی هم دل حاکم وقت را بدست آورد وهم آنرا بعنوان غزلی عرفانی عرضه و تدریس کند رسیده باشد در حالیکه این سیستم شعر گفتن و بکار بردن تعابیر بدین طریق و عرضه تئوریهای وجود در ارتباط با خداوند با این سبک در اشعار حافظ دیده نمی شود همچنین لحن این غزل بسیار خشک است یعنی وقتی انسان غزل فوق را میخواند احساس میکند بصورت بسیار رسمی دربارگاه فردی مهم قرار دارد و باید مواظب حرکاتش باشد در حالیکه در غزلهای های حافظ لحنی نرم و زیبا ودلنشین دیده میشود . همچنین ایهامی که در مصرع اول بیت دوم بکار رفته غیر عرفانی است و نشان میدهد ساختارآن متعلق به خود شاعرست وازحافظ قرض نگرفته است به همین دلیل با مشکل رعایت عرفان مواجه شده است و این مسئله خود نشانگر تفاوت سطح رشد معنوی حافظ با دیگرانست یعنی هر فرد به محض اینکه از خود چیزی ابراز میکند بعلت هم سطح بودن با رشد معنویش کلامش بخوبی در مقابل کلام بزرگان ادب ومعرفت خودرا می نمایاند وتفاوتش آشکار میگردد. بنابراین این غزل با تمام آراستگی هایش متعلق به حافظ نیست و به آن اضافه شده است.

۲۸

بنفشه دوش به گل گفت و خوش نشانی داد — که تاب من به جهان طره فلانی داد
دلم خزانه اسرار بود و دست قضا — درش ببست و کلیدش به دلستانی داد
شکسته وار به درگاهت آمدم که طبیب — به مومیایی لطف توام نشانی داد
تنش درست و دلش شاد باد و خاطر خوش — که دست دادش و یاری ناتوانی داد
برو معالجه خود کن ای نصیحت گو — شراب و شاهد شیرین که را زیانی داد
گذشت بر من مسکین و با رقیبان گفت
دریغ حافظ مسکین من چه جانی داد

غزل فوق که شروع زیبائی دارد و حال وهوای حافظ را به انسان منتقل میکند متاسفانه در ادامه از آن حال و هوا بیرون آمده و در بیت های بعدی تا آخر با خروج از ورطه عرفان بخوبی حافظی نبودن خود را نشان میدهد ولی بنظر میرسد که با توجه به لطافت ، اصالت و والائیت بیت اول و دوم در معنا، این ابیات در اصل رباعی از حافظ باشد که بوسیله این شاعر به غزلی تبدیل گشته است . شاعر فوق که شاعر خوبیست میتواند همان شاعر غزلهای ۲۵ و ۲۶ همین قسمت نیز باشد که سبک شعر وسطوح ایهامهای استفاده شده در غزل فوق با آنها بسیار نزدیک است .

۲۹

هر آن کو خاطر مجموع و یار نازنین دارد — سعادت همدم او گشت و دولت همنشین دارد
حریم عشق را درگه بسی بالاتر از عقل است — کسی آن آستان بوسد که جان در آستین دارد
دهان تنگ شیرینش مگر ملک سلیمان است — که نقش خاتم لعلش جهان زیر نگین دارد
لب لعل و خط مشکین چو آنش هست و اینش هست — بنازم دلبر خود را که حسنش آن و این دارد
به خواری منگر ای منعم ضعیفان و نحیفان را — که صدر مجلس عشرت گدای ره نشین دارد
چو بر روی زمین باشی توانایی غنیمت دان — که دوران ناتوانی‌ها بسی زیر زمین دارد
بلاگردان جان و تن دعای مستمندان است — که بیندخیرازآن خرمن که ننگ ازخوشه چین دارد
صبا از عشق من رمزی بگو با آن شه خوبان — که صدجمشید و کیخسرو غلام کمترین دارد
دگر گوید نمی‌خواهم چو حافظ عاشق مفلس
بگوییدش که سلطانی گدایی همنشین دارد

غزل فوق که در نگاه اول بسیار حافظی مینماید و شاعر آن بسیار سعی کرده با کمک گرفتن از تعابیر خود حافظ آنرا تا میتواند شبیه غزلهای حافظ بسراید ولی بعلت عدم توانائی در رعایت عرفان دراشعار سروده شده و نداشتن سیر معنی قابل تشخیص برای دنبال سازی در آنها و نداشتن لحن و لطافت خاص اشعار حافظ براحتی حافظی نبودن آن مشخص میگردد.شاعر آن میتوان همان شاعر غزل (۲) این قسمت باشد که بیشتر غزلهای این قسمت متعلق به اوست.

۳۰

شــاهد آن نیست کــه مــویی و میــانی **دارد** بنــده طلعــت آن بــاش کــه آنــی **دارد**
شیوه حــور و پــری گرچه لطیف است ولی خوبی آنست و لطافــت کــه **فلانی دارد**
چشمه چشم مرا ای گـل خنـدان دریاب **که بـه امید تـو خـوش آب روانی دارد**
گوی خوبی کِه بَرَد از تو که خورشید آنجا نــه سواریست که در دست عنــانی **دارد**
دل نشان شد سخنم تـا تـو قبولش کردی **آری آری سخـن عشـق نشـانی دارد**
خــم **ابــروی تــو** در صنعت تیــراندازی برده از دست هــر آنکس کــه **کمانی دارد**
در ره **عشق نشد کس** بــه یقین محــرم راز هــر کسی بــر حسب فکر گمــانی **دارد**
بــا خرابات نشینــان ز کــرامــات مــلاف **هــر سخن وقتی و هر نکته مکانی دارد**
مــرغ زیرک نــزند در چمنش پرده سرای هر بهــاری کــه به دنبــاله خــزانی **دارد**
مــدعــی گــو لغــز و نکته به **حافظ** مفروش
کلــک مــا نیــز زبــانی و بیــانی **دارد**

غزل فوق با توجه به تعابیر استفاده شده از حافظ درآن وعدم رعایت شدید مبانی عرفان وپراکندگی موضوعاتی که بیان میسازد میتواند از شاعر غزلهای ۲۵ و۲۶ همین قسمت باشد .

۳۱

جان بی جمال جانان میل جهان ندارد　　هر کس که این ندارد حقا که آن ندارد
با هیچ کس نشانی زان دلستان ندیدم　　یا من خبر ندارم یا او نشان ندارد
هر شبنمی در این ره صد بحر آتشین است　　دردا که این معما شرح و بیان ندارد
سر منزل فراغت نتوان ز دست دادن　　ای ساروان فرو کش کاین ره کران ندارد
چنگ خمیده قامت می‌خواندت به عشرت　　بشنو که پند پیران هیچت زیان ندارد
ای دل طریق رندی از محتسب بیاموز　　مست است و درحق او کس این گمان ندارد
احوال گنج قارون کایام داد بر باد　　در گوش دل فروخوان تا زر نهان ندارد
گرخود رقیب شمع است اسرار از او بپوشان　　کان شوخ سربریده بند زبان ندارد

کس در جهان ندارد یک بنده همچو حافظ
زیرا که چون تو شاهی کس درجهان ندارد

غزل فوق نیز خصوصیات غزل قبلی را داراست و میتواند از شاعر غزلهای ۲۵ و۲۶ همین قسمت باشد

۳۲

روشنی طلعت تو ماه ندارد　　پیش تو گل رونق گیاه ندارد
گوشه ابروی توست منزل جانم　　خوشتر از این گوشه پادشاه ندارد
تا چه کند با رخ تو دود دل من　　آینه دانی که تاب آه ندارد
شوخی نرگس نگر که پیش تو بشکفت　　چشم دریده ، ادب نگاه ندارد
دیدم و آن چشم دل سیه که تو داری　　جانب هیچ آشنا نگاه ندارد
رطل گرانم ده ای مرید خرابات　　شادی شیخی که خانقاه ندارد
خون خور و خامُش نشین که آن دل نازک　　طاقت فریاد دادخواه ندارد
گو برو و آستین به خون جگر شوی　　هر که در این آستانه راه ندارد
نی من تنها کشم تطاول زلفت　　کیست که او داغ آن سیاه ندارد

حافظ اگر سجده تو کرد مکن عیب
کافر عشق ای صنم گناه ندارد

غزل فوق با توجه به تعابیر استفاده شده از حافظ درآن وعدم رعایت شدید مبانی عرفان وپراکندگی موضوعاتی که بیان میسازد میتواند از شاعر غزلهای ۲۵ و۲۶ همین قسمت باشد .

۳۳

نیست در شهر نگاری که ، دل ما را ببرد — بختم ار یار شود رختم از این جا ببرد
کو حریفی کش سرمست که پیش کرمش — عاشق سوخته دل نام تمنا ببرد
باغبانا ز خزان بی خبرت می بینم — آه از آن روز که بادت گل رعنا ببرد
رهزن دهر نخفته‌ست مشو ایمن از او — اگر امروز نبرده‌ست که فردا ببرد
در خیال این همه لعبت به هوس می بازم — بو که صاحب نظری نام تماشا ببرد
علم و فضلی که به چل سال دلم جمع آورد — ترسم آن نرگس مستانه به یغما ببرد
بانگ گاوی چه صدا باز دهد عشوه مخر — سامری کیست که دست از ید بیضا ببرد
جام مینایی می ، سدِّ ره تنگ دلیست — منه از دست که سیل غمت از جا ببرد
راه عشق ار چه کمینگاه کمانداران است — هر که دانسته رود ، صرفه ز اعدا ببرد

حافظ ار جان طلبد، غمزه مستانه یار
خانه از غیر بپرداز و بهل تا ببرد

غزل فوق با توجه به تعابیر استفاده شده در آن که از حافظ گرفته شده است غزل خوبیست که بسیار کمتر از مبانی عرفان خارج گشته ولی هنوز سیر معنی در ابیات آن دیده نمیشود و موضوعات بصورت پراکنده و موردی بیان میگردد و دارای لحن اشعار حافظ ولطافت آنها نیز نمی باشد بنابراین مشخصات آن بخوبی با شاعر غزل (۲) همین قسمت مطابقت میکند که غزلهای متعددی از ایشان دراین قسمت دیده میشود .

۳۴

صوفی نهاد دام و سر حُقه باز کرد | بنیاد مکر با فلکِ حُقه باز کرد
بازی چرخ بشکندش بیضه در کلاه | زیرا که عرض شعبده با اهل راز کرد
ساقی بیا که شاهد رعنای صوفیان | دیگر به جلوه آمدو آغاز ناز کرد
این مطرب از کجاست که ساز عراق ساخت | و آهنگ بازگشت به راه حجاز کرد
ای دل بیا که ما به پناه خدا رویم | زان چه آستین کوته و دست دراز کرد
صنعت مکن که هرکه محبت نه راست باخت | عشقش به روی دل در معنی فراز کرد
فردا که پیشگاه حقیقت شود پدید | شرمنده رهروی که عمل بر مجاز کرد
ای کبک خوش خرام کجا می‌روی بایست | غره مشو که گربه زاهد نماز کرد

حافظ مکن ملامت رندان که در ازل
ما را خدا ز زهد ریا بی‌نیاز کرد

غزل فوق نیز که در نگاه اول بسیار حافظی مینماید و شاعر آن بسیار سعی کرده با کمک گرفتن از تعابیر خود حافظ آنرا تا میتواند شبیه غزلهای حافظ بسراید(که البته تعبیر بیت ماقبل آخر را از عبید زاکانی گرفته است) ولی بعلت عدم توانائی در رعایت عرفان دراشعار سروده شده و نداشتن سیر معنی قابل تشخیص برای دنبال سازی در آنها و نداشتن لحن و لطافت خاص اشعار حافظ براحتی حافظی نبودن آن مشخص میگردد. شاعر آن میتوان همان شاعر غزل (۲) این قسمت باشد که بیشتر غزلهای این قسمت متعلق به اوست.

۳۵

بلبلی خـون دلـی خورد و گلی حاصل کرد — باد غیرت به صدش خار پریشان دل کرد
طوطی ای را به خیال شکری دل خوش بود — ناگهش سیل فنـا نقش امل باطـل کرد
قِرهٔ العین مـن آن میـوه دل یـادش بـاد — که چـه آسـان بشد وکـار مرا مشکل کرد
سـاروان بـار مـن افتـاد خـدا را مـددی — کـه امید کـرمـم همره ایـن محمل کرد
روی خاکـی و نـم چشم مـرا خـوار مـدار — چـرخ فیـروزه طربخانه از این کُهگل کرد
آه و فـریاد کـه از چشم حسـود مه چرخ — در لحد مـاه کمـان ابروی من منزل کرد

نـزدی شـاه رخ و فـوت شد امکان حافظ
چـه کنـم بـازی ایـام مـرا غـافـل کرد

قره العین : چشم آرمیده

غزل فوق نیز که در نگاه اول بسیار حافظی مینماید و شاعر آن بسیار سعی کرده با کمک گرفتن از تعابیر خود حافظ آنرا تا میتواند شبیه غزلهای حافظ بسراید ولی بعلت عدم توانائی در رعایت عرفان دراشعار سروده شده و نداشتن سیر معنی قابل تشخیص برای دنبال سازی در آنها و نداشتن لحن و لطافت خاص اشعار حافظ براحتی حافظی نبودن آن مشخص میگردد.شاعر آن میتوان همان شاعر غزل (۲) این قسمت باشد که بیشتر غزلهای این قسمت متعلق به اوست.

۳۶

رو بـر رهـش نهـادم و بـر مـن گذر نکرد — صـد لطـف چشم داشتم و یک نظـر نکرد
سیـل سرشک مـا ز دلش کیـن به درنبرد — در سنـگ خـاره قطـره بـاران اثـر نکرد
یـا رب تـو آن جـوان دلاور نگاه دار — کـز تیـر آه گوشـه نشینـان حـذر نکرد
ماهـی و مـرغ دوش ز افغـان مـن نخفت — وان شوخ دیده بین که سراز خواب بر نکرد
می‌خواستم که میرمش اندر قدم چو شمع — او خـود گـذر به مـا چو نسیم سحـر نکرد
جـانـا کـدام سنگ‌دل بـی‌کفایت است — کـو پیش زخـم تیغ تو جـان را سپر نکرد

کلـک زبـان بـریـده حافظ در انجمن
با کس نگفت راز تو تا ترک سر نکرد

غزل فوق نیز مشخصات غزلهای قبلی را دارد و شاعر آن نیز باید همان شاعر غزل (۲) همین قسمت باشد از موارد جالب دراین غزل اینست که شاعر از تعابیر حافظ در غزل فوق بسیار زیاد استفاده کرده و مصرع دوم بیت پنجم را عینا از غزل بکر شماره ۱۰۴ حافظ (مصرع دوم بیت مقطع آن) آورده است . این غزل در نسخه قزوینی درست قبل از غزل ۱۰۵ بکر آمده است که درآن نسخه استفاده از تعابیر حافظ بخوبی قابل مقایسه و رویت است .

۳۷

دوستـان دختـر رَز تـوبـه ز مستـوری کرد — شـد سـوی مُحتسب و کـار به دستوری کرد

آمـد از پـرده به مجلـس عرقـش پاک کنید — تـا نگـوینـد حریفـان کـه چـرا دوری کرد

مژدگانی بـده ای دل که دگـر مطـرب عشق — راه مستـانه زد و چـاره مخموری کرد

نه بـه هفت آب که رنگش به صد آتش نرود — آن چـه بـا خـرقه زاهـد مـی انگـوری کرد

غنچـه گُلبـن وصلـم ز نسیمش بشـکفت — مـرغ خوشخوان طرب ازبرگ گل سوری کرد

حافظ افتـادگی از دست مـده زان که حسود
عرض و مال و دل و دین در سر مغروری کرد

غزل فوق با توجه به مواردی که دور بودن آنرا از عرفان مشخص میکند و تشابه سبک آن با غزلهای ۲۵ و ۲۶ این قسمت نشانگر ورود غزلی دیگراز این شاعربه غزلیات حافظ(آنهم فقط بعلت داشتن نام حافظ در بیت مقطع) میباشد . ابیات مقبول غزل فوق که اشکال کمتری در آنها دیده میشود نیز علتش استقاده از تعابیر آمده در اشعار حافظ میباشد.

۳۸

صبـا وقت سحـر بویی ز زلـف یار می‌آورد — دل شـوریده مـا را به بـو در کـار می آورد

من آن شکل صنوبر را ز باغ دیده بر کنـدم — که هرگل کز غمش بشکفت محنت بارمی‌آورد

فروغ مـاه می دیـدم ز بام قصر او روشن — که رو از شرم آن خورشید در دیوار می‌آورد

ز بیم غارت عشقش دل پرخون رها کردم — ولی می‌ریخت خون وره بدان هنجار می‌آورد

بقول مطرب و ساقی برون رفتم گه و بی‌گه — کز آن راه گـران قاصد خبر دشوار می‌آورد

سراسربخشش جانان طریق لطف واحسان بود — اگـر تسبیح می‌فـرمـود اگر زنـار می‌آورد

عفـاالله چیـن ابرویش اگر چه ناتوانم کرد — به عشـوه هم پیـامی بـر سـر بیمار می‌آورد

عجب می‌داشتم دیشب ز حافظ جام و پیمانه
ولی منعش نمی‌کردم که صوفی وار می‌آورد

این غزل نیز میتواند مال شاعر غزل قبلی (شماره ۳۷) باشد زیرا بسیار به همه لحاظ بدان نزدیک ودارای همان خصوصیات میباشد.

۳۹

نسیم باد صبا دوشم آگهی آورد
که روز محنت و غم رو به کو تهی آورد

به مطربان صبوحی دهیم جامه چاک
بدین نوید که باد سحرگهی آورد

بیا بیا که تو حور بهشت را رضوان
در این جهان از برای دل رهی آورد

همی‌رویم به شیراز با عنایت بخت
زهی رفیق که بختم به همرهی آورد

به جبر خاطر ما کوش کاین کلاه نمد
بسا شکست که با افسر شهی آورد

چه ناله‌ها که رسید از دلم به خرمن ماه
چو یاد عارض آن ماه خرگهی آورد

رساند رایت منصور بر فلک حافظ
که التجا به جناب شهنشهی آورد

این غزل نیز میتواند متعلق به شاعر غزل قبلی (شماره ۳۷) باشد زیرا بسیار به همه لحاظ بدان نزدیک ودارای همان خصوصیات میباشد. همچنین در این غزل شاعر از رفیق خود که اورا به شیراز خوانده و مقامی برایش دست و پا کرده قدردانی نیز کرده است.

۴۰

به حسن و خلق و وفا کس به یار ما نرسد
تو را در این سخن انکار کار ما نرسد

اگر چه حسن فروشان به جلوه آمده‌اند
کسی به حُسن و ملاحت به یار ما نرسد

به حق صحبت دیرین که هیچ محرم راز
به یار یک جهت حق گزار ما نرسد

هزار نقش برآید ز کِلک صُنع و یکی
به دلپذیری نقش نگار ما نرسد

هزار نقد به بازار کائنات آرند
یکی به سکه صاحب عیار ما نرسد

دریغ قافله عمر کان چنان رفتند
که گردشان به هوای دیار ما نرسد

دلا ز رنج حسودان مرنج و واثق باش
که بد به خاطر امیدوار ما نرسد

چنان بزی که اگر خاک ره شوی کس را
غبار خاطری از رهگذار ما نرسد

بسوخت حافظ و ترسم که شرح قصه او
به سمع پادشه کامکار ما نرسد

واثق : محکم واستوار

خصوصیات غزل فوق بسیار شبیه غزل قبلی است (شماره ۴۱) و احتمالا بوسیله همان شاعر سروده شده است و مثل همیشه بعلت داشتن نام حافظ در بیت مقطع به غزلیات حافظ راه یافته است.

سـحرچـون خسرو خاور علم برکوهساران زد — **به دست مرحمـت یـارم ، در امیـدواران زد**

چو پیش صبح روشن شد که حال مهرگردون چیست — برآمد خنده‌ای خوش بر غـرور کامکاران زد

نگارم دوش در مجلس به عـزم رقص چون برخاست — گـره بگشود از ابـرو و بـر دلهای یاران زد

من از رنگ صَلاح آندم به خون دل بشُستم دست — **که چشم باده پیمایش صلا بـر هوشیاران زد**

کـدام آهن دلـی آموخت این آیـن عیـاری — کز اول چون برون آمد ره شب زنده داران زد

خیـال شهسواری پخت و شد ناگه دل مسکین — **خـداوندا نگه دارش که بر قلب سواران زد**

درآب ورنگ رخسارش چه جان دادیم وخون خوردیم — چو نقشش دست داد اول رقم بر جانسپاران زد

منش بـا خـرقـه پشمیـن کجـا اندر کمند آرم — **زره مـویی کـه مژگانش ره خنجر گزاران زد**

نظـر بـرقرعـه توفیق و یمـن دولت شـاه است — **بـده کـام دل حافظ کـه فـال بخت یاران زد**

شهنشاه مظفـر فـر شجـاع ملک و دیـن منصور — کـه جود بـی دریغش خنده بر ابر بهاران زد

از آن ساعت کـه جام می بدست او مشرف شد — **زمـانه ساغر شادی به یـاد می گساران زد**

ز شمشیر سر افشانش ظفر آن روز بدرخشید — که چون خورشید انجم سوز تنها بر هزاران زد

دوام عمر و ملک او بخواه از لطف حق ای دل
که چـرخ این سکه دولت به دور روزگاران زد

غزل فوق بسیارغزل جالبی است زیرا همانطورکه درمتن آن دیده میشود بیت حافظ دار بیت نهم غزل را تشکیل میدهد و چون با دقت بیشتری به غزل نگاه کنیم مشخص میگردد که بعلت عدم رعایت مبانی عرفان و سیر معنی تا بیت نهم مشخصا غزلی غیرحافظی است که میتواندمتعلق به یکی از شاعران این قسمت باشد سپس ازبیت دهم به یکباره اشعاری آمده است که مشخصا درباریست و بشدت از سطح ابیات ماقبل خود نیز دور می باشد، این مسئله نشان میدهد یا شاعر غزل فوق با اضافه کردن ابیات دهم به بعدآنرا بعنوان شعری از حافظ آماده عرضه به حاکم وقت نموده تا خلعتی بستاند ویا شاعردیگری شعراورا با اضافه کردن اشعار درباری خود به حاکم وقت تقدیم داشته است تا مورد محبت قرار گیرد که اگر اینچنین باشد این اولین غزل غیرحافظیست که خود نیز مورد هجوم غیرقرار گرفته است.

۴۲

راهـی بـزن که آهـی بر سـاز آن توان زد
شعری بخوان کـه با او رطـل گران توان زد

بـر آستـان جـانـان گر سـر توان نهادن
گلبـانگ سربلنـدی بر آسمـان توان زد

قــد خمیـده مـا سهلـت نمـاید امـا
بر چشم دشمنان تیـراز ایـن کمان توان زد

در خـانقـه نگنجـد اسـرار عشقبـازی
جـام مـی مغـانه هـم بـا مغـان توان زد

درویش را نبـاشد بـرگ سرای سلطان
ماییم و کهـنه دلقـی کآتش در آن توان زد

اهـل نظـر دو عـالـم در یک نظـر ببازند
عشقست و داو اول ، بر نقـد جان توان زد

گـر دولت وصـالت خـواهد دری گشودن
سـرهـا بدیـن تخیل بر آستان توان زد

عشق و شباب و رندی مجموعه مرادست
چون جمع شد معانی گوی بیان توان زد

شدرهـزن سلامت زلف تو وین عجب نیست
گـر راهـزن تو باشی صد کاروان توان زد

حافظ بـه حـق قرآن کـز شید و زرق بـازآی
باشد کـه گوی عیشی در این جهان توان زد

غزل فوق با توجه به دور بودن ابیات مشخص شده آن از عرفان و تشابه سبکش با غزلهای ۲۵ و ۲۶ این قسمت نشانگر ورود غزلی دیگراز این شاعربه غزلیات حافظ(آنهم فقط بعلت داشتن نام حافظ در بیت مقطع) میباشد . ابیات مقبول غزل فوق که اشکال کمتری در آنها دیده میشود نیز از تعابیر آمده در اشعار حافظ برداشت شده است

۴۳

خوش آمد گل وز آن خوشتر نباشد — که در دستت به جز ساغر نباشد

زمان خوشدلی دریاب و در یاب — که دایم در صدف گوهر نباشد

غنیمت دان و می خور در گلستان — که گل تا هفته دیگر نباشد

ایا پرلعل کرده جام زرین — ببخشا بر کسی کش زر نباشد

بیا ای شیخ و از خمخانه ما — شرابی خور که در کوثر نباشد

بشوی اوراق اگر همدرس مایی — که علم عشق در دفتر نباشد

ز من بنیوش و دل در شاهدی بند — که حسنش بسته زیور نباشد

شرابی بی خمارم بخش یا رب — که با وی هیچ درد سر نباشد

من از جان بنده سلطان اویسم — اگر چه یادش از چاکر نباشد

به تاج عالم آرایَش که خورشید — چنین زیبنده افسر نباشد

کسی گیرد خطا بر نظم حافظ
که هیچش لطف در گوهر نباشد

غزل فوق نیز میتواند متعلق به شاعر غزل قبلی باشد که به لحاظ میزان دانش و استفاده و بهره بری از تعابیر خود و همچنین از تعابیر حافظ در سطح همدیگرند . دراین غزل دو مطلب جلب نظر میکند و آن اینکه در دومین بیت ماقبل آخر شاعر مشخص کرده که از شعرای کدام حاکم است و احتمالا به همین علت نیز بیت آخر را طوری سروده که میتواند معنی آن اشاره ائی به حافظ بزرگ باشد بنابراین شاعر با یک تیر دو نشان زده است یعنی هم حاکم را راضی نگاه داشته و هم شعر خود را همراه دیگر اشعار حافظ جاودانه ساخته است .

۴۴

گل بی رخ یار خوش نباشد بی باده بهار خوش نباشد
طرف چمن و طواف بستان بی لاله عذار خوش نباشد
رقصیدن سرو و حالت گل بی صوت هزار خوش نباشد
با یار شکرلب گل اندام بی بوس و کنار خوش نباشد
هر نقش که دستِ عقل بندد جز نقش نگار خوش نباشد
جان نقد محقر است حافظ
از بهر نثار خوش نباشد

این غزل با تمام احساس سلیس بودن و ظاهر خوب درمعنی متاسفانه به لحاظ ارائه معانی غیرعرفانی وگاهی مخدوش و عمیق نبودن معانی بکار رفته در آن و تکرار یک موضوع در ابیات مشخصا از حافظ نیست بلکه از شاعران خوش ذوق همین قسمت میباشد که در استفاده از تعابیر خوب دیگران و خود حافظ مهارت دارند ، همچنین نظری که در بیت مقطع در خصوص نثار جان نشانگر اشتباه برداشت شاعر از تعابیر عرفا نیز هست .

۴۵

مرا مهر سیه چشمان ز سر بیرون نخواهد شد قضای آسمانست این و دیگرگون نخواهد شد
رقیب آزارها فرمود و جای آشتی نگذاشت مگر آه سحرخیزان سوی گردون نخواهد شد
مرا روز ازل کاری به جز رندی نفرمودند هرآن قسمت که آنجارفت ازآن افزون نخواهدشد
خدارا محتسب ما را به فریاد دف و نی بخش که ساز شرع از این افسانه بی قانون نخواهد شد
مجال من همین باشدکه پنهان عشق او ورزم کنارو بوس وآغوشش چه گویم چون نخواهد شد
شراب لعل و جای امن و یار مهربان ساقی دلا کی به شود کارت اگر اکنون نخواهد شد
مَشُوی ای دیده نقش غم ز لوح سینه حافظ
که زخم تیغ دلدارست و رنگ خون نخواهد شد

خصوصیات غزل فوق بسیار شبیه غزل (شماره ۴۱) است و احتمالا بوسیله همان شاعر سروده شده است و مثل همیشه بعلت داشتن نام حافظ در بیت مقطع به غزلیات حافظ راه یافته است.

۴۶

دوش از جنـاب آصـف پیک بشـارت آمد کـز حضرت سلیمـان عشرت اشارت آمد
خـاک وجـود مـا را از آب دیـده گِـل کـن ویـران سـرای دل را گـاه عمارت آمد
ایـن شـرح بی‌نهایت کـز زلـف یار گفتند حرفیست از هزاران کـانـدر عبارت آمد
عیبـم بپوش زنهـار ای خـرقه مـی آلـود کـان پـاک پـاکدامن بهـر زیارت آمد
امـروز جـای هر کس پیـدا شود ز خوبان کـان مـاه مجلس افروز اندر صدارت آمد
بر تخت جم که تاجش معراج آسمان است همت نگـر کـه مـوری بـا آن حقارت آمد
ازچشم شوخش ای دل ایمان خود نگه دار کـان جـادوی کمانکش بر عزم غارت آمد
آلـوده‌ای تـو حافظ فیضی ز شاه درخـواه کـان عنصـر سمـاحـت بهر طهارت آمد

دریاست مجلس او دریاب وقـت و در یاب
هـان ای زیـان رسیده وقت تجـارت آمد

سماحت : جوانمردی

این غزل میبایست متعلق به شاعر غزل قبل باشد که از شاعران خوب درباریست و اشعار دیگری از ایشان نیز دراین قسمت وجود داردکه بعلت داشتن نام حافظ دربیت مقطع به غزلیات حافظ اضافه گشته است ، ایشان دردوبیت آخرغزل درباری بودن خودرا اذعان داشته و همچنین علاقه مند بودن به حافظ را تا آنجا که به حافظ وقت تجارت و دنیا گرائی را یادآور میشود. این شاعراز تعابیرحافظ بخوبی در غزلهایش بهره برده است.

۴۷

عشق تو نهال حیرت آمد	وصل تو کمال حیرت آمد
بس غرقه حال وصل کآخر	هم بر سر حال حیرت آمد
یک دل بنما که در ره او	بر چهره نه خال حیرت آمد
نه وصل بماند و نه واصل	آن جا که خیال حیرت آمد
از هر طرفی که گوش کردم	آواز سؤال حیرت آمد
شد منهزم از کمال عزت	آن را که جلال حیرت آمد
سر تا قدم وجود حافظ	
در عشق نهال حیرت آمد	

منهزم : شکست خورده

این غزل با توجه به معانی که ارائه میدهد و ردیف معانی که دنبال میکند نشانگر سروده شدن بوسیله شاعری خوب ودانشمندست که متاسفانه عارف نیست همچنین ریتم ونحوه بکار گرفتن کلمات آن مشخصا در حد حافظ نبوده و در سطحی بسیار پائین تر قرار دارد در این راستا درصورتیکه غزل فوق را با غزل بکر شماره ۱۰۹ که با همین روش بوسیله حافظ سروده شده است مقایسه نمائیم بخوبی تفاوتهای غزل حافظی از غیرحافظی را در روانی وزیبائی کلام ومعانی آموزنده ائی که ارائه مینماید نشان میدهد.

۴۸

ای پسته تو خنده زده برحدیث قند	مشتاقم از برای خدا یک شِکر بخند
طوبی ز قامت تو نیارد که دم زند	زین قصه بگذرم که سخن میشود بلند
خواهی که برنخیزدت از دیده رود خون	دل در وفای صحبت رود کسان مبند
گر جلوه مینمایی و گر طعنه میزنی	ما نیستیم معتقد شیخ خودپسند
ز آشفتگی حال من آگاه کی شود	آن را که دل نگشت گرفتار این کمند
بازارشوق گرم شد آن سرو قد کجاست	تا جان خود بر آتش رویش کنم سپند
جایی که یار ما به شکرخنده دم زند	ای پسته کیستی تو خدا را به خود مخند
حافظ چو تَرک غمزه ترکان نمیکنی	
دانی کجاست جای تو خوارزم یا خُجند	

این غزل نیز به لحاظ لحن بسیار سبک آن و مخدوش بودن معانی اکثر ابیات و فاصله زیادی که تعابیر آورده شده در آن با عرفان دارند مشخصا از حافظ نیست . دراین بخش (غزلهای غیرحافظی) از این شاعر غزل کمتری بچشم میخورد واین درحالیست که بنظر میرسد بیت مقطع آن حاوی نکته ایست و آن اینکه شاعر این غزل هم عصرحافظ بوده و به نوعی میخواهد به حافظ توجه بدهد که اگر به حاکمان وقت توجهی نکند احتمال تبعیدش نیز میرود .

۴۹

کِلکِ مُشکین تـو روزی کـه ز مـا یاد کند / ببَـرد اجـر دو صـد بنـده که آزاد کند
قاصـد منزل سلمی کـه سلامت بـادش / چـه شود گر به سلامی دل ما شاد کند
امتحان کـن کـه بسی گنج مـُرادت بدهند / تا خرابی چـو مرا ، لطف تو آباد کند
یـا رب انـدر دل آن خسرو شیرین انـداز / کـه به رحمت گذری بـرسر فرهاد کند
شـاه را به بود از طاعت صد ساله و زُهد / قـدر یک ساعتِ عمری که درآن دادکند
حالیـا عشـوه نـاز تـو ز بنیادم بُـرد / تـا دگر باره حکیمانه چه بنیاد کند
گوهر پاک تـو از مُدحَت ما مُستغنیست / فکر مَشاطه چه با حُسن خداداد کند
ره نبـردیم بـه مقصـود خود انـدر شیراز
خـرم آن روز کـه حافظ ره بغـداد کند

فاصد منزل سلمی که سلامت بادش : پیک دیار یار عشق ورز که سلام تورا بهمراه دارد

از مدحت ما مستغنیست : از ستایش ما بی نیاز است -- مشاطه : آرایشگر

غزل فوق که بسیار نزدیک به غزلهای حافظ سروده شده است و استادی و ذوق شاعر آنرا نشان میدهد فقط بعلت عدم رعایت عرفان در اشعار سروده شده و نداشتن سیر معنی هدف دار در ارائه آنها قابل تشخیص است و ابیات اول و دوم و ششم و هفتم با مهارت خاصی از تعابیر خود حافظ برگرفته شده است که شاید علت اصلی به اشتباه افتادن دراینکه این غزل متعلق به حافظ است نیز همین ابیات باشند . ازشاعر فوق غزلهای دیگری که به همین نزدیکی با غزلهای حافظ سروده شده باشد در این قسمت خواهید یافت .

۵۰

گفتم کِی اَم دهـان و لبـت کامران کنند / گفتـا به چشم هـر چه تو گویی چنان کنند
گفتـم خـراج مصـر طلـب می‌کنـد لبـت / گفتـا در ایـن معـاملـه کمتـر زیان کنند
گفتـم بـه نقطه دهنـت خـود کـه بُرد راه / گفت این حکایتیست که بـا نکته دان کنند
گفتـم صنـم پرست مشـو بـا صمد نشین / گفتا به کـوی عشق هم این و هم آن کنند
گفتـم هـوای میکـده غـم می‌بـرد ز دل / گفتا خوش آن کسان که دلی شادمان کنند
گفتم شراب و خرقه نه آیین مذهب است / گفت این عمل به مذهب پیـر مغان کنند
گفتـم ز لعـل نوش لبـان پیـر را چه سود / گفتـا بـه بوسـه شکرینش جـوان کنند
گفتم کـه خواجه کـی به سرحجله می‌رود / گفت آن زمـان که مُشتری و مَه قران کنند
گفتـم دعـای دولـت او ورد حافظ است
گفت ایـن دعـا ملایک هفت آسمان کنند

این غزل به لحاظ معانی بسیار از عرفان دور و دارای تعابیر مخدوش و ضمائر مخاطب بسیار در ابیات است که البته یکی از طرفهای مخاطب مورد نظر شاعردر غزل فوق وضعیت شاعر را در بیت سوم به خوبی بخود او گوش زد میکند(آنگاه که میگوید" با نکته دان کنند" نه جنابعالی) در نتیجه غزل فوق کاریست بس سبک و غیر عرفانی آنچنانکه حتی در این بخش نیز غزل زیادی از شاعر فوق دیده نمیشود بنابراین غزل فوق مطلقا درسبک ، سیاق وشان حافظ نیست.

۵۱

واعظان کاین جلوه در محراب و منبر می‌کنند — چون به خلوت میروند آن کار دیگر می‌کنند

مشکلی دارم ز دانشمند مجلس بازپرس — توبه فرمایان چرا خود توبه کمتر می‌کنند

گوییا باور نمی دارند روز داوری — کاین همه قلب و دغل در کار داور می‌کنند

یا رب این نو دولتان را با خر خودشان نشان — کاین همه ناز از غلام ترک و استر می‌کنند

حُسن بی‌پایان او چندان که عاشق می‌کُشد — زمره دیگر به عشق از غیب سر بر می‌کنند

ای گدای خانقه برجه که در دیر مغان — می‌دهند آبی و دلها را توانگر می‌کنند

بر در میخانه عشق ای مَلک ، تسبیح گوی — کاندر آنجا طینت آدم مُخمَّر می‌کنند

صبحدم از عَرش می‌آمد خروشی عقل گفت
قُدسیان گویی که شعر حافظ از بَر می‌کنند

غزل فوق که ابیات اول تا سوم آن بسیار درمحافل شنیده شده و به حافظ نسبت داده میشود متاسفانه بعلت عدم رعایت عرفان و سیر معنی غزل که در خصوص مراتب دنیائی و عملکرد مقام و منصب داران دور میزند مطلقا به حافظ تعلق ندارد و نشانگر عصبیت شاعری خوب و آشنا با تعابیر حافظ است که از بابت ریا کاری و گمراه سازی و دنیا طلبی وعاظ زمان خود به تنگ آمده و درحال بیان آن میباشد . شاید بتوان گفت که با شروع دوره آموزشهای عمومی و بروز تحصیلکردی درجامعه ایران در اوائل قرن بیستم و مخالفت وعاظ و روحانیون با این مسئله ومشکلات پیش آمده میان این دو طبقه که بعلت وجود دو دیدگان ، همواره میان ایشان تضادعقیدتی برقرار بوده است ابیات یک تا سه این غزل بسیار بوسیله تحصیلکردگان عصر جدید بعنوان ریاکاری وعاظ وروحانیون درمجالس بعنوان گوشزدی ازحافظ بیان میگشته وبه همین خاطر نیز ابیات فوق در میان تحصیلکردگان مشهور گردیده اند ولی نباید فراموش کرد که این موارد ومسائل در سطوح و میان هوشیاران و عاقلان (تحصیلکردگان مومن و دلسوز وطن) و زاهد نمایان جامعه ایران مطرح بوده و هست و مطلقا در سطح دلباختگان پاکباخته یار(حافظیان) که مطلقا به دنیا و مسائلش وقعی نمیگذارند نمی باشد و حتی در مواقعی که ازسوی وعاظ به حافظیان نیز آزاری میرسد با رعایت حرمت جان خدائی ایشان فقط با گوشزد و یا دعائی برایشان از ایشان روی میگردانند با این امید که شاید بخود آیند و راهی یابند.

۵۲

بـود آیـا کـه در میکـده‌هـا بگشایند | گـره از کـار فرو بسته مـا بگشایند
اگـر از بهـر دل زاهد خودبین بستند | دل قوی دار که از بهر خـدا بگشایند
به صفـای دل رنـدان صبوحی زدگان | بس در بسته به مفتاح دعا بگشایند
نامـه تعزیت دختـر رَز را بنـویس | تـا همه مغبچگان زلف دوتـا بگشایند
گیسوی چنگ ببُرید بـه مرگ می ناب | تا حریفان همه خـون ازمژه‌ها بگشایند
در میخـانه ببستنـد خـدایـا مپسند | کـه در خانه تزویر و ریـا بگشایند

حافظ این خرقه که داری تو ببینی فردا
کـه چه زنار ز زیرش به دغا بگشایند

غزل فوق نیز با توجه به لحن سروده و عدم رعایت عرفان به مقدار زیاد و نداشتن سیر معنی معقول و استفاده از تعابیر حافظ میتواند متعلق به شاعر غزل ۴۷ همین بخش باشد .

۵۳

سالهـا دفتـر مـا در گـرو صهبـا بـود | رونـق میکـده از درس و دعـای ما بود
نیکـی پیـر مغـان بین که چو ما بدمستان | هر چه کردیم به چشم کرمش زیبا بود
دفتـر دانش مـا جملـه بشوییـد به می | کـه فلک دیدم و در قصدِ دل دانا بود
از بتان آن طلب ، ار حُسن شناسی ای دل | کاین کسی گفت که در علم نظر بینا بود
دل ، چو پرگار به هر سو دورانی می‌کرد | و اندر آن دایـره سرگشته ائی پابرجا بود
مطـرب از درد محبت عملـی می‌پرداخت | که حکیمان جهان را مژه خون پالا بود
می‌شکفتم ز طرب زان که چوگل بر لب جوی | بر سرم سایه آن سـرو سهی بالا بود
پیـر گلـرنگ مـن اندر حق ازرق پوشان | رخصت خبث نـداد ار نه حکایت‌ها بود

قلـب انـدوده حافظ بـر او خـرج نشـد
کاین معـامل بـه همـه عیب نهان بینا بود

صهبا : می وشراب -- ازرق پوشان : صوفیان ریائی -- خبث : خباثت ، بدی کردن

غزل فوق با توجه به مشخصات آن که نشان میدهد شاعرش از مبانی عرفان آگاهی کامل نداشته و اینکه در تمام غزل نیز یک موضوع را بصورت تکراری دنبال میکند و به معانی لغات که دارای شدت وضعف در ارائه معنا میباشند توجه ندارد باید متعلق به شاعر غزل قبلی همین قسمت باشد زیرا به همه لحاظ بسیار نزدیک به آن سروده شده است . بنظر میرسد با توجه به تعابیری که در غزل فوق بکار رفته است (که مشکل دار نیز هستند) این تعابیر بسیار مشابه تعابیر غزل ۱۵۱ بکر میباشند احتمالا شاعر غزل فوق خواسته است که غزلی در مسیر غزل ۱۵۱ بکر حافظ بسراید که با مقایسه غزل فوق باآن غزل بکر حافظ بخوبی مشکلات غزل فوق رخ نموده وحافظی نبودن آن مشخص میگردد.

۵۴

پیش از اینت بیش از این اندیشه عشاق بود		مهرورزی تو با ما شهره آفاق بود
یاد باد آن صحبت شب‌ها که با نوشین لبان		بحث سر عشق و ذکر حلقه عشاق بود
پیش از این کاین سقف سبز و طاق مینا برکشند		منظرچشم مرا ابروی جانان طاق بود
از دم صبح ازل تا آخر شام ابد		دوستی و مهر بر یک عهد و یک میثاق بود
سایه معشوق اگر افتاد بر عاشق چه شد		ما به او محتاج بودیم او به ما مشتاق بود
حُسن مَه رویان مجلس گرچه دل می‌بُرد ودین		بحث ما در لطف طبع و بی اخلاق بود
بر در شاهم گدایی نکته‌ای در کار کرد		گفت بر هر خوان که بنشستم خدا رزاق بود
رشته تسبیح اگر بگسست معذورم بدار		دستم اندر دامن ساقی سیمین ساق بود
در شب قدر ار صبوحی کرده‌ام عیبم مکن		سرخوش آمد یار و جامی برکنار طاق بود

شعر حافظ در زمان آدم اندر باغ خلد
دفتر نسرین و گل را زینت اوراق بود

میزان دور بودن غزل فوق از عرفان بغیر از مخدوش بودن معانی و دنیائی بودن آنها نشان میدهد که متاسفانه شاعر کاملا نا آشنا به مباحث وجود، عرفان و قران میباشد ، ایرادات اعلام شده در لحن و مباحثی که شاعر در غزل فوق مطرح نموده است بخوبی مشهود است و در آخر نیز با تعریف اینچنینی خود از حافظ گل آخر خود را کاشته و حافظ را از انبیا هم والاتر دانسته است.

۵۵

خستگان را چـو طلـب باشد و قوت نبود | گـر تـو بیداد کنی شـرط مروت نبود
ما جفـا از تو ندیدیم و تـو خود نپسندی | آنچـه در مذهـب اربـاب طریقت نبود
خیـره آن دیده که آبش نبرد گریه عشق | تیره آن دل که در او شمع محبت نبود
دولـت از مرغ همایون طلـب و سـایه او | زان که با زاغ و زغن شهپر دولت نبود
گـر مدد خواستم از پیر مغان عیب مکن | شیخ ما گفت که در صومعه همت نبود
چون طهارت نبود کعبه و بتخانه یکیست | نبود خیـر در آن خانه که عصمت نبود

حافظا علم و ادب ورز که در مجلس شاه
هر کـه را نیست ادب لایق صحبت نبود

غزل فوق نیز به لحاظ خصوصیات شعری بسیار شبیه غزل قبلی است و میتوان متعلق به همان شاعر باشد .

۵۶

قتـل ایـن خسته به شمشیر تو تقدیر نبود | ور نه هیچ از دل بی‌رحم تو تقصیر نبود
من دیـوانـه چـو زلـف تو رهـا می کردم | هیـچ لایـق تـرم از حلقـه زنجیر نبود
یا رب ایـن آینـه حُسن چـه جـوهـردارد | کـه در او آه مـرا قـوت تأثیر نبود
سـر ز حسـرت به در میکـده‌ها بـرکردم | چـون شناسای تـودر صومعه یک پیر نبود
نازنیـن‌تـر ز قـدت در چمن نـاز نَرُست | خوش‌تر از نقش تو در عالم تصویر نبود
تـا مگـر همچو صبـا باز به کـوی تو رسم | حاصلـم دوش به جـز ناله شبگیر نبود
آن کشیدم ز تو ای آتش هجران که چو شمع | جـز فنای خودم از دست تو تدبیر نبود

آیتـی بـود عـذاب انـده حافظ بـی تو
کـه بر هیچ کسش حاجت تفسیر نبود

غزل فوق نیز به لحاظ خصوصیات شعری بسیار شبیه دو غزل قبلی است و میتوان متعلق به همان شاعر باشد و چون دو غزل قبل نیز بخوبی از تعابیر حافظ کمک گرفته است .

۵۷

دیدم به خواب خوش که به دستم پیاله بود — تعبیر رفت و کار به دولت حواله بود
چل سال رنج و غصه کشیدیم و عاقبت — تدبیر ما به دست شراب دوساله بود
آن نافه مُراد که می‌خواستم ز بخت — در چین زلف آن بت مشکین کلاله بود
از دست برده بود خمار غمم سحر — دولت مساعد آمد و می در پیاله بود
بر آستان میکده خون می‌خورم مدام — روزی ما ز خوان قدر این نواله بود
هر کو نکاشت مهر و ز خوبی گلی نچید — در رهگذار باد نگهبان لاله بود
بر طرف گلشنم گذر افتاد وقت صبح — آندم که کار مرغ سحر آه و ناله بود
دیدیم شعر دلکش حافظ به مدح شاه — یک بیت از این قصیده به از صدرساله بود

آن شاه تند حمله که خورشید شیرگیر
پیشش به روز معرکه کمتر غزاله بود

غزل فوق نیز از شاعری درباری وخوش طبع است که بخوبی از تعابیر حافظ در سرودن غزل فوق الهام گرفته است نحوه و لحن غزل نشان میدهد که وی از شاعران درباری خوب زمان خود بوده است .

۵۸

به کوی میکده یا رب سحر چه مشغله بود — که جوش شاهد و ساقی و شمع و مشعله بود
حدیث عشق که ازحرف وصوت مستغنیست — به ناله دف و نی درخروش و ولوله بود
مباحثی که در آن مجلس جنون می‌رفت — ورای مدرسه و قال و قیل مسئله بود
دل از کرشمه ساقی به شُکر بود ولی — ز نا مساعدی بختش اندکی گله بود
قیاس کردم و آن چشم جادوانه مست — هزار ساحر چون سامریش در گلِه بود
بگفتمش به لبم بوسه‌ای حوالت کن — به خنده گفت کی ات با من این معامله بود
ز اخترم نظری سعد دره است که دوش — میان ماه و رخ یار من مقابله بود

دهان یار که درمان درد حافظ داشت
فغان که وقت مروت چه تنگ حوصله بود

شاعری خوش طبع همچون شاعران غزلهای قبلی است ویا یکی از همان شاعرانست و بلحاظ سبک ولحن سروده ومعانی ارائه شده که بیشتر حول یک محور دور میزند با غزلها قبلی بسیار شبیه است و مشخصا متعلق به حافظ نیست .

۵۹

آن یارکز او خانه ما جای پری بود / سر تا قدمش چون پری از عیب بری بود
دل گفت فروکش کند این شهر به بویش / بیچاره ندانست که یارش سفری بود
تنها نه ز راز دل من پرده برافتاد / تا بود فلک شیوه او پرده دری بود
منظور خردمند من آن ماه که او را / با حسن ادب شیوه صاحب نظری بود
از چنگ منش اختر بدمهر به در برد / آری چه کنم دولت دور قمری بود
عذری بنه ای دل که تودرویشی و او را / در مملکت حُسن سر تاجوری بود
اوقات خوش آن بودکه با دوست بسر رفت / باقی همه بی‌حاصلی و بی‌خبری بود
خوش بود لب آب و گل و سبزه و نسرین / افسوس که آن گنج روان رهگذری بود
خودرا بکُش ای بلبل از این رشک که گل را / با باد صبا وقت سحر جلوه گری بود
هر گنج سعادت که خدا داد به حافظ
از یُمن دعای شب و ورد سحری بود

شاعری خوش طبع همچون شاعران غزلهای قبلی است ویا یکی از همان شاعرانست و بلحاظ سبک ولحن سروده ومعانی ارائه شده که بیشتر حول یک محور دور میزند با غزلها قبلی بسیار شبیه است و مشخصا متعلق به حافظ نیست.

۶۰

مسلمانان مرا وقتی دلی بود — که با وی گفتمی گر مشکلی بود
به گردابی چو می‌افتادم از غم — به تدبیرش امید ساحلی بود
دلی همدرد و یاری مصلحت بین — که استظهار هر اهل دلی بود
ز من ضایع شد اندر کوی جانان — چه دامنگیر یا رب منزلی بود
هنر بی عیب حرمان نیست لیکن — ز من محروم تر کی سائلی بود
بر این جان پریشان رحمت آرید — که وقتی کاردانی کاملی بود
مرا تا عشق تعلیم سخن کرد — حدیثم نکته هر محفلی بود
مگو دیگر که حافظ نکته‌دان است
که ما دیدیم و محکم جاهلی بود

دراین غزل شاعر مربوطه هرآنچه که در عرف اشعار عرفانی به عقل نسبت میدهند به دل نسبت داده است که در آخر نیز از او ضایع شده و با اینکه معلوم نیست که دل یا جان در آخرکار عشق را به ایشان شناسانده یا نه سرگذشتش را همه عشاق در محافل به هم توجه میدادند و دربیت آخر نیز کمال لطف خودش را به حافظ نشان داده است. این غزل در خصوص افرادی که طبع شعر دارندکه نعمتی است خدادادی ولی به رشد معنوی نرسیده اند بعنوان یک مثال قابل عرضه است یعنی این فرد خود مثال عینی غزل " نه هرکه چهره برافروخت دلبری داند نه هرکه آینه سازد سکندری داند " حافظ میباشد .

۶۱

در ازل هر کو به فیض دولت ارزانی بود — تا ابد جام مرادش همدم جانی بود
من همان ساعت که از می خواستم شد توبه کار — گفتم این شاخ اردهد باری پشیمانی بود
خودگرفتم کافکنم سجاده چون سوسن به دوش — همچو گل بر خرقه رنگ می مسلمانی بود
بی چراغ جام در خلوت نمی‌یارم نشست — زان که کُنج اهل دل باید که نورانی بود
همت عالی طلب جام مرصع گو مباش — رند را آب عنب یاقوت رمانی بود
گر چه بی‌سامان نماید کار ما سهلش مبین — کاندر این کشور گدایی رشک سلطانی بود
نیکنامی خواهی ای دل با بدان صحبت مدار — خودپسندی جان من بُرهان نادانی بود
مجلس انس و بهار و بحث شعر اندر میان — نستدن جام می از جانان گران جانی بود
دی عزیزی گفت حافظ میخورد پنهان شراب
ای عزیز من نه عیب آن به که پنهانی بود

این شاعر محترم که طبع خوبی دارند دربیت اول در خصوص خلقت انسان ورابطه اش با یار نظریه ائی اظهار میدارد که درست خلاف تئوری وجود در قرآنست. نظر اعلام شده به شاخه ائی از جبریون میماند که معتقدند سرنوشت هرکس را از اول بنا نهادند (جهنمی یا بهشتی بودن) و خود انسان هیچکاره است. همچنین مخدوش بودن معانی و عدم درک صحیح از مبانی عرفان در دیگر ابیات ایشان نیز بشدت بچشم میخورد . همچنین از تعابیر حافظ نیز بخوبی دراین غزل استفاده کرده است.

۶۲

کنون کـه در چمـن آمد گل از عدم به وجود بنفشه در قـدم او نهـاد سـر به سجود
بنـوش جـام صبوحی بـه نالـه دف و چنگ ببـوس غبغـب سـاقی بـه نغمه نی و عود
به دور گـل منشین بی شراب وشاهد و چنگ کـه همچـو روز بقـا هفتـه‌ای بـود معدود
شـد از خـروج ریاحیـن چـو آسمان روشن زمیـن بـه اختـر میمون و طالـع مسعود
ز دسـت شـاهـد نـازک عـذار عیسی دم شـراب نـوش و رها کن حدیث عاد و ثمود
جهان چو خلد برین شد بدور سوسن و گل ولی چه سود که در وی نه ممکن است خلود
چـو گل سـوار شـو بـر هـوا سلیمـان وار سحر کـه مـرغ درآیـد بـه نغمه داوود
بـه بـاغ تـازه کـن آییـن دیـن زردشتی کنـون کـه لاله بر افروخـت آتش نمرود
بخـواه جـام صبـوحی بـه یـاد آصـف عهد وزیـر ملک سلیمـان عمـاد دیـن محمود
بـود کـه مجلس حافظ بـه یمـن تربیتش
هـر آنچـه می‌طلبـد جملـه باشدش موجود

این شاعراز شاعران خوش ذوق وبسیار خوب وآگاه به دانش وقت خود درایجاد تعابیر و اشعار عرفانی و تاریخی است او و از اول شعر ماهرانه با استفاده از تعابیر شبه عرفانی ، شرکت در بساط و بزم با یار خوش عذار را توصیف و توصیه میکند و با کمی دقت به معانی و سیر آنها متوجه شویم ایشان از عرفان و عشق به یار نمیگوید بلکه در حال شرح و توصیه به مهرورزی و خوش بودن در خدمت و جوار عماد دین محمود وزیر یا حاکم وقت خود است و با آوردن نام حافظ نیز سعی در جاودانه کردن شعرخود نموده است.

۶۳

از دیـده خـون دل همه بـر روی ما رود بـر روی مـا ز دیده چه گویم چه ها رود
مـا در درون سینـه هـوایـی نهفته‌ایم بـر بـاد اگـر رود دل مـا زان هوا رود
خورشید خاوری کند از رشک جامه چاک گـر مـاه مهـرپرور من در قبا رود
بـر خـاک راه یـار نهـادیم روی خویش بـر روی مـا رواست اگر آشنـا رود
سیل است آب دیـده و هرکس که بگذرد گـر خـود دلش ز سنگ بود هم ز جا رود
مـا را به آب دیده شب و روز ماجراست آن رهگـذر کـه بر سر کویش چرا رود
حافظ بـه کـوی میکـده دایـم بـه صدق دل
چـون صوفیـان صومعـه دار از صفا رود

واقعا عجیب مینماید که این غزل بنام حافظ در نسخ مانده و آنرا حذف نکرده اند زیرا که در همه چیز سراپا دارای مشکل است متاسفانه. این غزل حتی از شعرای قبل این قسمت نیز نمی تواند باشد و شاید این غزل خود سندی باشد برای این نظریه که در قدیم هر شاعری اگر میتوانسته شعری شبه عرفانی با استفاده از تعابیر حافظ بگوید و فقط احتیاج بوده است که نام حافظ را در بیت آخر بیاورد حتما غزلش به همراه دیگرغزلهای حافظ همراه و جاودانی می گشته است.

۶۴

چو دست بـر سر زلفش زنم به تاب رود / ور آشتی طلبم با سـر عتـاب رود
چـو مـاه نـو ره بیچـارگان نظّاره / زنـد بـه گوشه ابـرو و در نقـاب رود
شب شـراب خـرابم کنـد به بیـداری / وگـر به روز شکایت کنـم به خواب رود
طریق عشق پرآشوب و فتنه است ای دل / بیفتد آن کـه در ایـن راه بـا شتاب رود
گـدایـی در جـانـان به سلطنت مفروش / کـه کس ز سایه ایـن در به آفتاب رود
سـواد نامـه مـوی سیاه چـون طی شد / بیـاض کـم نشود گر صد انتخاب رود
حبـاب را چـو فتَـد بـاد نخوت اندر سر / کلاه داریـش انـدر سر شراب رود

حجـاب راه تـویـی حافظ از میـان برخیـز
خوشـا کسی کـه در این راه بی‌حجاب رود

این غزل نیز همانند غزل های دیگرمشکل ارائه معانی عرفانی و مخدوش بودن معانی دربعضی ابیات را دارامیباشد ودر آن نیز از تعابیر حافظ بخوبی استفاده شده است،آخرین بیت نیز هرچند بنظر می آید بیت بسیار زیبا وعرفانی باشد اینگونه نیست زیرا معنی آن میگوید حافظ حجاب راه است وباید از او دوری کرد که معنی عجیبی است شاید اگر آنچه در غزل ۷۴ همین بخش آمده " تو خودحجاب رهی حافظ" را درست بدانیم باز"ازمیان برخیز" و معنای " بی حجاب رود " کاررا خراب میکند ومعنی را بشکل قبل برمیگرداند واین یک مورد واضح از مخدوش بودن معنای شعرست که شاعر محترم فکر میکند در فضای عرفانی سروده است .

۶۵

بخت از دهـان دوست نشانم نمی‌دهد / دولـت خبـر ز راز نهـانـم نمی‌دهد
از بهـر بوسه‌ای ز لبـش جـان همی‌دهم / اینـم همـی ستـانـد و آنـم نمی‌دهد
مُردم دراین فراق و درآن پرده راه نیست / یـا هست و پـرده دار نشـانم نمی‌دهد
زلفش کشید بـاد صبـا چـرخ سفله بیـن / کـان جـا مجـال بـاد وزانم نمی‌دهد
چنـدان کـه بر کـنار چـو پرگار می‌شدم / دوران چـو نقطـه ره بـه میانم نمی‌دهد
شکَـر به صبـر دست دهـد عاقبـت ولی / بـد عهدی زمانـه زمـانم نمی‌دهد

گفتم روم بـه خواب و ببینم جمـال دوست
حـافـظ ز آه و نـالـه امـانم نمی‌دهد

این غزل نیز همانند غزل های دیگر این قسمت مشکل عدم رعایت مبانی عرفان و مخدوش بودن معانی دربعضی ابیات را داراست ، در بیت مقطع نیز بنظر میرسد که شاعر خود ابراز میدارد که یکی از همراهان حافظ است زیراکه حافظ با آه وناله عشق ورزیش نمیگذارد او بخوابد.

۶۶

بوی خوش تو هر که ز باد صبا شنید — از یار آشنا سخن آشنا شنید
ای شاه حسن چشمی به حال گدا فکن — کاین گوش بس حکایت شاه و گدا شنید
خوش می‌کنم به باده مشکین مشام جان — کز دلق پوش صومعه بوی ریا شنید
سّر خدا که عارف سالک به کس نگفت — در حیرتم که باده فروش از کجا شنید
یا رب کجاست محرم رازی که یک زمان — دل شرح آن دهدکه چه گفت وچه‌ها شنید
اینش سزا نبود دل حق گزار من — کز غمگسار خود سخن ناسزا شنید
محروم اگر شدم ز سر کوی او چه شد — از گلشن زمانه که بوی وفا شنید
ساقی بیا که عشق ندا می‌کند بلند — کان کس که گفت قصه ما هم ز ما شنید
ما باده زیر خرقه نه امروز می‌خوریم — صد بار پیر میکده این ماجرا شنید
ما می به بانگ چنگ نه امروز می‌کشیم — بس دور شد که گنبد چرخ این صدا شنید
پندحکیم محض صواب است و عین خیر — فرخنده آن کسی که به سمع رضا شنید

حافظ وظیفه تو دعا گفتن است و بس
در بند آن مباش که نشنید یا شنید

این غزل نیز با داشتن مشخصات بعضی غزلهای دیگراین قسمت که نشان میدهد متعلق به همان شاعرست ضمن داشتن مشکل در رعایت مبانی عرفان تقریبا در تمام ابیات و حتی ابیاتی که از تعابیرحافظ و دیگران در آن استفاده نموده است مخدوش بودن معانی بجشم میخورد بنابراین مشخصا ازحافظ نیست وبه دیوان وارد گشته است
.

۶۷

معاشـران گــره از زلـف یــار بــاز کنید — شبی خوش است بدین قصه‌اش دراز کنید
حضـور خلوت انس است و دوستـان جمعند — و ان یکـاد بخوانیـد و در فــراز کنید
ربــاب و چنـگ به بـانگ بلنـد مـی‌گوینـد — که گـوش هـوش بـه پیغام اهل راز کنید
به جـان دوست کـه غـم پرده بر شما ندرد — گــر اعتمـاد بر الطـاف کـارسـاز کنید
میـان عاشـق و معشـوق فـرق بسیار است — چـو یـار نـاز نمایـد شمـا نیـاز کنید
نخست موعظه پیر صحبت این حرف است — کـه از مصـاحب ناجنس احتــراز کنید
هر آن کسی که در این حلقه نیست زنده به عشق — بـر او نمـرده بـه فتـوای من نماز کنید

و گـر طلـب کنـد انعـامی از شمـا حافظ
حوالتـش بـــه لــب یــار دلنــواز کنید

این غزل نیز در ارتباط با ارائه مبانی عرفان دربیشتر ابیات بسیار مشکل داشته و معانی مخدوش ارائه مینماید، همچنین همچون دیگر غزلهای این قسمت از تعابیر دیگر شعرای بنام درآن استفاده شده است .

۶۸

ای صبـا نکهتـی از کـوی فلانی به من آر — زار و بیمـار غمم راحت جانی به من آر
قلـب بی‌حاصل مـا را بـزن اِکسیر مُراد — یعنی از خاک در دوست نشانی به من آر
در کمینگاه نظر با دل خویشم جنگ است — ز ابـرو و غمزه او تیر و کمانی به من آر
در غریبی و فـراق و غـم دل پیـر شدم — سـاغر مـی ز کف تازه جوانی به من آر
منکران را هم از این می دو سه ساغر بچشان — وگر ایشـان نستانند روانی به من آر
سـاقیـا عشـرت امـروز به فـردا مفکـن — یا ز دیـوان قضـا خط امـانی به من آر

دلم از دست بشد دوش چو حافظ می‌گفت
کای صبـا نکهتی از کـوی فلانی به من آر

این غزل از شاعری خوب و آشنا به عرفان است و میتوان گفت که درک خوبی از تعابیر حافظ و سایر شعرای عارف داشته است و به همین خاطر نیز توانسته شعر خوب بالا را بسراید که البته در تعابیر ارائه شده بوسیله خود شاعر موارد خروج از عرفان دیده میشود همچنین سیر معنی غزل نشانگر سیری هدف دار که نکته ائی عرفانی را بیان سازد نمی باشد و فقط حول یک موضوع سیر میکند همچنین دراین راستا خود شاعر در بیت مقطع نیز اعلام میکند که این شعر را از سر تاثیر شعر حافظ با مطلع" ای صبا نکهتی از خاک ره یار بیار" که غزل شماره ۱۸۱ بکر است سروده است که باالطبع خوب بودن شعر و داشتن نام حافظ در بیت مقطع آنرا به جمع غزلهای حافظ کشانده است.

۶۹

عید است و آخر گل و یاران در انتظار ساقی به روی شاه ببین ماه و می بیار
دل بر گرفته بودم از ایام گل ولی کاری بکرد همت پاکان روزه دار
دل در جهان مبند و به مستی سؤال کن از فیض جام و قصه جمشید کامکار
جز نقد جان به دست ندارم شراب کو کان نیز بر کرشمه ساقی کنم نثار
خوش دولتیست خرم و خوش خسروی کریم یا رب ز چشم زخم زمانش نگاه دار
می خور به شعر بنده که زیبی دگر دهد جام مرصع تو بدین در شاهوار
گر فوت شد سحور چه نقصان صبوح هست از می کنند روزه گشا طالبان یار
زانجا که پرده پوشی عفو کریم توست بر قلب ما ببخش که نقدیست کم عیار
ترسم که روز حشر عنان بر عنان رود تسبیح شیخ و خرقه رند شرابخوار
حافظ چو رفت روزه و گل نیز می‌رود
ناچار باده نوش که از دست رفت کار

این غزل نیز همانند غزل های دیگرمشکل ارائه معانی عرفانی و مخدوش بودن آنها را دربیشتر ابیات داراست و جالب اینکه شاعر درباریش خلاف عارفان ، ماه روزه را ماه اصلی وصل میداند که با تمام شدنش بخت وصل نیز از دست میرود که احتمالا مقصودش شب قدر است که مومنان بدنبال فیض بردن در آن شب شبهای رمضانرا بیدارند وروز ها که روزه اند بیشتر میخوابند و این درست مشکل عرفا با ماه روزه بوده است زیرا مردم در قدیم شبهای ماه مبارک رمضان تا سحر بیدار بودند وبه کارهای روزانه خود آنچنان میرسیدند که بتوانند روزه خود را نیز حفظ کنند ، بنابراین در شبهای رمضان مجالی چون همیشه برای شب زنده داری عشاق نمی ماند به همین مناسبت دیده شدن هلال ماه وآمدن عیدفطر برای عرفا خبری خوش وعیدی خاص است زیرا دیگرمردم شبها برحسب وظیفه بیدار نمی مانند و دوره شب بیداری عشاق برای تمنای وصل تازه شروع میگردد.

۷۰

روی بنمای و وجود خودم از یاد ببر / خرمن سوختگان را همه گو باد ببر
ما چو دادیم دل و دیده به طوفان بلا / گو بیا سیل غم و خانه ز بنیاد ببر
زلف چون عنبرخامش کِه ببوید هیهات / ای دل خام طمع این سخن از یاد ببر
سینه گو شعله آتشکده فارس بکُش / دیده گو آب رخ دجله بغداد ببر
دولت پیر مغان باد که باقی سهل است / دیگری گو برو و نام من از یاد ببر
سعی نابرده در این راه به جایی نرسی / مزد اگر می‌طلبی طاعت استاد ببر
روز مرگم نفسی وعده دیدار بده / وان گهم تا به لحد فارغ و آزاد ببر
دوش می‌گفت به مژگان درازت بکُشم / یا رب از خاطرش اندیشه بیداد ببر

حافظ اندیشه کن از نازکی خاطر یار
برو از درگهش این ناله و فریاد ببر

این غزل نیز با توجه به خصوصیات آن که بسیار شبیه غزل قبلی است میتواند متعلق به شاعر غزل قبل باشد و نشان میدهد که این شاعر به اینکه غزلش بعنوان غزلی از حافظ در اذهان مطرح باشد قصد داشته و به همین خاطر نیز در بیت مقطع غزلیات عرفانی خود نام حافظ را می آورده است تا بهمراه دیگرغزلهای حافظ جاودانی گردد.

۷۱

دیگر ز شاخ سرو سهی بلبل صبور / گلبانگ زد که چشم بداز روی گل به دور
ای گل به شکر آن که تویی پادشاه حسن / با بلبلان بی‌دل شیدا مکن غرور
از دست غیبت تو شکایت نمی‌کنم / تا نیست غیبتی نبود لذت حضور
گر دیگران به عیش و طرب خُرمند و شاد / ما را غم نگار بود مایه سرور
زاهد اگر به حور و قصور است امیدوار / ما را شرابخانه قصور است و یار حور
می خور به بانگ چنگ و مخور غصه ور کسی / گوید تو را که باده مخور گو هوالغفور

حافظ شکایت از غم هجرانر چهر می‌کنی
در هجر وصل باشد و در ظلمت است نور

این غزل هرچند که از تعابیر حافظ بخوبی درآنها استفاده شده است متاسفانه ضمن داشتن سبک و لحنی سبُک ، معانی آن بشدت از مبانی عرفانی دورمیباشند و علت آن اینست که از تعابیر برگرفته شده معنی ظاهر و دنیوی آنرا بیشتر مد نظر قرارداده است وهمچنین همانند دیگرموارد این قسمت سیر معنی در اشعارغزل دوریک محورمیگردد و نکته عارفانه و یا موضوع خاصی را ارائه نمی نماید .

۷۲

روی بنما و مرا گو که ز جان دل برگیر | پیش شمع آتش پروانه به جان گو درگیر
این لب تشنه ما بین و مدار آب دریغ | بر سر کُشته خویش آی و ز خاکش برگیر
ترک درویش مگیر ار نبود سیم و زرش | درغمت سیم شمار اشک و رخش را زر گیر
چنگ بنواز و بساز ار نبود عود چه باک | آتشم عشق و دلم عود و تنم مجمر گیر
در سماع آی و ز سر خرقه برانداز و برقص | ور نه با گوشه رو و خرقه ما در سر گیر
صوف برکش ز سر و باده صافی درکش | سیم در باز و به زر سیمبری در بر گیر
دوست گو یار شو و هر دو جهان دشمن باش | بخت گو پشت مکن روی زمین لشکر گیر
میل رفتن مکن ای دوست دمی با ما باش | بر لب جوی طرب جوی و به کف ساغرگیر
رفته گیر از برم و زآتش و آب دل و چشم | گونه‌ام زرد و لبم خشک و کنارم تر گیر

حافظ آراسته کن بزم و بگو واعظ را
که ببین مجلسم و ترک سر منبر گیر

شاعری خوب که غزلی درادامه یک رباعی خوب که درمطلع غزل قرارگرفته سروده است ولی مشکل رعایت موارد عرفان و مخدوش بودن معانی در ابیات سروده شده بوضوح نشانگرحافظی نبودن این غزل است .

۷۳

بـر نیـامـد از تمنـای لبـت کامم هنوز
بـر امید جـام لعلـت دُردی آشامم هنوز

روز اول رفـت دینـم در سـر زلفیـن تو
تا چه خواهد شد در این سودا سرانجامم هنوز

ساقیا یک جرعه‌ای زان آب آتشگون که من
در میـان پختـگان عشق او خامم هنوز

از خطا گفتم شبی زلف تو را مُشک خُتن
می‌زند هـر لحظه تیغی مو بر اندامم هنوز

پـرتـو روی تو تا در خلوتم دید آفتاب
میرود چون سایه هردم بردر و بامم هنوز

نام من رفتست روزی برلب جانان به سهو
اهل دل را بوی جان می‌آید از نامم هنوز

در ازل داده‌ست ما را سـاقی لعـل لبت
جرعه جامی که من مدهوش آن جامم هنوز

ایکه گفتی جان بده تا باشدت آرام جان
جان به غم هایش سپردم نیست آرامم هنوز

در قلـم آورد حافظ قصه لعـل لبـش
آب حیوان می‌رود هـر دم ز اقلامم هنوز

شاعر فوق همچون شاعران غزلهای قبلی این قسمت شاعری خوب است و میتوان یکی از آنها نیز باشد . او به تعابیر حافظ بخوبی آشناست ولی متاسفانه بعلت عدم درک صحیح از مبانی عرفانی آنها نمی تواند در استفاده از آنها جایگاه مناسب آنها را برگزیند و به همین خاطر مشکل عدم رعایت مبانی عرفان در شعرش دیده میشود و این مطلب سوای آنست که لحن و سبک سروده از لطافت اشعار حافظ بسیار دور است.

۷۴

دلـم رمیـده لـولـی وشیست شورانگیز
دروغ وعده و قتال وضع و رنگ آمیز

فـدای پیـرهن چـاک مـاهـرویان باد
هـزار جـامـه تقـوی و خرقه پرهیز

خیال خال تو باخود به خاک خواهم برد
کـه تا ز خـال تو خ اکم شود عبیر آمیز

فرشته عشق نداند که چیست ای ساقی
بخواه جـام و گلابی به خاک آدم ریز

پیـاله بـر کفنـم بنـد تا سحرگه حشر
به مـی ز دل ببرم هول روز رستاخیز

فقیر و خسته به درگاهت آمـدم رحمی
که جز ولای توام نیست هیچ دست آویز

بیـا که هاتف میخانه دوش با من گفت
که در مقام رضا باش و از قضا مگریز

میـان عاشق و معشوق هیـچ حائل نیست
تو خود حجاب خودی حافظ از میان برخیز

مشخصات شعری این غزل مشابه غزل ۶۴ همین قسمت است که درآنجا شرح داده شده است و جالب آنکه مصرع دوم بیت مقطع این غزل بنحوی مصرع اول بیت مقطع غزل ۶۴ نیز هست .

۷۵

ای صبـا گـر بگذری بر ساحل رود ارس
بوسه زن بـر خاک آن وادی و مُشکین کن نفس

منزل سلمی که بادش هـر دم از مـا صد سلام
پُـر صـدای سـاربانان بینی و بانگ جرس

محمل جانان ببوس آن گه به زاری عرضه دار
کـز فراقت سوختم ای مهـربان فریاد رس

من که قول ناصحان را خواندمی قول رباب
گوشمالی دیـدم از هجـران کـه اینم پند بس

عشرت شبگیر کن می نوش کاندر راه عشق
شبـروان را آشنایـی‌هـاست بـا میـر عسس

عشقبـازی کـار بازی نیست ای دل سر بباز
زانکه گوی عشق نتوان زد به چـوگان هوس

دل به رغبت می‌سپارد جان به چشم مست یار
گـرچـه هشیاران ندادند اختیـار خود بـه کس

طوطیـان در شکرستـان کامـرانی می‌کننـد
و از تحسر دست بـر سر می‌زنند مسکین مگس

نام حافظ گـر برآید بر زبان کلک دوست
از جناب حضرت شاهم بس است این ملتمس

شاعری خوب که توانسته با مدیریت اشعارش بهمراه تعابیر برگرفته از حافظ و دیگر شعرا غزلی خوب و راضی کننده برای حاکم وقت درزمانی که از سفر باز میگردد بسراید.

۷۶

اگـر رفیـق شفیقی درست پیمان باش
حریف خـانه و گرمابه و گلستان باش

شکنج زلـف پریشان بـه دست بـاد مده
مگو که خاطر عشاق گو پریشان باش

گرت هواست که با خضر همنشین باشی
نهان ز چشم سکندر چو آب حیوان باش

زبـور عشق نوازی نه کار هـر مرغیست
بیـا و نـوگل این بلبل غزل خوان باش

طـریق خدمـت و آیین بنـدگی کـردن
خدای را که رها کن به ما و سلطان باش

دگـر به صید حـرم تیـغ برمکش زنهار
وز آن که با دل ما کرده‌ای پشیمان باش

تـو شمع انجمنی یک زبان و یکدل شو
خیال و کوشش پروانه بین و خندان باش

کمـال دلبـری و حسن در نظر بازیست
بـه شیـوه نظـر از نادران دوران باش

خمـوش حـافظ و از جـور یـار نـاله مکن
تو را که گفت که در روی خوب حیران باش

شاعر این غزل میتواند شاعر غزل قبلی باشد ولی در این غزل بیشتر از موارد عرفان فاصله گرفته است. متاسفانه دراین غزل معلوم نیست راوی اصلی بطور مشخص کیست یارست و یا شخص سوم پند دهنده همچنین در بعضی ابیات تشخیص راوی مشکلتر میشود زیرا به هردو تمایل نشان میدهد.

۷۷

بُبرد از من قرار و طاقت و هوش | بُت سنگین دل سیمین بناگوش
نگاری چابکی شنگی کلهدار | ظریفی مه وشی ترکی قباپوش
ز تاب آتش سودای عشقش | بسان دیگ دایم می‌زنم جوش
چو پیراهن شوم آسوده خاطر | گرش همچون قبا گیرم در آغوش
اگر پوسیده گردد استخوانم | نگردد مهرت از جانم فراموش
دل و دینم دل و دینم ببرده‌ست | برو دوشش برو دوشش برو دوش
دوای تو دوای توست حافظ
لب نوشش لب نوشش لب نوش

بنظر میرسد شاعر این غزل شیفته محفل شبانه خوشی که حضورداشته شده است که بخوبی وضعیت یاری که در آنجا دلش را برده بشرح کشیده است و در آخر برای جاودان شدن غزلش یادی از حافظ نیز فرموده اند .

۷۸

در عهد پادشاه خطابخش جرم پوش | حافظ قرابه کش شد و مفتی پیاله نوش
صوفی ز کنج صومعه با پای خم نشست | تا دید محتسب که سبو می‌کشد به دوش
احوال شیخ و قاضی و شرب الیهودشان | کردم سؤال صبحدم از پیر می فروش
گفتا نه گفتنیست سخن گر چه محرمی | درکش زبان و پرده نگه دار و می بنوش
ساقی بهار می‌رسد و وجه مِی نماند | فکری بکن که خون دل آمد زغم بجوش
عشق است و مفلسی و جوانی و نوبهار | عذرم پذیر و جُرم به ذیل کرم بپوش
تا چند همچو شمع زبان آوری کنی | پروانه مراد رسید ای محب خموش
ای پادشاه صورت و معنی که مثل تو | نادیده هیچ دیده و نشنیده هیچ گوش
چندان بمان که خرقه ازرق کند قبول
بخت جوانت از فلک پیر ژنده پوش

این شاعربا توجه به طبع خوب درسرودن شعر ورعایت مبانی عرفان به میزان رشد یافته گیش فقط با مطالبی که در شعر خود مطرح نموده بوضوح نشان میدهد که حافظ نیست زیرا مطلب خاصی را در خصوص عشق ورزی با یار که دیده باشد و یا حس کرده باشد بیان نمی نماید که انسان از آن دردل احساس شعف کند و چیزی از آن برگیرد . علت آن فقط پائین بودن مراتب رشد عرفانی این شاعرست ولی بسیاربهتر ازدیگران عمل کرده و نام حافظ را دراولین بیت و بعنوان اشاره ائی به یک شخصیت برجسته بکار برده که متاسفانه بخاطر همین که نام حافظ را برده است شعرش بعنوان شعر حافظ ثبت گشته است .

۷۹

مجمع خوبی و لطف است عذار چو مهش
لیکنش مهر و وفا نیست خدایا بدهش

دلبرم شاهد و طفل است و به بازی روزی
بکشد زارم و در شرع نباشد گنهش

من همان به که از او نیک نگه دارم دل
که بد و نیک ندیده‌ست و ندارد نگهش

بوی شیر از لب همچون شکرش می‌آید
گر چه خون می‌چکد از شیوه چشم سیهش

چارده ساله بتی چابک شیرین دارم
که بجان حلقه بگوش است مه چاردهش

از پی آن گل نورسته دل ما یا رب
خود کجا شد که ندیدیم در این چند گهش

یار دلدار من ار قلب بدین سان شکند
ببرد زود به جانداری خود پادشهش

جان به شکرانه کنم صرف گر آن دانه دُر
صدف سینه حافظ بود آرامگهش

شاعر این غزل با توجه به صراحتی که در خصوص پیش کشیدن موارد دنیائی وغیر عارفانه با این وضوح درغزل خود دارد فقط میتواند گفت برای جاودان شدن شعرش آنرا با نام حافظ به اتمام رسانده تا در اذهان بماند و جاودان گردد .

۸۰

دلم رمیده شد و غافلم من درویش
که آن شکاری سرگشته را چه آمد پیش

چو بید بر سر ایمان خویش می‌لرزم
که دل به دست کمان ابروییست کافر کیش

خیال حوصله بحر می پزد هیهات
چه‌هاست درسراین قطره محال اندیش

بنازم آن مژه شوخ عافیت کُش را
که موج می‌زندش آب نوش بر سر نیش

ز آستین طبیبان هزار خون بچکد
گرم به تجربه دستی نهند بر دل ریش

بکوی میکده گریان و سرفکنده روم
چرا که شرم همی‌آیدم ز حاصل خویش

نه عمر خضر بماند نه مُلک اسکندر
نزاع بر سر دنیی دون مکن درویش

بدان کمر نرسد دست هر گدا حافظ
خزانه‌ای به کف آور ز گنج قارون بیش

شاعر غزل فوق بجز داشتن موارد اشکال در غزلهای دیگر از لحاظ طبع شعر نیز مشکل دارد و نتوانسته سلیسی و روانی موجود در آنها را نیز در این غزل ایجاد نماید .

۸۱

ما آزموده‌ایم در این شهر بخت خویش
بیرون کشید باید از این ورطه رخت خویش

از بس کـه دست می‌گـزم و آه می‌کشم
آتش زدم چو گل به تن لخت لخت خویش

دوشم ز بلبلی چه خوش آمد که می‌سرود
گل گوش پهن کرده ز شاخ درخت خویش

کای دل تو شـاد باش کـه آن یار تندخو
بسیـار تنــد روی نشیند ز بخت خویش

خواهی که سخت و سُست جهان بر تو بگذرد
بگذر ز عهد سُست و سخنهای سخت خویش

وقت است کـز فراق تو وز سوز اندرون
آتش درافکنم به همه رخت و پخت خویش

ای حافظ ار مـراد میسر شدی مـدام
جمشید نیز دور نماندی ز تخت خویش

شاعر این غزل با توجه به سبک ابیات سروده شده میتواند با احتمال زیاد شاعر غزل قبلی باشد .

۸۲

قسم به حشمت و جاه و جلال شاه شجاع
که نیست با کسم از بهر مال و جـاه نزاع

شـراب خانگیـم بـس مـی مغـانه بیـار
حریف بـاده رسید ای رفیـق توبه وداع

خدای را به می‌ام شست و شوی خرقه کنید
که من نمی‌شنوم بـوی خیر از این اوضاع

ببین کـه رقص کنـان می‌رود به ناله چنگ
کسی که رخصه نفرمودی استماع سماع

به عاشقان نظری کـن به شکر این نعمت
که مـن غلام مطیعم تـو پادشاه مطاع

بـه فیض جرعـه جـام تو تشنه‌ایم ولی
نمی کنیـم دلیـری نمی دهیـم صداع

جبین و چهره **حافظ** خدا جدا مکناد
ز خـاک بار گه کبریای شـاه شجاع

این غزل میتواند بعلت دور بودن بسیار زیادش از عرفان سرآمد غزلهای شاعران درباری در ارتباط با وضعیت ایشان باشد که این موضوع بتمامی و بوضوح در تک تک ابیات موج میزند بنابراین احتیاج به مشخص نمودن موارد غیر عرفانی ابیات نبود زیرا که هر کس با کمی دقت و داشتن آگاهی از تعاریف معمول در عرفان براحتی متوجه آن خواهد گشت.

۸۳

بـامـدادان کـه ز خلـوتگـه کاخ ابداع — شمع خاور فکند بر همه اطراف شعاع
برکشد آینه از جیب افق چرخ و در آن — بنماید رخ گیتی بـه هـزاران انـواع
در زوایــای طربخـانـه جمشیـد فلک — ارغنون ساز کند زهره به آهنگ سماع
چنگ در غلغله آیـد کـه کجـا شد منکر — جام در قهقهه آید که کجا شد مناع
وضع دوران بنگـر ساغر عشرت بر گیر — که بـه هر حالتی این است بهین اوضاع
طـره شاهـد دنیی همه بنـد است و فریب — عارفان بر سـر این رشته نجویند نزاع
عمـرخسرو طلب ار نفع جهان می‌خواهی — که وجودیست عطابخش کریم نفاع

مظهر لطف ازل روشنی چشم امـل
جامع علم و عمل جان جهان شاه شجاع

این غزل نیز که مشخصا بوسیله شاعری خوب از شعرای درباری سروده شده دارای تعبیر خوبیست و بنظر می آید در دنباله غزل قبلی همین قسمت گفته شده باشد وشاعر هردو یکی است ولی همچودیگر غزل های غیرحافظی این قسمت موارد عرفان را مشخصا رعایت نکرده است، این غزل نکته ائی جالب دارد و آن اینکه اصلا از حافظ در ابیاتش یادی نکرده ونام نبرده و این موضوع نشان میدهد که شاید شاعرش اصلا نمیخواسته که غزلش بعنوان سروده حافظ بعلت خوب بودن تعابیرآن مطرح گردد ولی به همراه دیگر غزلهایش که نام حافظ در انتها داشته (همانند غزل قبلی همین قسمت) با غزلیات حافظ همراه گشته است .

۸۴

اگر شراب خوری جرعه‌ای فشان برخاک — از آن گنـاه که نفعی رسد به غیر چه باک
برو به هر چه تو داری بخور دریغ مخور — که بـی‌دریغ زنـد روزگار **تیغ هلاک**
به خـاک پـای تـو ای سـرو نازپرور من — **که** روز **واقعه** پـا وا مگیرم از سر خاک
چـه دوزخی چه بهشتی چه آدمی چه پری — **به مذهب همه کفر طریقت است امساک**
مهنـدس فلکـی راه دیـر شش جهتی — **چنان ببست که ره نیست** زیر دیر مغاک
فریب دختر رز طرفه می‌زند ره عقـل — **مباد تا به قیامت خراب طارم تاک**

به راه میکده **حافظ** خوش از جهان رفتی
دعای اهـل دلـت بـاد مونس دل پاک

این غزل نیز از غزلهایست که شاعر تعابیر خوبی در آن بکار برده بخصوص در بیت چهارم ولی متاسفانه موارد عرفانی و قرآنی را اصلا رعایت نکرده است ، بعنوان مثال در بیت اول میخواهد نکته عرفانی را که بوسیله دیگر عرفا بیان شده با دیدی جدید ارائه کند که متاسفانه خارج از دستورات و تعابیرحقست و این روش را در دیگر ابیات نیز بکار برده است مثل بیت سوم که رسما خودی خود را مطرح و میگوید "در قیامت از خاک بر نمیخیزم" که اظهاری بسیار دور از حق و متضاد با خضوع و تسلیم بودن در برابر یارست ، و بنظر میرسد که در بیت آخر شاعر به این مسئله که این شعر را بعد از حافظ و به یاد او سروده است اشاره کرده باشد .

۸۵

ای دل ریش مـرا بـا لـب تـوحـق نمک حق نگه دار کـه مـن می‌روم الله معک
تویـی آن گوهـر پاکیـزه کـه در عالم قدس ذکر خیـر تو بـود حاصل تسبیح مَلَک
در خلـوص منت ار هست شکی تجربه کن کس عیـار زر خالص نشناسد چو محک
گفته بودی که شوم مست و دو بوست بدهم وعده از حد بشدو ما نه دو دیدیم و نه یک
بگشـا پسته خنـدان و شکـرریـزی کـن خلق را از دهن خویش مینداز به شک
چـرخ بـرهم زنـم ار غیـر مـرادم گـردد من نه آنم که زبونی کشم از چرخ فلک
چون بر حافظ خویشش نگذاری باری
ای رقیب از بر او یک دو قدم دورترک

واقعا از عجائب است که چگونه استادان ما این غزل را از غزلیات حافظ حذف نکرده اند آنهم با چنین سرایندگی که بتمامی از لودگی و منم منم وخط دادن به یار پراست و آنهم با این سَبک َسبُکی که در نحوه سرودن اشعار دیده میشود یعنی حفظ امانت تا این حد وفقط با این امید که خواننده خود از شعری که حافظی نیست روی میگرداند. انشاالله منبعد از حافظ دوستان واقعی باشیم وبا جدیت فقط بدنبال اشعار بکر حافظ بوده و اشعاری که بنام حافظ ارائه گشته را مطلقا مطرح و ارائه ننمائیم .

۸۶

خوش خبرباشی ای نسیم شمال | که به ما می‌رسد زمان وصال
قصّةُ العشق لا انفصام لها | فَصُمَتَ ها هُنا لسانُ القال
ما لِسَلمی و من بذی سَلَمِ | أینَ جیرانُنا و کیف الحال
عَفَتِ الدارُ بعدَ عافیةٍ | فاسألوا حالَها عَنِ الاطلال
فی جمالِ الکمالِ نِلتَ مُنی | صَرَّفَ اللهُ عَنکَ عَینَ کمال
یا بریدَ الحِمی حَماکَ الله | مرحباً مرحباً تعال تعال
عرصهٔ بزمگاه خالی ماند | از حریفان و جام مالامال
سایه افکند حالیا شب هجر | تا چه بازند شبروان خیال
تُرک ما سوی کس نمی‌نگرد | آه از این کبریا و جاه و جلال

حافظا عشق و صابری تا چند
نالهٔ عاشقان خوش است بنال

ترجمه اشعار عربی:

قصه عشق که بریده شدنی در آن نیست | پس خاموش است زبان از بازگوئیش
بیتابی من و هر که بی تاب است ازین است که | کجاست یار ما و چگونه است حالش
پاکی وسلامت دنیا از سلامت سازی اوست | پس بپرسند چگونگی بروز آنرا
با همه زیبائی و برازندگی چو درگذری از خود | بیاورد خداوند برای تو آن کمال وبزرگی را
ای پیام آورگرما (ی جهنم) حرارتت خدائیست | آفرین آفرین بیا (مارا) بیا (مارا)

و مشخصا این غزل نیز همانند دیگرغزلهای غیرحافظی این بخش بغیر از عدم رعایت موارد عرفان فاقد سیر معنی خاص و باز گوئی احوال وصل میباشد و مشخصا متعلق به حافظ نیست .

۸۷

دارای جهان نصرت دین خسرو کامل — یحیی بـن مظفر ملک عالـم عـادل
ای درگـه اسـلام پنـاه تـو گشـاده — بـر روی زمیـن روزنـه جـان و در دل
تعظیم تو بر جان و خرد واجب و لازم — انعام تـو بر کـون و مکان فایض و شامل
روز ازل از کلک تـو یک قطـره سیـاهی — بر روی مـه افتـاد کـه شد حل مسائل
خورشید چو آن خال سیه دید به دل گفت — ای کاج که من بود می آن هندوی مقبل
شاهافلک از بزم تودررقص و سماع است — دست طـرب از دامن این زمزمه مگسل
می نوش وجهانبخش که از زلف کمندت — شـد گـردن بـدخـواه گرفتـار سلاسل
دور فلکی یک سره بر منهج عدل است — خـوش باش که ظالم نبـرد راه به منزل

حافظ قلم شاه جهان مقسم رزق است
از بهـر معیشت مکـن اندیشـه باطل

این غزل احتیاج به توضیح ندارد که بتمامی گویای غزلی درباریست و این گونه غزلها با غزلهای حافظ عاشق فرسنگها فاصله دارد . البته علت اینکه شاعر فوق نام حافظ را در بیت مقطع این غزل قرار داده است میتواند این مورد نیز باشد که به شاه نشان دهد که حافظ را بخاطر کناره گیری از دربار سرزنش مینماید در این صورت با یک تیر دو نشان زده است هم شاه را راضی نموده و هم غزل خود را جاودانی ساخته است.

۸۸

به وقـت گـل شدم از تـوبه شراب خجل — کـه کس مبـاد ز کـردار ناصـواب خجل
صلاح ما همه دام ره است و من زین بحث — نیم ز شاهد و ساقـی بـه هیچ باب خجل
بـود که یـار نرنجـد ز مـا بـه خُلق کریم — کـه از سؤال ملـولیـم و از جـواب خجل
ز خون که رفت شب دوش از سراچهٔ چشم — شدیـم در نظـر رهروان خواب خجل
رواست نرگس مست ار فکند سر در پیش — کـه شد ز شیوهٔ آن چشم پر عتاب خجل
تویی کـه خوبتـری زآفتـاب و شکـر خـدا — کـه نیستم ز تـو در روی آفتـاب خجل

حجاب ظلمت از آن بست آب خضر که گشت
ز شعـر حافظ و آن طبـع همچو آب خجل

غزل فوق نیز همچون دیگرغزلهای این بخش دارای موارد زیاد اشکال درمبانی عرفان است ومشخصا ازحافظ نیست.

۸۹

عشقبــازی و جوانــی و شــراب لعـل فــام مجلس انس و حریف همدم و شرب مدام
ســاقی شکر دهــان و مطرب شیرین سخن همنشینی نیک کــردار و ندیمی نیک نام
شاهدی از لطـف و پاکی رشک آب زندگی دلبری در حسن و خــوبی غیرت ماه تمام
بزمگاهی دلنشان چون قصر فردوس برین گلشنی پیرامنش چــون روضهٔ دارالسلام
صف نشینان نیکخواه و پیشکاران با ادب دوستداران صاحب اسرار و حریفان دوستکام
بــاده گلرنگ تلـخ تیـز خوشخوار سبک نَقلش از لعـل نگار و نُقلش از یاقــوت خام
غمـزهٔ ساقــی به یغمــای خــرد آهخته تیغ زلف جــانان از برای صید دل گسترده دام
نکته‌دانی بذله‌گوچــون حافظ شیرین سخن بخشش آموزی جهان افروزچون حاجــی قوام
هر که این عشرت نخواهد خوشدلی بر وی تباه
وان که این مجلس نجوید زندگی بر وی حرام

دوستداران صاحب اسرار: دوستان امین که خبرعیش ونوش مجالس رادرجائی بازگو نمیکنند= حریفان دوستکام : شاعران دیگر

ابیات غزل فوق بتمامی با مبانی عرفان بیگانه است و حول یک معنی دور میزنند و بخوبی مشخص است که این غزل بوسیله شاعری خوب وزرنگ در وصف مجلس بزمی برپاشده در منزل بزرگی که حتما ازدرباریان بوده میباشد. شاعری خوب بخاطر تعابیری که ازدیگر شعرا قرض کرده ودرغزلش درجای خود بکارگرفته و سلیس بودن شعرش وشاعری زرنگ در نحوه یادکردن ازنام حافظ که دراصل درحال اشاره به حضورخود درمجلس است وهمچنین بردن نام صاحب مجلس که بدینسان هم با آوردن نام حافظ شعرش جاودانه میگردد و هم دل بزرگ مجلس بدست می آید و شاید هم حافظ را نزد بزرگان عزیز بگرداند تا کاری به او نداشته باشند. در نتیجه میتوان گفت شاعر میتوانسته از علاقه مندان به حافظ و نگران او بخاطر دوری ساختنش از حکام نیز بوده باشد.

۹۰

عمریست تا من در طلب هر روز گامی می‌زنم دست شفاعت هر زمــان در نیک نامی می‌زنم
بی مــاه مهرافروز خــود تا بگذرانم روز خود **دامی به راهی می‌نهم مرغی به دامی می‌زنم**
اورنگ کــو گلچهر کــو نقش وفــا و مهر کو **حالــی مــن انــدر عاشقی داو تمامی می‌زنم**
تــا بو کــه یابــم آگهــی ازسایه ســرو سهی گلبانگ عشق ازهرطرف برخوش خرامی می‌زنم
هــر چنــد کان آرام دل دانــم نبخشد کام دل **نقش خیالی می‌کشم فال دوامی می‌زنم**
دانم سر آرد غصه را رنگین بــرآرد قصه را این آه خون افشان که من هرصبح و شامی می‌زنم
با آن که از وی غایبم و از می چو حافظ تایبم
در مجلس روحانیان گه گاه جــامی می‌زنم

تایبم : توبه کرده ام

غزل فوق نیز همچون دیگرغزلهای این بخش هر چند دارای تعابیرخوبیست که البته از خود حافظ گرفته شده ، دارای موارد اشکال درمبانی عرفان و عدم سلیس بودن در ابیات است که مشخصا از حافظ نیست وهمچنین به تصویر کشی وضعیت حافظ در بیت آخرآن نیز بسیارعجیب است و شاید شاعر این غزل نیز در حد خود خواسته حافظ رایاد کند و نمی خواسته غزلش بعنوان غزل حافظ مطرح گردد.

۹۱

بُشری اِذِ السّلامةُ حَلّت بِذی سَلَم — للّهِ حمدُ مُعتَرفٍ غایةَ النِّعَم
آن خوش خبرکجاست که این فتح مژده داد — تا جان فشانمش چو زر و سیم در قدم
از باز گشت شاه در این طرفه منزل است — آهنگ خصم او به سراپردهٔ عدم
پیمان شکن هرآینه گردد شکسته حال — انَّ العُهودَ عِندَ مَلیکِ النُّهی ذِمَم
می جست از سحاب امل رحمتی ولی — جز دیده‌اش معاینه بیرون نداد نم
در نیل غم فتاد سپهرش به طنز گفت — الآنَ قَد نَدِمتَ و ما یَنفَعُ النَّدَم
ساقی چو یار مه رخ و از اهل راز بود
حافظ بخورد باده و شیخ و فقیه هم

بُشری اِذِ السّلامةُ حَلّت بِذی سَلَم : مژده که سلامش روا گشت برصاحب سلام -- للهِ حمدُ مُعتَرِفٍ غایةَ النِّعَم : ستایش ساختن خداوند برترین نعمتهاست -- انَّ العُهودَ عِندَ مَلیکِ النُّهی ذِمَم : شکستن پیمان نزد پادشاه جزا دارد -- الآنَ قَد نَدِمتَ و ما یَنفَعُ النَّدَم : حال پشیمان گشته و پشیمانی سودی ندارد

یک غزل کاملا درباری دیگر موارد عربی آن نیز ترجمه شد که تا خواننده مطمئن گردد هیچ ردی از حافظ در آن پیدا نمی شود و حتی از تعبیر اوهم استفاده نشده است.

۹۲

دوش سودای رخش گفتم ز سر بیرون کنم — گفت کو زنجیر تا تدبیر این مجنون کنم
قامتش را سرو گفتم سرکشیداز من بخشم — دوستان از راست می‌رنجد نگارم چون کنم
نکته ناسنجیده گفتم دلبرا معذور دار — عشوه‌ای فرمای تا من طبع را موزون کنم
زرد رویی می‌کشم زان طبع نازک بی‌گناه — ساقیا جامی بده تا چهره را گلگون کنم
ای نسیم منزل لیلی خدا را تا به کی — ربع را برهم زنم اطلال را جیحون کنم
من که ره بردم به گنج حسن بی‌پایان دوست — صدگدای همچوخودرا بعدازاین قارون کنم
ای مه صاحب قران از بنده حافظ یاد کن
تا دعای دولت آن حسن روزافزون کنم

غزل فوق نیز همچون دیگرغزلهای این بخش هر چند دارای تعابیر خوبیست که البته اقتباس نیز در آن دیده میشود (همانند بیت پنجم که مصرع دوم آن از معزی است) دارای موارد اشکال بسیار درمبانی عرفان ومعانی ارائه شده است که مشخص میکند غزل فوق متعلق به حافظ نیست .

۹۳

مژده وصل تو کو کز سر جان برخیزم	طایر قدسم و از دام جهان برخیزم
به ولای تو که گر بنده خویشم خوانی	از سر خواجگی کون و مکان برخیزم
یا رب از ابر هدایت برسان بارانی	پیشتر زانکه چو گردی ز میان برخیزم
بر سر تربت من با می و مطرب بنشین	تا به بویت ز لحد رقص کنان برخیزم
خیز و بالا بنما ای بت شیرین حرکات	کز سر جان وجهان دست فشان برخیزم
گر چه پیرم تو شبی تنگ در آغوشم کش	تا سحرگه ز کنار تو جوان برخیزم

روز مرگم نفسی مهلت دیدار بده
تا چو حافظ ز سر جان و جهان برخیزم

غزل فوق که در نگاه اول بسیار حافظی مینماید ، با دقت و بررسی تعابیر آمده درآن که از خود حافظ نیز اقتباس شده بجز آنکه عدم رعایت موارد عرفان و نداشتن تجربه وصلی با یار بوسیله شاعر بخوبی در آن قابل تشخیص میگردد اسلوب غزل و استفاده زیاد شاعر از کلام " سر جان و جهان " در غزل آنرا از اشعار حافظ دور میسازد و حافظی نبودن آن آشکار مینماید همچنین بنظر میرسد شاعر با همین منظور که بگوید این غزل حافظی نیست بیت آخررا اینچنین سروده است .

۹۴

چـل سال بیش رفت که من لاف می‌زنم	کز چاکران پیر مغان کمترین منم
هرگز به یمن عاطفت پیر می فروش	ساغر تهی نشد ز می صاف روشنم
از جاه عشق و دولت رندان پاکباز	پیوسته صدر مصطبه ها بود مسکنم
در شان من به دردکشی ظن بد مبر	کآلوده گشت جامه ولی پاکدامنم
شهباز دست پادشهم این چه حالت است	کز یاد برده‌اند هوای نشیمنم
حیف است بلبلی چومن اکنون در این قفس	با این لسان عذب که خامش چو سوسنم
آب و هوای فارس عجب سفله پرور است	کو همرهی که خیمه از این خاک برکنم
حافظ به زیر خرقه قدح تا به کی کشی	در بزم خواجه پرده ز کارت بر افکنم

تورانشه خجسته که در من یزید فضل
شد منت مواهب او طوق گردنم

غزل فوق نیز همچون دیگرغزلهای این بخش دارای موارد زیاد اشکال درمبانی عرفان است ومشخصا ازحافظ نیست. این غزل همانطور که مشخص است بوسیله شاعری درباری سروده شده که فقط بعلت اینکه به حافظ درشعر خود اشاره ائی کرده است همراه غزلهای حافظ گردیده است .

گـرم از دست برخیزد کـه بـا دلـدار بنشینم ز جام وصل می‌نوشم ز باغ عیش گل چینم
شـراب تلـخ صوفی سوز بنیادم بخواهد بـرد لبم بر لب نه ای ساقی و بستان جان شیرینم
مگردیوانه خواهم شد در این سودا که شب تا روز سخن با ماه می‌گویم پری درخواب می‌بینم
لبت شکر به مستان داد و چشمت می به میخواران منم کـز غایت حرمان نـه با آنم نـه با اینم
چو هر خاکی که باد آورد فیضی برد از انعامت ز حـال بنـده یاد آور کـه خدمتکار دیرینم
نه هر کو نقش نظمی زد کلامش دلپذیر افتد تـذرو طرفه من گیرم که چالاک است شاهینم
اگر باور نمی‌داری رو از صورتگر چین پرس که مانی نسخه میخواهد ز نوک کلک مشکینم
وفاداری و حـق گویی نه کار هر کسی باشد غـلام آصـف ثـانی جلال الحـق و الـدینم
رموز مستی و رندی ز من بشنو نه از واعظ
کـه با جام و قدح هر دم ندیم ماه و پروینم

این غزل همانطور که حتی در نسخه قزوینی نیز بدان اشاره شده مشخصا از حافظ نیست و احتمالا سهوا ویا بوسیله نا آگاهان به دیوان اضافه شده است . خصوصیت عجیبی که این شاعر دارد پنج بیت اول را خیلی خوب شروع مینماید که خطای کمی در خصوص عدم رعایت عرفان دارد و دارای تعابیر خوبیست که نشان میدهد شاعری خوش سخن و نیمه عارف است ولی از بیت شش به بعد به یکباره همه چیز بر میگردد و رنگ دنیائی و درباری بخود گرفته و فرسنگها از عرفان دور میگردد ودوباره در بیت آخر به راه اول باز میگردد . شاید بشود بعلت تفاوت فاحش آنها گفت که ابیات شش و هفت و هشت متعلق به این شاعر نیست و بوسیله یک شاعر درباری بدان اضافه گشته، متاسفانه در خصوص اشعار شاعران دیگر غیراز حافظ بررسی اینکه شعر دیگری وارد شعر ایشان گشته یا نه مثل اشعار حافظ براحتی امکان پذیر نیست زیرا ناخالصی انسان آنچنان قوی و ریاآمیز است که باید برای اینگونه بررسی ها مبنائی پاک و خالصی چون کلام حافظ را داشت تا بتوان براحتی ناخالصی هارا که بخوبی خود را نشان میدهند از آن جداساخت .

۹۶

گر از این منزل ویران به سوی خانه روم — دگـر آن جـا کـه روم عاقل و فرزانه روم
زین سفر گر به سلامت به وطن بازرسم — نذر کردم که هم از راه بـه میخانه روم
تابگویم که چه کشفم شد ازاین سیروسلوک — بـه در صومعـه بـا بربـط و پیمانه روم
آشنایان ره عشق گـرم خـون بخـورند — ناکثم گـر به شکایت سوی بیگانه روم
بعد از این دست من و زلف چو زنجیر نگار — چنـد و چند از پـی کام دل دیوانه روم
گر ببینـم خـم ابروی چـو محرابش باز — سجده شکـر کنم و از پـی شکرانه روم

خرم آن دم که چـو حافظ به تولای وزیر
سرخوش از میکده با دوست به کاشانه روم

این شعر احتیاجی به توضیح اینکه چرا متعلق به حافظ نیست ندارد که با کمی دقت درمعانی وسبک ارائه شده ولحن شعر این مسئله برای آشنایان به شعر حافظ بخوبی مشخص میگردد.

۹۷

بگـذار تـا ز شـارع میخـانه بگذریـم — کز بهر جرعـه‌ای همه محتـاج این دریم
روز نخست چون دم رندی زدیم و عشق — شرط آن بود کـه جز ره آن شیوه نسپریم
جایی که تخت و مسند جم می‌رود به باد — گر غم خوریم چه سود بـه که می خوریم
تا بـو که دست در کمـر او تـوان زدن — در خون دل نشسته چو یاقـوت احمریم
واعظ مکـن نصیحت شوریدگان که ما — بـا خـاک کـوی دوست بفردوس ننگریم
چون صوفیان به حالت و رقصند مقتـدا — مـا نیـز هـم به شعبـده دستی برآوریم
از جرعه تو خاک زمین دُر و لعل یافت — بیچـاره ما که پیش تو از خاک کمتریم

حافظ چو ره به کنگره کاخ وصـل نیست
با خاک آسـتـانه ایـن در به سـر بـریم

غزل فوق نیزهمچون دیگرغزلهای این بخش هرچند دارای تعابیرخوبیست که البته ازخودحافظ بیشترآن گرفته شده است دارای مواردداشکال بسیاری درمبانی عرفان ومعانی ارائه شده است که مشخص میکند غزل فوق متعلق به حافظ نمیباشد.

۹۸

خیـز تا خرقه صوفی بـه خرابات بریم
شطح و طـامات به بـازار خرافات بریم

سـوی رندان قلندر بـه ره آوردِ سفـر
دلـق بسطامی و سجاده طامات بریم

تا همه خلوتیان جـام صبـوحی گیرند
چنگ صبحی بـه در پیر مناجات بریم

با تو آن عهد که در وادی ایمن بستیم
همچو موسی ارنی گـوی بمیقات بریم

کوس ناموس تـو بر کنگره عرش زنیم
عَلَم عشق تـو بر بام سماوات بریم

خاک کوی تـو به صحرای قیامت فردا
همه بـر فرق سـراز بهر مباهات بریم

ور نهـد در ره مـا خـار ملامت زاهـد
از گلستانش بـه زندان مکافات بریم

شرممـان بـاد ز پشمینه آلوده خویش
گر بدین فضل و هنـر نام کرامات بریم

قدر وقت ار نشناسد دل و کاری نکند
بس خجالت که از ایـن حاصل اوقات بریم

فتنه می‌بارد از این سقف مقرنس برخیز
تا به میخانه پناه از همه آفات بریم

در بیابان فنـا گم شدن آخر تـا کی
ره بپرسیم مگر پـی بـه مهمات بریم

حافظ آب رخ خود بر در هر سفله مریز
حاجت آن به که بر قاضی حاجات بریم

شطح : سخنان غیر شرعی ، سخنان عارفانه ائی که ظاهرش غیر شرعی باشد

طامات : گزافه گوئی - کلام واحادیث اختراع و ابداع کردن

این غزل با توجه به معانی ارائه شده و تعابیر استفاده شده مشخصا توسط شاعری سروده شده که بطور مشخص در اول راه عرفان قرار داشته و تسلطی بر مبانی آن نداشته است زیرا که از ورطه آن بسیار دور است که این موضوع در معانی تقریبا یک جهته ابیات به لحاظ موضوعاتی که مطرح میکند بخوبی مشخص میباشد .

۹۹

صوفی بیا که خرقه سالوس برکشیم — وین نقش زرق را خط بطلان به سر کشیم
نذر و فتوح صومعه در وجه می نهیم — دلق ریا به آب خرابات بر کشیم
فردا اگر نه روضه رضوان به ما دهند — غلمان ز روضه حور ز جنت به در کشیم
بیرون جهیم سرخوش و از بزم صوفیان — غارت کنیم باده و شاهد به برکشیم
عشرت کنیم ور نه به حسرت کشندمان — روزی که رخت جان به جهانی دگر کشیم
سرّ خدا که در تتق غیب منزویست — مستانه‌اش نقاب ز رخسار بر کشیم
کو جلوه‌ای ز ابروی او تا چو ماه نو — گوی سپهر در خم چوگان زر کشیم

حافظ نه حد ماست چنین لافها زدن
پای از گلیم خویش چرا بیشتر کشیم

تتق : چادر بزرگ ، خیمه بزرگ

این غزل نیز احتیاجی به توضیح اینکه چرا متعلق به حافظ نیست ندارد که با کمی دقت درمعانی آن که در بعضی ابیات بسیار عجیب نیز مینماید وسبک ارائه شده ولحن ابیات بخوبی حافظی نبودن آن برآشنایان به شعرحافظ مشخص میگردد

۱۰۰

ما شبی دست بر آریم و دعایی بکنیم — غم هجران تو را چاره ز جایی بکنیم
دل بیمار شد از دست رفیقان مددی — تا طبیبش به سر آریم و دوایی بکنیم
آنکه بیجرم برنجید و به تیغم زد ورفت — بازش آرید خدا را که صفایی بکنیم
خشک شد بیخ طرب راه خرابات کجاست — تا در آن آب و هوا نشو و نمایی بکنیم
مدد از خاطر رندان طلب ای دل ور نه — کار صعب است مبادا که خطایی بکنیم
سایه طایر کم و حوصله کاری نکند — طلب از سایه میمون همایی بکنیم

دلم از پرده بشد حافظ خوشگوی کجاست
تا به قول و غزلش ساز نوایی بکنیم

غزل فوق نیز همچون دیگرغزلهای این بخش دارای موارد زیاد اشکال درمبانی عرفان است ومشخصا ازحافظ نیست. البته بنظر میرسد شاعر خود این مطلب را درآخرین بیت با ظرافت بیان کرده است ولی بعلت اینکه به نام حافظ درشعر خود اشاره نموده است غزل فوق همراه غزلهای حافظ گردیده است ولی شاید هم با قصد جاودان شدن شعرش بیت آخر را اینچنین سروده است .

۱۰۱

گـر چـه مـا بندگان پادشهیم　　پـادشـاهـان مُلکِ صبحگهیم
گنـج در آستیـن و کیسه تهی　　جـام گیتی نمـا و خـاک رهیم
هوشیار حضور و مست غرور　　بحـر توحیـد و غرقـه گنهیم
شاهد بخت چون کرشمه کند　　مـاش آیینـه رخ چـو مَهیم
شـاه بیدار بخـت را هر شب　　مـا نگهبـان افسر و کلهیم
گـو غنیمت شمـار صحبت ما　　که تودرخواب وما به دیده گهیم
شاه منصور واقف است که ما　　روی همت به هـر کجا که نهیم
دشمنان را ز خون کفن سازیم　　دوستان را قبـای فتـح دهیم
رنگ تـزویـر پیش مـا نبـود　　شیـر سر خیـم و افعی سیهیم

وام حافظ بگـو کـه بـاز دهنـد
کـردهای اعتـراف و مـا گُوَهیم

این غزل نیز احتیاج به توضیح اینکه چرا حافظی نیست ندارد که بتمامی گویای غزلی درباریست با لحن و کلامی بسیار سبک و این گونه غزلها با غزلهای حافظ فرهیخته فرسنگها فاصله دارد ولی نباید منکر شد که وقتی کسی همچون حافظ به این درجه از محبوبیت میرسد که نامش در عرصه زمان دهان به دهان میگردد و اشعارش درسینه ها جای میگیرد اینکه شاعری بخواهد از طریق نام او شعر خود را جاودان سازد بعید نمی باشد که دراین راستا این غزل میتواند یکی از این موارد باشد .

۱۰۲

چو گل هر دم به بویت جامه در تن　　کنم چاک از گریبـان تا به دامن
تنت را دید گل گـویی کـه در باغ　　**چـو مستان جـامه را** بدرید بر تن
من از دست غمت مشکل برم جان　　**ولی دل را تـو آسـان بردی از من**
بـه قـول دشمنان برگشتی از دوست　　نگـردد هیچکس دوست دشمن
تنت در جامه چون در جـام باده　　**دلـت در سینه چـون در** سیم آهن
بـارای شمع اشک از **چشـم خونین**　　کـه شد سـوز دلت بـر خلق روشن
مکـن کـز سینهام آه جگـر سـوز　　**بر آیـد همچـو دود** از راه روزن
دلـم را مشکـن و در پـا مینداز　　**که دارد در سر زلـف تـو مسکن**

چو دل در زلف تو بسته ست حافظ
بدیـن سـان کـار او در پـا میفکن

شاعر این غزل با احتمال زیاد تحت تاثیر غزل شماره ۲۸۷ بکر حافظ به سرودن این غزل اقدام کرده است و بنظر میرسد شاعرقصد داشته قدرت خود را در سرودن اشعار پر ایهام به نمایش بگذارد که بعلت پائین بودن سطح زیبائی کلام ، لحن ، معنی و سیر موضوعی را که در غزل تعقیب مینماید و مواردديگرى همچون تکرار یک کلام و تعبیر باعث گشته تا غزل فوق بصورت مشهود حافظی نبودن خود را بنمایش بگذارد واز آن فاصله بگیرد

۱۰۳

خدا را کم نشین با خرقه پوشان / رخ از رندان بی‌سامان مپوشان
در این خرقه بسی آلودگی هست / خوشا وقت قبای می فروشان
در این صوفی وشان دُردی ندیدم / که صافی باد عیش دردنوشان
تو نازک طبعی و طاقت نیاری / گرانی های مشتی دلق پوشان
چو مستم کرده‌ای مستور منشین / چو نوشم داده‌ای زهرم منوشان
بیا و از غُبن این سالوسیان بین / صراحی خوندل و بربط خروشان

ز دلگرمی حافظ بر حذر باش
که دارد سینه‌ای چون دیگ جوشان

این غزل نیز احتیاجی به توضیح اینکه چرا متعلق به حافظ نیست ندارد که با کمی دقت درمعانی آن بخوبی مخدوش و عجیب بودن تعابیر آورده شده رخ مینماید، همچنین سبک ارائه شده ولحن اشعار بخوبی حافظی نبودن آنرا برآشنایان به شعرحافظ مشخص مینماید.

۱۰۴

افسر سلطان گل پیدا شد از طرف چمن / مقدمش یا رب مبارک باد بر سرو و سمن
خوش به جای خویشتن بود این نشست خسروی / تا نشیند هر کسی اکنون بجای خویشتن
خاتم جم را بشارت ده به حسن خاتمت / کاسم اعظم کرد از او کوتاه دست اهرمن
تا ابد معمور باد این خانه کز خاک درش / هر نفس با بوی رحمان می‌وزد باد یمن
شوکت پور پشنگ و تیغ عالمگیر او / در همه شهنامه‌ها شد داستان انجمن
خنگ چوگانی چرخت رام شد در زیر زین / شهسوارا چون به میدان آمدی گویی بزن
جویبار ملک را آب روان شمشیر توست / تو درخت عدل بنشان بیخ بدخواهان بکن
بعد از این نشکفت اگربا نکهت خُلق خوشت / خیزد از صحرای ایذج نافه مشک ختن
گوشه گیران انتظار جلوه خوش می‌کنند / برشکن طرف کلاه و برقع از رخ برفکن
مشورت با عقل کردم گفت حافظ می بنوش / ساقیا می ده به قول مستشار مؤتمن

ای صبا بر ساقی بزم اتابک عرضه دار
تا از آن جام زرافشان جرعه‌ای بخشد به من

این غزل نیز حافظی نبودنش احتیاج به توضیح نداشته که بتمامی گویای غزلی درباریست و این گونه غزلها با غزلهای حافظ فرسنگها فاصله دارد، از موارد جالب این غزل مواردیست که شاعر در ارتباط با موقعیتش در دربار با توجه به رقبای خود داشته وتعابیری که برای حاکم بکار برده است میباشد.

۱۰۵

دانی که چیست دولت دیدار یار دیدن — در کوی او گدایی بر خسروی گُزیدن
از جان طمع بریدن آسان بود ولیکن — از دوستان جانی مشکل توان بریدن
خواهم شدن به بستان چون غنچه با دل تنگ — و انجا به نیک نامی پیراهنی دریدن
گه چون نسیم با گل راز نهفته گفتن — گه سِر عشقبازی از بلبلان شنیدن
بوسیدن لب یار اول ز دست مگذار — کآخر ملول گردی از دست و لب گزیدن
فرصت شمارصحبت کز این دوراهه منزل — چون بگذریم دیگر نتوان به هم رسیدن
گویی برفت حافظ از یاد شاه یحیی
یا رب به یادش آور درویش پروریدن

این غزل که بوسیله شاعری خوب از شعرای درباری سروده شده همچودیگر غزل های غیرحافظی این قسمت در شعر خود مبانی عرفان را رعایت نکرده وسیر معنی خاصی در ابیات نیز دیده نمیشود ، زیبائی بعضی از ابیات بخاطر استفاده از تعابیر شعرای دیگر بخصوص خود حافظ میباشد که شاعر بخوبی از آنها بهره برده است.

۱۰۶

ای نور چشم من سخنی هست گوش کن — چون ساغرت پراست بنوشان و نوش کن
در راه عشق وسوسه اهرمن بسی است — پیش آی و گوش دل به پیام سروش کن
برگ نوا تبه شد و ساز و طرب نماند — ای چنگ ناله برکش وای دف خروش کن
تسبیح و خرقه لذت مستی نبخشدت — همت دراین عمل طلب از می فروش کن
پیران سخن ز تجربه گویند گفتمت — هان ای پسر که پیر شوی پند گوش کن
بر هوشمند سلسله ننهاد دست عشق — خواهی که زلف یار کشی ترک هوش کن
با دوستان مضایقه در عمر و مال نیست — صدجان فدای یار نصیحت نیوش کن
ساقی که جامت از می صافی تهی مباد — چشم عنایتی به من دُرد نوش کن
سرمست در قبای زرافشان چو بگذری
یک بوسه نذر حافظ پشمینه پوش کن

شاعر این غزل از شعرای خوب و دانشمندست و بسیار سعی کرده نزدیک به حافظ شعر بسراید ولی بعلت پائین بودن دید عرفانی شاعر وآشنا بودن فقط با گوشه ائی از مبانی عرفان در اشعار عرفانی ، تفاوت کار او با حافظ بخوبی آشکار میگردد و این درحالیست که غزلهای ارشادی حافظ با لطافت طبع و زیبائی کلام و لغاتی که در اشعارش بکار میگیرد همگان را بسوی یار سوق میدهد واز اشعارش بوی دوست بر میخیزد که شاید بهترین نمونه غزل ارشادی حافظ که میتواند در مقایسه با غزل فوق قرار داد غزلی است که با این مطلع شروع میگردد "ای بیخبر بکوش تا صاحب خبر شوی تا راهرو نباشی کی راهبر شوی" اگرخواننده این غزل را با غزل بالا مقایسه کند بخوبی به اختلاف سطح دو شعر از همه لحاظ واقف میگردد و برایش کاملا مشخص میگردد که غزل فوق نمیتواند متعلق به حافظ باشد هرچند که دربیت آخرآن نامی از حافظ آمده باشد .

۱۰۷

گفتا برون شدی به تماشای ماه نو / از ماه ابروان منت شرم باد رُو
عمریست تا دلت ز اسیران زلف ماست / غافل ز حفظ جانب یاران خود مشو
مفروش عطر عقل به هندوی زلف ما / کان جا هزار نافه مُشکین به نیم جو
تخم وفا و مهر در این کهنه کشته زار / آنگه عیان شود که بود موسم درو
ساقی بیار باده که رمزی بگویمت / از سر اختران کهن سیر و ماه نو
شکل هلال هر سر مه می‌دهد نشان / از افسر سیامک و ترک کلاه زو

حافظ جناب پیر مغان مامن وفاست
درس حدیث عشق بر او خوان و ز او شنو

سرهرمه : سر هر ماه -- از افسر سیامک وترک کلاه زو : از تاج سیامک و کلاه خود او را

غزل فوق نیز مشخصات غزل قبلی را دارد و از همه لحاظ بسیار بدان نزدیک است بنابراین این غزل نیز میتواند از شاعر قبلی باشد.

۱۰۸

ای خونبهای نافه چین خاک راه تو / خورشید سایه پرور طرف کلاه تو
نرگس کرشمه میبرد ازحد برون خرام / ای من فدای شیوه چشم سیاه تو
خونم بخورکه هیچ مَلک با چنان جمال / از دل نیایدش که نویسد گناه تو
آرام و خواب خلق جهان را سبب تویی / زان شد کنار دیده و دل تکیه گاه تو
با هر ستاره‌ای سر وکار است هر شبم / ز حسرت فروغ رخ همچو ماه تو
یاران همنشین همه از هم جدا شدند / ماییم و آستانه دولت پناه تو

حافظ طمع مبُر ز عنایت که عاقبت
آتش زند به خرمن غم دود آه تو

این غزل نیز از غزلهائیست که میتواند متعلق به شاعر دو غزل قبلی باشد زیرا از نظر سبک و روش سرودن به لحاظ معنی باآنها مشابه است . شاعر از تعابیرحافظ ودیگران بخوبی استفاده کرده است ولی همانطور که از متن غزل مشخص میباشد مبانی عرفان در آن رعایت نگردیده است واین نشان میدهد که شاعراز عرفان تاهمین سطح اطلاع داشته است.

۱۰۹

ای قبـای پادشـاهی راست بـر بالای تـو — زینت تـاج و نگیـن از گـوهر والای تو
آفتـاب فتـح را هـر دم طلـوعی می‌دهـد — از کلاه خسروی رخسار مـه سیمای تو
جلـوه گـاه طـایـر اقبـال باشـد هر کجا — سایه اندازد همـای چتـر گـردون سای تو
از رسوم شرع و حکمت با هزاران اختلاف — نکته‌ای هرگـز نشد فـوت از دل دانای تو
آب حیـوانش ز منقـار بلاغـت می‌چکـد — طوطی خوش لهجه یعنی کلک شکرخای تو
گرچه خورشید فلک چشم وچراغ عالمست — روشنایی بخش چشم اوست خاک پای تو
آنچـه اسکندر طلب کرد و ندادش روزگار — جرعه‌ای بـود از زلال جـام جان افزای تو
عرض حاجت در حریم حضرتت محتاج نیست — راز کس مخفی نمـانـد بـا فروغ رای تو

خسـروا پیـرانه سـر **حافظ** جوانـی می‌کند
بـر امیـد عفـو جان بخش گنه فرسای تو

این غزل نیز احتیاج به شرح وعلت اینکه چرا متعلق به حافظ نیست نداشته زیراکه از بیت اول درباری بودن آن مشخص است ، شاعر غزل فوق بخوبی از تعابیر حافظ ودیگران استفاده کرده است و درآخرین بیت بنظر میرسد که شاعر از طریق این غزل میخواسته نظر حاکم وقت را نسبت به حافظ مساعد سازد .

۱۱۰

لبش می‌بوسم و در می‌کشم می — بـه آب زندگانـی بـرده‌ام پی
نـه رازش می‌توانـم گفت بـا کس — نـه کس را می‌توانـم دیـد با وی
لبش می‌بوسد و خون میخورد جام — رخش می‌بیند و گل می‌کنـد خوی
بـده جـام مـی و از جـم مکن یاد — که میدان دکه جم کی بود و کی کی
بزن در پـرده چنگ ای مـاه مطرب — رگش بخراش تـا بخروشم از وی
گل از خلـوت بـه بـاغ آورد مسند — بساط زهد همچون غنچه کن طی
چو چشمش مست را مخمور مگذار — بـه یـاد لعلش ای ساقی بده می
نجـوید جـان از آن قالـب جدایی — که باشد خون جامش در رگ و پی

زبانـت درکـش ای حافـظ زمـانـی
حدیـث بـی زبـانـان بشنـو از نی

شاعر این غزل از آشنایان به ادبیات و تعابیر خوب شعرا بوده و آنهارا در شعرش بخوبی بکار برده ولی بعلت اینکه عارف نبوده و با مبانی عرفان آشنائی نداشته و متاسفانه طبع شعر خوبی نیز نداشته حاصلش این غزل است که در اجزا زیبا مینماید ولی در کل غزلی سبک بلحاظ معنی و لحن را ارائه میکند و آوردن نام حافظ درآخرین بیت مشخصا برای وارد کردن این غزل به غزلیات حافظ است تا از این طریق غزل جاودان گردد .

۱۱۱

آن غالیه خط گر سوی ما نامه نوشتی ‌‌‌‌ گردون ، ورق هستی ما در ننوشتی
هر چند که هجران ثمر وصل برآرد ‌‌‌‌ دهقان جهان کاش که این تخم نکشتی
آمرزش نقد است کسی را که در این جا ‌‌‌‌ یاریست چو حوری و سرایی چو بهشتی
در مصطبه عشق تنعم نتوان کرد ‌‌‌‌ چون بالش زر نیست بسازیم به خشتی
مفروش ، به باغ ارم و نخوت شداد ‌‌‌‌ یک شیشه می و نوش لبی و لب کشتی
تا کی غم دنیای دنی ای دل دانا ‌‌‌‌ حیف است زخوبی که شود عاشق زشتی
آلودگی خرقه خرابی جهان است ‌‌‌‌ کو راهروی اهل دلی پاک سرشتی

از دست چرا هشت سر زلف تو حافظ
تقدیر چنین بود چه کردی که نهشتی

این غزل با زیبائی که در نمای اول از خود بروز میدهد نمونه بسیار خوبی است برای مقایسه اشعاری که شاعرانش برای ماندگاری شعرشان نام حافظ را در سروده خود بکار میبرند، دراین غزل بعلت استفاده از لغات عرفانی عربی باید درآن تامل شود تا معانی آن مشخص گردد وبعد از آن اگر به مبانی عرفان آشنا باشید متوجه میشوید که شاعر به چه میزان از عرفان بی اطلاع بوده که این عقاید را در شعرش ابراز نموده است ،البته ابیات خوب و عرفانی غزل فوق با احتمال زیاد برداشت شده از خود حافظ ویا شاعر عارف دیگریست . شاعر در بیت اول و دوم درخصوص مراتب وجود و رابطه یار با انسان و جهان اظهار نظری میکند که مشخص است با معانی قرآنی غریبه میباشد و حتی معنی همه اوست را بخوبی درک نکرده است به همین مناسبت به ابراز عقاید خود در ابیات بعدی در خصوص عشق ورزی در دنیا و موارد آن میپردازد که تمامی در سطح میزان شناخت او از عرفان و قرآن است . دراین راستا برای سهولت در دست یابی به معانی اشعارغزل فوق و رسیدن به عقاید ابرازی شاعر، معانی لغات و تعابیر آمده در ابیات غزل بشرح زیر میباشد :

غالیه خط : خشبوی نگارنده (یار) - گردون : زمانه - ورق هستی ما : نامه عملکرد مارا - هجران : زجر دوری کشیدن - ثمر : حاصل - دهقان جهان : یار - آمرزش نقد است : به رستگاری رسیدن در دنیاست - سرائی چو بهشتی : منزل وبارگاهی همچون بهشت - مصطبه : سکو یا کوی (جایگاه) - تنعم : در ناز و نعمت بودن- بالش زر : تکیه زنی زربافت و راحت - بسازیم به خشتی : خشت و خاک را محل اقامت خود قرار دهیم - باغ ارم : بهشت - نخوت شداد : تکبر و خودبینی هلاک ساز - لب کِشتی : طبیعت زیبا - دنیای دنی : دنیای پست - عاشق زشتی : عاشق این دنیای زشت- آلودگی خرقه خرابی جهانست : به می(عشق) آلوده شدن یعنی از نظر افتان هرچیز دنیائی - هِشت : داد ، رها کرد = که نهشتی : که رها نکردی ، باز پس نگرفتی =

۱۱۲

سبت سلمی بصدغیها فؤادی   و روحی کل یوم لی ینادی
نگارا بر من بی دل ببخشای   و واصلنی علی رغم الاعادی
حبیبا در غم سودای عشقت   توکلنا علی رب العبادی
امن انکرتنی عتن عشق سلمی   تزاول آن روی نهکو نوادی
که همچون مت ببوتن دل وای ره   غریق العشق فی بحر الوداد(ی)
به پی ماچان غرامت بسپریمن   غرت یک وی روشتی از امادی
غم این دل بواتت خورد ناچار   و غر نه او بنی آنچت نشادی
دل حافظ شد اندر چین زلفت
بلیل مظلم و الله هادی

این غزل در نسخه قزوینی بشکل فوق آمده است که سه بیت اول فارسی و عربیست وچهار بیت بعد فارسی با لحجه طوایف شیراز و عربی و سپس بیت مقطع (حافظ دار) و در نسخه قدسی فقط ابیات فارسی و عربی اول با بیت مقطع آمده است که متاسفانه با مراجعه به معانی آنها (که در زیر آمده) می بینیم اشعاریست که بجز آنکه مبانی عرفان را کامل رعایت نکرده اند سیر معنی مشخصی که نتیجه ائی هم ازآن گرفته شده باشد در آن دیده نمیشود و بیشتر به دردلهائی پراکنده میماند به همین سبب این غزل در سطح سروده های حافظ نیست.

بُبرد محبوب با زلفانش دلم را   و روحم هر روز مرا از آن یاد سازد
نگارا بر من بی دل ببخشای   و وصل ساز مرا هرچند رقیبان را خوش نیاید
حبیبا در غم سودای عشقت   به پروردگار مردمان روی آوردیم
ای که نهی میکنی مرا از عشق محبوب   تو از اول روی اورا ندیده ائی
که همچون من بدهی دل را به یکباره   غرق عشق شوی در دریای دوستی
به پای جانان ضمانت سپرده ایم   اگر(حتی) یکبار از ما روی گردانی بیند
غم این دل بباید خورد ناچار   و گرنه خواهی دید آنچه ترا نشاید
دل حافظ شد اندر چین زلفت
شبی تاریک را و بخداوندیت هدایتم ساز

۱۱۳

صبا تو نکهت آن زلف مشک بو داری — به یادگار بمانی که بوی او داری
دلم که گوهر اسرار حسن و عشق دراوست — توان بدست تو دادن گرش نکو داری
در آن شمایل مطبوع هیچ نتوان گفت — جز این قدر که رقیبان تند خو داری
نوای بلبلت ای گل کجا پسند افتد — که گوش و هوش به مرغان هرزه گوداری
به جرعه تو سرم مست گشت نوشت باد — خود از کدام خم است این که در سبو داری
به سرکشی خود ای سرو جویبار مناز — که گر بدو رسی از شرم سر فرو داری
دم از ممالک خوبی چو آفتاب زدن — تو را رسد که غلامان ماهرو داری
قبای حسن فروشی تو را برازد و بس — که همچو گل همه آیین رنگ و بو داری

ز کنج صومعه حافظ مجوی گوهر عشق
قدم برون نه اگر میل جست و جو داری

غزل فوق نیز خصوصیات غزل ۱۱۱ را داراست و با توجه به لحن اشعار و عدم رعایت مبانی عرفان به همان شیوه این غزل نیز میتواند بوسیله همان شاعر سروده شده باشد.

۱۱۴

بیا با ما مَوَرز این کینه داری — که حق صحبت دیرینه داری
نصیحت گوش کن کاین در بسی به — از آن گوهر که در گنجینه داری
ولیکن کی نمایی رخ به رندان — تو کز خورشیدو مه آیینه داری
بد رندان مگو ای شیخ و هشدار — که با حکم خدایی کینه داری
نمی ترسی ز آه آتشینم — تو دانی خرقه پشمینه داری
به فریاد خمار مفلسان رس — خدا را گر می دوشینه داری

ندیدم خوشتر از شعر تو حافظ
به قرآنی که اندر سینه داری

این غزل نیز از آن دسته از غزلهای وارد شده به غزلیات حافظ است که هیچ احتیاجی به توضیح اینکه چرا متعلق به حافظ نیست ندارد زیرا از بیت اول سبک شعر ، تعابیر بکار رفته ، معانی غریب با عرفان و سیر پراکنده معنی در آن بشدت آنرا از حافظ دور میسازد.

۱۱۵

سلیمی منذ حلت بالعراق | الاقی من نواها ما الاقی
الا ای ساروان منزل دوست | الی رکبانکم طال اشتیاقی
خرد درزنده رود انداز ومی نوش | به گلبانگ جوانان عراقی
ربیع العمر فی مرعی حماکم | حماک الله یا عهد التلاقی
بیا ساقی بده رطل گرانم | سقاک الله من کاس دهاق
جوانی باز می‌آرد به یادم | سماع چنگ ودست افشان ساقی
می باقی بده تا مست و خوشدل | به یاران بر فشانم عمر باقی
درونم خون شداز نادیدن دوست | الا تعسا لایام الفراق
دموعی بعدکم لا تحقروها | فکم بحر عمیق من سواقی
دمی با نیکخواهان متفق باش | غنیمت دان امور اتفاقی
بساز ای مطرب خوشخوان خوشگو | به شعر فارسی صوت عراقی
عروسی بس خوشی ای دختر رز | ولی گه گه سزاوار طلاقی
مسیحای مجرد را برازد | که با خورشید سازد هم وثاقی

وصال دوستان روزی ما نیست
بخوان حافظ غزل‌های فراقی

این غزل نیز از بیت اول با سبک شعر ، تعابیر بکار رفته ، معانی غریب با عرفان و سیر پراکنده معنی در آن بخوبی نشان میدهد که نمی تواند متعلق به حافظ باشد ، این موارد در خصوص اشعار عربی آن نیز صدق میکند و شاعر غزل فوق دراصل تبحرش درسرودن اشعار با زبان عربی را نیز به نمایش گزارده است هر چند معانی آنها برگرفته از شعر بزرگان فارسی گو باشد که البته کار این شاعر نیز در جای و مقام خود با ارزش و قابل تحسین است ولی نه اینکه ادعای حافظی بودن برای آن بکنند .

۱۱۶

یـا مبسمـا یحاکـی در جـا مـن اللالی | یا رب چه درخـور آمد گردش خط هلالی
حالی خیـال وصلت خوش میدهد فریبم | تا خـود چـه نقش بـازد اینصورت خیالی
می ده کـه گـرچه گشتم نامه سیاه عالم | نومیـد کـی تـوان بـود از لطـف لایزالی
ساقی بیـارجـامی و از خلوتم برون کش | تـا در بـه در بگـردم قلاش و لاابالی
از چـار چیـز مگذر گـر عاقلی و زیرک | امـن و شراب بیغش معشوق و جای خالی
چون نیست نقش دوران درهیچ حال ثابت | حافظ مکـن شکایت تا مـی خوریم حالی
صافیست جـام خاطر در دور آصف عهد | قـم فاسقنی رحیقـا اصفی مـن الزلال(ی)
المـلک قـد تبـاهی مـن جـده و جده | یـارب که جاودان باداین قدر واین معالی

مسند فروز دولـت کان شکوه و شوکـت
برهـان ملک و ملـت بونصـر بوالمعـالی

غزل فوق با توجه به داشتن خصوصیاتی شبیه غزل قبل (شماره ۱۱۵) به احتمال زیاد باید از همان شاعر باشد که دراین غزل از شاعران دربار بودنش نیز کاملا مشخص گشته است .

۱۱۷

رفتـم بـه بـاغ صبحدمی تـا چنم گلی | آمـد بـه گـوش ناگهـم آواز بلبلی
مسکین چو من به عشق گلی گشته مبتلا | و انـدر چمن فکنده ز فریاد غلغلی
می‌گشتم اندر آن چمن و باغ دم به دم | می‌کـردم اندر آن گل و بلبل تاملی
گل یار حُسن گشته و بلبل قرین عشق | آن را تفضلی نـه و ایـن را تبدلی
چـون کـرد در دلـم اثـر آواز عندلیب | گشتم چنان که هیچ نماندم تحملی
بس گل شکفته می‌شود این باغ راولی | کس بی بلای خار نچیده‌ست از او گلی

حافظ مـدار امیـد فـرج از مـدار چرخ
دارد هـزار عیـب و نـدارد تفضلی

این غزل با توجه به سبک و لحن و نحوه سرودن آن و داشتن تعابیر کم و ضعیف هر چند از حوزه عرفان آنچنان خارج نشده است ولی نشانگرشاعریست که درسرودن اشعار عرفانی تازه کار بوده و دراول این راه پر نشیب قرار داشته است.

۱۱۸

آتـت روائـح رنـد الحمی و زاد غرامی	فـدای خـاک دردوسـت بـاد جـان گرامی
پیام دوست شنیدن سعادت است وسلامت	مـن المبلـغ عنـی الـی سعـاد سلامی
بیا به شام غریبـان و آب دیده من بین	بـه سـان بـاده صـافی در آبگینـه شامی
اذا تغـرد عـن ذی الاراک طائـر خیـر	فـلا تفـرد عـن روضها انیـن حمامی
بسی نمـاند که روز فـراق یـار سر آید	رایـت مـن هضبات الحمی قباب خیام(ی)
خوشادمی که درآیی وگویمت به سلامت	قدمت خیـر قدوم نزلت خیـر مقام(ی)
بعـدت منـک و قـد صـرت ذائبـا کهلال	اگر چه روی چو ماهت ندیده‌ام به تمامی
و ان دعیـت بخلـد و صرت ناقض عهد	فمـا تطیـب نفسی و ما استطاب منامی
امید هست که زودت بـه بخت نیک ببینم	تو شاد گشته بفرماندهی و مـن به غلامی

چو سلک در خوشاب است شعر نغز تو حافظ
کـه گـاه لطـف سبـق می‌بـرد ز نظم نظامی

این غزل نیز مشخصات غزلهای ۱۱۵ و ۱۱۶ همین قسمت را دارد و مشخصا بوسیله همان شاعر سروده شده که بعلت داشتن مقطع حافظ دار به غزلیات حافظ اضافه گشته است .

۱۱۹

احمد الله علی معدله السلطان   احمد شیخ اویس حسن ایلخانی

خان بن خان و شهنشاه شهنشاه نژاد   آنکه می زیبد اگر جان جهانش خوانی

دیده نادیده به اقبال تو ایمان آورد   مرحبا ای به چنین لطف خدا ارزانی

ماه اگر بی تو برآید به دو نیمش بزنند   دولت احمدی و معجزه سبحانی

جلوه بخت تو دل می‌برد از شاه و گدا   چشم بد دورکه هم جانی وهم جانانی

برشکن کاکل ترکانه که در طالع توست   بخشش و کوشش خاقانی و چنگزخانی

گر چه دوریم به یاد تو قدح می‌گیریم   بعد منزل نبود در سفر روحانی

از گل پارسیم غنچه عیشی نشکفت   حبذا دجله بغداد و می ریحانی

سر عاشق که نه خاک در معشوق بود   کی خلاصش بود از محنت سرگردانی

ای نسیم سحری خاک در یار بیار
که کند حافظ از او دیده دل نورانی

این غزل با توجه به ظاهر بسیار آشکار آن که در مدح حاکم وقت سروده شده است بسیار عجیب است که از نسخه قزوینی حذف نگردیده و حتی متاسفانه هیچ توضیحی هم که اشاره به این داشته باشد که این غزل سراسر مدح یک حاکم شاید از حافظ نباشد در ذیل آن دیده نمی شود . این مسئله نشان میدهد ادبای ما که در عصر جدید و بپا شدن دانش در دانشگاهها بانی احیای ادبیات غنی ایران بودند و در این راه کوششهای بسیار نموده اند شاید براین عقیده بوده اند که خلاصه حافظ هم با تمام پاکباختگی اش احتیاج داشته همچون سایر شعرا از حاکم وقت دیناری بستاند و خرج زن وبچه را درآورد زیرا که شعر سرودن بخصوص درمدح یارکه برای شاعر نان وآب نمی شود ، اگر ادبای ما اینچنین فکر میکردند و ازاین بابت هیچ خرده ائی حتی درحاشیه بر این غزل نگرفته اند و آنرا حافظی دانسته اند واقعا بسی مایه تاسف است ولی بنظرمیرسدکه ایشان فقط" حفظ امانت"را رعایت نموده وآنچه درنسخ قدیمی یافته اند را اصل کار قرار داده وعینا به نگارش در آورده و خودرا وارد این معقوله که مبادا این غزل متعلق به حافظ نباشد نکرده اند که البته هیچ ایرادی ازکارشان نمی توان گرفت که مرامی حق را رعایت کرده اند.

۱۲۰

وقـت را غنیمت دان آنقـدر کـه بتوانی │ حاصل از حیات ای جان این دم است تا دانی
کـام بخشی گردون عمـر در عـوض دارد │ جهـد کن کـه از دولـت داد عیش بستانی
باغبـان چـو مـن زین جـا بگـذرم حرامت باد │ گر بـه جای من سـروی غیر دوست بنشانی
زاهد پشیمـان را ذوق بـاده خـواهد کشت │ عـاقـلا مکـن کـاری کـآورد پشیمـانی
محتسب نمی‌داند این قـدر که صـوفی را │ جنـس خانگی باشد همچـو لعـل رمانی
بـا دعـای شبخیـزان ای شکـردهان مستیز │ درپنـاه یـک اسـم اسـت خـاتـم سلیمـانی
پند عـاشقـان بشنـو و از در طرب بـازآ │ کایـن همـه نمی‌ارزد شغـل عـالم فـانی
یوسـف عـزیزم رفـت ای بـرادران رحمی │ کز غمش عجب بینـم حـال پیـر کنعـانی
پیش زاهـد از رندی دم مزن کـه نتـوان گفت │ بـا طبیـب نـامحـرم حـال درد پنهـانی
می‌روی و مـژگانـت خـون خلـق می‌ریـزد │ تیـز می‌روی جـانـا ترسـمت فرومـانی
دل ز نـاوک چشمـت گـوش داشتـم لیکـن │ ابـروی کمـانـدارت می‌بـرد بـه پیشـانی
جمـع کـن بـه احسـانی حافظ پریشـان را │ ای شکنـج گیسـویت مجمـع پریشـانی
گـر تـو فـارغی از مـا ای نگـار سنگین دل
حـال خـود بخـواهـم گفـت پیش آصـف ثـانی

شاعر این غزل که بسیار تلاش کرده با توجه به کلامی که از حافظ برگرفته اشعاری بسراید متاسفانه آنها را بسیار واضح وبصورت اشعار شاعران تازه کارارائه کرده است واین بجزآنست که اشعارش تمامی مشکلات اشعار غیرحافظی دیگررا نیز بطور کامل دارا میباشد . شاعر غزل فوق شاید نمی خواسته غزلش بعنوان حافظ که الهام بخش او بوده ثبت شود بلکه با آوردن نام اودر بیت ماقبل آخر فقط قصد داشته یادی از حافظ نموده باشد ولی بخاطر آوردن فقط نام حافظ ، غزلش در ردیف غزلیات حافظ در آمده است.

۱۲۱

گفتند خلایق که تویی یوسف ثانی — چون نیک بدیدم به حقیقت به از آنی

شیرینتر از آنی به شکرخنده که گویم — ای خسرو خوبان که تو شیرین زمانی

تشبیه دهانت نتوان کرد به غنچه — هرگز نبود غنچه بدین تنگ دهانی

صد بار بگفتی که دهم زان دهنت کام — چون سوسن آزاده چرا جمله زبانی

گویی بدهم کامت و جانت بستانم — ترسم ندهی کامم و جانم بستانی

چشم تو خدنگ از سپر جان گذراند — بیمار که دیده‌ست بدین سخت کمانی

چون اشک بیندازیش از دیده مردم
آن را که دمی از نظر خویش برانی

غزل فوق که بوسیله شاعری خوش ذوق سروده شده است حتی با نداشتن نام حافظ در بیت مقطع بعنوان غزل حافظ محسوب شده است آنچنانکه درذیل همین غزل درنسخه قزوینی نیزاین مطلب مورد بررسی قرارگرفته است ، شاعر غزل فوق از تعابیر شعرای دیگربخوبی بهره گرفته است ولی متاسفانه بعلت عارف نبودن مطالبی را ارائه نموده که بشدت از عرفان دور میباشد تا آنجا که در ابیات چهارم وپنجم هم ایرادی را به یار نسبت میدهد وهم عدم اعتماد خود را به او اعلام مینماید که این موارد با قصد خاصی بوسیله شاعر بیان نشده بلکه علت بروز آن فقط نشات گرفته از عدم وقوف به مبانی عرفان بوسیله شاعرست بنابراین غزل فوق مطلقا نمیتواند متعلق به حافظ باشد.

۱۲۲

نسیم صبح سعادت بدان نشان که تو دانی
گذر به کوی فلان کن در آن زمان که تو دانی

تو پیک خلوت رازی و دیده بر سر راهت
به مردمی نه به فرمان چنان بران که تو دانی

بگو که جان عزیزم ز دست رفت خدا را
ز لعل روح فزایش ببخش آن که تو دانی

من این حروف نوشتم چنانکه غیر ندانست
تو هم ز روی کرامت چنان بخوان که تو دانی

خیال تیغ تو با ما حدیث تشنه و آب است
اسیر خویش گرفتی بکش چنان که تو دانی

امید در کمر زرکشت چگونه ببندم
دقیقه‌ایست نگارا در آن میان که تو دانی

یکیست ترکی و تازی در این معامله حافظ
حدیث عشق بیان کن بدان زبان که تو دانی

این غزل با توجه به نحوه ارائه تعابیر درآن و استفاده از تعابیر خوب دیگر شعرا در غزل نشانگر سروده شدن بوسیله شاعری خوش ذوق میباشد ولی بعلت عدم رعایت عرفان و نداشتن نظم در سیرمعنی و داشتن ابهام در معانی ارائه شده آنچنان که مشخص است متعلق به حافظ نیست ولی میتواند متعلق به شاعر غزل قبلی همین قسمت باشد .

۱۲۳

نوش کـن جـام شـراب یک منـی　　تـا بـدان بیـخ غـم از دل برکنی
دل گشـاده دار چـون جـام شراب　　سـر گرفتـه چنـد چـون خم دنی
چـون زجـام بیخودی رطلی کشی　　کـم زنـی از خویشتن لاف منی
سنگسان شو در قدم ، نی همچو آب　　جملـه رنـگ آمیـزی و تـر دامنی
دل بـه مـی دربنـد تـا مـردانه وار　　گردن سـالـوس و تقـوا بشکنی
خیز و جهدی کـن چـو حافظ تـا مگر
خویشتـن در پـای معشـوق افکنی

این غزل نیز با داشتن مشخصات دو غزل قبلی میتواند از همان شاعر باشد .

۱۲۴

ای که در کشتن مـا هیچ مـدارا نکنی　　سـود و سرمایه بسوزی و محابا نکنی
دردمنـدان بلا زهـر هـلاهـل دارنـد　　قصد این قـوم خطا باشد هان تا نکنی
رنج مارا که توان بُرد ، به یک گوشه چشم　　شـرط انصـاف نباشد که مـداوا نکنی
دیـده مـا چو به امید تو دریاست چرا　　بـه تفرج گذری بـر لب دریـا نکنی
نقـل هرجور که از خلق کریمت کردند　　قول صاحب غرضانست تو آنها نکنی
برتو گـر جلوه کند شاهد ما ای زاهد　　از خدا جز مـی و معشوق تمنا نکنی
حافظا سجده به ابروی چو محرابش بر
کـه دعایی ز سـر صدق جز آنجا نکنی

این غزل نیز با داشتن مشخصات سه غزل قبلی همین قسمت میتواند از همان شاعر باشد

۱۲۵

سحـرگه رهـروی در سـرزمینی | همی گفت این معما با قرینی
که ای صوفی شراب آنگه شودصاف | کـه در شیشه بر آرد اربعینی
خدا زان خرقه بیزار است صدبار | که صد بت باشدش در آستینی
مروت گر چه نامی بی‌نشانست | نیـازی عرضه کـن بر نازنینی
ثوابت باشـد ای دارای خـرمن | اگر رحمی کنی بر خوشه چینی
نمی‌بینم نشاط و عیش در کس | نـه درمـان دلـی نـه درد دینی
درونها تیره شد باشدکه از غیب | چـراغی برکنـد خلوت نشینی
گـر انگشـت سلیمـانی نبـاشد | چـه خاصیت دهـد نقش نگینی
اگرچه رسم خوبان تندخوییست | چـه باشد گـر بسازد با غمینی
ره میخـانه بنمـا تـا بپـرسم | مـآل خویـش را از پیش بینی

نه حافظ را حضور درس و خلوت
نه دانشمنـد را علـم الیقینـی

این غزل خوب و روان هیچیک از نکات عرفان را خدشه دار نکرده است زیرا که به مسیر آن اصلا وارد نشده بدین معنی که از عشق ورزی با یار و مسائل آن سخنی به میان نمی آورد ، بنظر میرسید شاعر میخواسته به معنا که پایه عرفان است توجه دهد ولی متاسفانه بعلت اینکه خود بدان کامل نرسیده است موارد بسیار سطحی بیان گشته اند ولی در عوض بعلت بردن نام حافظ در بیت آخر توانسته غزل خود را داخل دیوان حافظ نماید.

۱۲۶

تـو مگر بر لـب آبـی به هوس بنشینی — ور نه هر فتنه کـه بینی همه از خود بینی
بـه خدایی که تویـی بنـده بگزیده او — که بـر این چاکر دیرینه کسی نگزینی
گـر امانت به سلامت ببـرم باکی نیست — بـی دلـی سهل بـود گر نبـود بی‌دینی
ادب و شرم تـو را خسرو مه رویان کرد — آفرین بـر تو که شایسته صد چندینی
عجب ازلطف تو ای گل که نشستی باخار — ظاهـرا مصلحت وقت در آن می‌بینی
صبـر بـر جـور رقیبت چه کنم گر نکنم — عاشقـان را نبود چاره به جز مسکینی
باد صبحی به هوایت ز گلستان برخاست — که تو خوشتر ز گل و تازه تر از نسرینی
شیشه بازی سرشکم نگری ازچپ وراست — گر بـر این منظر بینش نفسی بنشینی
سخنی بی‌غرض از بنـده مخلص بشنو — ای کـه منظـور بـزرگان حقیقت بینی
نازنینی چـو تـو پاکیزه دل و پـاک نهاد — بهتر آن است کـه بـا مردم بد ننشینی
سیل این اشک روان صبرودل حافظ برد — بلــغ الطـاقـه یـا مقلـه عینـی بینی

تـو بدیـن نازکـی و سرکشی ای شمع چگل
لایــق بنــدگی خــواجـه جـلال الـدینـی

بلغ الطاقه یا مقله عینی بینی : بسر رسید توانم ای تخم چشمم جدا سازمن و تو

غزل فوق نیز با توجه به شباهت نحوه سرودن آن و همسانی عدم رعایت عرفان درآن با غزلهای قبل باید بوسیله یکی از شاعران غزلهای قبلی این قسمت که درباری نیز میباشد سروده شده باشد.

ای در رخ تـو پیدا انـوار پـادشاهـی — در فکـرت تـو پنهـان صـد حکمت الهی
کلک تو بارک الله بر ملک و دین گشاده — صـد چشمـه آب حیـوان از قطـره سیاهی
بر اهـرمـن نتـابـد انـوار اسـم اعظم — مُلک آن توست وخاتم فرمای هرچه خواهی
درحکمت سلیمان هرکس که شک نماید — بـر عقـل و دانش او خنـدند مـرغ و ماهی
بـاز ار چـه گاه گاهی بر سر نهد کلاهی — مـرغـان قـاف داننـد آییـن پادشاهی
تیغی که آسمانش از فیض خود دهد آب — تنهـا جهـان بگیـرد بـی منـت سپاهی
کلک تو خوش نویسد در شان یارو اغیار — تعـویذ جـان فـزایی افسون عمـر کاهی
ای عنصـر تو مخلـوق از کیمیـای عزت — و ای دولـت تـو ایمن از وصمت تباهی
ساقـی بیـار آبـی از چشمه خرابـات — تـا خـرقه‌هـا بشوییم از عجب خانقاهی
عمریست پادشاها کـز می تهیست جامم — اینک ز بنـده دعـوی و از محتسب گواهی
گـر پرتوی ز تیغت بر کان و معدن افتد — یـاقـوت سـرخ رو را بخشند رنگ کاهی
دانم دلت ببخشد بـر عجز شب نشینان — گـر حـال بنـده پـرسی از بـاد صبحگاهی
جایی کـه برق عصیان بـر آدم صفی زد — مـا را چگـونه زیبـد دعـوی بی‌گناهی

حافظ چـو پادشاهـت گه گاه می‌بـرد نـام
رنجش ز بخـت منمـا بـازآ به عـذرخواهی

وصمت : ننگ و عار

صفی : برگزیده و خالص از هرچیزی

این غزل نمونه بسیار خوبی برای بررسی رابطه شاعران درباری معاصر حافظ با خود او میباشد شاعر فوق که خود از شاعر دربارست و بسیار خوش ذوق و دوستار اشعار حافظ (که به احتمال زیاد ابیات خوب اضافه شده در بعضی از غزلهای حافظ که در بخش حافظ بکر جدا گشته اند باید متعلق به همین شاعر باشد) این شاعر نگران حافظ آزاده است که به دربار وقعی نمی نهد به همین خاطرغزل فوق را سروده و به حاکم وقت عرضه داشته که از یکطرف حاکم بی تردید فکر میکند آنرا حافظ از سر پشیمانی سروده است و از طرف دیگر زمانیکه این غزل به گوش حافظ برسدمی بیندکه قصد شاعر از بردن نام او در بیت انتهائی اندرز دادن به اوست ، شاعر خوش ذوق و تیز هوش غزل فوق حداقل نشان میدهد که به حافظ از مهر نظر داشته وجایگاهی بس خاص برای او قائل بوده است.

۱۲۸

به چشم کـردهام ابـروی ماه سیمایی
خیـال سبز خطی نقش بستهام جایی

امیـد هست کـه منشور عشقبازی مـن
از آن کمانچه ابرو رسد به طغرایی

سرم ز دست بشد چشم از انتظار بسوخت
در آرزوی سـر و چشم مجلس آرایی

مکدرست دل آتش به خرقه خواهم زد
بیـا ببین کـه کـرا میکنـد تماشایی

به روز واقعـه تابـوت مـا ز سرو کنید
کـه میرویـم بـه داغ بلنـد بالایی

زمـام دل به کسی دادهام من درویش
که نیستش به کس از تاج و تخت پروایی

در آن مقام که خوبان ز غمزه تیغ زنند
عجب مـدار سـری اوفتـاده در پایی

مـرا که از رخ او مـاه در شبستان است
کجـا بـود بـه فـروغ ستـاره پروایی

فراق و وصل چه باشد رضای دوست طلب
کـه حیـف باشد از او غیـر او تمنایی

درآ که ز شوق برآرند ماهیان به نثار
اگـر سفینه حافظ رسد به دریایی

این غزل با توجه به نحوه ارائه تعابیردرآن و استفاده از تعابیر خوب دیگر شعرا در غزل نشانگر سروده شدن بوسیله شاعری خوش ذوق میباشد ولی بعلت عدم رعایت عرفان و نداشتن نظم در سیرمعنی آنچنان که مشخص است متعلق به حافظ نیست ولی میتواند متعلق به شاعر غزل ۱۲۴ همین قسمت باشد .

۱۲۹

ای دل گـراز آن چاه زنخدان به درآیی
هر جا کـه روی زود پشیمان به درآیی

هشدار که گر وسوسه عقل کنی گوش
آدم صفت از روضه رضوان بـه درآیی

شاید کـه بـه آبـی فلکت دست نگیرد
گر تشنه لب از چشمه حیوان به درآیی

جان میدهم ازحسرت دیدارتو چون صبح
باشد که چـو خورشید درخشان به درآیی

چندان چو صبـا بر تـو گمارم دم همت
کز غنچه چو گل خرم و خندان به درآیی

در تیـره شب هجر تو جانم به لب آمد
وقتست که همچون مـه تابان به درآیی

بر رهگذرت بسته‌ام ازدیـده دو صدجوی
تا بـو که تو چون سرو خرامان به درآیی

حافظ مکـن اندیشه کـه آن یوسف مـه رو
بـاز آیـد و از کلبـه احـزان بـه درآیی

این غزل نیز متعلق به شاعر غزلهای۱۲۴ به بعد است و اگر دقت کنیم با تمام استادی وخوش ذوقی در سرودن شعر بعلت عارف نبودن(مراتب عرفان را نپیمودن و با آن همنشین نبودن) تمامی ابیاتی که از خود اوست مشکل عدم رعایت عرفان درآنها دیده میشود ولی آنگاه که از شعرعارفان دیگر و حتی خود حافظ در شعرش می آورد مشکلی به لحاظ موارد عرفانی در شعر دیده نمیشود . بنظر اینجانب این شاعر انسانی نیکو و خواهان حفظ حرمت حافظ بوده و از نحوه سرودن بیت مقطع بنظر میرسد میخواسته در اشعار خود از حافظ فقط یادی کرده باشد تا حرمت استادی اورا بر خود عرضه دارد که متاسفانه بعلت زیبا بودن ظاهر اشعارش و داشتن نام حافظ در بیت مقطع بعنوان غزلی از حافظ ثبت شده است .

****

****

***

*